Rhino 6
라이노 6를 이용한 제품 디자인

Rhino 6
라이노 6를 이용한 제품디자인

발 행	2020년 1월 10일 발행

저 자	하영민
발행처	M 메카피아
발행인	노수황
대표전화	1544-1605
주 소	서울 금천구 서부샛길 606 대성디폴리스지식산업센터 B동 3층 331호
전자우편	mechapia@mechapia.com
교육문의	02-861-9042
영업부	02-861-9044
팩 스	02-861-9040
인쇄제작	미래피앤피
기획	메카피아 편집부

등록번호	제2014-000036호
등록일자	2010년 02월 01일

정가 : 27,000원

ISBN 979-11-6248-059-5 (93550)

- 이 책의 어느 부분도 저작권자나 발행인의 승인 없이 무단 복제하여 이용할 수 없습니다.
- 파본 및 낙장은 구입하신 서점에서 교환하여 드립니다.

머리말

필자가 처음으로 사용한 3D Modeling Program은 DOS 운영체제에서 작동되는 3D Studio 4.0이었습니다. 그 후 3D Studio Max, I-DEAS, Pro-E, Rhino 등 다양한 디자인 Program을 사용하며 3D Modeling Tool의 발전 과정을 체험해 오고 있습니다. 그 중 가성비와 사용자 편의성 측면에서 Rhino가 가장 우수한 Program이라고 개인적으로 추천합니다. 특히 Rhino는 다양한 Plug-in을 통해 기능의 확장성도 우수합니다. 이런 이유로 필자는 처음 3D Modeling을 시작하는 초보 디자이너나 3D Modeler, 3D Printer user에게 도움이 될 수 있는 내용을 이 책에 담고자 노력했습니다.

이 책은 우리 실생활에 사용되는 제품을 모델링 예제로 사용하여 복잡하지 않고 비교적 수월하게 Modeling 방법을 익힐 수 있도록 내용을 구성하였습니다. 차근차근 책 속의 예제를 따라하다 보면 나만의 상상속의 아이디어를 3D Data로 구현하고 3D프린터로 출력하여 만져볼 수 있는 제품으로 만드실 수 있습니다.

책의 처음은 Rhino의 Modeling 방식인 NURB(Non-uniform rational B-spline)에 대한 기본 개념과 메뉴 및 화면 구성요소 설명, 라이노 6 버전에서 새롭게 추가된 기능에 대한 설명을 수록하였습니다. 중반부터는 초급 Modeling 예제 실습을 통해 명령어 사용에 익숙해지며 여러 가지 기능을 응용할 수 있도록 하였으며, Modeling 과정 중 발생하는 문제점을 해결하는 방법도 기술하였습니다.
마지막으로 고급 Modeling 실습 예제 설명과 Rendering에 대한 설명으로 마무리하게 됩니다.

가급적 초심자의 입장에서 효율적인 학습을 할 수 있도록 쉽게 쓰고자 노력했습니다만 혹시라도 이해가 안되는 부분이 있으시면 저자의 이메일과 저자가 운영하는 네이버 카페로 질문해주시기 바랍니다.
끝으로 이 책이 독자들의 다양한 의견과 제안으로 계속해서 발전해나가길 바랍니다. 3D Modeling을 시작하는 모든 분께 도움이 되길 간절히 바라며 Rhino 6를 즐기시길 바랍니다.
감사합니다.

2019 저자 올림

저자 이메일 : designbuck@naver.com
네이버 카페 : 디자인 아카데미 SAI https://cafe.naver.com/designacademysai

차 례

1 INTRO

01. Rhino 6란 무엇인가? 8
02. Modeling의 종류 10
03. NURBS 이해하기 12

2 제품디자인 프로세스 간략 이해

01. Design research 16
02. Idea Sketch 18
03. Rendering 19
04. Mock Up 20
05. Mass Production 21

3 Rhino 6 작업환경 이해

01. 화면 Interface 살펴보기 24
02. 마우스 사용법 63
03. 단축키 설정 방법 64
04. Gumball이란? 65
05. Osnap(Object Snap)이란? 66
06. Rhino 6의 새 기능 68

4 Beginning level modeling

01. NAME CARD STAND 72
02. TEA CUP 90
03. PEN TRAY 110

5 Intermediate level modeling

01. INITIAL RING 120
02. SOAP BOTTLE 138

6 Advanced level modeling

01. WATCH 172
02. TOASTER 254

7 Rendering Knowhow

01. Rhino 6 basic 330
02. KeyShot 338
03. Adobe Dimension CC 342

Part 01

INTRO

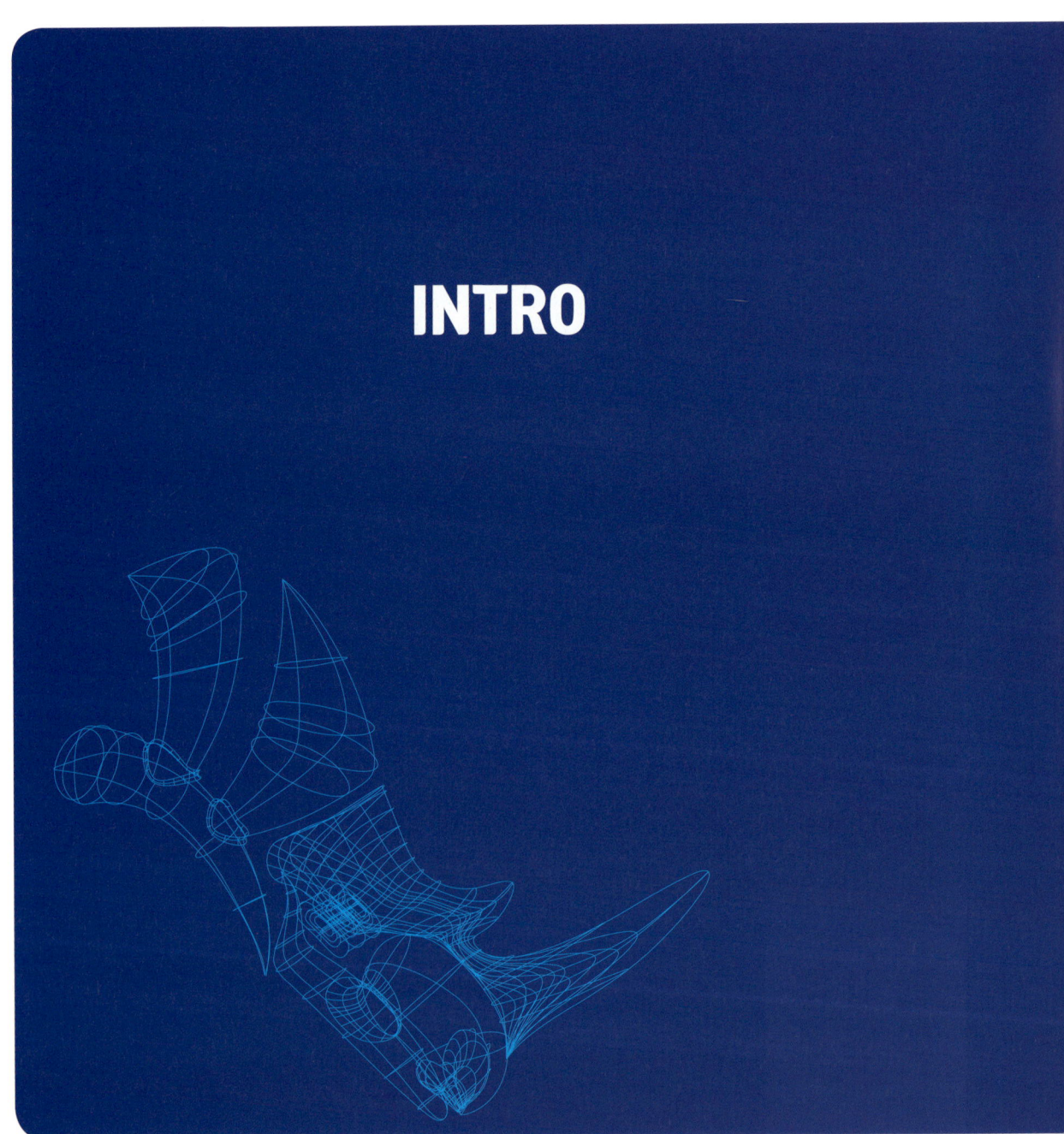

01. Rhino 6란 무엇인가?
02. Modeling의 종류
03. NURBS 이해하기

01 Rhino 6란 무엇인가?

Rhinoceros(Rhino 3D)는 미국의 McNeel사에서 개발된 프로그램입니다. NURBS 모델링 방식을 기본으로 자유로운 모델 형상을 만들 수 있는 라이노 3D는 디자이너, 순수 창작자, 설계자들을 만족시킬 수 있는 3차원 모델링 툴입니다.

가장 우수한 기능은 뛰어난 자유 곡면 모델링이며 창작자의 아이디어를 자유롭게 이미지화하여 표현합니다. 실무 제조 공정에서 요구되는 모델링 데이터나 고정밀도의 모델링을 쉽게 제작할 수 있어 컨셉 디자인으로부터 제조 모델까지 모든 작업조건에서 우수한 모델링 환경을 제공합니다. 또한 라이노 공식 사이트(www.rhino3d.com)를 통해 다양한 지원 파일 및 플러그인 등을 사용할 수 있습니다.

- **NURBS(Non-Uniform Rational B-Spline)**
  비균일 유리화 B-스플라인은 정형화되지 않은 함수의 곡선을 사용하는 모델링 방식으로 곡선이나 곡면의 서피스 를 3D 형상으로 정확하고 자유롭게 제작할 수 있습니다.

- 라이노 공식 사이트(www.rhino3d.com)

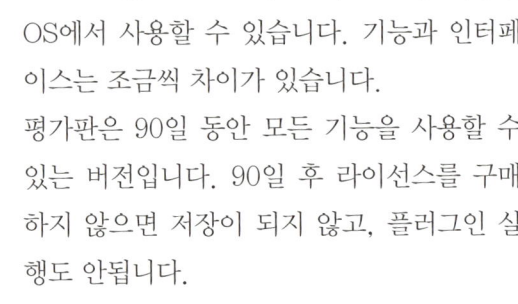

- Rhino 6는 Windows, Mac, iOS 등 다양한 OS에서 사용할 수 있습니다. 기능과 인터페이스는 조금씩 차이가 있습니다.
  평가판은 90일 동안 모든 기능을 사용할 수 있는 버전입니다. 90일 후 라이선스를 구매하지 않으면 저장이 되지 않고, 플러그인 실행도 안됩니다.

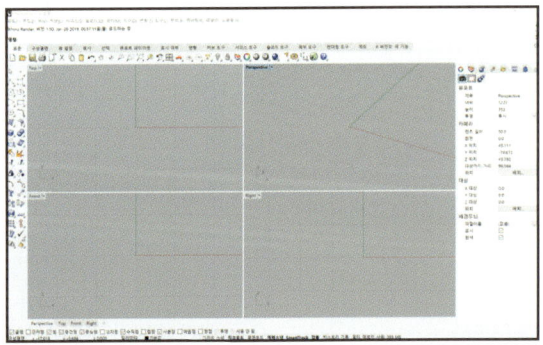

- Windows OS용 라이노

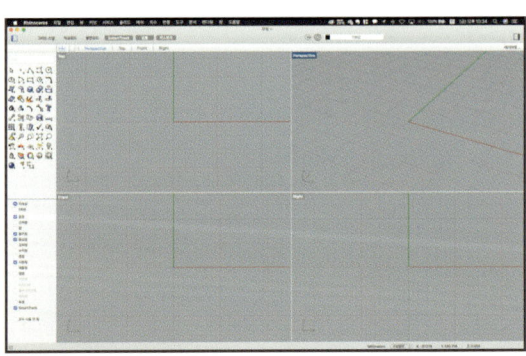

- Mac OS용 라이노

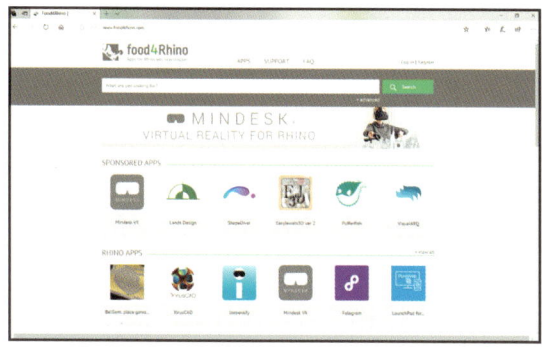

- 라이노 플러그인 사이트
- iOS용 라이노 Viewer app

1 Rhino 3D의 특징

우수한 호환성

현존하는 거의 모든 2D, 3D 포맷에 대응하며 다른 CAD 프로그램과 협업이 용이합니다.

높은 가성비

일반적으로 자유형상 3D 모델링 도구의 가격은 Rhino 3D 가격의 20~40배 이상입니다. 히스토리 기능 등에서 일부 제한은 있지만 곡면 서피스 기능은 탁월합니다.

적은 리소스 소비

워크스테이션 급이 아니어도 어느 정도 사양만 되면 원활한 모델링이 가능합니다.

다양한 플러그인

효율적인 모델링과 시각화를 위한 다양한 플러그인을 유무료로 사용할 수 있습니다.
Rhino 6버전부터는 가장 유명한 플러그인 중 하나인 그래스호퍼가 기본 기능에 포함되었습니다.

02 Modeling의 종류

3차원 형상 모델링에는 여러 가지 방식이 있습니다. 그 특성들을 이해하여 자신이 지금 어떤 작업을 수행해야 하는지를 이해하고 그에 맞는 방식으로 제품디자인의 목적에 맞게 활용해야 합니다. 여기서는 모델링 표현 방식을 아래와 같이 크게 3가지로 나누었습니다. 최근에는 3가지 방식을 모두 지원하는 모델링 프로그램도 많습니다. Rhino 3D도 그 중 하나입니다.

1 솔리드 모델링 방식

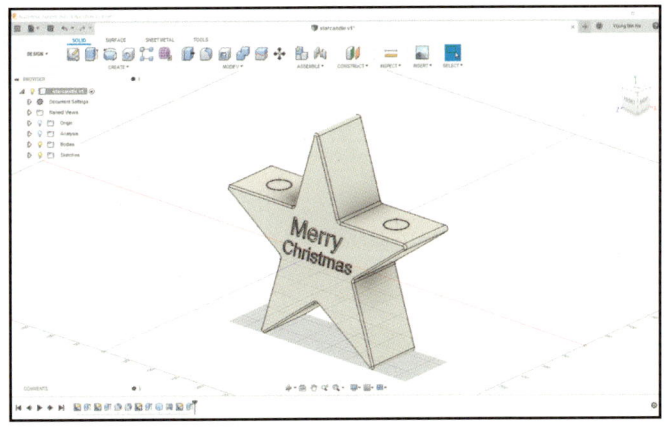

속이 꽉 찬 하나의 입체를 칼로 깎아내듯 모델을 만들어가는 방식을 말하며 대표적인 프로그램으로는 Creo, UG, SolidWorks, SolidEdge, Fusion 360 등이 있습니다.
원래 기계나 부품설계를 위해 개발된 모델링 방식입니다.

2 서피스 모델링 방식

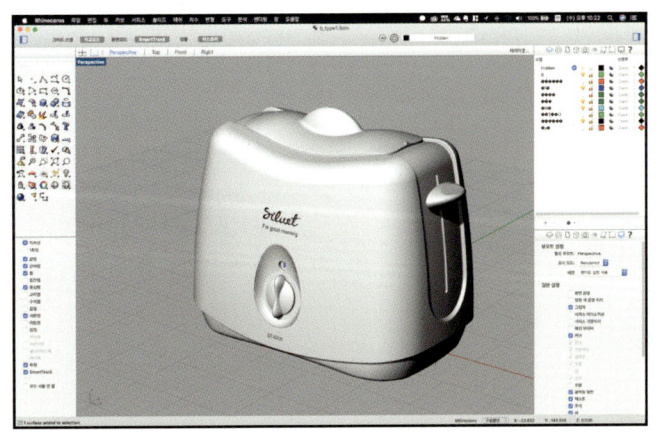

커브를 사용하여 기본 골격을 만들고 커브와 커브를 연결하여 피부를 씌우듯 서피스를 만들어가는 방식입니다. 주로 NURBS 방식 모델링 툴의 대표적인 방법입니다. 프로그램으로는 Solidthinking, Rhinoceros, Alias 등이 있습니다.

3 폴리곤 모델링 방식

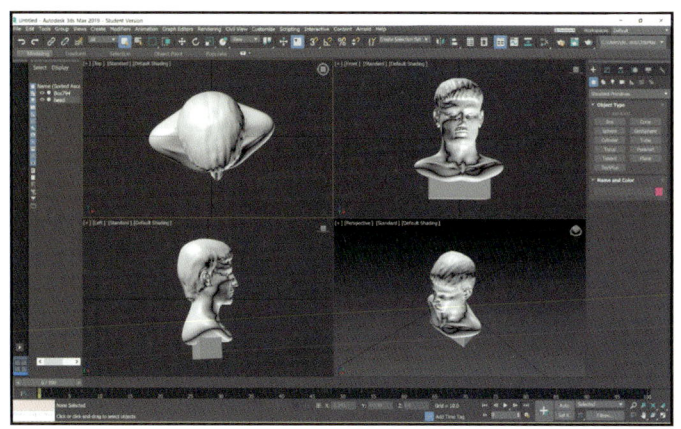

3, 4개. 경우에 따라서는 5개의 점을 연결하여 만든 형상을 1개의 폴리곤이라고 합니다. 폴리곤을 여러 개 결합하여 3D 형상을 만들고 지점토 공예하듯이 입체 편집하는 모델링 방식입니다. 폴리곤의 개수가 많을수록 부드러운 형상이 됩니다.
대표적인 프로그램으로는 3D MAX, Zbrush 등이 있습니다.

4 Rhino 3D의 모델링 방식

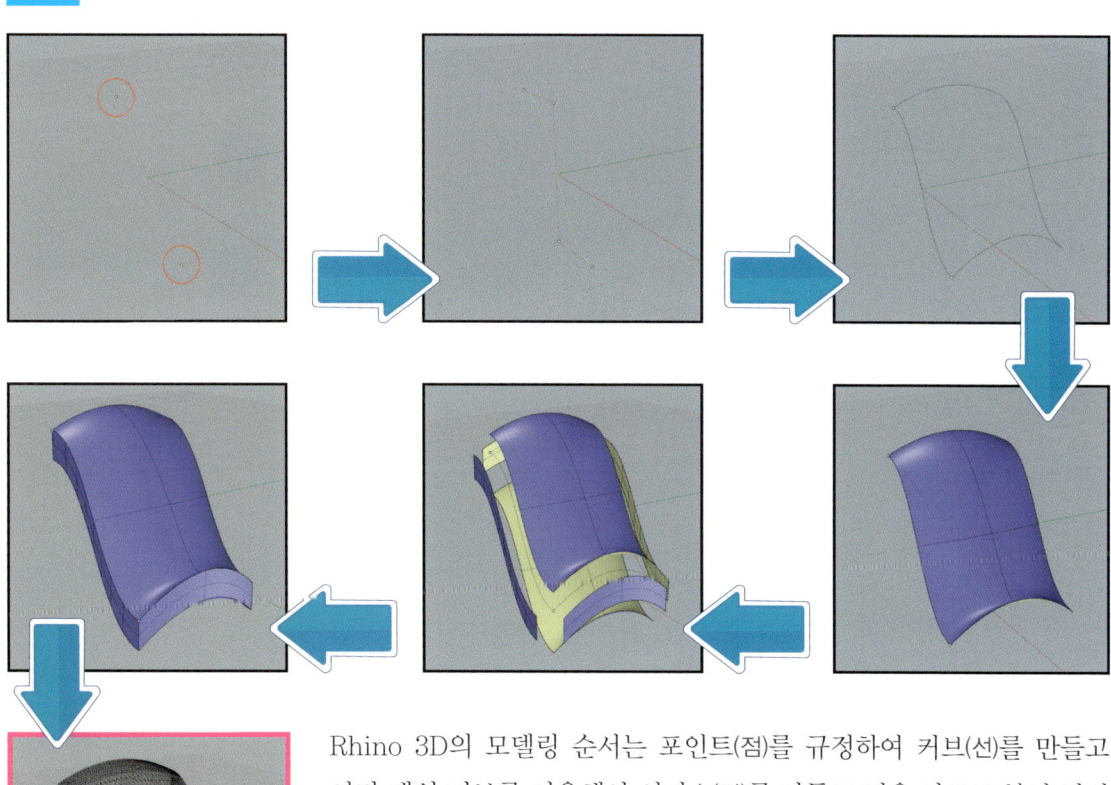

Rhino 3D의 모델링 순서는 포인트(점)를 규정하여 커브(선)를 만들고 여러 개의 커브를 이용해서 서피스(면)를 만들고 면을 자르고 붙여 덩어리를 만듭니다. 완전히 닫힌 덩어리는 솔리드 개체가 될 수 있습니다.
3D 프린팅용 데이터는 폴리곤 데이터인 STL 포맷으로 내보내기합니다.

03 NURBS 이해하기

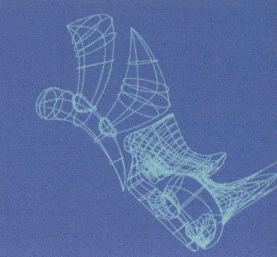

NURBS 모델의 세부 구성요소에 대해 설명합니다. 포인트(점), 커브(선), 서피스(면)의 세부 요소 명칭과 특성을 이해할 수 있습니다.

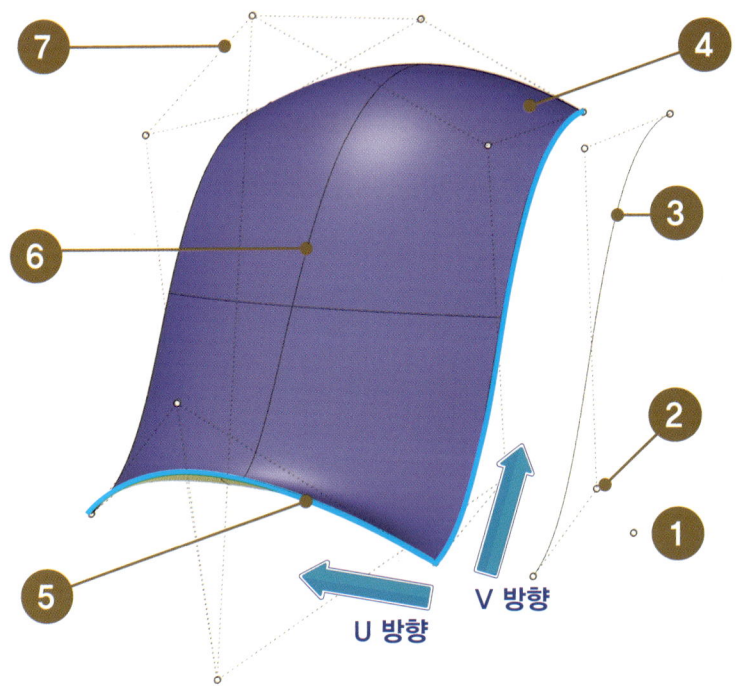

1. Point : 점
위치, 좌표 등을 표시하는 요소

2. Control Point : 제어점
형상 조정을 위한 점으로 무게값을 가지며 커브와 서피스를 제작하기 위한 구성요소

3. Curve : 선
서피스는 커브들로 만들어지며 완성된 서피스에서 커브를 추출할 수도 있습니다.

4. Surface : 면
커브들로 구성되는 3차원 면으로 U, V의 방향을 가지며 안과 바깥면으로 구성됩니다.

5. Edge : 가장자리
면의 경계, 면의 끝단

6. Isocurve : 아이소파라매트릭 커브
면의 구조를 보여주는 U, V방향의 가상선

7. Hull
제어점을 연결하는 선

* NURBS 모델링 유의사항

Rhino 3D는 NURBS 구성요소를 직접 조정할 수 있습니다. 조정 조건에 따라 제작된 형상이 다른 프로그램과 호환되지 않을 수 있습니다. 다음의 몇 가지 사항은 주의해서 모델링하기 바랍니다.

1. Control Point(제어점)가 교차하거나 겹쳐서 꼬이면 안 됩니다.

2. 모든 오브젝트는 중복되면 안됩니다. 중복될 때는 중복 커브 체크, 부울 연산을 통한 형상정리가 필요합니다.

3. 커브의 내부 포인트 개수에 따른 차수라는 개념을 이해해야 합니다. 포인트 2개로 만들어지는 직선 라인을 1차, 포인트 3개의 한 번 꺾이는 폴리라인은 2차, 4개 이상의 포인트로 만들어지는 자유곡선은 3~11차까지 있습니다.

4. 차수가 높을수록 많은 점을 제어해야 하기 때문에 형태를 제어하기가 어렵습니다. 형태 구성에 적당한 차수를 조절해가며 작업을 진행해야 합니다.

Part 02

제품디자인 프로세스 간략 이해

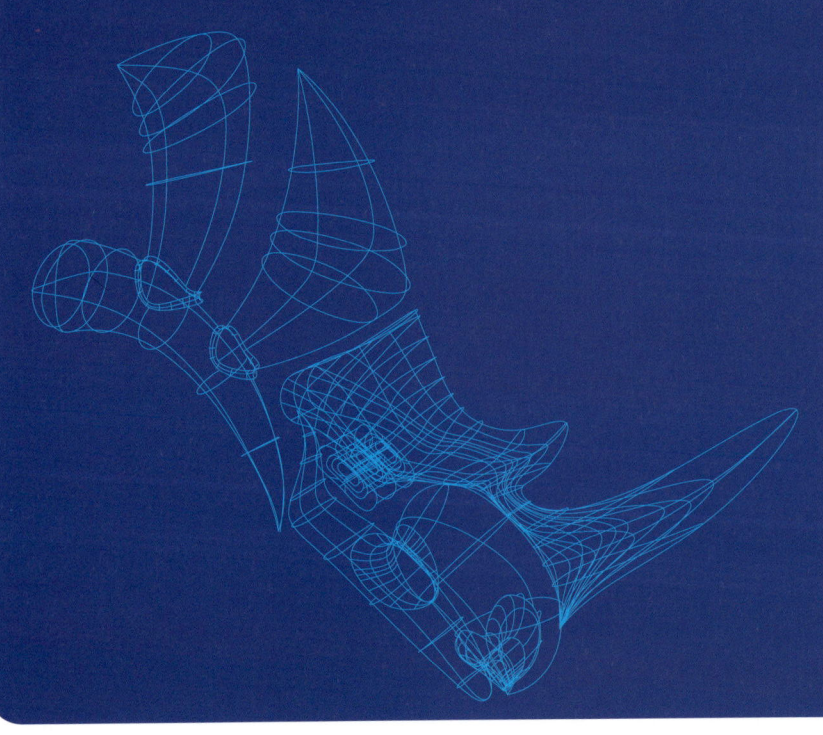

01. Design research
02. Idea Sketch
03. Rendering
04. Mock Up
05. Mass Production

01 Design research

디자인을 진행하기 위해서는 몇 가지 개발 단계가 필요합니다. 이러한 개발 단계를 디자인 프로세스라고 합니다.

제품 디자인, 시각 디자인, 패키지 디자인, UX 디자인 등 디자인 분야에 따라 각각 다른 프로세스가 존재합니다. 하지만 전체 제품 개발 프로세스상에서는 서로 유기적으로 관계를 맺고 진행됩니다.

1 디자인 프로세스 정의

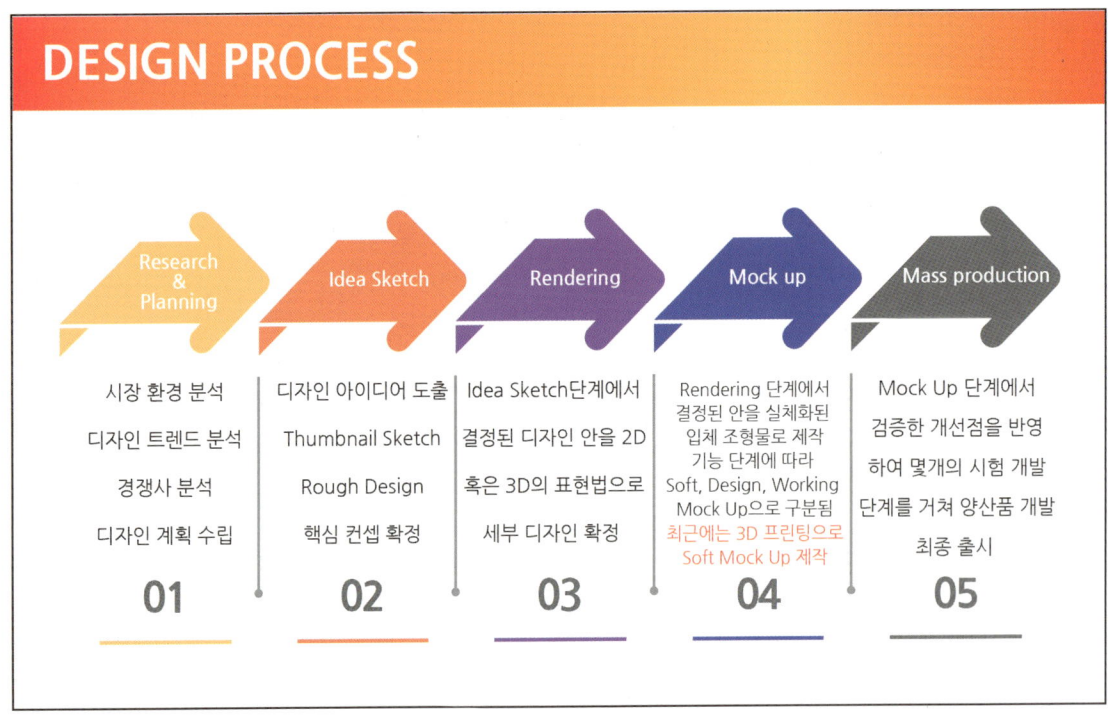

위 도표는 가장 일반적인 프로세스에 대한 설명입니다. 개발 단계 중 계속 교차 검증하여 프로세스 단계를 다시 진행하기도 합니다. 기본 디자인 프로세스를 기반으로 기업의 성격과 디자인 방법론에 따라 각자의 고유한 디자인 프로세스를 발전시켜서 사용합니다.

2 Research 및 Design Concept 설정

좋은 디자인은 많은 자료 조사와 고민을 통해 만들어집니다. 자료 조사는 크게 시장 환경 분석, 기술 트렌드 분석, 비주얼 트렌드 분석 등으로 이루어집니다. 디자인을 진행할 목표에 따라 조사의 세부 사항은 변경될 수 있습니다.

시장 환경 분석은 마케팅 자료 조사와 상당히 유사한 점이 많습니다. 다만 디자인적인 사용자의 요구사항이나 선호 요소를 발굴하는 데 좀 더 비중을 둡니다.

여러 가지 방향으로 자료 조사를 진행한 후 분석된 디자인 방향을 정리하여 짧은 키워드와 상징 이미지로 정리된 디자인 컨셉을 도출합니다.
디자인 컨셉은 디자인의 큰 방향성을 정하는 가장 중요한 단계입니다.
컨셉 단계에서 정한 핵심 사항을 최종 개발단계까지 지켜가는 것이 일반적입니다.

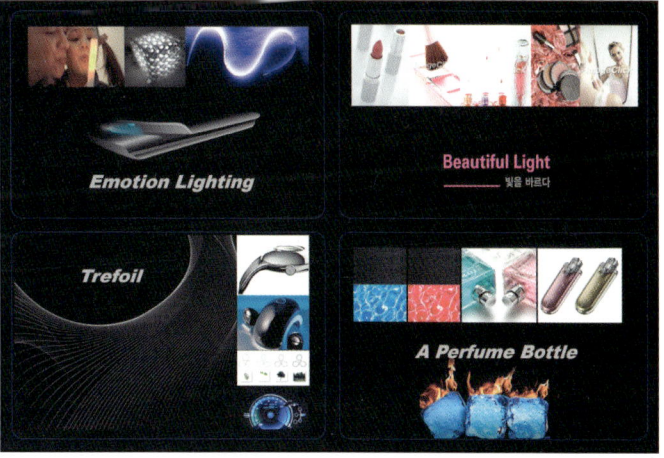

02 Idea Sketch

아이디어를 구체화, 이미지화하기 위한 가장 효율적인 첫 번째 방법이 아이디어 스케치입니다. 스케치 표현의 세밀도에 따라 썸네일(Thumbnail), 스크래치(Scratch), 러프(Rough), 스타일(Style) 스케치로 나누어집니다.

• **Thumbnail 스케치** : 순간적으로 떠오르는 Idea를 포착하기 위해 엄지손톱 정도의 크기로 여러 가지를 그리는 스케치로 Idea발상 과정에 많은 종류의 Idea를 수집하는 데 그 목적이 있습니다.

• **Scratch 스케치** : '갈겨쓴다'의 의미로 Idea 발상 과정에서 초기 단계의 스케치입니다. 전체의 이미지나 구성을 연구하기 위해 세부적인 것, 입체적인 표현은 생략하고 약화 형식의 3면도나 단면도의 표현이 이루어집니다. 제품의 구조나 기능 및 조립의 연구에 비중을 둔 스케치입니다.

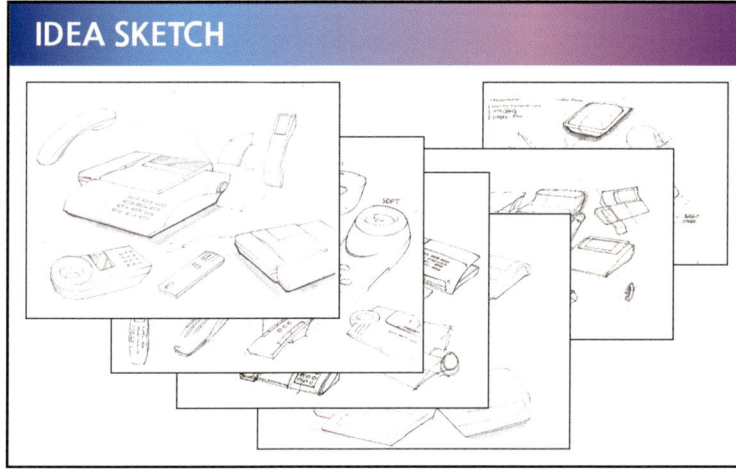

• **Rough 스케치** : 개략적인 스케치의 의미로 구성과 조형의 Idea등에 대하여 비교, 검토하기 위한 스케치입니다. 스크래치보다 공간적 관계 등을 구체적으로 이해하기 쉽게 개략의 디자인을 표시하며, 될수록 간략하고 빠르게 그립니다.

• **Style 스케치** : 스케치 중 가장 정확하고 세밀한 것으로, 주로 외관의 상태에 대하여 세밀한 연구를 통해 투시 또는 투영적으로 표현되는데, 전체 및 각 부분에 대한 형상, 재질, 패턴, 색채 등의 정확한 스케치가 요구됩니다. 정확도가 요구되므로 여러 각도의 스케치가 필요합니다.

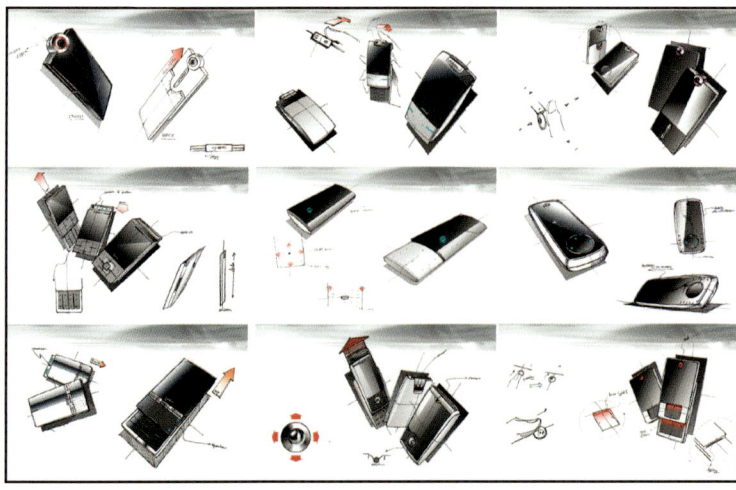

03 Rendering

제품 디자인에서의 렌더링이란 2차원 또는 3차원 디자인 이미지를 다양한 방법을 통해 실제감 있게 표현하는 것입니다. 컴퓨터 그래픽이 활성화되지 않았던 1980~90년도에는 마커, 에어브러시 등의 툴을 사용하여 제작하였고 컴퓨터 프로그램의 성능 향상 이후에는 주로 컴퓨터 그래픽 툴로 제작되고 있습니다.

Adobe Photoshop, Illustrator 등의 툴을 이용해 제작하는 2D 렌더링과 Rhino 3D 등의 3D CAD 툴을 이용하는 3D 렌더링으로 크게 나누어집니다. 최근에는 주로 3D 렌더링을 선호합니다.
3D 렌더링의 장점은 좀더 실제감 있는 표현과 사용한 모델링 데이터를 Mock Up, 양산(Mass Production)에 쉽게 이용할 수 있다는 점입니다.

프로그램에 포함된 기본 렌더러를 사용할 때도 있지만 더 실제감 있는 표현을 위해 Keyshot, Adobe Dimension 등의 프로그램을 활용하는 경우도 많습니다.

3D 렌더링과 애니메이션의 퀄리티와 속도는 컴퓨터의 성능에 따라 크게 달라집니다.

04 Mock Up

렌더링에서 결정된 디자인 안을 모델링 데이터 또는 설계도면으로 제작하여 동일한 형태로 만드는 시작품으로 금형제작 전에 Design 및 설계검토용으로 제작되어 미비한 점을 보완하며, 영업 샘플 및 전시용으로 사용될 수 있고, 제품 생산 전에 바이어 및 정부 과제 승인용으로 제출할 수 있어 제품 개발에서 영업, 승인, 생산, 판매까지 걸리는 시간을 단축할 수 있습니다.

제작비는 사이즈와 디테일에 따라 수백만에서 수천만 원까지 다양하며 Mock-up 제작비에 대비하여 장점이 있기 때문에 개발 분야에서 Mock-up 제작은 필수적인 조건이라 할 수 있습니다.

사용감이나 대략의 형태를 먼저 테스트하기 위해 만드는 간이 Mock Up을 Soft Mock Up이라 합니다.
예전에는 아이소핑크 등의 스티로폼을 가공하여 제작하였으나 최근에는 3D 프린터를 활용하여 제작하는 사례가 늘어나고 있습니다.

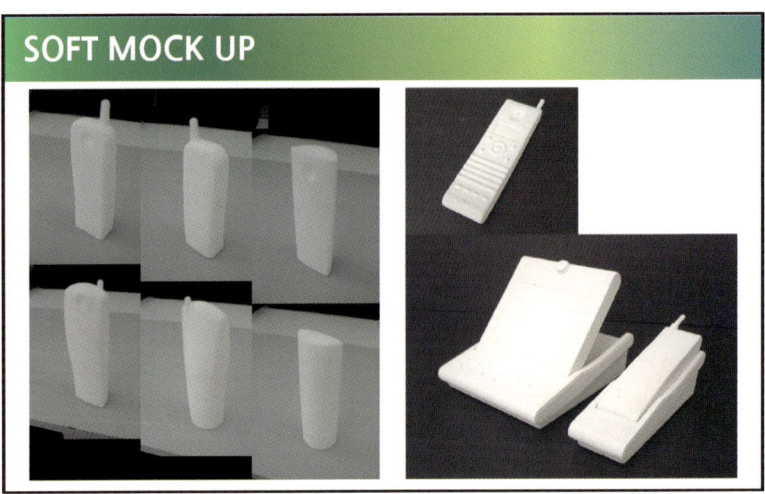

05 Mass Production

Design Mock Up으로 결정된 안을 몇 차례의 연구, 개발 단계(E/S 〉 T/P 〉 P/P 〉 M/P)를 거쳐 최종 시장에 출시하는 것을 '양산'이라 합니다. 전체 개발 단계에서 E/S전의 모든 단계(디자인 기획, Idea Sketch, Rendering, 디자인 Mock Up)는 기획 단계로 구분됩니다. 하나의 제품을 양산하기 위해서는 수천에서 수십억원의 비용이 투자되어야 하므로 이런 개발 단계를 거쳐 결정의 오류를 줄입니다. 개발 단계의 세부적인 내용은 다음과 같습니다.

1. E/S 단계 (Engineering Sample)
연구개발 부서가 주관하여 개발계획서를 기본으로 설계 데이터의 실현 여부 및 제품개발의 검증을 위해 E/S Sample을 제작하고 평가하여 제품 가치의 실현 가능성을 최종적으로 확인하고 생산관련 사항을 검토하는 단계입니다. 양산형 부품과 금형을 이용한 기구물로 샘플을 제작합니다.

2. T/P 단계 (Test Production)
E/S 품평회 결과에 따라 생산기술부서에서 주관하여 실시하며 설계 목표 달성에 대해 관련 부서에 의해 적합성을 확인하고 양산용 설비 및 공정설계 내용 등을 확정함으로써 P/P를 위한 제반사항을 준비하는 단계입니다.

3. P/P 단계 (Pre-Production)
T/P 단계의 결과에 따라 생산 부서에서 주관하여 실시하며 개발제품의 설계, 제조상의 문제점 및 제조 설비, 공정 등의 적합성을 확인하여 M/P를 위한 제반 사항을 준비하고 최종 점검을 하는 단계입니다.

4. M/P 단계 (Mass-Production)
P/P 단계의 결과를 근거로 양산을 위한 제반사항에 대한 준비를 완료하고 생산 관리 부서의 생산지시에 의해 필요한 자원을 투입하고 생산하는 등 판매를 위해 최종점검을 하는 단계입니다.

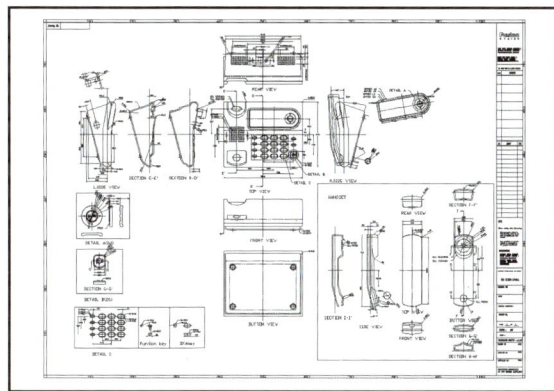

Part 03

RHINO 6
작업환경 이해

01. 화면 Interface 살펴보기
02. 마우스 사용법
03. 단축키 설정 방법
04. 기본 환경 설정 방법

01 화면 Interface 살펴보기

1 시작 화면 설정창

프로그램을 실행하면 팝업으로 설정창이 나타납니다. 설정창에는 새로 만들기, 최근 파일, 열기, 라이센스와 뉴스, 팁 등이 표시됩니다. 새로 만들기 탭에서는 모델링할 형상의 크기나 프로젝트의 성격에 따라 미리 설정된 크기와 치수 단위(cm, mm, inch, feat 등)의 템플릿을 선택할 수 있습니다.
정확한 모델링을 위해서는 치수의 개념을 꼭 염두에 두고 디자인을 진행해야 합니다. 치수의 단위 하나는 그리드 1칸을 기준으로 합니다.(예 : 작은 개체-밀리미터 1mm=그리드 1칸)

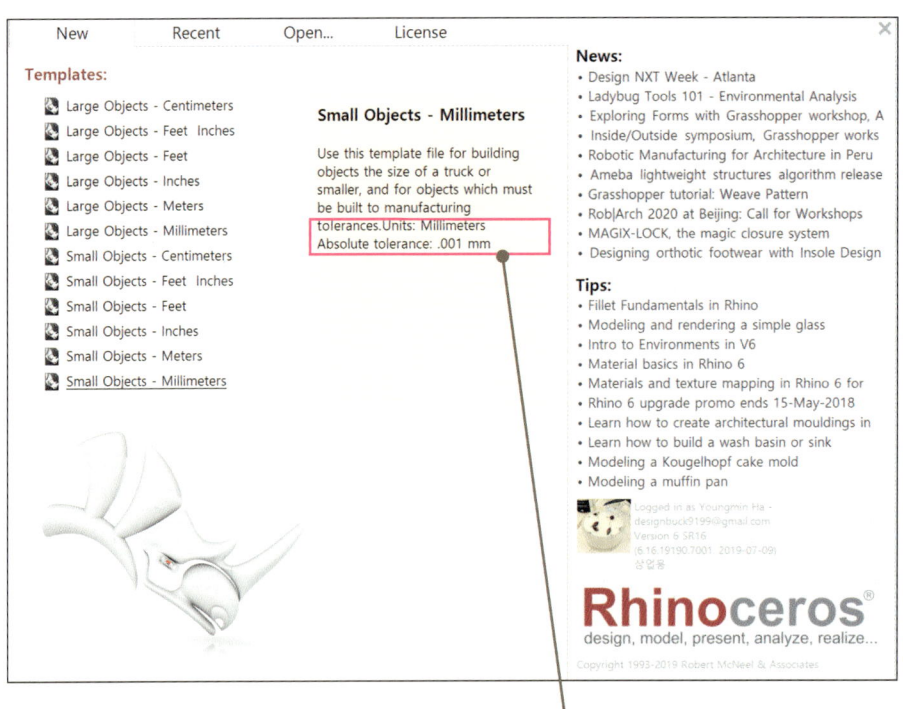

템플릿마다 허용오차가 다릅니다.
허용오차에 따라 모델링의 정밀도가 달라집니다.

• 시작화면 팝업 창에서 설정한 치수 단위는 메뉴>도구>옵션>단위>모델 단위에서 변경할 수 있습니다.

2 기본 화면 구성

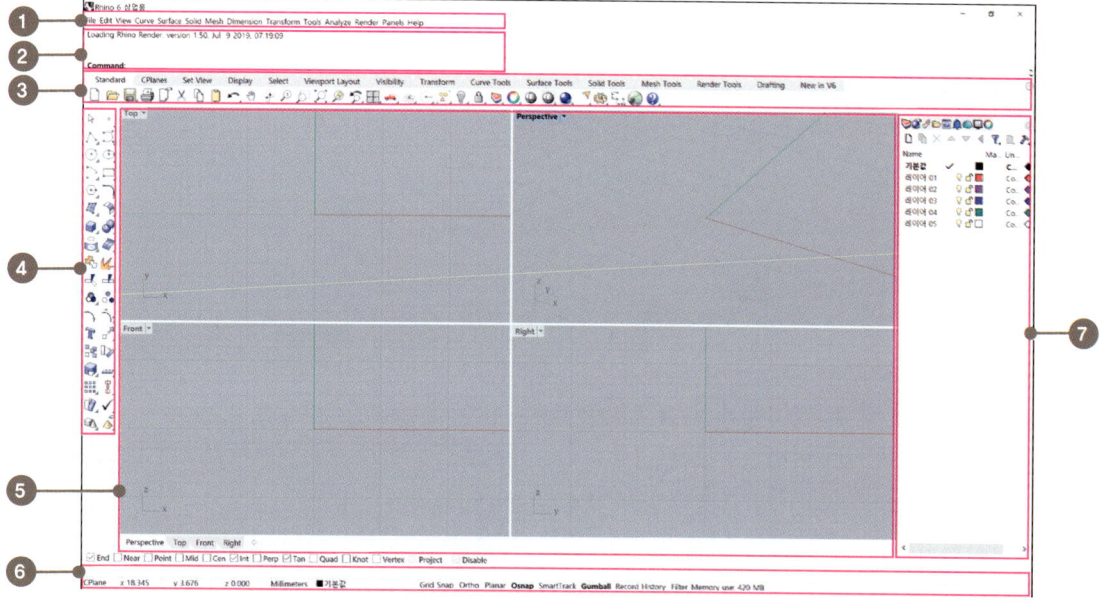

1. **Menu Bar** : 기본적인 명령, 옵션, 도움말이 있습니다.

2. **Command Line** : 명령 프롬프트와 사용자가 입력한 명령을 표시합니다. 명령 입력 후 명령 실행 관련 정보가 표시됩니다. 프로그램과 사용자 사이의 커뮤니케이션 영역입니다.

3. **Standard Tool Bar** : 그룹에는 하나 또는 그보다 많은 도구모음이 있으며, 각 도구 모음의 위쪽에는 탭이 있습니다.

4. **Side Tool Bar** : 그리기, 만들기, 편집 등의 명령과 옵션을 실행하는 가장 주요 영역입니다.

5. **Viewport** : 기본적으로는 Top, Perspective, Front, Right 4개의 뷰로 구성되어 있습니다. 뷰포트에는 그리드, 그리드 축, 절대좌표 축 아이콘이 표시될 수 있습니다.

6. **Status Bar** : 상단은 개체 스냅 설정을 바로 실행할 수 있는 영역입니다. 하단은 포인터의 좌 표, 모델의 현재 레이어와 단위, 창 설정 상태, 기타 옵션을 표시합니다.

7. **Panels** : 기본적인 속성 Properties와 Layer 등을 표현하며 도면의 좌표 뷰포트의 위치 등 기본적인 정보가 표현되며 Layer를 통하여 도면의 색상을 변경하여 복잡한 도면의 구분 및 분류가 가능한 기능으로 구성되어 있습니다.

3 Command Line

Rhino 3D는 Command Line의 명령 프롬프트를 통한 대화형 UI로 작업이 진행됩니다. 작업명령을 실행하기 위한 세부 단계별 지시, 옵션 선택등을 대화형으로 진행하며 명령 완료, 오류 메세지 등이 계속 업데이트됩니다.

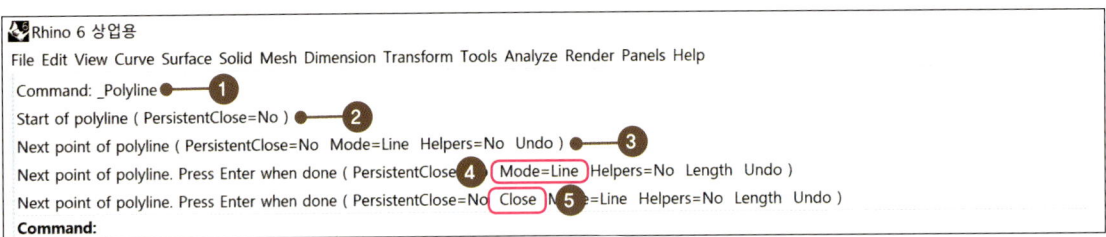

1. **명령어 입력** : 폴리라인 명령을 실행합니다.
2. **시작점 지정** : 화면상 특정 위치에 마우스 왼쪽 버튼을 클릭하여 시작점을 지정합니다.
3. **두 번째 점 지정** : 화면상 특정 위치에 마우스 왼쪽 버튼을 클릭하여 두 번째 점을 지정합니다.
4. **세 번째 점 지정** : 화면상 특정 위치에 마우스 왼쪽 버튼을 클릭하여 세 번째 점을 지정합니다. 세 번째 점 지정 전에 M을 입력하면 '선'이 '호'로 변경됩니다.
5. **명령어 완료** : 마우스 오른쪽 버튼 클릭, 키보드 Enter 키, 스페이스 바 모두 동일합니다.

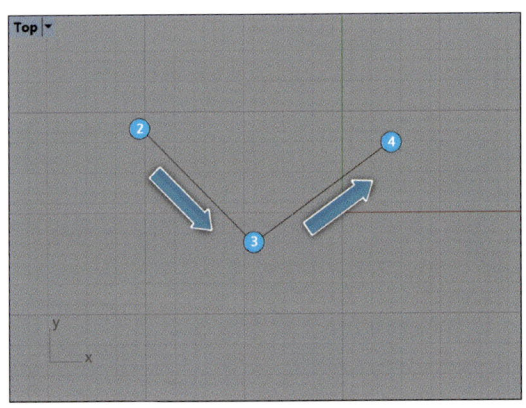

- Rhino 3D 명령어는 아이콘 클릭, 키보드 입력, 단축키의 3가지 방법으로 실행할 수 있습니다.

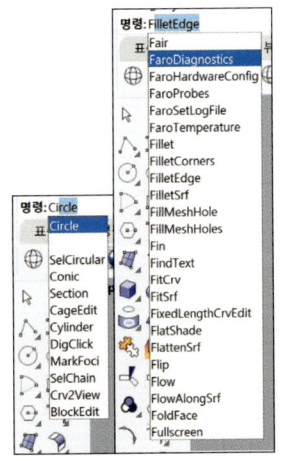

- **Hidden Menu**가 많은 **Rhino 3D**의 특성상 **Command Line**의 자동 완성 기능은 아주 중요합니다.
  일부 철자만 입력하면 쉽게 명령어를 찾을 수 있습니다.

- 만약 자동 완성 기능이 실행되지 않으면 메뉴〉도구〉옵션에서 좌측 하단 화면표시 탭을 실행하고 우측 영역 중간의 명령 자동 완성 체크박스를 체크합니다.

4 Standard Tool Bar

Standard Tool Bar는 자주 쓰는 명령어들과 보조 명령어들이 카테고리별로 정리되어 있는 영역입니다. 일부는 Side Tool Bar와 중복되는 부분도 있습니다.

아이콘 오른쪽 하단에 삼각형 모양이 있다면 마우스로 길게 클릭해서 하위 메뉴를 팝업시킬 수 있습니다. 팝업된 메뉴의 상단을 마우스로 끌어서 옮기면 별도의 창으로 분리됩니다.

1. 표준(Standard Tool Bar) : 가장 많이 사용하는 기능이 있는 영역입니다.

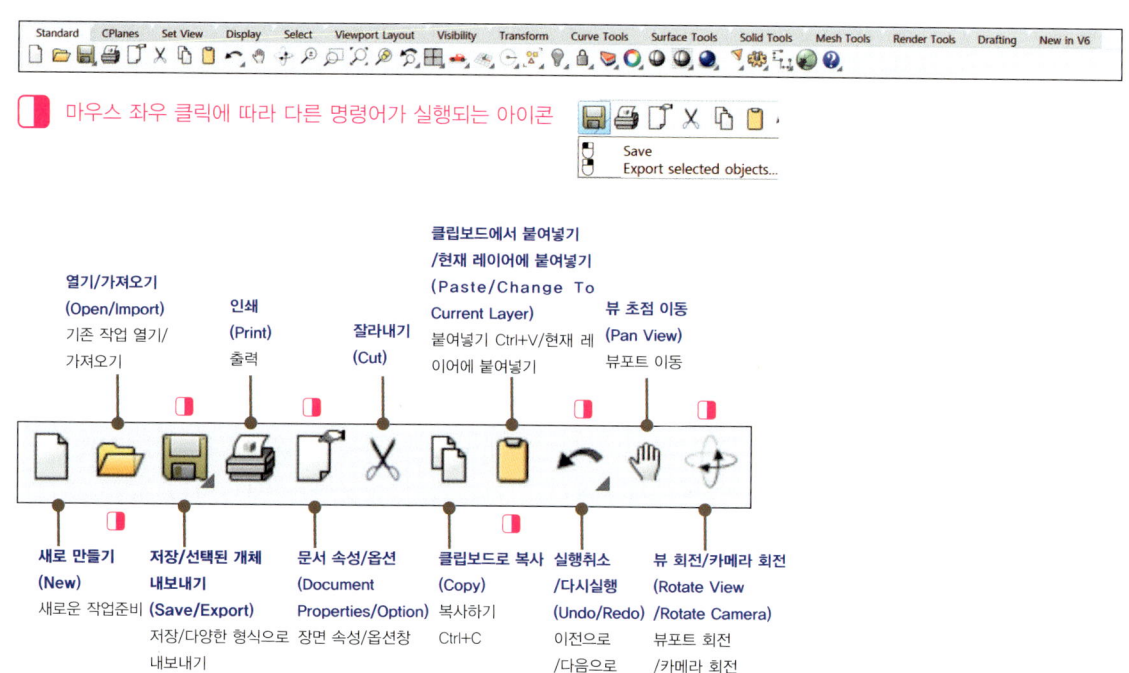

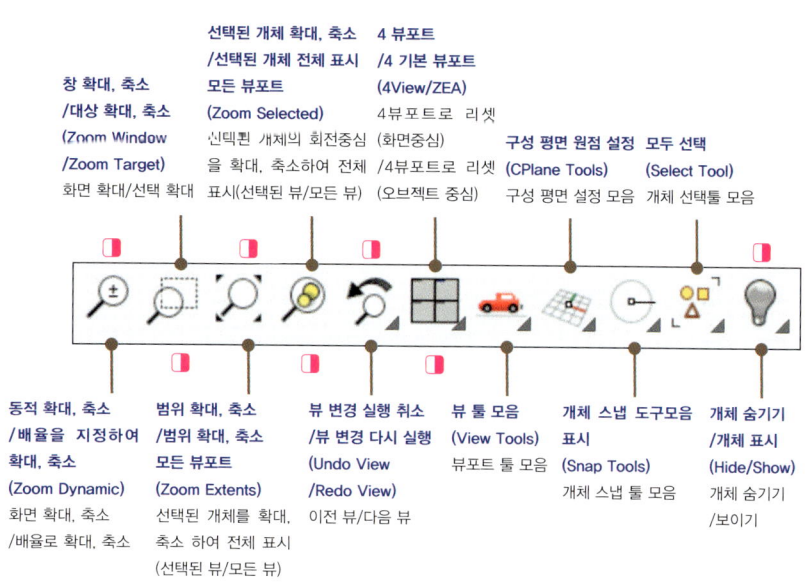

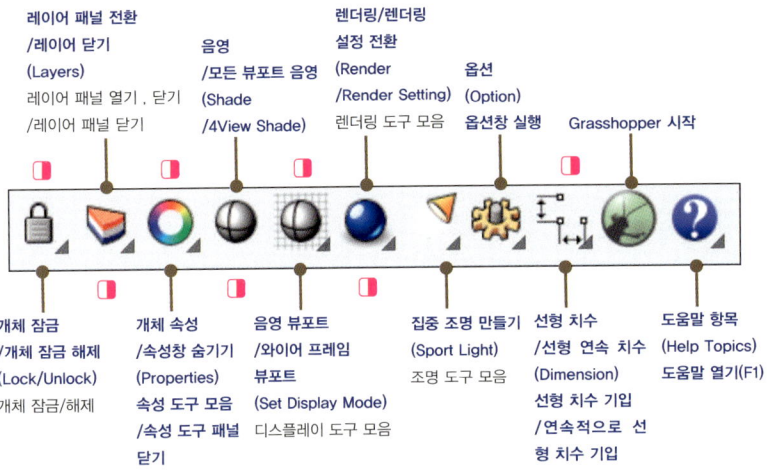

2. 구성 평면(CPlanes) : 구성 평면 설정 관련 영역입니다.

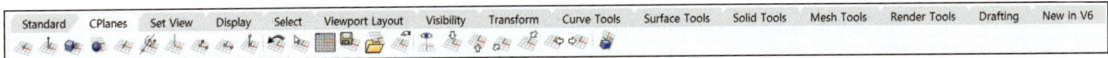

3. 뷰 설정(Set View) : 바라보는 시점, 방향 관련 영역입니다.

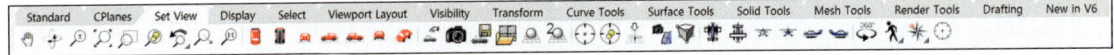

4. 표시(Display) : 디스플레이 모드 관련 영역입니다.

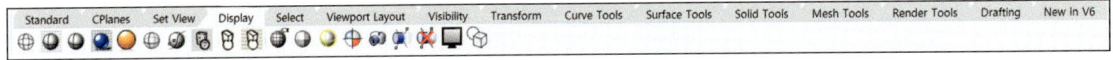

5. 선택(Select) : 여러 가지 요소 타입별 선택 영역입니다.

6. 뷰포트 레이아웃(Viewport Layout) : 뷰포트 레이아웃 관련 영역입니다.

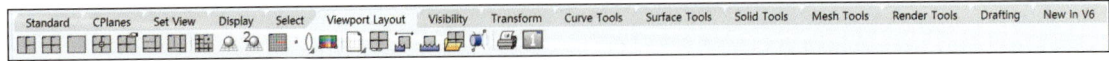

7. 표시 여부(Visibility) : 개체 보이기, 숨기기, 단면 보기, 잠그기 등의 영역입니다.

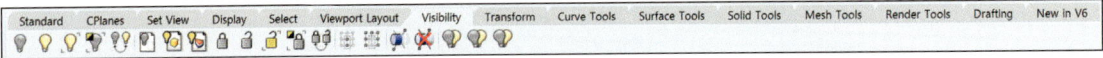

8. 변형(Transform) : 변형 관련 명령어 영역입니다. (사이드 툴바와 동일 기능)

9. 커브 도구(Curve Tools) : 커브 편집 명령어 영역입니다. (사이드 툴바와 동일 기능)

10. 서피스 도구(Surface Tools) : 서피스 편집 명령어 영역입니다. (사이드 툴바와 동일 기능)

11. 솔리드 도구(Solid Tools) : 솔리드 편집 명령어 영역입니다. (사이드 툴바와 동일 기능)

12. 메쉬 도구(Mesh Tools) : 폴리곤 메쉬 편집 명령어 영역입니다. (사이드 툴바와 동일 기능)

13. 렌더링 도구(Render Tools) : 렌더링 설정, 실행 관련 명령어 영역입니다.

14. 제도(Drafting) : 치수 기입, 설정, 도면 요소 설정 관련 영역입니다.

15. 6버전의 새 기능 : Rhino 6 버전에서 새로 추가 업데이트된 기능 영역입니다.

5 Side Tool Bar

Side Tool Bar는 일반적으로 Main Tool Bar로도 불립니다. 가장 사용빈도가 높은 기능 영역입니다. 하위 메뉴가 아주 많으므로 자주 쓰는 메뉴는 별도 창으로 분리해서 띄워놓고 사용합니다.

 마우스 좌우 클릭에 따라 다른 명령어가 실행되는 아이콘

 ① 취소(Cancle) : 선택 /해제(좌)
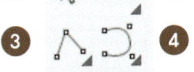   모두 취소(Cancle all) : 전체 선택 /해제(우)
 ② 점(Point tools) : 점을 만드는 도구입니다.
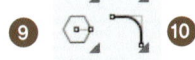
 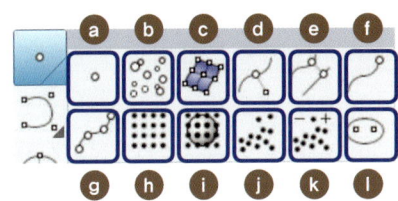

a. **단일점(Single point)** : 한번 클릭에 점 하나씩 생성됩니다.

b. **다중점(Multy point)** : 계속 클릭해서 여러 점을 만듭니다.

c. **점추출(Extract points)** : 서피스에서 점을 만듭니다.

d. **가장 가까운 점(Closest point)** : 선택한 물체의 지정 위치에서 가장 가까운 위치에 점을 만듭니다.

e. **두 개체 사이에 가장 가까운 점(Closest points between two object)** : 두 개의 개체 사이의 가장 가까운 지점을 찾아줍니다.

f. **커브 시작에 점 생성(Make curve start)** : 커브의 시작점을 표시합니다.(좌)
   커브 끝에 점 생성(Make curve end) : 커브의 끝점을 표시합니다.(우)

g. **커브를 길이로 나누기(Divide curve by length)** : 커브 길이를 지정해서 점을 생성합니다.(좌)
   세그먼트의 수로 커브 나누기(Divide curve by number of segments) : 세그먼트의 숫자를 입력하여 점을 생성합니다.(우)

h. **점 그리드(Point grid)** : 점 개체로 된 직사각형 그리드를 그립니다.

i. **개체에 점 그리드 펼치기(Drape Point grid over object)** : 솔리드나 서피스에 사각형 영역을 그려서 점을 투영합니다.

j. **점구름(Point cloud)** : 선택된 점들로 그룹화된 단일 개체를 만듭니다.

k. **점구름에 추가(Add to Point cloud)** : 점을 점구름에 추가합니다.(좌)
   점구름에서 제거(Remove from Point cloud) : 점구름을 삭제합니다.(우)

l. **Mark ellipse, hyperbola or parabola foci** : 원, 타원, 쌍곡선, 포물선의 초점지점에 중심점을 생성합니다.

❸ **선**(Line tools) **:** 선을 만드는 도구입니다.

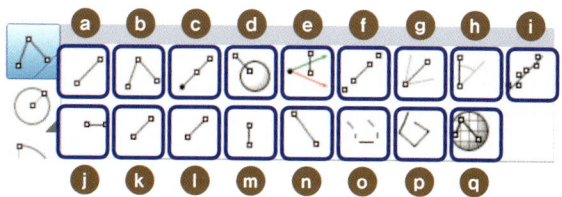

- a. **단일선**(Line) : 1개의 직선을 그립니다.
- ■ b. **폴리라인**(Polyline) : 연속된 직선을 그리는 명령어입니다.(좌)
  선 세그먼트(Lines) : 세그먼트별로 분리된 연속 직선을 그립니다.(우)
- c. **선 중간점에서**(Line from middle Point) : 중심점을 기준으로 선을 그립니다.
- ■ d. **선 서피스, 법선방향**(Line surface normal) : 서피스 한면의 법선방향으로 선을 그립니다.(좌)
  서피스 법선, 양쪽(Surface normal both side) : 서피스 양면의 법선방향으로 선을 그립니다.(우)
- ■ e. **선 구성 평면에 수직**(Line vertical to CPlane) : CPlane에 수직선을 그립니다.(좌)
  선 구성 평면에 수직, 중간점에서(Line vertical to CPlane from midpoint) : 중심점을 기준으로 CPlane에 수직선을 그립니다.(우)
- ■ f. **4점을 지정하여 선**(Line by 4 points) : 4개의 점으로 직선을 그립니다.(좌)
  선 중간점에서 4점 지정(Line by 4 points from midpoint) : 중심점을 기준으로 4개의 점을 이용하여 직선을 그립니다.(우)
- ■ g. **선 이등분**(Line bisector) : 2개의 커브 사이에 이등분선을 그립니다.(좌)
  선 중간에서 이등분(Line bisector from midpoint) : 중심점을 기준으로 2개의 커브 사이에 이등분선을 그립니다.(우)
- ■ h. **선 각도**(Line angled) : 커브의 지정된 각으로 접선을 그립니다.(좌)
  선 중간점에서 각도(Line angled from midpoint) : 중심점을 기준으로 커브의 지정된 각으로 접선을 그립니다.(우)
- i. **점을 통과하는 선**(Line through points) : 점과 메쉬를 따라서 선을 그립니다.
- ■ j. **선 커브로부터 수직**(Line perpendicular from curve) : 커브의 점에 수직으로 선을 그립니다.(좌)
  선 커브에 수직(Line perpendicular to curve) : 커브에 직교하는 수직방향으로 선을 그립다.(우)
- k. **선 2커브에 수직**(Line perpendicular to 2 curves) : 2개의 커브 사이에 수직방향으로 선을 그립니다.
- l. **선 접점, 수직**(Line tangent and perpendicular to curves) : 2개의 원이나 커브 사이에 접선을 그립니다.
- m. **선 커브로부터 접함**(Line tangent from curves) : 커브 상의 지정지점에 접선을 그립니다.
- n. **선 2커브에 접함**(Line tangent to 2 curves) : 2개의 커브 사이를 연결하는 접선을 그립니다.
- o. **점 통과하는 폴리라인**(Polyine through points) : 단일점,커브의 점 등을 통과하는 선을 그립니다.

p. 커브를 폴리라인으로 변환(Convert curve to polyline) : 커브를 직선들로 변환합니다.
q. 메쉬 상의 폴리라인(Polylin on mesh) : 메쉬 오브젝트의 표면에 선을 그립니다.

❹ 커브(Curve tools) : 커브를 만드는 도구입니다.

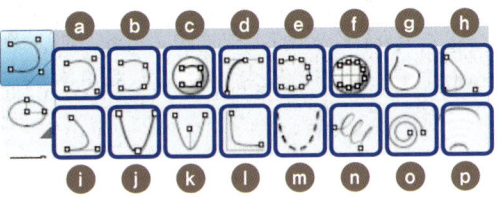

- a. 제어점 커브(Control point curve) : 커브 외곽 포인트를 연결하여 곡선을 그립니다.(좌)
  점을 통과하는 커브(Curve through points) : 선택된 점 개체를 통과하도록 커브를 맞춥니다.(우)
- b. 커브 보간점(Curve interpolate points) : 포인트의 위치를 지정해서 통과하는 곡선을 그립니다.(좌)
  핸들 커브(Handle curve) : 조정할수 있는 보조선을 기준으로 곡선을 그립니다.(우)
  c. 서피스상의 보간커브(Interpolate on surface) : 서피스의 면을 따라 곡선을 그립니다.
  d. 핸들 커브(Handle curve) : 조정할 수 있는 보조선을 기준으로 곡선을 그립니다.
- e. 스케치(Sketch) : 자유롭게 마우스 포인트를 움직여 스케치선을 그립니다.(좌)
  서피스에 스케치(Sketch on surface) : 서피스 위에 자유롭게 스케치선을 그립니다.(우)
  f. 다각형 메쉬에 스케치(Sketch on polygon mesh) : 폴리곤 메쉬 표면에 자유롭게 스케치선을 그립니다.
- g. 커브 폴리라인에서 제어점(Curve control points from polyline) : 폴리라인을 따라서 지정한 Degree 값만큼 곡선을 그립니다.(좌)
  폴리라인 정점을 통과하는 커브(Curve through polyline verticles) : 폴리라인의 정점을 통과해서 곡선을 그립니다.(우)
- h. 원뿔 커브(Conic) : 원뿔 모양의 선을 기준으로 곡선을 그립니다.(좌)
  원뿔 커브 시작에서 수직(Conic perpendicular at start) : 커브상의 시작점에 수직으로 원뿔 모양의 선을 기준으로 하는 곡선을 그립니다.(우)
- i. 원뿔 커브 시작에서 접함(Conic tangent at start) : 커브상의 시작점에 탄젠시한 원뿔 모양의 선을 기준으로 하는 곡선을 그립니다.(좌)
  원뿔 커브 시작에서 접함 끝점(Conic tangent at start end) : 2커브상의 시작점과 끝점에 탄젠시한 원뿔 모양의 선을 기준으로 하는 곡선을 그립니다.(우)
  j. 3점으로 포물선(Parabola by 3 points) : 3개의 점을 지정하여 포물선을 그립니다.

- k. 초점을 사용한 포물선(Parabola by focus) : 초점을 지정하고 포물선을 그립니다.(좌)
  정점을 사용한 포물선(Parabola by vertex) : 정점을 지정하고 포물선을 그립니다.(우)
- l. 쌍곡선(Hyperbola) : 직선을 따라 쌍곡점을 가진 포물선을 그립니다.
- m. 현수선(Catenary) : 2점과 하중 방향의 점으로 매달린 형상의 곡선을 그립니다.
- n. 나선(Helix) : 전체 길이를 먼저 정하고 용수철 형태의 곡선을 그립니다.(좌)
  수직 원통형 나선(Vertical Helix) : 시작점에 수직방향으로 용수철 형태의 곡선을 그립니다.(우)
- o. 원뿔형 나선(Spiral) : Helix와 비슷하지만 한쪽 끝의 크기를 조절할 수 있습니다.(좌)
  평평한 원뿔형 나선(Flat spiral) : 평면에 Spiral을 그립니다.(우)
- p. 두 커브 사이의 중간 단계(Tween between two curves) : 2개의 커브 사이에 일정한 간격으로 배열복사하여 곡선을 만듭니다.

⑤ 원(Circle tools) : 원을 만드는 도구입니다.

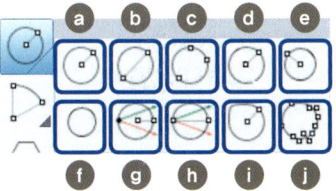

- a. 원 중심점, 반지름(Circle center, radius) : 중심점을 기준으로 원을 그립니다.
- b. 원 지름(Circle diameter) : 2점의 거리로 지름을 지정하여 원을 그립니다.
- c. 원 3점(Circle 3 points) : 점 3개의 위치를 지정해서 원을 그립니다.
- d. 커브를 중심으로 하는 원(Circle around curve) : 커브상의 중심점에서 수직 방향으로 원을 그립니다.
- e. 원 접점, 접점, 반지름(Circle tangent, tangent, radius) : 2곡선 사이에 턴젠시하게 원을 그립니다.
- f. 3커브에 접하는 원(Circle tangent to 3 curves) : 3곡선 사이에 탄젠시하게 원을 그립니다.
- g. 구성 평면에 수직인 원 중심점, 반지름(Circle vertical to CPlane center, radius) : 곡선의 한 점을 중심으로한 반지름을 가진 수직 방향의 원을 그립니다.
- h. 구성 평면에 수직인 원 지름(Circle vertical to CPlane diameter) : 곡선의 한 점을 중심으로 수직 방향의 지름을 가진 원을 그립니다.
- i. 원 변형 가능(Circle deformable) : Degree나 점 개수를 지정해 변형할 수 있는 원을 그립니다.
- j. 원 점 맞추기(Circle fit points) : 점들을 지정하여 원을 그립니다.

❻ 타원(Ellipse tools) : 타원을 그리는 도구입니다.

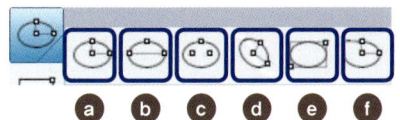

- a. **타원 중심점에서(Ellipse from center)** : 중심점을 기준으로 타원을 그립니다.
- b. **타원 지름(Ellipse diameter)** : 지름값을 지정하여 타원을 그립니다.
- c. **타원 초점 지정(Ellipse from foci)** : 점 2개로 중심선을 정하고 3번째 점으로 타원을 그립니다.
- d. **타원 커브 주변(Ellipse around curve)** : 곡선상의 한 접점에 수직방향으로 타원을 그립니다.
- e. **타원 모서리 지정(Ellipse by corners)** : 2개의 모서리 끝점을 지정하여 타원을 그립니다.
- f. **타원 변형 가능(Ellipse deformable)** : Degree나 점 개수를 지정하여 변형할 수 있는 타원을 그립니다.

❼ 호(Arc tools) : 호를 그리는 도구입니다.

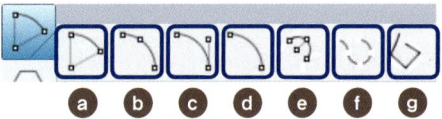

- a. **호 중심점, 시작점, 각도(Arc center, start, angle)** : 중심점을 기준으로 호를 그립니다.
- b. **호 시작점, 끝점, 호의 점(Arc start, end, point on arc)** : 시작, 끝, 임의 점의 3개의 점을 지정하여 호를 그립니다.(좌)

  호 시작점, 호의 점, 끝점(Arc start, point on arc, end) : 시작, 통과하는 임의 점, 끝 3개의 점을 지정하여 호를 그립니다.(우)

- c. **호 시작점, 끝점, 시작 방향(Arc start, end, direction at start)** : 시작과 끝점을 기준으로 시작점과 연결된 임의 점의 위치를 지정하여 호를 그립니다.(좌)

  호 시작점, 시작 방향, 끝점(Arc start, direction at start, end) : 시작점과 커브의 외곽에 형성된 임의 점, 끝점을 지정하여 호를 그립니다.(우)

- d. **호 시작점, 끝점, 반지름(Arc start, end, radius)** : 시작과 끝점을 기준으로 반지름의 값을 입력하거나 위치를 지정하여 호를 그립니다.
- e. **호 커브에 접함(Arc tangent to curves)** : 2개의 오브젝트(커브, 서피스 등)에 내접하는 호를 그립니다.(좌)

  호 접점, 접점, 반지름(Arc tangent, tangent, radius) : 2개의 오브젝트(커브, 서피스등)에 내접하고 반지름의 값을 지정하여 호를 그립니다.(우)

- f. **점을 통과하는 호(Arc through points)** : 다중점, 오브젝트의 점을 통과하는 호를 그립니다.
- g. **커브를 호로 변환(Convert to arcs)** : 커브를 여러 개의 호나 폴리라인으로 변환합니다.

❽ **직사각형(Rectangle Tools)** : 사각형을 그리는 도구입니다.

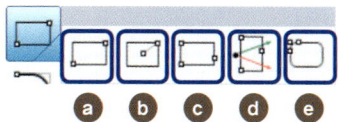

a. **직사각형 모서리에서 모서리로(Rectangle corner to corner)** : 시작과 끝점을 지정해서 사각형을 그립니다.
b. **직사각형 중심점, 모서리(Rectangle center, corner)** : 중심점을 기준으로 사각형을 그립니다.
c. **직사각형 3점(Rectangle 3 points)** : 3개의 점을 지정하여 사각형을 그립니다.
d. **직사각형 수직(Rectangle vertical)** : 2개의 점을 지정하고 수직으로 마지막 점을 지정하여 사각형을 그립니다.
e. **둥근 직사각형(Rounded rectangle)** : 2개의 점으로 사각형을 그리고 마지막으로 코너의 라운드 값을 지정합니다. 모서리에만 코너가 형성됩니다.(좌)
둥근 직사각형 원뿔 커브의 모서리(Rounded rectangle conic corners) : 2개의 점으로 사각형을 그리고 마지막으로 코너의 값을 지정합니다. 4변과 코너가 전부 라운드로 변합니다.(우)

❾ **다각형(Polygon tools)** : 다각형을 그리는 도구입니다.

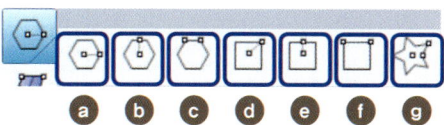

a. **다각형 중심점, 반지름(Polygon center radius)** : 중심과 모서리를 지정하여 다각형을 그립니다.
b. **외접 다각형 중심점, 반지름(Circumscribed polygon center, radius)** : 중심점을 기준으로 다각형을 그립니다.
c. **다각형 가장자리 기준(Polygon edge)** : 모서리를 시성해서 다각형을 그립니다.
d. **사각형 중심점, 모서리(Square center, corner)** : 중심점과 모서리를 지정해서 정사각형을 그립니다.
e. **외접 사각형 중심점, 반지름(Circumscribed Square center, radius)** : 중심점을 기준으로 정사각형을 그립니다.
f. **사각형 가장자리(Square edge)** : 끝점으로 정사각형을 그립니다.
g. **다각형 별(Polygon star)** : 별 모양을 그립니다.

⑩ **커브 편집 도구(Curve edit tools)** : 커브를 변형, 편집하는 도구입니다.

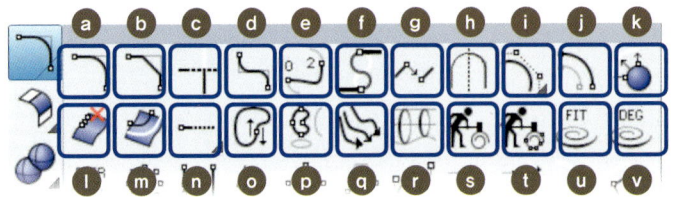

- a. **커브 필릿(Fillet curves)** : 모서리를 라운드로 변형합니다.(좌)
  커브 필릿 반복(Fillet curves repeat) : 모서리를 라운드로 반복적으로 변형합니다.(우)
- b. **커브 모따기(Chamfer curves)** : 모서리를 각진 형태로 변형합니다.(좌)
  커브 모따기 반복(Chamfer curves repeat) : 모서리를 각진 형태로 반복적으로 변형합니다.(우)
- c. **연결(Connect)** : 선을 자르거나 연결합니다.(좌)
  연결 반복(Connect repeat) : 선을 반복적으로 자르거나 연결합니다.(우)
  d. **모서리 필릿(Fillet corners)** : 연결된 모서리들을 모두 지정된 값의 라운드로 변형합니다.
- e. **조정 가능한 커브 블렌드(Adjustable curve blend)** : 2개의 커브를 여러 옵션으로 조정 가능한 커브로 연결합니다.(좌)
  빠른 커브 블렌드(Blend curve) : 2개의 커브를 자연스러운 커브로 연결합니다.(우)
  f. **호 블렌드(Arc blens)** : 2개의 커브를 정곡률의 호로 연결합니다.
  g. **커브 일치(Match curve)** : 2개의 커브를 옵션값 조정하여 연결합니다. 커브가 변형됩니다.
  h. **대칭(Symmetry)** : 지정한 축을 기준으로 커브를 대칭복사하여 연결합니다. 옵션에 따라 연결 여부와 변형 정도를 정할 수 있습니다.
- i. **개체 제어점 표시(Point on)** : 커브, 서피스의 제어점을 켭니다.(좌)
  점 끄기(Point off) : 커브, 서피스의 제어점을 끕니다.(우)
- j. **커브 간격띄우기(Offset curve)** : 지정한 거리만큼 커브 간격을 띄워서 복사합니다.(좌)
  다중 간격띄우기(Multiple offset curve) : 지정한 거리와 수만큼 간격을 띄워서 복사합니다.(우)
  k. **서피스 법선 방향으로 간격띄우기(Offset curve normal to surface)** : 서피스 모서리나 투영된 커브를 면의 방향으로 거리 복사합니다.
  l. **서피스 또는 커브에서 다중 매듭점 제거(Remove multiple knots from surface of curve)** : 커브, 서피스의 다중 매듭점을 제거합니다.
  m. **서피스 상의 커브 간격띄우기(Offset curve on surface)** : 서피스 위의 커브를 서피스 표면에서 거리만큼 복사합니다.
- n. **커브 연장(Extend curve)** : 커브를 거리값이나 위치지정하여 연장하거나 축소합니다.(좌)
  커브 경계선까지 연장(Extend dynamic) : 커브를 지정한 경계영역까지 연장합니다.(우)
  o. **닫힌 커브 심 조정(Adjust closed curve seam)** : 닫힌 커브의 연결점을 조정합니다.
  p. **2뷰로부터 커브(Curve from 2 views)** : 2개의 다른 뷰에서 입력 커브들을 평균화하여 하나의 커브를 만듭니다.

q. **커브 방향 일치(Match curve directions)** : 복수의 커브들의 방향을 통일합니다.
r. **횡단면 프로파일로부터 커브(Curve from cross section profiles)** : 프로파일 커브들을 교차하는 단면 커브를 만듭니다. 로프트나 네트워크 서피스에 유용한 기능입니다.
s. **커브 재생성(Rebuild curve)** : 커브의 포인트 수 휘는 정도를 조정하여 재생성합니다.(좌)
   커브를 마스터 커브로 재생성(Rebuild curves to master curve) : 마스터 커브를 기준으로 커브를 재생성합니다.(우)
t. **커브 비균일하게 재생성(Rebuild curve non uniform)** : 허용오차, 최대 점 개수 등의 옵션을 지정하여 비균일하게 커브를 변형합니다.
u. **커브를 허용오차에 다시 맞추기(Refit curve to tolerance)** : 맞춤 허용오차와 거리값을 지정하여 커브를 재생성합니다.
v. **차수 변경(Change degree)** : 포인트에 따라 커브의 휘는 정도를 조정합니다.

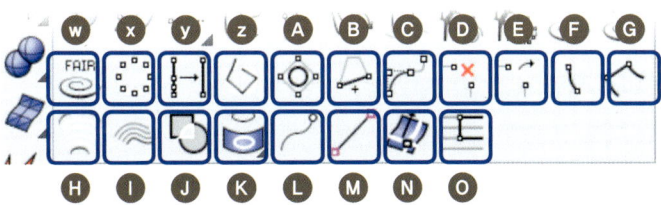

w. **커브 정형(Fair curve)** : 지정된 허용오차로 곡률을 변경하여 커브를 재생성할 수 있습니다.
x. **균일화(Make uniform)** : 커브나 서피스의 제어점이 균등하게 영향을 받도록 포인트를 추가하여 변형합니다.
y. **선, 호 간소화(Simplify lines and arcs)** : 직선이나 호의 제어점을 삭제하여 단순화합니다.
z. **커브를 폴리라인으로 변환(Convert curve to polyline)** : 커브를 직선조합으로 변환합니다.(좌)
   커브를 호로 변환(Convert curve to arc) : 커브를 호의 조합으로 변환합니다.(우)
A. **주기화(Make periodic)** : 열린 커브를 닫힌 커브로 변환합니다.(좌)
   비주기화(Make non-periodic) : 닫힌 커브를 열린 커브로 변환합니다.(우)
B. **열린 커브 닫기(Close open curves)** : 열린 커브를 직선으로 닫아줍니다.
C. **제어점 지정 커브를 계속(Continue control point curve)** : 커브의 끝 포인트에서 계속 연장해서 그립니다.(좌)
   보간 커브를 계속(Continue interCrv) : 커브 끝 포인트로부터 자유롭게 연장해서 그립니다.(우)
D. **하위 커브 삭제(Delete sub-curve)** : 커브의 지정하는 구간을 삭제합니다.
E. **하위 커브 추출(Extract sub-curve)** : 커브의 일정 구간을 추출합니다.
F. **하위 커브(Sub curve)** : 커브의 지정하는 구간을 남기고 나머지를 삭제합니다.(좌)
   하위 커브 복사(Copy sub curve) : 커브의 일정 부분을 지정 복사합니다.(우)

G. 선을 커브에 삽입(Insert line into curve) : 커브의 일정 부분을 직선으로 만듭니다.

H. 두 커브 사이의 중간 단계(Tween between two curves) : 커브와 커브 사이에 중간값의 커브를 생성합니다. 개수는 지정할 수 있습니다.

I. 다중 간격띄우기(Offset multiple) : 커브를 지정 방향, 거리 수로 배열 복사합니다.

J. 커브 부울 연산(Curve boolean) : 커브와 커브 사이의 중복 부분을 지정하여 커브 생성합니다.

K. 커브 투영(Project curves) : 커브를 서피스에 투영해서 서피스에 부착된 커브를 만듭니다. 정 뷰에 연동해서 투영됩니다.(좌)

커브 투영 넓게(Project curves loose) : 커브를 서피스에 투영해서 서피스에 부착된 느슨한 커브를 만듭니다. 서피스 영역을 벗어나는 커브로는 실행되지 않을 수 있습니다.(우)

L. 커브 시작에 점 생성(Make curve start) : 커브의 시작부분에 점을 생성합니다.(좌)

커브 끝에 점 생성(Make curve end) : 커브의 끝부분에 점을 생성합니다.(우)

M. 커브 끝점 표시(Show curve ends) : 커브의 끝 포인트를 표시합니다.(좌)

커브 끝점 표시 끄기(Turn off showing curve ends) : 커브의 끝 포인트 표시를 끕니다.(우)

N. 추출된 아이소커브 이동(Move extracted isocurve) : 추출된 아이소커브를 이동합니다. 서피스 내에서만 이동 가능합니다.

O. 안내선 추가(Add guide line) : 가이드선을 생성합니다.(좌)

안내선 제거(Remove guide line) : 가이드선을 제거합니다.(우)

---

⑪ 서피스 만들기(Surface creation tools) : 서피스를 만드는 도구입니다.

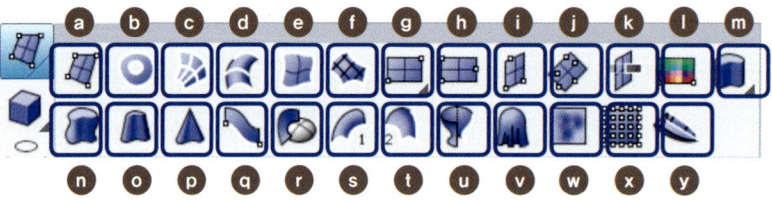

a. 3 또는 4개의 모서리점을 사용한 서피스(Surface from 3 or 4 corners points) : 3개 또는 4개의 코너 점을 지정해서 3, 4각의 평면 서피스를 만듭니다.

b. 평면형 커브를 사용한 서피스(Surface from planar curve) : 평면형 커브를 채워 서피스를 생성합니다. 내부에 닫힌 커브가 포함되면 서피스에서 영역을 제외합니다.

c. 커브 네트워크를 사용한 서피스(Surface from network of curves) : 3개 이상의 커브가 3D 와이어프레임 구조를 형성할 때 서피스를 생성하며 접한 서피스와의 연속성을 조정할 수 있습니다.

d. 로프트(Loft) : 2개 이상의 커브를 연결해서 서피스를 만듭니다.

e. 2, 3 또는 4 가장자리 커브를 사용한 서피스(Surface from 2, 3 or 4 edge curves) : 2, 3개 또는 4개의 커브 및 모서리를 이용해서 서피스를 생성합니다.

f. **패치(Patch)** : 닫힌 커브나 모서리를 이용해서 서피스를 생성합니다. 서피스의 U, V개수와 접선 방향, 비탄력성 등의 옵션을 설정해서 다양한 형상이 만들어집니다.
g. **직사각형 평면, 모서리에서 모서리로(Rectangular plane corner to corner)** : 2개의 포인트로 모서리를 지정해서 사각형의 서피스를 만듭니다.
h. **직사각형 평면, 3점(Rectangular plane 3 points)** : 3개의 포인트로 위치를 지정해서 사각형 서피스를 만듭니다.
i. **수직 평면(Vertical planar)** : 2개의 끝점을 지정해서 수직면에 사각형 서피스를 만듭니다.
j. **점을 통과하도록 평면 맞추기(Fit plane through points)** : 점들의 값을 참조하여 평면을 만듭니다.
k. **절단 평면(Cutting plane)** : 특정 뷰에서 선을 그려 선택된 개체에 겹치는 사각형 서피스를 만듭니다. 개체를 자르는 서피스를 쉽게 만들 수 있습니다.
l. **그림 평면 추가(Add a picture plane)** : 이미지 파일을 화면에 넣습니다.
m. **직선 돌출(Extrude straight)** : 커브를 수직 방향으로 돌출시켜 서피스를 만듭니다.
n. **커브를 따라 돌출(Extrude along curve)** : 커브를 특정 경로로 돌출시켜 서피스를 만듭니다.
o. **커브 테이퍼 돌출(Extrude curve tapered)** : 커브를 돌출할 때 빼기 구배각을 주어서 서피스를 만듭니다.
p. **점까지 돌출(Extrude to point)** : 커브를 지정 포인트까지 돌출시켜 서피스를 만듭니다.
q. **리본(Ribbon)** : 지정한 거리만큼 커브를 띄워서 복사하여 서피스를 생성합니다.
r. **서피스 법선 방향으로 커브 돌출(Extrude curve normal to surface)** : 커브를 지정하는 서피스의 법선 방향으로 돌출해서 새로운 서피스를 만듭니다.
s. **1개의 레일 스윕(Sweep 1 rail)** : 1개 이상의 단면 커브를 1개의 경로 커브를 이용해서 서피스를 만듭니다.
t. **2개의 레일 스윕(Sweep 2 rails)** : 1개 이상의 단면 커브를 2개의 경로 커브를 이용해서 서피스를 만듭니다.
u. **회전(Revolve)** : 단면 커브를 회전축을 기준으로 회전시켜 서피스를 만듭니다.(좌)
  레일 회전(Rail revolve) : 단면 커브를 회전축과 경로 커브로 회전시켜 서피스를 만듭니다.(우)
v. **개체에 서피스 펼치기(Drape surface over object)** : 3차원 개체를 덮도록 영역을 시정하면 천을 덮어씌운 것 같은 서피스를 만듭니다.
w. **이미지의 높이 필드 사용(Heightfield from image)** : 이미지의 명도를 높이값으로 하여 서피스를 만듭니다.
x. **점 그리드를 사용한 서피스(Surface from point grid)** : U, V방향의 포인트 수를 정하고 각각의 포인트 위치를 지정하여 서피스를 만듭니다.
y. **2 커브로부터 전개 가능한 로프트(Developable loft from two curves)** : 두 개의 커브 사이의 전개 가능한 단일 서피스를 만듭니다. 결과로 얻은 서피스는 UnrollSrf 명령으로 평면화할 수 있습니다.

⑫ **서피스 편집 도구(Surface edit tools)** : 서피스를 편집하는 도구입니다.

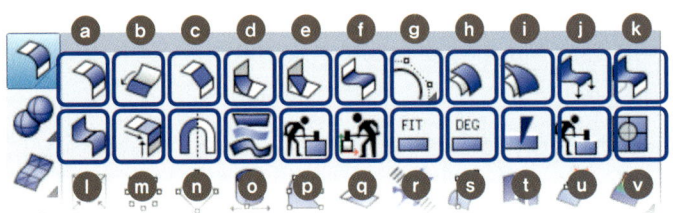

a. **서피스 필릿(Fillet surface)** : 2개의 서피스 사이를 일정한 반지름을 가진 둥근 서피스로 자연스럽게 연결합니다.

b. **서피스 연장(Extend Surface)** : 서피스 가장자리를 움직여 서피스의 길이를 더 길게 만듭니다. 서피스 가장자리가 트림되면 서피스 연장이 미리보기로 표시됩니다.

c. **서피스 모따기(Chamfer surface)** : 2개의 교차하는 서피스 가장자리 사이에 경사면으로 선 직면 (ruled surface)을 만듭니다.

🔴 d. **가변 반지름 서피스 필릿(Variable radius surface fillet)** : 여러 개의 반지름 값을 위치에 지정하여 교차하는 서피스의 가장자리 사이에 접하는 둥근 서피스를 만듭니다.(좌)

가변 반지름 서피스 블렌드(Variable radius surface blend) : 2개의 교차하는 서피스 가장자리 사이에 여러 개의 반지름 값을 사용하여 블렌드 서피스를 만듭니다.(우)

e. **가변 반지름 서피스 모따기(Variable radius surface chamfer)** : 2개의 교차하는 서피스 가장자리 사이에 여러 개의 거리값을 사용하여 모따기 서피스를 만듭니다.

f. **서피스 블렌드(Blend surface)** : 2개의 서피스 사이에 블렌드 서피스를 만듭니다.

🔴 g. **개체 제어점 표시(Show object control points)** : 개체의 제어점을 표시합니다. 제어점은 제어 정점 또는 노드라고도 합니다. 제어점은 커브, 서피스, 조명, 해치 테두리, 치수와 같은 개체에서 그립으로 사용되며, 개체에서 분리할 수 없습니다.(좌)

점 끄기(Point off) : 개체의 포인트를 끕니다.(우)

h. **서피스 간격띄우기(Offset surface)** : 서피스 또는 폴리서피스를 지정한 거리만큼 복사합니다.

i. **서피스 가변 간격띄우기(Variable offset of surface)** : 서피스의 가장자리 포인트의 거리를 다르게 조절해서 서피스를 복사해서 생성합니다.

j. **서피스 접선 방향 설정(Set surface tangent direction)** : 트림되지 않은 서피스 가장자리 접선 방향을 설정하여 서피스를 변형합니다.

🔴 k. **서피스 일치(Match surface)** : 다른 서피스에 대하여 서피스의 가장자리가 위치, 접선 또는 곡률 연속성을 갖도록 조정합니다.(좌)

최대 4 서피스 가장자리까지 일치(Make up to 4 surface edges) : 일치시킬 가장자리를 하나 이상 선택할 수 있습니다.(우)

l. **서피스 병합(Merge surface)** : 붙은 2개의 서피스를 하나의 서피스로 결합합니다. 서피스는 트림되지 않아야 합니다.

- m. 서피스 연결(Connect Surfaces) : 서피스 가장자리와 가장자리를 연결합니다.
- n. 대칭(Symmetry) : 서피스 가장자리를 이용해서 대칭 복사합니다.
- o. 두 서피스 사이의 중간 단계(Tween between two surface) : 2개의 서피스 사이에 지정한 간격으로 중간 서피스를 만듭니다.
- p. 서피스 재생성(Rebuild surface) : 선택된 커브 또는 서피스를 지정된 차수와 제어점의 개수로 다시 구축합니다.
- q. 서피스 UV 재생성(Rebuild surface UV) : 선택된 서피스를 U, V방향에서 지정된 제어점의 수로 재구축합니다.
- r. 서피스를 허용오차에 다시 맞추기(Refit surface to tolerance) : 서피스의 기존 형태는 유지하면서 서피스 제어점의 수를 줄입니다.
- s. 서피스 차수 변경(Change surface degree) : 커브나 서피스의 차수를 변경합니다.
- t. 가장자리 분할(Split edge) : 지정하는 위치의 서피스 가장자리를 자릅니다.(좌)
  가장자리 병합(Merge edge) : 단순 서피스의 인접한 가장자리를 하나로 병합합니다.(우)
- u. 가장자리 재생성(Rebuild edges) : 편집으로 서피스에서 분해된 원래 3D 서피스 가장자리를 복원합니다. 폴리서피스를 각각의 서피스로 분해한 후, 서피스의 원래 3D 가장자리를 복원하려 할 때 이 명령을 사용하면 편리합니다.
- v. 트림 해제(Untrim) : 서피스의 트림 커브에서 결합된 서피스와 트림 커브를 제거하여 서피스를 복원합니다.(좌)
  트림 분리(Detach trim) : 트림 개체를 유지하면서 서피스를 복원합니다.(우)

- w. 트림된 서피스 수축(Shrink trimmed surface) : 트림된 서피스의 제어점 구조를 축소합니다.(좌)
  트림된 서피스를 가장자리까지 수축(Shrink trimmed surface to edge) : 가장자리에 맞춰 트림된 서피스의 제어점 구조를 축소시킵니다.(우)
- x. 균일화(Make uniform) : 제어점의 위치를 변경하지 않고 개체의 매듭점 벡터를 균일하게 만듭니다. 개체의 형태가 조금 변경될 수 있습니다.(좌)
  서피스 UV균일화(Make surface uniform UV) : 제어점의 위치를 변경하지 않고 개체의 매듭점 벡터를 균일하게 만들어 U, V 방향에서 서피스에 영향을 주도록 서피스를 변경합니다.(우)
- y. 서피스 주기화하기(Make surface periodic) : 서피스에서 꼬임을 제거해 부드럽게 만듭니다.(좌)

서피스 비주기화하기(Make surface non-periodic) : 서피스에 꼬임을 삽입해 각진 형태를 만듭니다.(우)

Z. 닫힌 서피스 심 조정(Adjust closed surface seam) : 서피스의 시작과 끝 가장자리가 만나는 부분인 심(Seam)을 닫힌 서피스에서 위치 변경합니다.

A. 서피스 가장자리 대체(Replace surface edge) : 트림된 서피스 가장자리를 선 형태나 가장자리를 연장해서 트림 이전 상태로 복원할 수도 있습니다.

■ B. 전개 가능한 서피스 전개(Unroll developable surface) : 서피스 또는 폴리서피스를 평면 전개도 형식으로 펼칩니다.(좌)

서피스를 평면화(Flatten surface) : 서피스 가장자리를 구성 평면 상에 평평하게 테두리선을 추출합니다.(우)

C. 스매시(Smash) : 곡면 서피스를 평면으로 변환합니다. 복합 곡률을 가진 서피스의 2D 전개(근사값)를 만듭니다.

D. 서피스 끝 벌지 조정(Adjust surface end bulge) : 커브의 끝점 또는 서피스의 트림되지 않은 가장자리 형태를 조정합니다. 접선 방향과 커브 곡률을 바꾸지 않고도 커브의 모양을 편집할 수 있습니다.

■ E. 주름을 따라 서피스 나누기(Devide surface along creases) : 가이드 선을 따라서 서피스를 나눕니다.(좌)

주름과 접선을 따라 서피스 나누기(Devide surface along creases and tangents) : 접점과 가이드 선을 따라서 서피스를 나눕니다.(우)

F. 서피스 또는 커브에서 다중 매듭점 제거(Remove multiple knots from surface or curve) : 커브와 서피스에서 동일 위치에 겹쳐진 다중 매듭점을 제거합니다.

■ G. 곡률 분석(Curvature analysis) : 서피스나 개체의 곡률을 컬러 시각화하여 분석합니다.(좌)

곡률 분석 끄기(Curvature analysis off) : 곡률 분석을 끕니다.(우)

■ H. 가장자리 표시(Show edges) : 서피스, 폴리서피스, 메쉬의 가장자리를 강조 표시합니다.(좌)

커브 가장자리 표시 끄기(Turn off show edge off) : 가장자리 표시를 끄고, 가장자리 분석 제어를 끕니다.(우)

■ I. 곡률 그래프 켜기(Curvature graph on) : 커브와 서피스 곡률을 그래프로 보여줍니다.(좌)

곡률 그래프 끄기(Curvature graph off) : 곡률 그래프 표시를 끕니다.(우)

■ J. 개체 방향 표시(Show object direction) : 커브, 서피스, 폴리서피스의 방향을 표시합니다. 옵션에서 방향을 전환할 수 있습니다.(좌)

개체 방향 표시 닫기(Show object direction off) : 방향 옵션을 닫고 방향 표시를 끕니다.(우)

K. 방향 반전(Flip direction) : 커브 또는 서피스의 법선 방향을 반대로 설정합니다.

⑬ **솔리드 만들기(Solid creation tools)** : 솔리드 개체를 만드는 도구입니다.

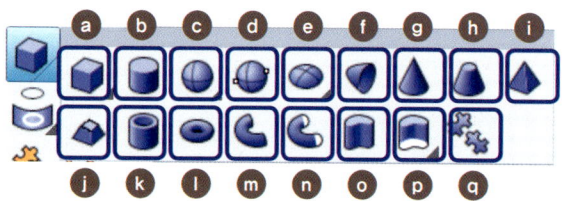

a. **상자 모서리에서 모서리로 높이(Box corner to corner, height)** : 밑면을 그리고 높이를 지정해서 솔리드 상자를 만듭니다. 옵션에 따라 다양한 조건으로 상자를 만들 수 있습니다.(대각선, 3점 높이, 중심점 모서리 높이, 경계상자, 경계상자 구성 평면의 방위)

b. **원통(Cylinder)** : 밑면을 그리고 높이를 지정해서 솔리드 원통을 만듭니다.

c. **구 중심점, 반지름(Sphere center radius)** : 반지름 값을 지정해서 솔리드 구를 만듭니다. 옵션에 따라 다양한 조건으로 구를 만들 수 있습니다.(지름, 3점, 4점, 커브 주변, 커브에 접 하는 원으로, 점 맞추기)

d. **구 지름(Sphere diameter)** : 지름 값을 지정해서 솔리드 구를 만듭니다.

e. **타원체 중심점에서(Ellipsoid from center)** : 솔리드 타원체를 만듭니다. 옵션에 따라 다양한 조건으로 타원체를 만들 수 있습니다.(지름, 초점, 커브 지정, 커브 주변)

f. **포물면(Paraboloid)** : 솔리드 포물면체를 만듭니다.

g. **원뿔(Cone)** : 솔리드 원뿔을 만듭니다.

h. **원뿔대(Truncated Cone)** : 정점을 평면으로 자른 원뿔을 만듭니다.

i. **각뿔(Pyramid)** : 밑면 변의 수를 지정해서 다양한 다각뿔을 만들 수 있습니다.

j. **각뿔대(Truncated Pyramid)** : 정점을 평면으로 자른 다각뿔을 만듭니다.

k. **튜브(Tube)** : 외경과 내경, 높이값을 지정하여 솔리드 튜브를 만듭니다.

l. **원환(Torus)** : 단면의 지름 또는 반지름 값을 지정하여 원환(도넛)을 만듭니다.

m. **파이프 평평한 끝막음(Pipe flap caps)** : 레일 커브를 중심으로 원형 단면의 솔리드 파이프를 만듭니다. 옵션에서 '끝막음>없음'을 지정하면 서피스 개체가 됩니다.

n. **파이프 둥근 끝막음(Pipe round caps)** : 레일 커브를 중심으로 원형 단면의 끝이 둥근 솔리드 파이프를 만듭니다.

o. **닫힌 평면형 커브 돌출(Extrude closed planar curve)** : 단면 커브를 직선으로 돌출시켜 솔리드 개체를 만듭니다.

p. **솔리드 돌출(Extrude solid)**

q. **가장자리 결합 해제(Unjoin edge)** : 선택된 폴리서피스 가장자리를 분리합니다. 닫힌 서피스의 심(Seam)은 분리되지 않습니다.

p. 솔리드 돌출(Extrude solid)

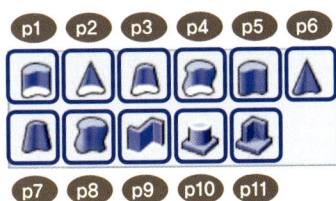

p1. 서피스 돌출(Extrude surface) : 서피스 가장자리 경로를 돌출시켜 솔리드 개체를 만듭니다.

p2. 서피스를 점까지 돌출(Extrude surface to point) : 선택된 점까지 서피스 가장자리의 경로를 돌출시켜 솔리드 개체를 만듭니다.

p3. 서피스 테이퍼 돌출(Extrude surface tapered) : 지정된 빼기 구배로 서피스 가장자리를 돌출시켜 테이퍼드된 솔리드 개체를 만듭니다.

■ p4. 커브를 따라 서피스 돌출(Extrude surface along curve) : 서피스 가장자리의 경로를 다른 경로 커브로 돌출시켜 솔리드 개체를 만듭니다.(좌)

하위 커브를 따라 서피스 돌출(Extrude surface along sub-curve) : 서피스 가장자리의 경로를 다른 경로 커브로 돌출시켜 솔리드 개체를 만듭니다. 돌출 거리를 지정할 수 있습니다.(우)

p5. 닫힌 평면형 커브 돌출(Extrude closed planar curve) : 단면 커브를 직선으로 돌출시켜 솔리드 개체를 만듭니다.

p6. 커브를 점까지 돌출(Extrude curve to point) : 선택된 점까지 커브를 돌출시켜 솔리드 개체를 만듭니다.

p7. 커브 테이퍼 돌출(Extrude curve tapered) : 지정된 빼기 구배로 커브를 돌출시켜 테이퍼드된 솔리드 개체를 만듭니다.

■ p8. 커브를 따라 커브 돌출(Extrude surface along curve) : 단면 커브를 다른 경로 커브로 돌출시켜 솔리드 개체를 만듭니다.(좌)

하위 커브를 따라 커브 돌출(Extrude surface along sub-curve) : 단면 커브를 다른 경로 커브로 돌출시켜 솔리드 개체를 만듭니다. 돌출 거리를 지정할 수 있습니다.(우)

p9. 폴리라인에서 슬래브(Slap from polyline) : 커브에 간격띄우기, 돌출, 끝막음을 실행하여 솔리드를 만듭니다.

p10. 보스(Boss) : 닫힌 커브에서 선택된 서피스까지 돌출면을 만듭니다. 자동 결합됩니다.

p11. 립(Rib) : 솔리드의 표면에 보강 개체를 만듭니다.

⑭ **솔리드 편집 도구(Solid edit tools)** : 솔리드 개체를 편집하는 도구입니다.

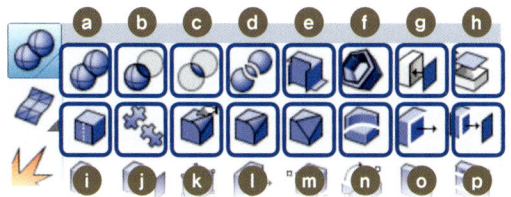

- a. **부울 합집합(Boolean union)** : 솔리드 개체와 개체를 하나로 합칩니다.
- b. **부울 차집합(Boolean difference)** : 솔리드 개체에서 다른 개체를 뺍니다.
- c. **부울 교집합(Boolean intersection)** : 솔리드 개체와 개체의 중첩된 부분을 남깁니다.
- d. **부울 연산 분할(Boolean split)** : 솔리드 개체들의 겹친 부분을 기준으로 분할해서 새로운 솔리드 개체를 만듭니다.(좌)

  2개체 부울 연산(Boolean 2 object) : 2개체 사이에 사용 가능한 부울 연산을 마우스 클릭으로 계속해서 실행합니다.(우)
- e. **솔리드 만들기(Create solid)** : 겹쳐진 서피스들의 중첩된 부분으로 솔리드 개체를 만듭니다.
- f. **닫힌 폴리서피스 쉘 처리(Shell closed polysurface)** : 지정하는 폴리서피스 면을 열린 면으로 하고 벽체 두께값을 지정하여 내부가 파여진 솔리드를 만듭니다. 간단한 개체만 가능합니다.
- g. **평면형 구멍 끝막음(Cap planar holes)** : 평면형 모서리 서피스 끝을 닫아 솔리드를 만듭니다.
- h. **서피스 추출(Extract surface)** : 솔리드 개체의 지정한 면을 떼내서 분리합니다.
- i. **동일 평면상의 두 면 병합(Merge two coplanar faces)** : 솔리드 개체에 있는 선택된 2개의 동일 평면상의 서피스를 하나의 서피스로 결합합니다.(좌)

  동일 평면상의 모든 면 병합(Merge all coplanar faces) : 최소한 한 가장자리를 공유하는 모든 동일 평면상의 폴리서피스 면을 하나의 서피스로 결합합니다.(우)
- j. **가장자리 결합 해제(Unjoin edge)** : 선택된 폴리서피스 가장자리를 분리합니다. 닫힌 서피스의 심(Seam)은 분리되지 않습니다.
- k. **가장자리 필릿 편집(Edit fillet edge)** : 가장 최근 가장자리 필릿 작업을 편집합니다.
- l. **가장자리 필릿(Fillet edges)** : 솔리드나 폴리서피스의 모서리를 라운드 형태로 만듭니다.(좌)

  가장자리 블렌드(Blend edges) : 솔리드나 폴리서피스의 모서리를 곡률이 연속적인 블렌드 서피스로 만듭니다.(우)
- m. **가장자리 모따기(Chamfer edges)** : 솔리드나 폴리서피스의 모서리를 깎아냅니다.
- n. **와이어 컷(Wire cut)** : 가열된 와이어로 자르는 것처럼 커브를 사용하여 솔리드를 자릅니다.
- o. **면 이동(Move face)** : 솔리드 개체의 일부 면을 이동하여 형태를 변경합니다.(좌)

  트림되지 않은 면 이동(Move untrimmed face) : 트림되지 않은 일부 면을 이동합니다.(우)
- p. **면을 경계까지 이동(Move face to a boundary)** : 솔리드의 일부 면을 외부의 지정면까지 이동하여 형태를 변경합니다. 면 자체는 경계 개체의 트림 단면으로 대체됩니다.

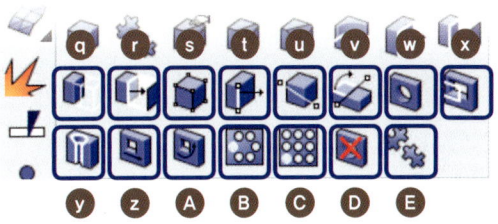

- q. **면 돌출(Extrude face)** : 지정한 서피스를 직선 방향으로 돌출시켜 새로운 솔리드 개체를 만듭니다.(좌)

  경로를 따라 면 돌출(Extrude face along curve) : 지정한 서피스를 모서리의 커브를 따라 돌출시킵니다.(우)

- r. **면을 경계까지 돌출(Extrude face to a boundary)** : 솔리드의 일부 면을 외부의 지정면까지 돌출하여 새로운 솔리드 개체를 만듭니다.

- s. **솔리드 제어점 켜기(Turn on solid control points)** : 솔리드 개체의 포인트를 나타나게 합니다. 나타난 포인트를 이용해서 간단히 형태를 변형합니다.

- t. **가장자리 이동(Move edge)** : 솔리드의 모서리를 이동해서 형태를 변형합니다.(좌)

  트림되지 않은 가장자리 이동(Move untrimmed edge) : 트림되지 않은 솔리드의 모서리를 이동해서 형태를 변형합니다.(우)

- u. **평면형 면 분할(Split planar faces)** : 솔리드의 평면부분을 커브를 사용하여 분할합니다.

- v. **평면형 면 접기(Fold planar faces)** : 축 선을 중심으로 선택된 솔리드 면을 회전시켜 형태를 변형합니다.

- w. **둥근 구멍(Round hole)** : 솔리드 개체에 원형 구멍을 만듭니다.

- x. **구멍 만들기(Make hole)** : 닫힌 커브를 솔리드로 돌출시켜 구멍을 만듭니다.(좌)

  구멍 배치(Place hole) : 닫힌 커브를 솔리드에 지정된 깊이와 회전으로 돌출시켜 구멍을 만듭니다.(우)

- y. **회전된 구멍(Revolved hole)** : 단면 커브를 축으로 회전시켜 솔리드에 구멍을 만듭니다.

- z. **구멍 이동(Move hole)** : 평면형 서피스에서 구멍을 이동하거나 복제합니다.(좌)

  구멍을 평면 서피스에 복사(Copy hole in a planar surface) : 평면형 서피스에서 잘라낸 구멍을 복사합니다.(우)

- A. **구멍 회전(Rotate hole)** : 평면형 서피스에서 축을 중심으로 구멍을 회전합니다.

- B. **구멍 원형 배열(Array hole polar)** : 솔리드 평면 위의 구멍을 축을 중심으로 원형 복사합니다.

- C. **구멍 배열(Array hole)** : 솔리드 평면 위의 구멍을 지정된 숫자의 열과 행으로 복사합니다.

- D. **구멍 트림 해제(Untrim holes)** : 솔리드 평면의 선택된 내부 구멍을 트림 해제합니다.(좌)

  모든 구멍 트림 해제(Untrim all holes) : 솔리드 평면의 모든 구멍을 트림 해제합니다.(우)

- E. **가장자리 결합 해제(Unjoin edge)** : 선택된 폴리서피스 모서리를 분리합니다. 닫힌 서피스의 심(Seam)은 분리되지 않습니다.

⑮ **개체로 커브 만들기(Curve from object)** : 개체에서 커브를 추출하는 도구입니다.

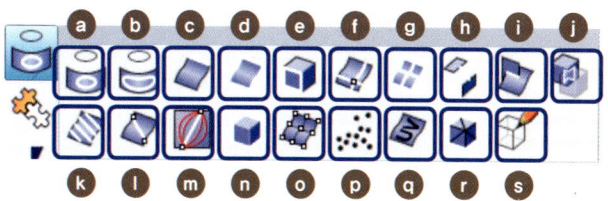

- a. **커브 투영(Project curves)** : 커브 또는 점 개체를 서피스/폴리서피스/메쉬를 향해 정의된 방향으로 투영합니다. 정 뷰에서 실행합니다.(좌)
  커브 투영 넓게(Project curves loose) : 커브 또는 점 개체를 서피스/폴리서피스/메쉬를 향해 정의된 방향으로 느슨하게 투영합니다. 정 뷰에서 실행합니다.(우)
- b. **커브 끌어오기(Pull curve)** : 커브 또는 점 개체를 서피스 또는 메쉬의 법선 방향으로 투영합니다. 거리에 따라 투영되는 크기가 달라지고 Perspective 뷰에서도 실행 가능합니다.(좌)
  커브 끌어오기, 느슨하게(Pull curve loose) : 커브 또는 점 개체를 서피스 또는 메쉬의 법선 방향으로 투영합니다. 서피스를 놓치는 편집점이 있으면 커브가 만들어지지 않습니다.(우)
- c. **가장자리 복제(Duplicate edge)** : 서피스 가장자리를 복제한 커브를 만듭니다.(좌)
  메쉬 가장자리 복제(Duplicate mesh edge) : 메쉬 가장자리를 복제한 커브를 만듭니다.(우)
- d. **테두리 복제(Duplicate border)** : 열린 서피스, 폴리서피스, 해치 또는 메쉬의 테두리를 복제하는 커브 또는 폴리라인을 만듭니다.
- e. **면 테두리 복제(Duplicate face border)** : 폴리서피스 테두리를 복제하는 커브를 만듭니다.
- f. **아이소커브 추출(Extract isocurve)** : 서피스의 아이소커브를 복제하여 커브를 만듭니다.(좌)
  추출된 아이소커브 이동(Move Extracted isocurve) : 아이소커브로부터 복제한 커브를 이동합니다.(우)
- g. **와이어프레임 추출(Extract wireframe)** : 와이어프레임 뷰에서 표시되는 서피스, 폴리서피스 아이소커브, 메쉬 가장자리를 복제하는 커브를 만듭니다.
- h. **커브 블렌드 가장자리에 수직으로(Blend perpendicular)** : 서피스 가장자리 사이를 연결하는 블렌드 커브를 입력 커브와의 연속성을 조정하여 만듭니다.
- i. **개체 교차(Object intersection)** : 2개 이상의 커브와 서피스가 서로 교차하는 지점에 점 또는 커브를 만듭니다.
- j. **2세트 교차(Intersect two sets)** : 한 개체와 다른 개체 세트 사이에 교차 커브를 추출합니다.
- k. **윤곽(Contour)** : 커브, 서피스, 폴리서피스 또는 솔리드를 통과하는 절단 평면에서 일정한 간격을 둔 평면형 커브와 점을 만듭니다.
- l. **단면(Section)** : 지정한 위치의 절단 평면에서 평면형 커브 또는 점을 만듭니다.
- m. **최단 커브(Geodesic curve)** : 서피스 상의 2점 사이에서 최대한 짧은 거리의 커브를 만듭니다.
- n. **실루엣(hamfer edges)** : 선택된 서피스나 서피스 개체로부터 외곽선 커브를 만듭니다.

o. **점 추출(Extract points)** : 커브, 서피스를 구성하는 모든 제어점을 점 개체로 추출합니다.
p. **점 구름 단면(Point cloud section)** : 점 구름 개체와 평면을 교차시켜 평면형 커브를 만듭니다.
■ q. **UV커브 만들기(Create UV curves)** : 입체 서피스를 평면에 펼친 커브를 만듭니다.(좌)
UV커브 적용(Apply UV curves) : 평면형 커브를 입체 서피스에 입힙니다.(우)
r. **메쉬 외곽선(Mesh outline)** : 메쉬 개체의 외곽 가장자리를 커브로 만듭니다.
s. **2D 도면 그리기(Make 2D drawing)** : 입체 개체를 구성 평면에 투영하여 2D 도면을 만듭니다.

⑯ **메쉬 편집 도구(Mesh edit tools)** : 메쉬를 분석하거나 편집하는 도구입니다.

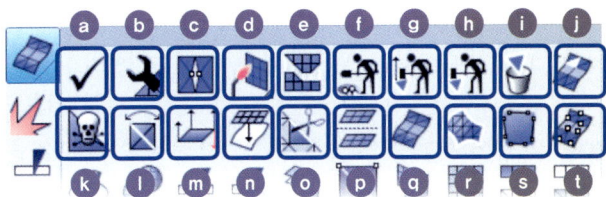

a. **개체 검사(Check objects)** : 선택한 개체의 데이터 구조의 오류를 분석합니다.
b. **메쉬 복구 마법사(Mesh repair wizard)** : 잘못된 메쉬를 쉽게 복구할 수 있도록 메쉬 정보와 복구 명령을 보여줍니다.
c. **메쉬 정점을 허용오차에 맞춰 정렬(Align mesh verticles to tolerance)** : 허용오차에 메쉬 정점을 맞춥니다.
■ d. **메쉬 용접(Weld mesh)** : 겹친 메쉬 정점을 하나의 정점으로 병합하여 주름을 없앱니다.(좌)
선택된 메쉬 정점 용접(Weld selected mesh vertices) : 모든 선택된 메쉬 정점을 병합하여 주름을 제거합니다. 면 사이의 허용오차 각도를 지정할 수 없습니다.(우)
e. **메쉬 가장자리 일치(Match mesh edges)** : 열린 메쉬의 가장자리를 서로 붙입니다.
■ f. **메쉬 구멍 채우기(Fill mesh holes)** : 메쉬에서 선택된 구멍을 채웁니다. 3D 프린팅용 파일을 복구하는 데 도움이 됩니다.(좌)
메쉬 모든 구멍 채우기(Fill all holes in mesh) : 다각형 메쉬 개체에 있는 모든 구멍을 삼각 면으로 채웁니다. 3D 프린팅용 파일을 복구하는 데 도움이 됩니다.(우)
g. **메쉬 법선 재생성(Rebuild mesh normals)** : 메쉬 법선을 제거하고, 면의 방위를 기준으로 면과 정점 법선을 재구성합니다. 3D 프린팅용 파일을 복구하는 데 도움이 됩니다.
h. **메쉬 재생성(Rebuild mesh)** : 메쉬에서 텍스처 좌표, 정점 색, 서피스 곡률, 서피스 매개변수를 없앱니다. 제대로 작동하지 않는 메쉬를 재생성할 수 있습니다.
i. **메쉬 면 삭제(Delete mesh faces)** : 구멍이 있는 메쉬를 선택적으로 부모 메쉬로부터 제거하여 3D 프린터로 출력할 수 있도록 메쉬를 복구하고 메쉬를 닫습니다.
j. **메쉬 면 추가(Patch single face)** : 메쉬의 구멍을 하나의 메쉬 면으로 채웁니다.

k. **점 추출(Cull degenerate mesh faces)** : 면적이 없는 메쉬를 삭제합니다.

l. **메쉬 가장자리 바꾸기(Swap mesh face)** : 가장자리를 공유하는 메쉬의 모서리를 바꿉니다.

m. **메쉬 법선 통일(Unify mesh normals)** : 메쉬 개체에서 면의 법선 방향을 변경하여 일정한 방향을 유지하도록 합니다.(좌)

메쉬 법선 방향 반전(Flip mesh normals) : 메쉬의 법선 방향을 반대로 설정합니다.(우)

n. **NURBS 서피스에 메쉬 적용(Apply mesh to NURBS surface)** : NURBS 표면에 메쉬를 맞춥니다.

o. **메쉬 가장자리 분할(Split a mesh edge)** : 메쉬 가장자리를 나눠 2개 이상의 삼각형을 만듭니다.

p. **비결합 메쉬 분할(Split disjoin mesh)** : 메쉬를 연결되지 않은 분리된 개체로 나눕니다. 그러나 여전히 한 개체입니다.

q. **서피스/폴리서피스로부터 메쉬(Mesh from surface/polysurface)** : 서피스 또는 솔리드에 다각형 메쉬를 만듭니다.(좌)

개체를 NURBS로 변환(Polysurface from mesh) : 솔리드 개체를 NURBS 방식의 폴리서피스로 변환합니다.(우)

r. **메쉬 패치(Mesh parch)** : 커브와 점으로 다각형 메쉬를 만듭니다.

s. **3개 이상의 선으로 메쉬 만들기(Create mesh from 3 or more lines)** : 3개 이상의 선 개체로 메쉬를 만듭니다. 선 개체는 서로 끝이 만나 닫힌 형태를 이루어야 합니다.

t. **점으로 메쉬 만들기(Mesh from points)** : 점 개체 또는 점 구름으로 메쉬를 만듭니다.(좌)

Meshfromlines-복사본(Mesh from lines-Copy) : 선을 이용해서 메쉬를 복사합니다.(우)

u. **메쉬 UVN 적용(Apply mesh UVN)** : 메쉬와 점을 배율을 조정하여 서피스 상에 적용시킵니다.

v. **메쉬 부울 합집합(Mesh boolean union)** : 선택된 메쉬, 솔리드 또는 서피스의 공통된 영역을 잘라내고, 공유되지 않은 영역을 하나의 메쉬로 만듭니다. 하위 메뉴에 차집합, 교집합, 분할이 있습니다.

w. **메쉬 분할(Mesh split)** : 다른 개체를 사용하여 메쉬를 분할합니다.

x. **메쉬 트림(Mesh trim)** : 교차하는 메쉬의 선택된 부분을 삭제합니다.

y. **메쉬 간격 띄우기(Offset mesh)** : 메쉬를 지정한 거리값 만큼 띄워 복사합니다.

z. **두 메쉬 면 병합(Merge two mesh faces)** : 가장자리가 붙은 두 개의 삼각 메쉬 면을 하나의 사각면으로 합칩니다.

A. **메쉬 교차(Mesh intersect)** : 메쉬 개체가 교차하는 지점에 폴리라인을 만듭니다.
B. **메쉬 구멍 경계 복제(Duplicate mesh hole boundary)** : 메쉬 구멍의 내부 모서리를 복제하여 폴리라인을 만듭니다.
C. **메쉬를 사각형으로 변환(Quadrangulate mesh)** : 삼각형 메쉬를 사각형 메쉬로 만듭니다.
D. **메쉬를 삼각형으로 변환(Triangulate mesh)** : 모든 평면형 사각 메쉬를 두 개의 삼각 메쉬로 분할합니다.(좌)
   비 평면형 사각 메쉬를 삼각형으로 변환(Triangulate non-planar quads) : 모든 비 평면형 사각 메쉬를 두 개의 삼각 메쉬로 분할합니다.(우)
E. **메쉬 다각형 개수 감소(Reduce mesh polygon count)** : 메쉬의 폴리곤 개수를 줄입니다.(좌)
   메쉬를 삼각형으로 변환(Triangulate mesh) : 모든 평면형 사각 메쉬를 두 개의 삼각 메쉬로 분할합니다.(우)
F. **다각형 개수(Polygon count)** : 선택된 메쉬에 있는 폴리곤의 개수를 나타냅니다.
G. **메쉬 추출(Extract mesh)**

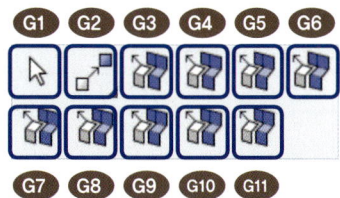

G1. **선택 취소 / 전체 취소(Cancle / Cancle all)**
G2. **이동(Move)** : 사이드 툴바 26번 기능과 동일합니다.
G3. **메쉬 면 추출(Extract mesh faces)** : 메쉬에서 면을 선택해서 분리합니다.
G4. **연결된 메쉬 면 추출(Extract connected mesh faces)** : 메쉬의 선택면과 연결면을 분리합니다.
G5. **중복된 메쉬 면 추출(Extract duplicate mesh faces)** : 메쉬에서 복제된 면을 분리합니다.
G6. **메쉬 면 추출, 종횡비 지정(Extract mesh faces by aspect ratio)** : 메쉬에서 지정된 종횡비보다 큰 면을 분리합니다.
G7. **메쉬 면 추출, 면적 지정(Extract mesh faces by area)** : 지정된 범위 안에 있는 면을 메쉬로부터 분리합니다.
G8. **메쉬 면 추출, 가장자리 길이 지정(Extract mesh faces by edge length)** : 지정된 값보다 길거나 짧은 가장자리 길이를 가진 면을 메쉬로부터 분리합니다.
G9. **메쉬 면 추출, 빼기 구배 지정(Extract mesh faces by draft angle)** : 뷰에 대한 면의 각도를 기준으로 메쉬로부터 면을 분리합니다. 금형 설계에서 언더컷 영역을 찾을 때 유용합니다.
G10.**메쉬 파트 추출(Extract mesh part)** : 메쉬에서 선택된 면에서 떨어진 가장자리까지 방사형인 모든 메쉬 면을 추출합니다.
G11. **메쉬 가장자리 추출(Extract mesh edges)** : 면 법선 사이의 각도를 기준으로 메쉬 개체에서 가장자리를 분리합니다.

H. 메쉬 축소(Collapse mesh)

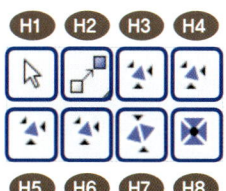

- H1. 선택 취소 / 전체 취소(Cancle / Cancle all)
  H2. 이동(Move) : 사이드 툴바 26번 기능과 동일합니다.
  H3. 메쉬 면 축소, 가장자리 길이 지정(Collapse mesh faces by edge length) : 지정된 길이보다 길거나 짧은 메쉬 가장자리의 정점들을 하나의 정점으로 이동합니다.
  H4. 메쉬 면 축소, 종횡비 지정(Collapse mesh faces by aspect ratio) : 지정된 비율보다 큰 종횡비(길이와 너비 비율)를 가진 메쉬 면의 정점들을 하나의 정점으로 이동합니다.
  H5. 메쉬 면 축소, 면적 지정(Collapse mesh faces by area) : 지정된 값보다 크거나 작은 서피스 면적을 가진 메쉬 면의 정점들을 하나의 정점으로 이동합니다.
  H6. 메쉬 면 축소(Collapse mesh faces) : 메쉬 면의 정점들을 하나의 정점으로 이동합니다
  H7. 메쉬 가장자리 축소(Collapse mesh edge) : 메쉬 가장자리의 정점을 한 정점으로 이동합니다.
  H8. 메쉬 정점 축소(Collapse mesh vertex) : 선택한 메쉬 정점을 인접한 메쉬 정점 위치로 이동합니다.
- I. N각형을 메쉬에 추가(Add Ngons to mesh) : 연결된 동일 평면상의 붙은 면을 N각형(ngon)으로 만듭니다.
- J. 메쉬에 N각형 삭제(Delete mesh Ngons) : 메쉬에서 N각형 그룹을 제거합니다.

⑰ 결합(Join) : 개체를 서로 결합하여 단일 개체를 만듭니다.

⑱ 분해(Explode) : 선택한 솔리드, 서피스, 커브 등을 개별 개체로 분해합니다.(좌)
서피스 추출(Extract surface) : 솔리드에서 선택한 서피스만 분해, 분리합니다.(우)

⑲ 트림(Trim) : 다른 개체와 교차하는 위치에서 선택된 부분을 자르고 삭제합니다.(좌)
트림 해제(Untrim) : 트림된 상태 이전으로 복원합니다.(우)

⑳ 분할(Split) : 다른 개체를 절단 요소로 사용하여 개체를 부분으로 나눕니다.(좌)
서피스 아이소커브로 분할(Split surface by isocurve) : 자체 아이소커브로 서피스를 분할합니다.(우)

㉑ 그룹화(Group) : 여러 개체를 그룹으로 만드는 도구입니다.

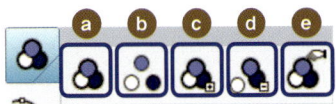

a. 개체 그룹화(Group) : 여러 개체를 하나로 묶어 그룹으로 만듭니다.
b. 그룹 해제(Ungroup) : 선택된 그룹의 그룹화를 해제합니다.
c. 그룹에 추가(Add to group) : 선택된 그룹에 개체를 추가합니다.
d. 그룹에서 제외(Remove from group) : 그룹에서 선택된 개체를 분리합니다.
e. 그룹 이름 설정(Set group name) : 선택된 그룹의 이름을 지정합니다.

• •

㉒ 그룹 해제(Ungroup) : 선택된 그룹의 그룹화를 해제합니다.

㉓ 커브 편집점 표시(Show curve edit points) : 커브의 편집점을 표시합니다.(좌)
점 끄기(Points off) : 편집점을 보이지 않도록 끕니다.(우)

㉔ 점 편집(Group) : 점 개체를 편집하는 도구입니다.

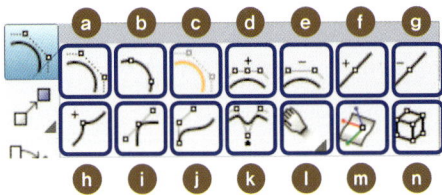

a. 개체 제어점 표시(Group) : 개체의 제어점을 표시합니다. 제어점은 제어 정점 또는 노드라고도 합니다.(좌)
점 끄기(Points off) : 편집점을 보이지 않도록 끕니다.(우)
b. 커브 편집점 표시(Show curve edit points) : 커브의 편집점을 표시합니다.(좌)
점 끄기(Points off) : 편집점을 보이지 않도록 끕니다.(우)
c. 선택된 개체 점 끄기(Points off selected objects) : 선택된 개체의 점 표시를 끕니다.
d. 제어점 삽입(Insert a control point) : 커브 또는 서피스에 제어점을 추가합니다.
e. 제어점 제거(Remove a control point) : 커브 또는 서피스에서 제어점을 제거합니다.
f. 매듭점 삽입(Insert knot) : 커브 또는 서피스에 매듭점을 추가합니다.
g. 매듭점 제거(Remove knot) : 커브 또는 서피스에서 매듭점을 제거합니다.
h. 꼬임 삽입(Insert kink) : 커브 또는 서피스에 꼬임을 추가합니다.

i. **핸들 막대 편집기(Handlebar editor)** : 베지어 커브 스타일의 핸들 막대로 커브 또는 서피스를 편집합니다. 어도비 일러스트레이터의 조정 방식과 유사합니다.
j. **끝 벌지 조정(Adjust end bulge)** : 커브의 끝점 또는 서피스의 트림되지 않은 가장자리의 형태를 조정합니다.
k. **제어점 웨이트 편집(Edit control point weight)** : 제어점에 웨이트 수치 값을 지정해서 커브, 서피스의 형상을 변형합니다.
l. **끌기 모드 설정(Set drag mode)** : 끌기 모드를 선택합니다.(구성 평면, 절대좌표, 뷰, UVN, 다각형 제어 등)
■ m. **UVN 이동(Move UVN)** : UVN 도표를 보면서 조정 막대를 조정하여 포인트를 이동합니다(좌)
UVN 이동 끄기(Turn move UVN off) : UVN 도표를 끕니다.(우)
n. **제어 다각형 뒷면 생략(Cull control polygon backfaces)** : 음영 뷰에서 개체 뒤에 있는 제어점과 메쉬 정점을 숨깁니다. 서피스 제어점 편집이 쉬워집니다.

· ·

㉕ **텍스트 개체(Text)** : 문자를 기입하는 도구입니다. 크기, 서체 등의 옵션을 설정합니다.

㉖ **변형(Transform tools)** : 개체를 변형하는 도구입니다.

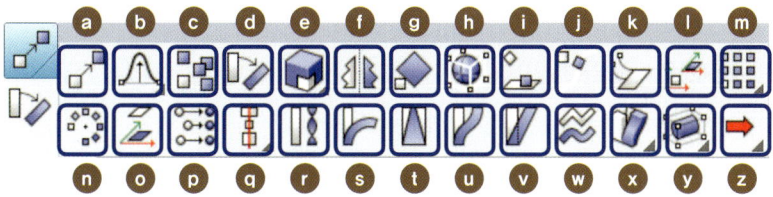

a. **이동(Move)** : 선택한 개체를 이동합니다.
b. **커브 소프트 편집(Soft-edit curve)** : 선택된 점을 둘러싼 커브 영역을 점으로부터의 거리로 부드럽게 이동합니다. 세부 옵션에 따라 다양한 방식으로 조절할 수 있습니다.
c. **복사(Copy)** : 선택한 개체를 복사합니다.
■ d. **2D 회전(Rotate 2D)** : 구성 평면에 대해 수직 상태인 축을 중심으로 개체를 회전합니다.(좌)
3D 회전(Rotate 3D) : 3D 공간에서 지정된 축을 중심으로 회전합니다.(우)
■ e. **3D 크기 조정(Scale 3D)** : 개체의 크기를 X, Y, Z 3방향에서 균일하게 변경합니다.(좌)
2D 크기 조정(Scale 3D) : 선택된 개체의 크기를 두 방향에서 균일하게 변경합니다.(우) 하위 메뉴에 3D, 2D 이외에 1D, 비균일, 평면 등의 다양한 옵션이 있습니다.
■ f. **미러(Mirror)** : 지정한 축을 기준으로 개체를 대칭 복사합니다.(좌)

3점 평면에 미러(Mirror on 3 points plane) : 3점으로 지정한 축을 기준으로 개체를 대칭 복사합니다.(우)

g. **개체 방위, 2점(Orient, 2 points)** : 2개의 참조점과 2개의 목표점을 사용하여 개체를 이동, 복사, 회전, 크기 조정합니다.(좌)

개체 방위, 3점(Orient, 3 points) : 3개의 참조점과 3개의 목표점을 사용하여 개체를 이동, 복사, 회전, 크기 조정합니다.(우)

h. **상자 편집(Box edit)** : 개체 지정 후 나타나는 편집상자의 Size, scale, position, rotation, option에 수치를 입력 후 편집할 수 있습니다.

i. **서피스 상으로 개체 방위 지정(Orient objects on surface)** : 서피스 법선 방향을 기준으로 하여 서피스 상의 개체를 이동, 복사하고 회전합니다.

j. **커브에 수직으로 방위 변형(Orient perpendicular to curve)** : 선택 개체의 지정 포인트를 기준으로 대상 커브의 지정점에 수직으로 맞춥니다.

k. **커브의 방위 기준을 가장자리로 지정(Orient curve to edge)** : 커브를 서피스 가장자리로 복사하고 정렬시킵니다.

l. **구성 평면에 다시 매핑(Remap to CPlane)** : 선택된 개체를 지정 뷰포트에 평면으로 정렬합니다.

m. **직사각형 배열(Rectangular array)** : 선택된 개체를 X, Y, Z 방향으로 배열할 수와 거리를 지정해서 배열 복사합니다. 하위 메뉴는 사이드 툴바 31번에서 세부 설명하겠습니다.

n. **원형 배열(Polar array)** : 선택된 개체를 회전축을 기준으로 배열할 수, 채울 각도, 회전 여부, Z축 간격띄우기 여부 등을 설정해서 배열 복사합니다.

o. **구성 평면에 투영(Project to CPlane)** : 개체를 구성 평면상에 평평하게 표시합니다.

p. **XYZ 좌표 설정(Set XYZ coordinates)** : 개체의 제어점을 X, Y, Z 방향으로 지정된 위치로 이동합니다. 제어점이 아닌 개체는 지정된 축 방향으로 서피스를 추출합니다.

q. **개체 정렬(Aline object)** : 선택된 개체들을 일렬로 정렬합니다. 정 뷰에서 바닥, 왼쪽, 오른쪽, 중간 등의 기준으로 정렬합니다. 하위 메뉴는 사이드 툴바 32번에서 세부 설명하겠습니다.

r. **비틀기(Twist)** : 축을 중심으로 선택된 개체를 비틀어 형상을 변형합니다.

s. **구부리기(Bend)** : 선택된 개체를 지정하는 각도와 방향으로 구부려 형상을 변형합니다.

t. **테이퍼(Taper)** : 선택된 개체를 지정축을 기준으로 설정한 구배각에 따라 변형합니다.

u. **커브를 따라 흐름(Flow along curve)** : 개체를 기준 커브의 형태에서 대상 커브의 형태로 변형합니다. 직선 형태를 곡면 형태에 매핑할 때 많이 사용합니다.

v. **기울이기(Shear)** : 선택된 개체를 지정축을 기준으로 방향을 기울여 형상을 변형합니다.

w. **매끄럽게(Smooth)** : 지정된 영역에서 커브와 서피스 제어점, 메쉬 정점의 위치를 평균화하여 부드럽게 만듭니다.

x. **서피스를 따라 흐름(Flow along surface)** : 원본 서피스에서 대상 서피스 표면을 따라 개체를 자연스럽게 변형합니다. 하위 메뉴는 사이드 툴바 33번에서 세부 설명하겠습니다.

y. 케이지(Cage)

- **y1. 케이지 편집(Cage edit)** : 2, 3D 케이지를 사용해서 개체를 매끄럽게 변형시킵니다.(좌)
  케이지 만들기(Create cage) : 상자 형태의 케이지를 만듭니다. 케이지는 CageEdit 명령에서 다른 개체를 변형할 때 사용됩니다.(우)
- **y2. 제어 케이지에서 개체 놓아주기(Release object from control cage)** : 케이지의 영향을 받는 선택된 개체를 그 영향권에서 제외시킵니다.
- **y3. 제어 개체 선택(Select controls)** : 케이지 편집 명령으로 설정된 제어 개체를 선택합니다.
- **y4. 종속 개체 선택(Select controls)** : 케이지 편집 명령으로 설정된 종속 개체를 선택합니다.

z. 유기적 도구

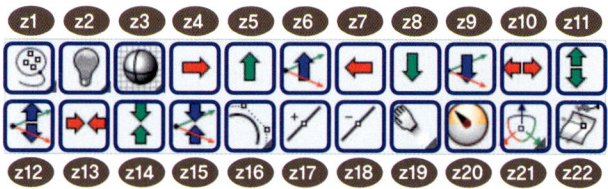

- **z1. 점 선택(Select points)** : 점 개체를 선택하기 위한 다양한 옵션이 있습니다.
- **z2. 표시(Visibility)** : 개체, 레이어, 제어점 등의 보기, 숨기기, 잠금, 해제를 제어합니다.
- **z3. 디스플레이 모드(Display mode)** : Viewport의 표시모드를 선택합니다.(와이어프레임, 음영, 렌더링 등)
- **z4~9. 지정 방향으로 이동** : X, Y, Z 지정 방향으로 상대, 절대좌표에 따라 이동합니다.
- **z10~15. 지정 방향으로 확장** : X, Y, Z 지정 방향으로 상대, 절대좌표에 따라 확장합니다.
- **z16. 개체 제어점 표시(Point on)** : 개체의 제어점을 켭니다.(좌)
  점 끄기(Point off) : 개체의 제어점을 끕니다.(우)
- **z17. 매듭점 삽입(Insert knot)** : 개체에 매듭점을 추가합니다.(좌)
  편집점 삽입(Insert edit point) : 개체에 편집점을 추가합니다.(우)
- **z18. 매듭점 제거(Remove knot)** : 개체의 매듭점을 제거합니다.
- **z19. 끌기 모드 설정(Set drag mode)** : 끌기 모드를 선택합니다.(구성 평면, 절대좌표, 뷰, UVN, 다각형 제어 등)
- **z20. 글로벌 끌기 강도 설정(Set drag mode)** : 검볼을 끌어오는 세기, 개체를 마우스로 끌어오는 세기(제어점 포함) 정도를 설정합니다.
- **z21. 검볼(Gumball)** : 검볼을 컨트롤하는 다양한 옵션이 있습니다.
- **z22. UVN 미세 이동 설정(Set nudge UVN)** : 미세 이동 옵션을 UVN으로 설정합니다.(좌)
  구성 평면 미세 이동 설정(Set nudge CPlane) : 미세 이동 옵션을 구성 평면으로 설정합니다.(우)

㉗ 복사(Copy) : 선택한 개체의 복사해서 이동합니다.(좌)
같은 위치에 개체 복사(Copy object in place) : 이동 없이 제자리에 복사합니다.(우)

㉘ 2D 회전(Rotate 2D) : 구성 평면에 대해 수직 상태 축을 중심으로 개체를 회전합니다.(좌)
3D 회전(Rotate 3D) : 3D 공간에서 지정된 축을 중심으로 회전합니다.(우)

㉙ 크기 조정(Edit scale) : 개체의 크기를 조절하는 도구입니다.

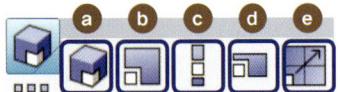

a. 3D 크기 조정(Scale 3D) : 선택된 개체의 크기를 X, Y, Z 방향에서 균일하게 변경합니다.
b. 2D 크기 조정(Scale 3D) : 선택된 개체의 크기를 두 방향에서 균일하게 변경합니다.
c. 1D 크기 조정(Scale 1D) : 선택된 개체의 크기를 한 방향에서 균일하게 변경합니다.
d. 비균일 크기 조정(Non uniform scale) : 선택된 개체의 크기를 지정점을 기준으로 변경합니다.
e. 평면으로 크기 조정(Scale by plane) : 선택된 개체의 크기를 지정된 평면의 축을 따라 변경합니다.

㉚ 분석(Analyze tools) : 개체의 속성을 분석하는 도구입니다.

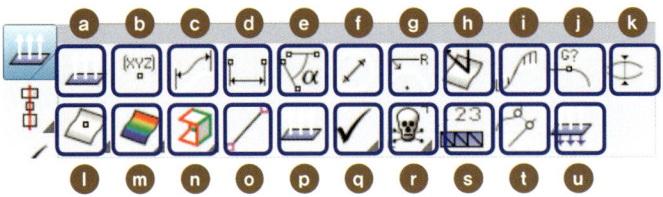

- a. 방향 분석(Anylyze direction) : 선택된 개체의 면 방향을 표시하고 편집합니다.(좌)
  방향 반전(Flip direction) : 선택된 개체의 면 방향을 뒤집습니다.(우)
- b. 점 계산(Evaluate point) : 선택된 위치의 절대좌표와 구성 평면의 좌표를 나타냅니다.(좌)
  점 UV좌표 계산(Evaluate point UV coordinates) : 서피스에서 선택된 위치의 U, V좌표를 나타냅니다.(우)
- c. 길이 측정(Measure length) : 커브 또는 서피스 가장자리의 길이를 측정합니다.(좌)
  정의역(Domain) : 커브 또는 서피스의 정의역을 측정합니다. 정의역은 커브 또는 서피스를 정의하는 함수에 대한 모든 가능한 입력값의 집합입니다.(우)
  d. 거리 측정(Measure distance) : 2점 간의 거리를 측정합니다.
  e. 각도(Angle) : 2지점 사이의 각도를 측정합니다.
  f. 지름 측정(Measure diameter) : 지정된 지점에서 커브의 지름을 측정합니다.
- g. 반지름(Radius) : 지정된 지점에서 커브의 반지름을 측정합니다.(좌)

곡률(Curvature) : 원의 반지름을 사용하여 커브 또는 서피스상의 한 점 위치에서 곡률을 계산합니다.(우)

h. 광선 바운스(Bounce ray) : 폴리라인 경로를 만들기 위해 서피스의 집합에 광선을 비춥니다.

i. 곡률 그래프 켜기(Curvature graph on) : 커브와 서피스 곡률 분석 그래프를 표시합니다.(좌)
곡률 그래프 끄기(Curvature graph off) : 커브와 서피스 곡률 분석 그래프를 끕니다.(우)

j. 2커브의 기하학적 연속성(Geometry continuity of 2 curves) : 2커브 사이의 기하학적 연속성을 분석합니다.

k. 커브 편차 분석(Analyze curve deviation) : 2커브 사이의 최대 및 최소 거리를 분석합니다.

l. 질량 속성(Mass properties)

l1. 면적(Area) : 서피스의 면적을 측정합니다.
l2. 면적 중심(Area centroid) : 서피스의 면적의 중심점을 표시합니다.
l3. 면적 모멘트(Area moments) : 서피스 면적의 각종 정보를 표시합니다.
l4. 체적(Volume) : 개체의 체적을 측정합니다.
l5. 체적 중심(Volume centroid) : 개체의 체적의 중심점을 표시합니다.
l6. 체적 모멘트(Area moments) : 개체 체적의 각종 정보를 표시합니다.
l7. 유체정역학(Hydrostatics) : 개체의 유체정역학 값(젖은 서피스 면적, 흘수선 길이, 최대 흘수선 빔, 수면 면적, 부유 중심)을 계산하고 측정합니다.

m. 서피스 분석(Surface analysis)

m1. 곡률 분석(Curvature analysis) : 서피스의 곡률을 무지개 컬러로 표시합니다.(좌)
곡률 분석 끄기(Curvature analysis off) : 서피스의 곡률 분석 표시를 끕니다.(우)

m2. 빼기 구배 분석(Draft angle analysis) : 서피스의 구배 각도를 시각적으로 분석합니다.(좌)
빼기 구배 분석 끄기(Draft angle analysis off) : 서피스의 빼기 구배 분석 표시를 끕니다.(우)

m3. 환경맵(E-map) : 반사이미지를 사용해 서피스 표면의 흐름을 시각적으로 분석합니다.(좌)
환경맵 끄기(E-map off) : 환경맵 표시를 끕니다.(우)

m4. 얼룩말 분석(Zebra) : 줄무늬를 사용해 서피스 연속성 흐름을 시각적으로 분석합니다.(좌)
얼룩말 분석 끄기(Zebra off) : 얼룩말 줄무늬 분석을 끕니다.(우)

m5. UV좌표에서 점 만들기(Points from UV) : 지정된 서피스 U, V 좌표 위치에 점 개체를 만듭니다.(좌)

점의 UV좌표(Evaluate UV coordinate of point) : 서피스에서 선택된 위치의 U, V좌표를 측정합니다.(우)

m6. 점 집합 편차(Point deviation) : 선택된 점, 제어점, 메쉬, 메쉬 정점, 서피스 사이의 거리를 분석합니다.

🔲 m7. 두께 분석(Thickness analysis) : 솔리드 두께를 시각적으로 분석합니다.(좌)

두께 분석 끄기(Thickness analysis off) : 두께 분석 표시를 끕니다.(우)

🔲 m8. 뷰포트를 파일로 캡쳐(View capture to file) : 현재 뷰의 이미지를 파일로 저장합니다.(좌)

뷰포트를 클립보드로 캡쳐(View capture to clipboard) : 현재 뷰의 이미지를 클립보드로 저장합니다.(우)

🔲 m9. 개체 방향 표시(Show direction) : 개체의 면 방향을 표시합니다.(좌)

개체 방향 표시 닫기(Show direction off) : 개체 면 방향 보기를 끕니다(우)

n. 가장자리(Edge tools)

🔲 n1. 가장자리 표시(Curvature analysis) : 서피스, 폴리서피스의 가장자리를 강조 표시합니다.(좌)

커브 가장자리 표시 끄기(Curvature analysis off) : 가장자리 표시를 끕니다.(우)

n2. 떨어진 가장자리 표시(Show naked edge) : 떨어진 가장자리를 찾아 강조 표시합니다.

🔲 n3. 가장자리 분할(Split edge) : 지정한 위치에서 서피스 가장자리를 나눕니다.(좌)

가장자리 병합(Merge edge) : 동일한 서피스의 인접한 가장자리를 결합합니다.(우)

🔲 n4. 가장자리 병합(Merge edge) : 동일한 서피스의 인접한 가장자리를 결합합니다.(좌)

모든 가장자리 병합(Merge all edges) : 서피스, 폴리서피스의 모든 병합 가능한 가장자리를 합칩니다. 꼬임(kink)이 있으면 병합되지 않습니다.(우)

n5. 2개의 떨어진 가장자리 결합(Join edges) : 허용오차의 범위를 넘는 2개의 떨어진 가장자리를 결합합니다.

n6. 열린 폴리서피스 선택(Sel open polysrf) : 모든 열린 폴리서피스를 선택합니다.

n7. 가장자리 재생성(Rebuild edges) : 편집으로 서피스에서 분해된 원래 3D 서피스 가장자리를 복원합니다.

n8~10.가장자리 확대, 축소(Zoom naked) : 떨어진 가장자리를 순서대로 확대해서 보여주거나 모든 가장자리를 확대, 축소합니다.

n11. 떨어진 미세 가장자리 제거(Remove all naked microedges) : 크기가 매우 작은 떨어진 단일 가장자리를 제거합니다.

- o. **커브 끝점 표시(Show curve ends)** : 커브 끝점을 보여줍니다.(좌)
  커브 끝점 표시 닫기(Turn off showing curve ends) : 커브 끝점 표시를 끕니다.(우)
- p. **개체 방향 표시(Show direction)** : 개체의 면 방향을 표시합니다.(좌)
  개체 방향 표시 닫기(Show direction off) : 개체 면 방향 보기를 끕니다(우)
- q. **개체 검사(Check objects)** : 선택된 개체의 데이터 구조에 있는 오류를 분석합니다.(좌)
  모든 새 개체 검사(Check all new objects) : 새로 만들거나 가져온 개체의 데이터 구조에 있는 오류를 분석합니다.(우)
- r. **잘못된 개체 선택(Select bad objects)** : Check 명령을 통과하지 않은 모든 개체를 선택하고 삭제하거나 재생성합니다.(좌)
  모든 새 개체 검사(Check all new objects) : 새로 만들거나 가져온 개체의 데이터 구조에 있는 오류를 분석합니다.(우)
- s. **다각형 개수(Polygon count)** : 선택된 개체에 있는 메쉬 다각형의 개수를 측정합니다..
- t. **두 개체 사이에 가장 가까운 점(Closest points between two objects)** : 두 개체 사이에서 서로 가장 가까운 지점에 점 개체를 만듭니다.
- u. **방향 반전(Flip direction)** : 커브 또는 서피스의 법선 방향을 반대로 설정합니다.(좌)
  방향 분석(Analyze direction) : 개체의 법선 방향을 표시하고 편집합니다.(우)

● ●

㉛ 배열(Array tools) : 개체를 복사, 배열하는 도구입니다.

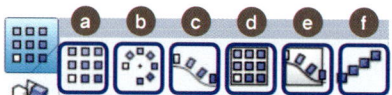

- a. **직사각형 배열(Rectangular array)** : 선택된 개체를 X, Y, Z 방향으로 배열할 수와 거리를 지정해서 배열 복사합니다.
- b. **원형 배열(Polar array)** : 선택된 개체를 회전축을 기준으로 배열할 수, 채울 각도, 회전 여부, Z축 간격띄우기 여부등을 설정해서 배열 복사합니다.
- c. **커브를 따라 배열(Array along curve)** : 커브를 따라 지정하는 간격으로 개체를 복사합니다.
- d. **서피스를 따라 배열(Array on surface)** : 서피스 상에서 개체를 열과 행으로 지정한 수만큼 복사합니다. 서피스 법선 방향이 배열된 개체의 방향을 결정합니다.
- e. **서피스상의 커브를 따라 배열(Array along curve on surface)** : 서피스 상에 있는 커브를 따라 개체를 지정된 간격으로 배열 복사합니다.
- f. **선형 배열(Linear array)** : 개체를 지정하는 선 방향과 거리로 지정 수량만큼 배열 복사합니다.

32 정렬과 배포(Align & distribute) : 개체를 정렬하고 균일하게 나누는 도구입니다.

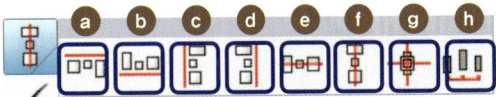

a. 위로 정렬(Align top) : 개체들을 위쪽 커브에 맞춰 정렬합니다.
b. 아래로 정렬(Align bottom) : 개체들을 아래쪽 커브에 맞춰 정렬합니다.
c. 왼쪽으로 정렬(Align left) : 개체들을 왼쪽 커브에 맞춰 정렬합니다.
d. 오른쪽으로 정렬(Align right) : 개체들을 오른쪽 커브에 맞춰 정렬합니다.
e. 가로 중심으로 정렬(Align horizontal centers) : 개체들을 가로방향 중심커브에 맞춰 정렬합니다.
f. 세로 중심으로 정렬(Align vertical centers) : 개체들을 세로방향 중심커브에 맞춰 정렬합니다.
g. 중심으로 정렬(Align centers) : 개체들을 교차하는 커브의 중심점에 맞춰 정렬합니다.
h. 개체 배포(Distribute objects) : 개체의 양끝 사이에 균일하게 분산 배치합니다.

---

33 변형 도구(Deformation tools) : 개체의 형상을 변형하는 도구입니다.

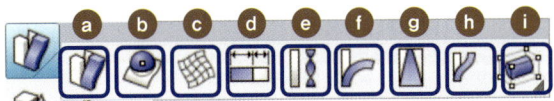

a. 서피스를 따라 흐름(Flow along surface) : 원본 서피스에서 대상 서피스 표면을 따라 개체를 자연스럽게 변형합니다.
b. 스플롭(Splop) : 법선 방향이 외부를 향할 때 개체 표면에 다른 개체를 결합, 복사합니다.
c. 소용돌이(Maelstrom) : 2개의 원으로 개체의 내외부를 지정해 전체나 부분을 회전변형합니다.
d. 스트레치(Stretch) : 개체를 늘릴 범위를 정해 한 방향으로 크기를 조정합니다.
e. 비틀기(Twist) : 축을 중심으로 개체를 비틀어 형상을 변형합니다.
f. 구부리기(Bend) : 선택된 개체를 지정하는 각도와 방향으로 구부려 형상을 변형합니다.
g. 테이퍼(Taper) : 선택된 개체를 지정축을 기준으로 설정한 구배각에 따라 변형합니다.
h. 커브를 따라 흐름(Flow along curve) : 개체를 기준 커브의 형태에서 대상 커브의 형태로 변형합니다. 직선 형태를 곡면 형태에 매핑할 때 많이 사용합니다.
i. 케이지(Cage) : 사이드 툴바 26번 Transform y.cage와 동일한 기능입니다.

㉞ **진단(Check tools)** : 개체의 상태를 진단하는 도구입니다.

- a. **개체 검사(Check objects)** : 선택한 개체의 데이터 구조의 오류를 분석합니다.(좌)
  모든 새 개체 검사(Check all new objects) : 새로 만들거나 가져온 개체의 데이터 구조의 오류를 분석합니다.(우)
- b. **개체 데이터베이스 목록(List object database)** : 선택한 개체의 데이터 구조와 기술적 정보를 별도의 창에서 보여줍니다.(좌)
  개체 세부 정보(Object details) : 개체 속성의 세부 정보를 별도의 창에서 보여줍니다.(우)
- c. **잘못된 개체 선택(Select bad objects)** : Check명령을 통과하지 않은 모든 개체를 선택하고 삭제하거나 재생성합니다.(좌)
  잘못된 서피스 추출(Extract bad surfaces) : 오류가 있는 서피스를 추출합니다.(우)
- d. **감사(Audit)** : 현재 실행 중인 라이노 파일에서 오류를 검사합니다.
- e. **3dm 파일 감사(Audit 3dm file)** : 선택한 라이노 파일에서 오류를 검사합니다.
- f. **3dm 파일 복구(Rescue 3dm file)** : 손상된 라이노 파일에서 데이터를 복구합니다.
- g. **가장자리 표시(Curvature analysis)** : 서피스, 폴리서피스의 가장자리를 강조 표시합니다.(좌)
  커브 가장자리 표시 끄기(Curvature analysis off) : 가장자리 표시를 끕니다.(우)
- h. **커브 끝점 표시(Show curve ends)** : 커브 끝점을 보여줍니다.(좌)
  커브 끝점 표시 끄기(Turn off showing curve ends) : 커브 끝점 표시를 끕니다.(우)
- i. **시스템 정보 확인(Get system information)** : 시스템 정보를 보여줍니다.

· ·

㉟ **블록(Block tools)** : 개체를 블록화하는 도구입니다.

- a. **블록 정의(Define block)** : 개체들을 하나의 블록으로 묶습니다.(좌)
  블록 정의 편집(Edit block definition) : 묶은 블록을 편집합니다.(우)
- b. **삽입(Insert)** : 블록에 다른 블록, 그룹, 개체등을 추가합니다.(좌)
  원점을 설정하여 내보내기(Export with origin) : 개체를 새로 저장할 때 현재 구성 평면과 지정된 새 원점을 사용합니다.(우)
- c. **블록 관리자(Block manager)** : 지정된 블록을 모두 보여줍니다.

d. **블록 정의 편집(Edit block definition)** : 묶은 블록을 편집합니다.
e. **모델의 기준점 설정(Set model base point)** : 블록화할 때 사용되는 기준점을 설정합니다.
f. **블록 바꾸기(Replace block)** : 블록을 교체합니다.
g. **블록을 하위 수준 개체로 분해(Explode block to low level objects)** : 블록을 구성요소 개체로 분해(중첩된 블록 포함)합니다.
h. **모든 링크된 블록 업데이트(Update all linked blocks)** : 연결된 모든 블록을 업데이트합니다.

㊱ 히스토리(History tools) : 작업 히스토리 관련 도구입니다.

- a. **히스토리 설정(History setting)** : 작업 히스토리를 설정합니다.
  b. **히스토리 기록(Record history)** : 작업 히스토리를 저장합니다.
- c. **선택된 개체의 히스토리 업데이트(Update history on selected objects)** : 선택된 개체의 히스토리를 업데이트합니다.(좌)

  모든 개체의 히스토리 업데이트(Update history on all objects) : 모든 개체의 히스토리를 업데이트합니다.(우)

  d. **히스토리 기록 중지(Stop history recording)** : 작업 히스토리를 저장을 중지합니다.
- e. **히스토리가 있는 개체 잠금(Lock objects with history)** : 히스토리와 함께 만들어진 자식 개체를 잠금 설정하여 자식 개체의 지오메트리가 편집되지 않도록 합니다. 자식 개체를 직접 편집하면 부모 개체와의 히스토리 연결이 끊어지게 됩니다.(좌)

  히스토리가 있는 개체 잠금 해제(Unlock objects with history) : 히스토리 개체 잠금을 해제합니다.(우)

  f. **히스토리 지우기(Purge history)** : 개체와 그 자식 개체에서 히스토리를 제거합니다.
  g. **히스토리가 있는 개체 선택(Select objects with history)** : 히스토리가 있는 개체를 선택합니다.
  h. **자식 개체 선택(Select Children)** : 현재 선택된 개체의 자식 개체를 선택합니다.
  i. **부모 개체 선택(Select Parents)** : 현재 선택된 개체의 부모 개체를 선택합니다.

02 마우스 사용법

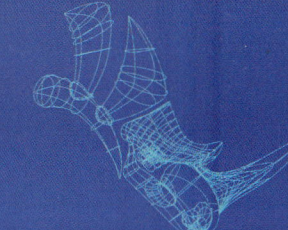

마우스의 조작법에 대해 설명하겠습니다.
마우스는 개체 선택, 이동, 화면 시점 제어등에 사용됩니다.

1 좌클릭(Left mouse button click)

- 개체 선택, 명령어 실행
- 버튼을 누르고 끌면(Drag) 사각박스가 나타나고 개체를 한번에 여러 개 선택할 수 있습니다.
- 드래그 방향(좌〉우, 우〉좌)에 따라 선택되는 개체가 달라집니다. 좌〉우는 사각 박스 안에 완전히 들어온 개체만 선택되고 우〉좌는 박스에 걸치는 모든 개체를 선택합니다.
- 키보드 Shift 키와 조합하여 실행할 때 연속해서 여러 개체를 지정 선택할 수 있습니다.
- 키보드 Ctrl 키와 조합하여 실행할 때 선택된 여러 개체에서 지정 해제할 수 있습니다.

2 우클릭(Right mouse button click)

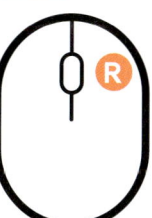

- 명령어 종료, 이전 실행 명령어 재실행
- 클릭 상태에서 마우스를 이동해서 화면 시점 이동(정 뷰), 화면 시점 회전(퍼스펙티브뷰)을 실행합니다.
  키보드 Shift 키와 조합하여 클릭 상태에서 마우스 이동 시 퍼스펙티브뷰에서 화면 시점 이동합니다.
- 키보드 Ctrl 키와 조합하여 클릭 상태에서 마우스 이동 시 각각의 뷰에서 정밀 화면 확대, 축소합니다.

3 휠버튼(Wheel mouse button click/roll)

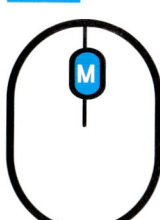

- 휠버튼을 누르면 팝업 메뉴가 나타납니다.
- 휠버튼을 굴리면 화면을 확대, 축소합니다.

03 단축키 설정 방법

자주 쓰는 단축키와 앨리어스 기능에 대해 설명합니다.

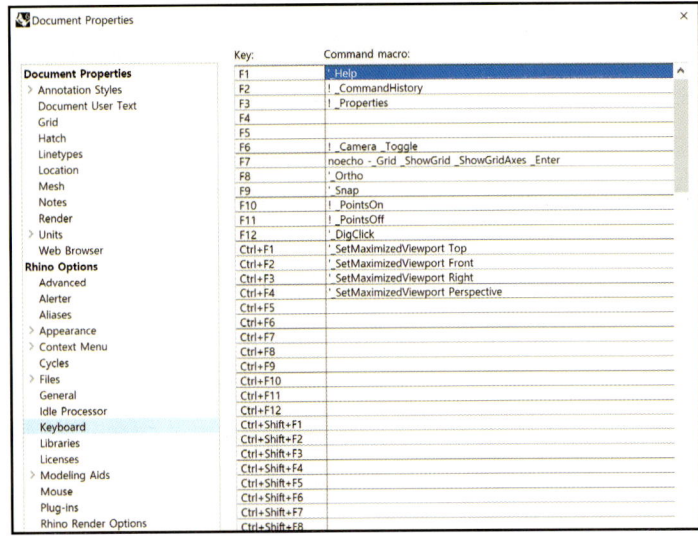

자주 쓰는 명령어 단축키는 작업을 좀 더 빠르고 편하게 하도록 도와줍니다.
파일〉속성 명령에서 Rhino 옵션〉키보드 항목에서 자세한 명령은 확인할 수 있습니다.

앨리어스란 명령어를 단축어로 정의하여 사용하는 기능입니다. 자주 쓰는 명령어를 지정하여 작업의 능률을 더 올릴 수 있습니다.

앨리어스 특수문자의 뜻

- ***** Enter 키를 눌러 다시 시작하지 않고도 자동으로 반복하게 설정합니다.
- **!** 바로 전 명령을 취소합니다.
- **_** 영어 명령의 이름으로 인식하도록 하여 명령을 실행합니다.
- **−** 대화상자를 표시하지 않습니다.
- **'** 다음에 오는 명령이 중첩할 수 있는 명령입니다.
- **~** 화면이 어지럽지 않게 명령행 옵션을 표시하지 않습니다. 작업은 평상시와 마찬가지로 실행됩니다.

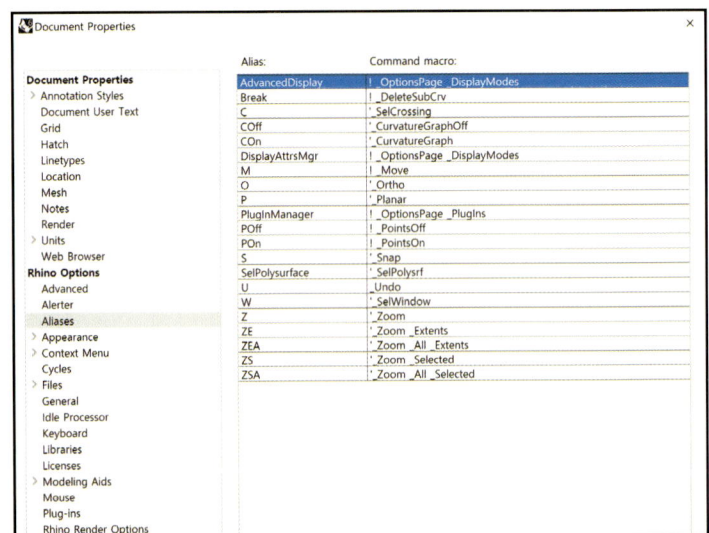

04 Gumball이란?

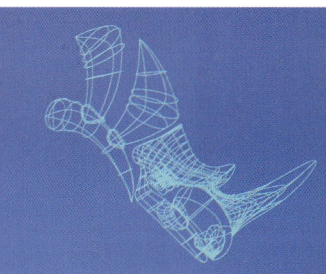

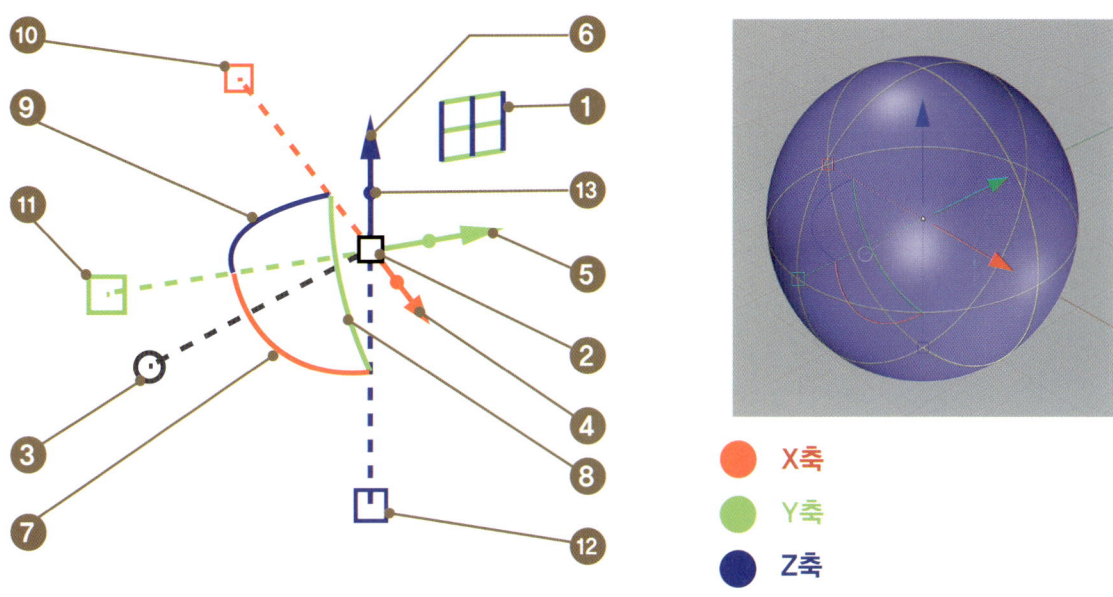

- ● X축
- ● Y축
- ● Z축

검볼 제어

1. Axis plane indicator : 평면으로 이동 제한하려면 해당 평면의 아이콘을 마우스로 끌어옵니다.
2. Gumball origin : 전체 개체를 원하는 방향으로 이동할때 검볼 원점을 마우스로 끌어옵니다.
3. Menu ball : 검볼 옵션에서 크기를 변경합니다. 0은 끄기를 실행합니다.

이동 화살표 : 검볼 X, Y, Z 화살표 제어를 마우스로 클릭하고 끌어 개체를 이동합니다.

4. Move X
5. Move Y
6. Move Z

회전 호 : 검볼 중심에 있는 개체를 회전합니다.

7. Rotate X
8. Rotate Y
9. Rotate Z

크기 조정 핸들 : 검볼 크기 조정 핸들을 클릭하고 끌어 축의 한 방향으로 크기를 조정합니다.

10. Scale X
11. Scale Y
12. Scale Z
13. Extrude : 화살표 축을 따라 점, 커브를 돌출시키기 위해 돌출 핸들을 클릭하고 끌어옵니다.

05 Osnap(Object Snap)이란?

개체의 정확한 지점을 찾아주어 작업의 효율성과 정확성을 도와주는 기능입니다.

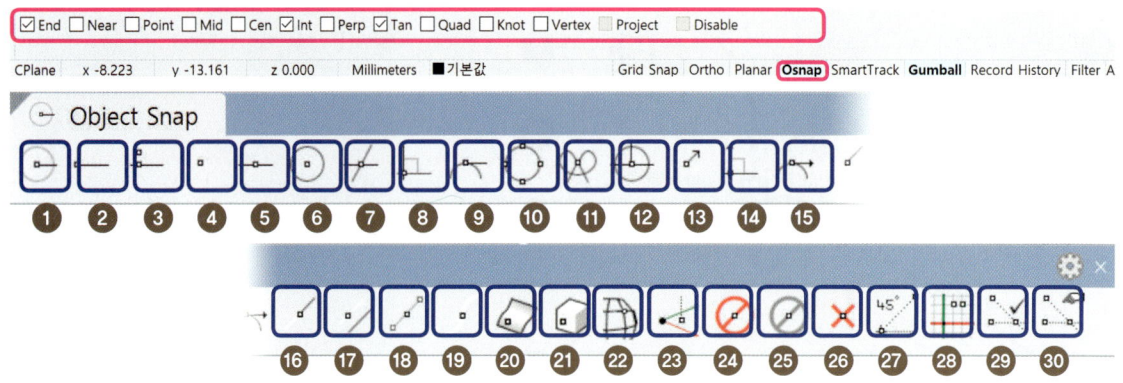

- 1. **개체 스냅 도구모음 표시(Show object snap toolbar)** : 개체 스냅 제어를 켭니다.(좌)
  개체 스냅 도구모음 숨기기(Hide object snap toolbar) : 개체 스냅 제어를 끕니다.(우)
- 2. **끝점(End)** : 커브, 텍스트 모서리, 폴리라인의 내부정점, 결합된 커브, 닫힌 커브 상의 심점, 서피스의 모서리, 폴리서피스의 끝점에 스냅합니다.(좌)
  지속성 끝점(Persistent end) : 개체 스냅을 매번 다시 활성화하지 않고 여러 점을 선택하는 동안 유지하려면 지속성 개체 스냅을 사용합니다.(우)
- 3. **근처점(Near)** : 커브, 메쉬와이어, 서피스 가장자리 상의 커서가 있는 위치에 스냅합니다.(좌)
  지속성 근처점(Persistent near) : 지속성 개체 스냅(우)
- 4. **점 개체 스냅(Point Osnap)** : 점, 돌출/제어/편집점, 블록, 텍스트 삽입점에 스냅합니다.(좌)
  지속성 점(Persistent point) : 지속성 개체 스냅(우)
- 5. **중간점(Midpoint)** : 커브, 서피스 모서리, 메쉬와이어, 스마트점의 중간점에 스냅합니다.(좌)
  지속성 중간점(Persistent midpoint) : 지속성 개체 스냅(우)
- 6. **중심점(Center)** : 원/호/닫힌 폴리라인의 중심점과 구멍이 없고 바깥쪽 경계에 폴리라인이 있는 단일 서피스의 중심점, 주석 텍스트 경계 상자의 중심점에 스냅합니다.(좌)
  지속성 중심점(Persistent center) : 지속성 개체 스냅(우)
- 7. **교차점(Intersection snap)** : 서피스 상에서 커브, 가장자리, 메쉬와이어, 아이소커브 교차점에 스냅합니다.(좌)
  지속성 교차점(Persistent intersection) : 지속성 개체 스냅(우)
- 8. **수직점(Perpendicular to)** : 커브, 메쉬와이어, 서피스 모서리에 대해 수직으로 스냅합니다.(좌)
  지속성 수직점(Persistent perpendicular to) : 지속성 개체 스냅(우)

- 9. **접점(Tangent to)** : 커브에 접하게 스냅합니다. 명령의 첫 번째 점에는 유효하지 않습니다.(좌)
  지속성 접점(Persistent tangent to) : 지속성 개체 스냅(우)
- 10. **사분점(Quadrant)** : 현재 구성 평면에 대해 최대 x, y 점에 있는 커브의 점에 스냅합니다.(좌)
  지속성 사분점(Persistent quadrant) : 지속성 개체 스냅(우)
- 11. **매듭점(Knot)** : 커브, 서피스의 매듭점에 스냅합니다.(좌)/**지속성 매듭점(Persistent Knot)**(우)
- 12. **오스냅(Osnap)** : 명령행에서 개체 스냅의 상태를 설정합니다.(좌)/**지속성 오스냅**(우)
  13. 기준점(From) : 지정된 기준점에 스냅합니다.
  14. 수직선에서(Perpendicular from) : 커브 또는 서피스에 수직인 선을 따라 추적합니다.
  15. 접선에서(Tangent from) : 커브에 접하는 선을 따라 추적합니다.
  16. 선을 따라(Along line) : 선을 따라 추적합니다.
  17. 2점 지시선에 평행(Along parallel) : 두 점 사이의 참조점에 평행한 선을 따라 추적합니다.
  18. 사이(Between) : 두 개의 지정된 위치 사이에서 중간점에 스냅합니다.
- 19. **커브에(On curve)** : 한 번의 지정에 대하여 선택된 커브를 따라 스냅하고 추적합니다.(좌)
  지속성 커브에(Persistent on curve) : 지속성 개체 스냅(우)
- 20. **서피스에(On surface)** : 한 번의 지정에 대하여 서피스에 스냅하고 추적합니다.(좌)
  지속성 서피스에(Persistent on surface) : 지속성 개체 스냅(우)
- 21. **폴리서피스에(On polysurface)** : 한 번의 지정에 대해 폴리서피스에 스냅하고 추적합니다.(좌)
  지속성 폴리서피스에(Persistent on polysurface) : 지속성 개체 스냅(우)
- 22. **지속성 개체 스냅(Vertex OSnap)** : 메쉬 정점에 스냅합니다.(좌)
  지속성 정점 개체 스냅(Persistent vertex OSnap) : 지속성 개체 스냅(우)
  23. 구성 평면에 투영 전환(Toggle project-to-CPlane) : 실제 스냅점에서 구성 평면까지 개체 스냅을 투영합니다.
  24. 개체 스냅 해제/설정(Disable/enable Object snap) : 지속성 개체 스냅의 상태를 관리합니다.
  25. 잠긴 개체에 스냅 전환(Toggle snapping to locked objects) : 잠긴 개체와 잠긴 레이어의 개체에서 실행됩니다.
- 26. **개체 스냅 없음(No object snap)** : 명령 활성화일 때 한번의 지정에 대하여 개체 스냅을 해제합니다.(좌)/**지속성 개체 스냅 없음(Clear persistent object snaps)**(우)
- 27. **직교 모드 전환(Ortho toggle)** : 커서를 마지막 점에서 지정 각도의 배수로 이동 제한(좌)
  직교 각도 설정(Set ortho angle) : 직교 모드 활성화일 때 커서 이동 제한 각도를 설정(우)
- 28. **그리드 크기(Grid size)** : 그리드의 속성을 설정합니다.(좌)
  스냅 크기(Snap size) : 라이노 설정 단위로 스냅 간격을 설정합니다.(우)
- 29. **Smart tracking 켜기(Smarttracking on)** : Smart track을 켭니다.(좌)
  Smart tracking 끄기(Smarttracking off) : Smart track을 끕니다.(우)
  30. Smart tracking 옵션(Smarttracking option) : SmartTrack의 설정을 관리합니다.

06 Rhino 6의 새 기능

Rhino 6버전에서 새로 추가된 기능에 대해 알아보겠습니다.

1. **Grasshopper 시작(Launch grasshopper)** : Grasshopper 플러그인 창을 엽니다.

2. **개체 격리/해제(isolate/Unisolate objects)** : 현재 선택된 개체를 제외한 나머지 모든 개체를 숨깁니다.

3. **개체 격리 잠금/해제(isolate/Unisolate lock objects)** : 현재 선택된 개체를 제외한 나머지 모든 개체를 잠급니다.

4. **그림 선택(Select pictures)** : Picture 명령으로 만들어진 모든 개체를 선택합니다.

5. **평면형 서피스 선택(Select planar surfaces)** : 모든 평면 서피스를 선택합니다.

6. **사용자 텍스트 키 기준 선택(Select by user text key)** : 개체의 사용자 특성 키를 기준으로 개체를 선택합니다.

7. **사용자 텍스트 값 기준 선택(Select by user text value)** : 개체의 사용자 특성 값을 기준으로 개체를 선택합니다.

8. **사용자 텍스트 키와 값 기준 선택(Select by user text key and value)** : 사용자 특성 키와 값을 기준으로 개체를 선택합니다.

9. **평면형 커브 선택(Select planar curves)** : 모든 평면형 커브를 선택합니다.

10. **제어점 영역 선택(Select control point region)** : 커브 또는 서피스에서 제어점 범위를 선택합니다.

11. **닫힌 체적으로 선택(Select by closed volume)** : 돌출 개체, 서피스, 폴리서피스, 메쉬로 싸인 개체를 선택합니다.

12. **하위 커브 선택(Select sub curve)** : 새로 지정한 끝점으로 커브의 길이를 짧게 만듭니다.

13. **무한평면 사용(Use infinite line)** : 개체와 무한대로 펼쳐진 평면을 교차시켜 점/커브를 얻을 수 있습니다.

14. **울타리로 선택(Select with fence)** : 교차하는 스케치 폴리라인을 사용하여 선택합니다.

15. **글로벌 끌기 강도 설정(Set global drag strength)** : 마우스 끌기의 속도 제어를 위해 퍼센트로 정도를 설정합니다.

16. **3점으로 포물선(Palabola from 3 points)** : 세 개의 지정된 점을 통해 포물선을 그립니다.

17. **현수선 커브(Catenary curve)** : 케이블이 양끝에 고정되어 자체 무게로 인해 매달린 현수선을 그립니다.
18. **안내선 추가/제거(Add/Remove guide lines)** : 임시 무한 가이드 / 구성 선을 추가합니다.
19. **개체 배포(Distribute objects)** : 끝 개체 사이에 개체를 균일하게 분산시킵니다.
20. **단일 뷰포트 모드(Single viewport mode)** : 자동으로 뷰포트를 최대화된 Perspective 뷰로 설정합니다.
21. **커브 끝점 표시/끄기(Show/Turn off showing curve ends)** : 끝 분석 제어를 열고, 커브의 끝점을 표시합니다.
22. **개체 공간 변경(Change object space)** : 레이아웃과 디테일 뷰포트 간에 개체를 이동 또는 복사합니다.
23. **시스템 정보 확인(Get system information)** : 컴퓨터 하드웨어와 운영체제 관련 정보를 보고합니다.
24. **추출된 아이소커브 이동(Move extracted isocurve)** : 추출한 아이소커브를 이동합니다.
25. **다중 간격 띄우기(Offset multiple)** : 커브, 서피스 가장자리를 지정하는 수와 거리로 평행 복사합니다.
26. **제어점 선택(Select control points)** : 모든 제어점을 선택합니다.
27. **떨어진 미세 가장자리 제거(Remove naked micro edges)** : 크기가 매우 작은 떨어진 단일 가장자리를 제거합니다.
28. **검볼 사용 후 매번 다시 설정(Reset gumball after every use)** : 검볼 위젯 정렬을 다시 설정합니다.
29. **구멍을 평면 서피스에 복사(Copy holes in a planar surface)** : 평면형 서피스에 구멍을 복사합니다.
30. **개체 방향 표시/끄기(Show/Close object direction)** : 별도 창으로 커브, 서피스, 폴리서피스의 방향 분석을 켭니다.
31. **가장자리 필릿 편집(Edit filletedge)** : 가장 최근 가장자리 필릿 작업을 편집합니다.
32. **알림 패널 전환(Toggle notifications panel)** : 알림 패널을 엽니다.
33. **N각형을 메쉬에 추가(Add Ngons to mesh)** : 연결된 동일 평면상의 붙은 면 영역을 N각형으로 만듭니다.
34. **메쉬에서 N각형 삭제(Remove Ngons from a mesh)** : 메쉬에서 N각형 그룹을 제거합니다.
35. **두께 적용(Apply thickness)** : 서피스, 폴리서피스, 메쉬의 두께를 표시하는 메쉬를 생성합니다.
36. **2커브로부터 전개 가능한 로프트(Developable loft from 2 curves)** : 2커브 사이의 전개 가능한 단일 서피스를 만듭니다.
37. **3개 이상의 선으로 메쉬 만들기(Create mesh from 3 or more lines)** : 교차선으로 메쉬를 만듭니다.
38. **광선 추적된 뷰포트(Raytraced viewport)** : 반사, 굴절을 지원하는 실시간 렌더링으로 뷰포트를 표시합니다.

Part 04

Beginning Level Modeling

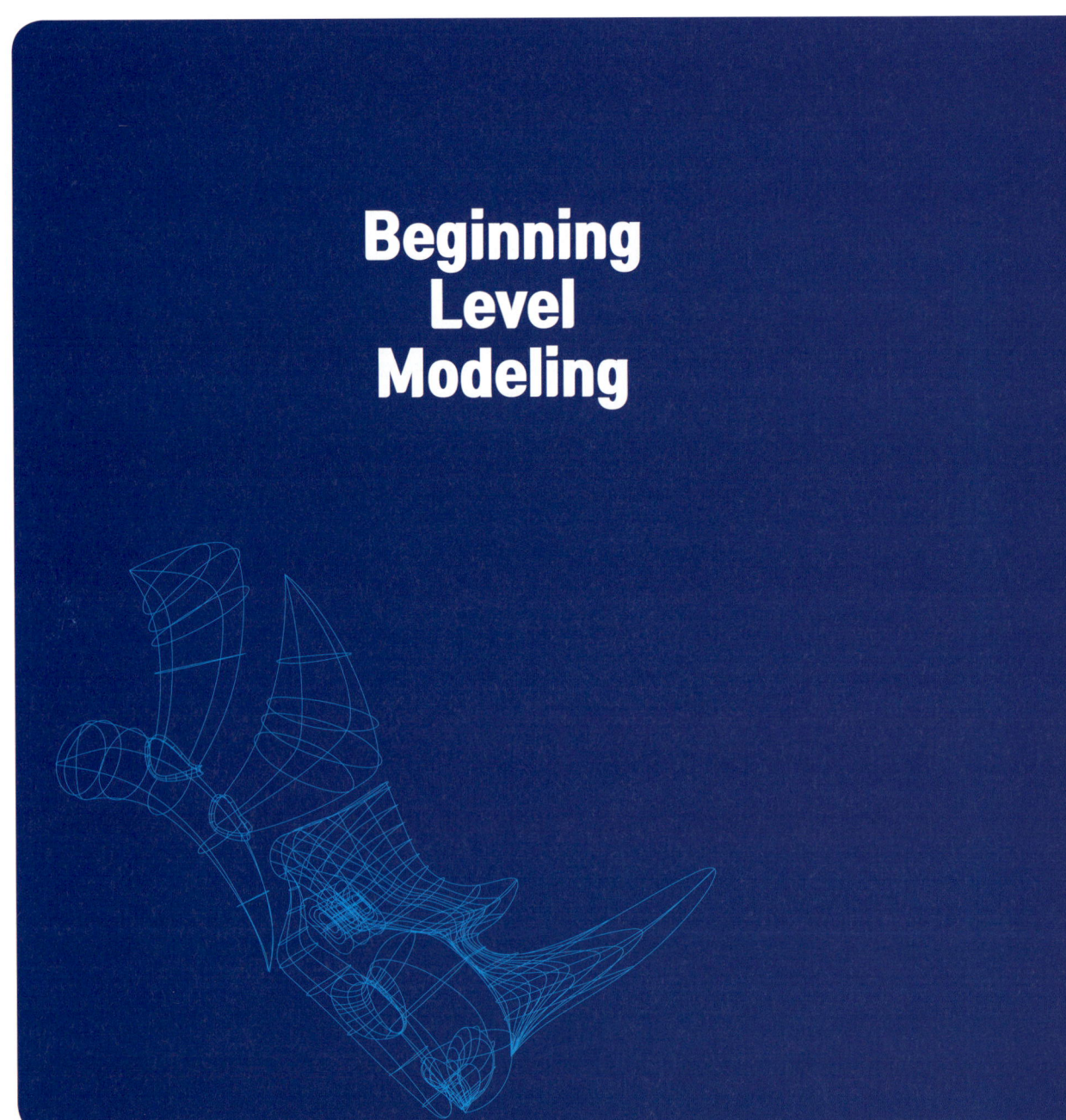

01. Name card stand
02. Tea cup
03. Pen tray

01 NAME CARD STAND

Beginning level modeling은 간단한 구조를 가진 물체를 예제로 하여 기본적인 명령어를 연습합니다. Name card stand는 Extrude 명령을 중심으로 설명됩니다.

1. File〉New로 템플릿 파일 설정창을 엽니다. Small objects-Millimeters를 선택하고 열기를 실행합니다. 작업할 개체의 크기에 따라 템플릿을 정합니다.

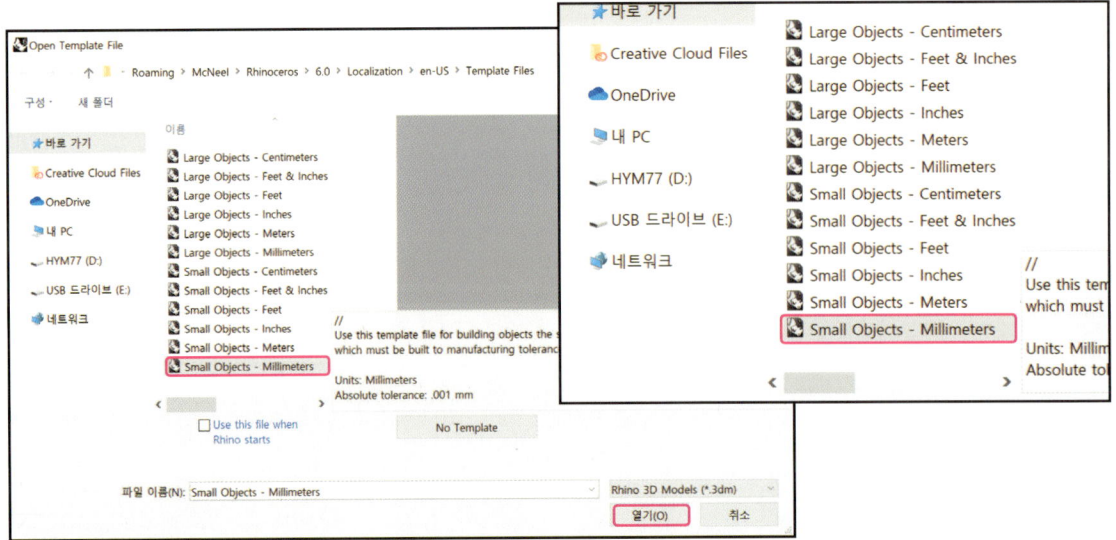

2. 작업 시작 전 Status bar의 Grid Snap, Ortho, Osnap을 활성화 합니다. 3D 작업에 익숙하지 않은 초급자에게 도움을 줄 수 있는 기능입니다. 필요에 따라 언제든지 On/Off 가능합니다.

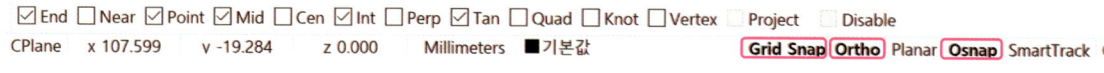

3. Top view를 선택한 후 Lines>Single line을 실행합니다.

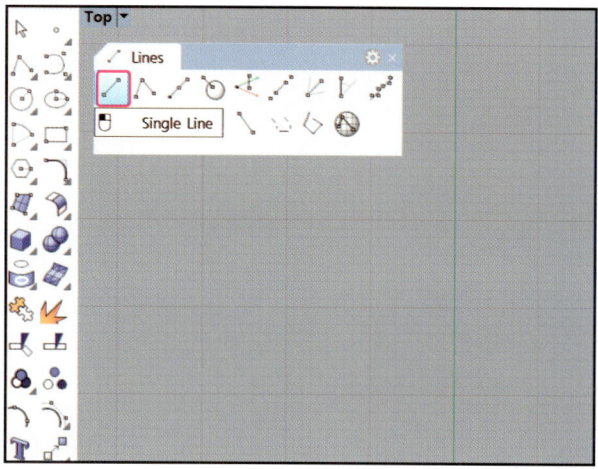

4. Command 창에 시작점을 원점(0)으로 입력합니다. 오른쪽으로 마우스를 이동 후 다음 점의 위치값을 90으로 입력합니다.

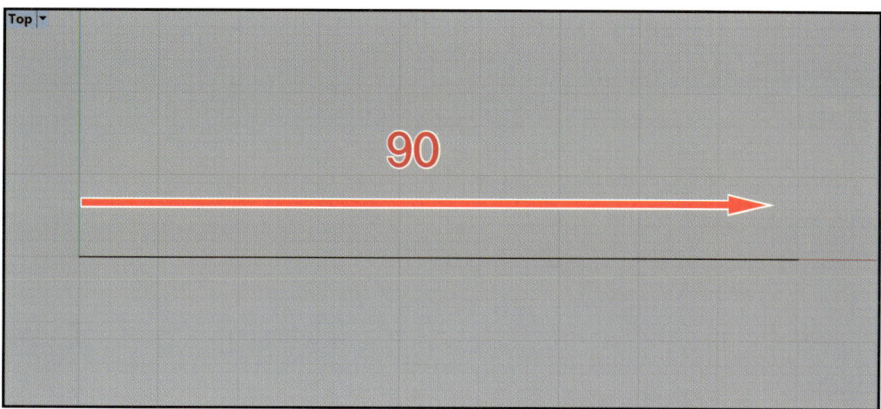

5. Curve tools>Offset curve를 실행합니다. 생성된 커브를 지정한 거리만큼 복사하는 명령입니다.

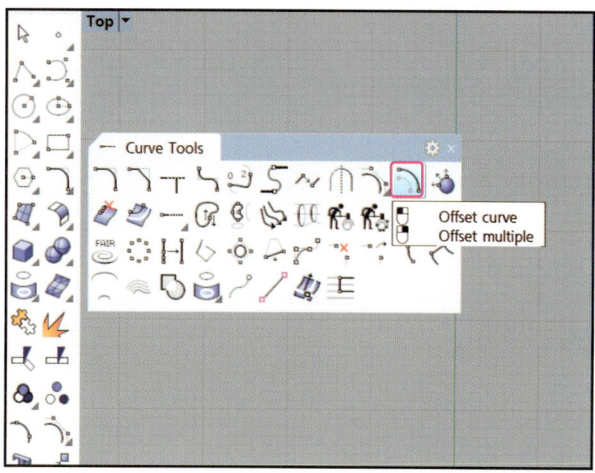

6. Y축을 따라 윗쪽으로 마우스를 이동 후 거리값을 90으로 입력합니다.

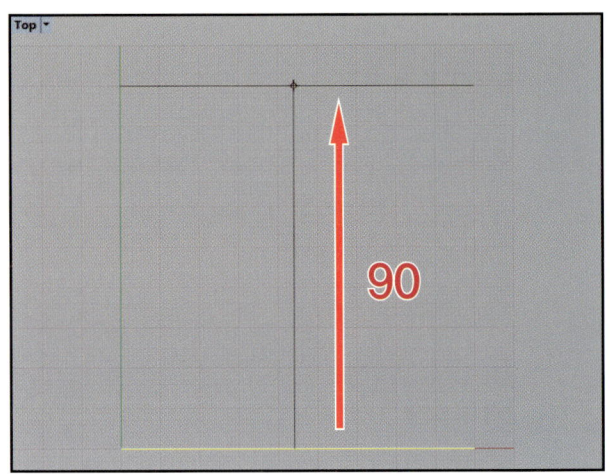

7. Lines>Single line을 실행합니다.

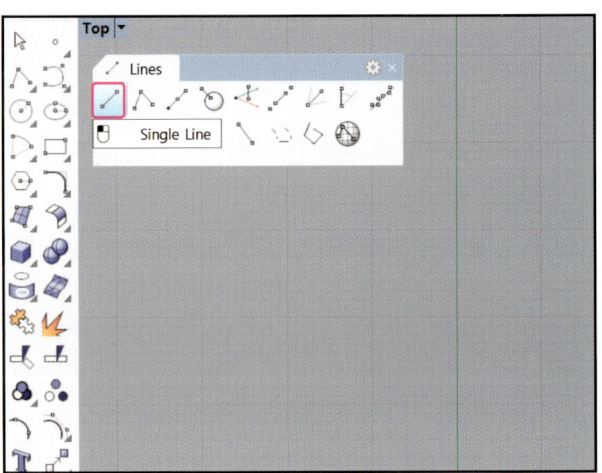

8. 왼쪽 위, 아래 끝점과 오른쪽 위, 아래 끝점을 선으로 연결합니다. 연결하는 위, 아래 점의 순서는 상관없습니다.

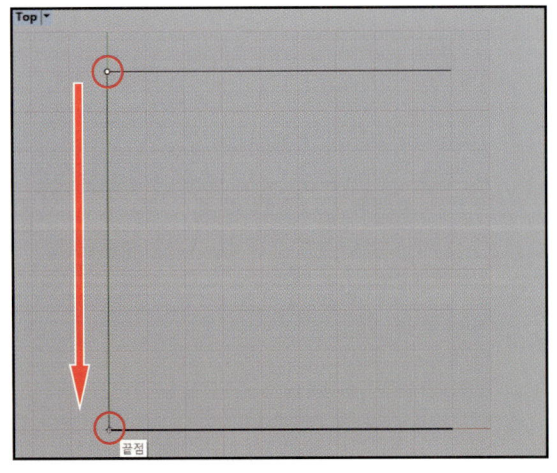 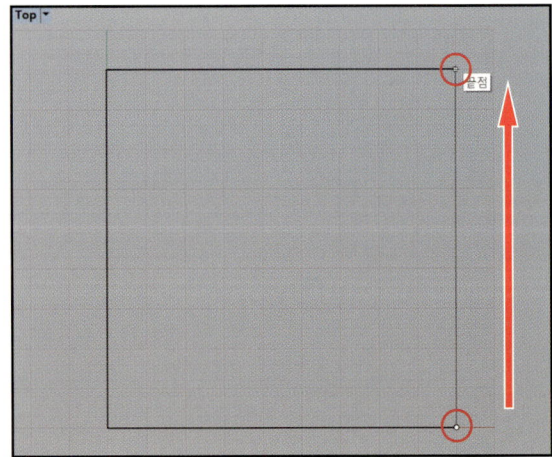

9. 4개의 커브를 모두 선택 후 Join 명령을 실행해서 합칩니다.

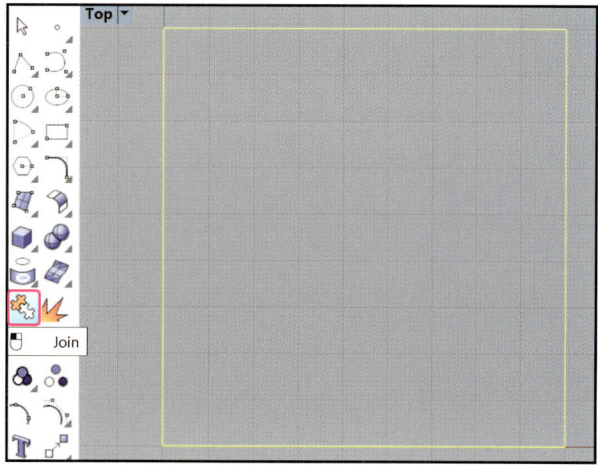

10. Perspective view를 선택한 후 Surface creation>Extrude straight을 실행합니다.

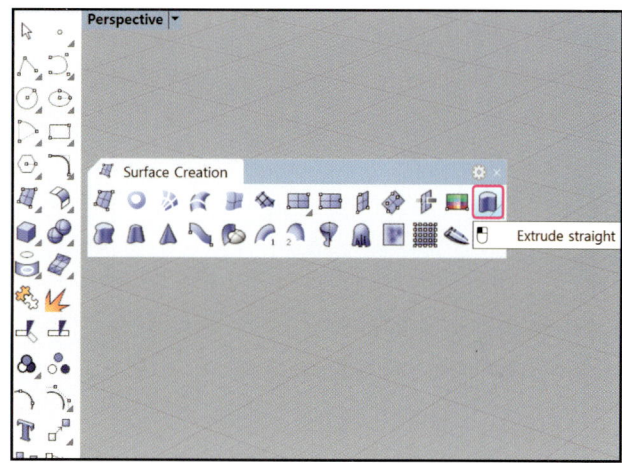

11. 위쪽으로 마우스 이동한 후 Command 창에 세부 옵션 중 Solid를 클릭해서 'Yes'로 변경하고 거리값을 40으로 입력합니다.

Extrusion distance <40> (Direction BothSides=No Solid=Yes DeleteInput=No ToBoundary SetBasePoint):

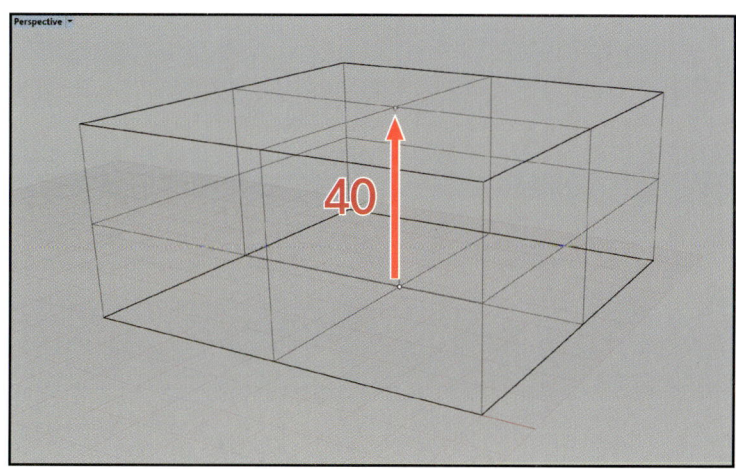

파트 4 Beginning Level Modeling

12. **View title** 오른쪽의 화살표를 클릭하면 **화면표시모드**를 선택할 수 있습니다. 초기 설정은 Wireframe입니다. 다음 작업을 위해 **Shaded**로 변경합니다.

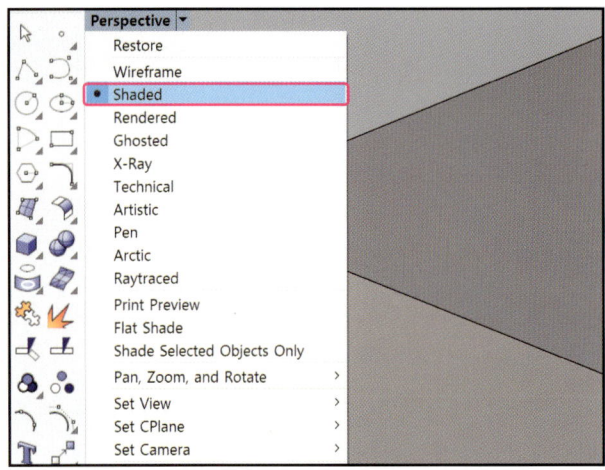

13. Slid tools〉Fillet edges을 실행합니다.

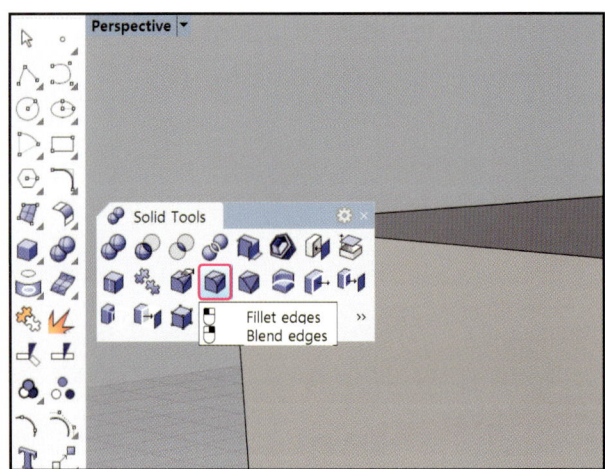

14. 세로 방향 4개의 모서리를 선택한 후 반지름 값을 **10**으로 지정합니다.

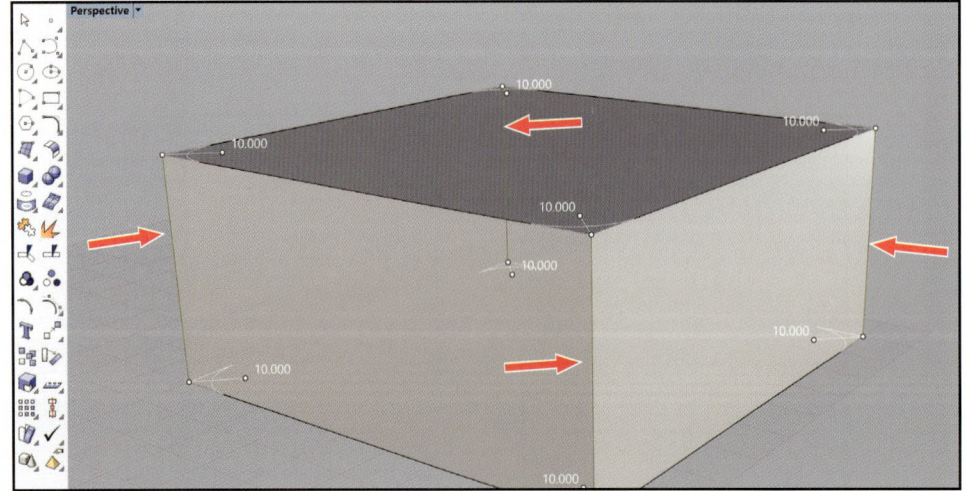

15. 작업의 효율성을 위해 각각의 요소를 나누어서 관리할 필요가 있습니다. 이때 사용하는 기능이 **레이어**(Layer)입니다. 커브를 선택한 후 화면 오른쪽 패널의 레이어 탭에서 **레이어 01**을 선택한 후 마우스 오른쪽 클릭하여 'Change object layer'를 실행합니다. 선택한 커브가 기본값에서 레이어 01로 변경됩니다.

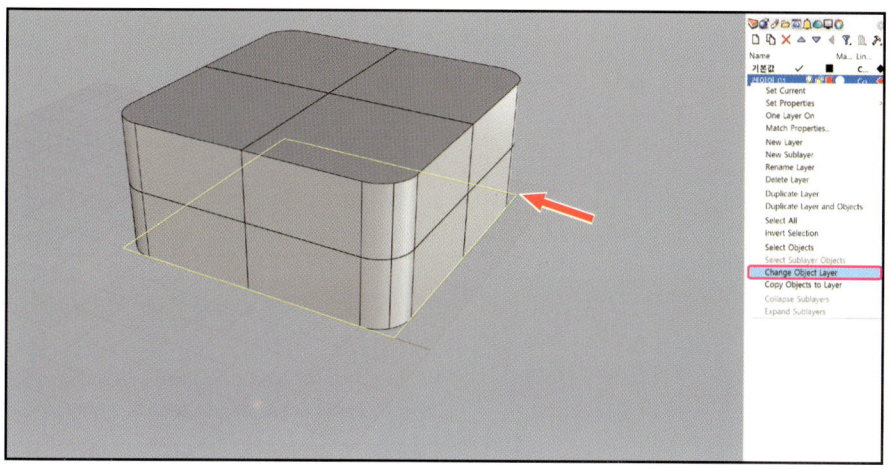

16. 사용하지 않는 레이어는 삭제합니다. 필요할 때 새로 추가하면 됩니다.
    기본값과 **레이어 01**을 제외한 나머지 레이어들을 선택한 후 마우스 오른쪽 클릭하여 'Delete layer'를 실행합니다. 키보드의 **Del 키**도 동일한 기능입니다.

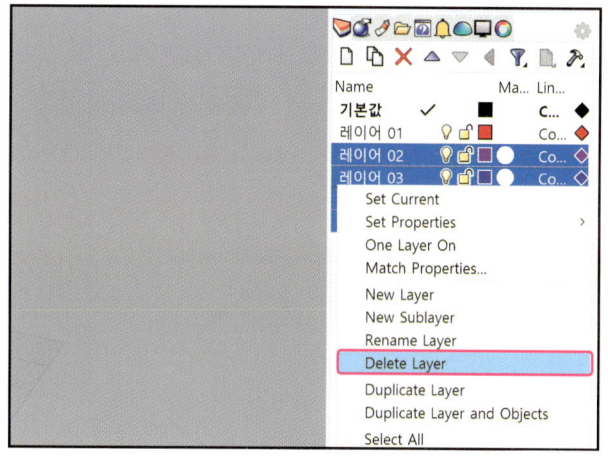

17. 레이어의 이름을 목적에 맞도록 변경하면 관리가 편해집니다.
    변경할 레이어를 선택한 후 마우스 오른쪽 클릭하여 'Rename layer'를 실행합니다. **기본값〉바디**로 **레이어 01〉커브**로 변경합니다.

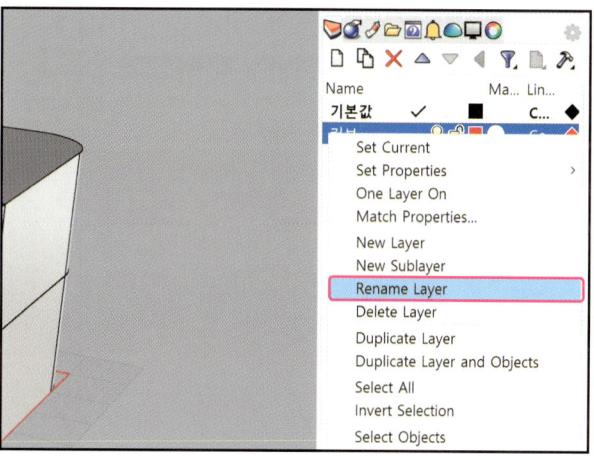

18. Top view를 선택한 후 명함 위치를 그립니다.

    Rectangle〉Rectangle: corner to corner를 실행합니다.

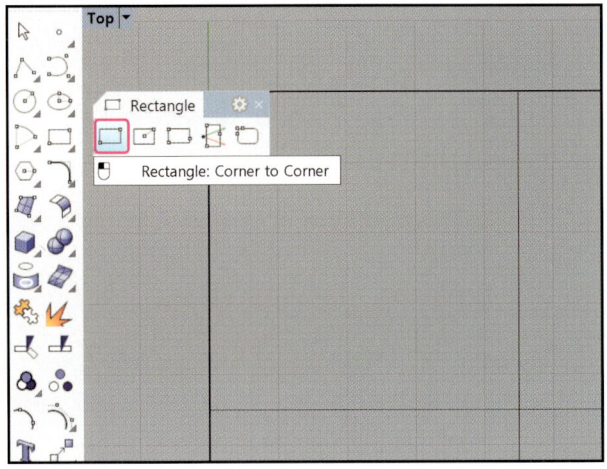

19. 기존의 커브 왼쪽 위 끝점을 첫 번째 모 서리로 지정하고 마우스를 오른쪽으로 이동 후 Length를 90으로 입력합니다.

    다음 세부 옵션인 Width, Length는 -50으로 입력합니다.

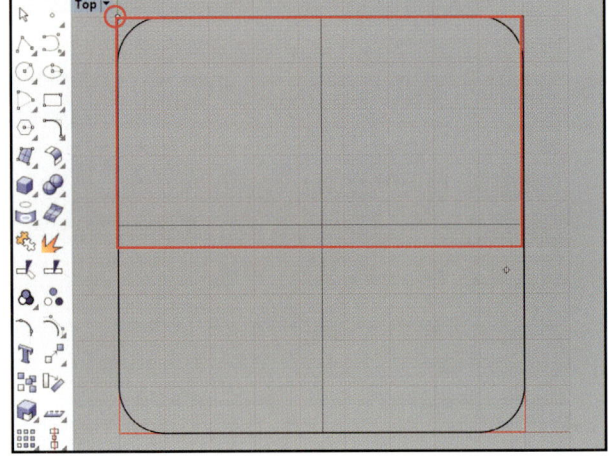

20. Perspective view를 선택한 후 Surface creation〉Extrude straight을 실행합니다.

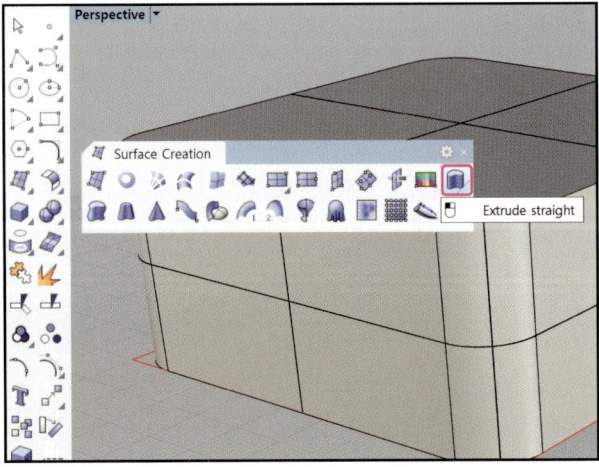

21. 마우스로 커브를 선택합니다. 겹친 개체가 있을 때는 별도의 선택 리스트 창이 나타납니다. 각각의 개체명을 선택하면 핑크색 선으로 미리보기가 나타납니다. 미리보기를 보고 작업할 개체를 선택하면 됩니다.

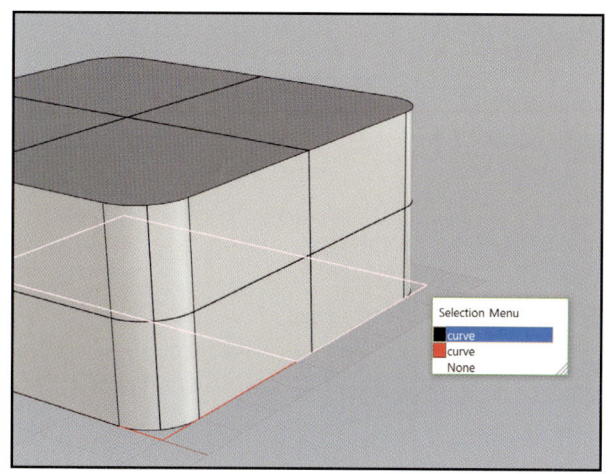

22. 위쪽으로 마우스를 이동 후 Command 창에 세부 옵션 중 Solid를 클릭해서 'Yes'로 변경하고 거리값을 30으로 입력합니다.

Extrusion distance <30> (Direction BothSides=No **Solid=Yes** DeleteInput=No ToBoundary SetBasePoint):

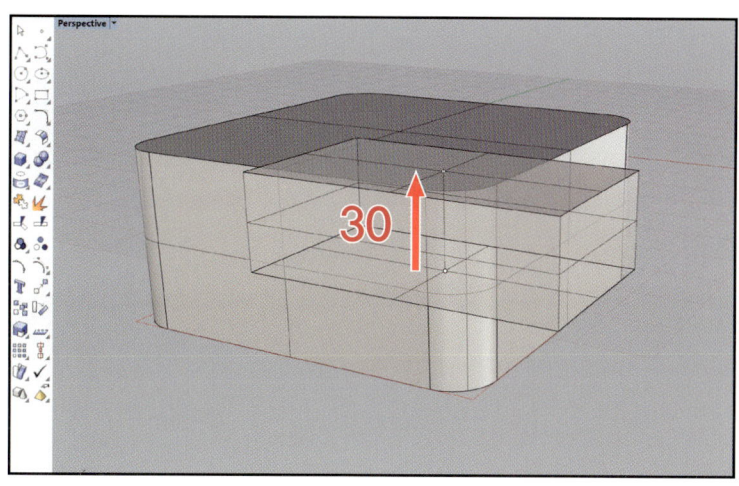

23. Right view를 선택한 후 Transform〉Move을 실행합니다.

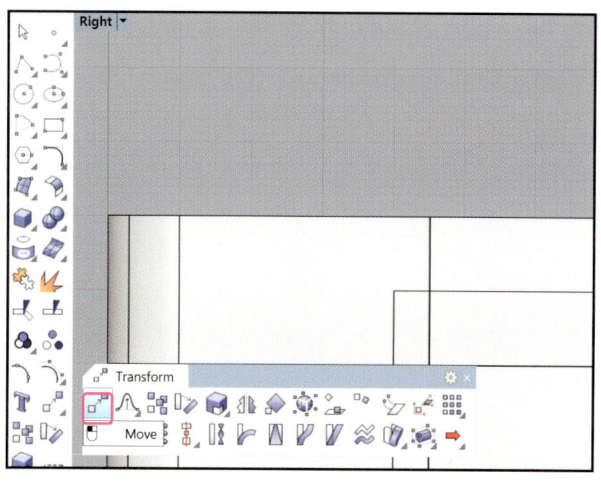

24. 오른쪽의 개체를 선택한 후 **이동 기준점은 오른쪽 아래의 끝점**으로 지정합니다.

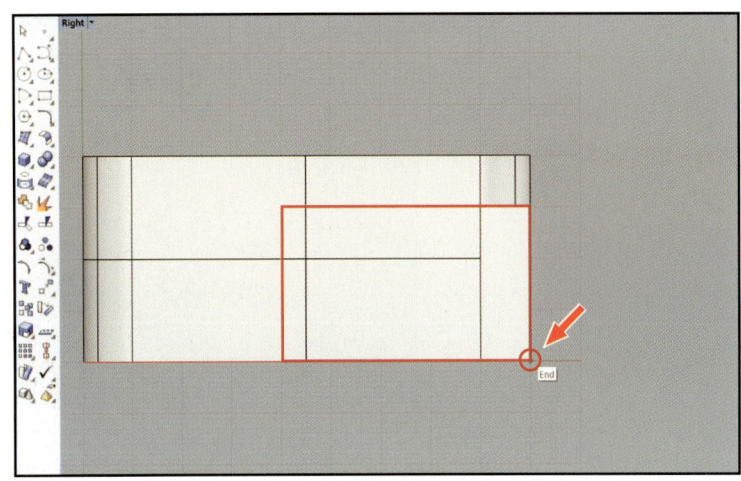

25. 마우스를 위쪽으로 이동 후 **거리값**을 30으로 입력합니다.

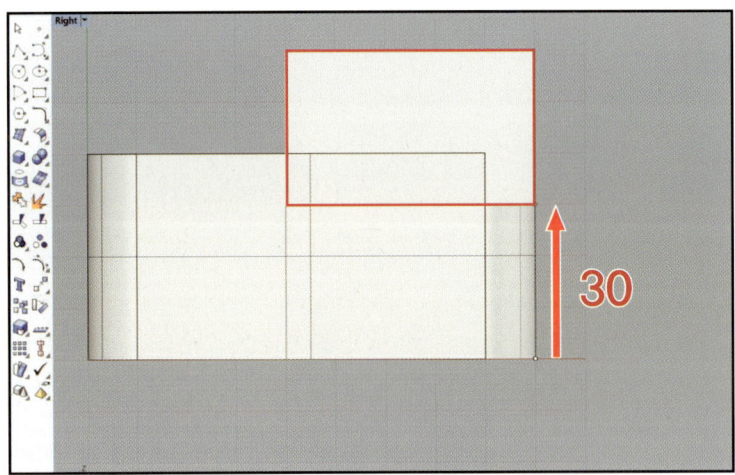

26. Perspective view를 선택한 후 Solid tools〉Boolean difference를 실행합니다.

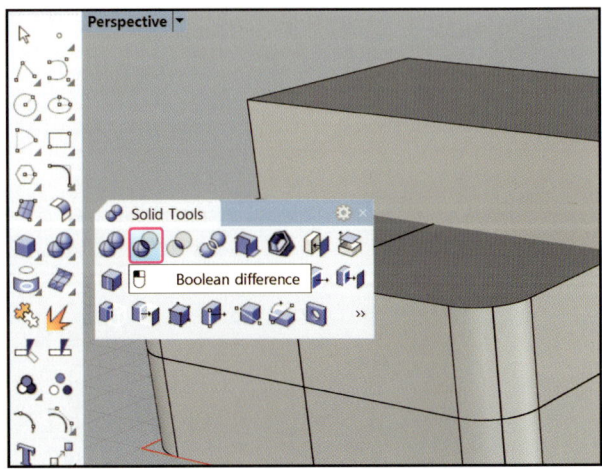

27. a를 차집합을 적용할 개체로 선택하고 b를 차집합에 사용될 개체로 선택합니다. a에서 b가 제거된 형상이 만들어집니다.

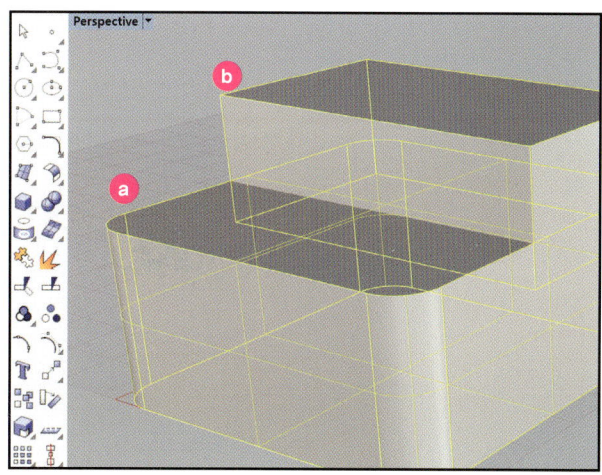

28. Solid tools〉Fillet edges를 실행합니다.

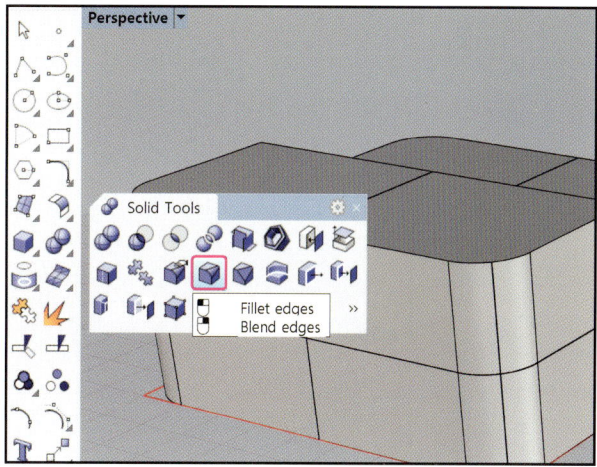

29. Command 창에서 반지름 값을 1로 입력하고 마우스 왼쪽 버튼을 누른 상태에서 드래그하여 모서리 전체를 선택합니다. 마우스 오른쪽 버튼으로 명령을 완료합니다. 키보드의 Enter 키도 동일한 기능입니다.

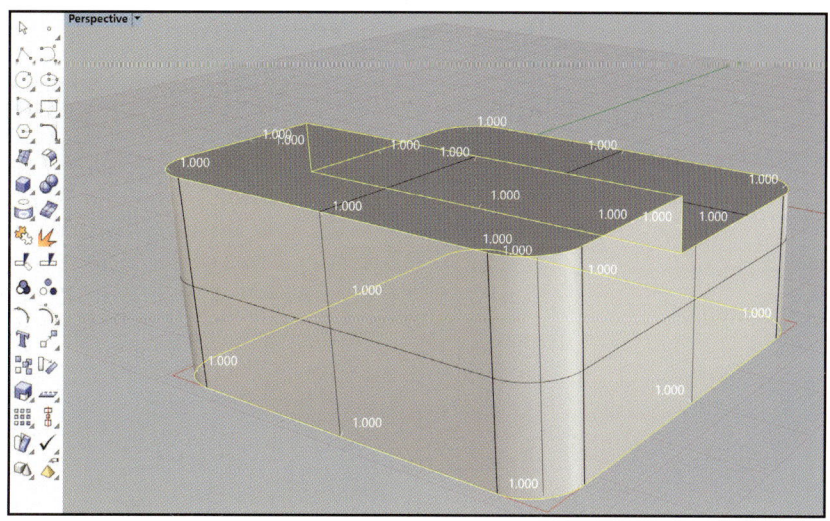

30. 명함을 한장 꽂을 홈을 만듭니다. Right view를 선택한 후 Rectangle〉Rectangle: corner to corner를 실행합니다.

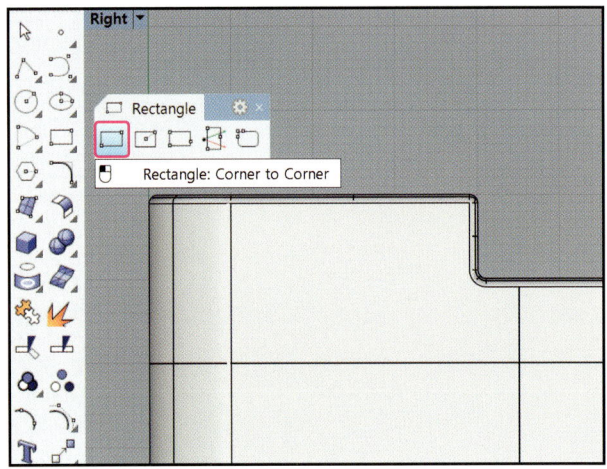

31. 커브 왼쪽 아래 끝점을 첫 번째 모서리로 지정하고 마우스를 오른쪽으로 이동 후 Length를 1로 입력합니다. 다음 세부옵션인 Width, Length는 50으로 입력합니다.

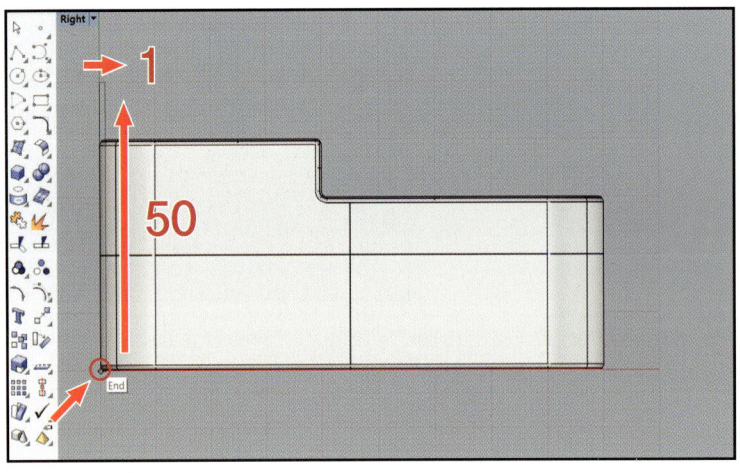

32. Perspective view를 선택한 후 Surface creation〉Extrude straight를 실행합니다.

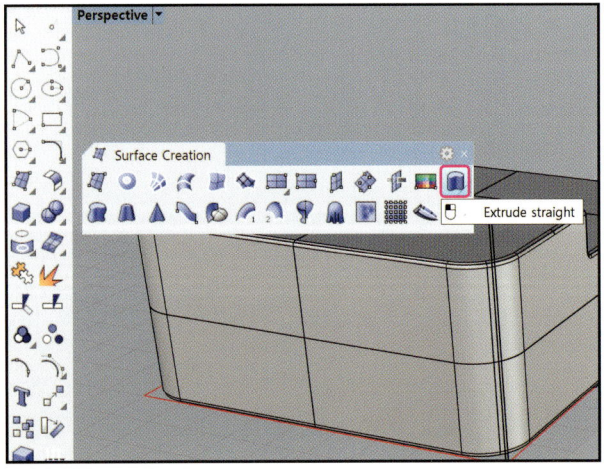

33. 왼쪽으로 마우스를 이동 후 Command 창에 세부 옵션 중 Solid를 클릭해서 'Yes'로 변경하고 거리값을 100으로 입력합니다.

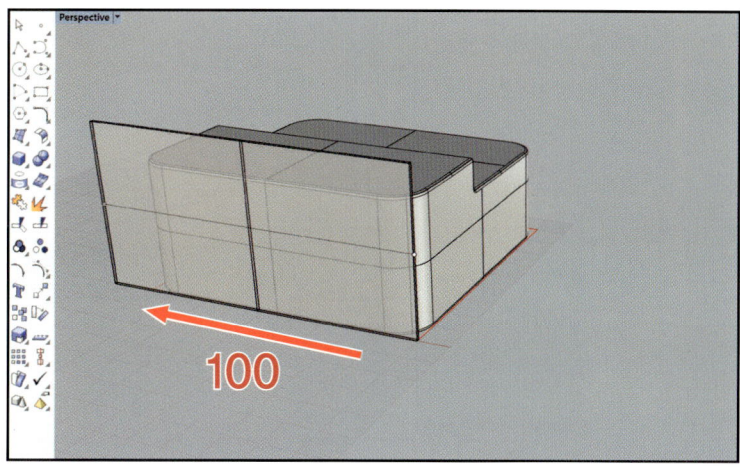

34. Right view를 선택한 후 Transform〉Move을 실행합니다.

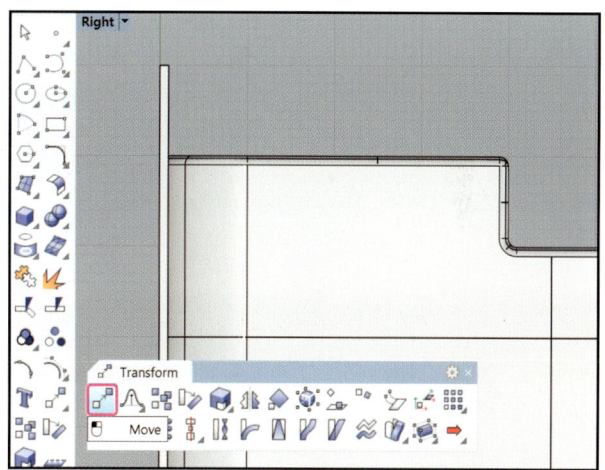

35. 커브 왼쪽 아래 끝점을 이동의 기준점으로 지정하고 마우스를 위쪽으로 이동 후 **위치값**을 35로 입력합니다.
    Osnap을 이용하여 특정 지점에서 지점까지 이동하는 상황이 아니면 기준점은 임의로 지정해도 큰 문제가 없습니다. 마우스의 방향은 확실히 지켜야 합니다.

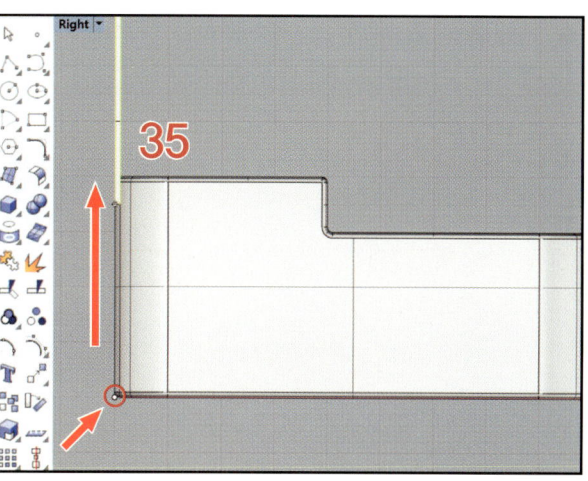

36. Viewport에서 마우스 오른쪽 클릭을 하면 바로 전에 실행한 명령을 재실행 할 수 있습니다.
   개체의 왼쪽 아래 끝점을 이동의 기준점으로 지정하고 마우스를 오른쪽으로 이동 후 **위치값**을 20으로 입력합니다.

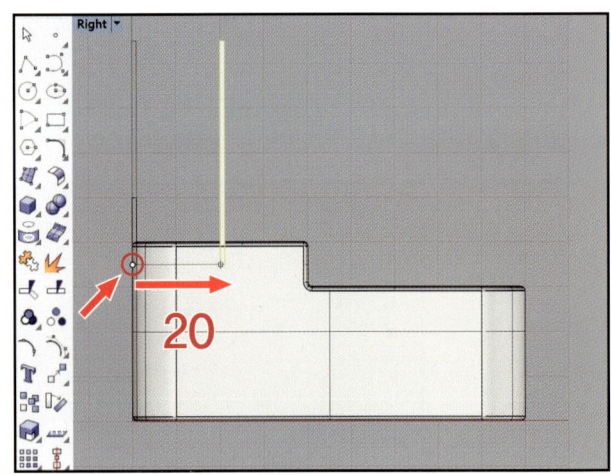

37. Side toolbar〉Rotate 2D를 실행합니다. Transform에도 동일한 기능이 있습니다.

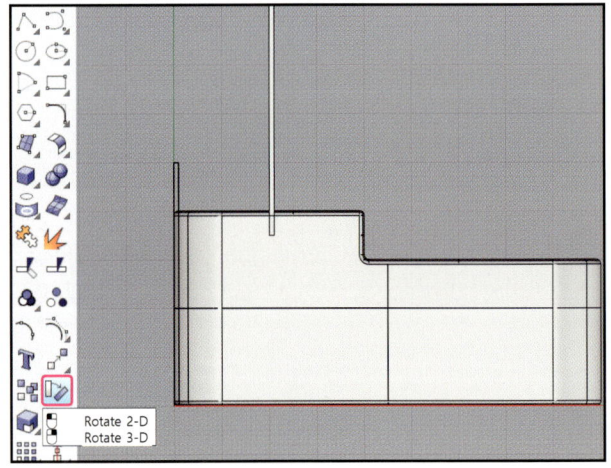

38. 개체의 왼쪽 아래 끝점을 회전의 중심점으로 지정하고 **각도**를 −10으로 입력합니다.

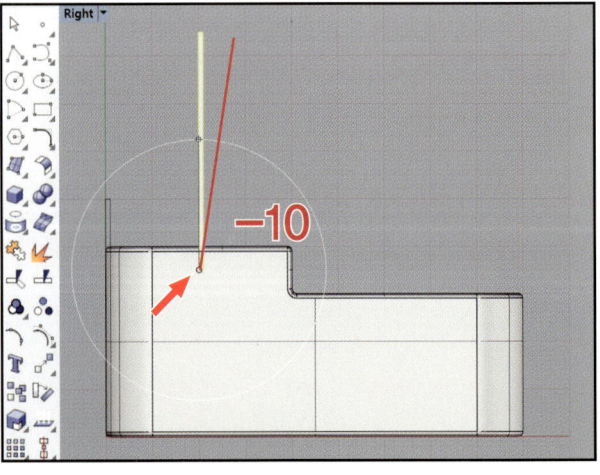

39. Perspective view를 선택한 후 Solid tools〉Boolean difference를 실행합니다.

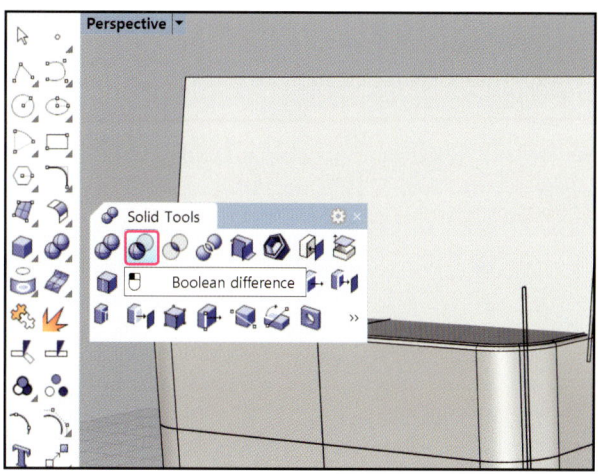

40. a를 차집합을 적용할 개체로 선택하고 b를 차집합에 사용될 개체로 선택합니다. a에서 b가 제거된 형상이 만들어집니다.

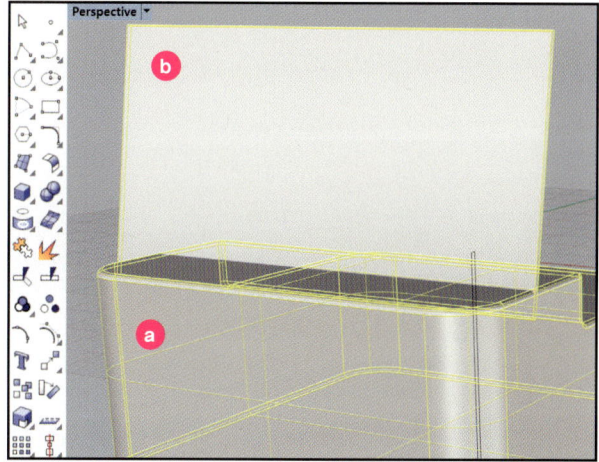

41. 이니셜을 각인하기 위한 작업을 시작합니다. Standard toolbar〉CPlanes〉Set CPlane to object를 실행합니다.

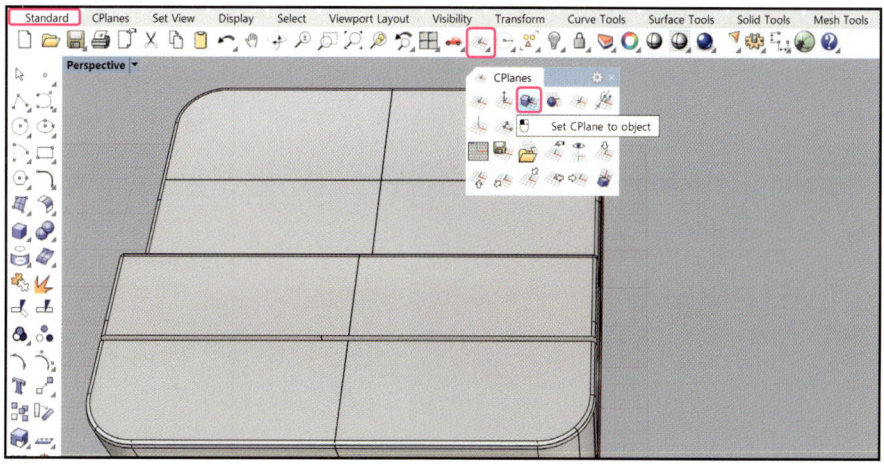

파트 4 Beginning Level Modeling

42. 오른쪽의 그림과 같이 위쪽 면을 지정합니다.

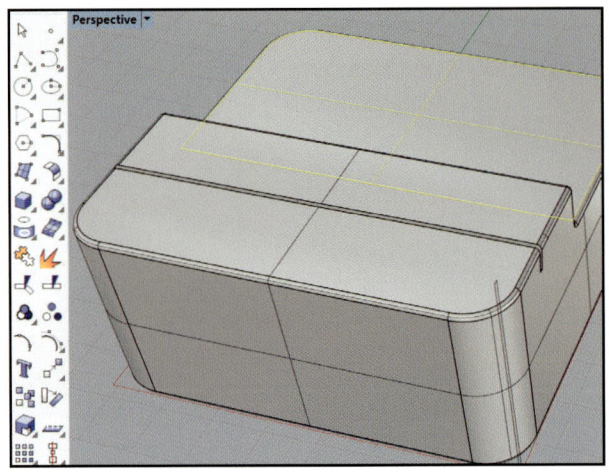

43. Side toolbar>Text object를 실행합니다.

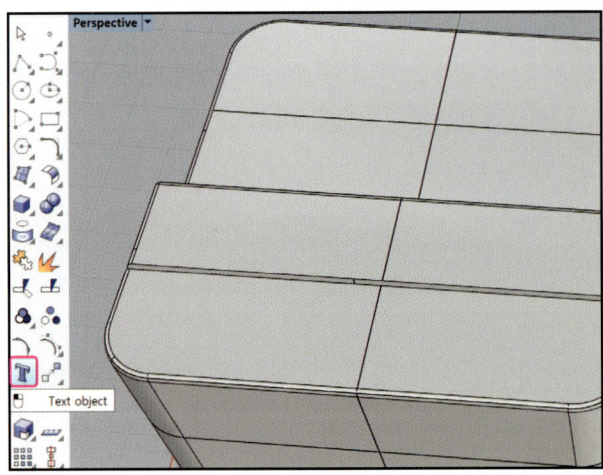

44. 텍스트 개체 창에서 높이는 8, 글꼴은 'Arial', 텍스트 내용은 'HYM'을 입력합니다. 높이, 글꼴, 텍스트 내용은 자유롭게 설정합니다. 고딕체 계열 글꼴이 깔끔하게 작업됩니다. 아래의 그림과 같이 윗면에 위치시킵니다.

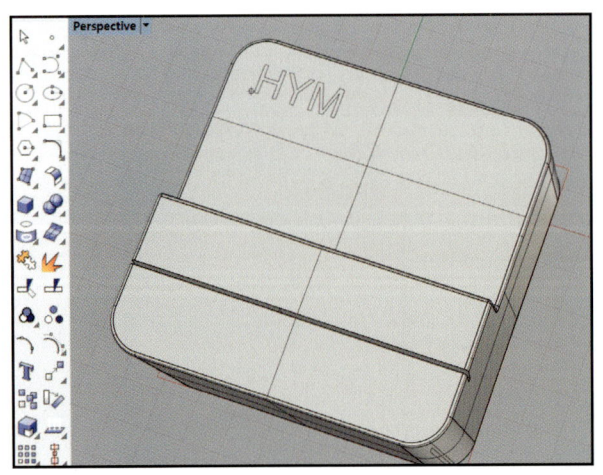
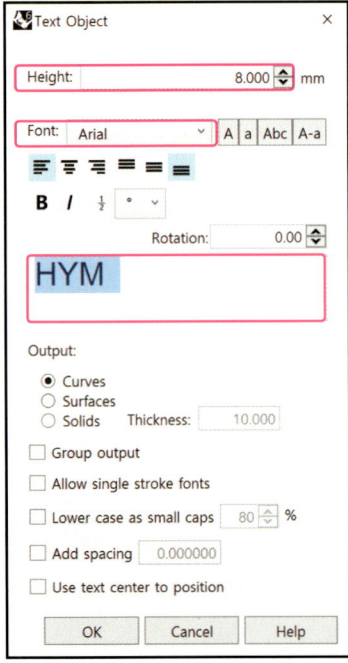

45. Surface creation>Extrude straight을 실행합니다.

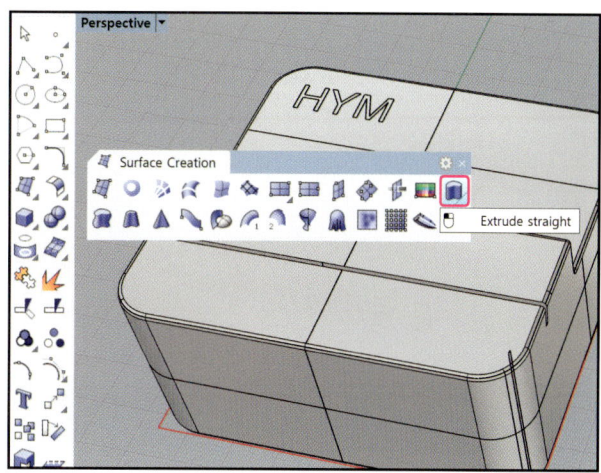

46. 아래쪽으로 마우스를 이동한 후 세부 옵션 중 Solid를 클릭해서 'Yes'로 변경하고 거리값을 1로 입력합니다.

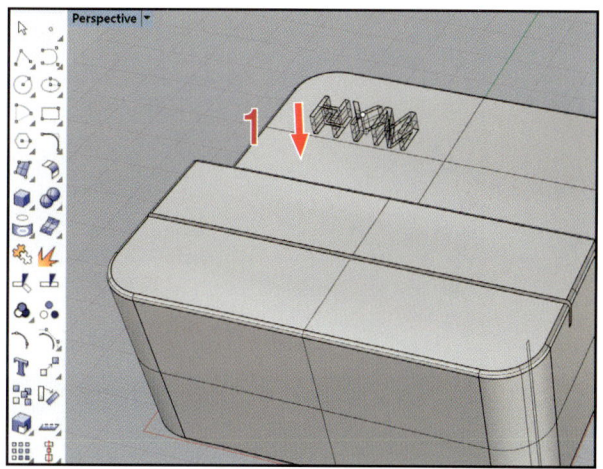

47. Solid tools>Boolean difference를 실행합니다.

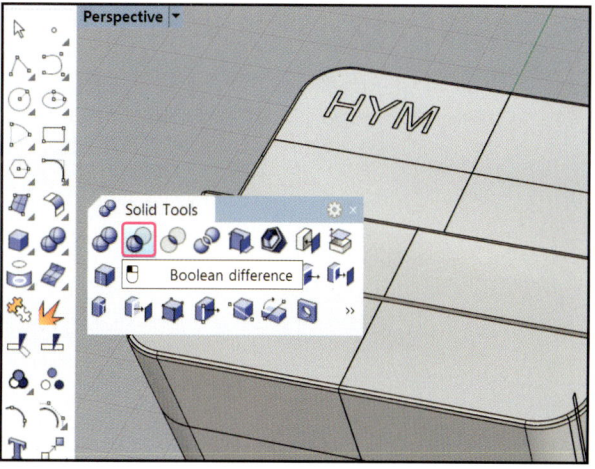

파트 4 Beginning Level Modeling　87

48. a를 차집합을 적용할 개체로 선택하고 b를 차집합에 사용될 개체로 선택합니다. a에서 b가 제거된 형상이 만들어집니다.

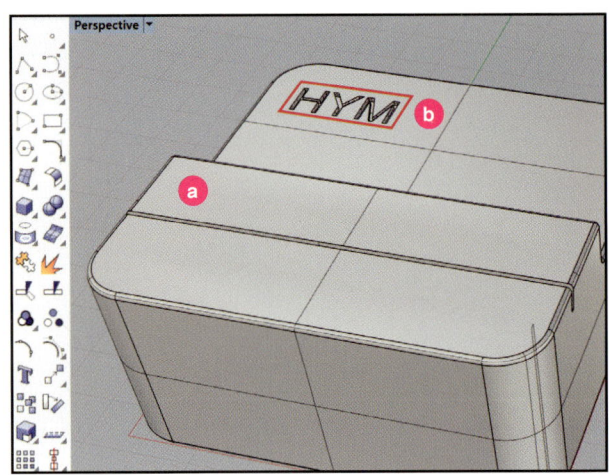

49. Standard toolbar⟩Select⟩Select curves를 실행합니다.

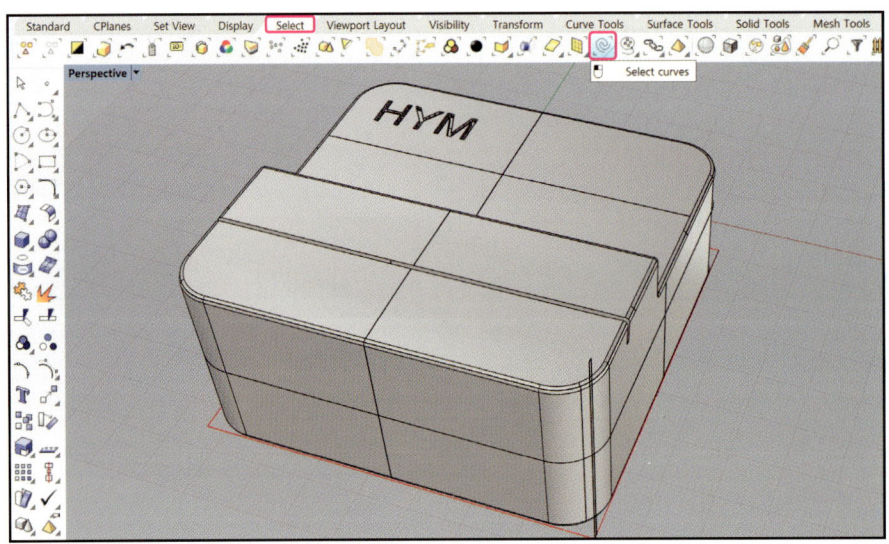

50. 화면 오른쪽 패널의 레이어 탭에서 커브를 선택한 후 마우스 오른쪽 클릭하여 Chang object layer를 실행합니다.

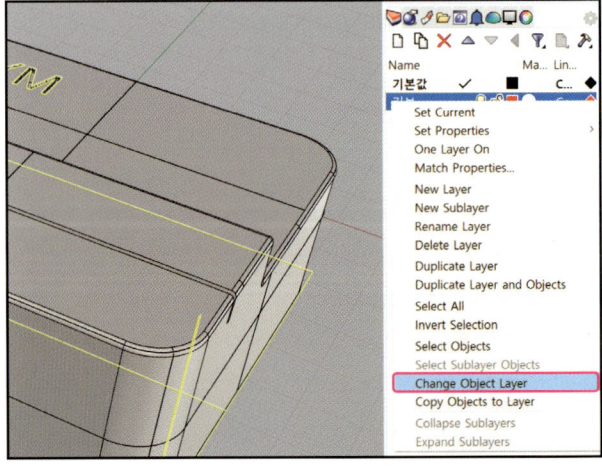

51. 레이어 이름 옆의 전구 아이콘를 클릭해서 Off로 바꿉니다. 커브가 전부 숨겨집니다.

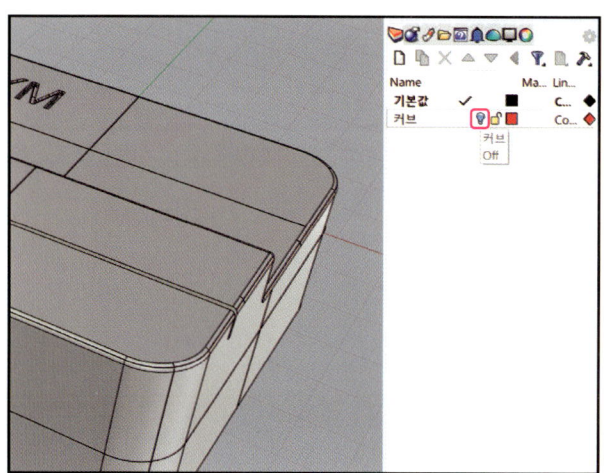

52. 렌더링 모드로 바꾸어 형상을 확인 후 모델링 작업을 완료합니다.

02 TEA CUP

입체를 만드는 명령 중 Revolve명령을 이해하기 위한 예제입니다. 회전체에 대한 이해와 간단한 Surface 생성방법을 연습합니다.

1. File〉New로 템플릿 파일 설정창을 엽니다. Small objects-Millimeters를 선택하고 열기를 실행합니다. 작업할 개체의 크기에 따라 템플릿을 정합니다.

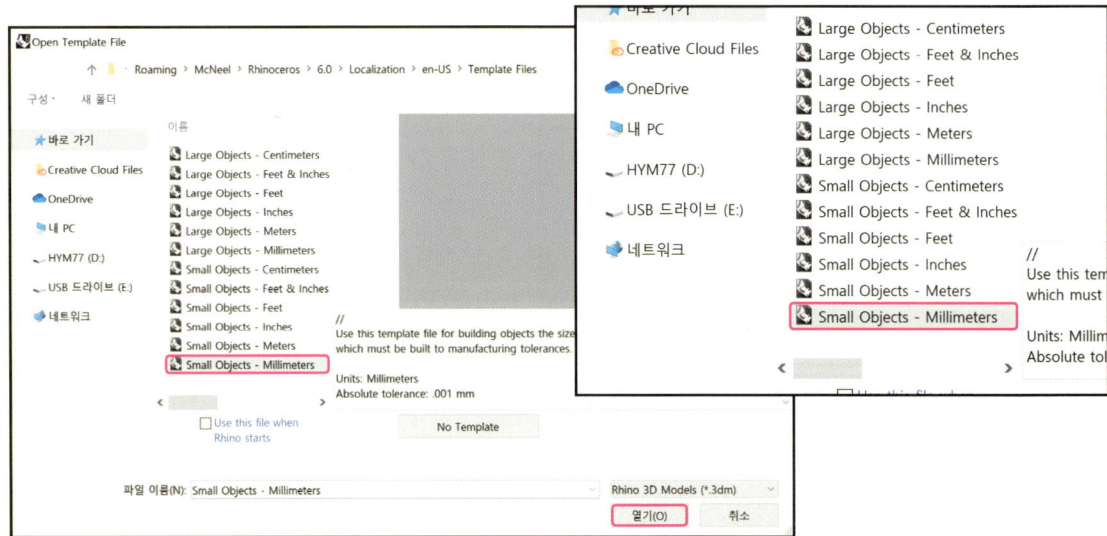

2. 작업 시작 전 Status bar의 Osnap, Gumball을 활성화 합니다.

   Grid Snap Ortho Planar **Osnap** SmartTrack **Gumball** Record History Filter Absolute tolerance: 0.00

3. Front view를 선택한 후 Lines〉Single line을 실행합니다.

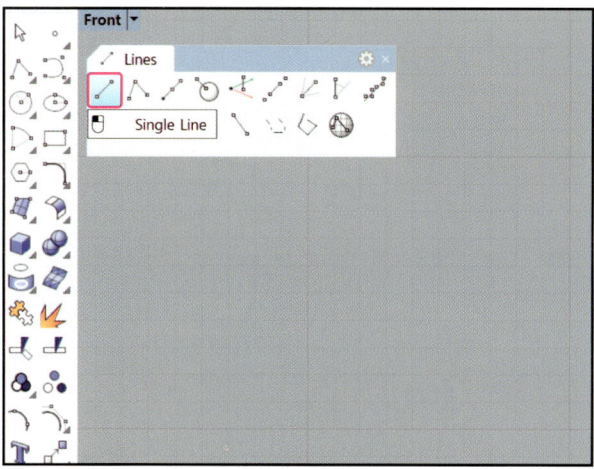

4. Command 창에 시작점을 원점(0)으로 입력합니다.

   Z축을 따라 위쪽으로 마우스를 이동 후 다음 점의 위치값을 60으로 입력합니다. 키보드의 Shift 키를 누른 상태로 이동하면 직교모드가 적용됩니다.

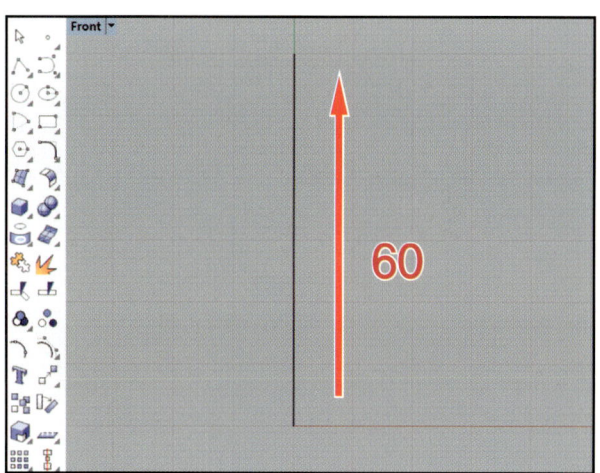

5. Curve tools〉Offset curve를 실행합니다. 회전 단면을 그리기 위한 가이드선을 만듭니다.

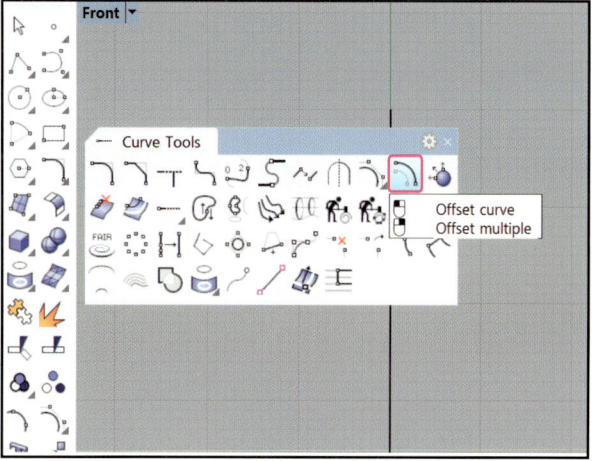

파트 4 Beginning Level Modeling

6. X축을 따라 왼쪽으로 마우스를 이동 후 거리값을 31로 입력합니다.

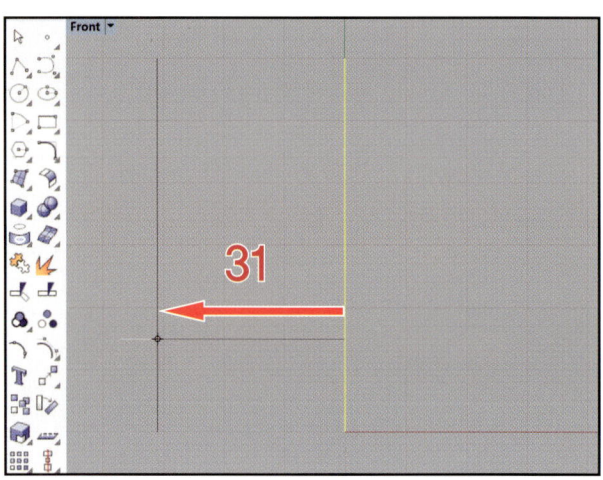

7. 마우스 오른쪽 클릭을 하여 명령을 재실행합니다. X축을 따라 왼쪽으로 마우스를 이동 후 거리값을 23으로 입력합니다.

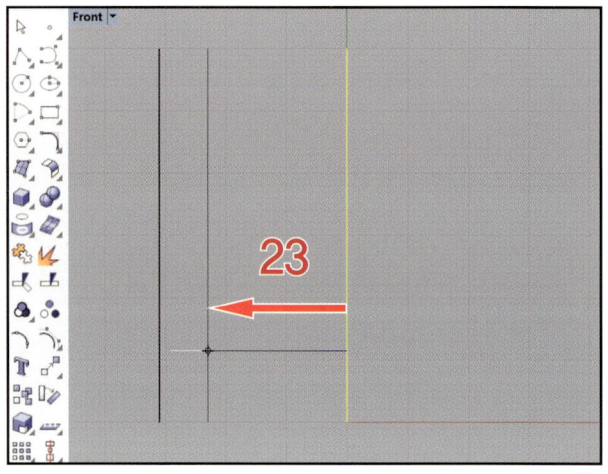

8. Curve>Control point curve를 실행합니다.

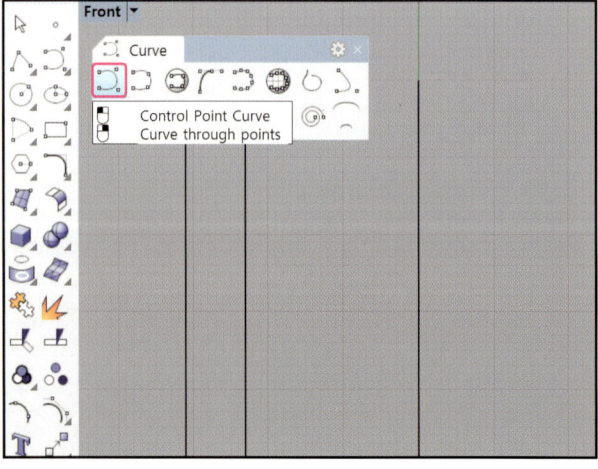

9. 제어점 커브를 이용해서 찻잔의 바깥 부분이 될 단면 커브를 만듭니다.
   Command 창에서 차수는 3으로 하고 가이드 선의 위, 아래 끝에 맞춰 그림과 같이 점을 위치시킵니다.
   커브를 구성하는 점은 5개입니다. 처음부터 정확하게 그리지 않아도 만든 후 점의 위치, 개수 조정도 가능합니다.

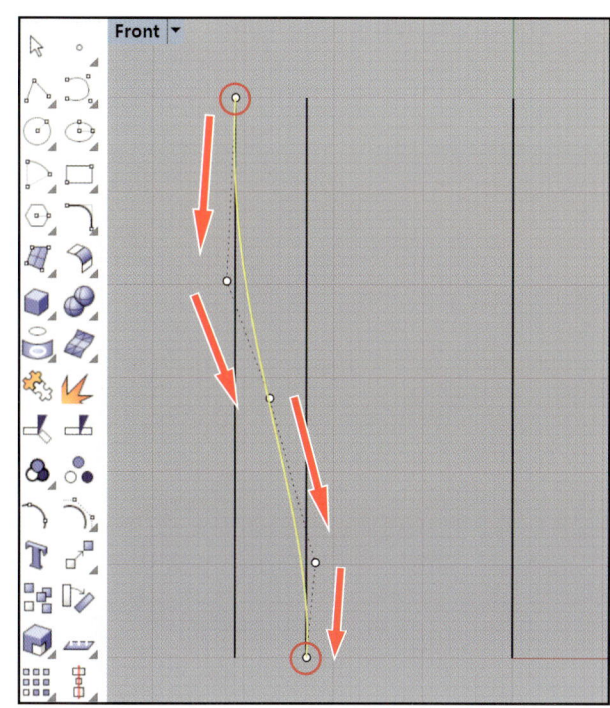

10. Curve tools>Offset curve를 실행합니다.

11. 오른쪽으로 마우스를 이동한 후 거리 값을 1로 입력합니다. 찻잔의 안쪽 부분을 만들 선입니다.

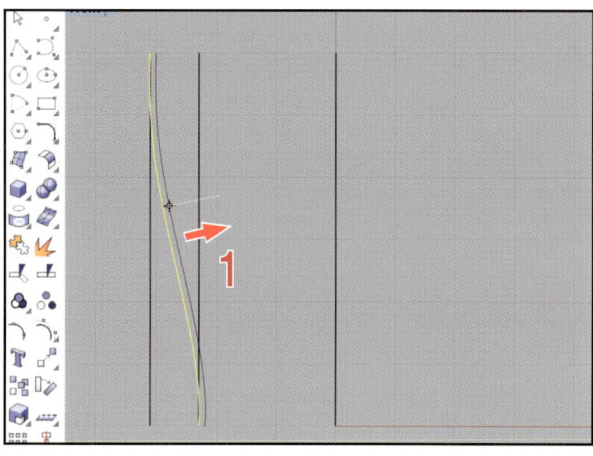

파트 4 Beginning Level Modeling

12. Lines>Single line을 실행합니다.

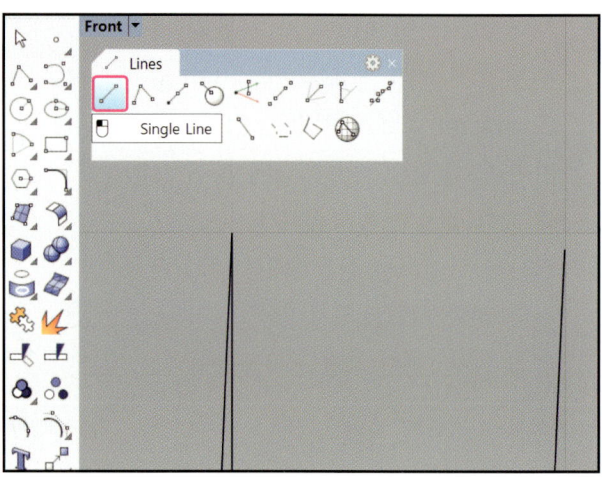

13. 찻잔 바깥선의 위 끝점을 시작점으로 정하고 마우스를 오른쪽으로 이동합니다. 찻잔 안쪽선에 닿지 않는 정도에서 이동을 완료합니다.
    키보드의 Shift 키를 누른 상태로 이동하면 직교모드가 적용됩니다.

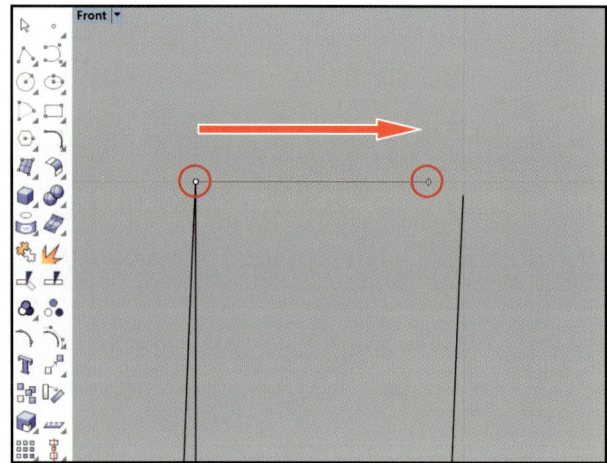

14. Curve tools>Connect을 실행합니다.

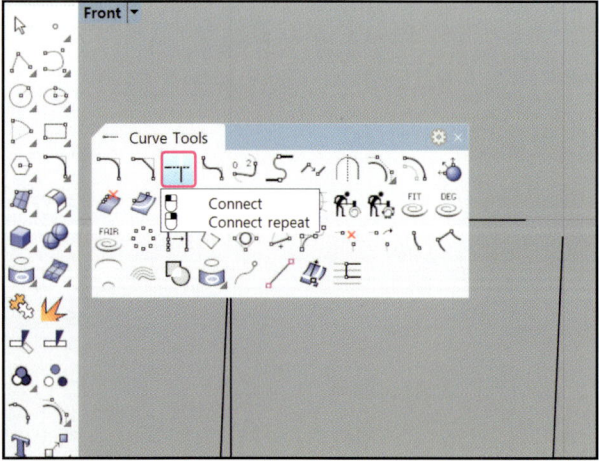

15. 첫 번째 커브로 a, 두 번째 커브로 b를 선택하면 각각 연장하여 연결됩니다.

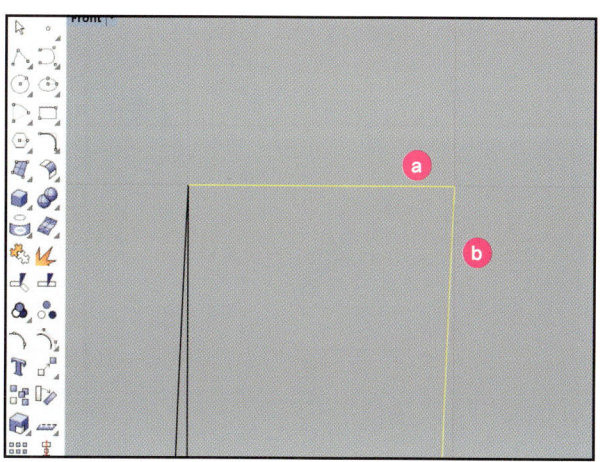

16. Lines〉Single line을 실행합니다.

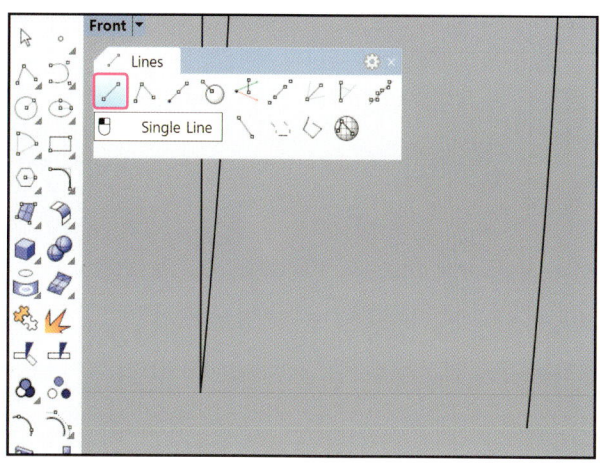

17. 찻잔 바깥선의 아래 끝점을 시작점으로 정하고 오른쪽의 회전 중심선 아래 끝점을 선의 끝으로 정합니다.

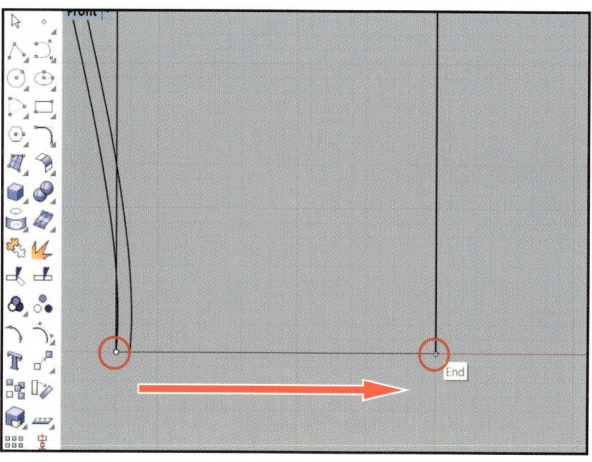

18. Curve tools>Offset curve를 실행합니다.

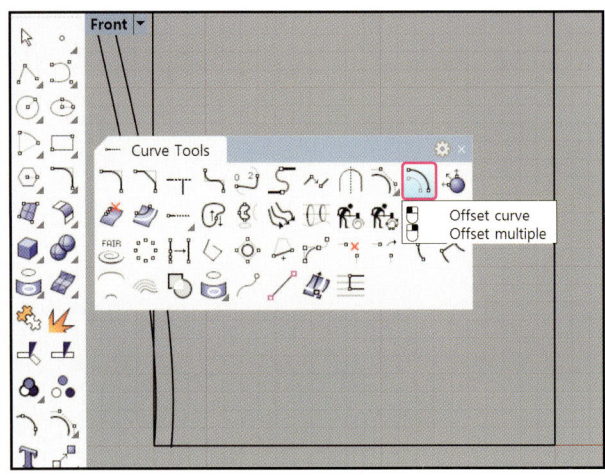

19. 위쪽으로 마우스를 이동한 후 거리값을 1로 입력합니다.

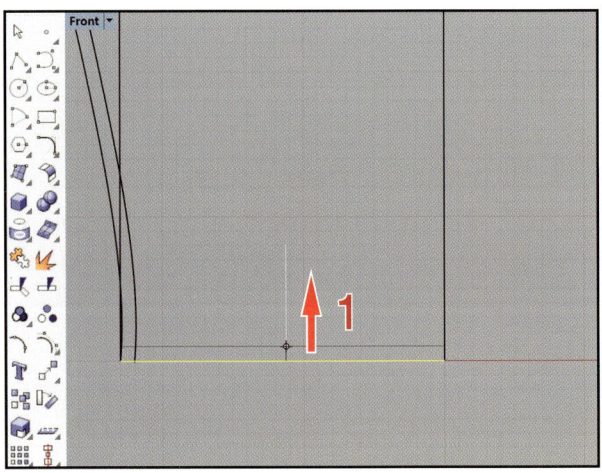

20. Arc>Arc: start, end, direction at start를 실행합니다.

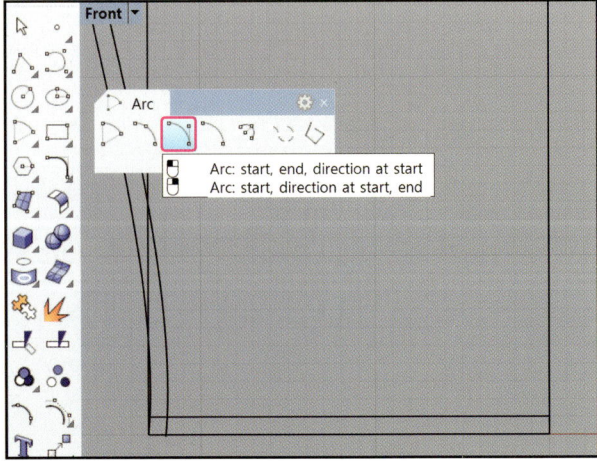

21. OSnap에서 Int를 활성화합니다. 호의 시작점을 a, 호의 끝점은 b(찻잔 안쪽선과 제일 아래선의 교차점), 시작 방향은 **왼쪽**으로 합니다.

    시작방향을 직교모드(Shift 키) 상태에서 실행하면 시작점에 탄젠트가 적용됩니다.

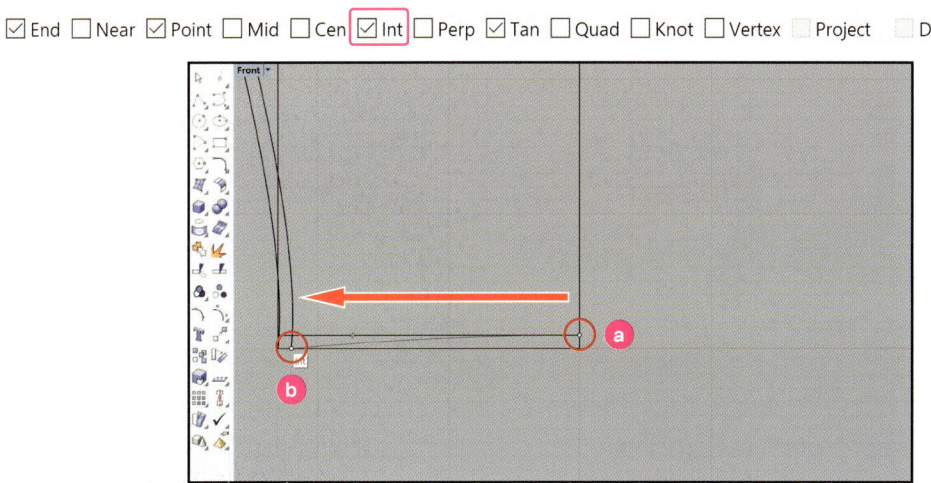

22. Curve tools〉Offset curve를 실행합니다.

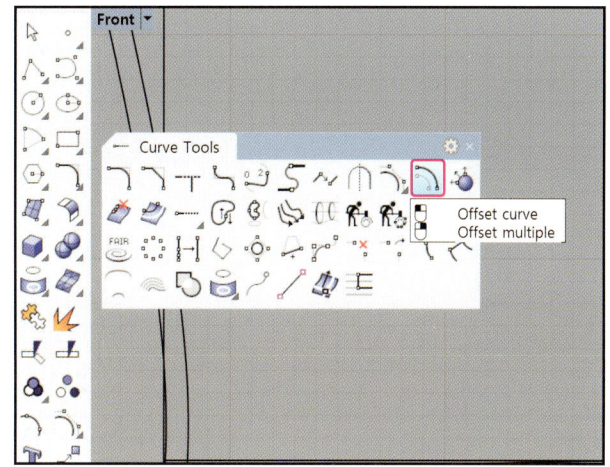

23. 위쪽으로 마우스를 이동한 후 거리값을 1로 입력합니다.

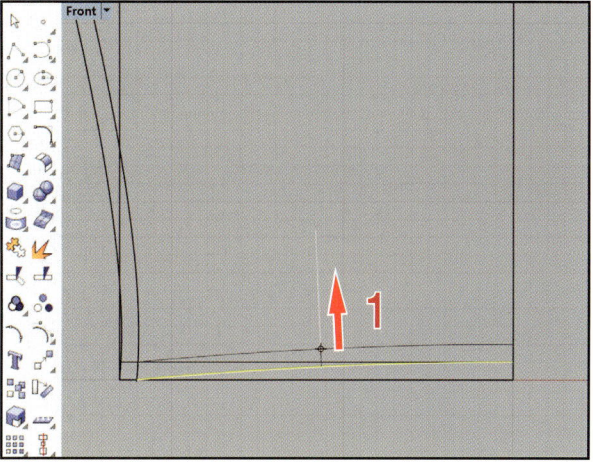

파트 4 Beginning Level Modeling

24. 다음 작업을 실행하기 전에 레이어 정리를 합니다. '레이어 01'은 '커브', '레이어 02'는 '가이드커브'로 변경합니다.

25. Offset curve로 생성한 커브(a, b, c)를 선택한 후 '가이드커브'로 개체 변경합니다. 전구 모양의 아이콘을 클릭해서 '가이드커브' 레이어를 끕니다.

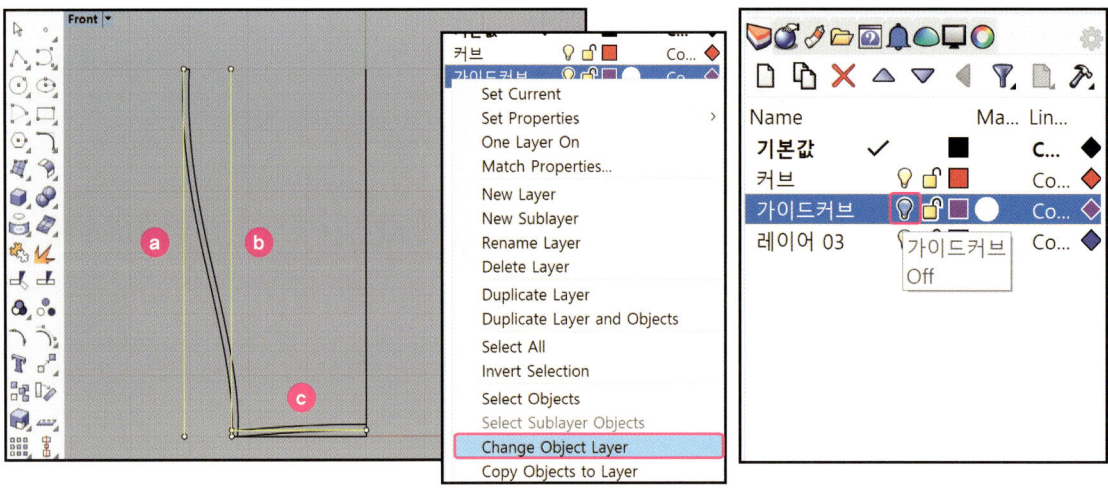

26. Curve tools>Connect를 실행합니다.

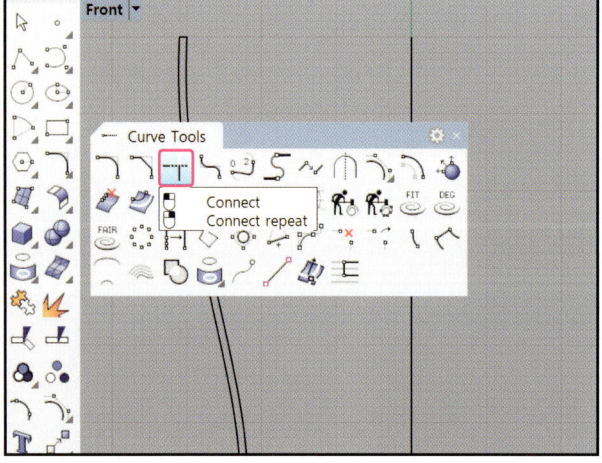

27. 첫 번째 커브로 a, 두 번째 커브로 b를 선택하면 코너로 연결됩니다.

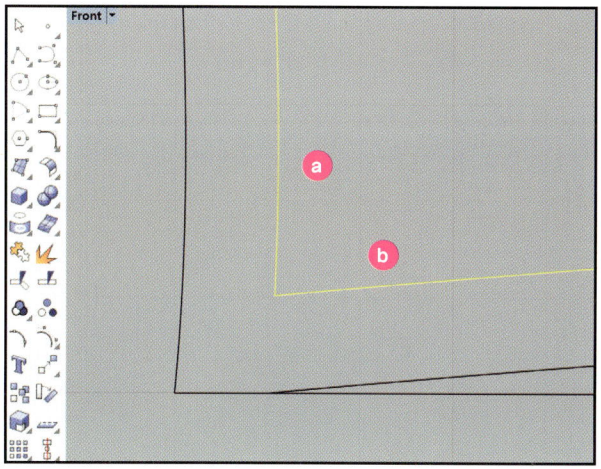

28. 마우스 오른쪽 클릭하여 Connect 명령을 재실행합니다. 첫 번째 커브로 a, 두 번째 커브로 b를 선택하면 코너로 연결됩니다.

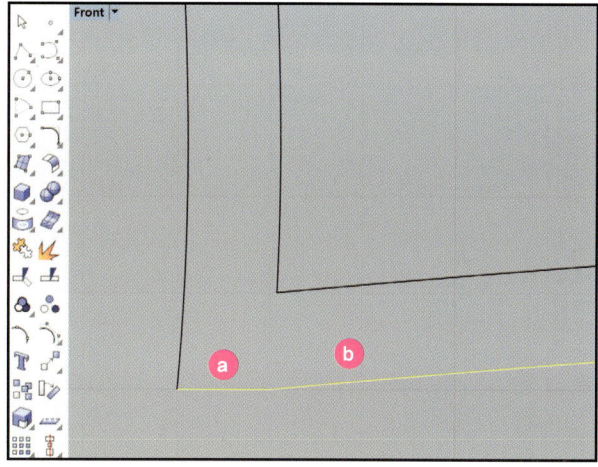

29. 회전 중심선을 제외한 6개의 커브를 선택한 후 Join을 실행합니다. 1개의 열린 커브로 결합됩니다.

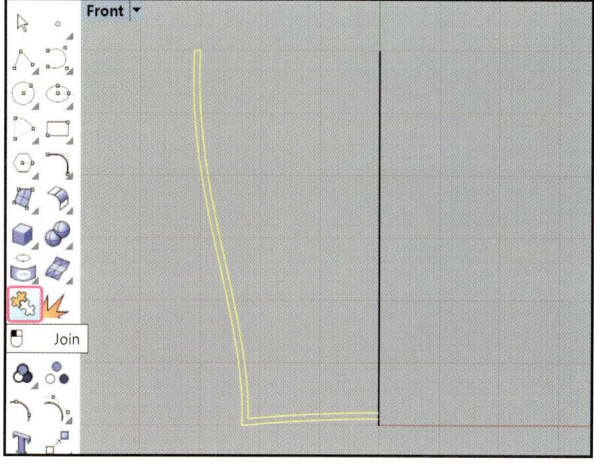

30. Perspective view를 선택한 후 Surface creation>Revolve를 실행합니다.
   형상을 좀 더 명확하게 확인하기 위해 화면표시모드를 Shaded로 변경합니다.

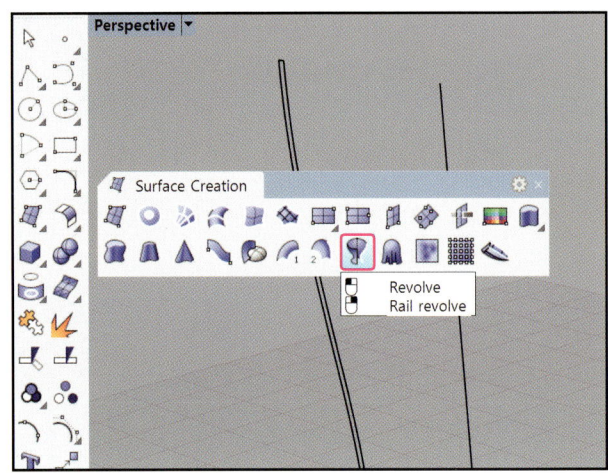

31. 회전시킬 커브를 먼저 선택 후 회전축을 선택합니다. 위 끝점을 선택한 후 아래 끝점을 지정하면 회전축이 선택됩니다. 축의 길이는 회전에 영향이 없습니다.
   시작 각도는 0, 회전 각도는 360을 입력합니다.

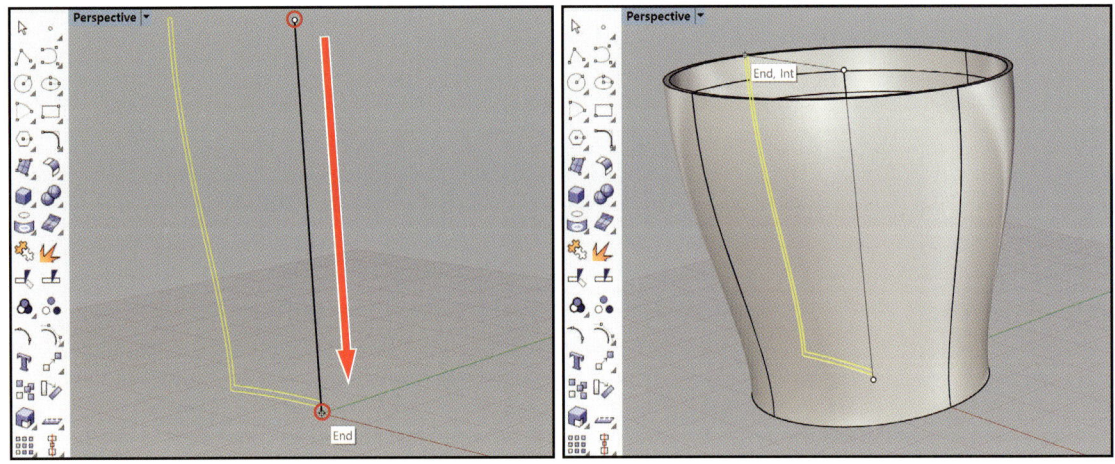

32. 레이어 탭에서 '레이어 03'를 '바디'로 이름바꾸기 합니다.
   작업의 중간중간 개체의 레이어를 정리해야 좀 더 효율적인 모델링이 가능합니다.

33. 폴리서피스를 선택한 후 '**바디**' 레이어로 개체 레이어 변경합니다. '**바디**' 레이어는 끕니다.

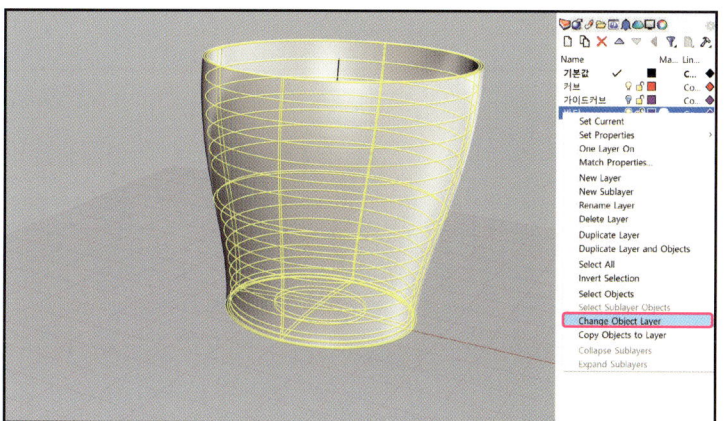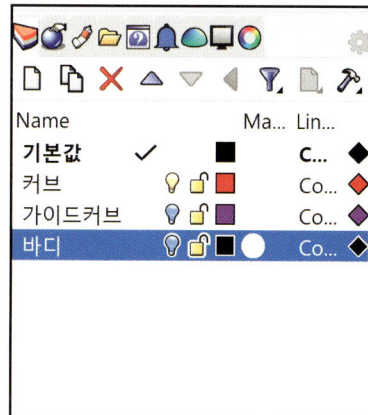

34. Front view를 선택 후 Lines〉Single line을 실행합니다. 제일 밑 커브의 오른쪽 끝을 시작점으로 회전축 아래 끝점까지 선을 그립니다. 손잡이를 위한 가이드선을 만듭니다.

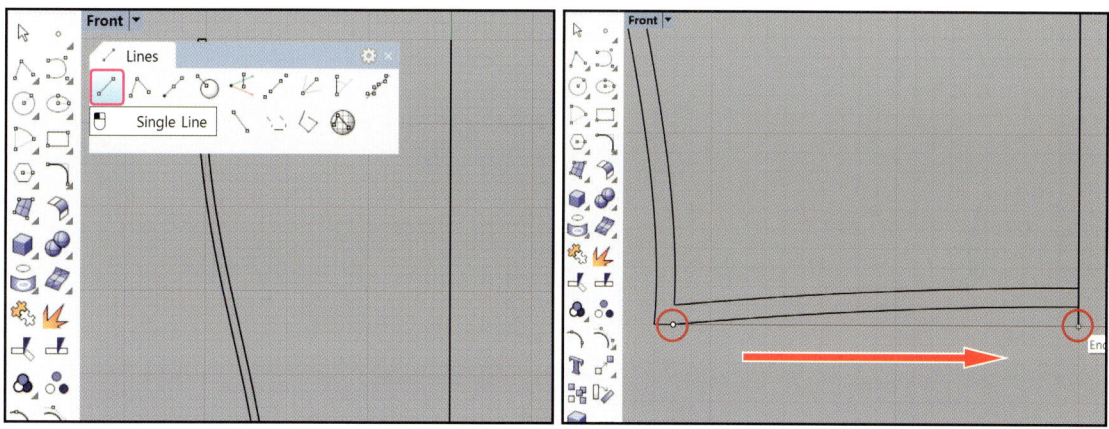

35. Curve tools〉Offset curve를 실행합니다. 하단 가이드선을 선택하고 위쪽으로 마우스를 이동 후 거리값을 54로 입력합니다.

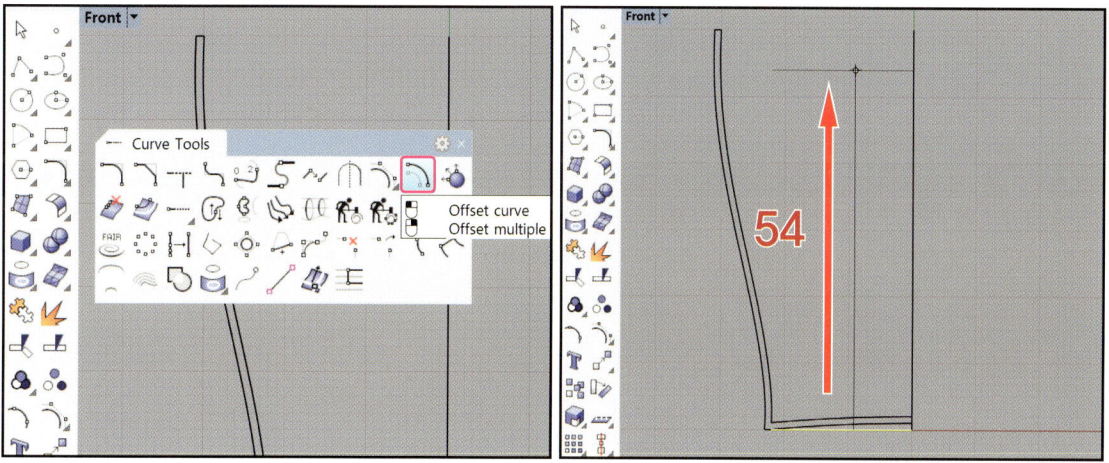

파트 4 Beginning Level Modeling 101

36. 마우스 오른쪽 클릭하여 Offset curve 를 재실행합니다.
    위쪽으로 마우스를 이동 후 거리값을 9 로 입력합니다.

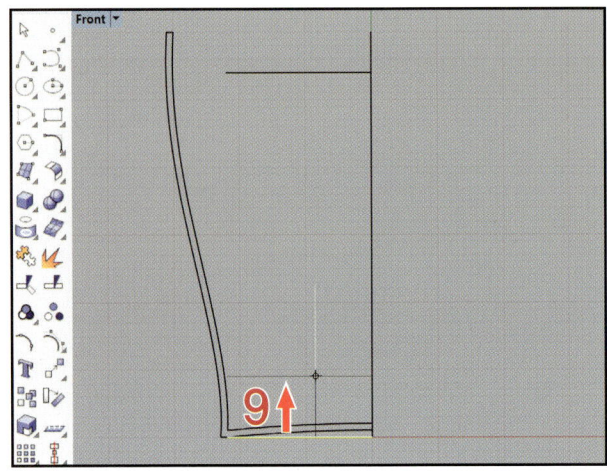

37. Curve tools>Extend curve to boundary 를 실행합니다.(마우스 오른쪽 버튼)

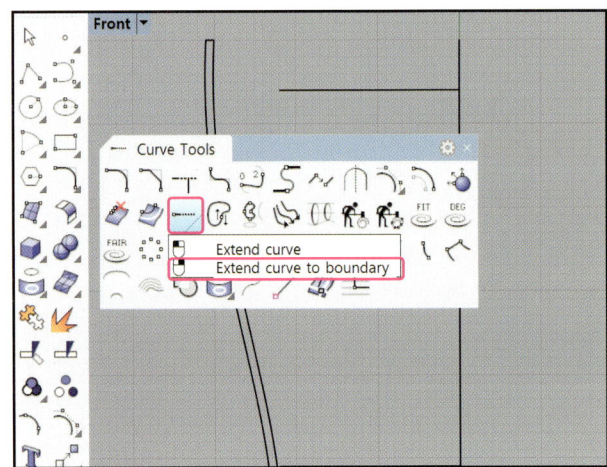

38. 경계 개체를 먼저 선택한 후 연장할 커브(a, b)를 선택합니다. 두 번 클릭하여 제일 바깥 경계까지 연장합니다.

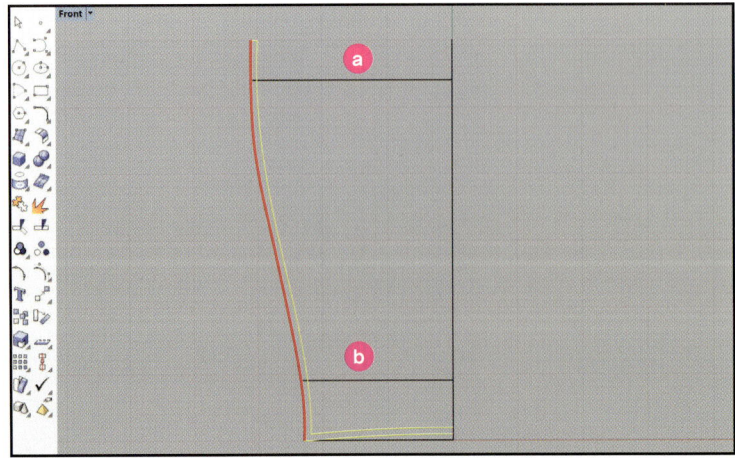

39. Curve〉Control point curve를 실행합니다.

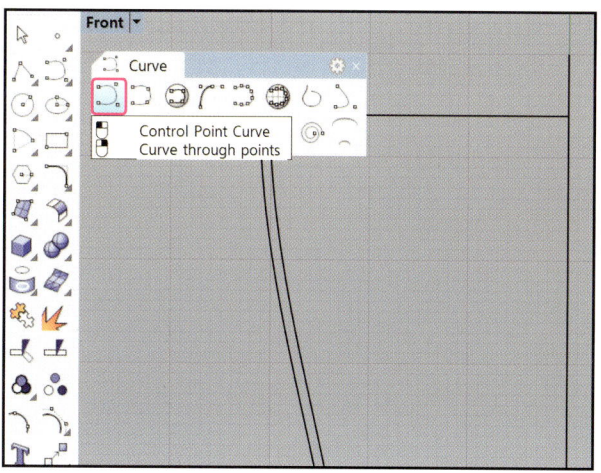

40. 제어점 커브를 이용해서 찻잔의 바깥 부분이 될 단면 커브를 만듭니다. Command 창에서 차수는 3으로 하고 가이드 선의 위, 아래 끝에 맞춰 그림과 같이 점을 위치시킵니다. 커브를 구성하는 점은 3개입니다.

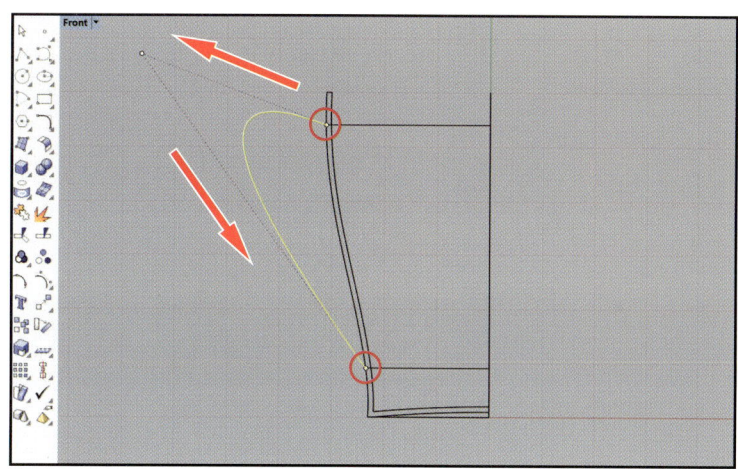

41. 손잡이를 그리기 위한 선을 제외한 나머지 개체를 선택하여 Hide objects 명령을 실행합니다.

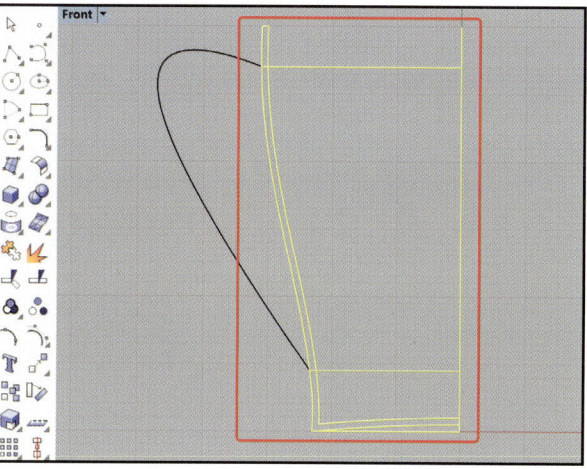

42. Right view를 선택 후 Ellipse〉Ellipse :From center를 실행합니다. 손잡이의 단면을 만듭니다.

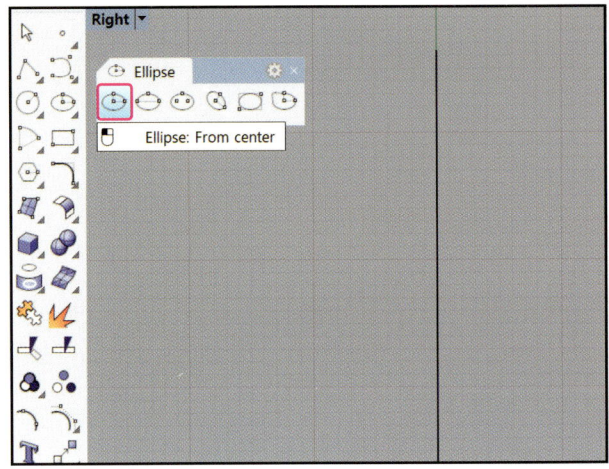

43. 손잡이를 그리기 위한 선의 **위 끝점**을 타원 중심으로 지정하고 첫 번째 축을 가로 방향으로 **3**, 두 번째 축은 세로 방향으로 **1.5**을 입력합니다.
    첫 번째 축을 지정할 때 **Shift 키**를 누른 상태로 이동하여 직교모드를 적용합니다.

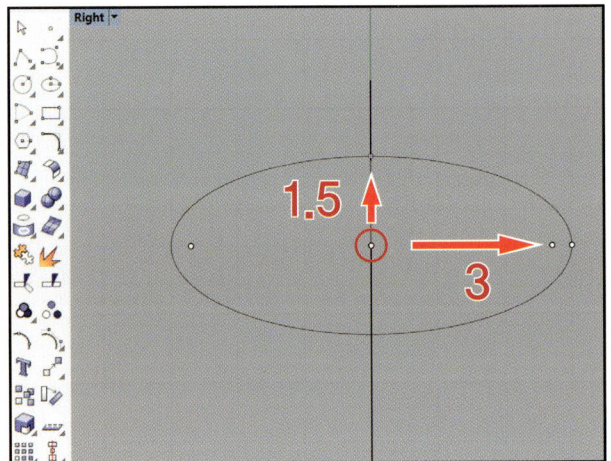

44. Perspective view를 선택한 후 Surface creation〉Sweep 1 rail을 실행합니다.

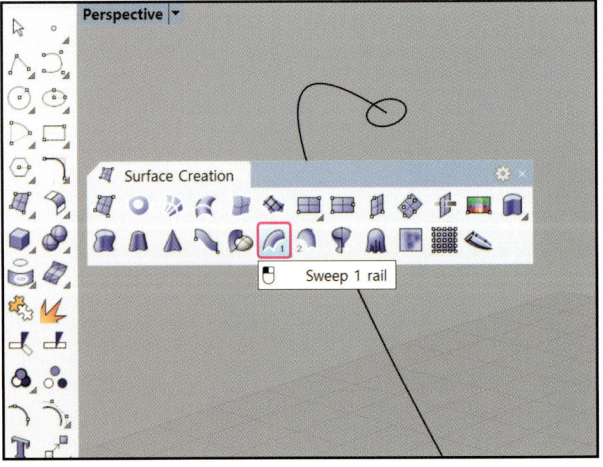

45. 레일은 a, 횡단면은 b로 지정한 후 나머지 옵션은 기본으로 유지하고 명령을 종료합니다.

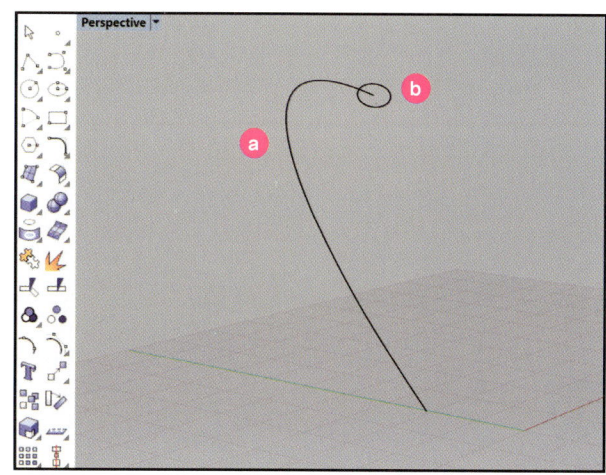

46. 레이어 탭에서 '바디' 레이어를 켭니다.

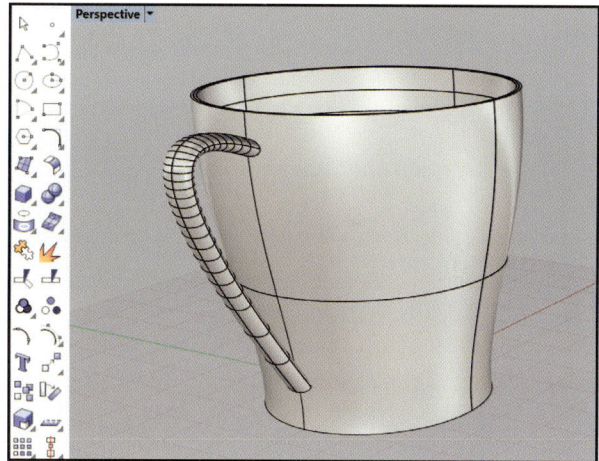

47. Front view를 선택한 후 Surface tools〉 Extend Surface를 실행합니다.

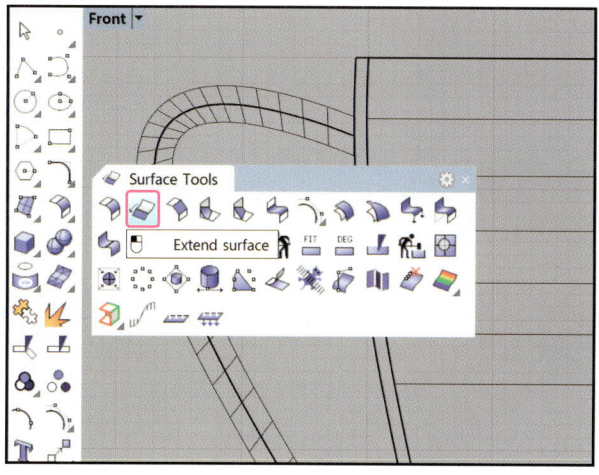

48. 손잡이 서피스의 위와 아래 가장자리를 선택한 후 찻잔 벽 단면 중간 정도까지 연장합니다.

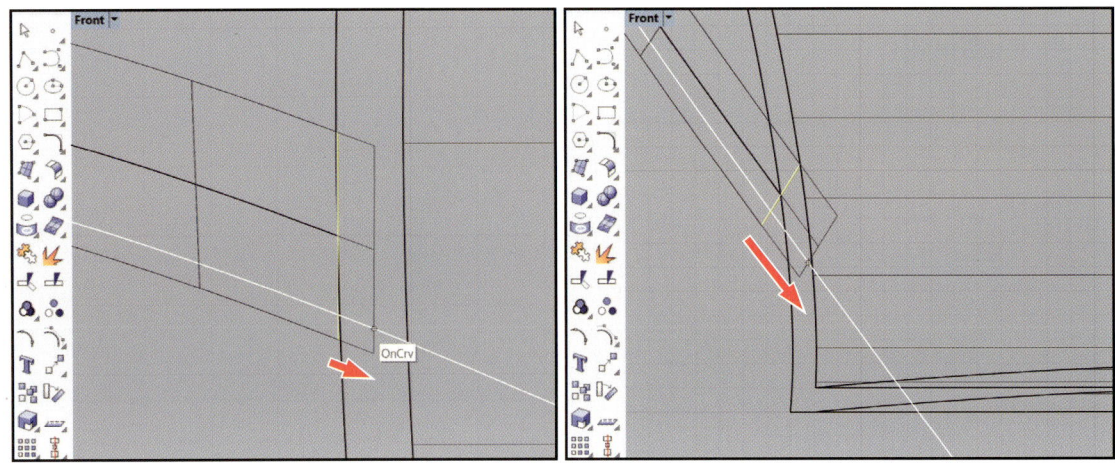

49. 찻잔 개체를 선택한 후 Side toolbar의 Explode를 실행합니다. 손잡이 서피스를 편집하기 위한 준비입니다. Side toolbar의 Trim을 실행합니다.

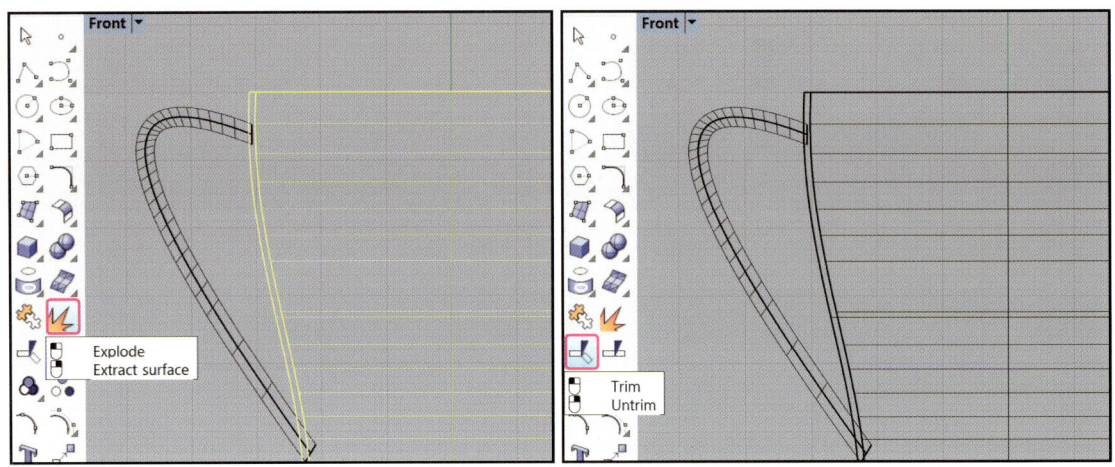

50. 절단 개체로 찻잔의 제일 바깥쪽 서피스를 선택하고 트림할 개체로 손잡이 서피스의 위, 아래 끝부분을 지정하여 제거합니다.

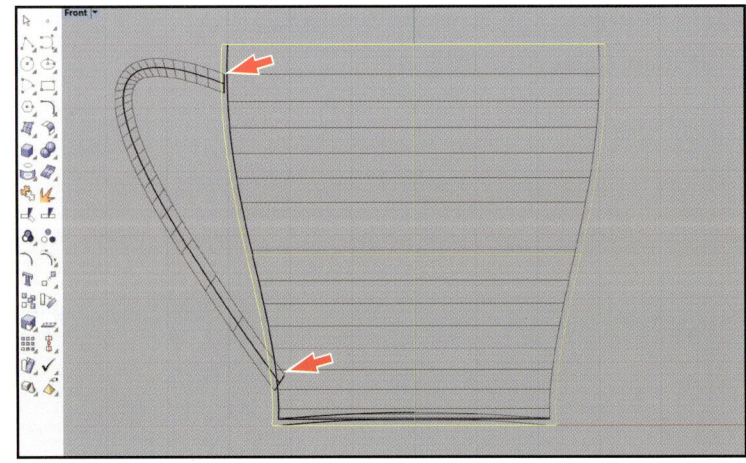

106 라이노 6를 이용한 제품 디자인

51. **Perspective view**를 선택한 후 시점을 회전하여 찻잔 내부가 보이도록 합니다. 찻잔 안쪽 벽을 선택하여 **Hide objects** 명령을 실행합니다.

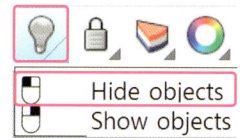
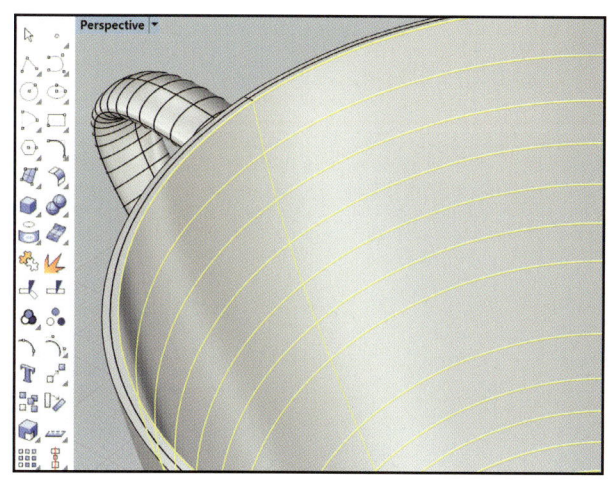

52. **Side toolbar**의 **Trim**을 실행합니다. 절단 개체로 손잡이 서피스를 선택하고 트림할 개체로 찻잔 서피스의 위, 아래 겹친 부분을 지정하여 제거합니다.

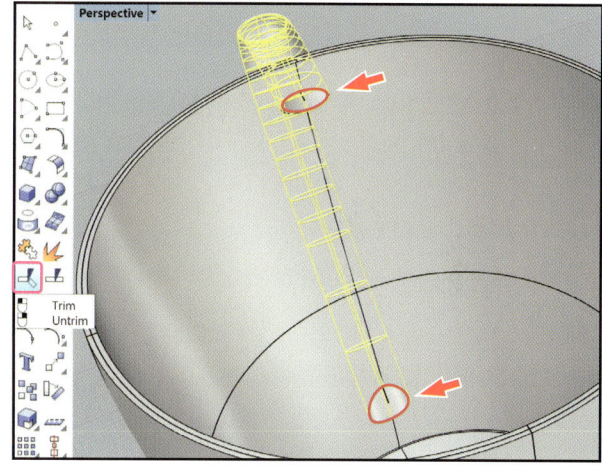

53. **Show objects** 명령을 실행합니다.(마우스 오른쪽 버튼)

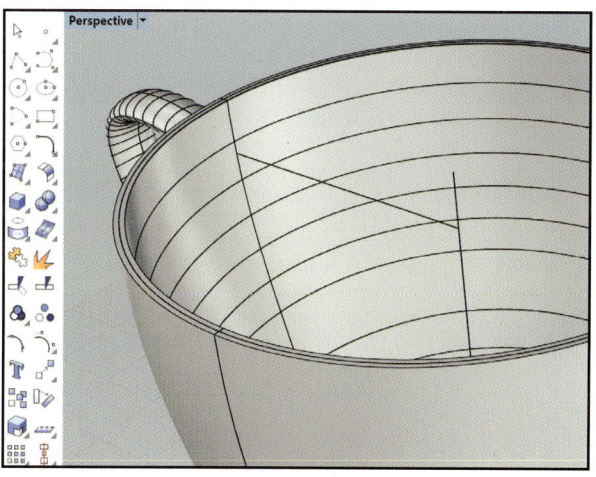

54. Standard toolbar〉Select〉Select curves를 실행합니다. 선택된 커브를 '커브' 레이어로 Chang object layer합니다. '커브' 레이어는 끕니다.

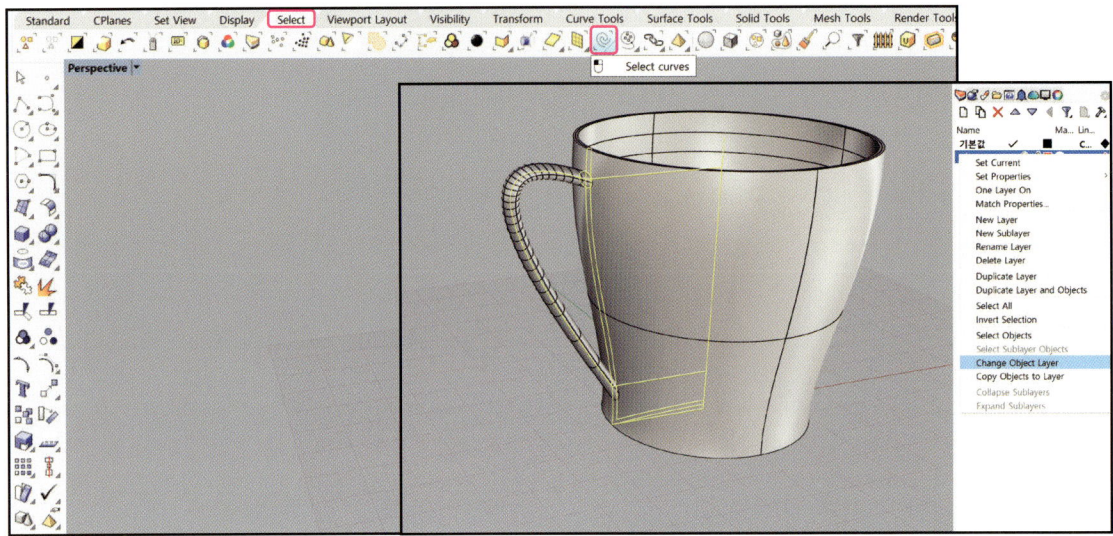

55. 전체 개체를 선택한 후 Side toolbar의 Join을 실행합니다.

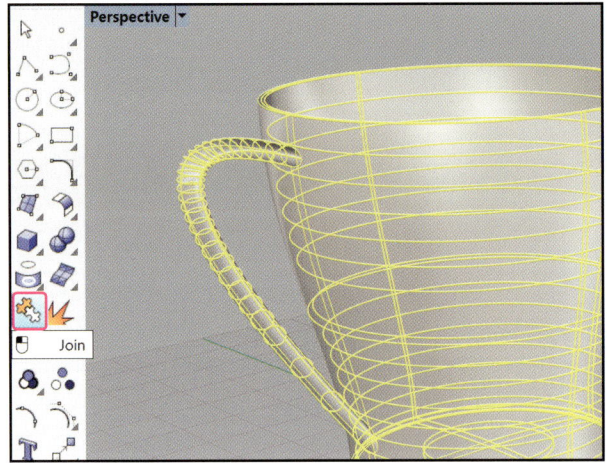

56. Solid tools〉Fillet edges를 실행합니다.

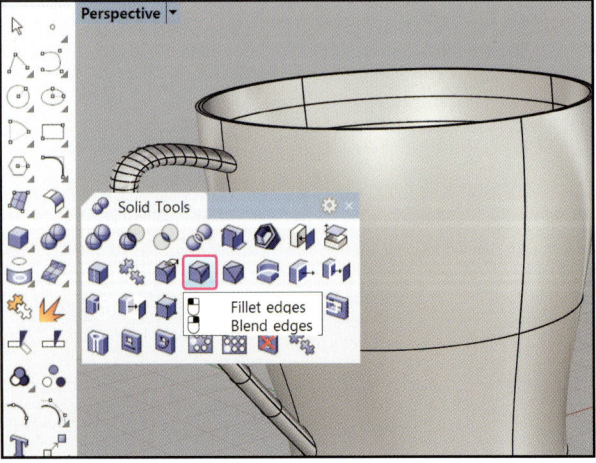

57. 반지름 값을 1로 입력하고 손잡이와 찻잔의 경계 부분을 선택합니다.
경계 부분을 여러 번 선택해야 합니다.

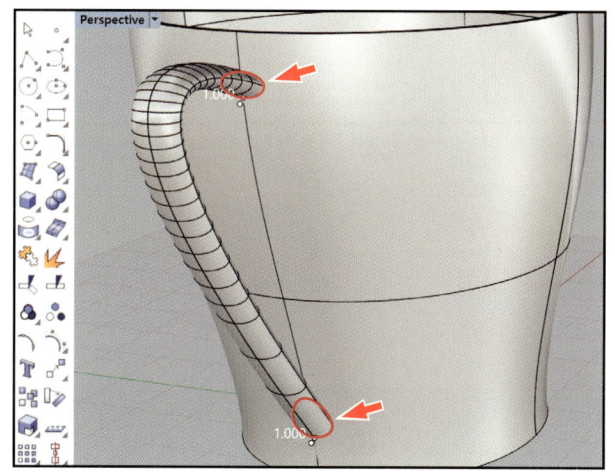

58. 마우스 오른쪽 클릭하여 Fillet edges를 재실행합니다.
반지름 값을 0.4로 입력 후 찻잔의 위쪽 2개, 아래쪽 1개의 가장자리를 선택해서 명령을 실행합니다.

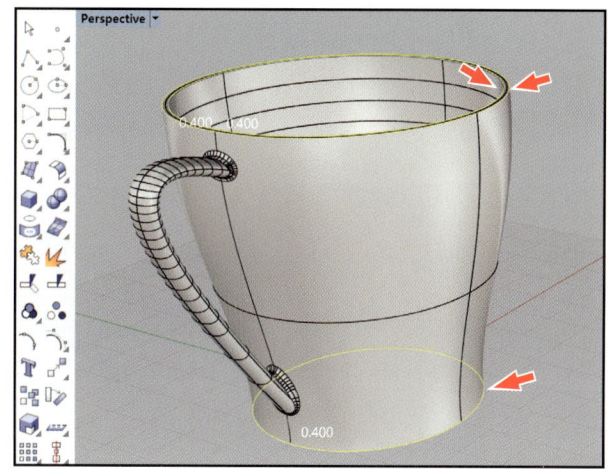

59. 렌더링 모드로 바꾸어 모델링 작업을 완료합니다.

03
PEN TRAY

NURBS 모델링 중 Surface creation tools 명령을 위주로 설명합니다. Gumball을 활용한 개체의 편집도 연습합니다.

1. File〉New로 템플릿 파일 설정창을 엽니다. Large objects-Millimeters를 선택하고 열기를 실행합니다. 작업 시작 전 Status bar의 Osnap, Gumball을 활성화 합니다.

2. Top view를 선택한 후 Ellipse〉Ellipse: from center를 실행합니다.

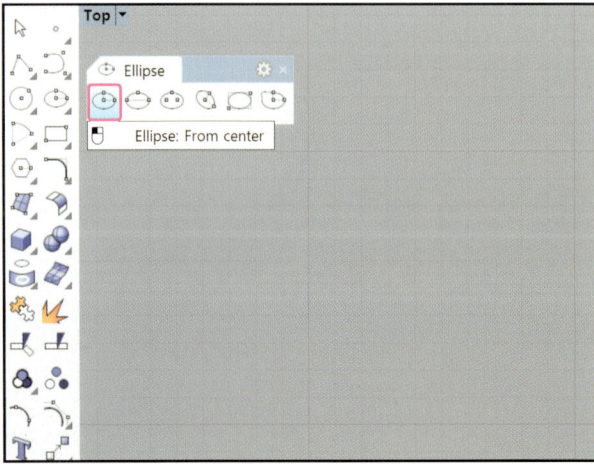

3. Command 창에 타원 중심을 원점(0)으로 입력한 후 첫 번째 축을 가로 방향으로 100, 두 번째 축은 세로 방향으로 40을 입력합니다. 첫 번째 축을 지정할 때 Shift 키를 누른 상태로 이동하여 직교모드를 적용합니다.

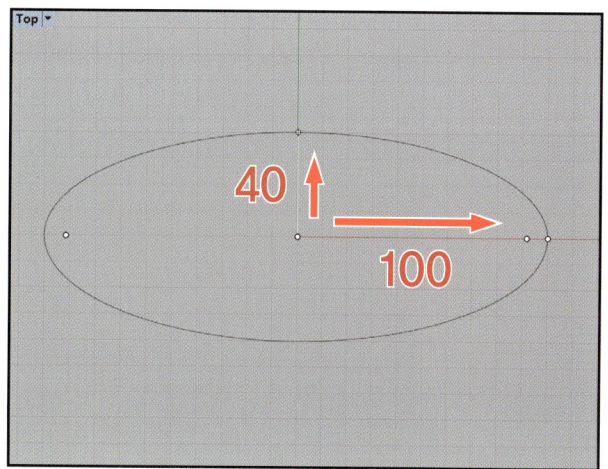

4. Side toolbar의 Show object control points를 실행한 후 타원을 선택하여 개체 제어점이 나타나게 합니다.

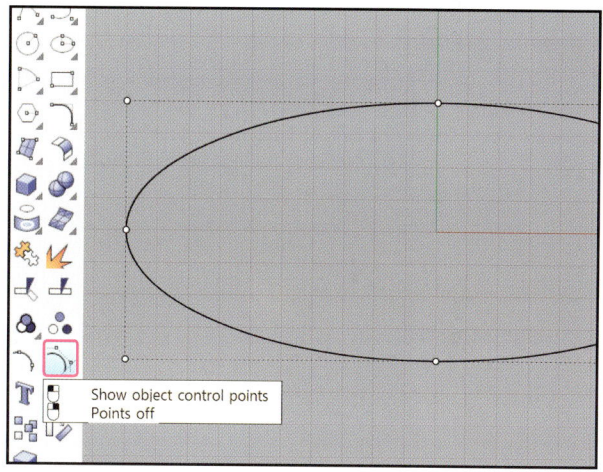

5. Curve tools>Rebuild curve를 실행합니다. Point count는 8, Degree는 3으로 입력합니다.

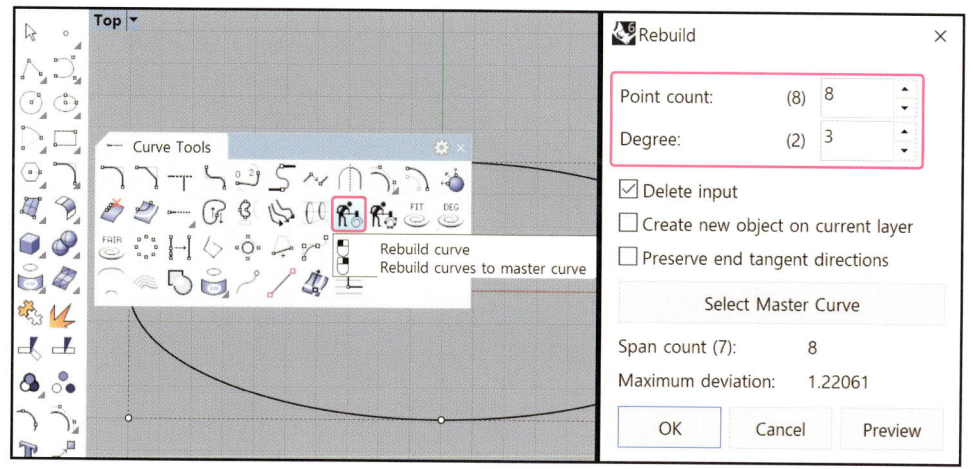

6. 개체 제어점 4개(a)를 선택 후 검볼의 크기조정 핸들(b)을 클릭하여 입력창에 2를 입력합니다.

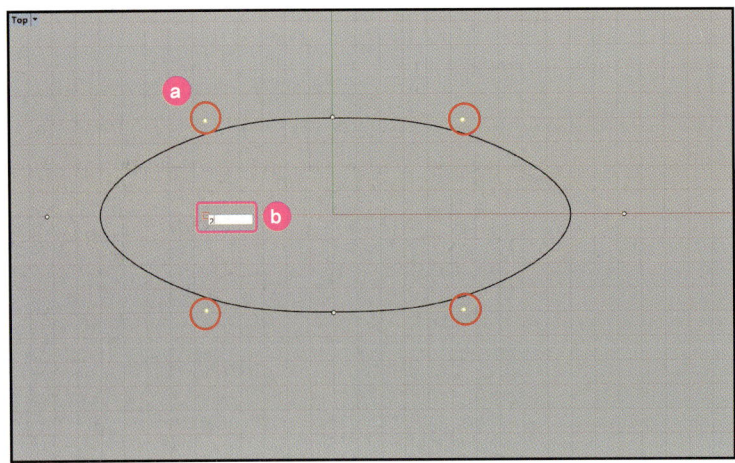

7. Perspective view를 선택한 후 Rebuild curve 명령을 재실행합니다. 개체 제어점 6개(a)를 선택한 후 검볼의 Z축 이동 핸들(b)을 클릭하여 입력창에 10을 입력합니다.

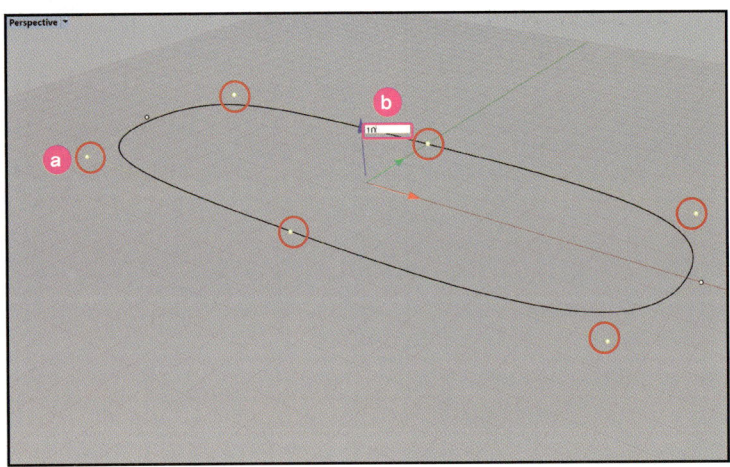

8. Curve>Curve: interpolate points를 실행합니다. OSnap의 Quad도 선택합니다.

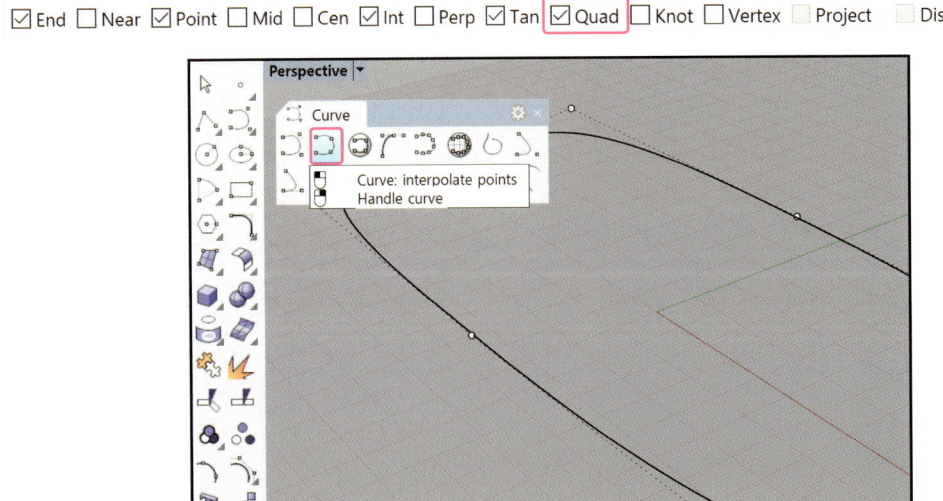

9. 커브의 시작점의 위치는 왼쪽 긴 커브의 Quad point, 다음 점은 원점(0), 마지막 점은 오른쪽 긴 커브의 Quad point로 지정합니다.

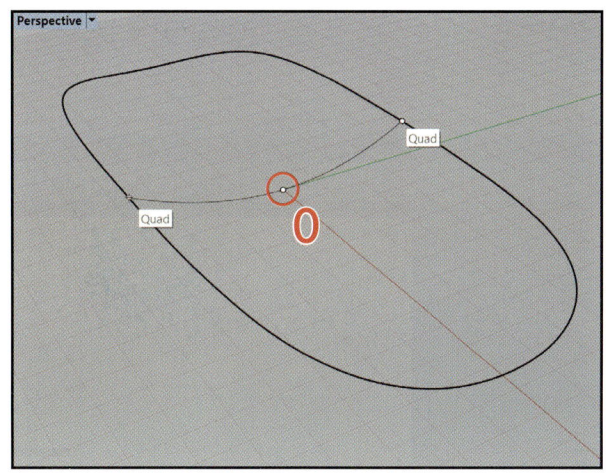

10. 중간 커브의 개체 제어점 2개(a)를 선택 후 검볼의 크기조정 핸들(b)을 클릭하여 입력창에 1.3을 입력합니다.

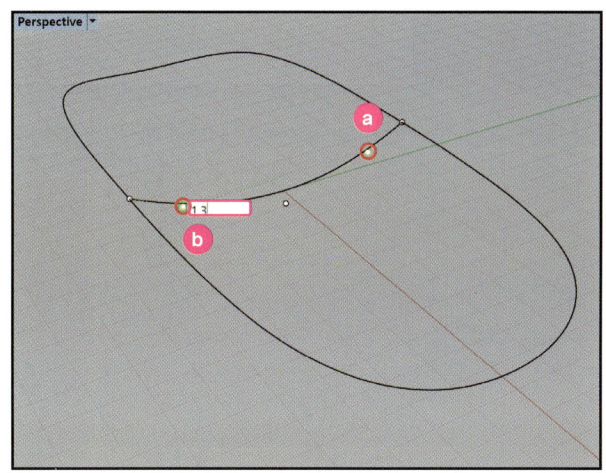

11. Surface creation〉Patch를 실행한 후 전체 커브를 선택합니다. 기본 옵션을 유지하고 OK 버튼을 선택합니다.

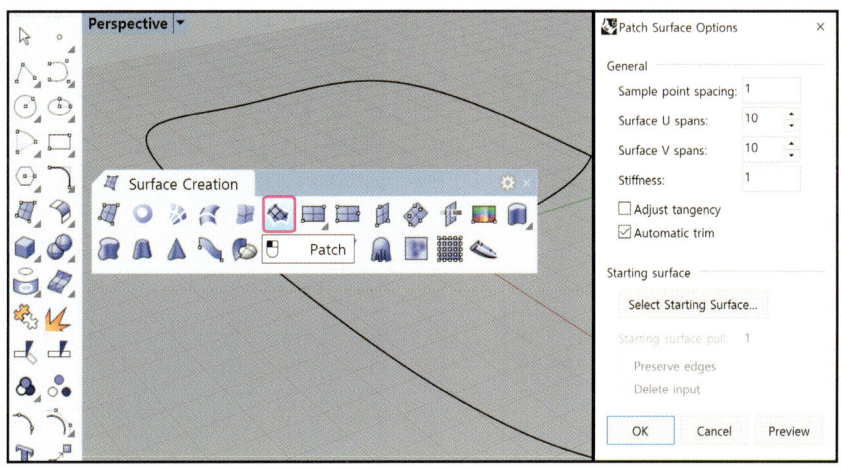

12. Top view를 선택한 후 Rectangle〉 Rectangle: Center, Corner를 실행합니다.

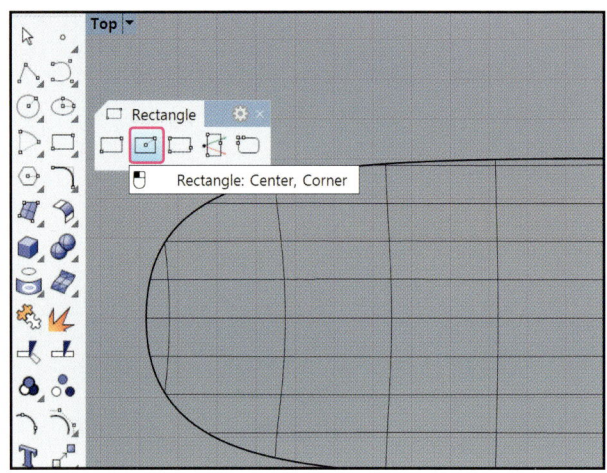

13. 직사각형의 중심을 **원점(0)**으로 입력한 후 첫 번째 모서리는 가로 방향으로 **240**, 두 번째 모서리는 세로 방향으로 **100**을 입력합니다.

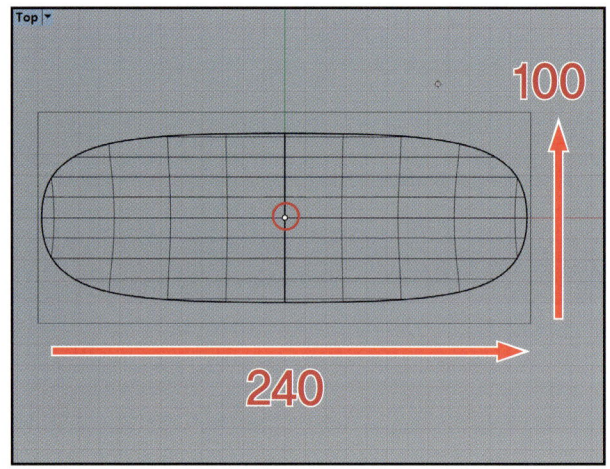

14. Front view로 이동한 후 직사각형 커브를 선택한 후 검볼의 **Z**축 이동 핸들을 클릭하여 입력창에 **−5**를 입력합니다.

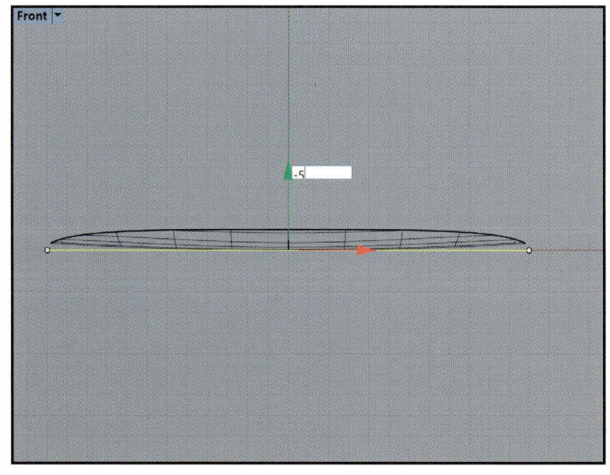

15. Top view로 이동한 후 Surface creation>Surface: from planar curves를 실행합니다. 직사각형 커브를 선택해서 서피스를 만듭니다.

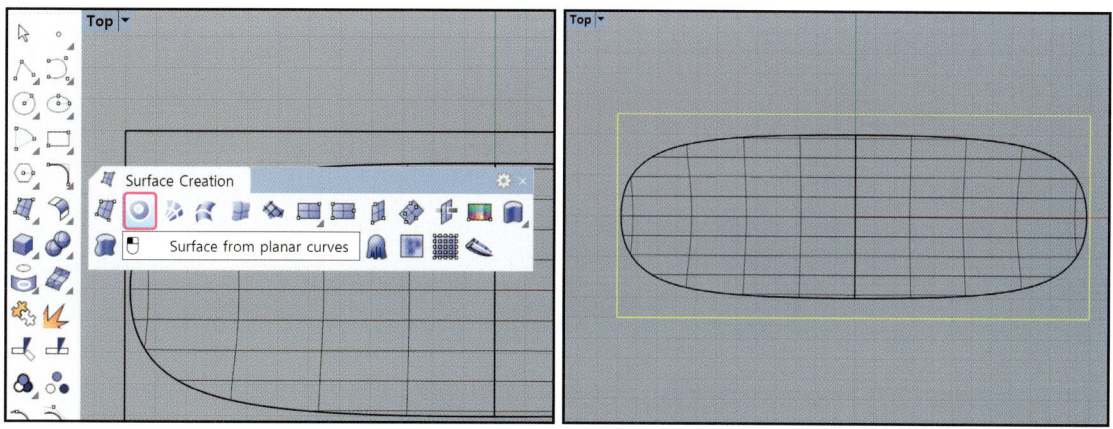

16. Curve from object>Project curves를 실행합니다. 투영할 커브로 타원(a), 투영처가 될 서피스로 직사각형(b)을 선택하여 커브를 투영합니다.

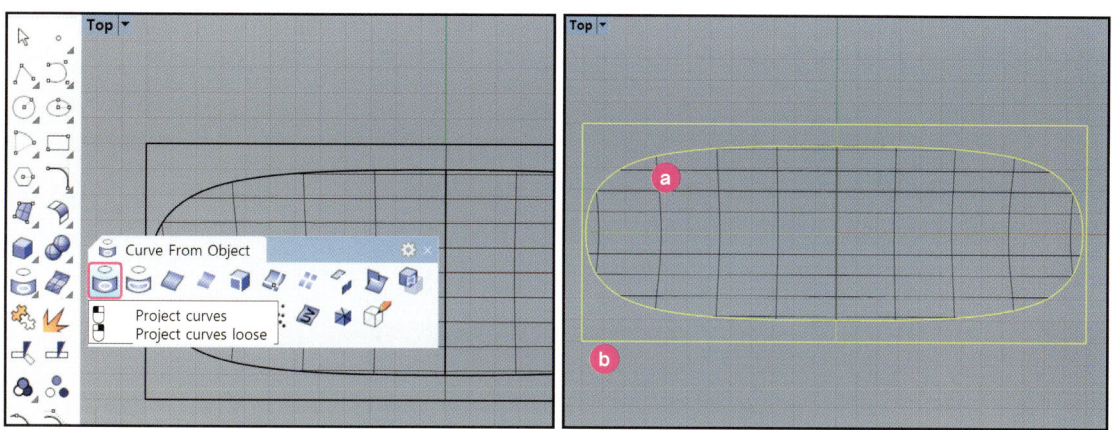

17. Perspective view를 선택한 후 Curve tools>Offset curve를 실행합니다. 서피스에 투영된 커브를 선택하고 안쪽으로 마우스를 이동 후 거리값을 10으로 입력합니다.

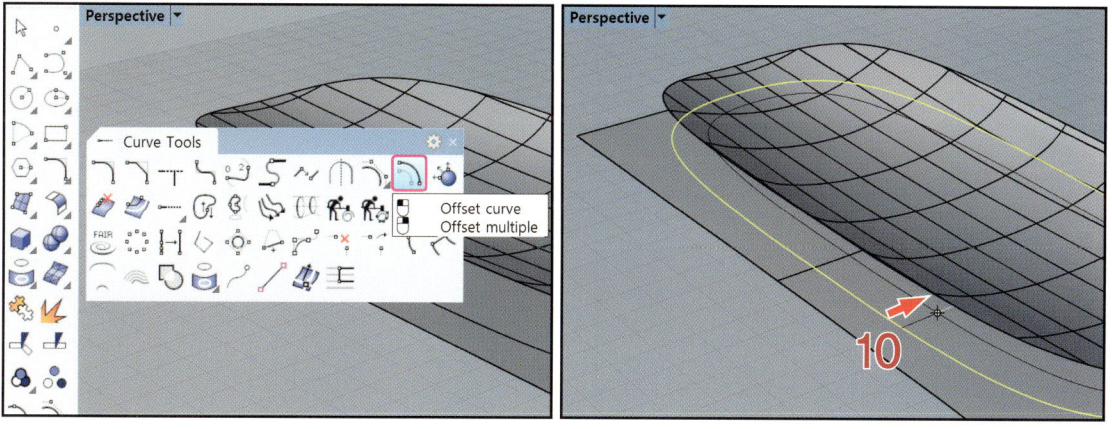

18. 사이드 툴바의 Trim을 실행합니다. 절단 개체로 Offset curve한 커브(a)를 선택하고 Trim할 개체로 평면의 바깥 부분(b)을 지정하여 제거합니다.

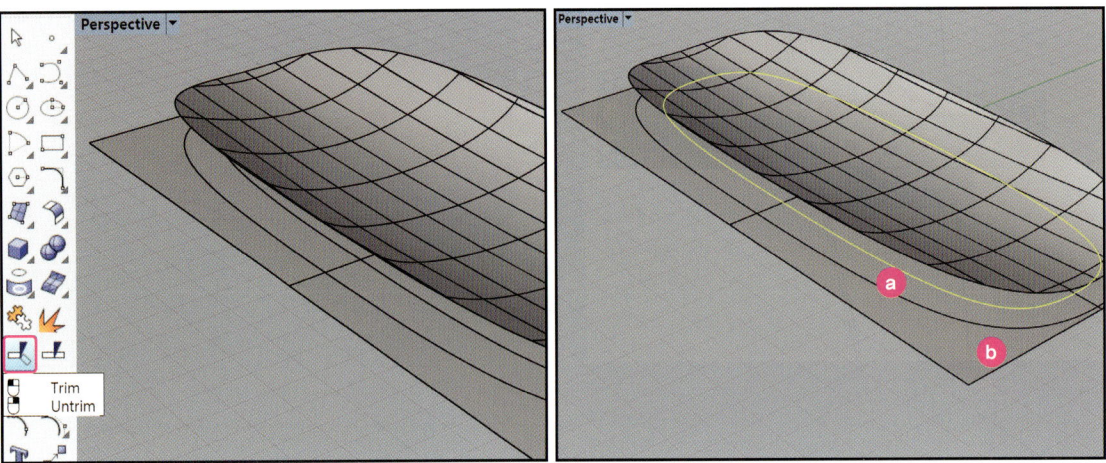

19. Standard toolbar>Select>Select curves를 실행합니다. 'Layer 01'을 '커브'로 이름 바꾼 후 선택된 커브를 '커브' 레이어로 Chang object layer합니다. '커브' 레이어는 끕니다.

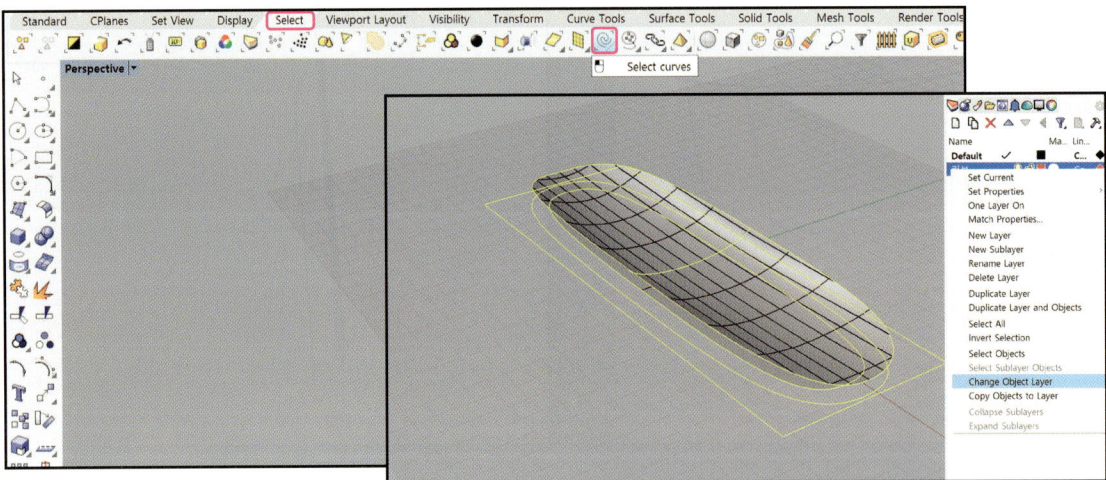

20. Surface creation>Loft를 실행합니다.

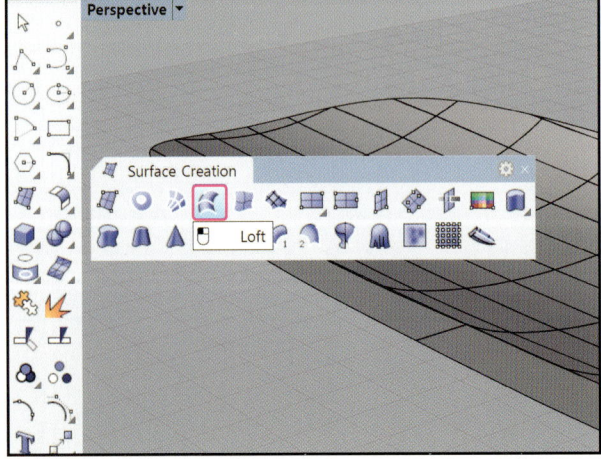

21. Loft할 커브 2개(a)를 선택한 후 Seam점(b)은 그대로 둡니다. 시작, 끝 접선 상태유지를 체크한 후 명령을 완료합니다.

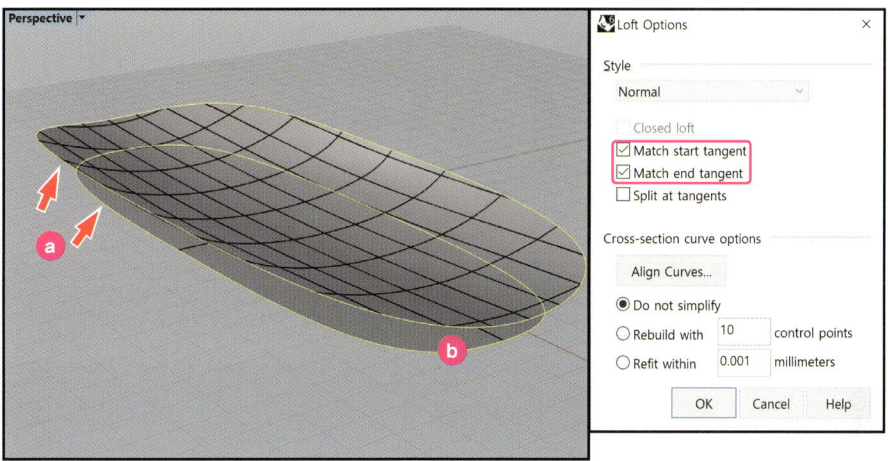

22. 전체 서피스를 선택한 후 Side toolbar 의 Join을 실행합니다.

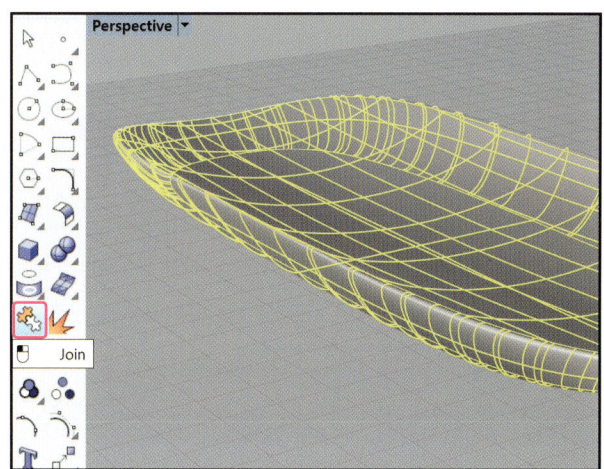

23. 렌더링 모드로 바꾸어 모델링 작업을 완료합니다.

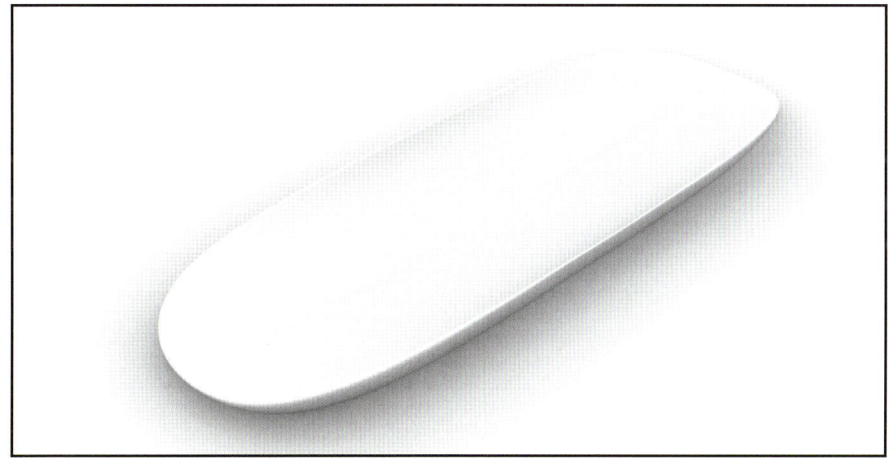

Part 05

Intermediate Level Modeling

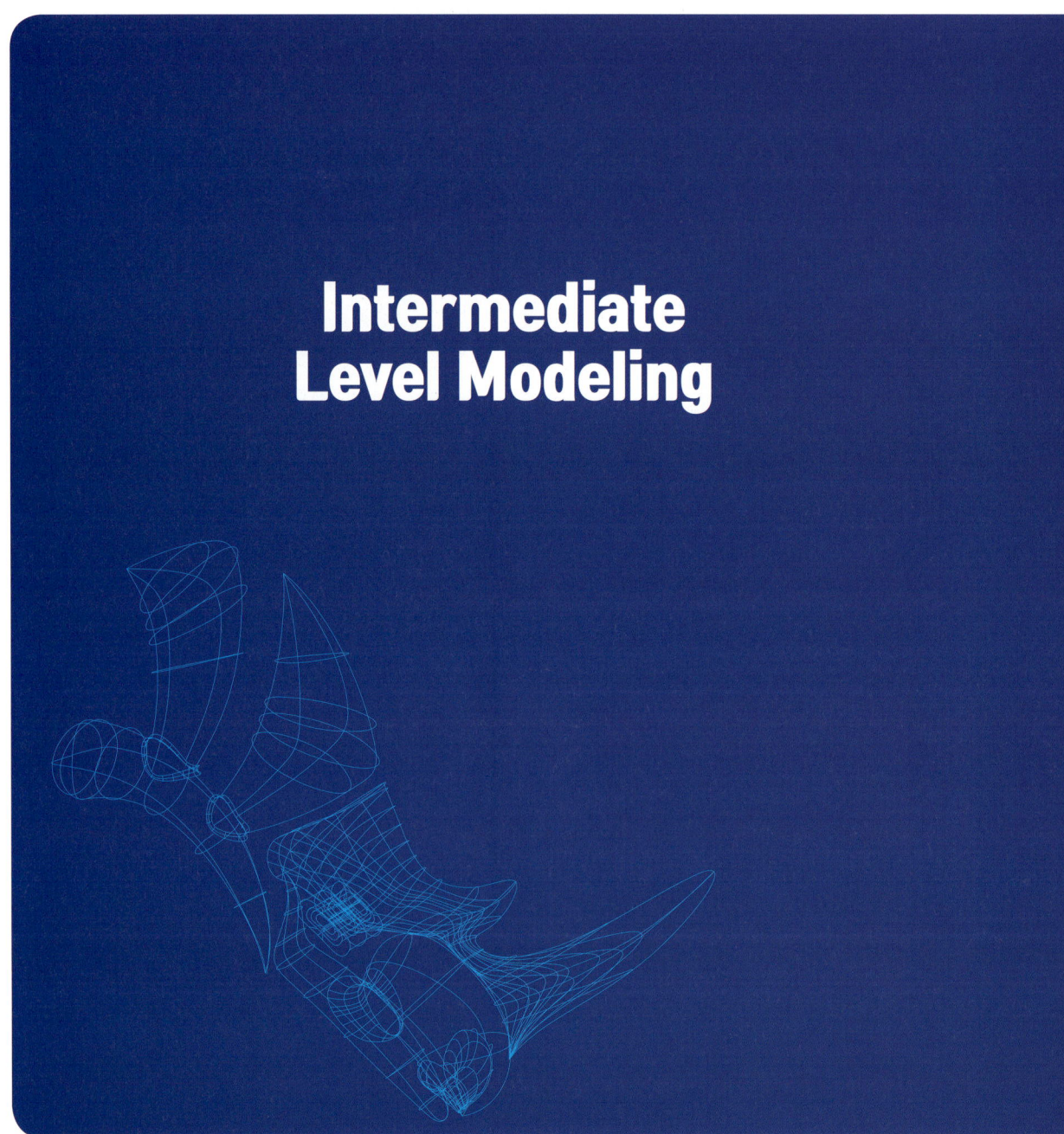

01. Initial Ring
02. Soap Bottle

01 INITIAL RING

Intermediate level modeling은 Surface 생성, 편집, 문제해결 방법을 연습합니다. Initial ring은 History 기능에 대한 연습을 일부 포함하고 있습니다.

1. File〉New로 템플릿 파일 설정창을 엽니다. Small objects-Millimeters를 선택하고 열기를 실행합니다. 작업 시작 전 Status bar의 Osnap, Gumball을 활성화 합니다.

2. Front view를 선택한 후 Circles〉 Circle:Center, radius를 실행합니다.

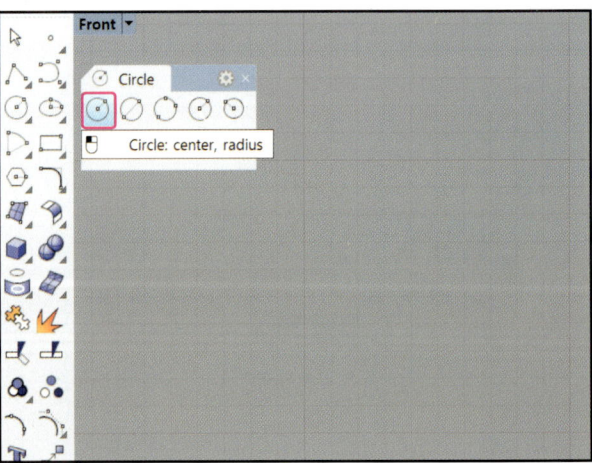

3. Command 창에 원의 중심을 **원점(0)**, 반지름값으로 10을 입력합니다.

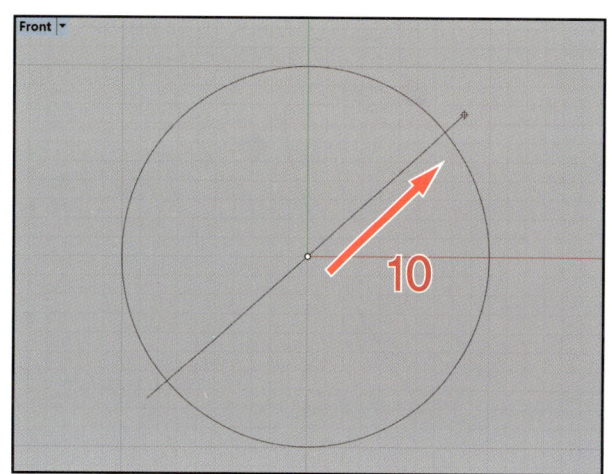

4. 마우스 오른쪽 클릭하여 **Circle: Center, radius**를 재실행합니다. 원의 중심을 **원점(0)**, 반지름값으로 12를 입력합니다.

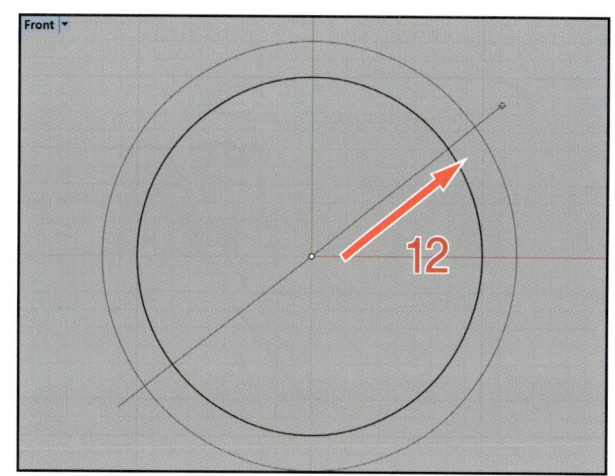

5. 바깥쪽 Circle을 선택한 후 검볼의 **Z축** 이동 핸들을 클릭하여 입력창에 1을 입력합니다.

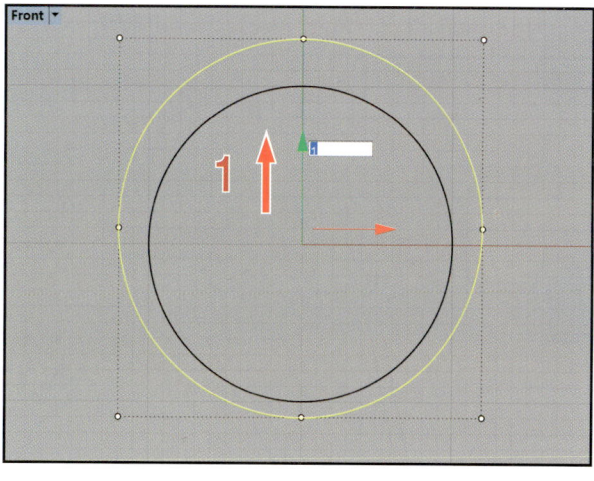

6. Curve Tools>Rebuild curve를 실행합니다.

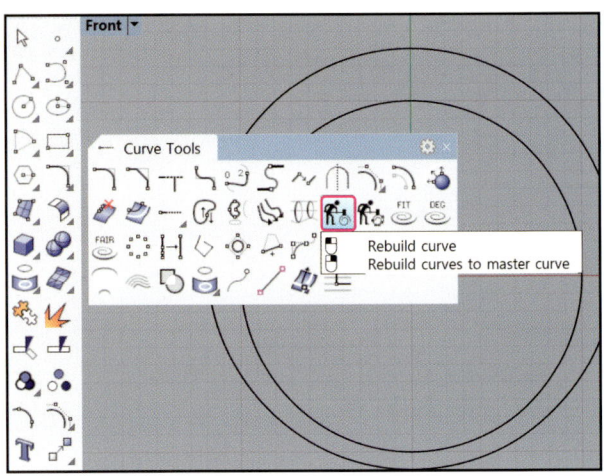

7. 2개의 Circle을 선택한 후 Point count를 16으로 입력합니다. 나머지 옵션은 그대로 둔 후 명령을 종료합니다.

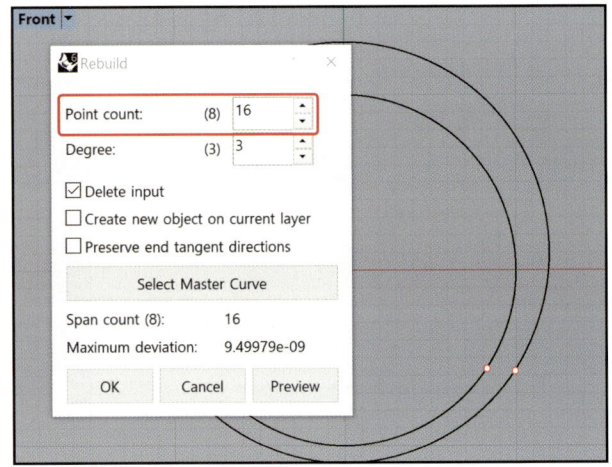

8. Top view를 선택한 후 Circles>Circle :Center, radius를 실행합니다.

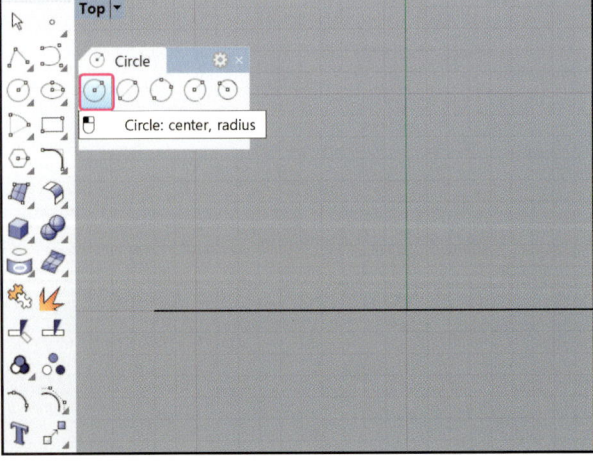

9. **Command** 창에 원의 중심을 **원점(0)**, 반지름값으로 **3**을 입력합니다.

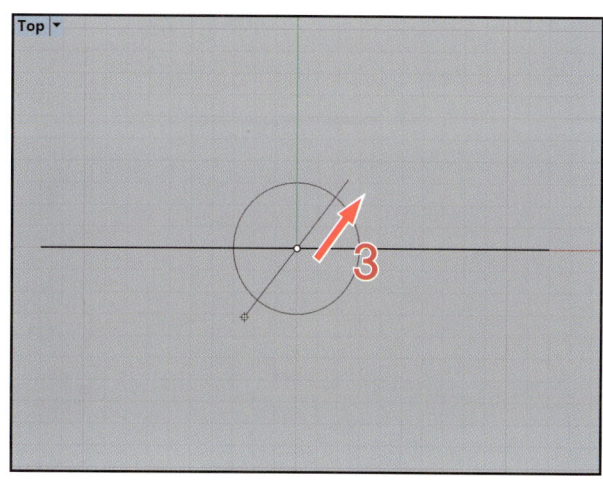

10. **Transform〉Move**를 실행하고 **2개의 Circle**을 선택한 후 이동 시작점을 **원점(0)**으로 지정하고 Circle의 **아래쪽 Quad point**로 이동합니다.

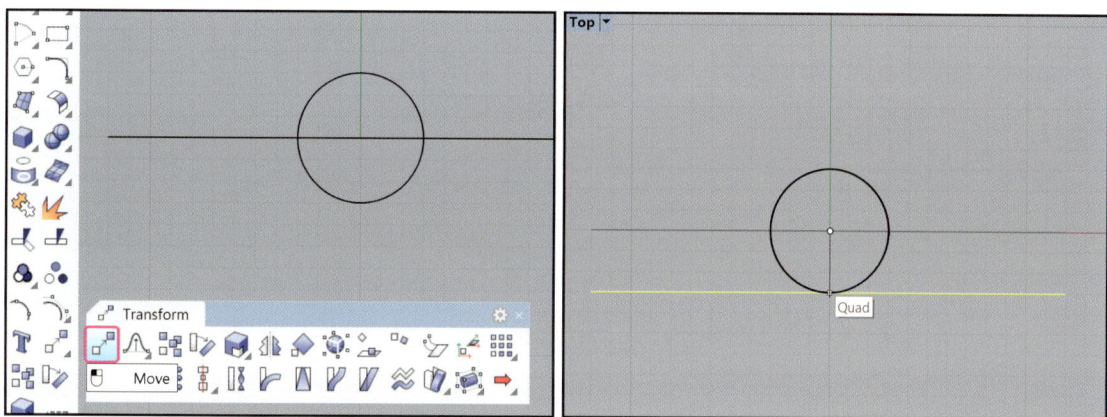

11. **Status bar**의 **Record History**를 활성화합니다. **Side toolbar**의 **Copy**를 실행하고 **바깥쪽 Circle**을 선택한 후 복사 시작점을 Circle의 **아래쪽 Quad point**로 지정하고 Circle의 **위쪽 Quad point**로 이동 복사합니다.

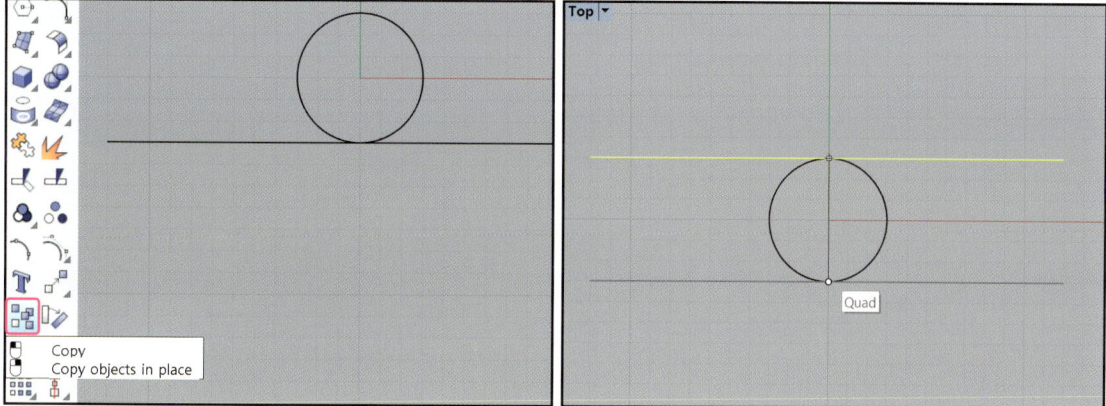

12. 바깥쪽 Circle을 선택하고 **오른쪽 7개의 Control point**를 Box drag로 선택합니다. 검볼의 **Z축** 이동 핸들을 클릭하여 입력창에 **1.5**를 입력합니다. **History**가 적용된 복사 개체도 동일한 효과가 발생합니다.

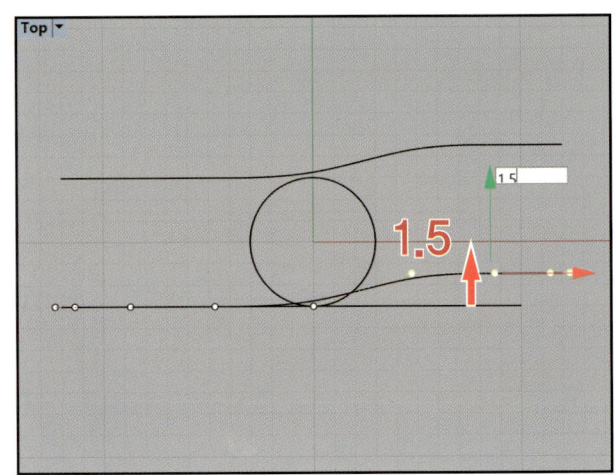

13. 바깥쪽 Circle의 **왼쪽 7개의 Control point**를 Box drag로 선택합니다. 검볼의 **Z축** 이동 핸들을 클릭하여 입력창에 **-1.5**를 입력합니다.

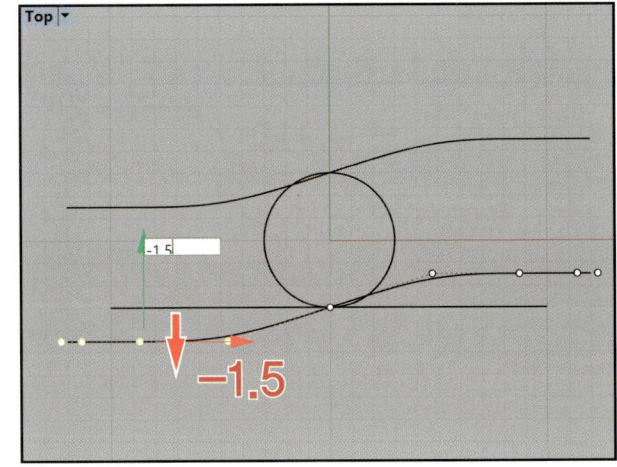

14. 안쪽 Circle의 **왼쪽 7개의 Control point**를 Box drag로 선택합니다. 검볼의 **Z축** 이동 핸들을 클릭하여 입력창에 **-2**를 입력합니다.

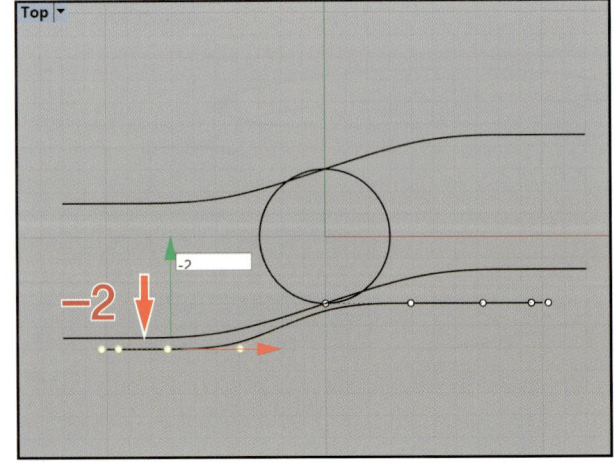

15. 안쪽 Circle의 **오른쪽** 9개의 Control point를 Box drag로 선택합니다. 검볼의 **Z축** 이동 핸들을 클릭하여 입력창에 **-0.5**를 입력합니다.

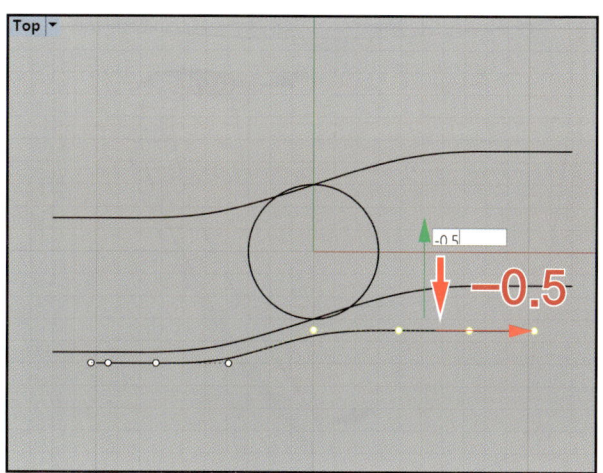

16. **Status bar**의 Record History를 활성화합니다. Side toolbar의 Rotate 2-D를 실행한 후 회전 중심은 원형의 **중심**(Cen), Copy: Yes, Angle: 180으로 지정하여 회전 복사합니다.

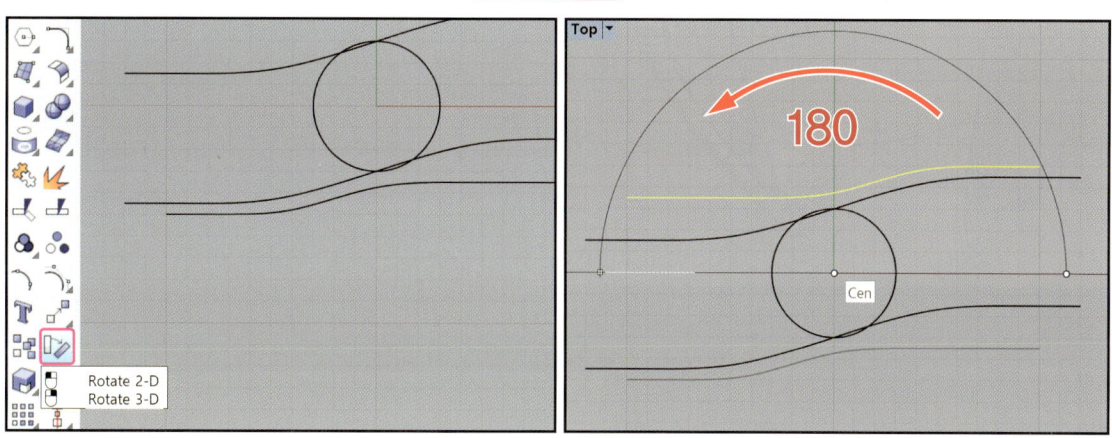

17. Perspective view를 선택한 후 Surface Creation>Loft를 실행합니다. 화면표시 모드를 Shaded로 변경합니다.

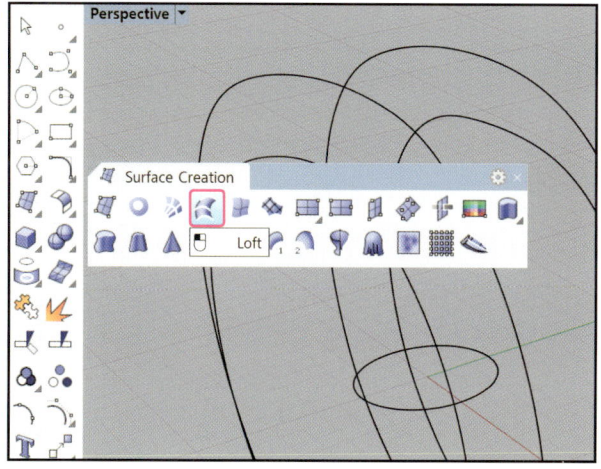

파트 5 Intermediate Level Modeling

18. Status bar의 Record History를 활성화한 후 Curve a와 b를 선택한 후 Option은 기본으로 유지하고 명령을 실행합니다. Surface를 Curve의 Control point로 재수정이 가능합니다.

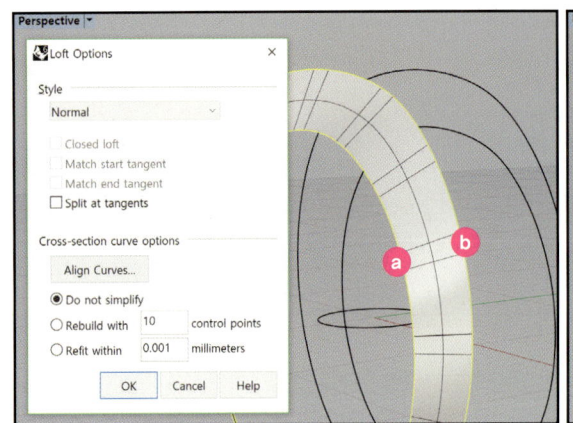
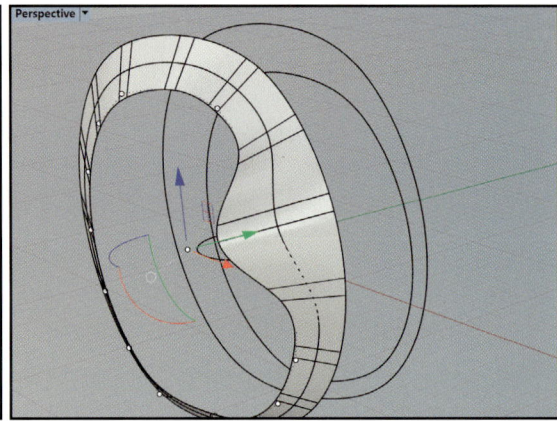

19. 마우스 오른쪽 클릭하여 Loft를 재실행합니다. Record History도 다시 활성화합니다. Curve a와 b를 선택한 후 Option은 기본으로 유지하고 명령을 실행합니다.

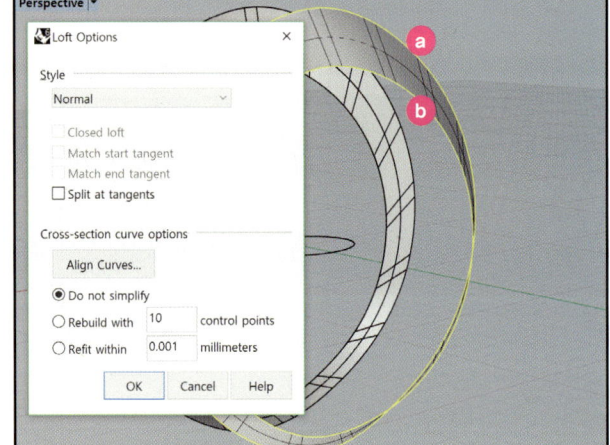

20. 마우스 오른쪽 클릭하여 Loft를 재실행합니다. Record History를 활성화한 후 Curve a와 b를 선택한 후 Option은 기본으로 유지하고 명령을 실행합니다. Curve를 선택할때 Surface edge가 아닌 Curve를 선택해야 History가 적용됩니다.

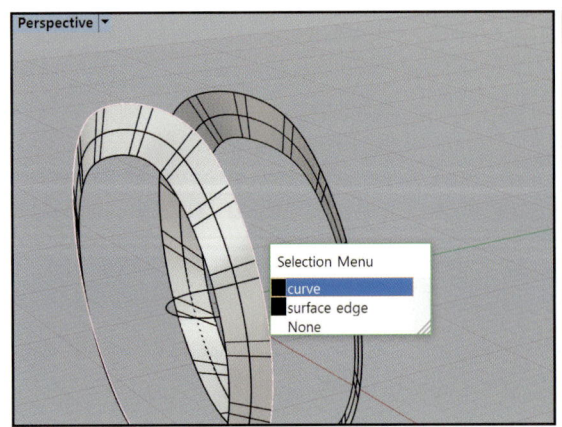
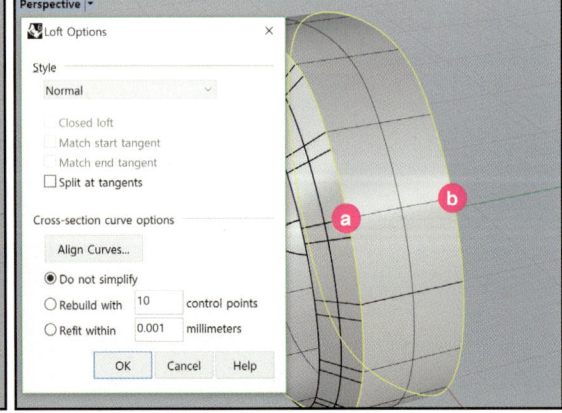

21. 2개의 안쪽 Curve를 선택한 후 Ctrl+C를 입력하여 Copy를 실행합니다.

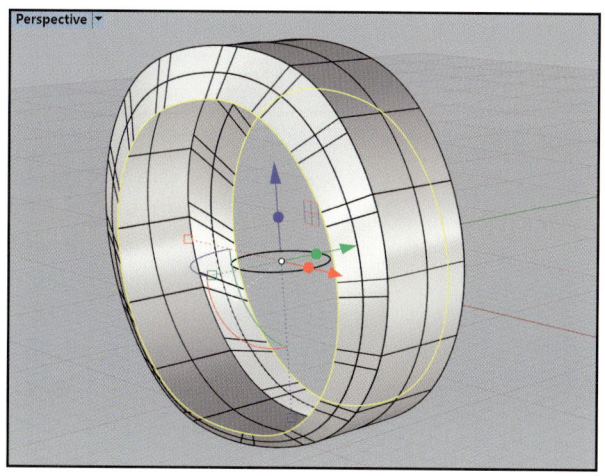

22. 2개의 안쪽 Curve를 선택한 후 Transform>Scale 2-D를 실행합니다.(마우스 오른쪽 버튼) Base point를 원점(0)으로 지정하고 Scale factor를 1.05로 입력합니다.

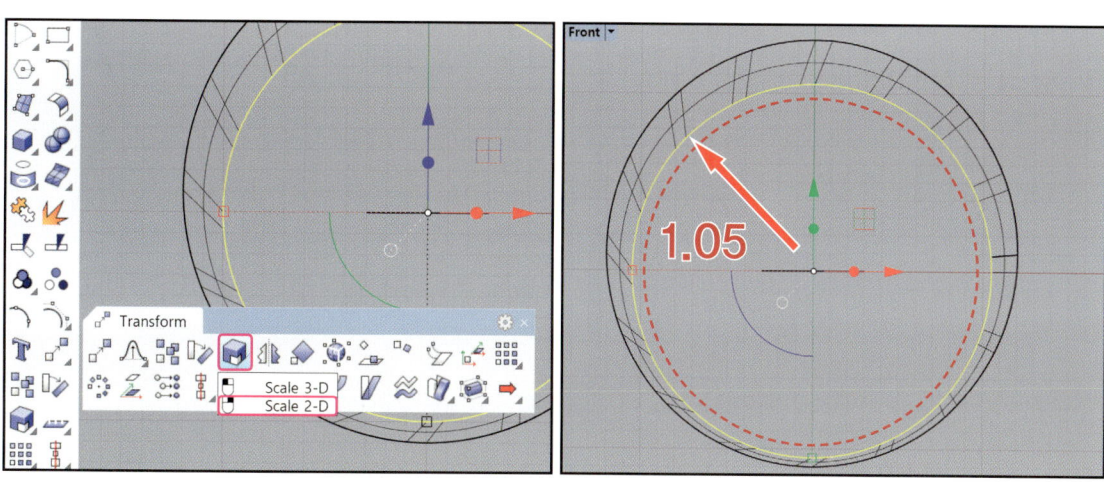

23. Ctrl+V를 입력하여 2개의 안쪽 Curve를 Paste합니다.

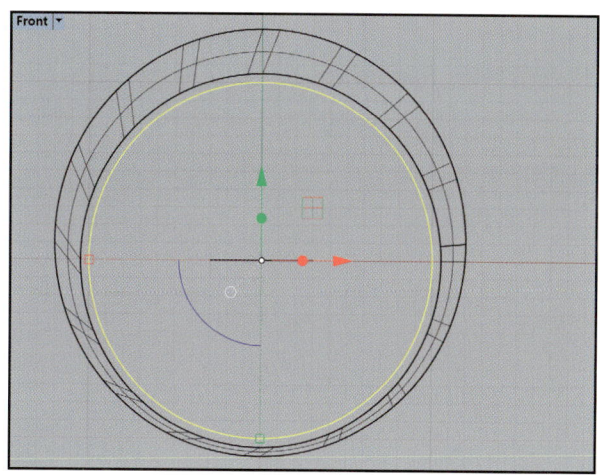

24. Perspective view를 선택한 후 Surface Creation〉Loft를 실행합니다.

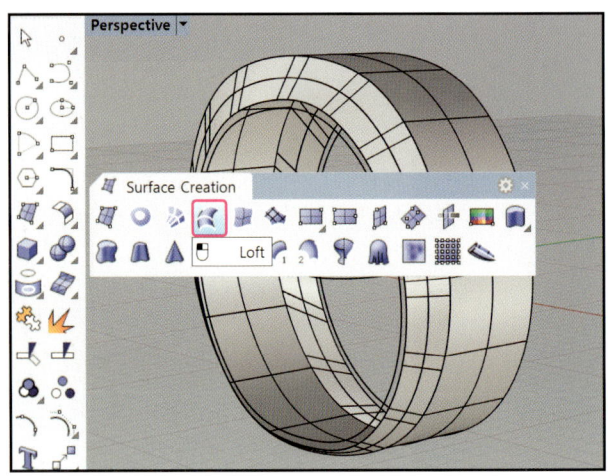

25. Record History를 활성화합니다. Curve a와 b를 선택한 후 Option은 기본으로 유지하고 명령을 실행합니다.

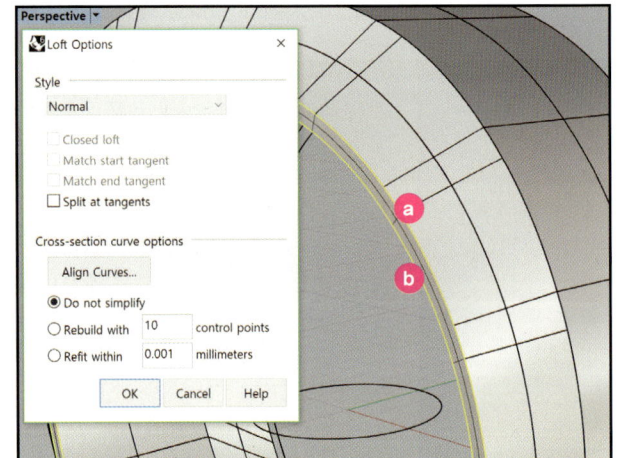

26. 마우스 오른쪽 클릭하여 Loft를 재실행합니다. Record History도 다시 활성화합니다. Curve a와 b를 선택한 후 Option은 기본으로 유지하고 명령을 실행합니다.

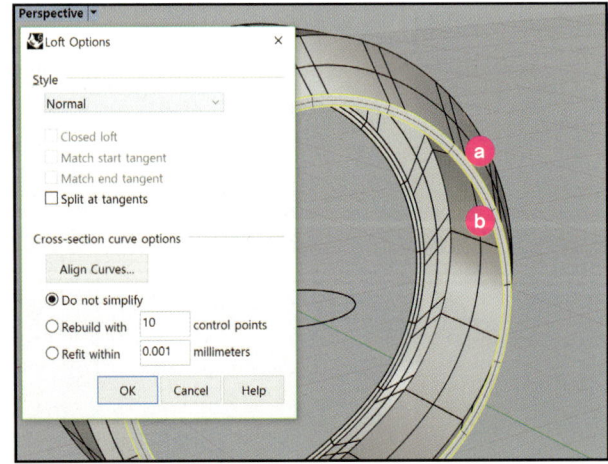

27. Ring의 큰 형상을 완료하는 단계입니다. 마우스 오른쪽 클릭하여 Loft를 재실행합니다. Record History도 다시 활성화합니다. Curve a와 b를 선택한 후 Option은 기본으로 유지하고 명령을 실행합니다.

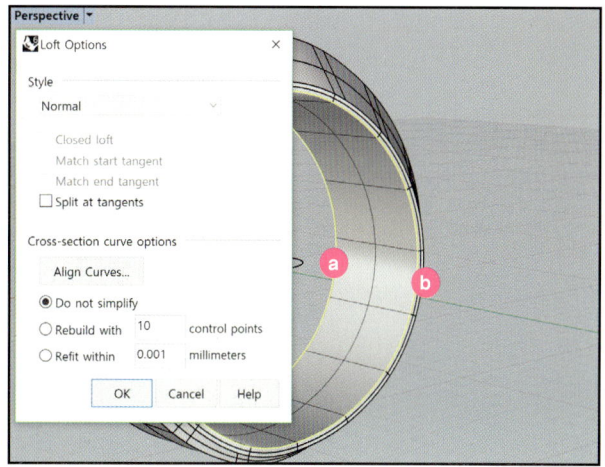

28. Top view를 선택한 후 Curve From Object>Create UV curves를 실행합니다. UV curve를 만들 Surface는 Ring 바깥면 가운데 Surface를 지정하여 명령을 완료합니다.

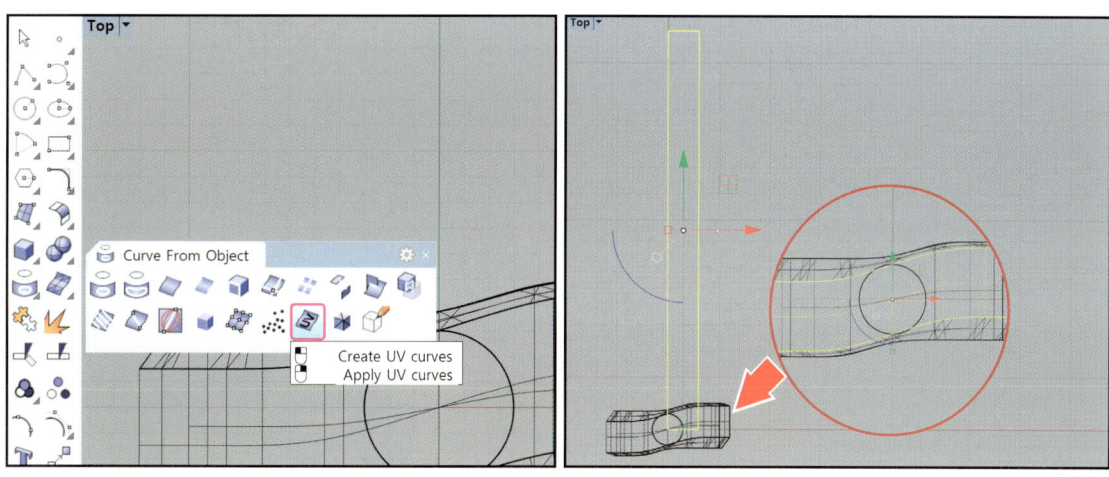

29. Side toolbar의 Text object를 실행합니다.

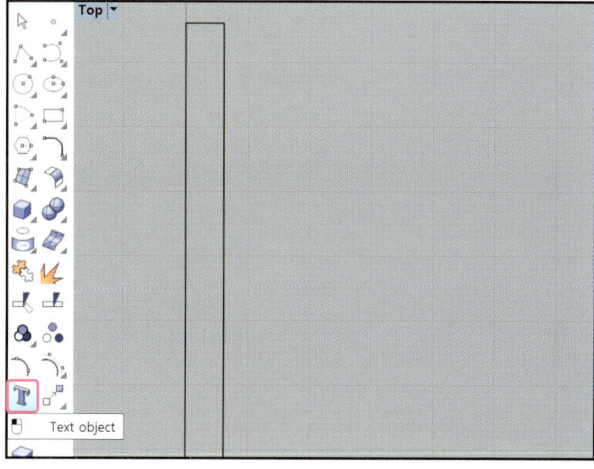

30. 높이는 3, 글꼴은 'Arial', 텍스트 내용은 'I LOVE YOU. I LOVE YOU. HYM'을 입력합니다. Group output도 체크합니다. 일단 적당한 지점에 Text를 위치시킵니다.

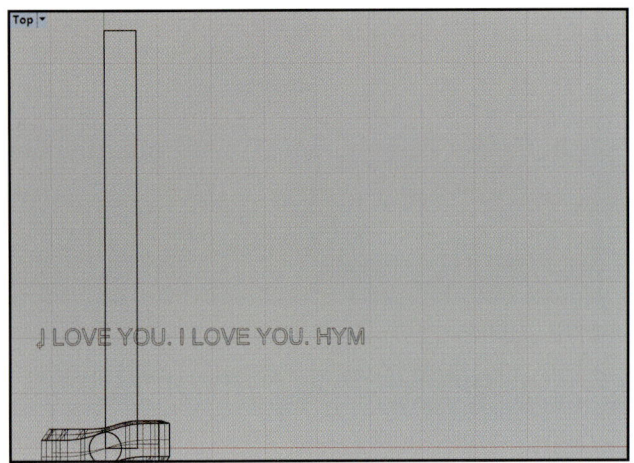
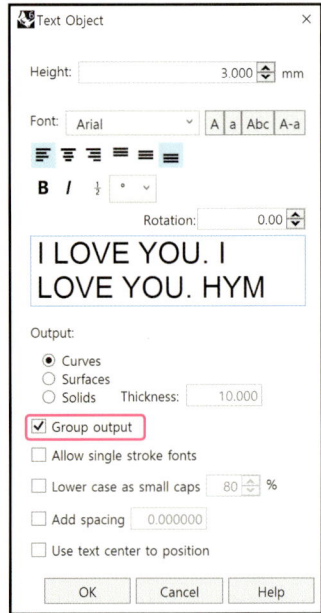

31. Text 개체를 선택한 후 검볼의 Rotate handle을 클릭하여 입력창에 90을 입력합니다.

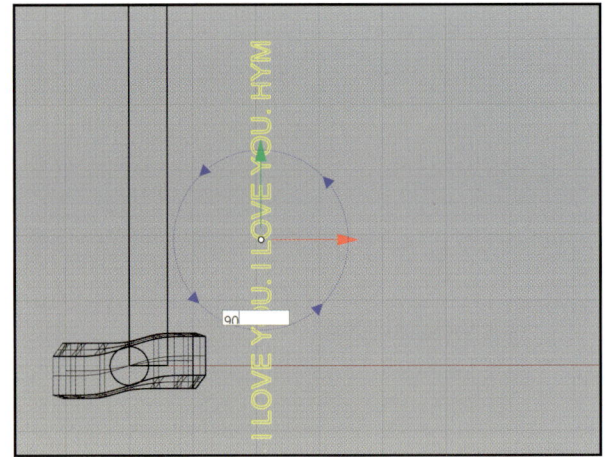

32. Axis plane indicator를 조정해서 UV curve 중간으로 이동합니다.

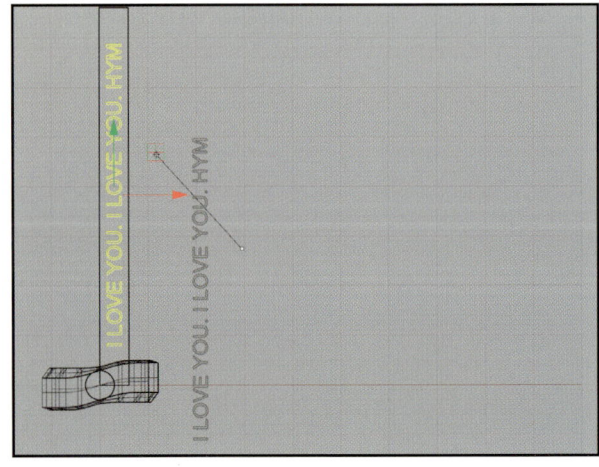

33. Curve From Object〉Apply UV curves 를 실행합니다.(마우스 오른쪽 버튼)

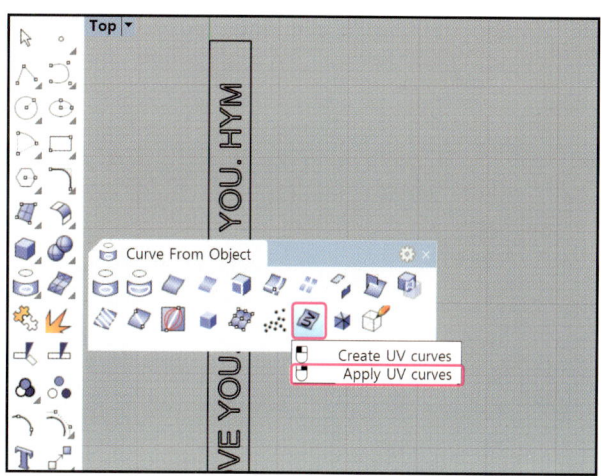

34. Surface에 적용할 Planar curve로 UV Curve와 Text 개체를 선택한 후 Ring 바깥면 가운데 Surface를 지정하여 명령을 완료합니다.

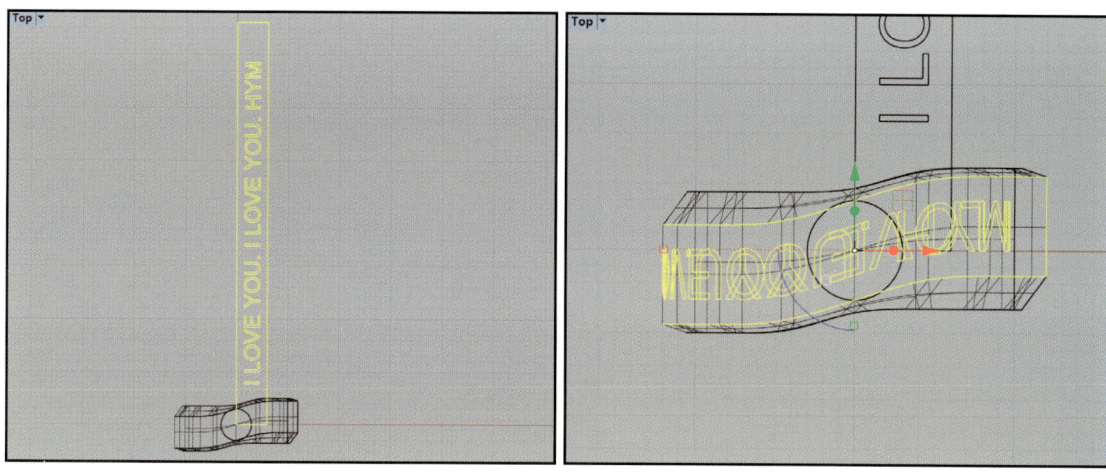

35. 화면표시모드를 Shaded로 변경하여 결과를 확인합니다. Text가 뒤집어져서 적용되었습니다. 뒤집어진 Text는 지우고 Surface의 UV 방향을 변경해서 문제를 해결합니다.

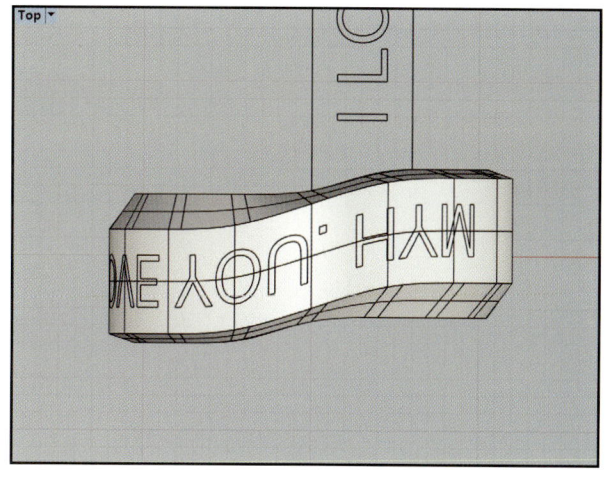

36. Surface Tools>Rebuild surface UV를 실행한 후 Ring 바깥면 가운데 Surface를 지정하여 UV방향을 변경합니다.

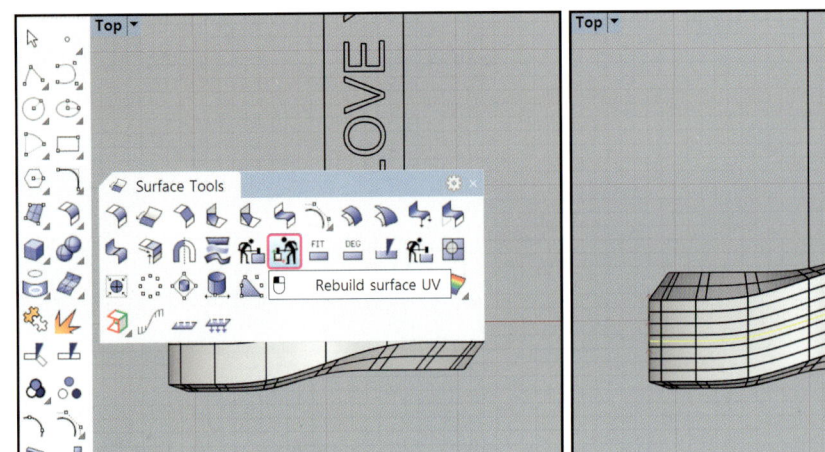

37. 기존 Surface는 선택해서 Hide objects 명령을 실행합니다.

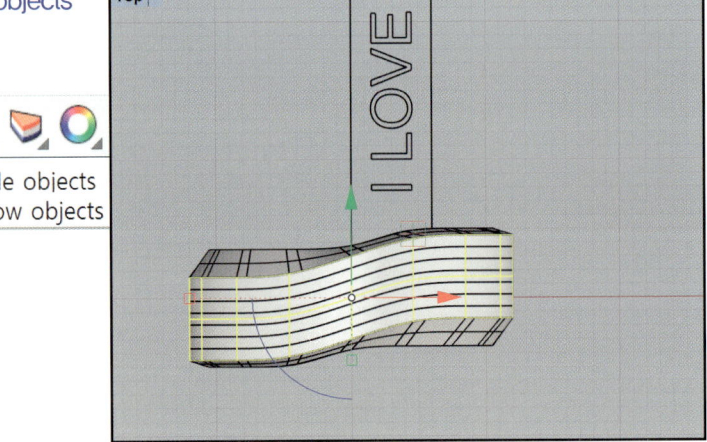

38. Curve From Object>Apply UV curves 를 실행합니다. (마우스 오른쪽 버튼)

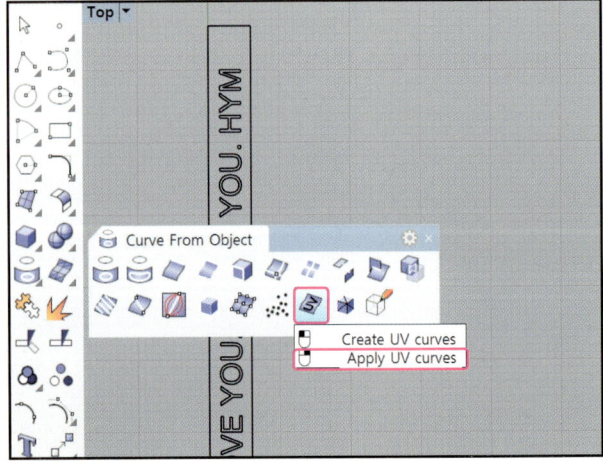

39. Surface에 적용할 Planar curve로 UV Curve와 Text 개체를 선택한 후 Ring 바깥면 가운데 Surface를 지정하여 명령을 완료합니다. 바른 방향으로 적용된 결과를 확인했습니다.

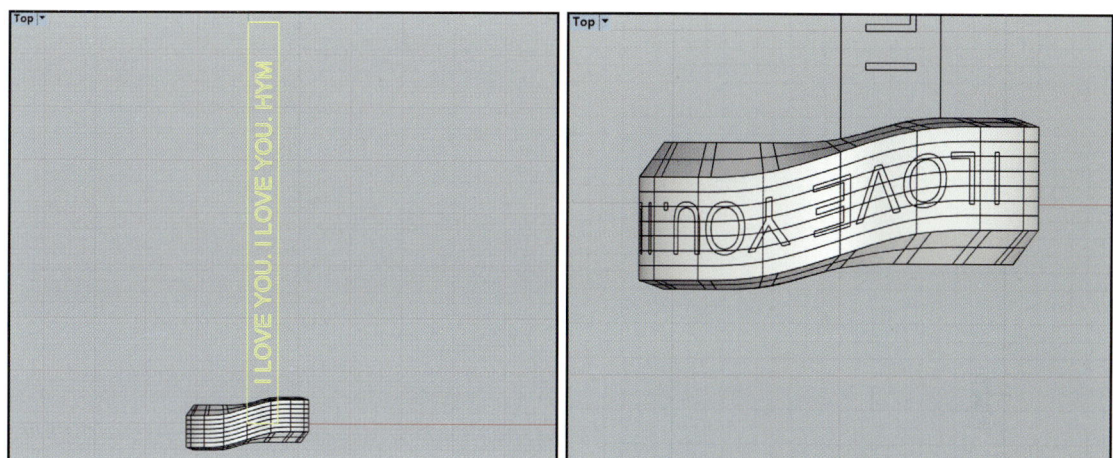

40. Ring 바깥면 가운데 Surface를 선택한 후 Ctrl+C, V를 입력하여 Copy, Paste 합니다. 복사된 Surface를 마우스 가운데 버튼 클릭해서 Popup>Lock objects 를 실행합니다.

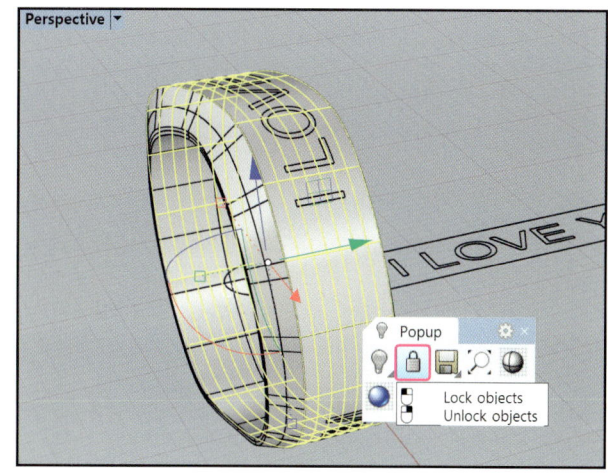

41. Perspective view를 선택한 후 Standard toolbar>Select>Select surfaces를 실행합니다

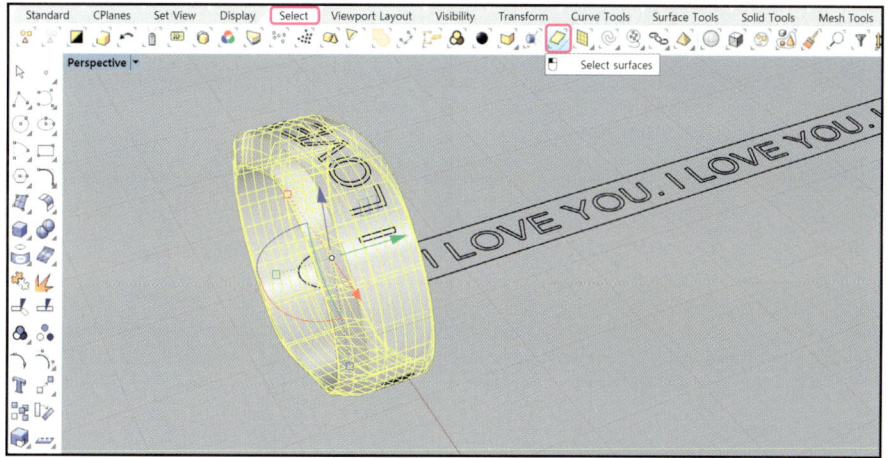

42. Side toolbar의 Join을 실행한 후 선택된 Surface들을 결합합니다. 결합한 Polysurface를 선택하여 Hide objects 명령을 실행합니다.

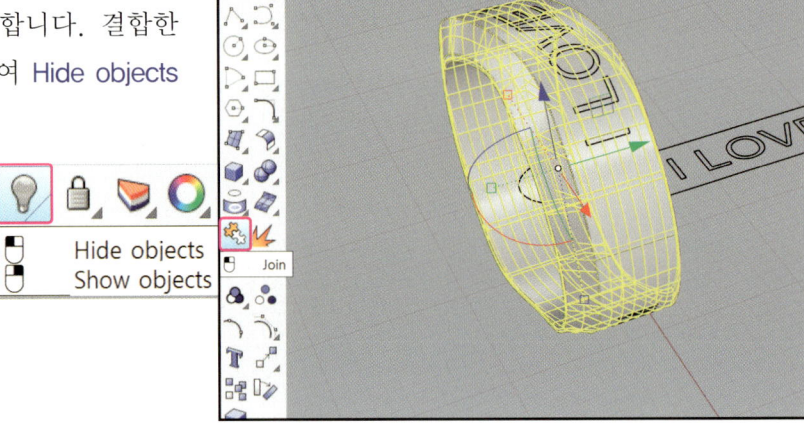

43. 마우스 가운데 버튼 클릭해서 Popup〉Unlock objects를 실행합니다. (마우스 오른쪽 버튼)

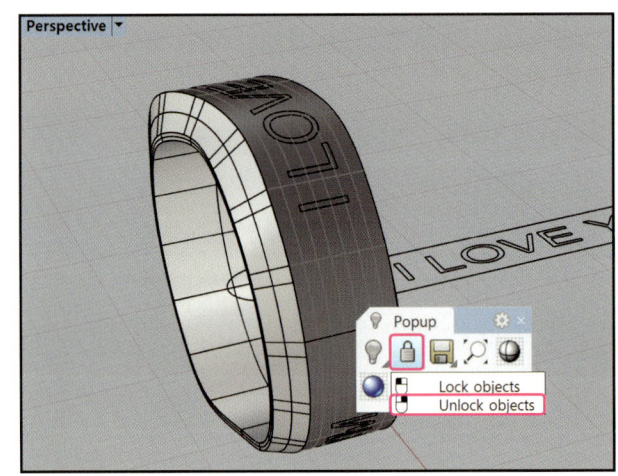

44. Side toolbar의 Trim을 실행한 후 Ring 위의 Text 개체를 Cutting object로 지정하고 Ring 바깥면 가운데 Surface을 제거합니다.

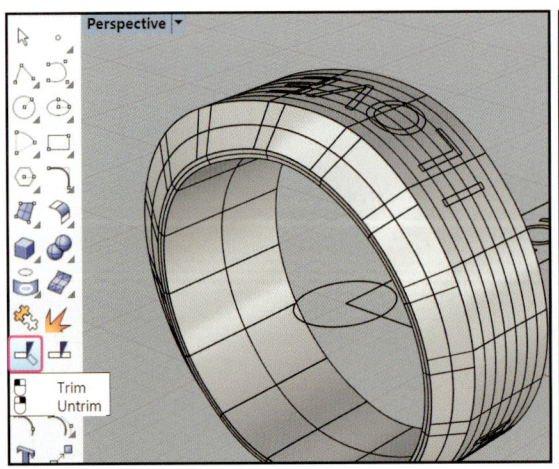 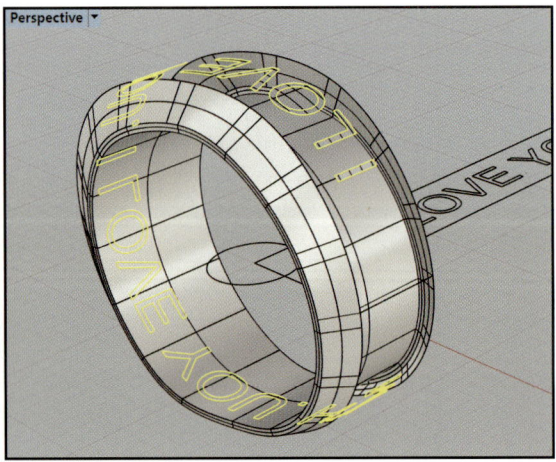

45. Trim된 개체를 제외한 나머지 Surface를 선택하여 Hide objects 명령을 실행합니다.

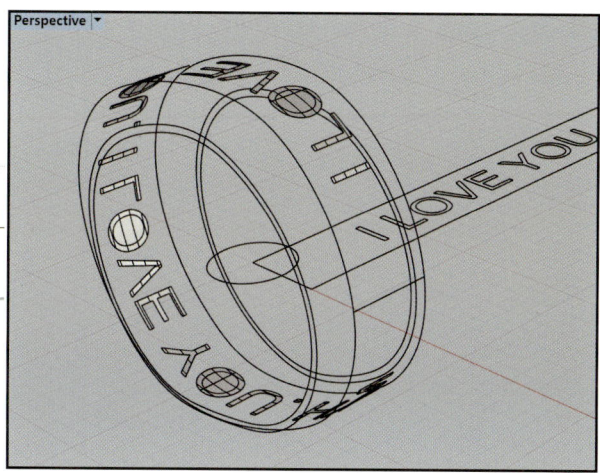

46. Side toolbar의 Trim을 실행한 후 Ring 위의 Text 개체를 Cutting object로 지정하고 4개의 **알파벳 'O'의 가운데 Surface**을 제거합니다.

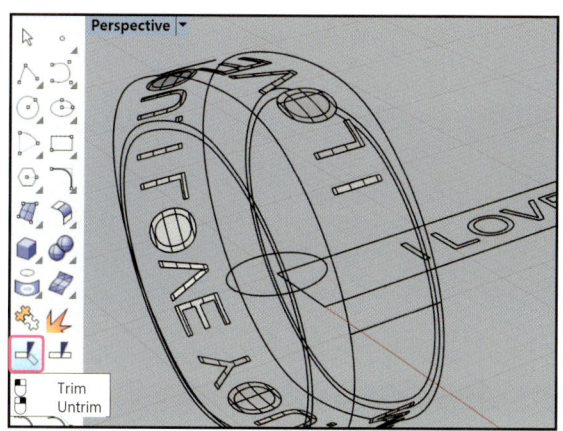
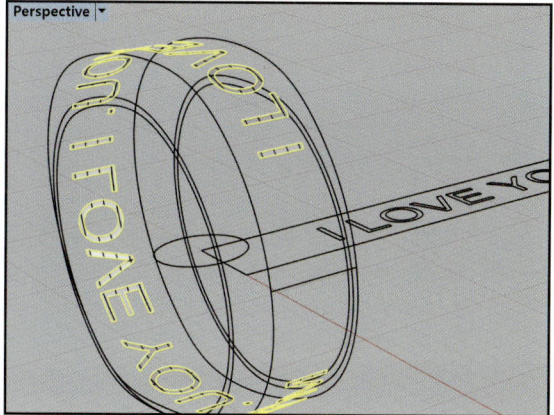

47. Surface Tools〉Offset Surfaces를 실행합니다. 화면의 모든 Surface를 선택한 후 Distance: 0.5, Solid: Yes, BothSides: Yes로 지정한 후 명령을 실행합니다.

`Distance=0.5` Corner=Round `Solid=Yes` Loose=No Tolerance=0.001 `BothSides=Yes` DeleteInput=Yes FlipAll):

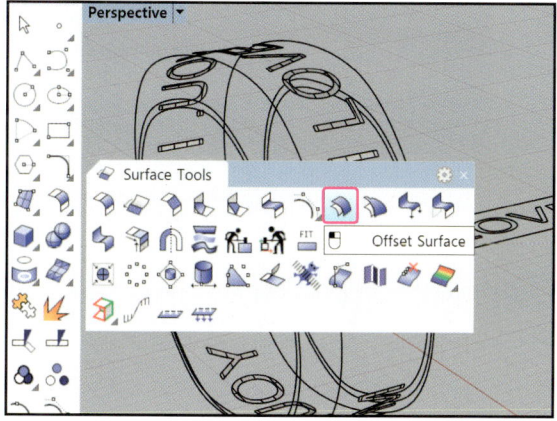
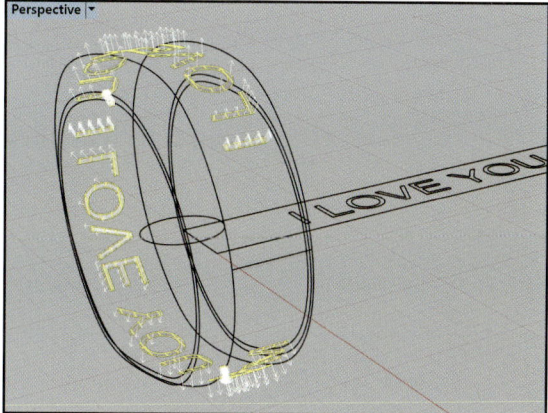

48. Standard toolbar>Visibility>Show selected objects를 실행한 후 Polysurface를 선택해서 나타냅니다.

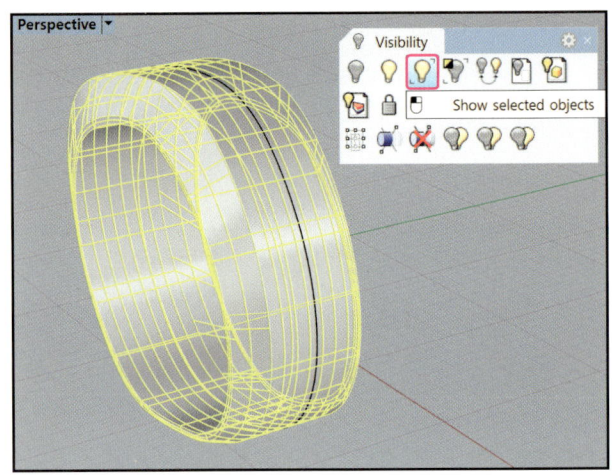

49. Solid Tools>Boolean difference를 실행한 후 a를 차집합을 적용할 개체로 하고 b(Text 개체)를 차집합에 사용될 개체로 선택합니다. a에서 b가 제거된 형상이 만들어집니다.

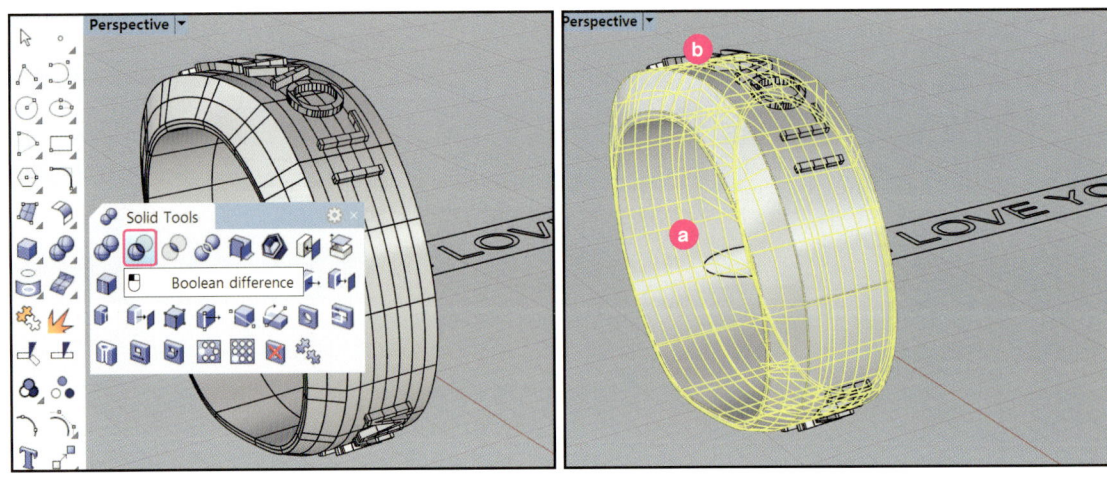

50. Standard toolbar>Select>Select curves를 실행합니다. 'Layer 01'을 '커브'로 이름 변경한 후 선택된 Curve를 '커브' 레이어로 Change object layer합니다. '커브' 레이어는 Off합니다.

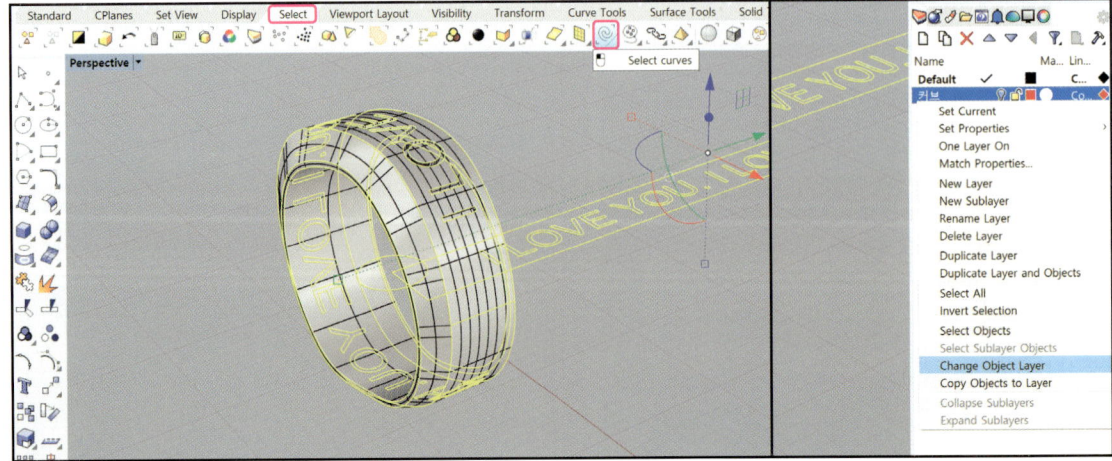

51. Show objects 명령을 실행한 후 Standard toolbar〉Select〉Select surfaces를 실행합니다. 'Layer 02'을 '서피스'로 이름 변경한 후 선택된 Surface를 '서피스' 레이어로 Change object layer합니다. '서피스' 레이어는 Off합니다.

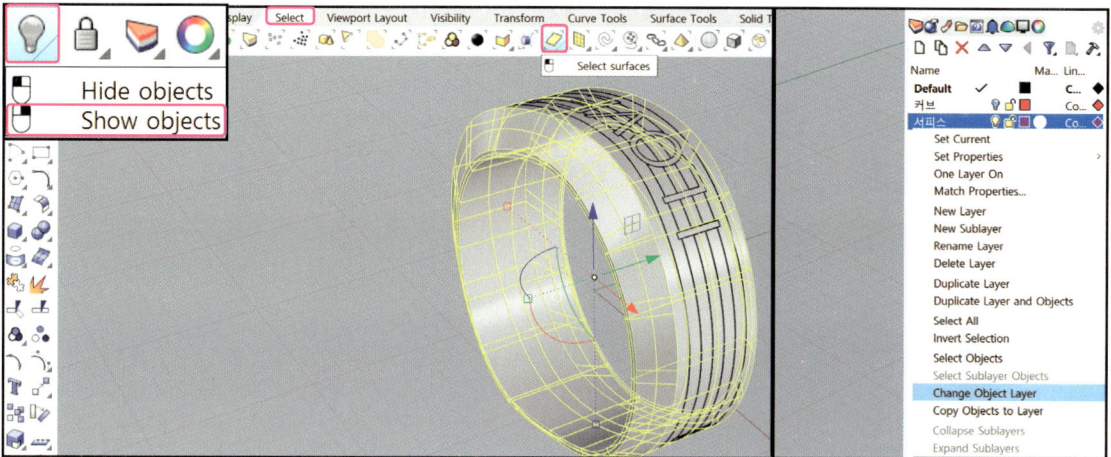

52. 렌더링 모드로 바꾸어 모델링 작업을 완료합니다.

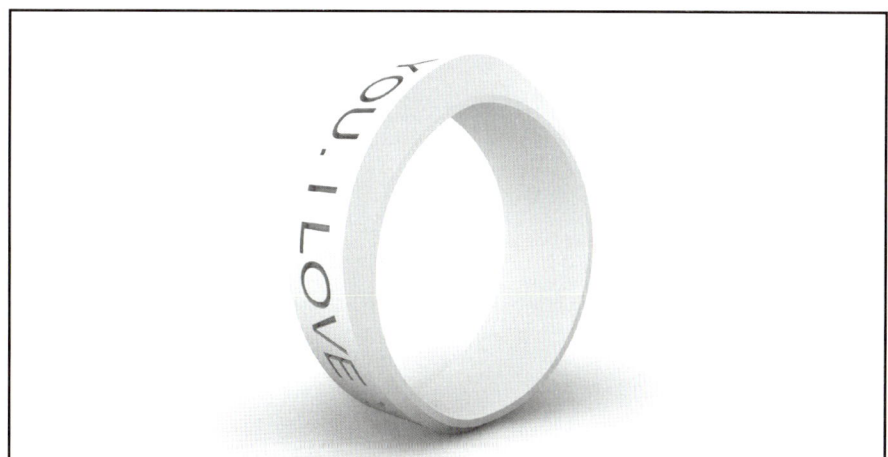

02 SOAP BOTTLE

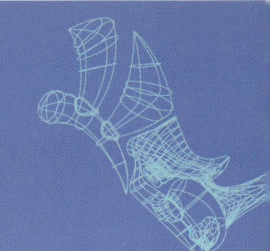

Soap Bottle은 양산형 제품디자인의 기초를 학습할 수 있는 예제입니다. 제작된 Surface를 Shell(속파기)하고 2개의 Obeject간 결합 구조를 만드는 연습을 합니다.

1. File>New로 템플릿 파일 설정창을 엽니다. Large objects-Millimeters를 선택하고 열기를 실행합니다. 작업 시작 전 Status bar의 Osnap, Gumball을 활성화 합니다.

2. Top view를 선택한 후 Ellipse>Ellipse: From center를 실행합니다.

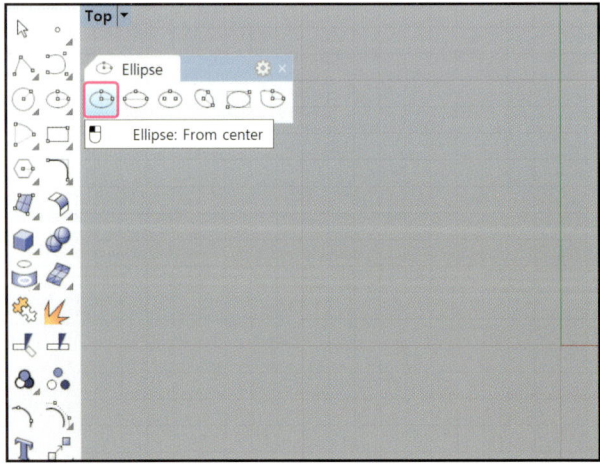

138 라이노 6를 이용한 제품 디자인

3. 타원 중심은 0(원점)으로 지정하고 첫 번째 축을 가로 방향으로 50, 두 번째 축은 세로 방향으로 25를 입력합니다. 첫 번째 축을 지정할 때 Shift 키를 누른 상태로 이동하여 직교모드를 적용합니다.

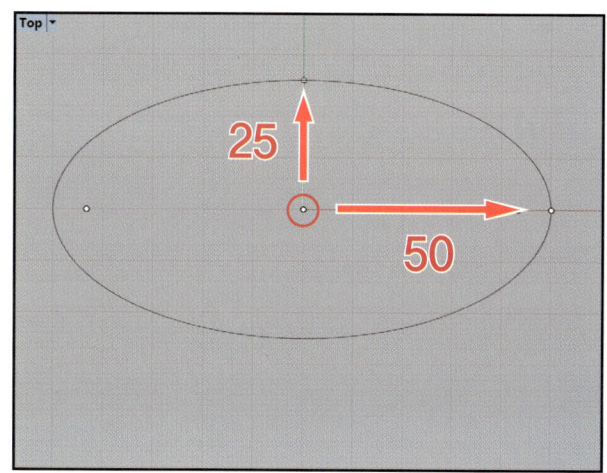

4. Front view를 선택한 후 Lines>Single Line을 실행합니다.

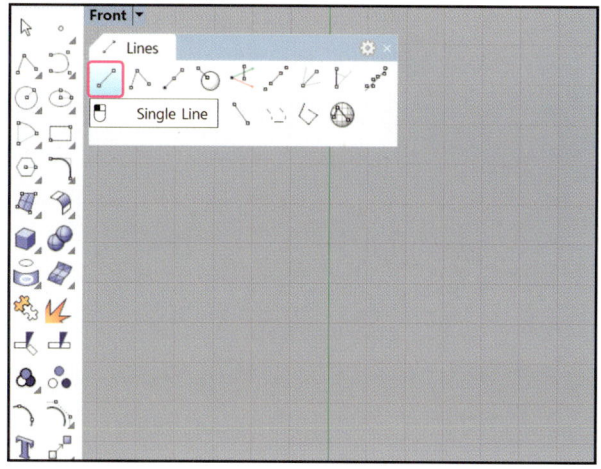

5. 시작점을 원점(0)으로 지정하고 직교모드(Shift 키)에서 위쪽으로 마우스를 이동 후 다음 점의 위치값을 150으로 입력합니다.

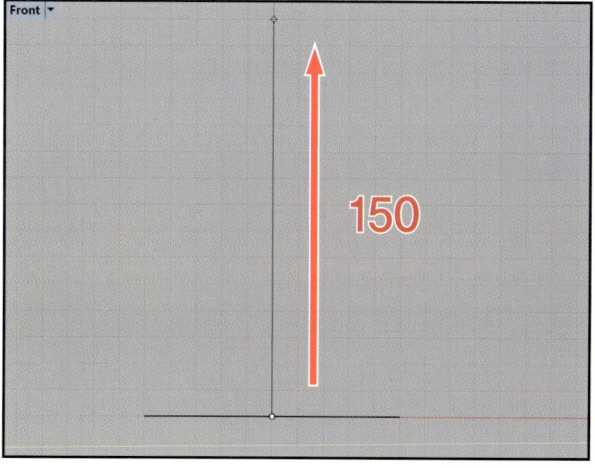

6. 마우스 오른쪽 클릭하여 Single Line을 재실행합니다. 시작점을 세로선의 **위쪽 End point**로 지정하고 직교모드(Shift키)에서 오른쪽으로 마우스를 이동 후 다음 점의 위치값을 55로 입력합니다.

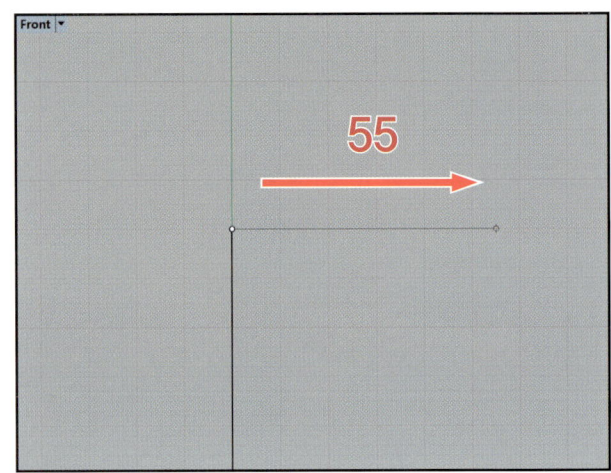

7. 앞단계에서 만들어진 가로선을 선택한 후 검볼의 **X축** 이동 핸들을 클릭하여 입력창에 −15를 입력합니다.

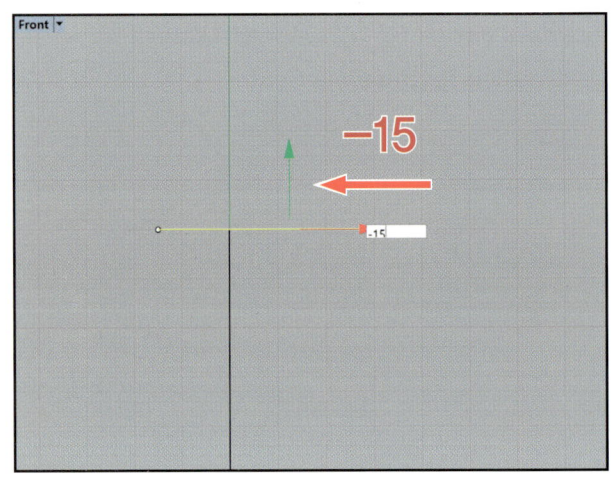

8. Arc〉Arc: start, end, radius를 실행합니다.

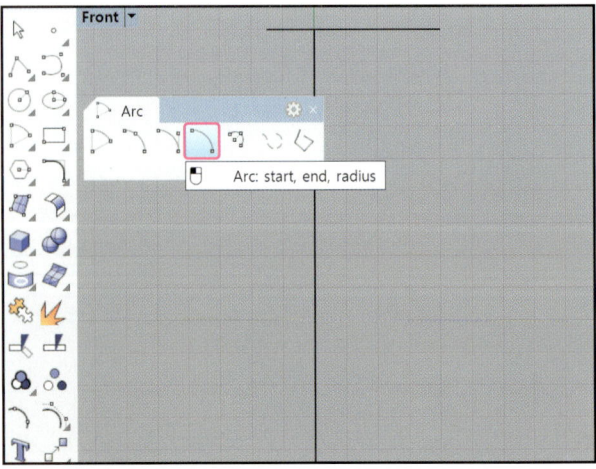

9. 시작점을 위쪽 가로선의 **왼쪽 End point**로 지정하고 끝점은 타원의 **왼쪽 Quad point**로 지정한 후 Radius는 410을 입력합니다.

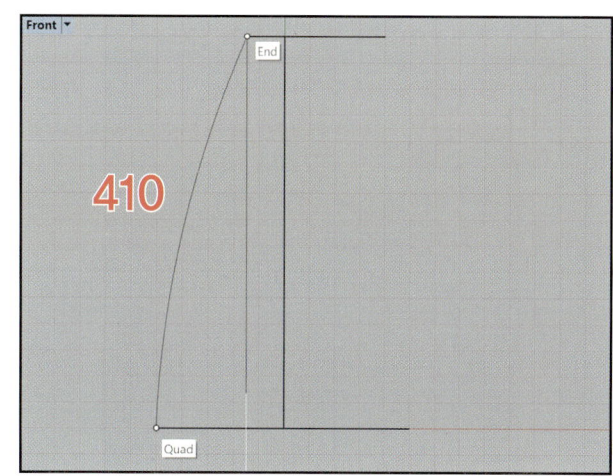

10. 마우스 오른쪽 클릭하여 Arc: start, end, radius를 재실행합니다. 시작점을 위쪽 가로선의 **오른쪽 End point**로 지정하고 끝점은 타원의 **오른쪽 Quad point**로 지정한 후 Radius는 1500을 입력합니다.

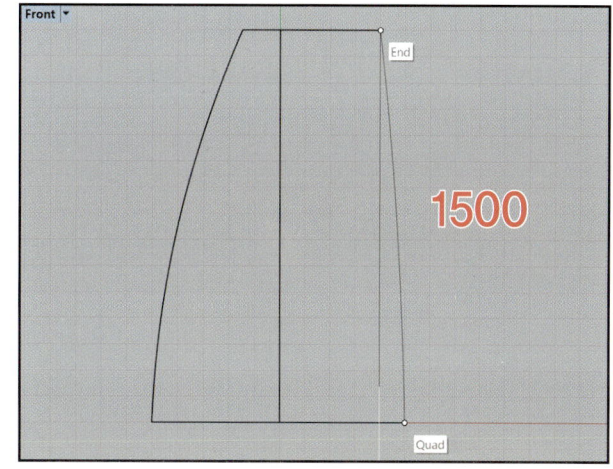

11. Pespective view를 선택한 후 Surface Creation〉Sweep 2 rails를 실행합니다. 화면표시모드를 Shaded로 변경합니다.

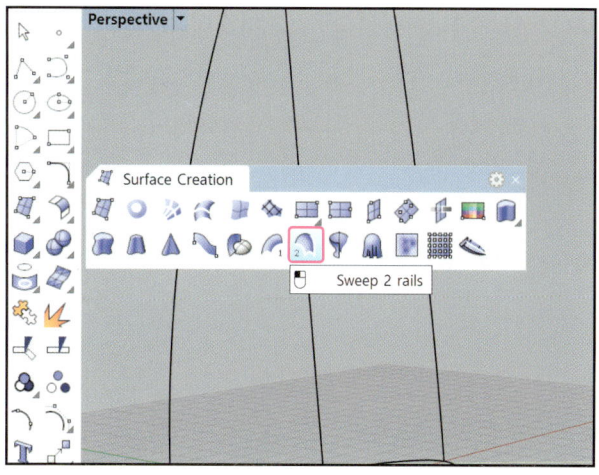

12. 2개의 세로 Curve를 Rail로 지정하고 Cross section으로 타원을 선택합니다. Option은 변경하지 않습니다.

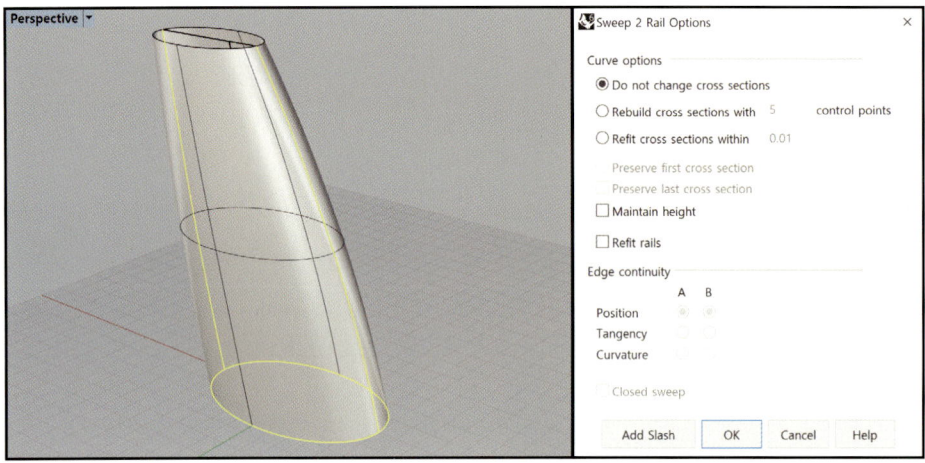

13. Top view를 선택한 후 Ellipse〉Ellipse: From center를 실행합니다.

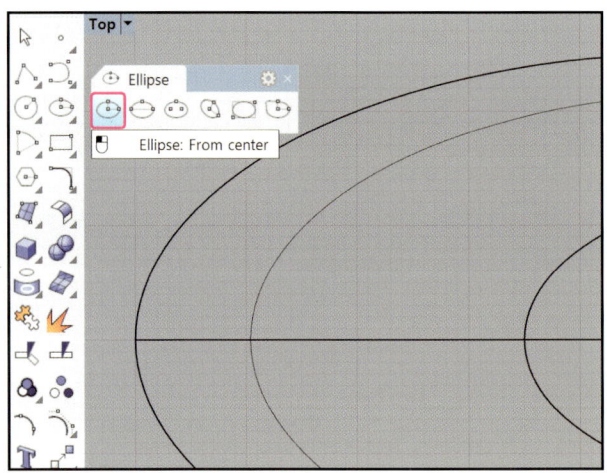

14. 타원 중심은 0(원점)으로 지정하고 첫 번째 축을 가로 방향으로 45, 두 번째 축은 세로 방향으로 20을 입력합니다. 첫 번째 축을 지정할 때 Shift 키를 누른 상태로 이동하여 직교모드를 적용합니다.

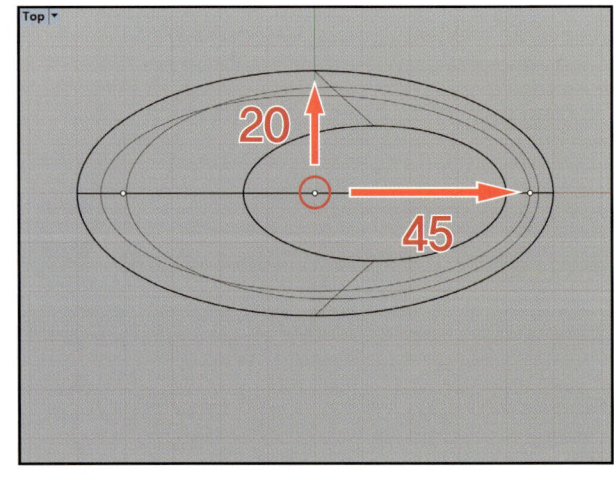

15. Ellipse>Ellipse : From center를 재실행합니다. 타원 중심은 0(원점)으로 지정하고 첫 번째 축을 가로 방향으로 35, 두 번째 축은 세로 방향으로 10을 입력합니다. 첫 번째 축을 지정할 때 Shift 키를 누른 상태로 이동하여 직교모드를 적용합니다.

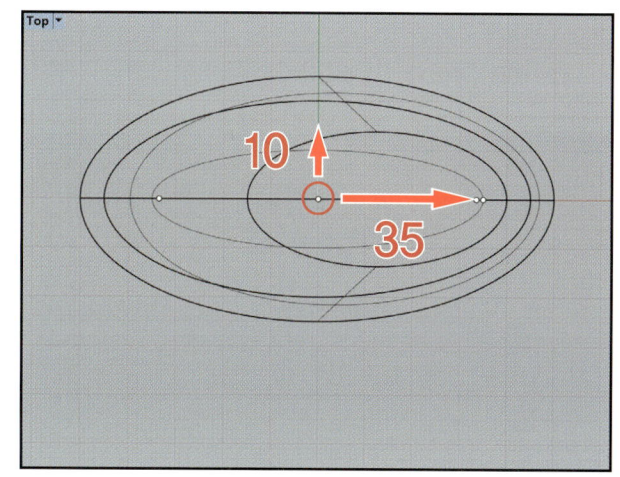

16. Pespective view를 선택한 후 제일 작은 타원을 선택한 후 검볼의 Z축 이동 핸들을 클릭하여 입력창에 4를 입력합니다.

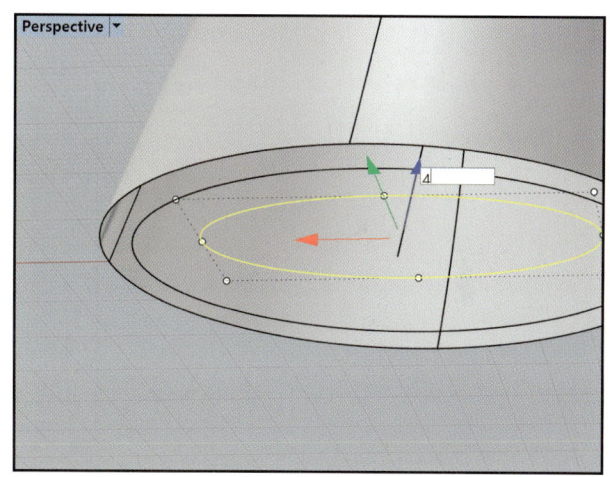

17. Surface Creation>Loft를 실행합니다.

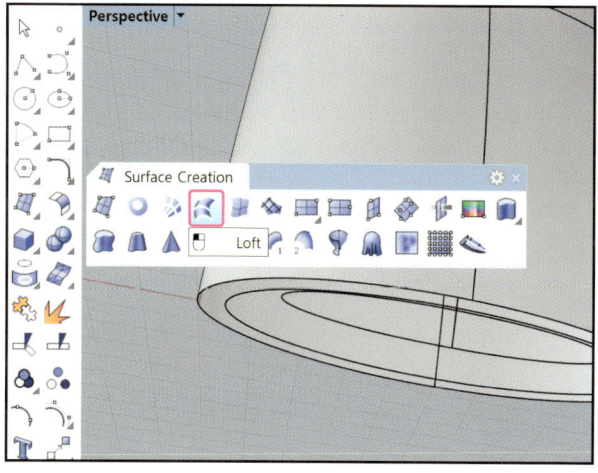

18. 3개의 타원을 선택하고 깔끔한 Surface 생성을 위해 Seam point를 Quad point로 옮겨 위치를 맞춥니다. Option의 Style을 Straight sections로 변경합니다.

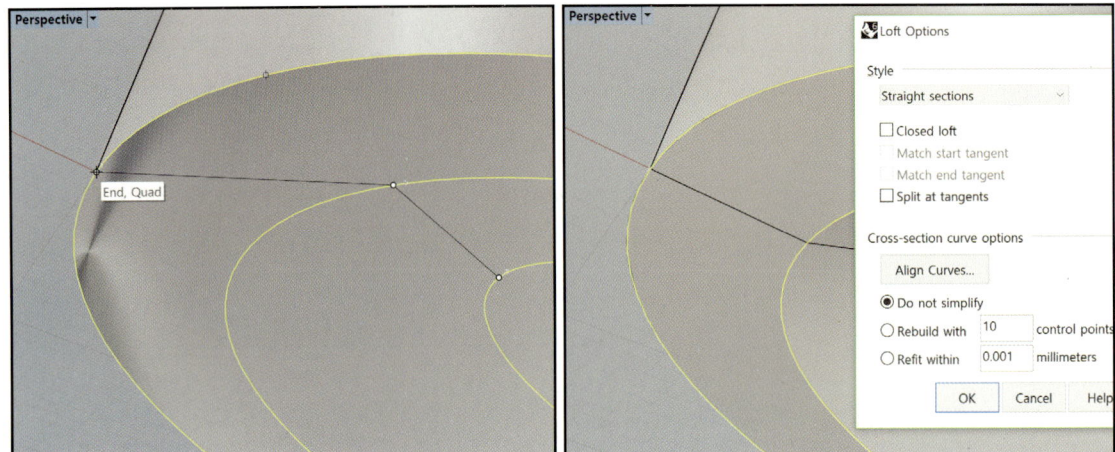

19. Front view를 선택한 후 Curve Tools〉 Offset curve를 실행합니다.

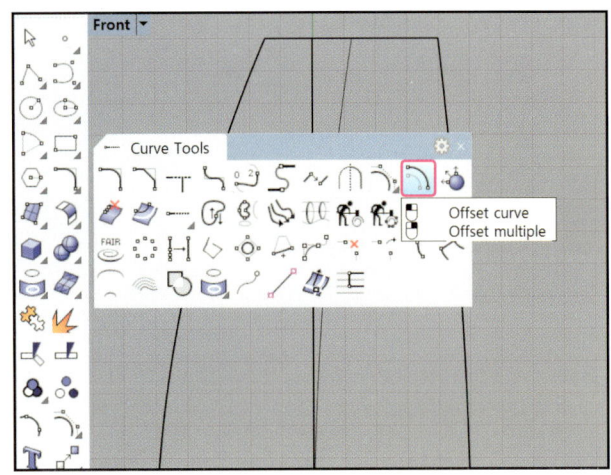

20. 제일 위의 Line을 선택한 후 아래쪽으로 마우스를 이동하고 거리값을 25로 입력합니다.

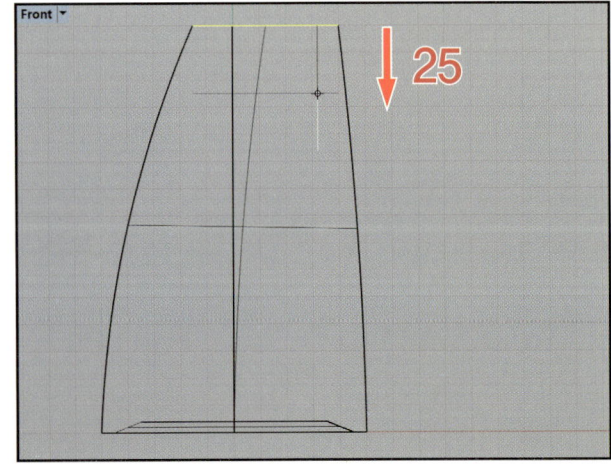

21. 마우스 오른쪽 클릭하여 Offset curve 를 재실행합니다. Offset curve로 생성 된 Line을 선택한 후 아래쪽으로 마우스를 이동하고 거리값을 100으로 입력합니다.

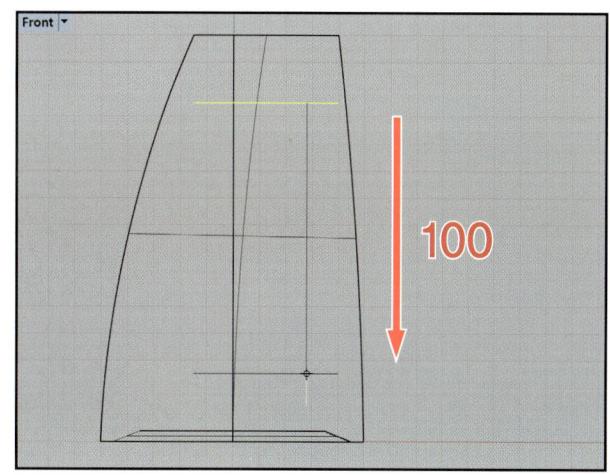

22. Curve Tools>Extend curve to boundary를 실행합니다.(마우스 오른쪽 버튼)

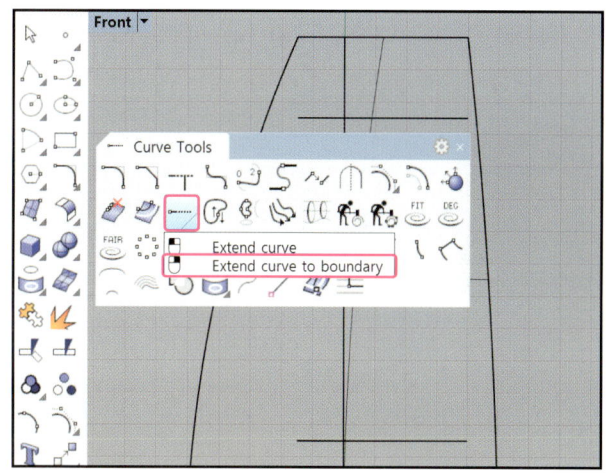

23. Boundary object로 왼쪽의 Curve를 선택하고 2개의 Line 왼쪽 끝부분을 지정해서 연장합니다.

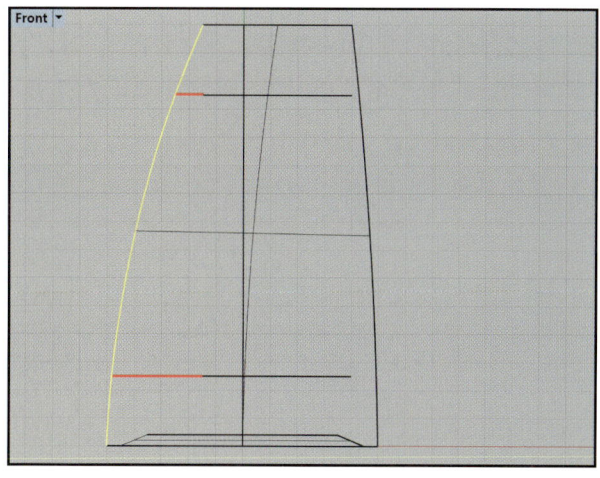

파트 5 Intermediate Level Modeling

24. Arc〉Arc: start, end, radius를 실행합니다. 시작점을 위쪽 Line의 **왼쪽** End point로 지정하고 끝점은 아래쪽 Line의 **왼쪽** End point로 지정한 후 Radius는 150을 입력합니다.

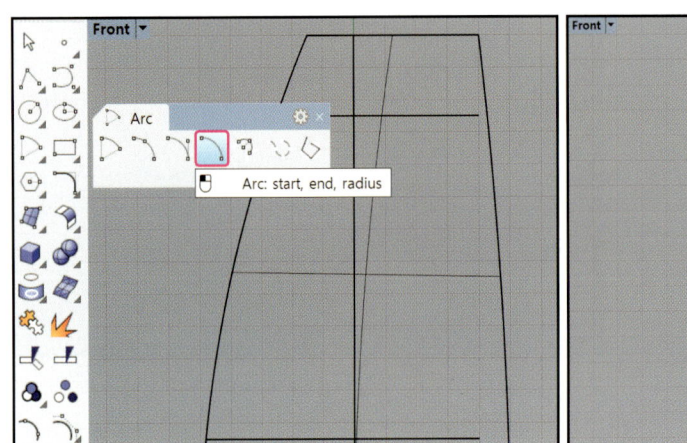
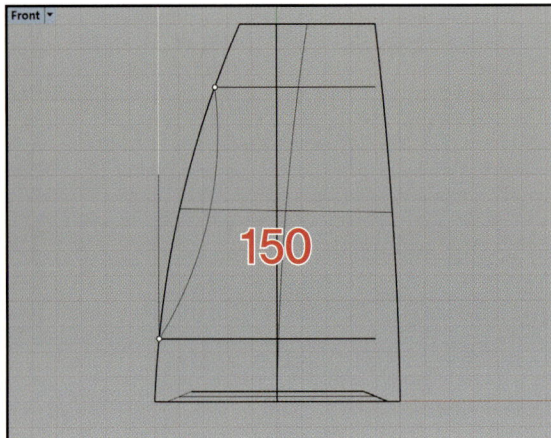

25. Surface Tools〉Offset Surface를 실행합니다. Polysurface를 Offset 개체로 지정하고 방향은 **안쪽**, 거리값: 2, Solid: No로 입력하고 명령을 실행합니다.

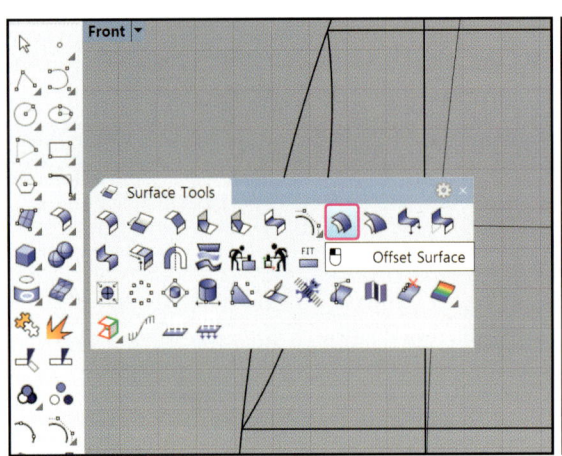
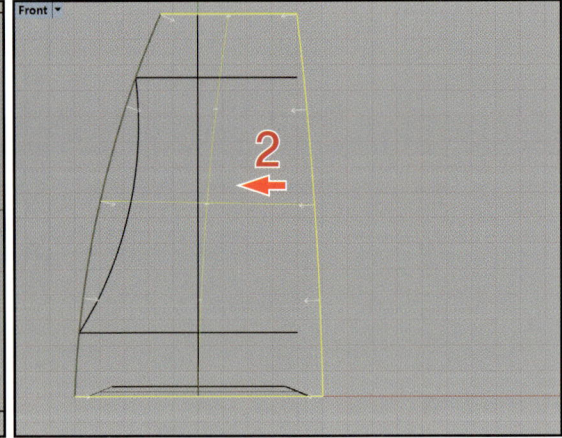

26. 화면표시모드를 **Shaded**로 변경합니다. **Side toolbar**의 **Trim**을 실행한 후 **Arc**를 Cutting object로 지정하고 **바깥쪽 PolySurface**를 제거합니다.

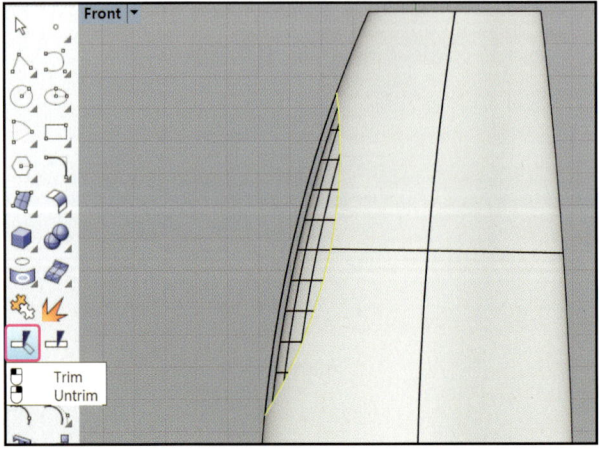

27. Curve Tools>Offset curve를 실행합니다. Arc를 선택한 후 왼쪽으로 마우스를 이동하고 거리값을 2로 입력합니다.

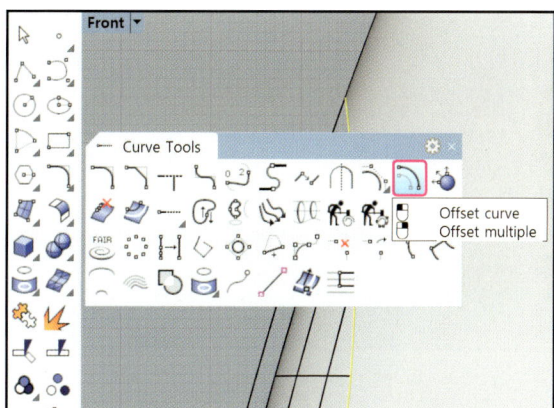 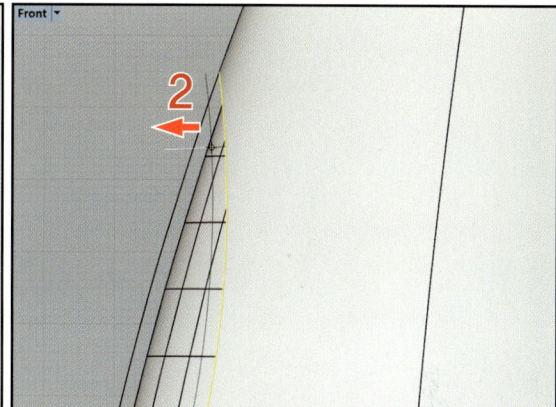

28. Side toolbar의 Trim을 실행한 후 Arc를 Cutting object로 지정하고 **안쪽 PolySurface**를 제거합니다.

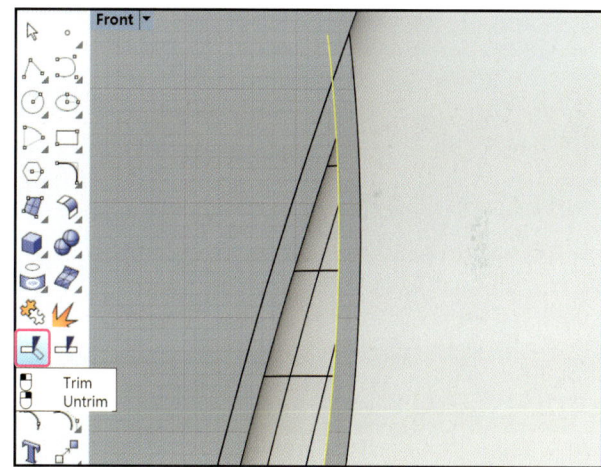

29. Side toolbar의 Trim을 재실행한 후 **오른쪽** PolySurface를 Cutting object로 지정하고 **왼쪽** Arc를 제거합니다.

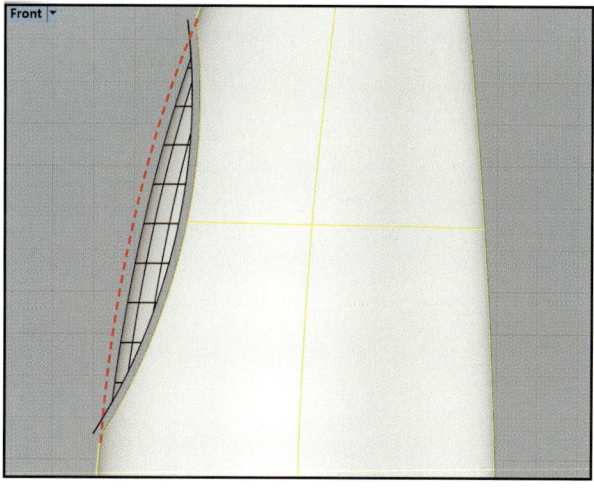

30. Right view를 선택한 후 Curve From Object>Project curves를 실행합니다.

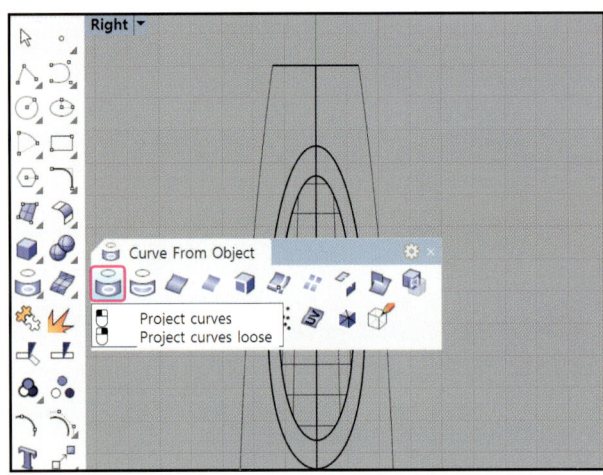

31. 가운데의 제일 긴 Curve를 선택한 후 가운데 Polysurface를 지정하여 Curve를 투영합니다.

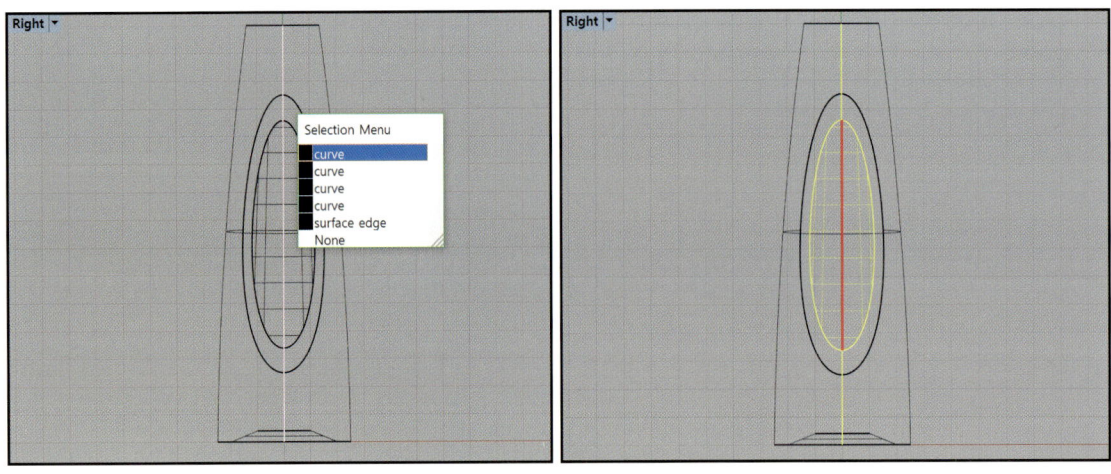

32. Front view를 선택한 후 Curve Tools> Adjustable curve blend를 실행합니다.

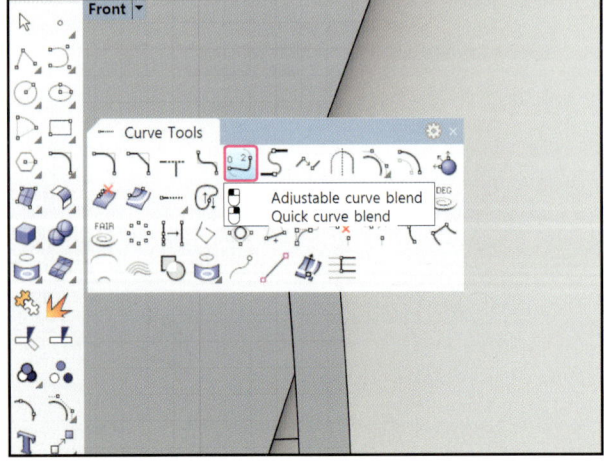

33. 윗부분 왼쪽 2개의 Curve를 선택한 후 Continuity에서 1: Position, 2: Curvature로 설정하고 명령을 실행합니다.

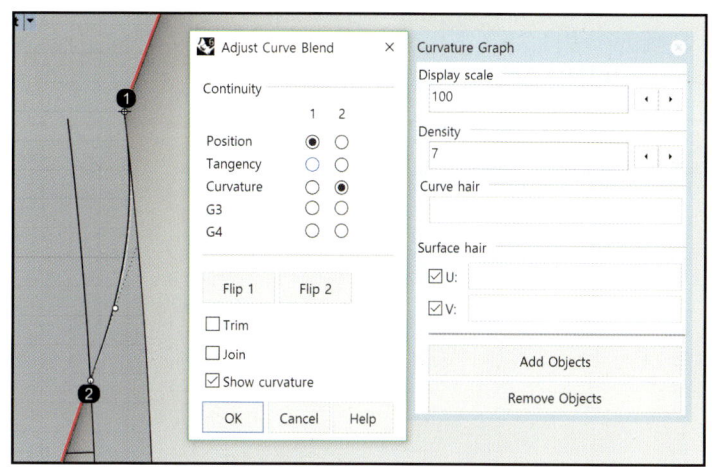

34. Adjustable curve blend를 재실행한 후 **아래부분 왼쪽 2개의 Curve**를 선택하고 Continuity에서 1: Position, 2: Curvature로 설정하여 명령을 실행합니다.

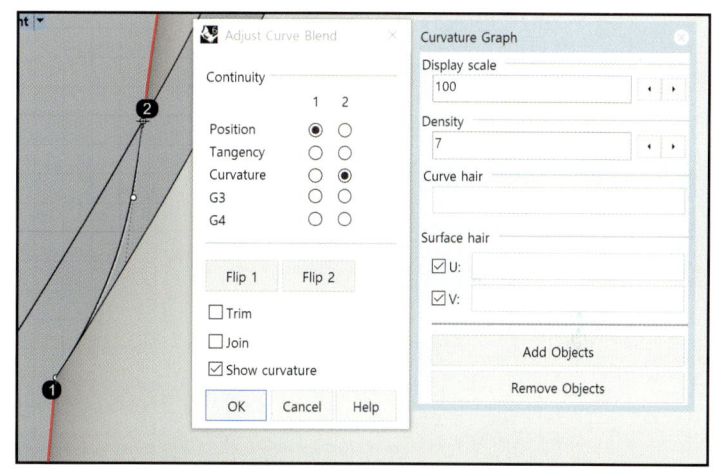

35. Lines〉Line: from midpoint를 선택한 후 시작점을 **원점(0)**으로 지정하고 직교모드(Shift 키)에서 왼쪽으로 마우스를 이동 후 다음 점의 위치값을 **60**으로 입력합니다.

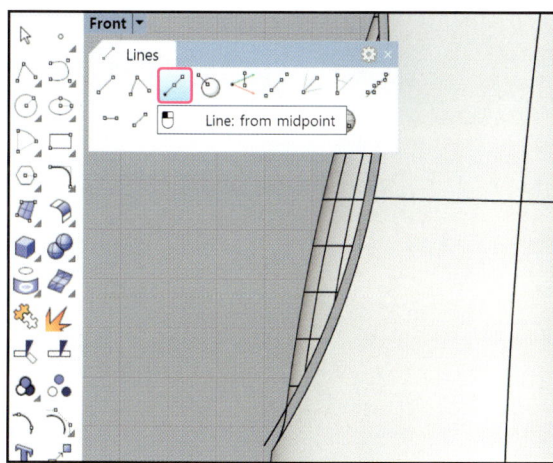 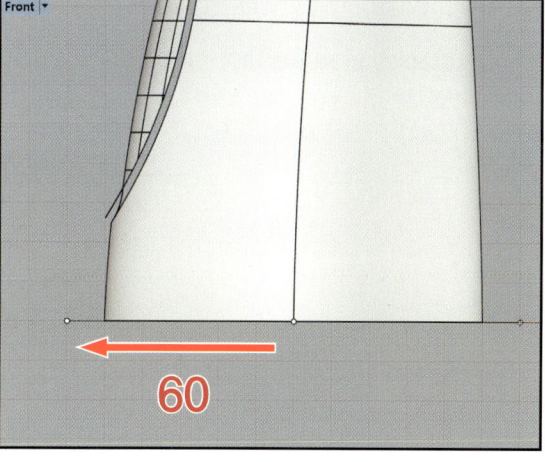

파트 5 Intermediate Level Modeling 149

36. 앞단계에서 만들어진 가로선을 선택한 후 검볼의 **Y축** 이동 핸들을 클릭하여 입력창에 80을 입력합니다.

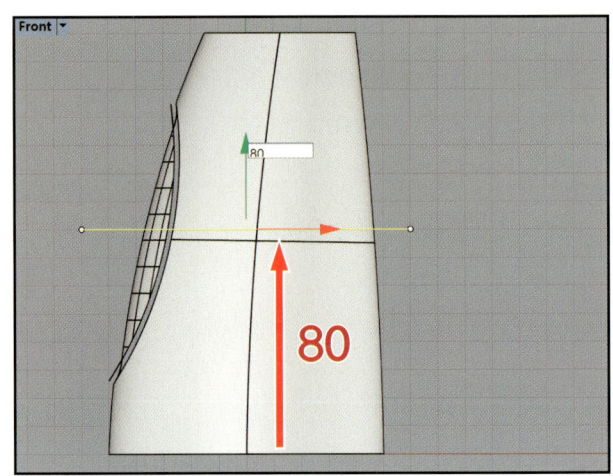

37. Curve From Object>Project curves를 실행한 후 **가운데의 가로 Curve**를 선택하고 **2개의 Polysurface**를 지정하여 Curve를 투영합니다. 사용된 가로 Curve는 제거합니다.(Del 키)

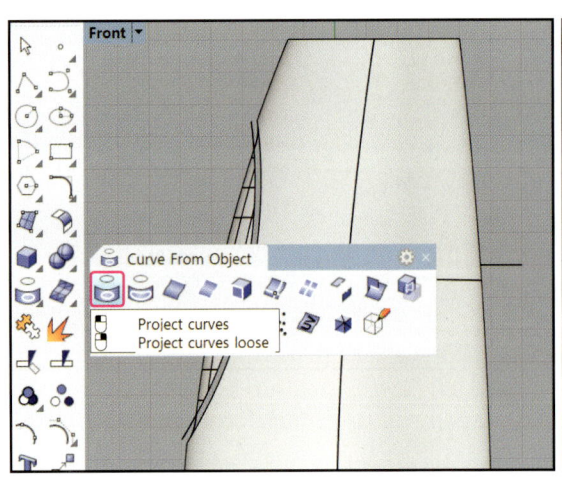 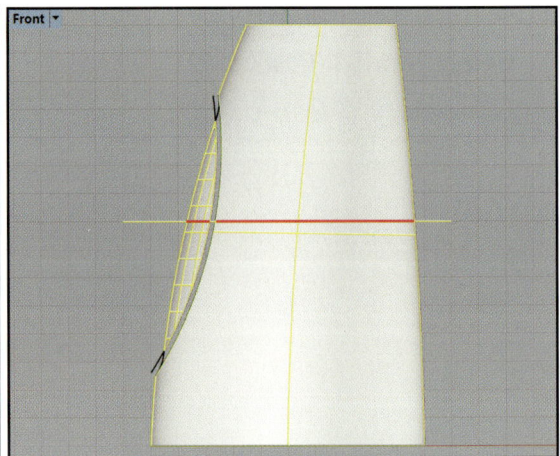

38. Top view를 선택한 후 Curve Tools> Adjustable curve blend를 실행합니다.

39. 윗부분 2개의 Curve를 선택한 후 Continuity에서 1: Position, 2: Curvature로 설정하고 명령을 실행합니다.

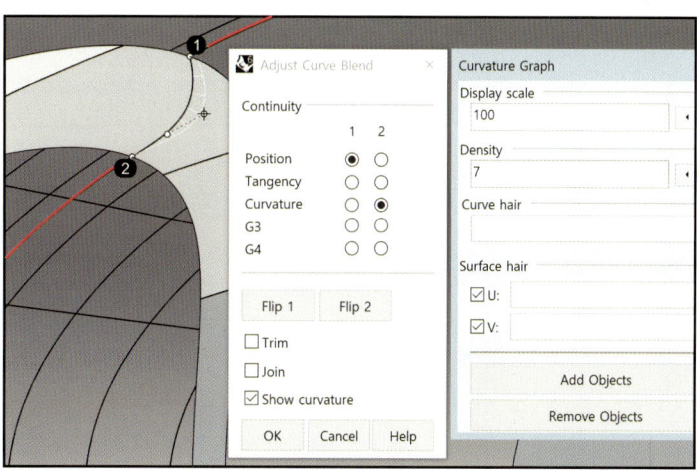

40. Adjustable curve blend를 재실행한 후 아래 부분 2개의 Curve를 선택하고 Continuity에서 1: Position, 2: Curvature로 설정하여 명령을 실행합니다.

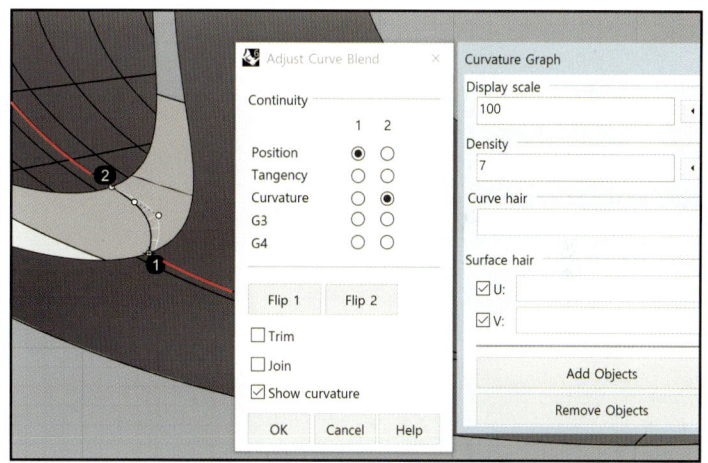

41. Pespective view를 선택한 후 Curve From Object〉Duplicate border를 실행합니다.

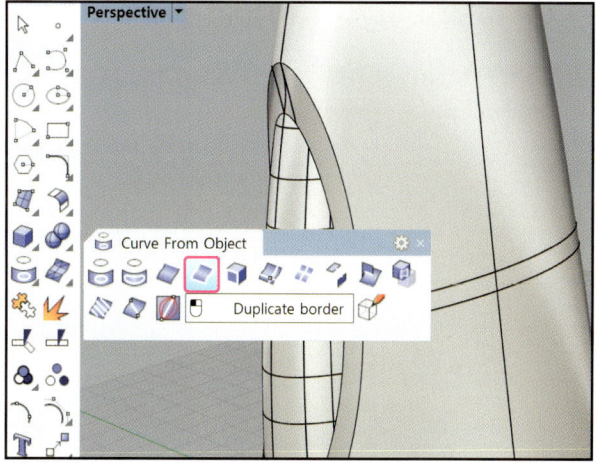

42. 오른쪽의 Polysurface를 선택하고 명령을 실행하면 **3개의 Border**가 만들어집니다.

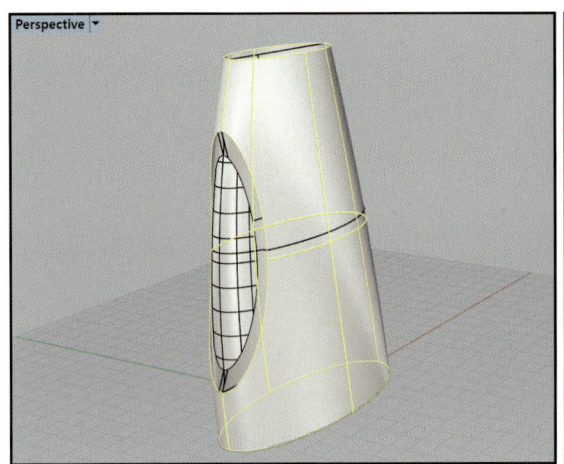 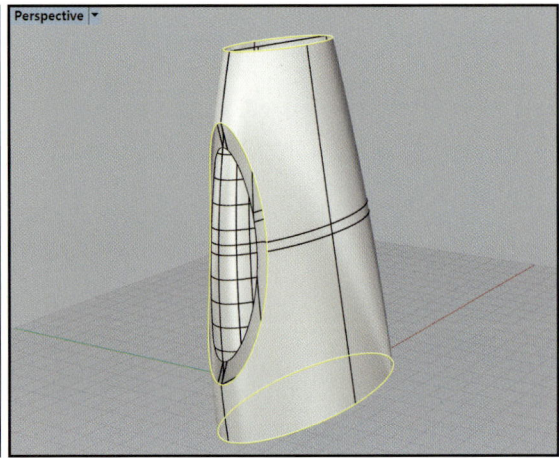

43. Surface Creation>Surface from network of curves를 실행한 후 그림과 같이 **4개의 Curve**를 선택합니다.

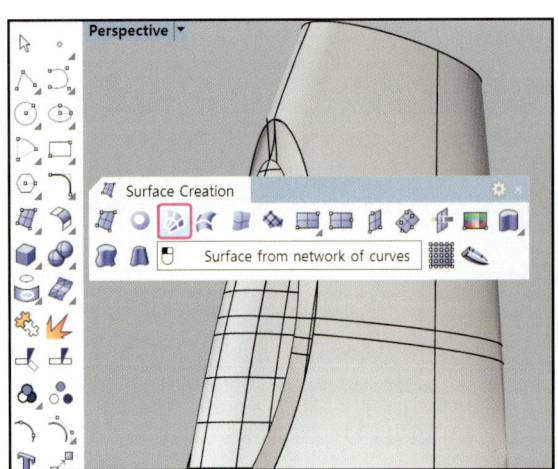 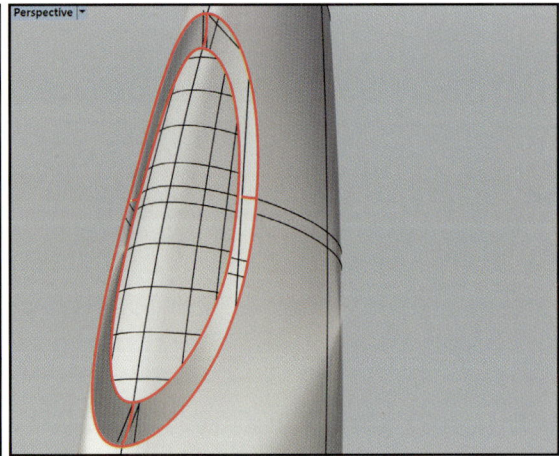

44. Edge matching에서 A: Position, C: Curvature로 설정하여 명령을 실행합니다.

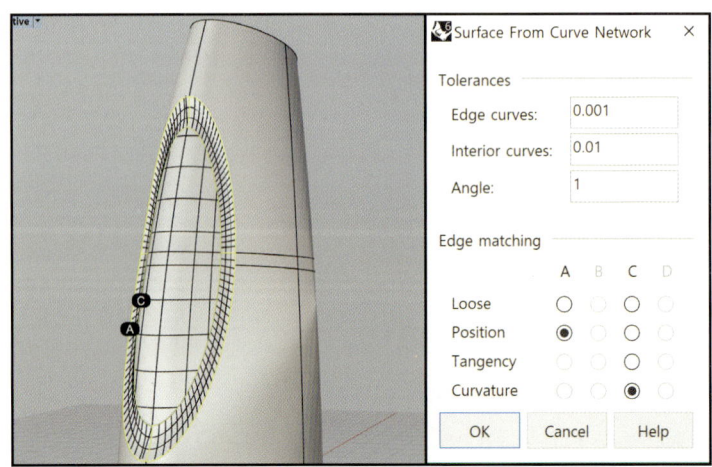

45. Surface Creation〉Surface from planar curves를 실행한 후 밑바닥 열린부분의 Curve를 선택해서 Surface를 만듭니다.

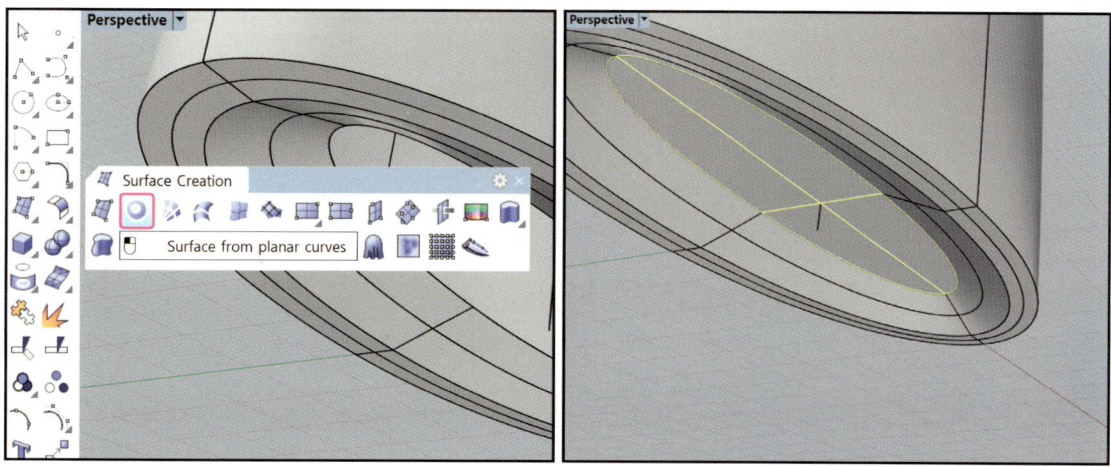

46. Front view를 선택한 후 Curve Tools〉Offset curve를 실행합니다. 제일 위 가로 Line을 선택한 후 마우스를 아래로 이동 후 거리값을 5로 입력합니다.

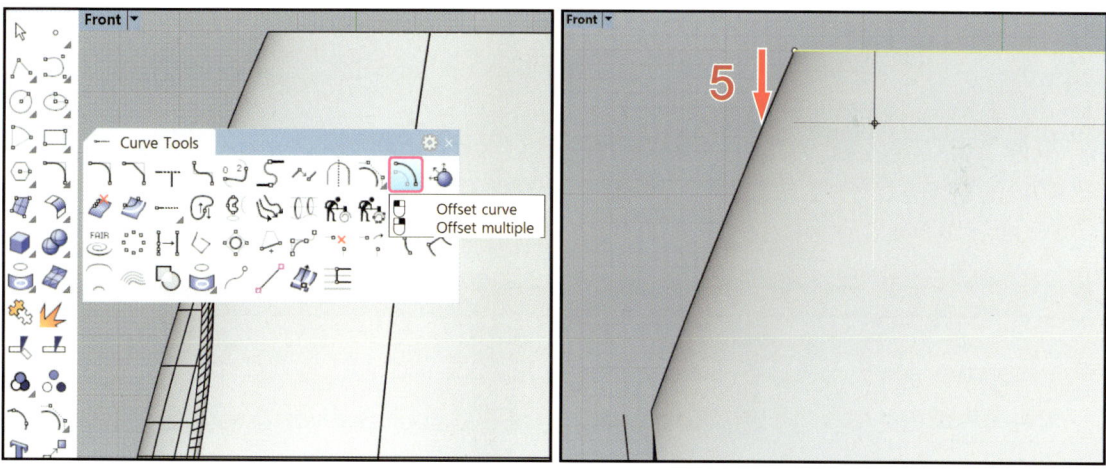

47. 화면표시모드를 Wireframe으로 변경하여 Line이 보이도록 한 후 Curve Tools〉Extend curve to boundary를 실행합니다.(마우스 오른쪽 버튼)

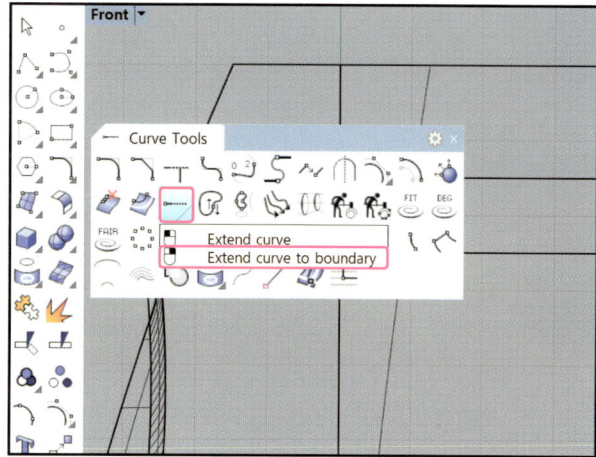

48. Boundary object로 왼쪽의 Curve를 선택하고 Line 왼쪽 끝부분을 지정해서 연장합니다.

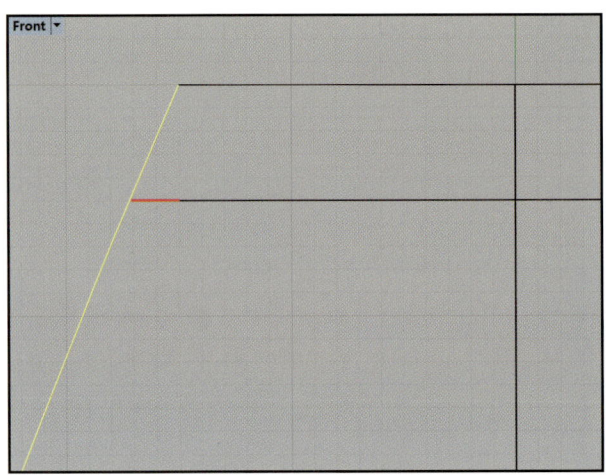

49. Arc〉Arc: start, end, radius를 실행합니다. 시작점을 위쪽 Line의 오른쪽 End point로 지정하고 끝점은 아래쪽 Line의 왼쪽 End point로 지정한 후 Radius는 400을 입력합니다.

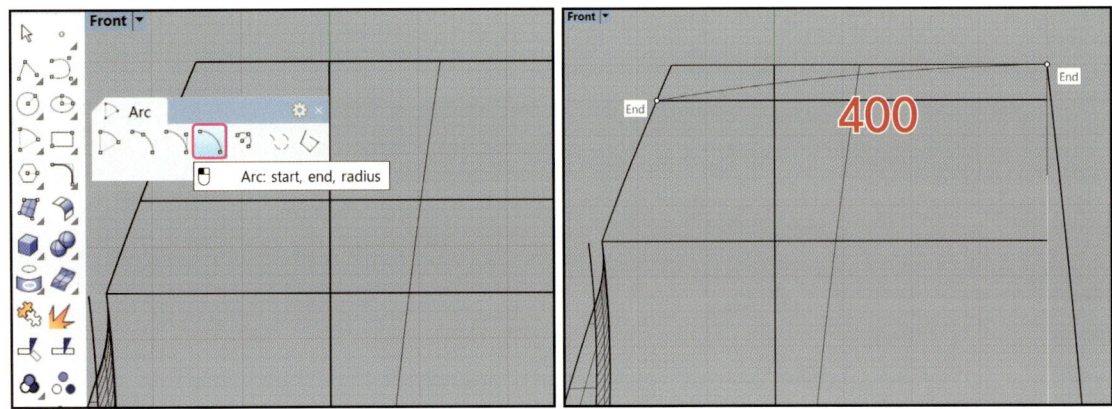

50. Pespective view를 선택한 후 Surface Creation〉Extrude straight를 실행합니다. Arc를 선택하고 오른쪽으로 마우스를 이동 후 Command 창에 세부 옵션 중 Bothsides:Yes로 변경하고 거리값을 20으로 입력합니다.

Extrusion distance <20> (Direction **BothSides= Yes** Solid=No DeleteInput=No ToBoundary SetBasePoint):20

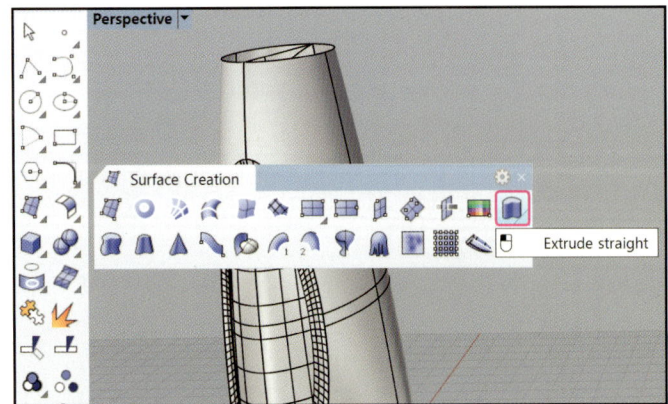 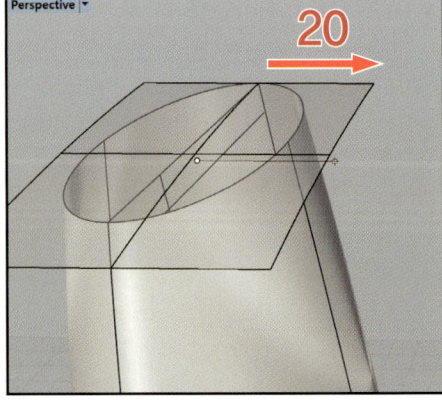

51. Side toolbar의 Trim을 실행합니다. **전체 Object**를 Cutting 개체로 선택한 후 Polysurface의 **윗 부분**과 Extrude straight로 만든 Surface의 **바깥 부분**을 제거합니다.

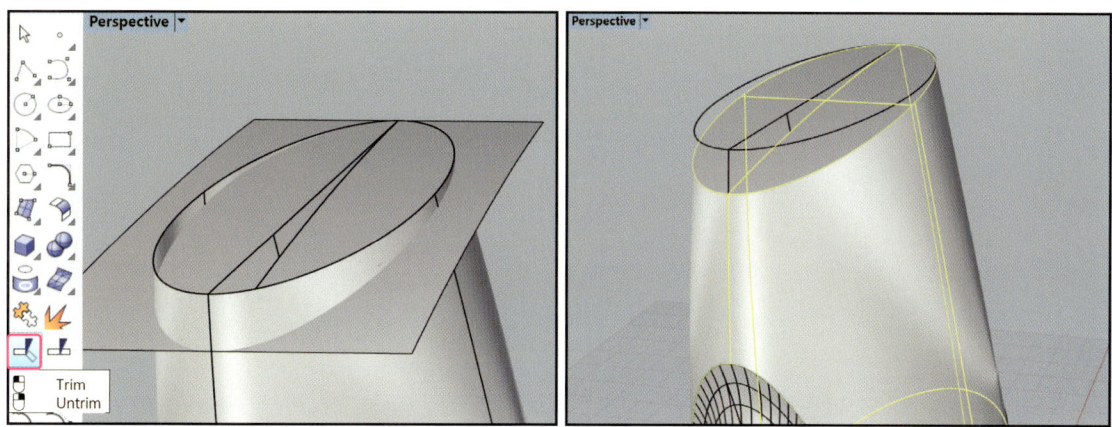

52. Front view를 선택한 후 Curve Tools>Offset curve를 실행합니다. 그림과 같이 **가로** Line을 선택한 후 마우스를 **아래**로 이동 후 거리값을 **17**로 입력합니다.

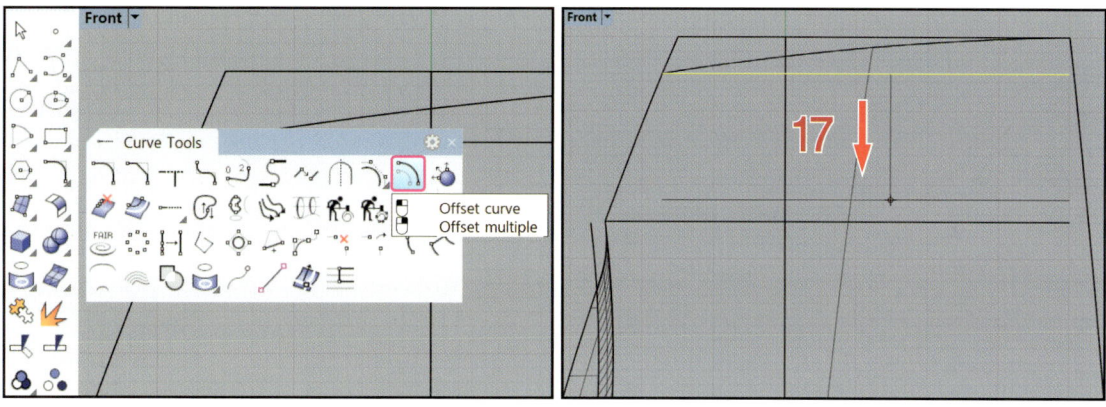

53. Curve Tools>Extend curve to boundary를 실행합니다.(마우스 오른쪽 버튼) Boundary object로 **양쪽의** Curve를 선택하고 Line **양쪽 끝부분**을 지정해서 연장합니다.

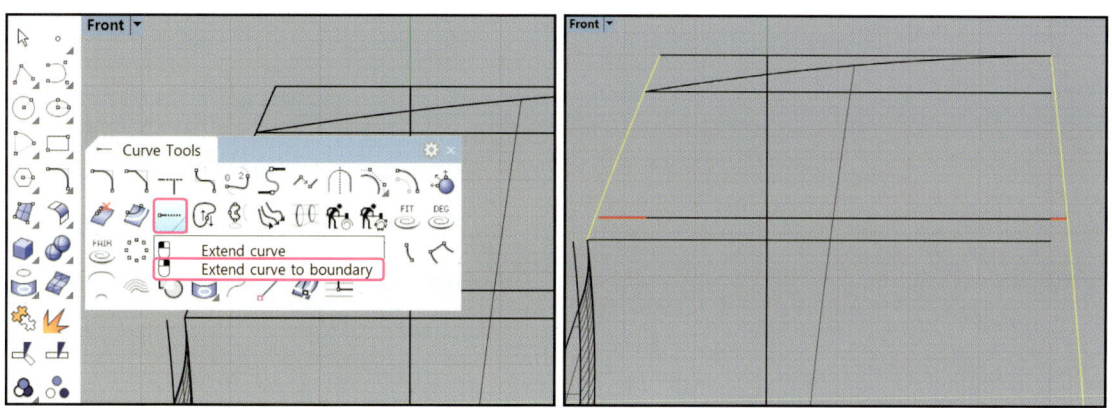

54. 전체 Surface와 Polysurface를 선택한 후 Side toolbar의 Join을 실행하여 결합합니다.

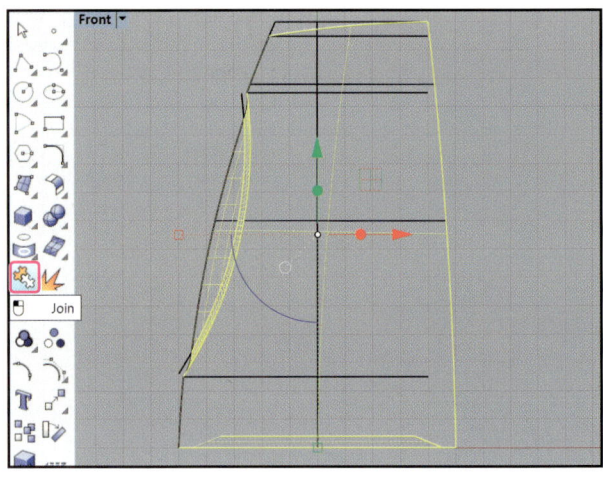

55. Side toolbar의 Split을 실행한 후 그림과 같이 **가로** Line을 Cutting object로 선택한 후 Polysurface를 선택하여 위, 아래 object로 분할합니다.

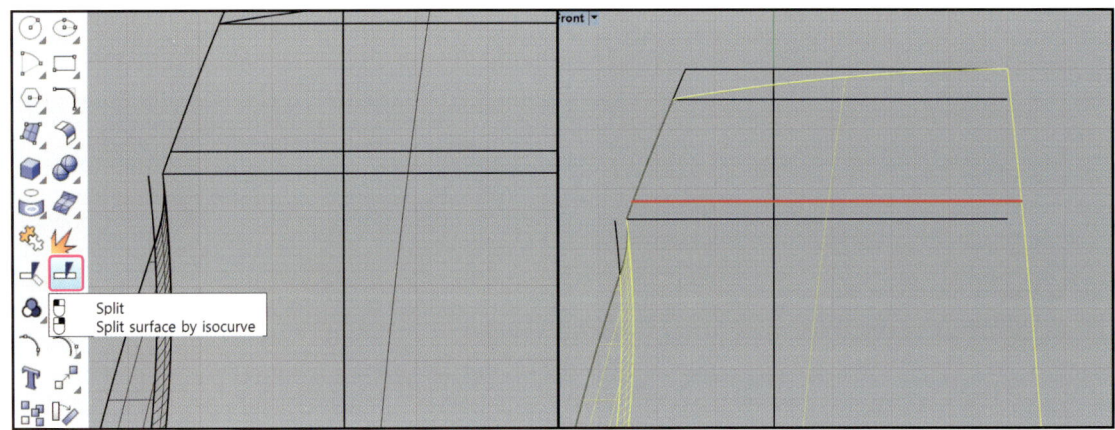

56. Pespective view를 선택한 후 레이어 탭에서 'Layer 01'을 '**커브**'로 이름을 변경 한 후 Standard toolbar>Select>Select curves를 실행해서 화면에 있는 전체 Curve를 선택합니다. 선택된 Curve를 '**커브**' 레이어로 Change object layer한 후 끕니다.

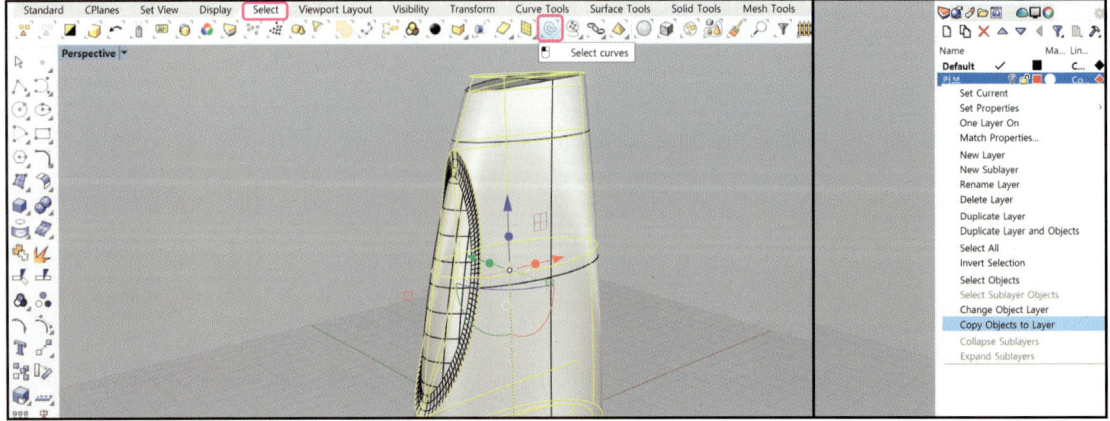

57. 레이어 탭에서 'Layer 02'를 '캡'으로 이름 변경합니다. 위쪽 Polysurface를 선택한 후 '캡'으로 Change object layer 한 후 끕니다.

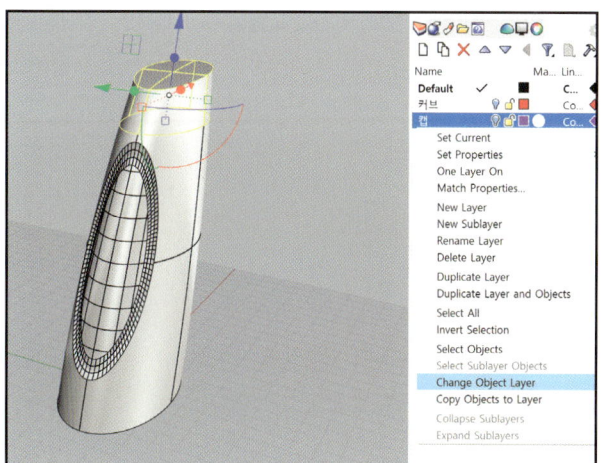

58. 레이어 탭에서 'Layer 03'를 '바디'로 이름 변경합니다. Polysurface를 선택한 후 '바디'로 Change object layer 합니다.

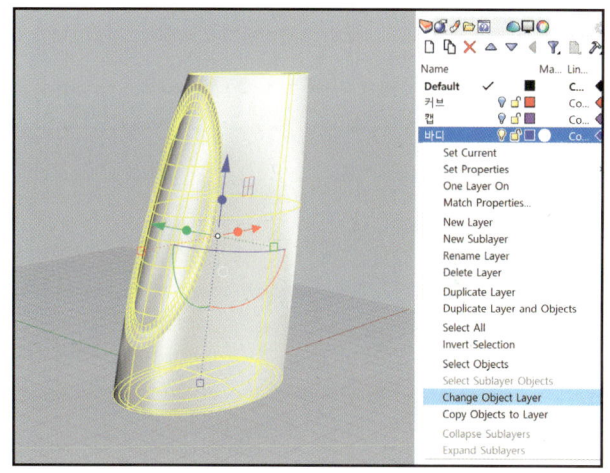

59. '캡'과 '바디' Layer의 컬러를 'Black'으로 변경합니다.

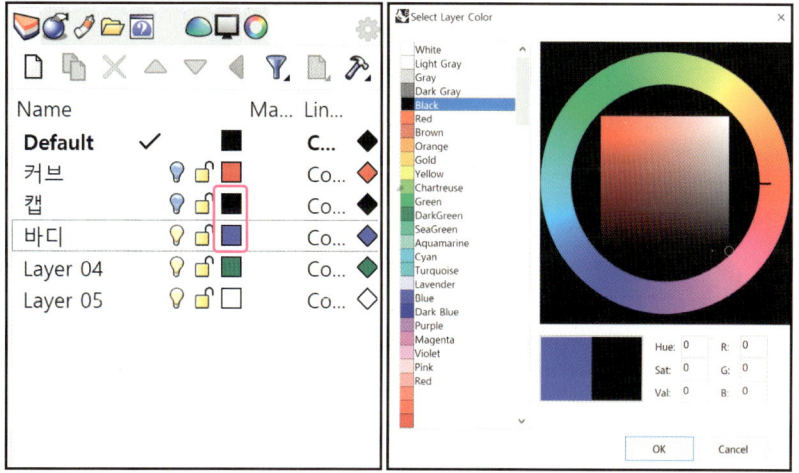

파트 5 Intermediate Level Modeling 157

60. Curve From Object>Duplicate border를 실행한 후 Polysurface를 선택하고 명령을 실행하면 1개의 Border가 만들어집니다.

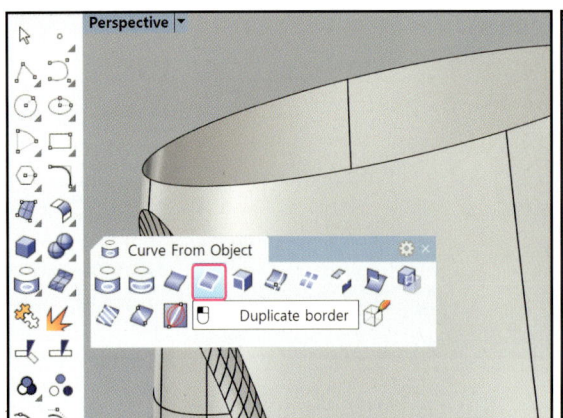
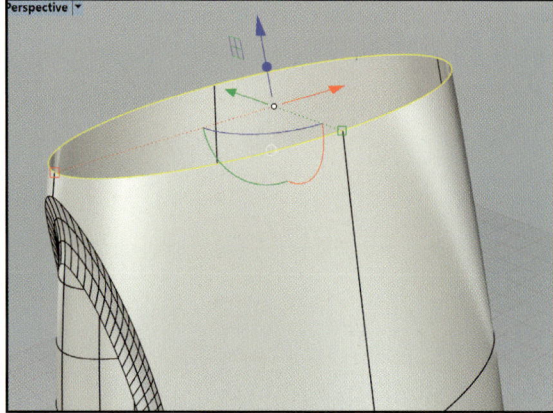

61. Surface Creation>Surface from planar curves를 실행한 후 Duplicate border로 만든 Curve를 선택해서 Surface를 만듭니다.

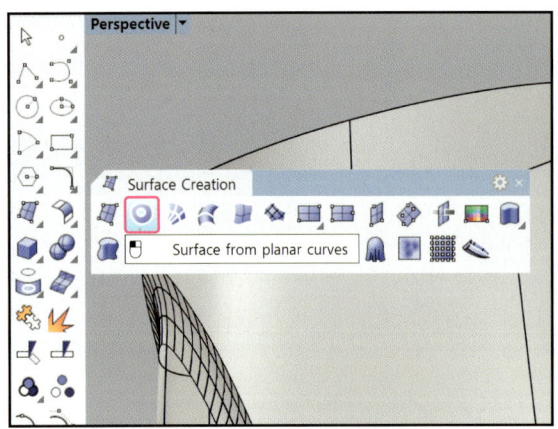
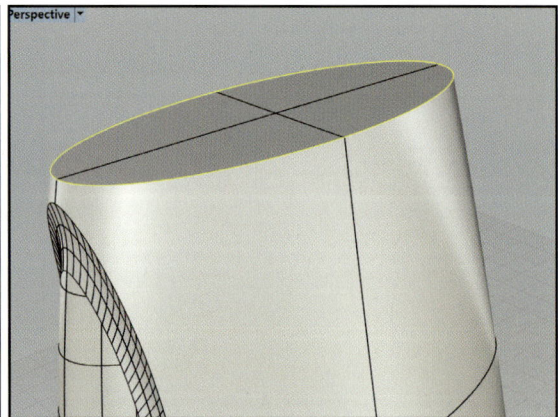

62. Standard toolbar>CPlanes>Set CPlane to object를 실행한 후 제일 윗부분의 Surface를 선택합니다.

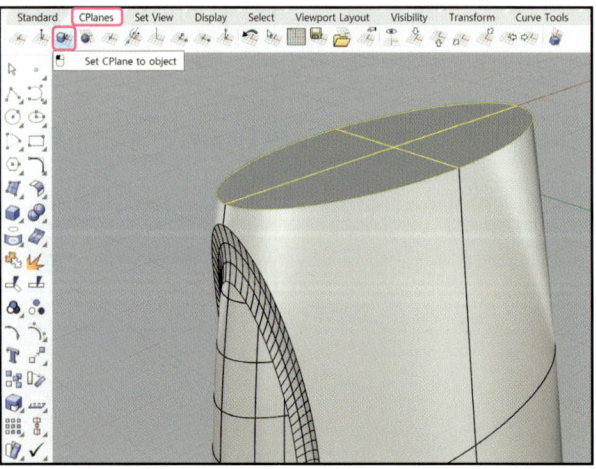

63. Circle>Circle: center, radius를 실행한 후 Command 창에 원의 중심을 **원점(0)**, 반지름값으로 **10**을 입력합니다. CPlane에 따라 원점은 변합니다.

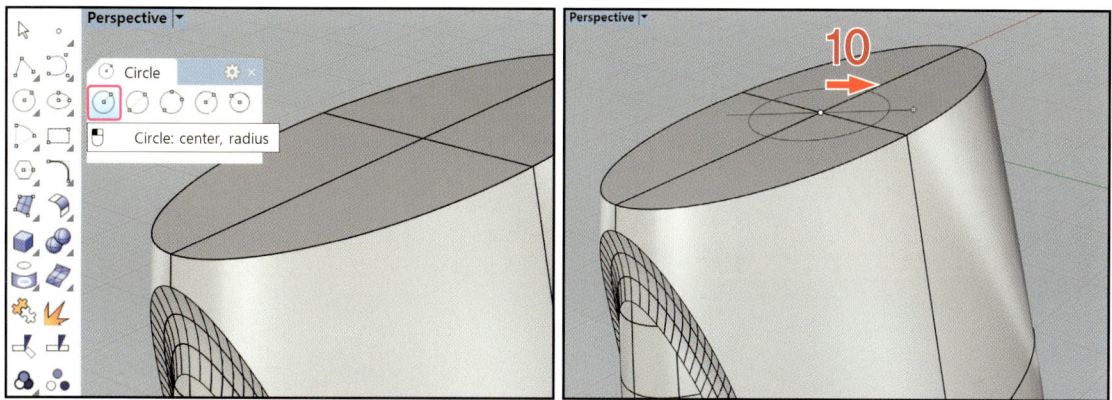

64. Side toolbar의 Trim을 실행합니다. Circle을 Cutting 개체로 선택한 후 Surface의 **가운데 부분**을 제거합니다.

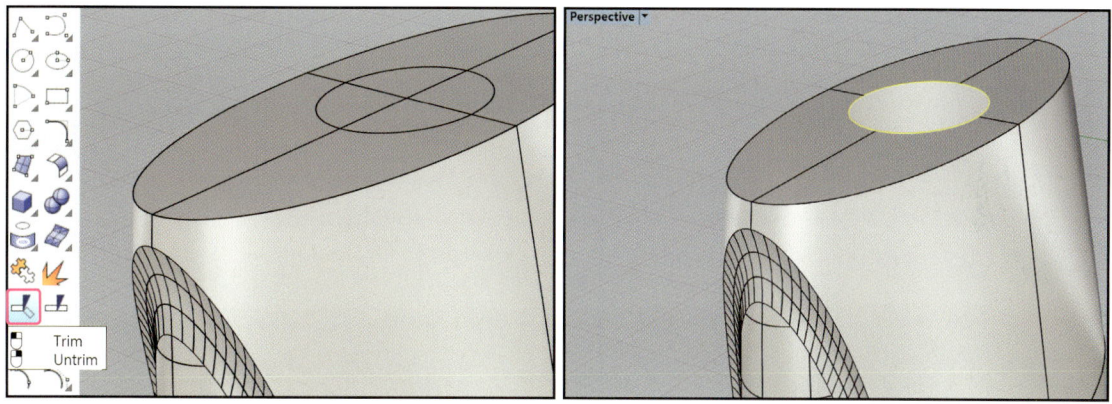

65. **Surface Creation>Extrude straight**를 실행합니다. Circle을 선택하고 위쪽으로 마우스를 이동 후 Command 창에 세부 옵션 중 Bothsides:No로 변경하고 거리값을 **15**로 입력합니다.

Extrusion distance <15> (Direction **BothSides=*No*** Solid=*No* DeleteInput=*No* ToBoundary SetBasePoint): 15

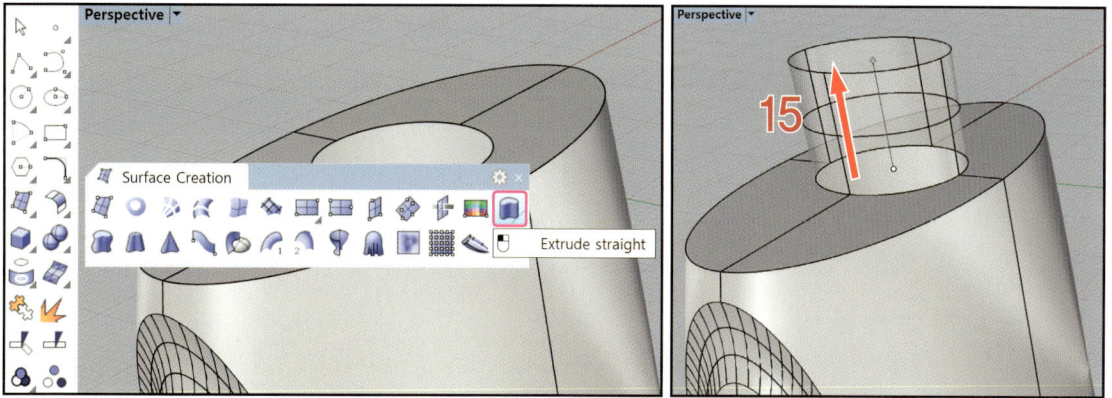

66. Surface Creation>Surface from planar curves를 실행한 후 제일 윗 부분의 Circle을 선택해서 Surface를 만듭니다.

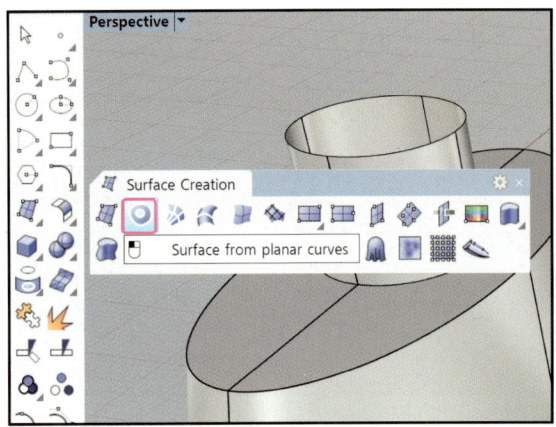 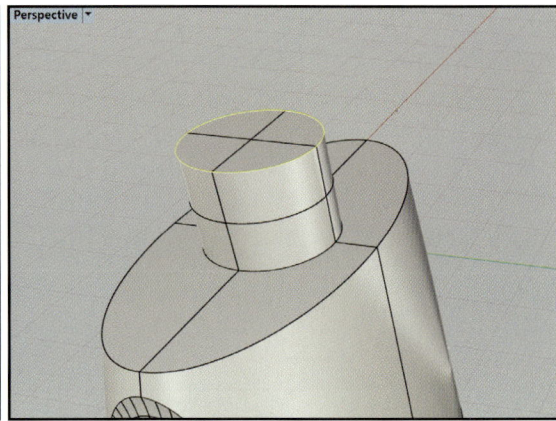

67. 전체 Surface와 Polysurface를 선택한 후 Side toolbar의 Join을 실행하여 결합합니다.

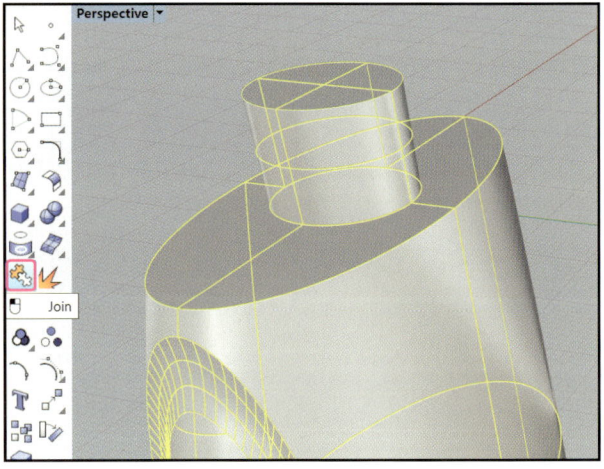

68. Solid Tools>Fillet edges를 실행한 후 Radius를 1로 입력하고 그림과 같이 3개의 모서리를 선택하여 명령을 실행합니다.

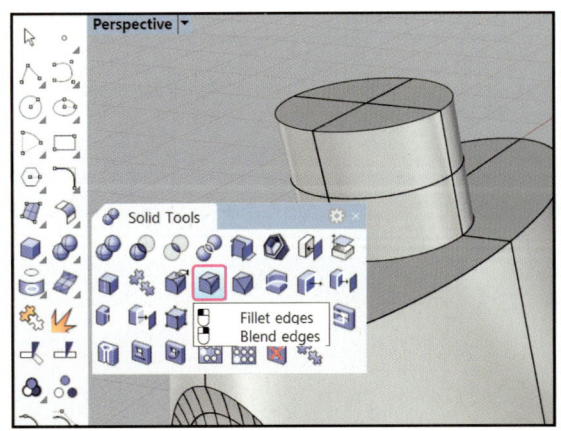 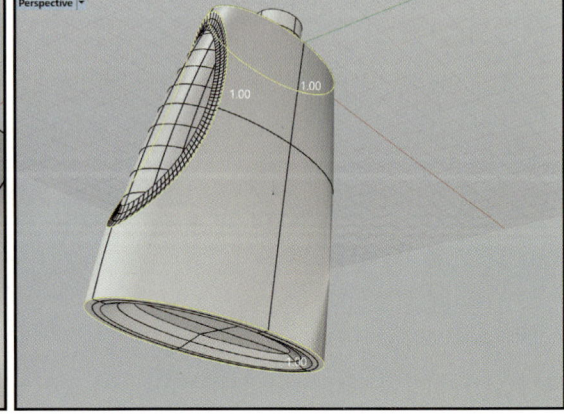

69. Solid Tools〉Fillet edges를 실행한 후 Radius를 5로 입력하고 그림과 같이 **2개의 모서리**를 선택하여 명령을 실행합니다.

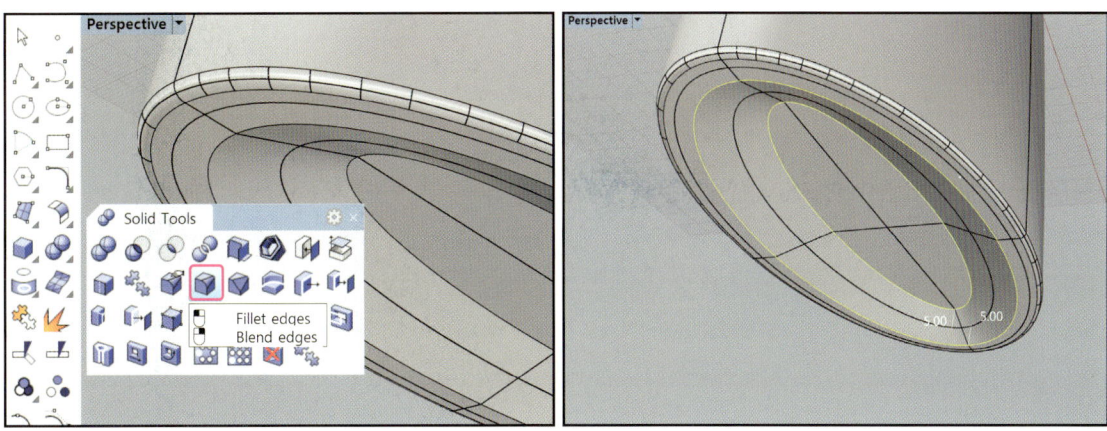

70. Solid Tools〉Shell closed polysurface를 실행한 후 Thickness를 1로 입력하고 Faces to remove로 제일 위의 Surface를 선택해서 명령을 실행합니다.

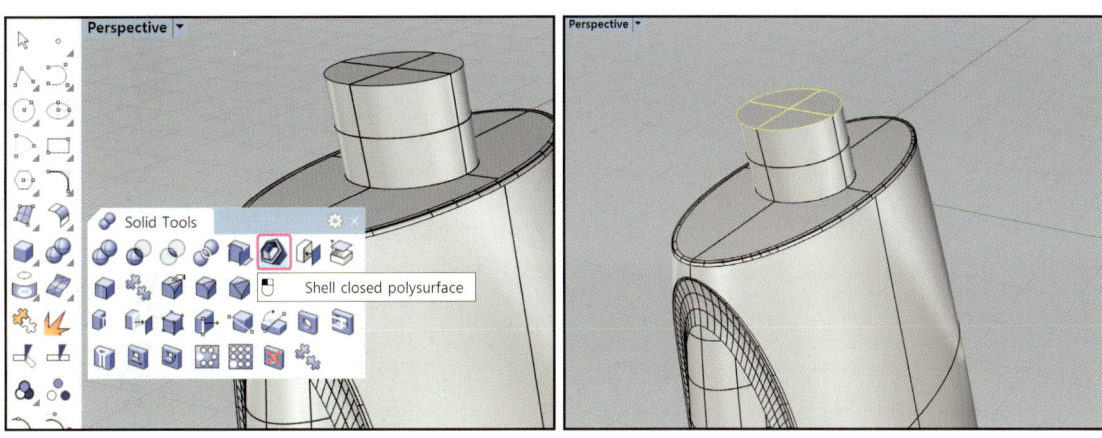

71. 캡부분의 작업을 위해 레이어 탭에서 '**바디**' 레이어는 끄고 '**캡**' 레이어는 켭니다.

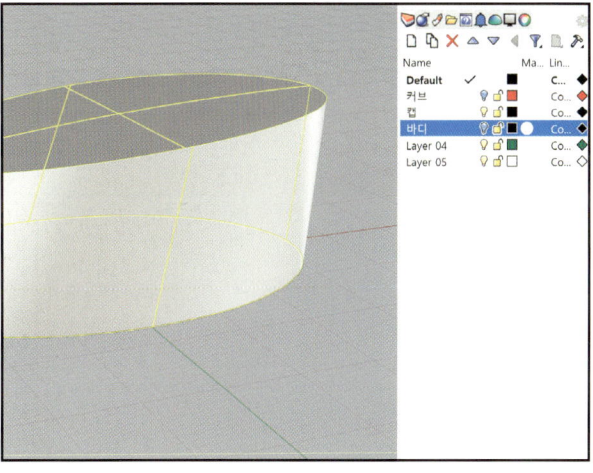

72. Surface Creation〉Surface from planar curves를 실행한 후 캡 아래 부분의 Ellipse를 선택해서 Surface를 만듭니다.

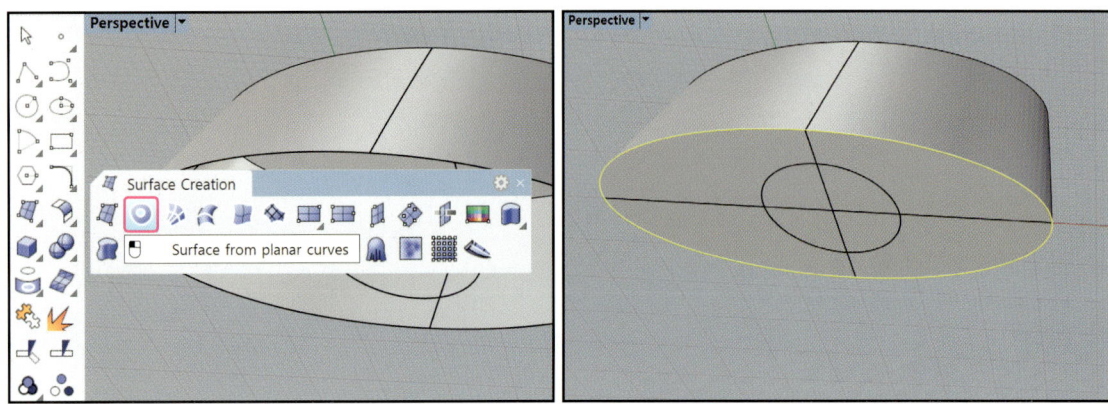

73. Solid tools〉Fillet edges를 실행한 후 Radius: 6, ChainEdges를 선택해서 캡의 제일 위 모서리를 지정합니다.

Select edges to fillet (ShowRadius=Yes NextRadius=6 ChainEdges FaceEdges Preview=No PreviousEdgeSelectic

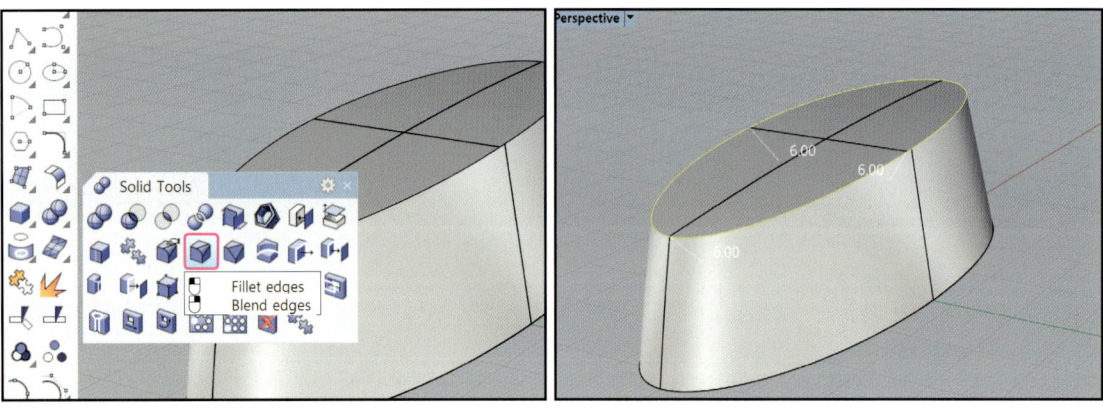

74. 명령의 다음 단계에서 Addhandle을 선택하고 그림과 같이 모서리 왼쪽 End point에 Handle을 추가합니다. 추가된 Handle의 Radius 값을 1로 변경하여 명령을 실행합니다.

Select fillet handle to edit. Press Enter when done (ShowRadius= Yes AddHandle CopyHandle RemoveHandle

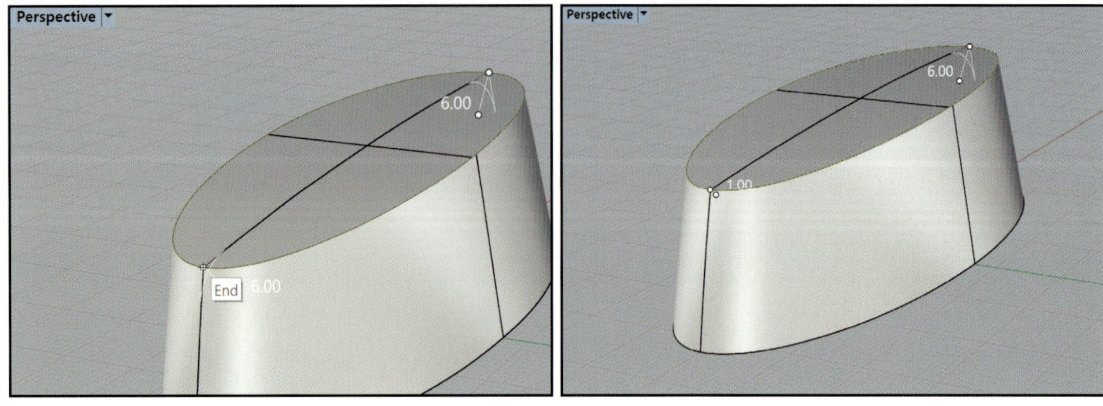

75. 전체 Surface와 Polysurface를 선택한 후 Side toolbar의 Join을 실행하여 결합합니다.

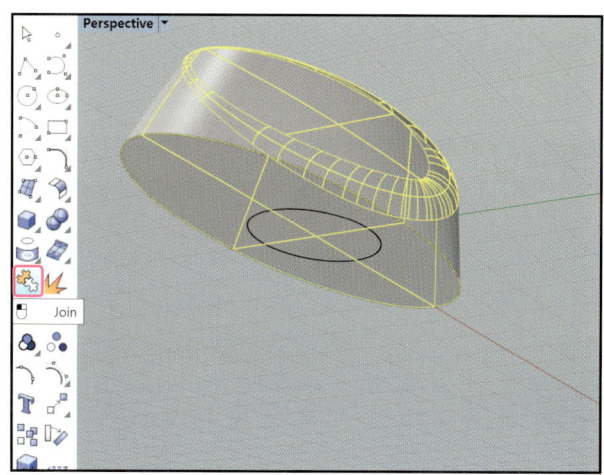

76. Solid Tools〉Fillet edges를 실행한 후 Radius를 1로 입력하고 그림과 같이 **1개의 모서리**를 선택하여 명령을 실행합니다.

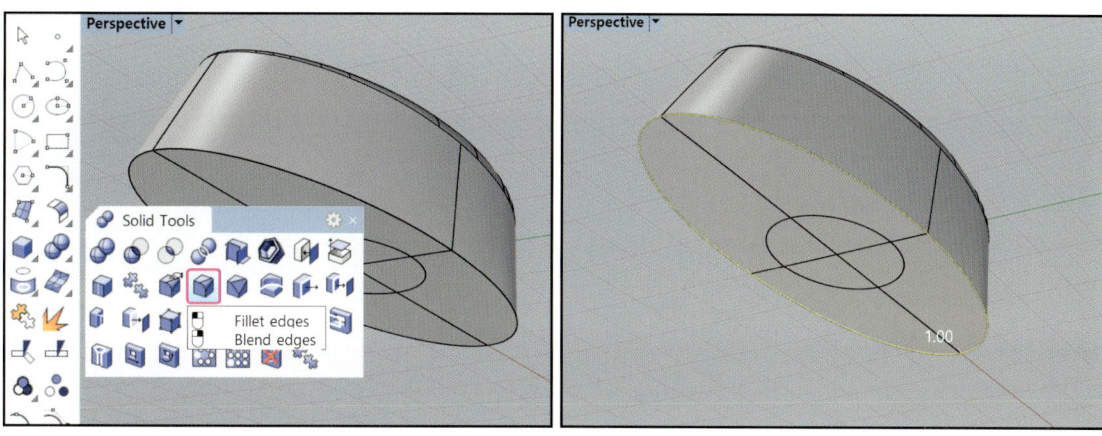

77. Curve Tools〉Offset curve를 실행한 후 그림과 같이 Circle을 선택한 후 마우스를 Circle 바깥쪽으로 이동 후 거리값을 0.5로 입력합니다.

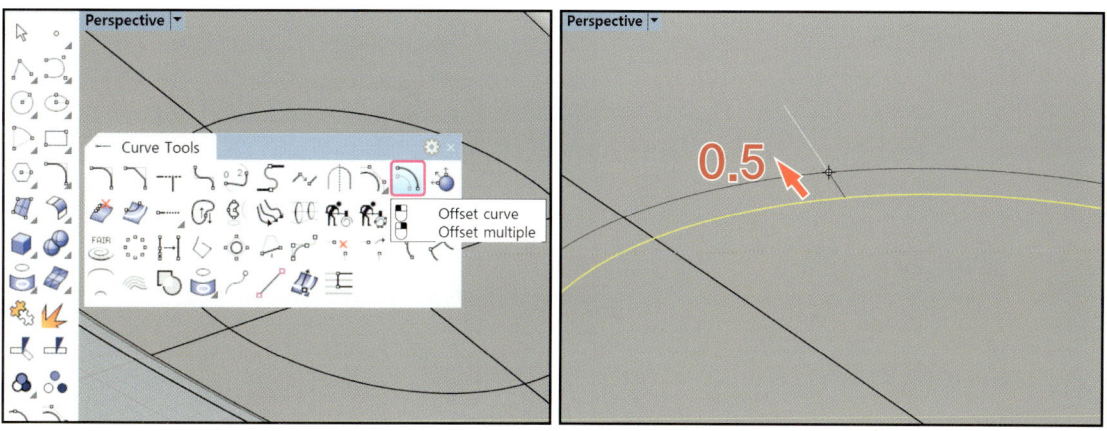

78. Surface Creation〉Extrude straight를 실행한 후 바깥쪽 Circle을 선택하고 위쪽으로 마우스를 이동 후 세부 옵션 중 Solid:Yes로 변경하고 거리값을 16으로 입력합니다.

`Extrusion distance <16>` (Direction BothSides=No `Solid=Yes` DeleteInput=No ToBoundary SetBasePoint):16

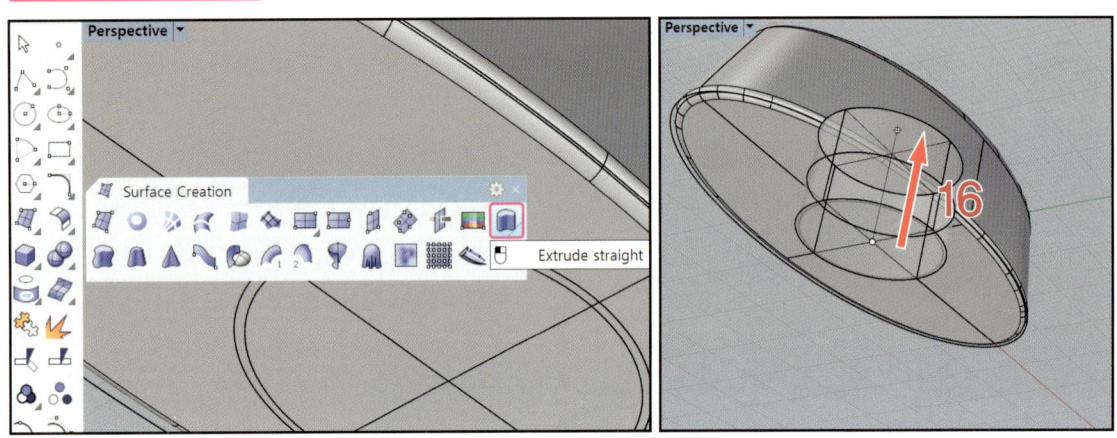

79. Solid tools〉Boolean difference를 실행합니다. a를 차집합을 적용할 개체로 선택하고 b를 차집합에 사용될 개체로 선택합니다. a에서 b가 제거된 형상이 만들어집니다.

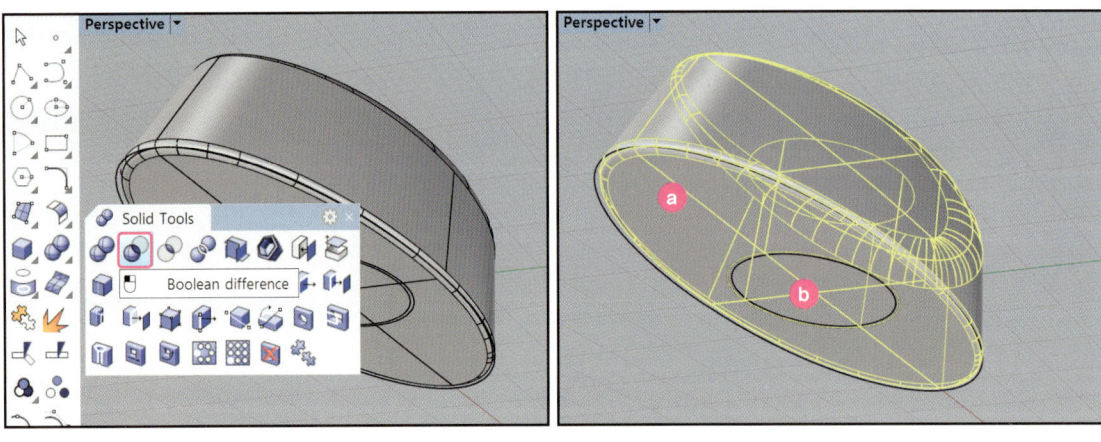

80. 캡과 바디의 결합부분을 작업하기 위해 레이어 탭에서 '바디' 레이어는 켜고 '캡' 레이어는 끕니다.

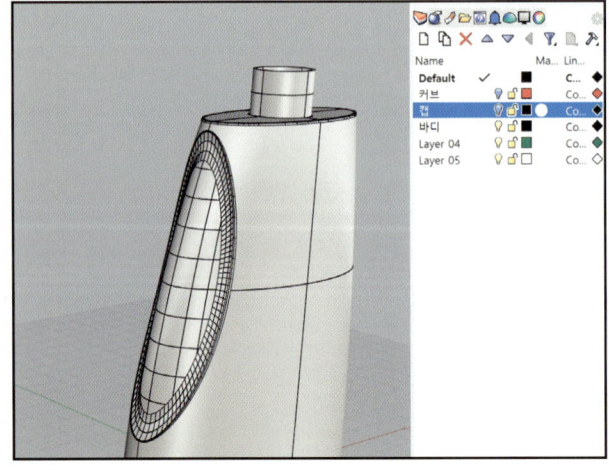

164 라이노 6를 이용한 제품 디자인

81. Curve〉Helix를 실행한 후 Axis의 Start point로 Circle a의 Center, End point로 Circle b의 Center를 지정합니다. Radius는 Circle a의 Quad point, Turn 개수는 5를 입력합니다.

Radius and start point <10.00> (Diameter Mode=*Turns* Turns=*5* Pitch=*3* ReverseTwist=*No*):

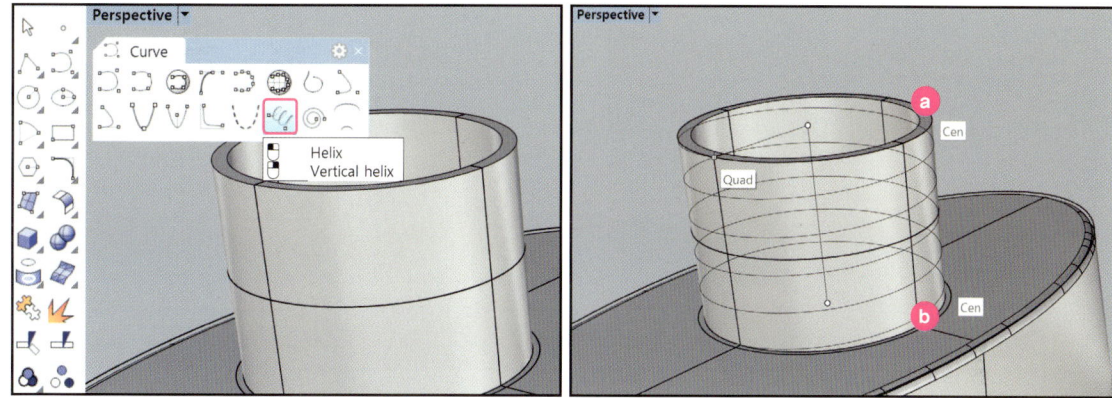

82. Front view를 선택하고 Circle〉Circle: center, radius를 실행한 후 Command 창에 원의 중심을 Helix의 왼쪽 아래 끝점, 반지름값으로 0.9를 입력합니다.

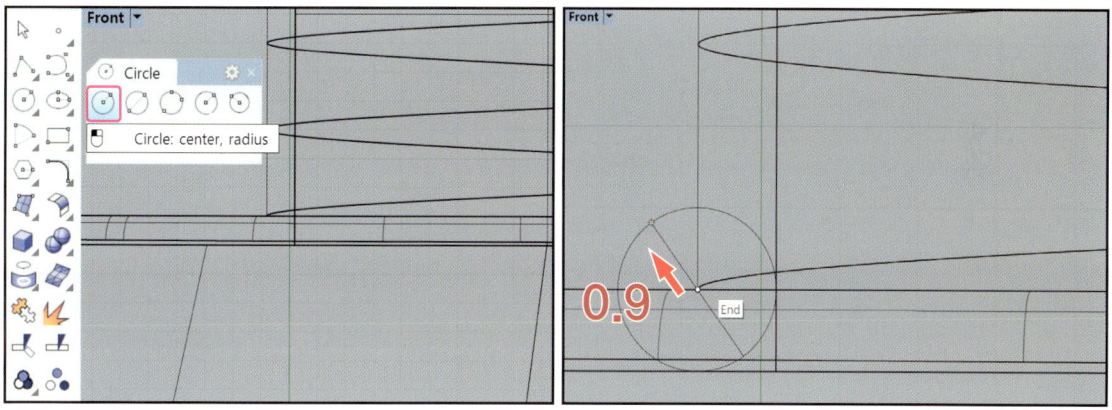

83. Pespective view를 선택하고 Surface Creation〉Sweep 1 rail을 실행한 후 Rail을 Helix로 Cross section으로 Helix 끝의 Circle을 선택하여 명령을 완료합니다.

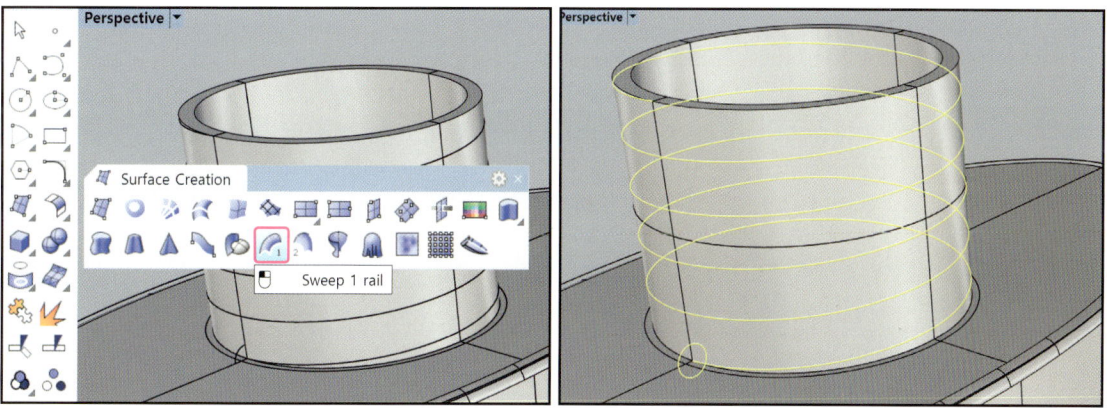

84. Surface Creation〉Surface from planar curves를 실행한 후 Sweep 1 rail로 만든 Polysurface의 양 끝 열린 부분을 선택해서 2개의 Surface를 만듭니다.

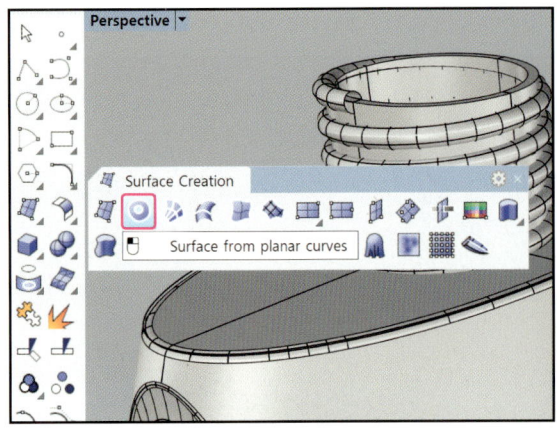
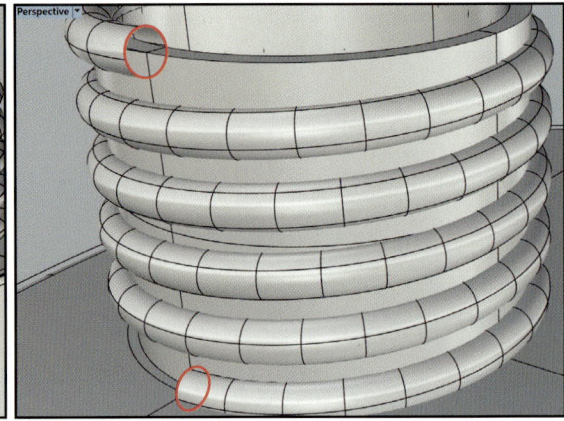

85. Sweep 1 rail로 만든 Polysurface와 Surface from planar curves로 만든 2개의 Surface를 선택한 후 Side toolbar의 Join을 실행하여 결합합니다.

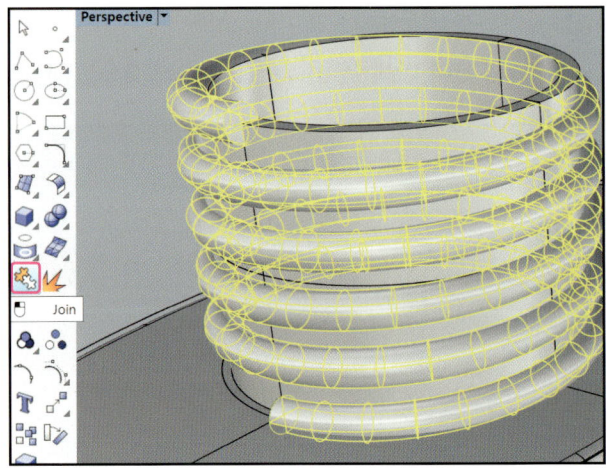

86. Solid tools〉Fillet edges를 실행한 후 Radius를 0.8로 입력하고 결합된 개체의 위, 아래 모서리를 지정합니다.

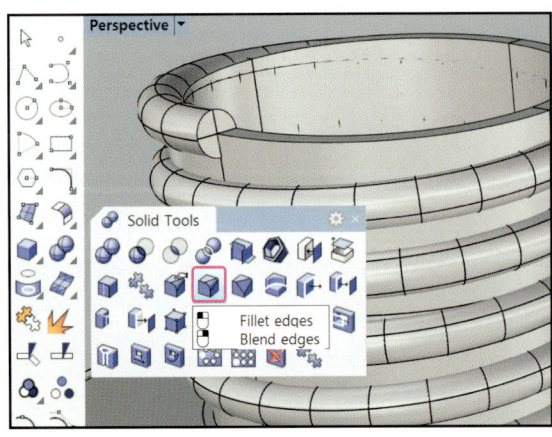
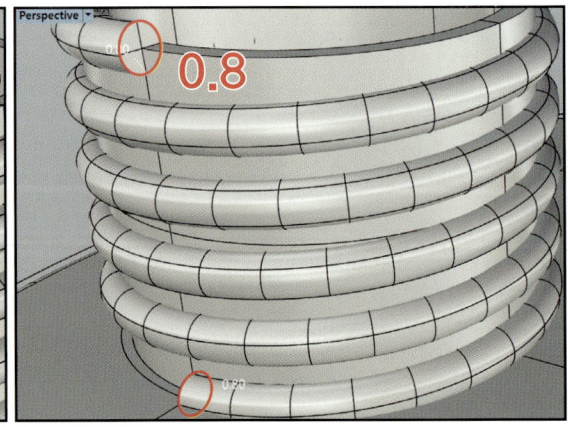

87. Solid Creation>Cylinder를 실행한 후 Base of cylinder는 Ellipse의 Center point, Radius를 15, End of cylinder는 5로 입력합니다.

88. Solid tools>Boolean difference를 실행합니다. a를 차집합을 적용할 개체로 선택하고 b를 차집합에 사용될 개체로 선택합니다. a에서 b가 제거된 형상이 만들어집니다.

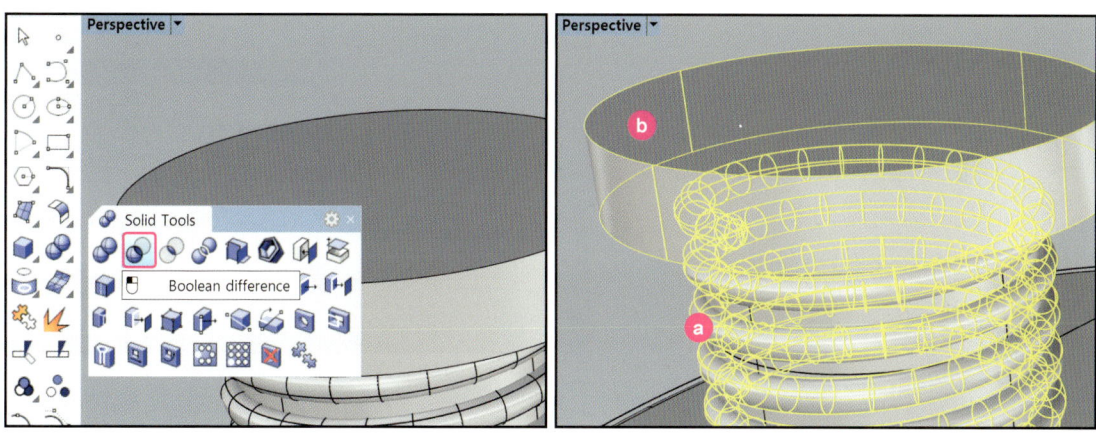

89. Boolean difference로 만든 개체를 선택한 후 Ctrl+C, V를 입력하여 Copy, Paste를 실행합니다.

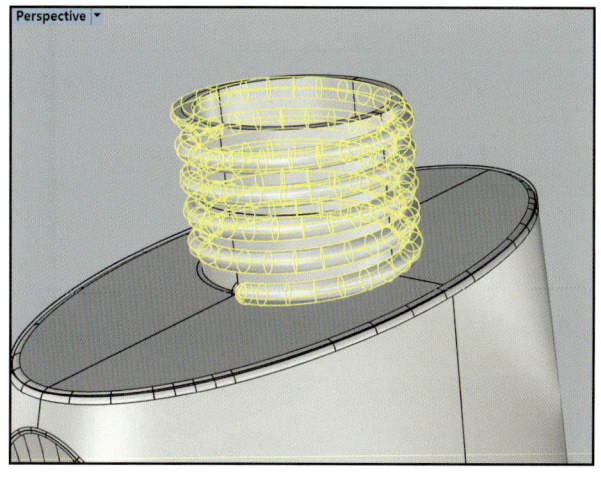

90. Solid tools〉Boolean union을 실행한 후 Helix 형태의 Polysurface 1개와 바디 개체의 Polysurface를 선택해서 결합합니다.

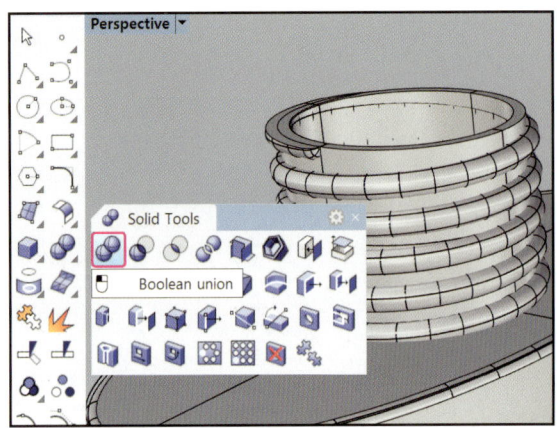 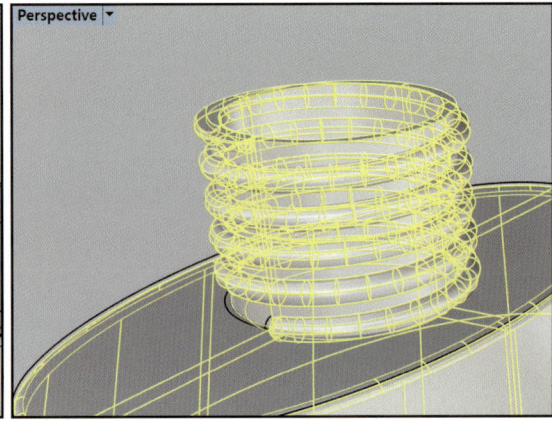

91. 레이어 탭에서 '캡' 레이어는 켜고 '바디' 레이어는 끕니다.

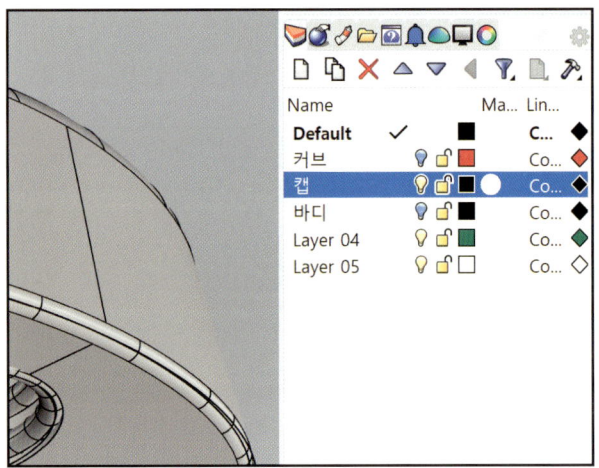

92. Surface Tools〉Offset Surface를 실행한 후 Helix 형태의 Polysurface를 선택하고 Offset 방향은 바깥 방향으로 합니다. 거리값을 0.2로 입력한 후 명령을 완료합니다.

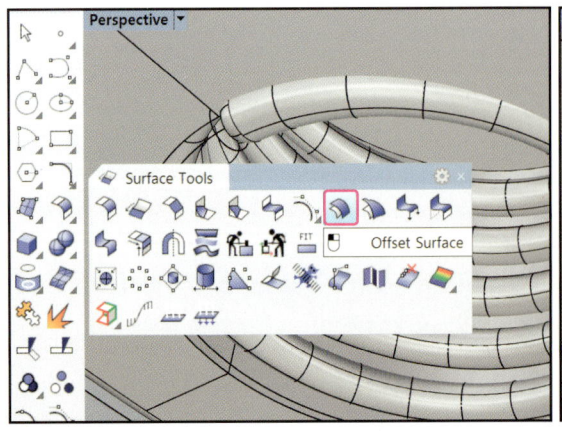 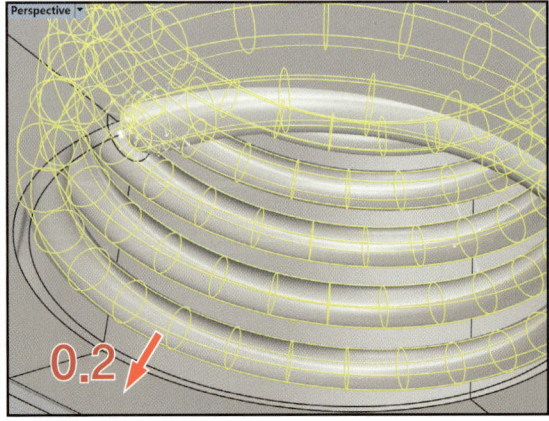

93. Solid tools〉Boolean difference를 실행합니다. a를 차집합을 적용할 개체로 선택하고 b를 차집합에 사용될 개체로 선택합니다. a에서 b가 제거된 형상이 만들어집니다.

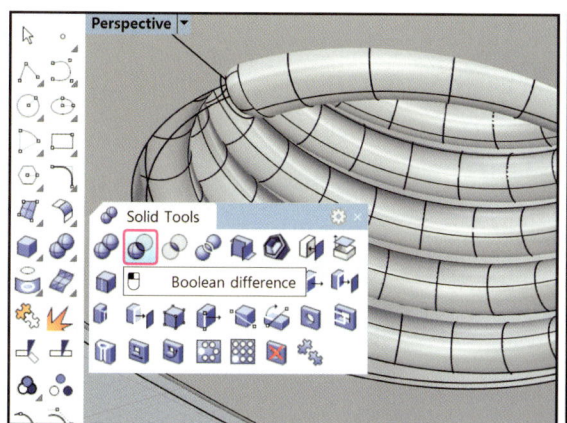 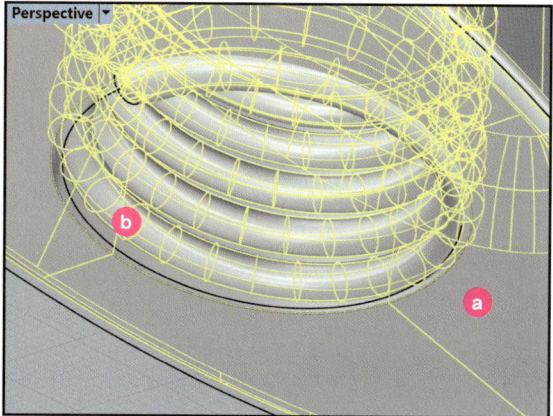

94. 남은 Helix 형태의 Polysurface는 Del 키로 제거합니다. 레이어 탭에서 '바디' 레이어를 켭니다.

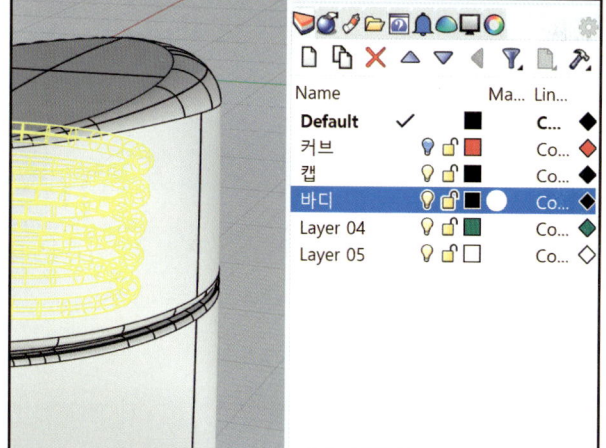

95. 렌더링 모드로 바꾸어 모델링 작업을 완료합니다.

Part 06

Advanced Level Modeling

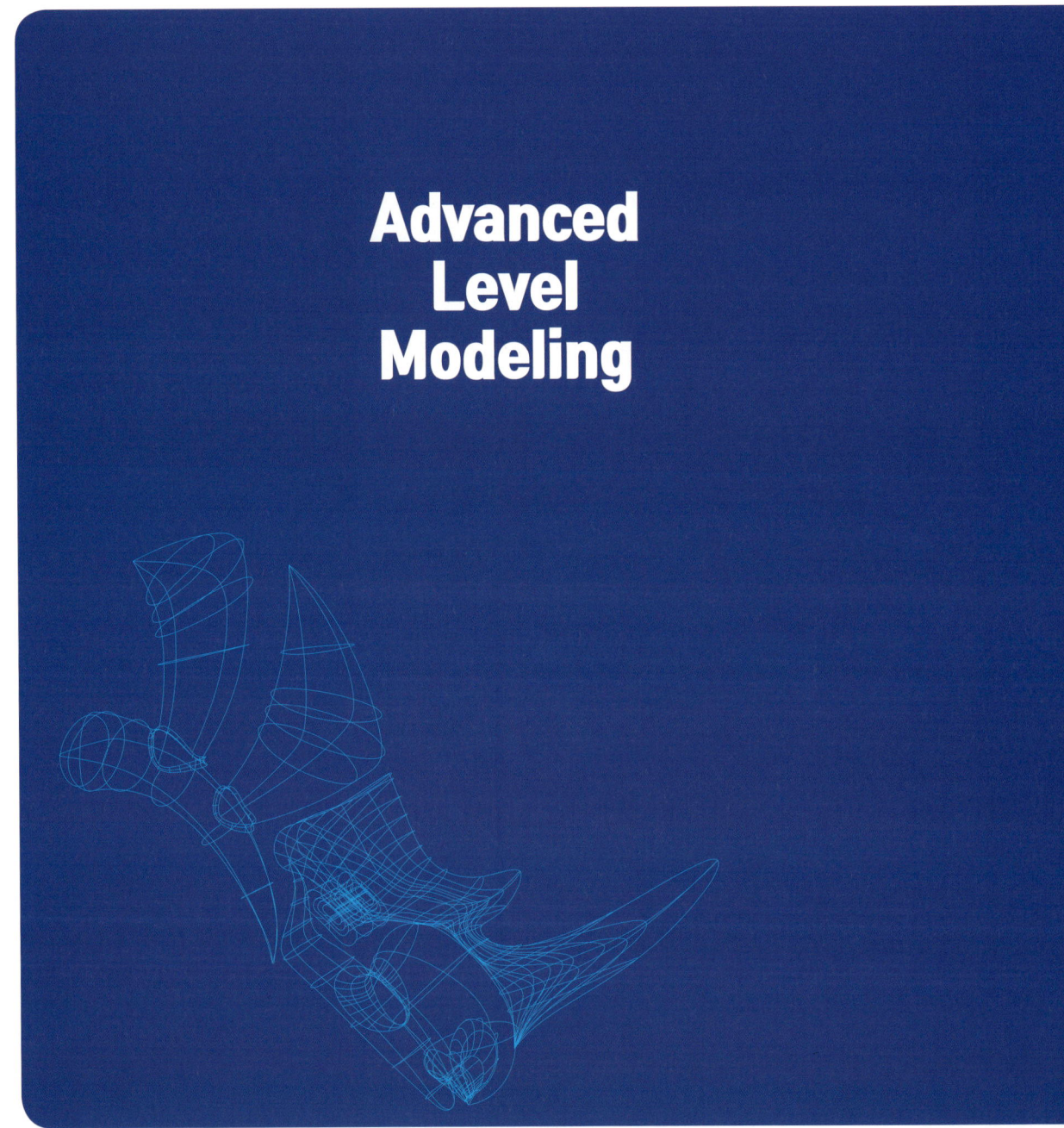

01. Watch
02. Toaster

01 WATCH

Advance level modeling은 현업에서 사용되는 프로세스를 따라 제품디자인을 학습하는 예제입니다. Line drawing부터 Surface 생성, Surface의 문제점 해결 등 다양한 절차를 연습합니다.

1. File〉New로 템플릿 파일 설정창을 엽니다. Large objects-Millimeters를 선택하고 열기를 실행합니다. 작업 시작 전 Side toolbar의 Osnap, Gumball을 활성화 합니다.

2. Top view를 선택한 후 Circles〉Circle: center, radius를 실행한 후 Command 창에 원의 중심을 원점(0), 반지름값으로 23을 입력합니다.

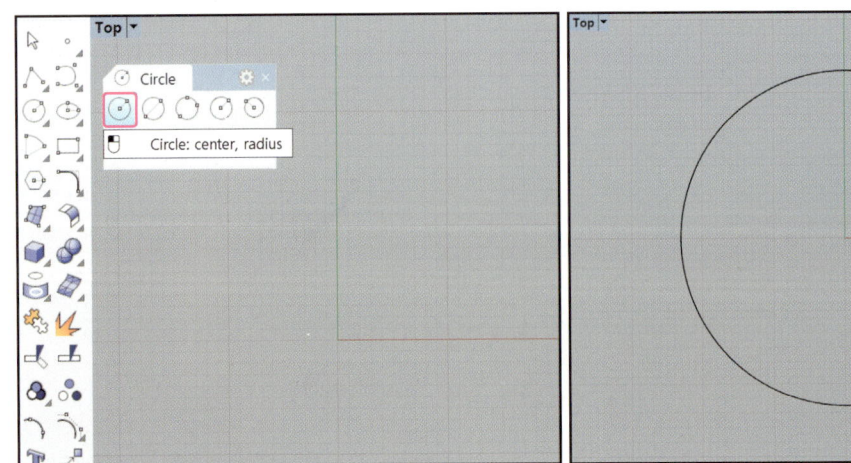

3. Lines>Line: from midpoint를 실행한 후 선의 중심을 원점(0)으로 입력 후 직교모드(Shift 키) 상태에서 오른쪽으로 마우스를 이동한 후 선의 끝을 50으로 입력합니다.

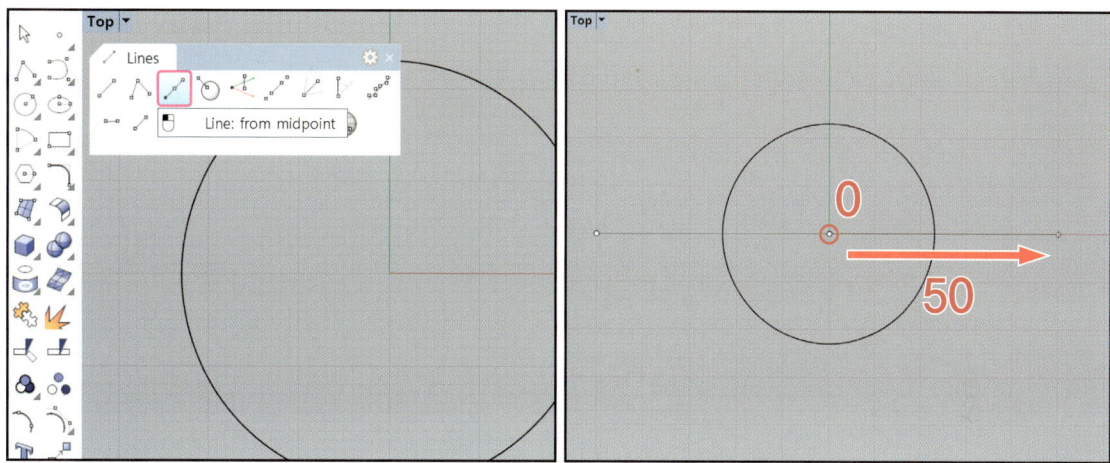

4. 마우스 오른쪽 클릭하여 Line: from midpoint 명령을 재실행합니다. 선의 중심을 원점(0)으로 입력 후 직교모드(Shift 키) 상태에서 위쪽으로 마우스를 이동한 후 선의 끝을 50으로 입력합니다.

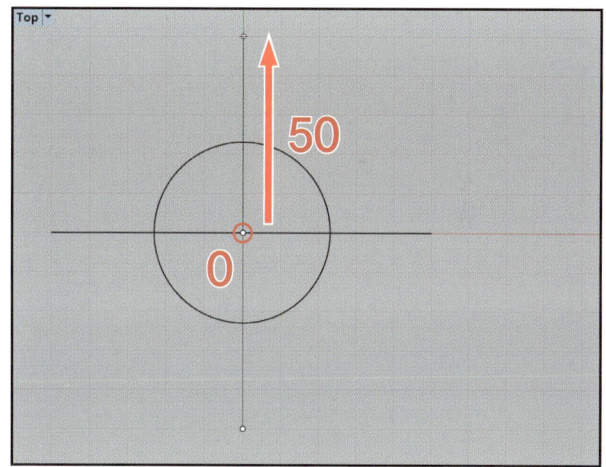

5. Curve tools>Offset curve를 실행합니다.

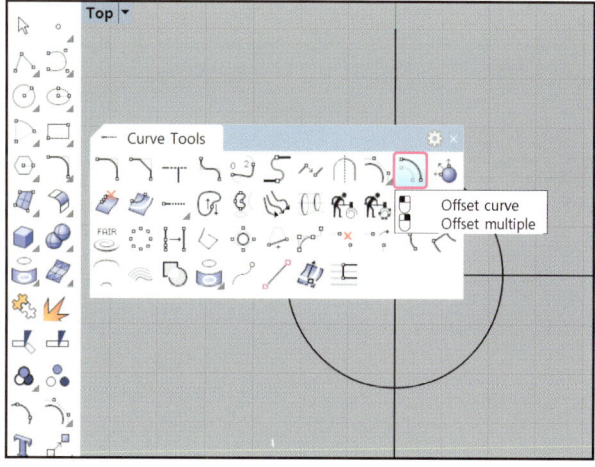

6. 위쪽으로 마우스를 이동한 후 거리값을 26으로 입력합니다. 마우스 오른쪽을 클릭하여 Offset curve를 재실행합니다. 아래쪽으로 마우스를 이동한 후 거리값을 26으로 입력합니다.

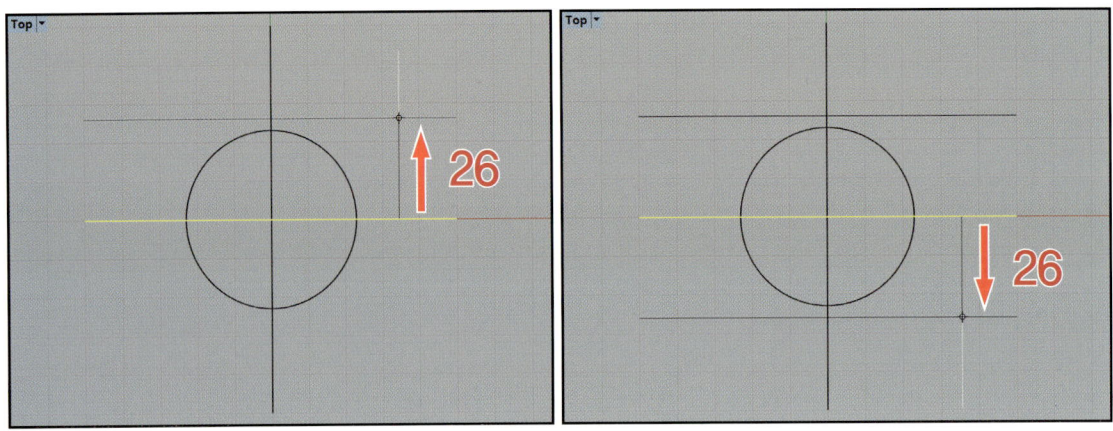

7. Offset curve를 두 번 더 재실행합니다. 왼쪽과 오른쪽으로 마우스를 이동한 후 거리값을 15로 입력합니다.

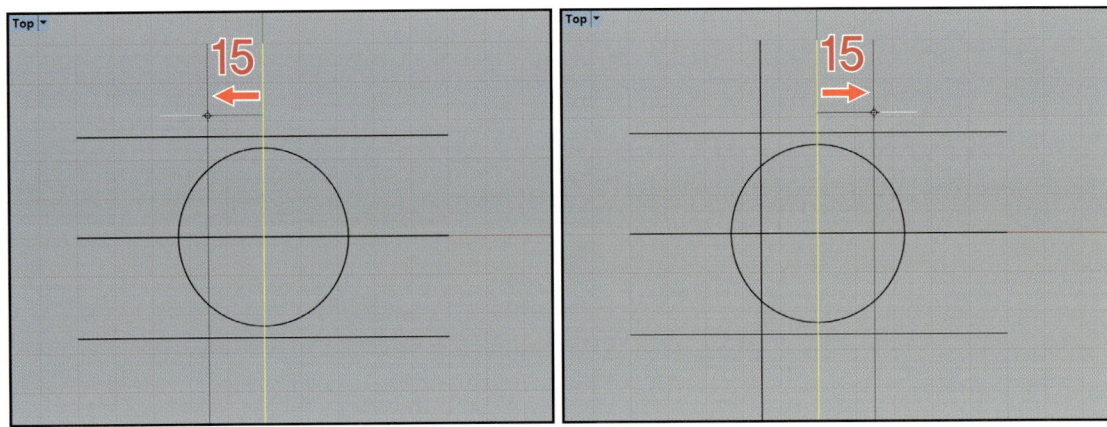

8. Offset된 Line을 각각 Offset curve를 재실행합니다. 왼쪽 Line은 다시 왼쪽으로 오른쪽 Line은 다시 오른쪽으로 마우스를 이동한 후 거리값을 2.5로 입력합니다.

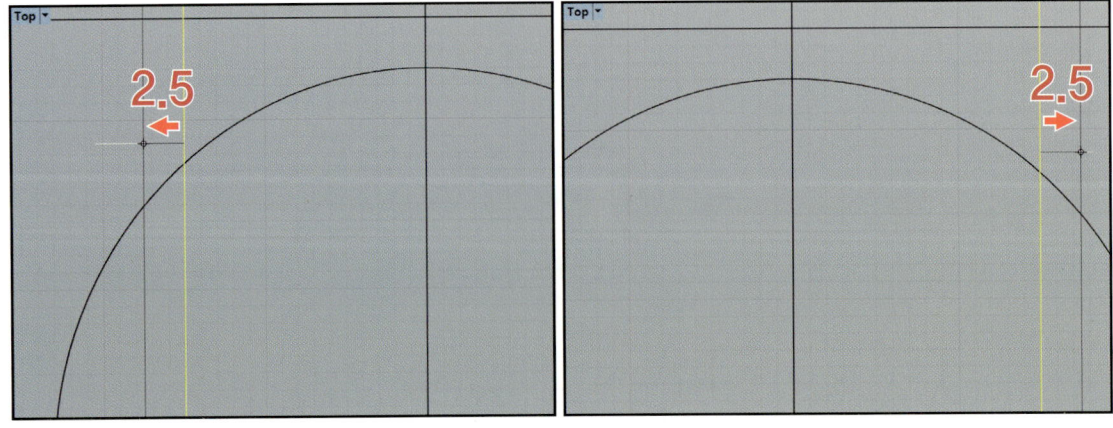

9. Lines〉Single Line을 실행한 후 개체 스냅의 옵션 중 Int를 선택한 후 그림에 표시된 **8개 점**을 연결하여 직선을 만듭니다.

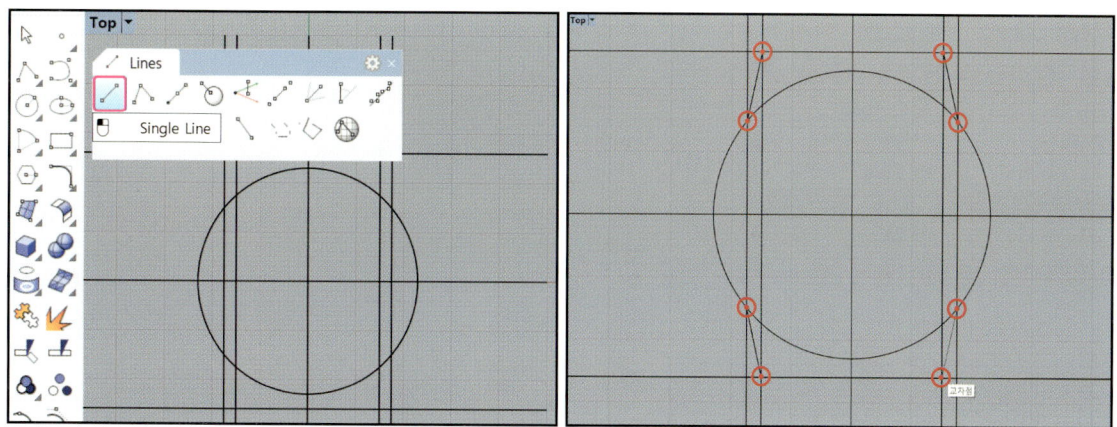

10. 다음 작업을 실행하기 전에 레이어 정리를 합니다. '**레이어 01**'를 '**가이드커브**'로 변경합니다. 커브(a, b, c, d, e)를 선택한 후 '**가이드커브**'로 Change object layer한 후 끕니다.

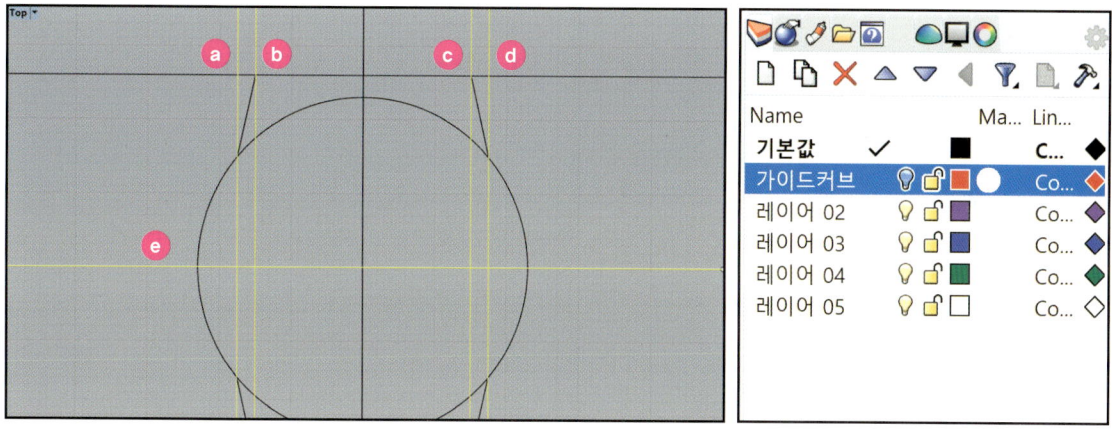

11. Curve tools〉Connect repeat을 실행합니다.(마우스 오른쪽 버튼) **커브(a, b, c, d, e, f, g, h)**를 선택한 후 Line을 정리하여 모서리로 만듭니다.

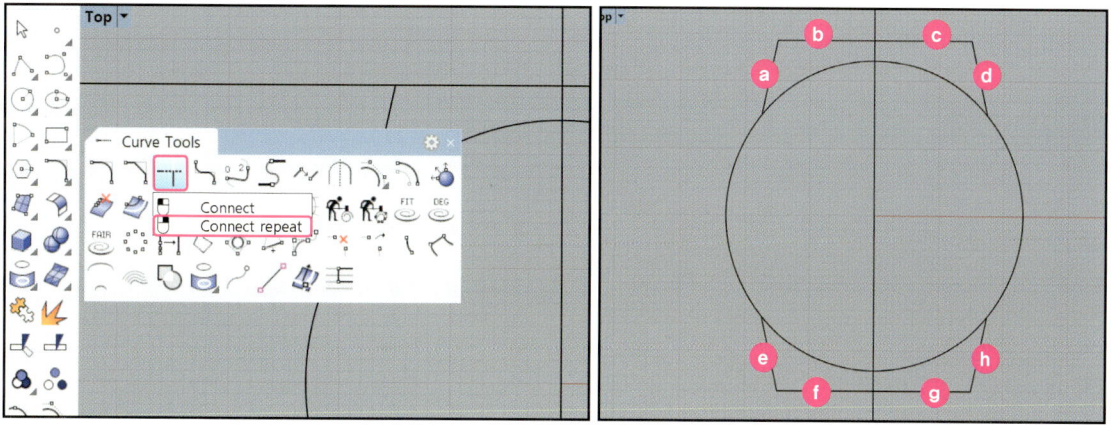

파트 6 Advanced Level Modeling 175

12. 레이어 탭에서 '레이어 02'를 '커브'로 변경합니다. 커브(a, b, c, d, e)를 선택한 후 '커브'로 Change object layer한 후 끕니다.

 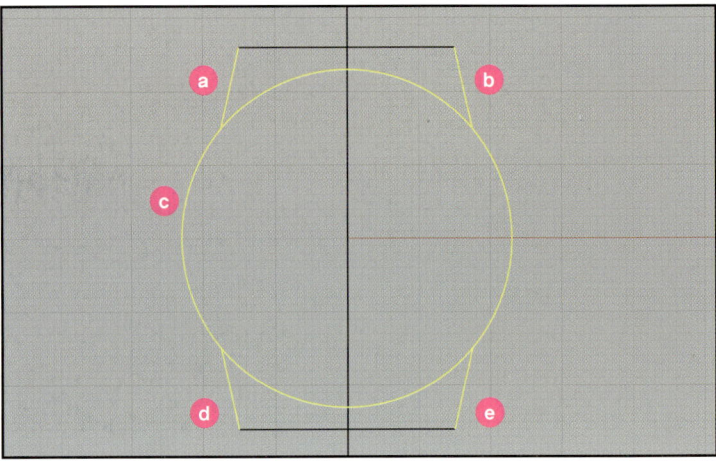

13. Right view를 선택한 후 Curve tools〉Offset curve를 실행합니다. 가로 Line을 선택하여 위쪽으로 마우스를 이동한 후 거리값을 4로 입력합니다.

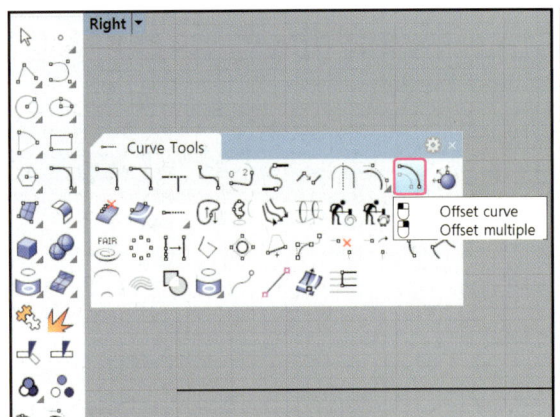 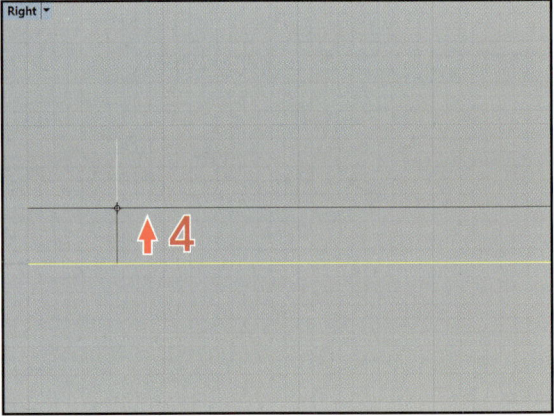

14. Lines〉Line: from midpoint를 실행하고 선의 중심을 원점(0)으로 입력 후 직교모드(Shift 키) 상태에서 위쪽으로 마우스를 이동한 후 선의 끝을 20으로 입력합니다.

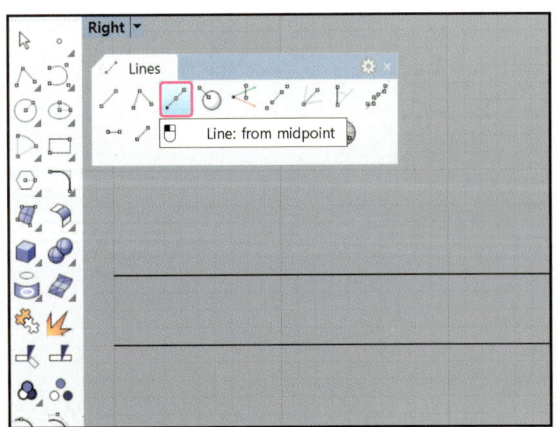 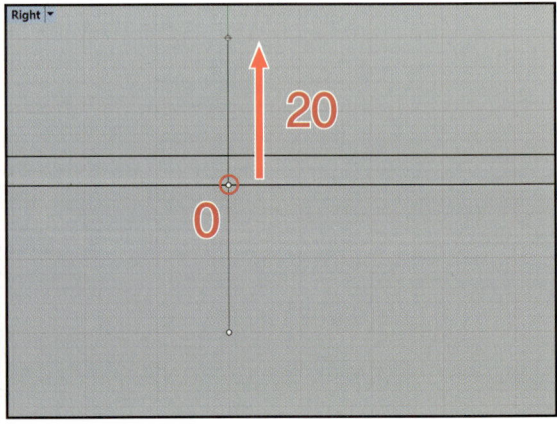

15. Curve tools>Offset curve를 실행한 후 세로 Line을 선택하여 왼쪽으로 마우스를 이동한 후 거리 값을 16으로 입력합니다.

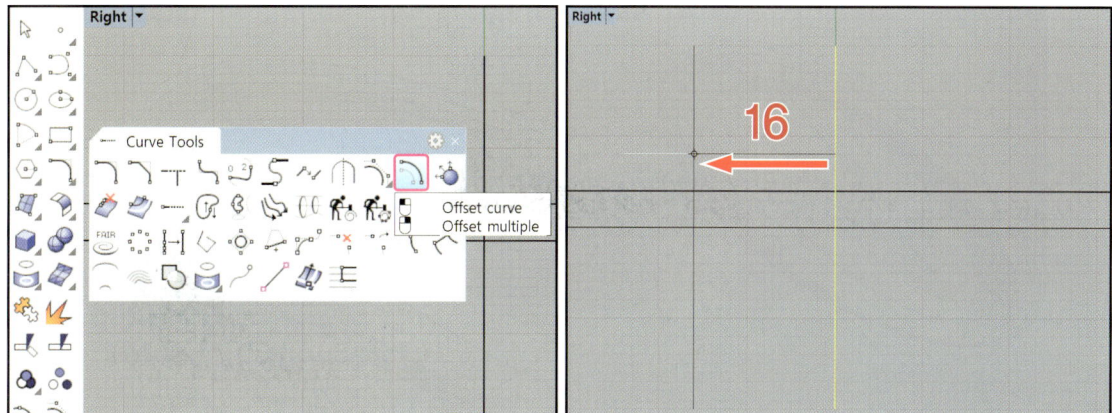

16. Offset curve를 재실행한 후 Offset한 Line을 선택하여 왼쪽으로 마우스를 이동한 후 거리값을 10으로 입력합니다.

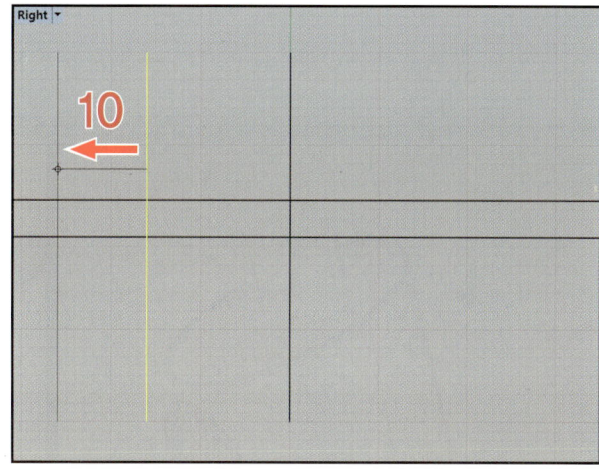

17. Transform>Mirror를 실행한 후 Mirror될 개체로 **왼쪽의 2개의 Line(a)**을 선택한 후 미러 평면으로 **중간 Line의 위 끝점(b)와 아래 끝점(c)**을 선택하여 명령을 완료합니다.

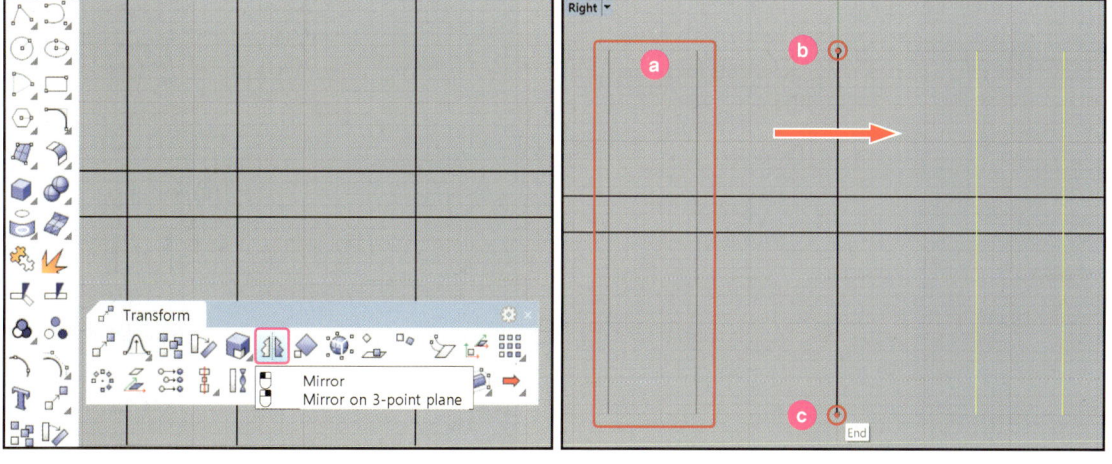

18. Perspective view를 선택한 후 Lines>Single Line을 실행합니다. 표시된 **4개의 교차점**을 연결해서 **2개의 Line**을 만듭니다.

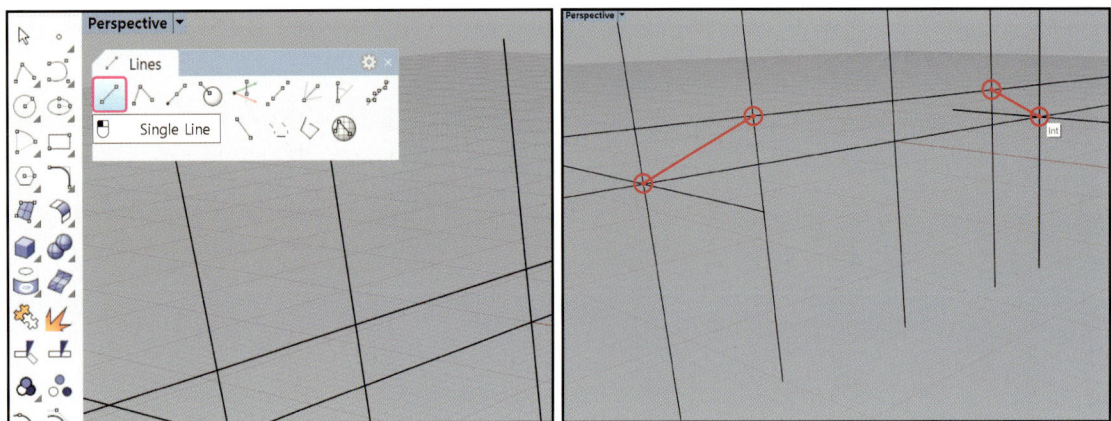

19. Right view를 선택한 후 Curve tools>Connect repeat을 실행합니다.(마우스 오른쪽 버튼) **커브(a, b, c, d)**를 선택한 후 Line을 정리하여 모서리로 만듭니다.

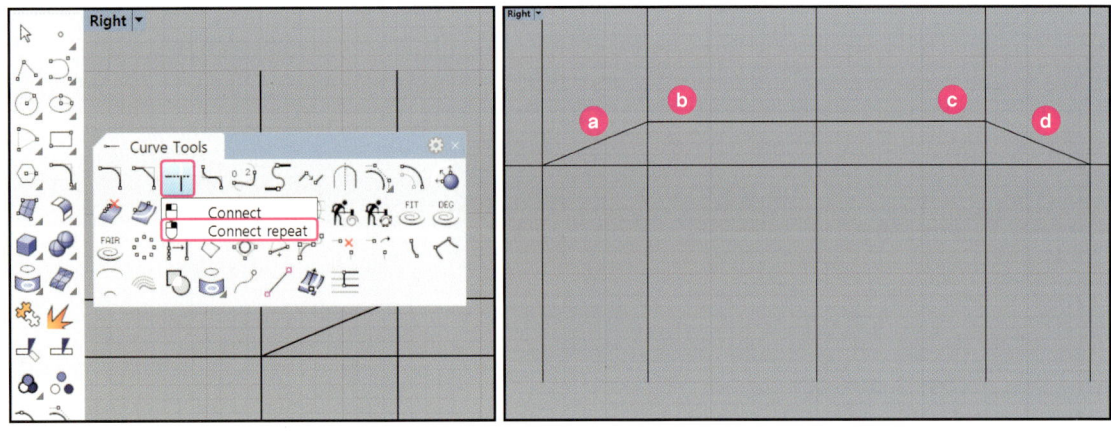

20. Curve tools>Offset multiple를 실행합니다.(마우스 오른쪽 버튼) **위쪽 Line 3개(a, b, c)**을 선택하여 거리값을 **8**로 입력한 후 **아래쪽**으로 마우스 이동하여 클릭합니다.

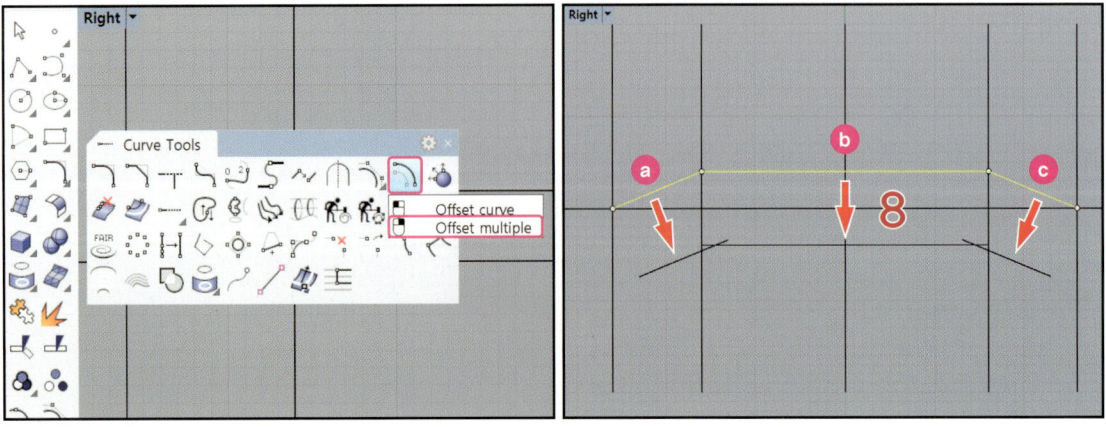

21. Circle>Circle tangent to 3 curves를 실행합니다.

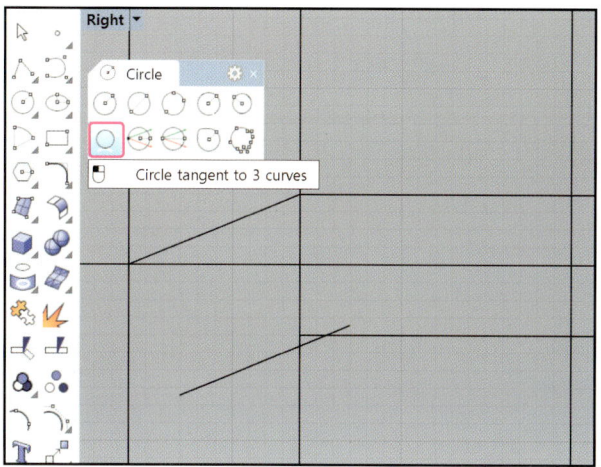

22. 왼쪽 Line 3개(a, b, c)와 오른쪽 Line 3개(d, e, f)를 선택하여 접하는 원을 만듭니다.

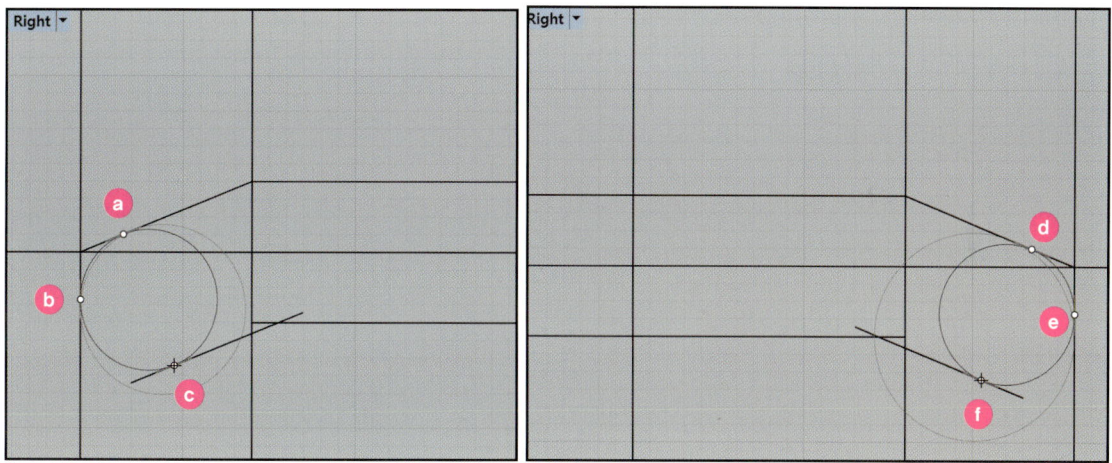

23. Side toolbar의 Trim을 실행합니다.

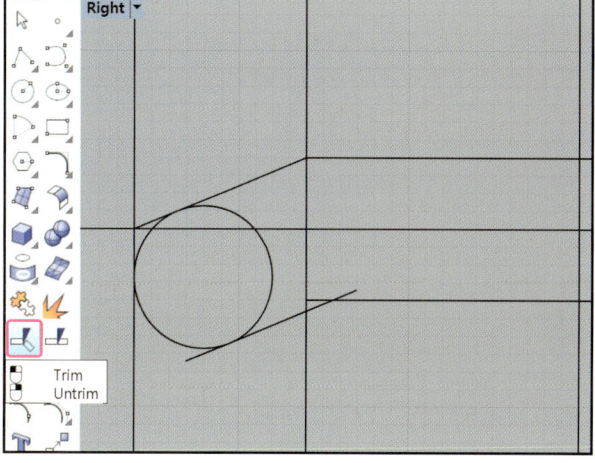

24. 절단 개체로 **양쪽**의 Circle과 4개의 Line(a, b, c, d)을 선택하고 트림할 개체로 Circle의 안쪽과 4개의 Line **바깥부분**을 선택하여 제거합니다.

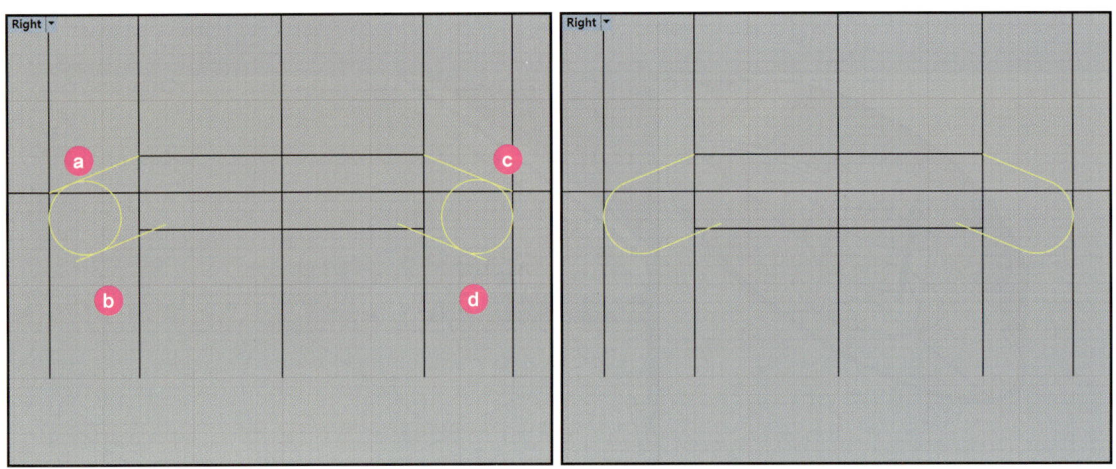

25. Curve tools〉Fillet curves repeat을 실행합니다.(마우스 오른쪽 버튼)

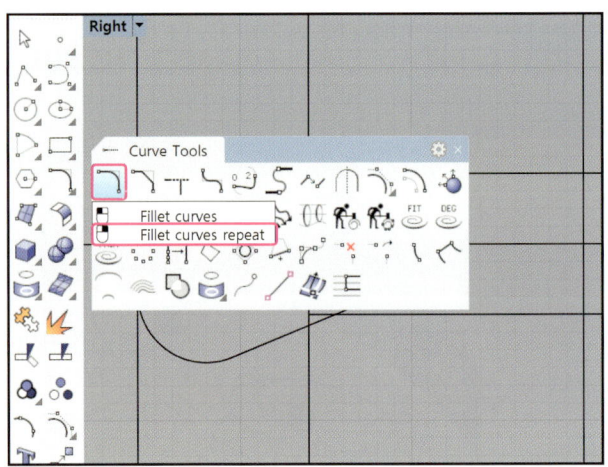

26. 반지름 값을 20으로 입력 후 4개의 지점(a, b, c, d)을 선택하여 둥근 모서리를 만듭니다.

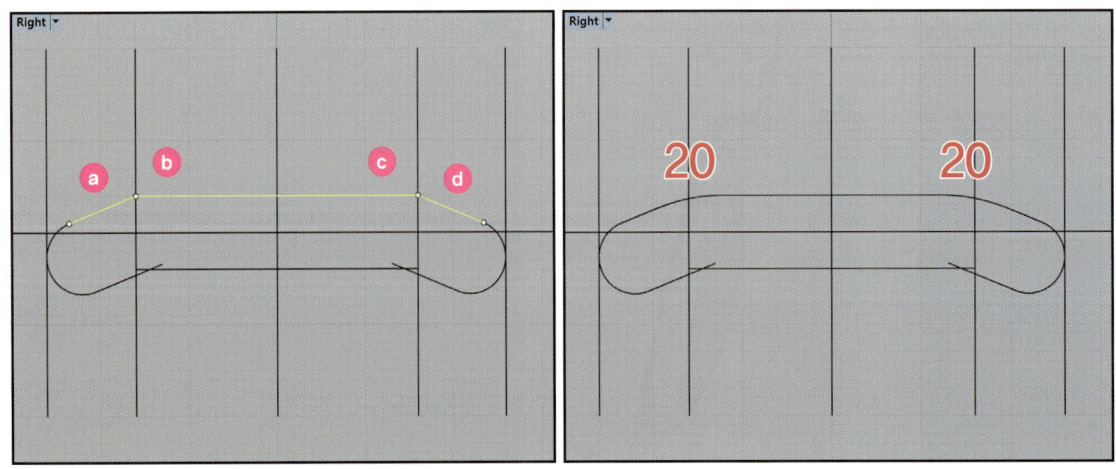

27. 마우스 오른쪽 클릭하여 Fillet curves repeat을 재실행합니다. 반지름 값을 15로 입력 후 4개의 지점(a, b, c, d)을 선택하여 둥근 모서리를 만듭니다.

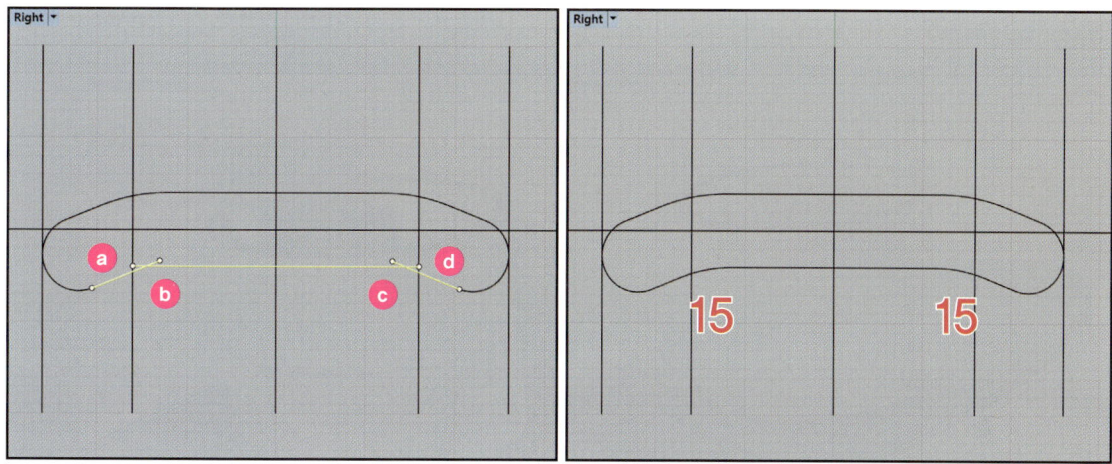

28. 그림과 같이 12개의 Curve를 선택한 후 Side toolbar의 Join을 실행하여 결합합니다.

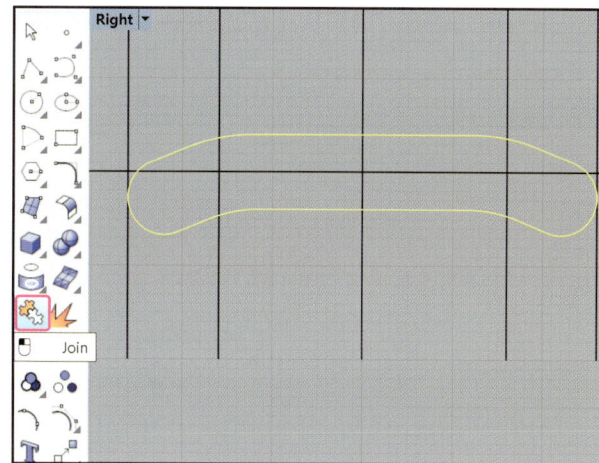

29. Perspective view를 선택한 후 레이어 탭에서 '커브' 레이어를 켭니다. Surface creation 〉 Extrude straight를 실행합니다.

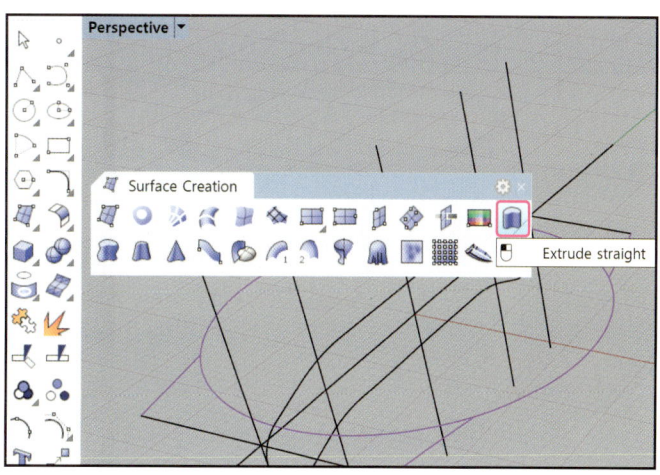

파트 6 Advanced Level Modeling 181

30. 중간의 Circle을 선택하고 위쪽으로 마우스를 이동 후 Command 창에 세부 옵션 중 Solid :Yes로 변경하고 거리값을 5로 입력합니다.

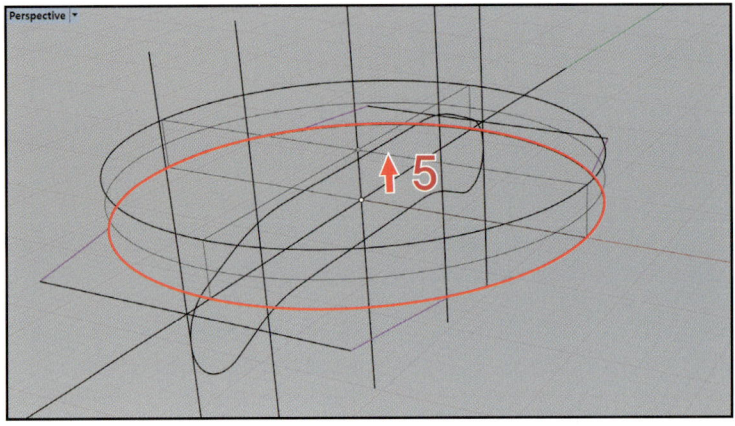

31. 생성된 Polysurface를 선택한 후 Standard toolbar>Hide objects 명령을 실행합니다.

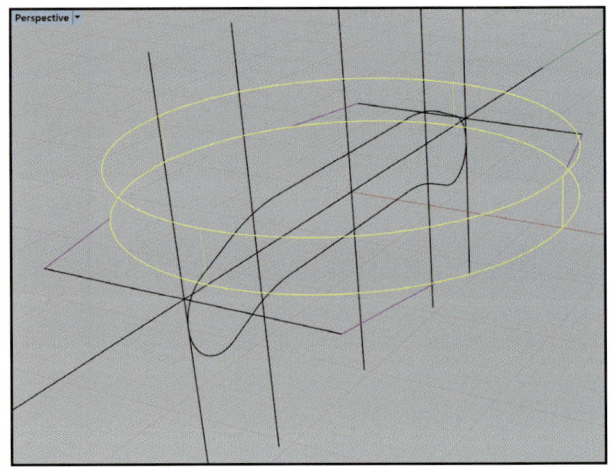

32. Top view를 선택한 후 Side toolbar의 Trim을 실행한 후 절단 개체로 **시계 외곽 형상**을 선택하고 Trim할 개체로 Circle의 **위, 아래 부분**을 지정하여 제거합니다.

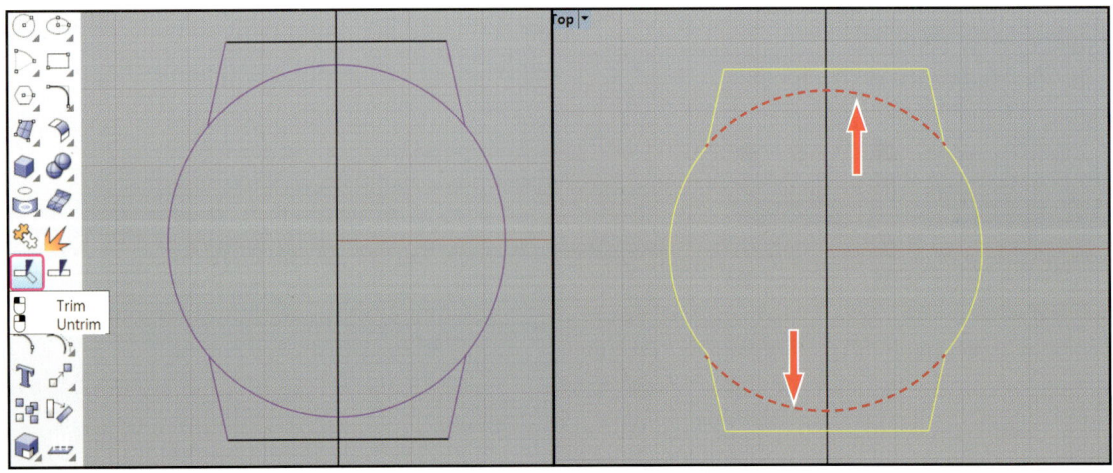

33. Curve tools>Fillet curves repeat을 실행합니다.(마우스 오른쪽 버튼)

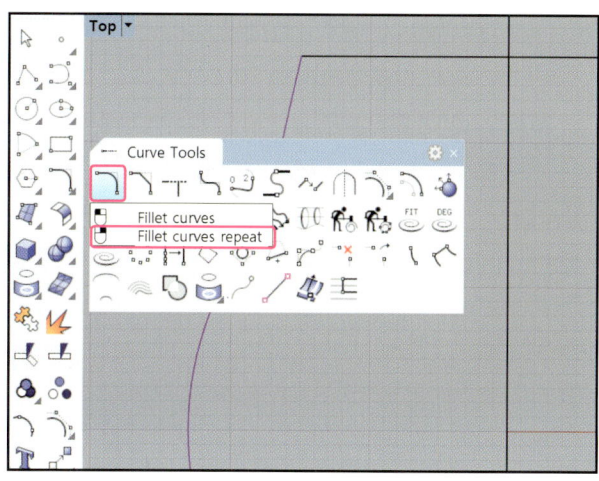

34. 반지름 값을 20으로 입력 후 8개의 지점(a~h)를 선택하여 둥근 모서리를 만듭니다.

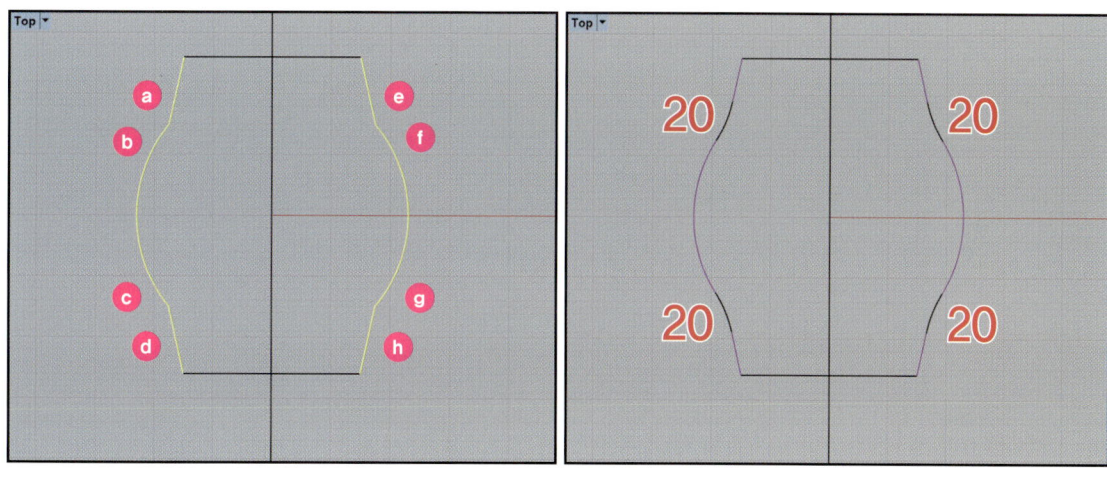

35. Side toolbar의 Join을 실행한 후 12개의 Curve를 선택해서 결합합니다.

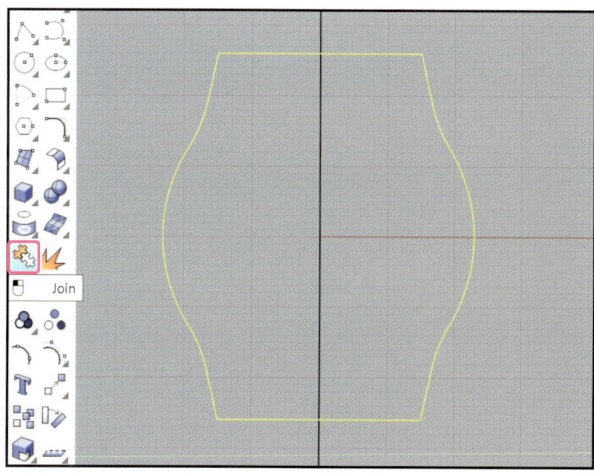

36. Perspective view를 선택한 후 Surface creation>Extrude straight를 실행합니다.
형상을 좀더 명확하게 확인하기 위해 화면표시모드를 Shaded로 변경합니다.

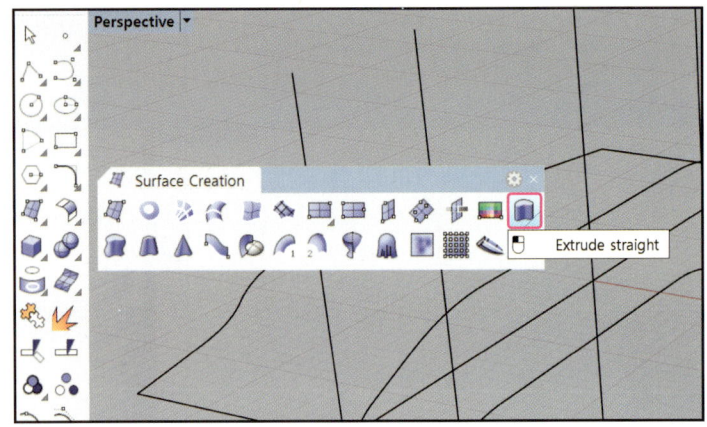

37. 시계 윗면 형상 커브를 선택하고 위쪽으로 마우스를 이동 후 Command 창에 세부 옵션 중 Bothsides:Yes로 변경하고 거리값을 8로 입력합니다.

`Extrusion distance <8>` (Direction `BothSides=Yes` Solid=No DeleteInput=No ToBoundary SetBasePoint):

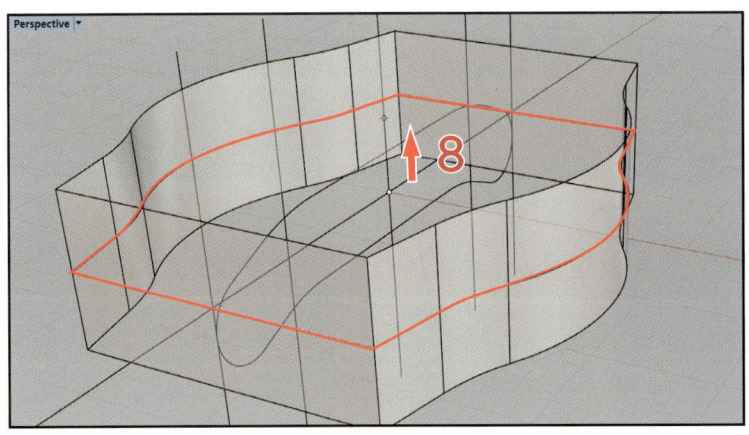

38. 마우스 오른쪽 클릭하여 Extrude straight를 재실행합니다. 시계 옆면 형상 커브를 선택하고 오른쪽으로 마우스를 이동 후 Command 창에 세부 옵션 중 Bothsides:Yes로 변경하고 거리값을 24로 입력합니다.

`Extrusion distance <24>` (Direction `BothSides=Yes` Solid=No DeleteInput=No ToBoundary SetBasePoint):

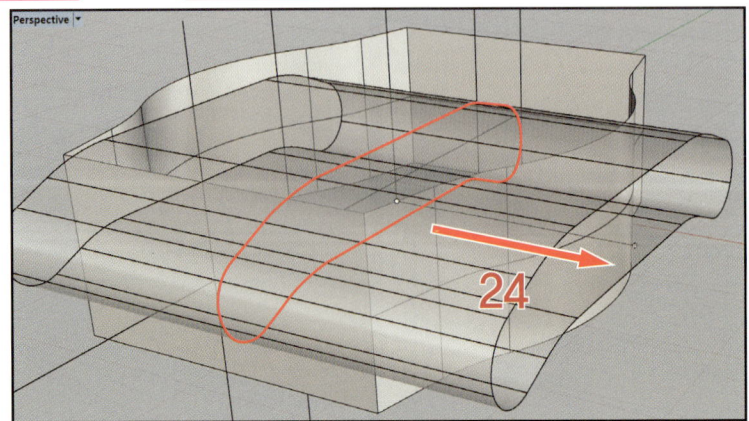

39. Solid tools〉Boolean intersection을 실행한 후 a를 첫 번째 개체, b를 두 번째 개체로 지정하고 intersection(교집합)을 실행합니다.

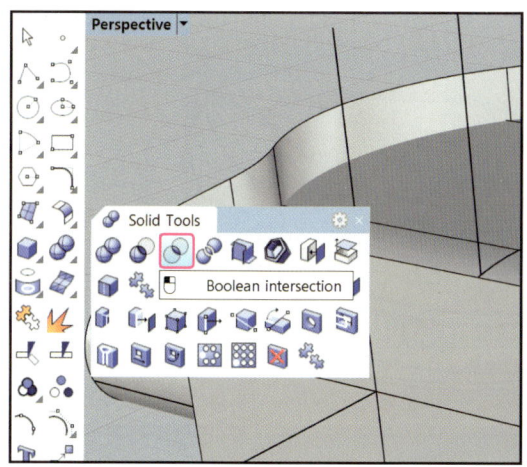
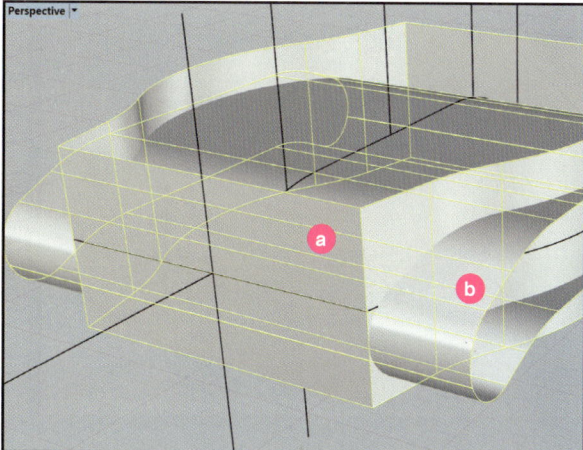

40. Standard toolbar〉Show objects 명령을 실행합니다.(마우스 오른쪽 버튼)

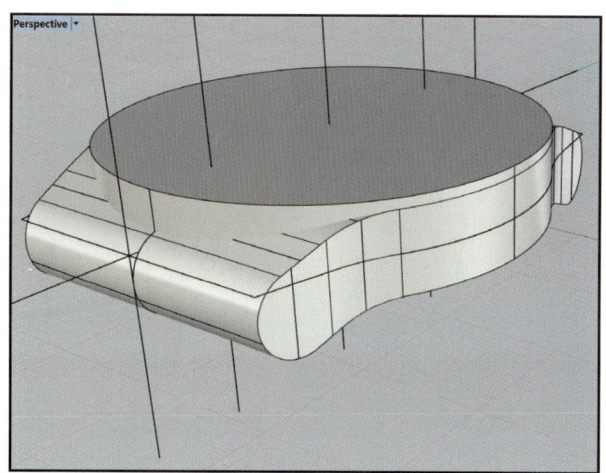

41. Solid tools〉Boolean union을 실행하고 a 개체와 b 개체를 선택한 후 union(합집합)을 실행합니다.

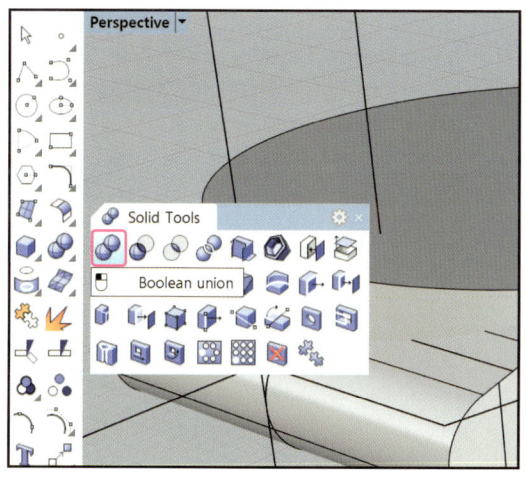
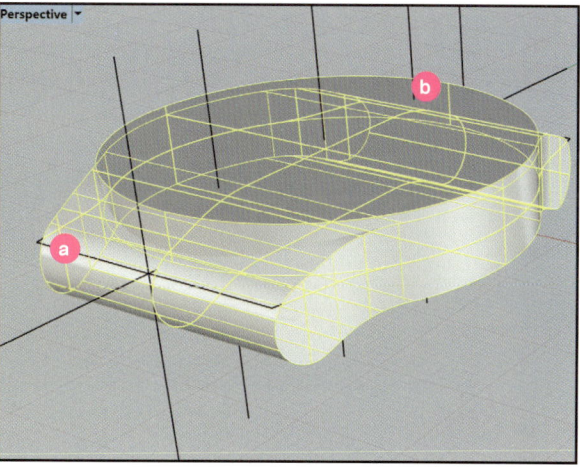

42. 레이어 탭에서 '레이어 03'를 '바디'로 이름 변경합니다. Union된 Polysurface를 선택한 후 '바디'로 Change object layer합니다.

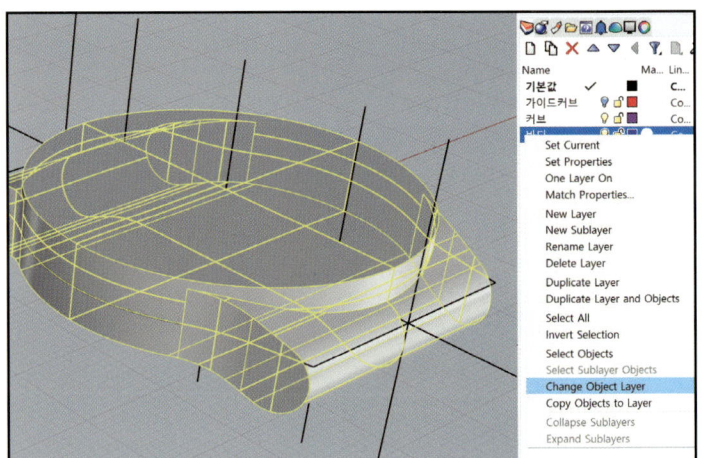

43. Right view를 선택한 후 그림과 같이 6개의 Line을 선택하여 '가이드라인'으로 Change object layer합니다. '가이드라인' 레이어는 꺼져 있기 때문에 6개의 Line은 변경하자마자 숨겨집니다.

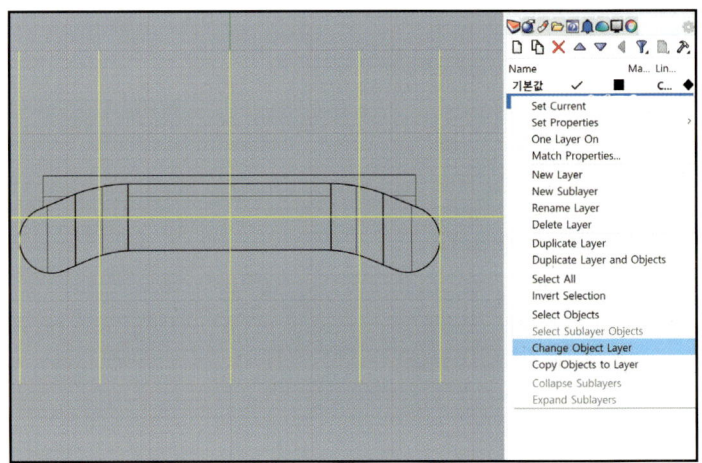

44. Standard toolbar〉Select〉Select curves를 실행합니다. 선택된 커브를 '커브' 레이어로 Change object layer한 후 '커브' 레이어를 끕니다.

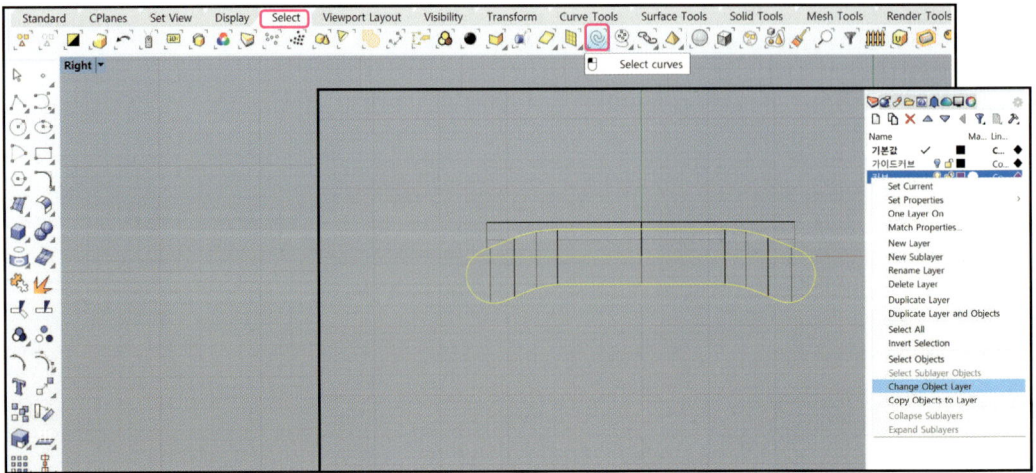

45. Perspective view를 선택한 후 Solid tools〉Fillet edges를 실행한 후 Radius를 0.5로 입력하고 **원형 모서리**를 선택하여 명령을 실행합니다.

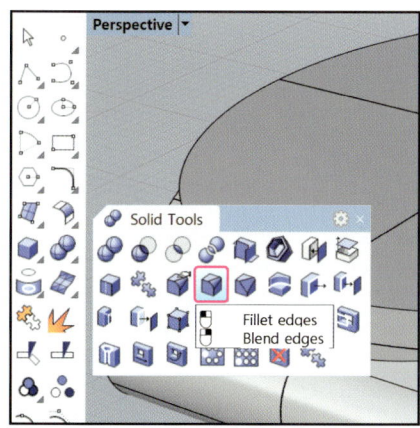
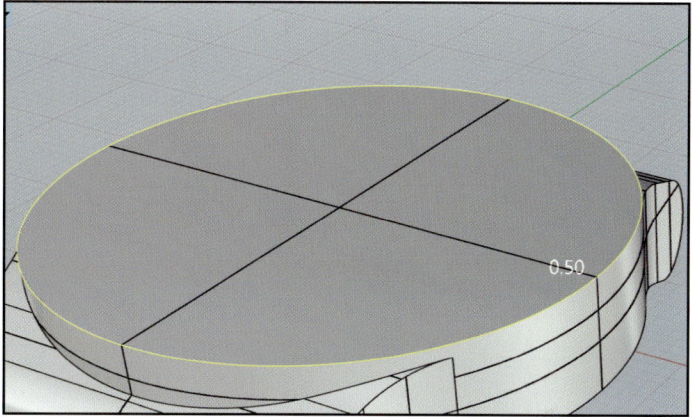

46. 마우스 오른쪽 클릭하여 Fillet edges를 재실행합니다. Radius를 0.3으로 입력하고 그림과 같이 한쪽 **옆면 모서리**를 선택합니다.

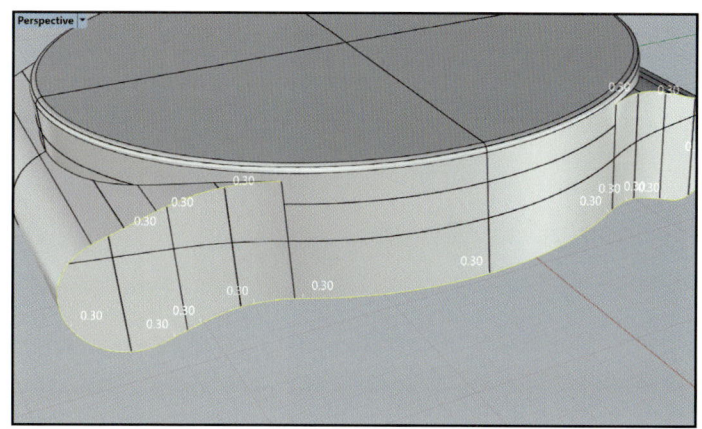

47. 명령의 다음 단계에서 Addhandle을 선택하고 그림과 같이 좌우측 끝에서 조금 떨어진 부분에 Handle을 추가합니다.

Select fillet handle to edit. Press Enter when done (ShowRadius=Yes AddHandle CopyHandle SetAll LinkHandles=

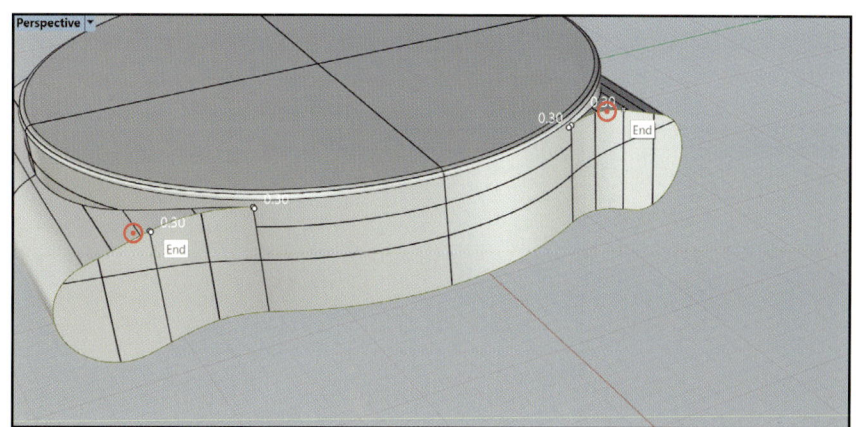

48. 양쪽 끝부분 Handle의 Radius 값을 0으로 변경하여 명령을 실행합니다. Point를 Drag하거나 Point를 선택한 후 입력창에 값을 입력하여 변경합니다.

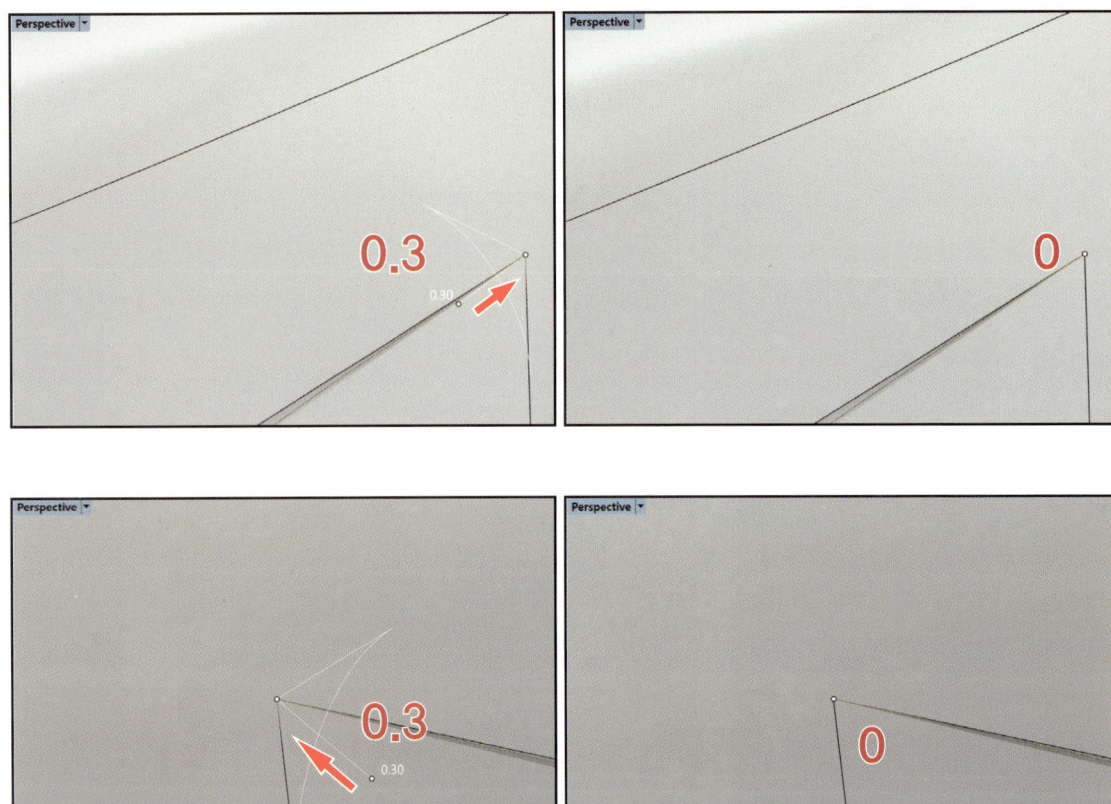

49. Standard toolbar>CPlanes>Set CPlane to object를 실행한 후 Polysurface의 윗면을 선택합니다.

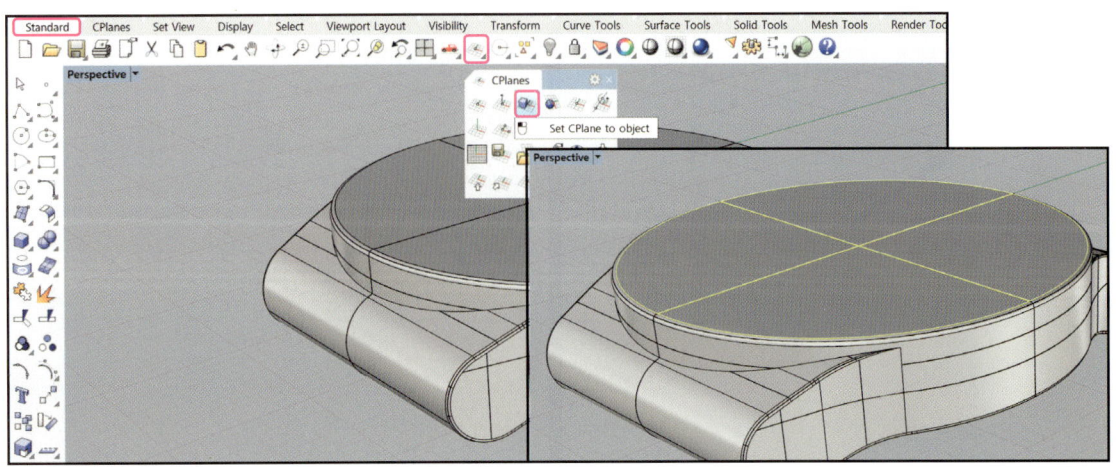

50. Solid creation>Cylinder를 실행한 후 Base of cylinder는 0, Radius는 22, End of cylinder는 -1로 입력합니다.

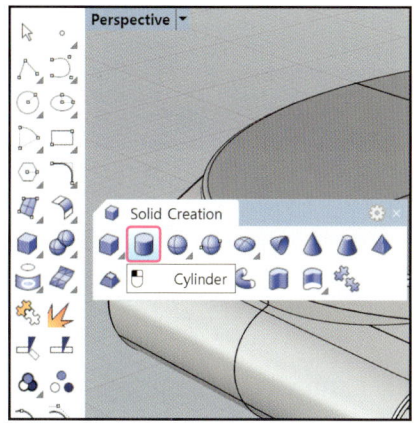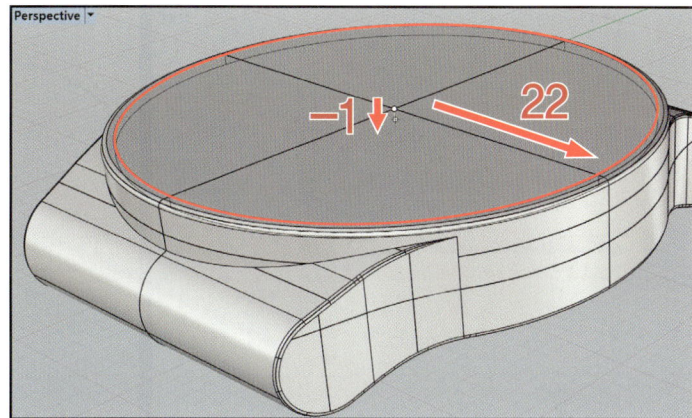

51. 레이어 탭에서 '레이어 04'를 '글래스'로 이름을 변경합니다. Cylinder로 만든 개체를 선택한 후 '글래스'로 Change object layer합니다.

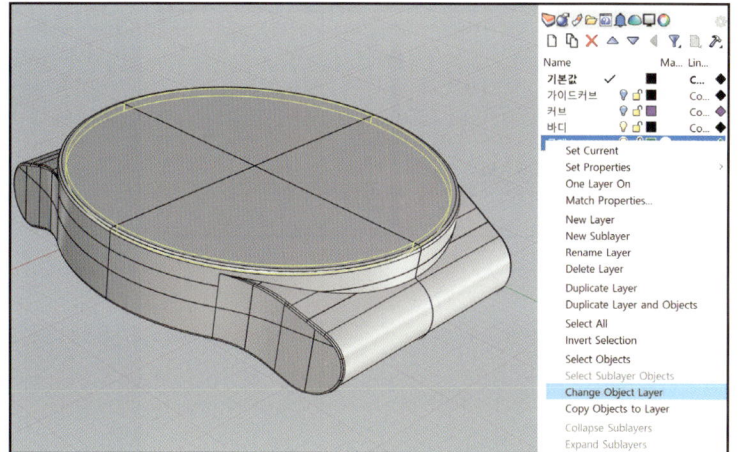

52. '글래스' 개체를 선택한 후 Ctrl+C,V를 입력하여 Copy, Paste를 실행합니다.

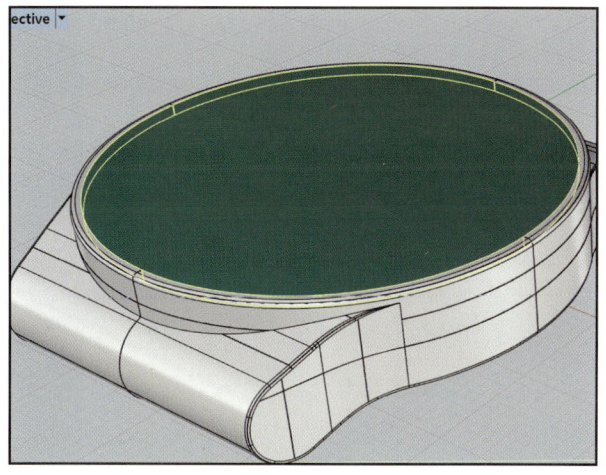

파트 6 Advanced Level Modeling 189

53. Solid tools>Boolean difference를 실행한 후 a를 차집합을 적용할 개체로 선택하고 b를 차집합에 사용될 개체로 선택합니다. a에서 b가 제거된 형상이 만들어집니다.

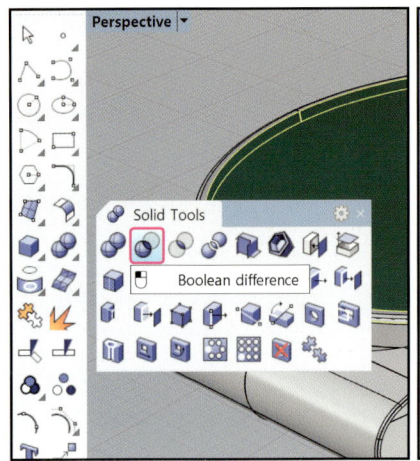
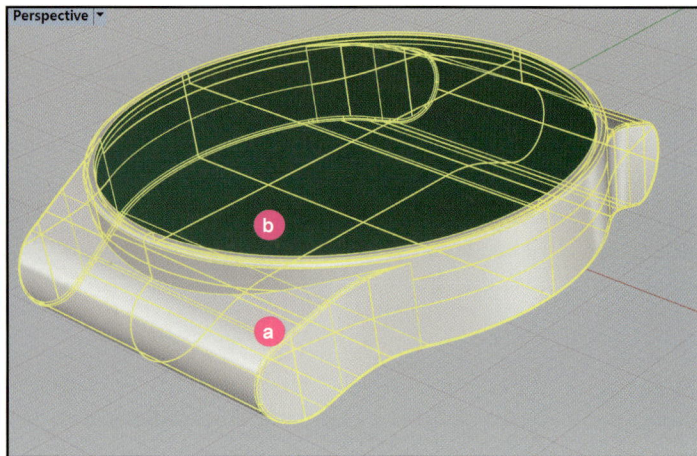

54. 다음 작업을 위해 레이어 탭에서 '글래스' 레이어를 off합니다.

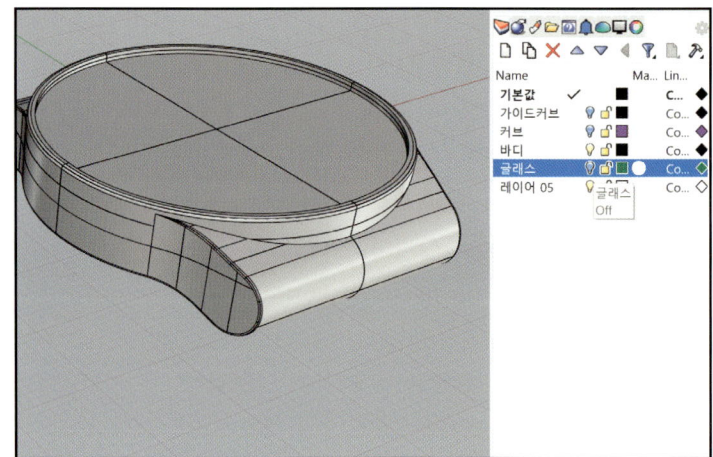

55. Solid tools>Extrude face를 실행한 후 '바디' 개체의 윗면을 선택하고 아래쪽으로 마우스를 이동 후 거리값을 0.2로 입력합니다.

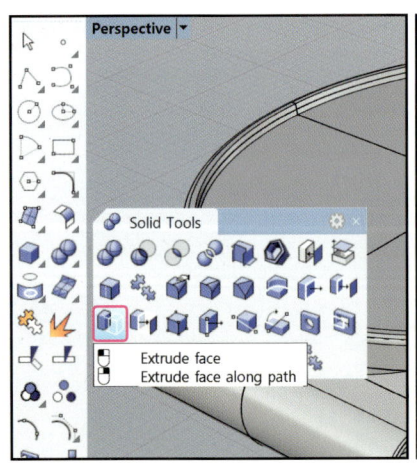
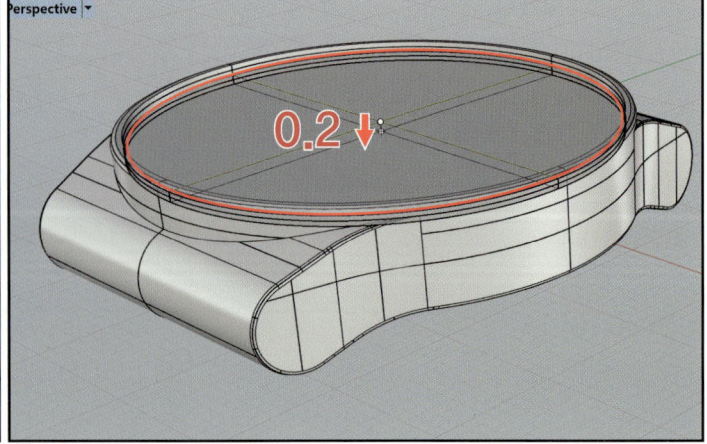

56. 레이어 탭에서 '가이드커브' 레이어를 on합니다.

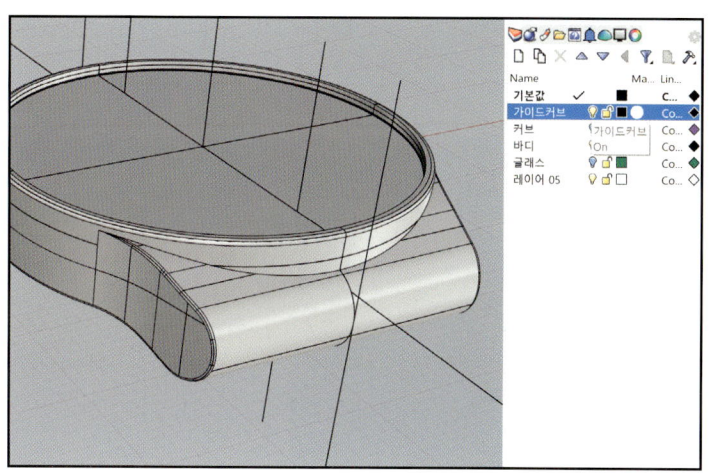

57. Surface creation>Extrude straight를 실행합니다. 작업에 필요한 Curve를 만들기 위한 CPlane으로 사용할 Surface를 만듭니다.

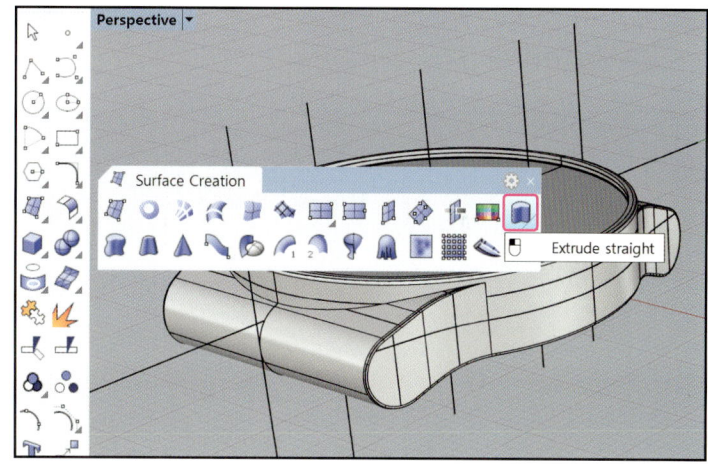

58. '가이드커브' 개체의 XY면 긴 라인을 선택하고 위쪽으로 마우스를 이동 후 거리값을 30으로 입력합니다.

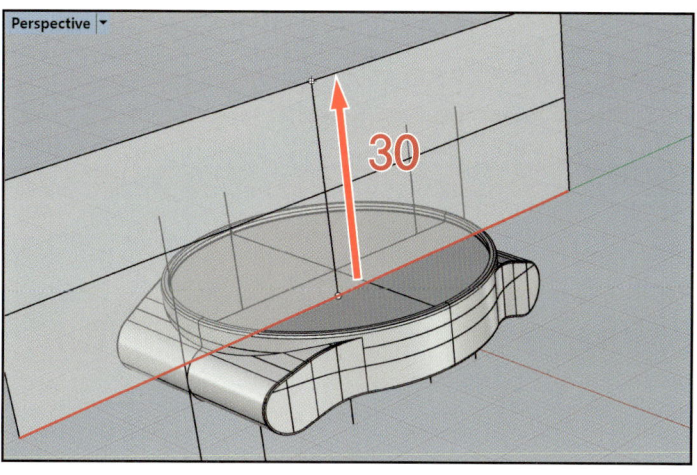

59. CPlanes>Set CPlane to object를 실행한 후 YZ면의 Surface면을 선택합니다.

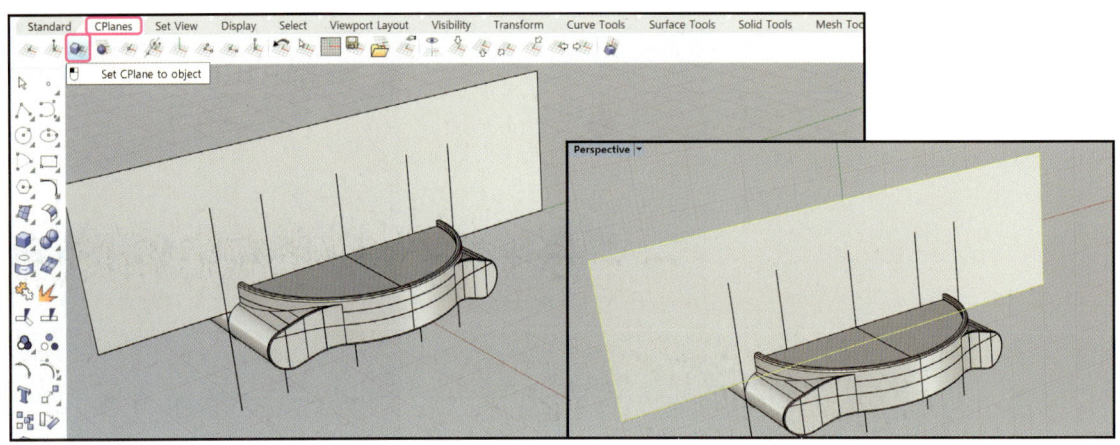

60. Curve from object>Object intersection을 실행합니다. a와 b 개체를 선택해서 Intersection 커브를 만듭니다.

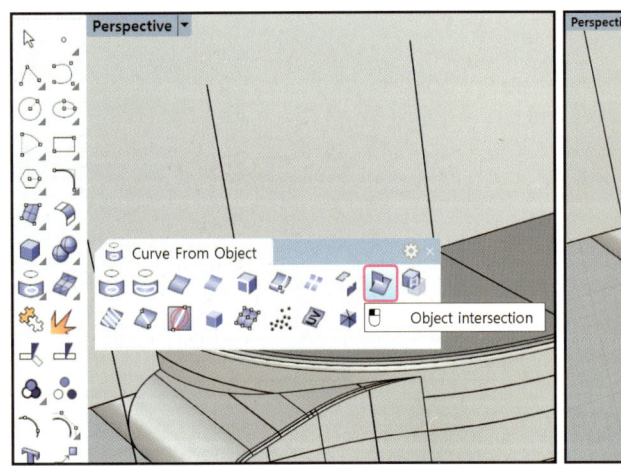
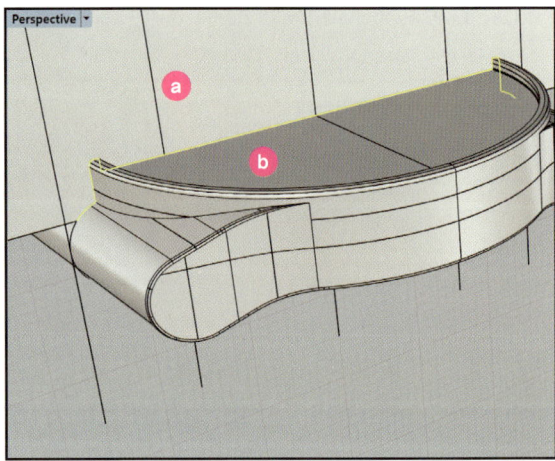

61. 레이어 탭에서 '바디' 레이어를 off합니다. Right view를 선택한 후 Side toolbar의 Explode를 실행합니다. Intersection으로 생성한 Curve를 선택하여 분해합니다.

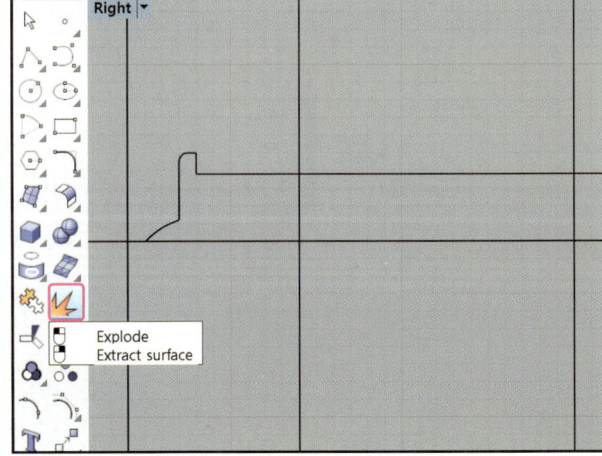

62. Curve tools)Offset curve를 실행한 후 그림의 세로 짧은 Line을 선택하고 오른쪽으로 마우스를 이동 후 거리값을 1로 입력합니다.

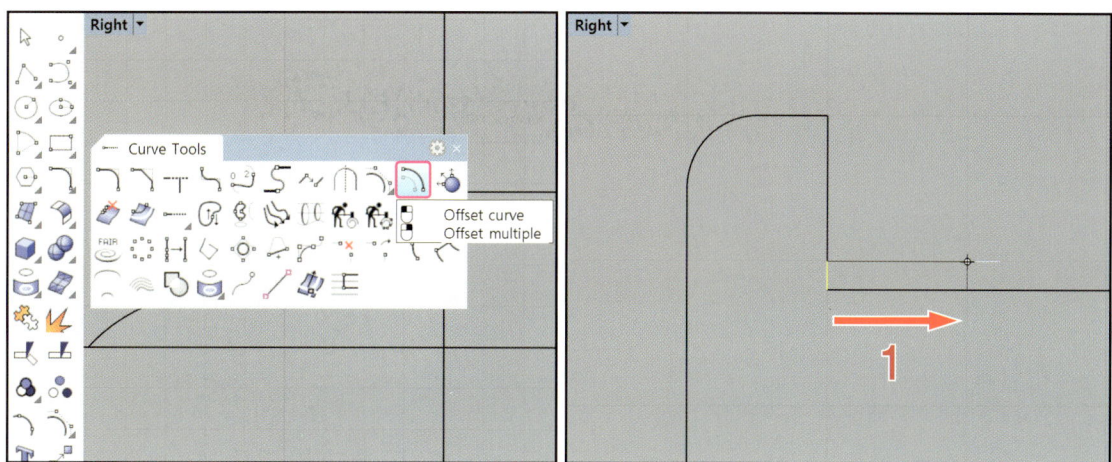

63. 마우스 오른쪽 클릭하여 Offset curve를 재실행합니다. Offset curve로 생성한 Line을 선택하고 오른쪽으로 마우스를 이동 후 거리값을 2로 입력합니다.

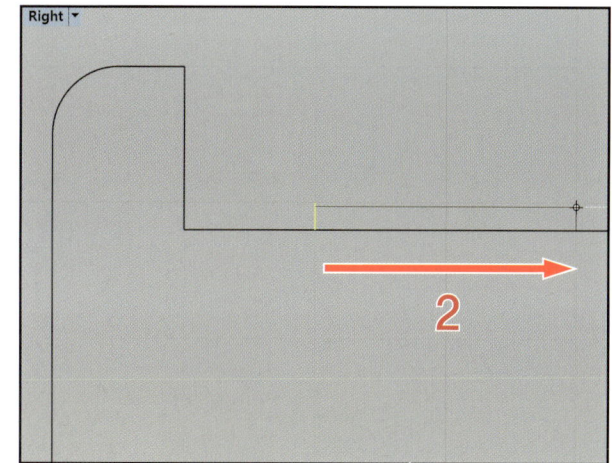

64. 마우스 오른쪽 클릭하여 Offset curve를 재실행합니다. 위쪽 가로 라인을 선택하고 아래쪽으로 마우스를 이동 후 거리값을 2로 입력합니다.

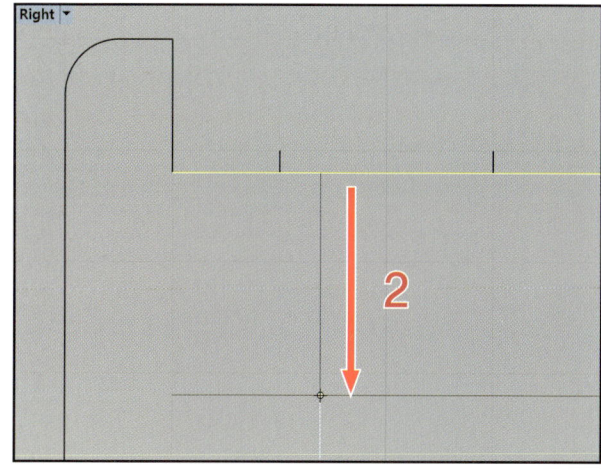

파트 6 Advanced Level Modeling

65. Curve tools>Connect를 실행합니다.

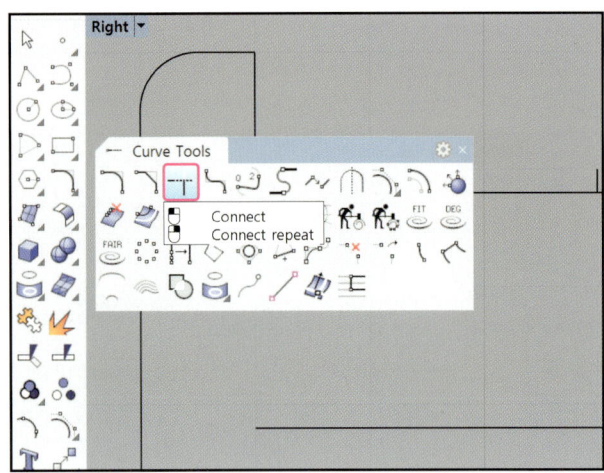

66. a와 b 개체를 선택해서 모서리를 만듭니다.

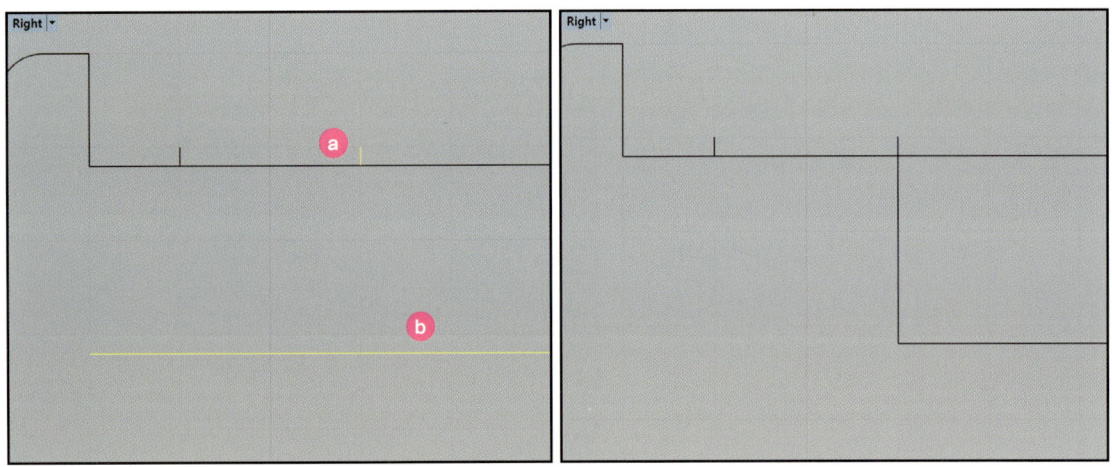

67. Lines>Single line을 실행한 후 Offset curve로 만든 Curve의 a와 b 끝점을 연결하여 Line을 만듭니다.

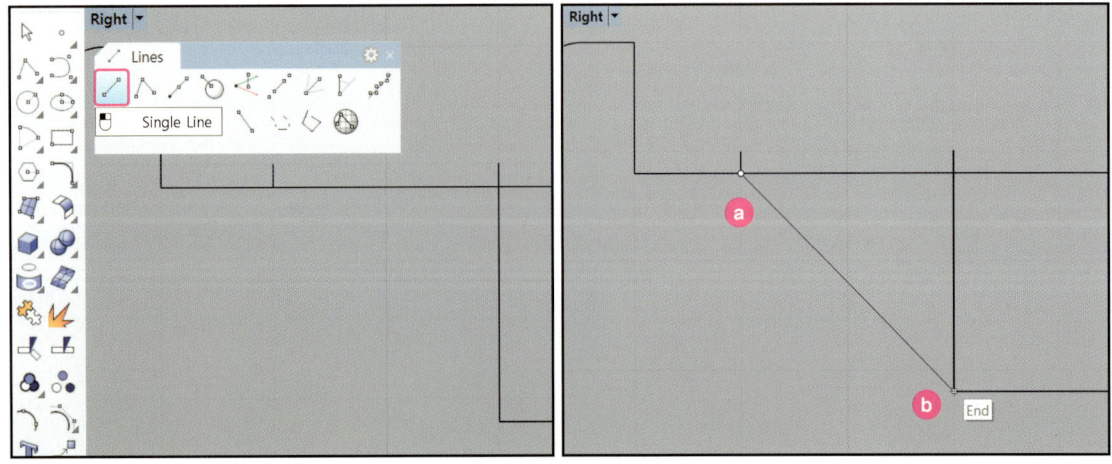

68. Curve tools>Connect repeat를 실행합니다.(마우스 오른쪽 버튼) a~f 커브의 지점을 선택하여 모서리로 만듭니다.

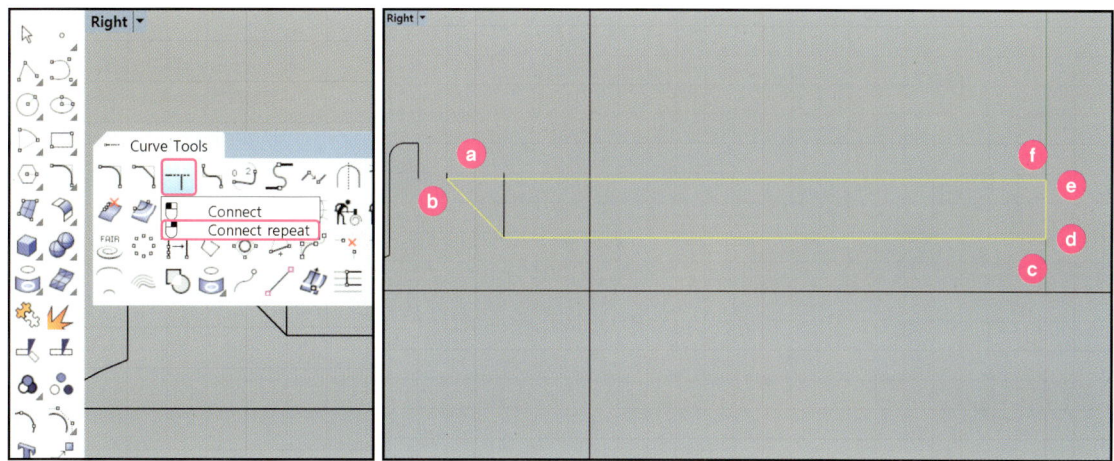

69. Side toolbar의 Join을 실행한 후 Connect repeat로 만든 4개의 Line을 선택해서 결합합니다.

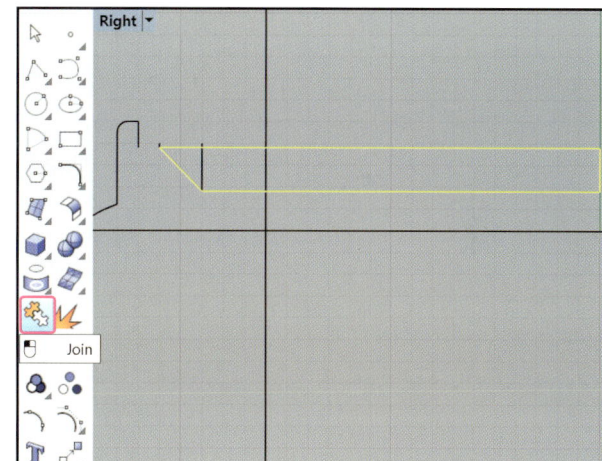

70. Perspective view를 선택한 후 Surface creation>Revolve를 실행합니다.

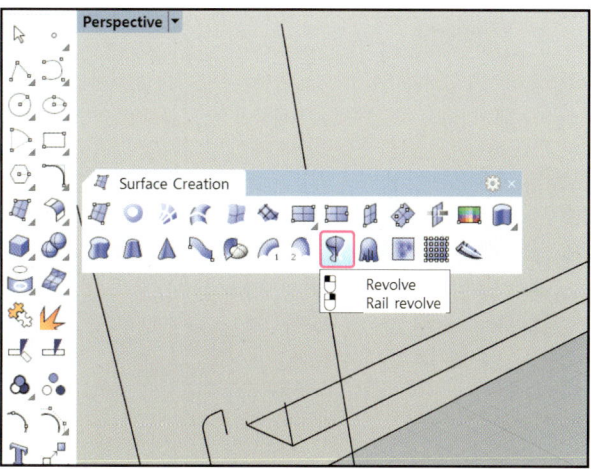

71. Join으로 만든 개체를 회전시킬 Curve로 먼저 선택 후 회전축을 선택합니다. 위 끝점을 선택한 후 아래 끝점을 지정하면 회전축이 선택됩니다.(시작 각도는 0, 회전 각도는 360)

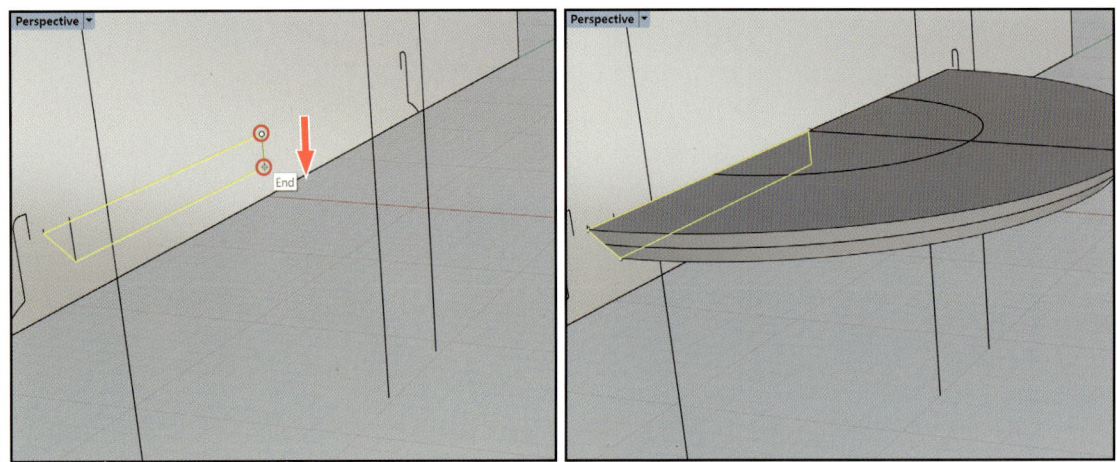

72. 레이어 탭에서 '바디' 레이어를 on합니다.

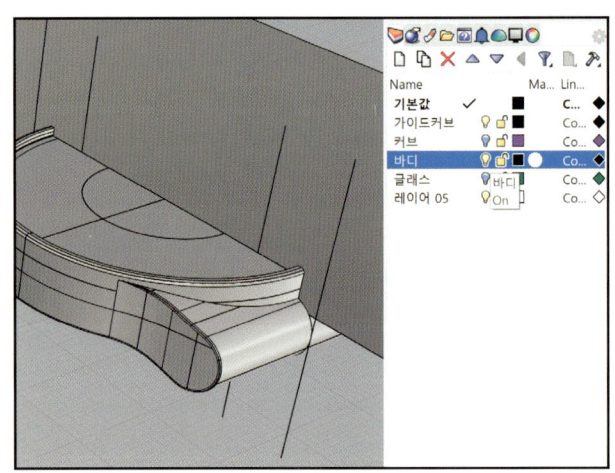

73. Solid tools〉Boolean difference를 실행한 후 a를 차집합을 적용할 개체로 선택하고 b를 차집합에 사용될 개체로 선택합니다. a에서 b가 제거된 형상이 만들어집니다.

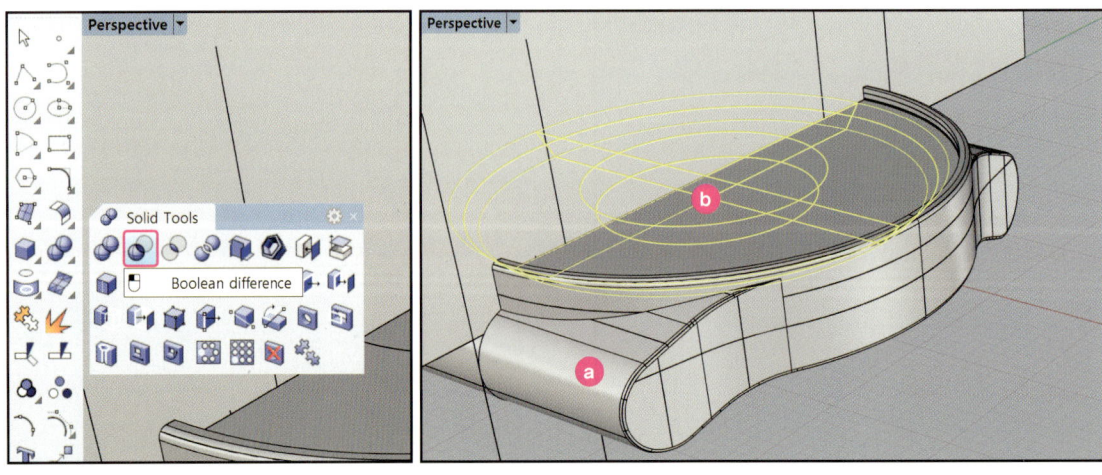

74. 레이어 탭에서 '가이드커브', '바디' 레이어를 off합니다.

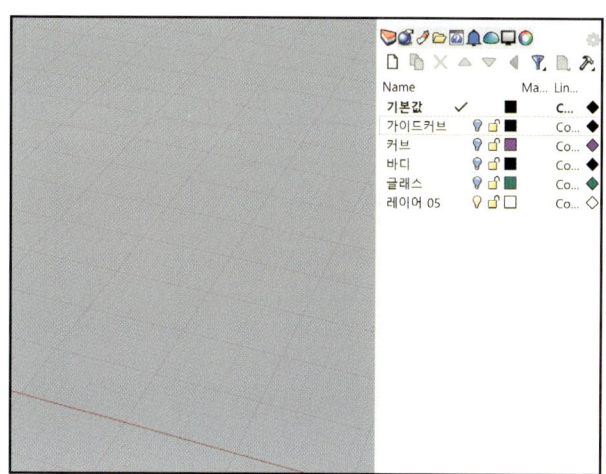

75. Select>Select all을 실행해서 전체 개체를 선택한 후 키보드의 Del 키로 삭제합니다. 사용이 끝난 개체는 별도의 레이어로 관리하거나 삭제합니다.

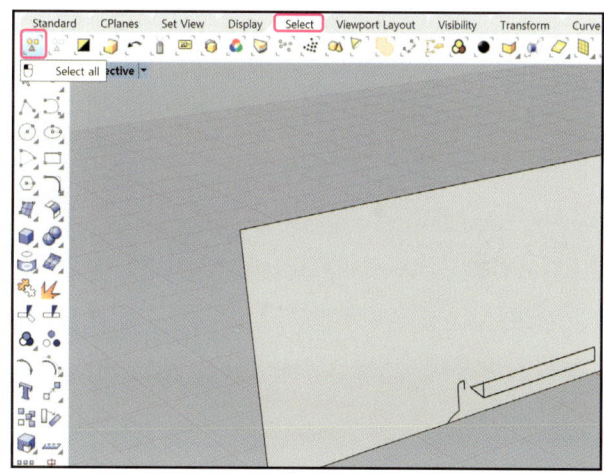

76. 레이어 탭에서 '바디' 레이어를 on합니다.

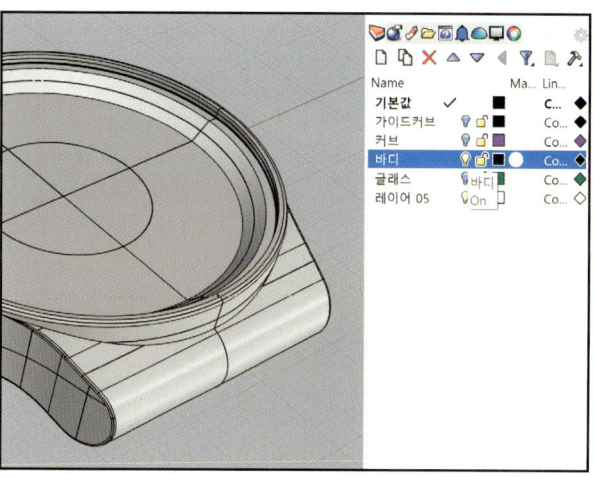

77. Top view를 선택한 후 Rectangle>Rectangle : Center, corner를 실행합니다. **중심점은 0(원점)**으로 입력하고 마우스를 오른쪽으로 이동 후 Length를 24로 입력합니다. 다음 세부 옵션인 Width는 60으로 입력합니다.

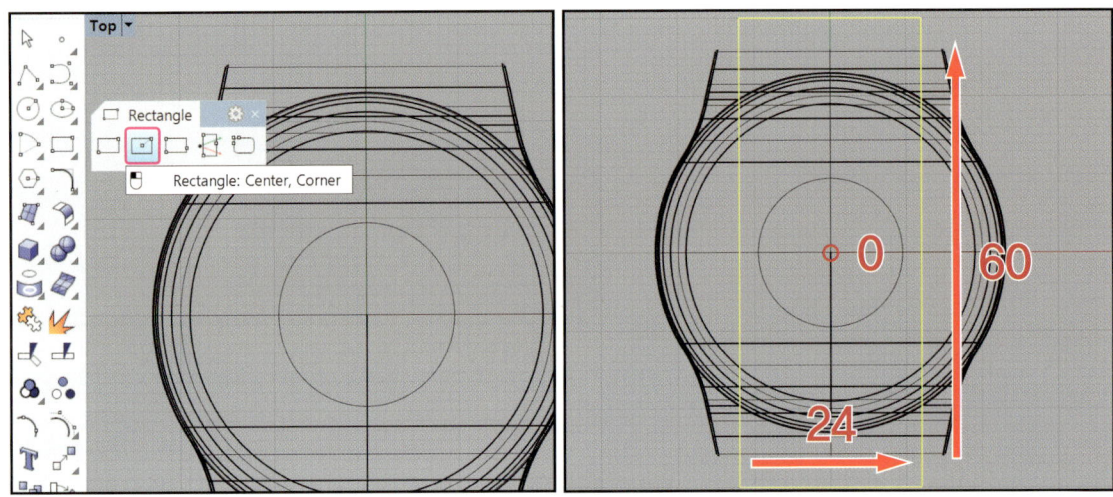

78. Perspective view를 선택한 후 Surface creation>Extrude straight 를 실행합니다.

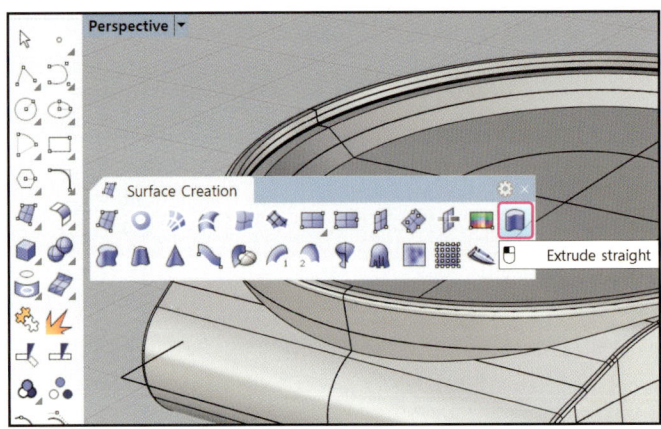

79. 사각형 Curve를 선택하고 위쪽으로 마우스를 이동 후 Bothsides:Yes, Solid:Yes로 변경하고 거리값을 10으로 입력합니다.

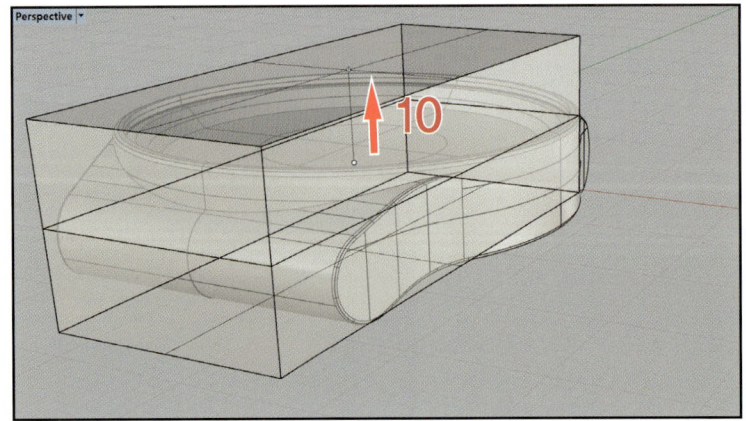

80. Circle〉Circle: center, radius를 실행한 후 원의 중심을 **원점(0)**, 반지름값으로 **23**을 입력합니다.

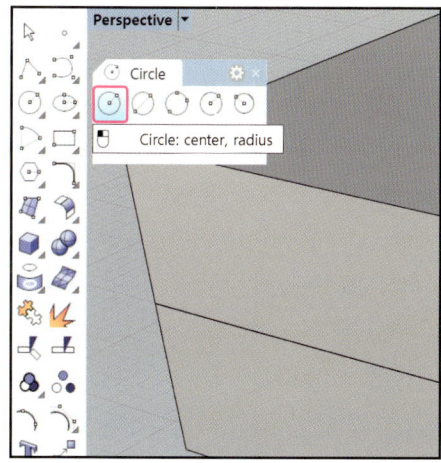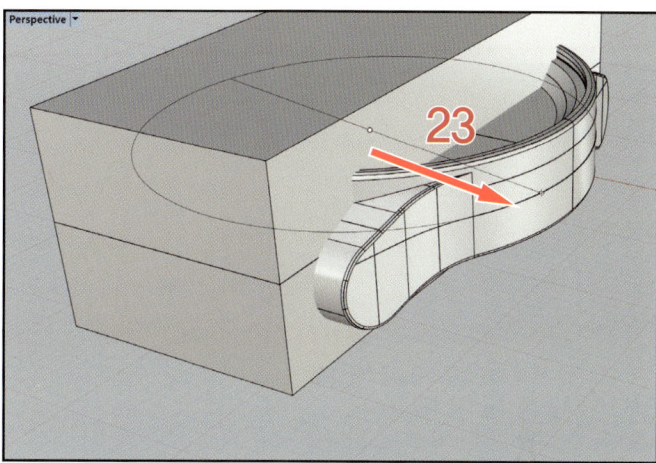

81. Surface creation〉Extrude straight를 실행합니다.

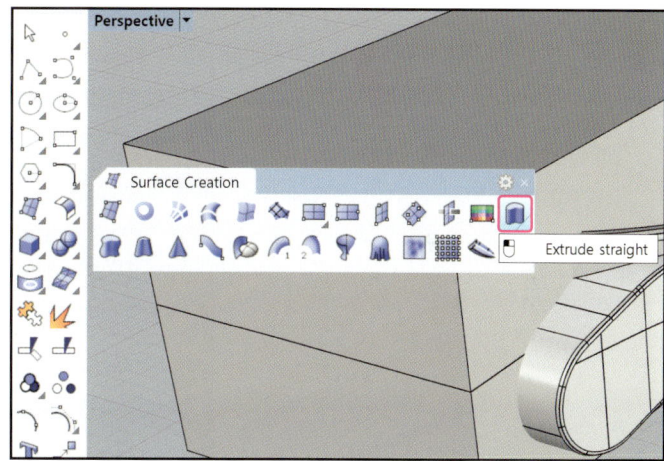

82. Circle을 선택하고 위쪽으로 마우스를 이동 후 **Bothsides:Yes, Solid:Yes**로 변경하고 거리값을 **10**으로 입력합니다.

Extrusion distance <10> (Direction BothSides=*Yes* Solid=*Yes* DeleteInput=*No* ToBoundary SetBasePoint):

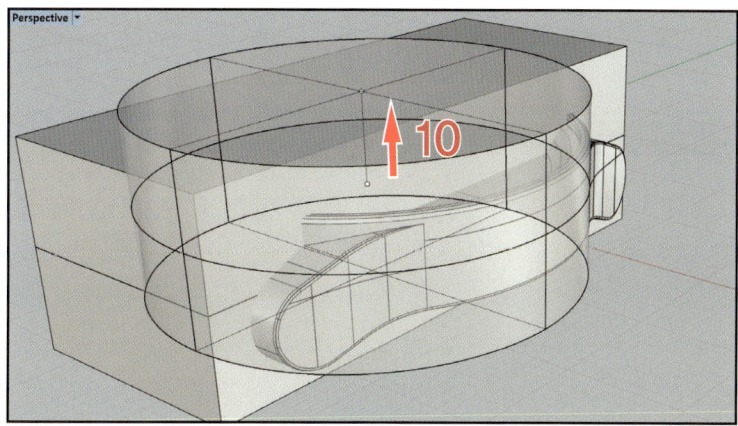

83. Solid tools>Boolean difference를 실행한 후 a를 차집합을 적용할 개체로 선택하고 b를 차집합에 사용될 개체로 선택합니다. a에서 b가 제거된 형상이 만들어집니다.

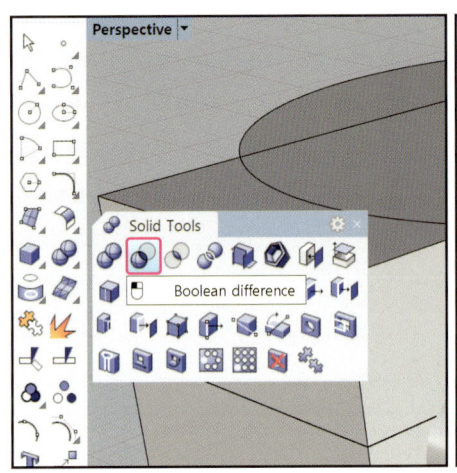
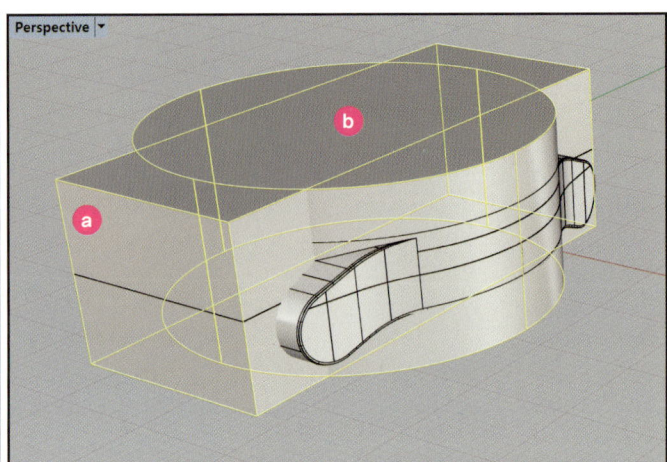

84. 마우스 오른쪽 클릭하여 Boolean difference를 재실행합니다. a를 차집합을 적용할 개체로 선택하고 b를 차집합에 사용될 개체로 선택합니다. a에서 b가 제거된 형상이 만들어집니다.

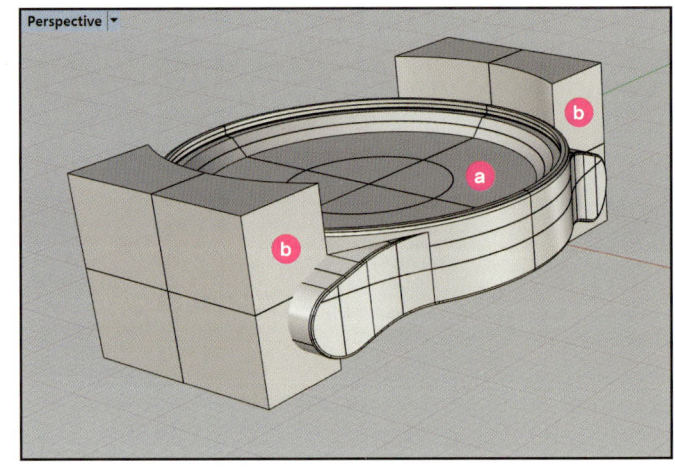

85. Surface creation>Extrude straight 를 실행합니다.

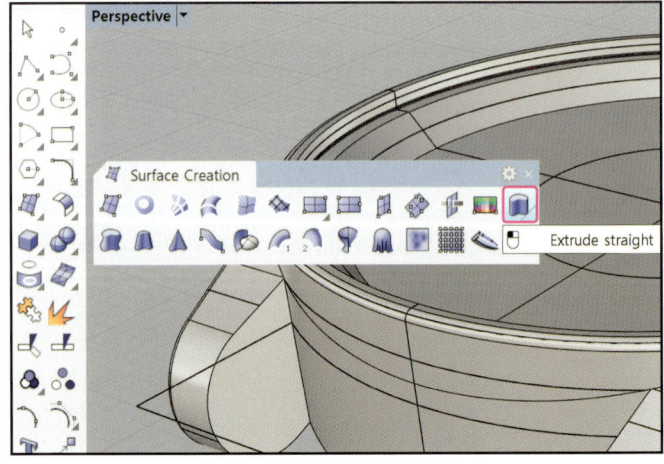

86. 사각형 Curve를 선택하고 아래쪽으로 마우스를 이동 후 Bothsides:No, Solid:Yes로 변경하고 거리값을 10으로 입력합니다.

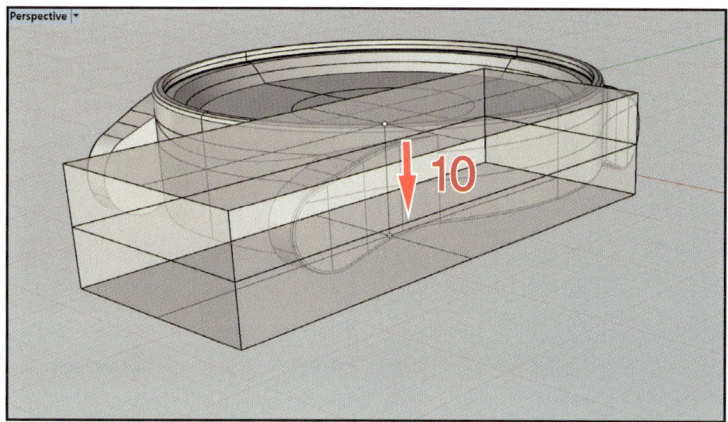

87. Solid creation〉Cylinder를 실행한 후 Base of cylinder는 0, Radius는 19, End of cylinder는 -10으로 입력합니다.

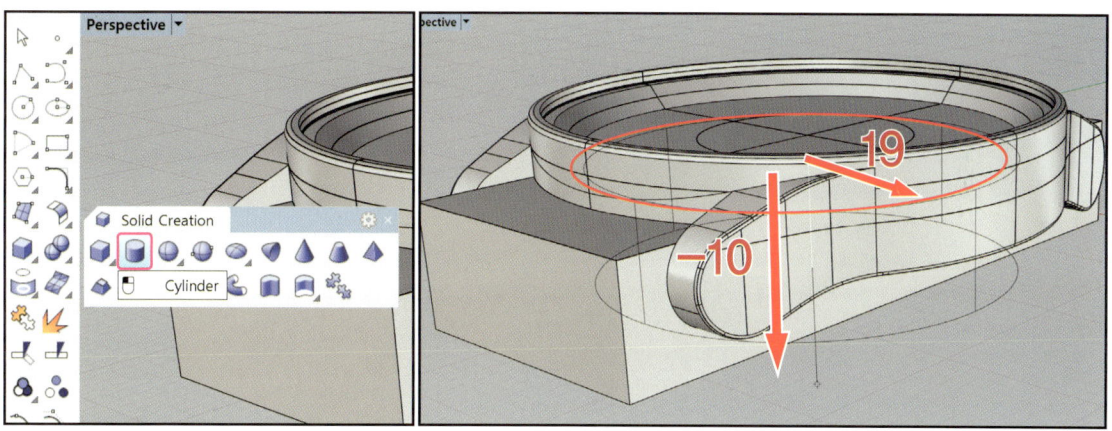

88. Solid tools〉Boolean difference를 실행한 후 a를 차집합을 적용할 개체로 선택하고 b를 차집합에 사용될 개체로 선택합니다. a에서 b가 제거된 형상이 만들어집니다.

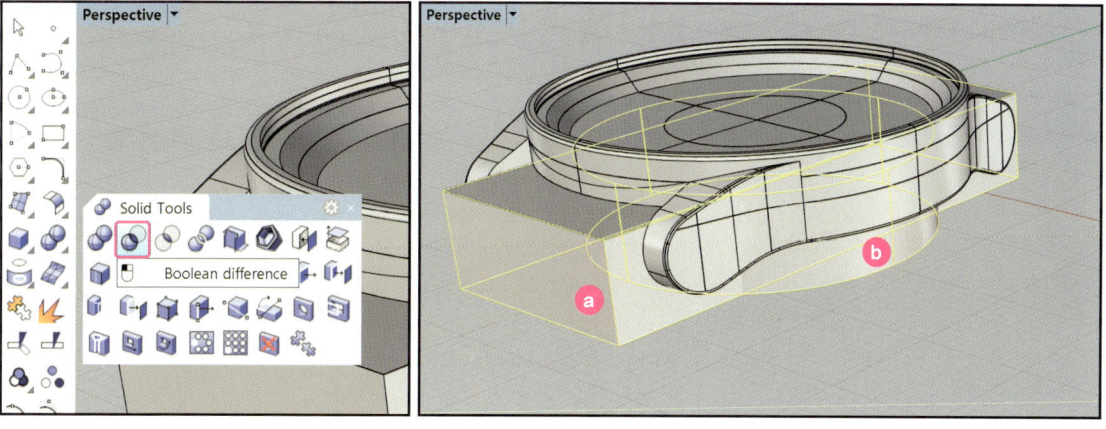

89. 마우스 오른쪽 클릭하여 Boolean difference를 재실행합니다. a를 차집합을 적용할 개체로 선택하고 b를 차집합에 사용될 개체로 선택합니다. a에서 b가 제거된 형상이 만들어집니다.

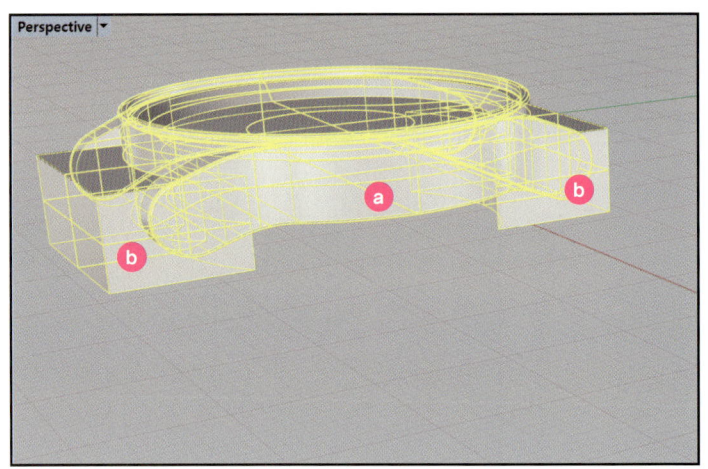

90. Solid tools>Fillet edges를 실행한 후 Radius를 1로 입력하고 **안쪽 4개 모서리**를 선택하여 명령을 실행합니다.

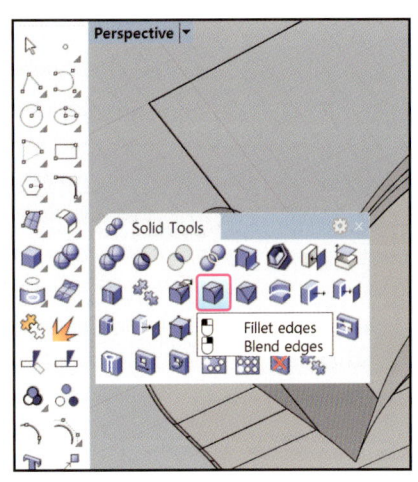
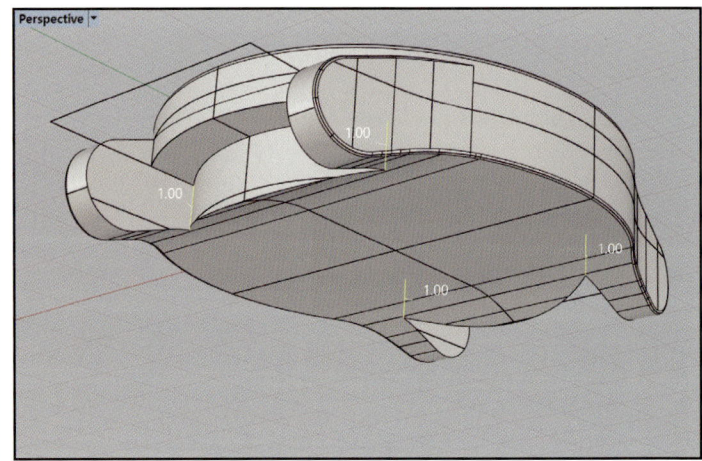

91. 마우스 오른쪽 클릭하여 Fillet edges를 재실행합니다. Radius를 0.5로 입력하고 **안쪽 2개 모서리**를 선택하여 명령을 실행합니다.

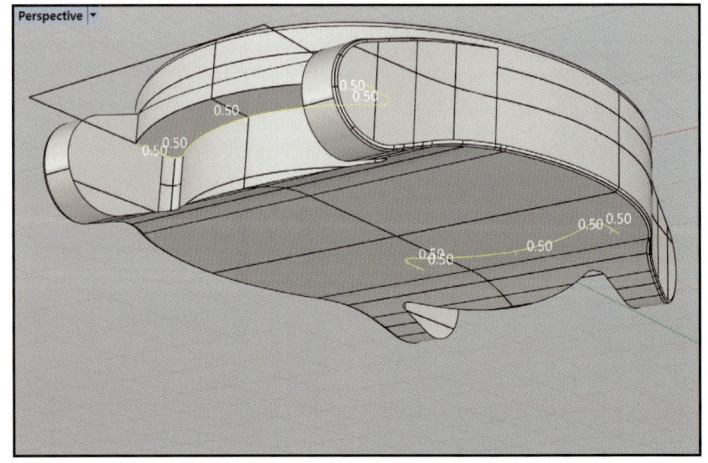

92. CPlanes>Set CPlane to object를 실행한 후 바디 안쪽 벽의 Surface면을 선택합니다.

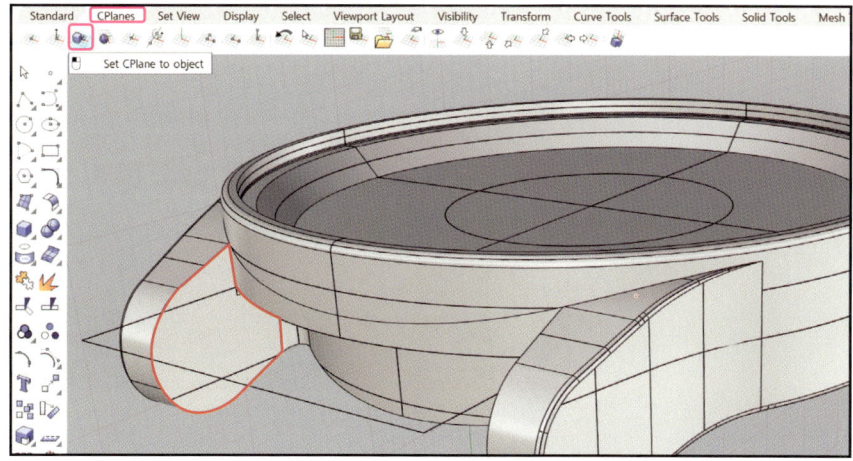

93. Circle>Circle: center, radius를 실행합니다.

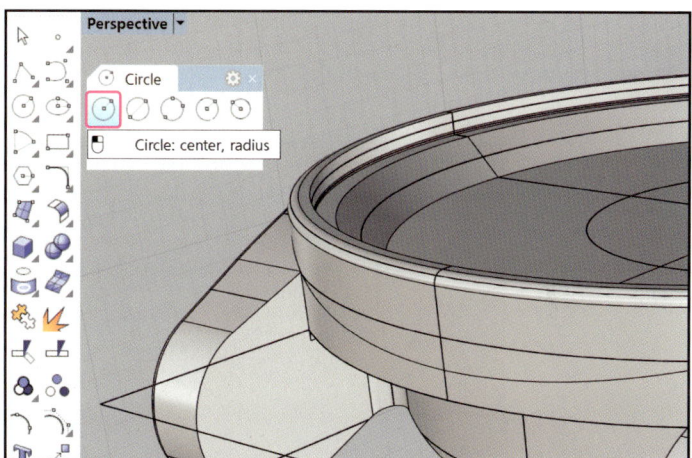

94. Osnap의 **Cen**을 선택한 후 원의 중심을 원점(0), Radius를 0.75로 입력합니다.

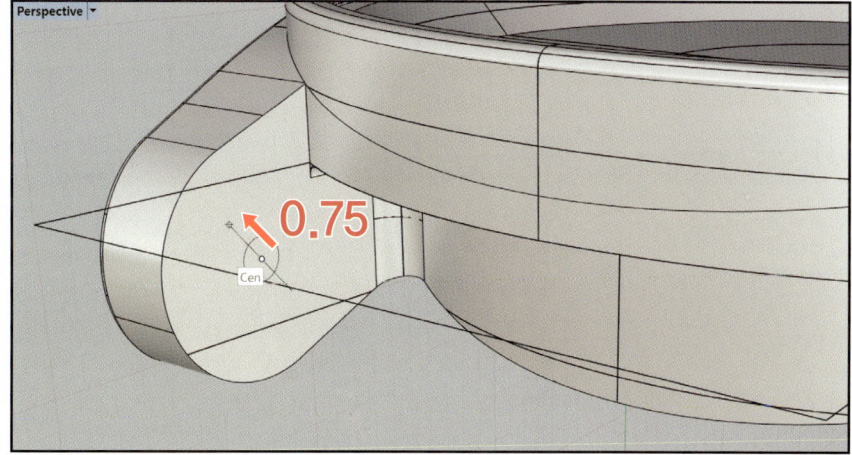

95. Surface creation〉Extrude straight를 실행합니다.

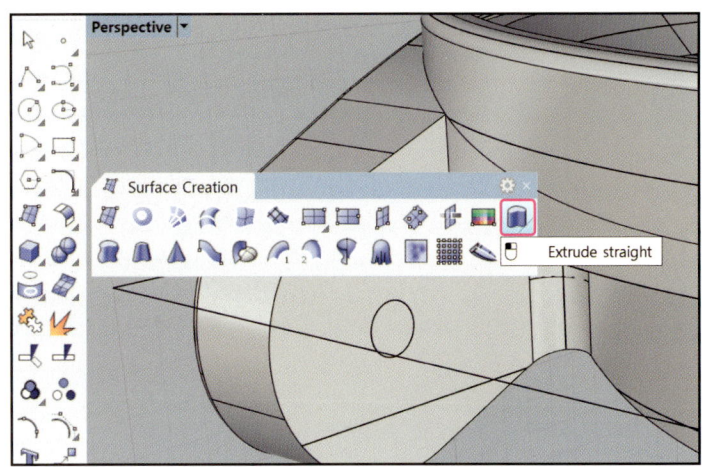

96. Circle을 선택하고 오른쪽으로 마우스를 이동 후 **Bothsides:No, Solid:Yes**로 변경하고 거리값을 **24**로 입력합니다.

Extrusion distance <24> (Direction BothSides=*No* Solid=*Yes* DeleteInput=*No* ToBoundary SetBasePoint):

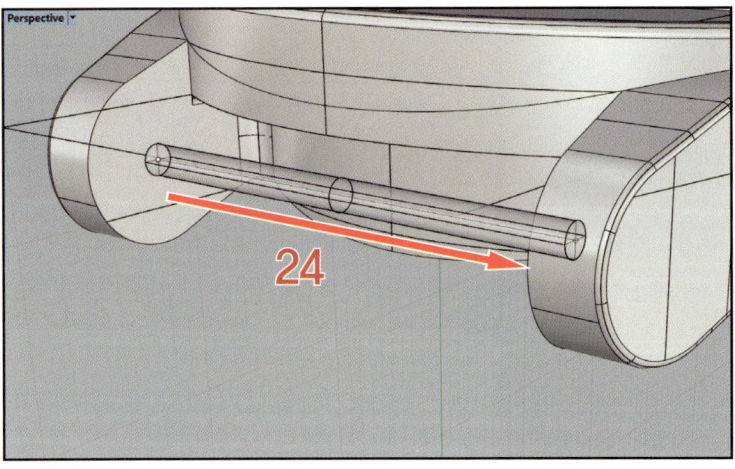

97. Transform〉Mirror를 실행합니다.

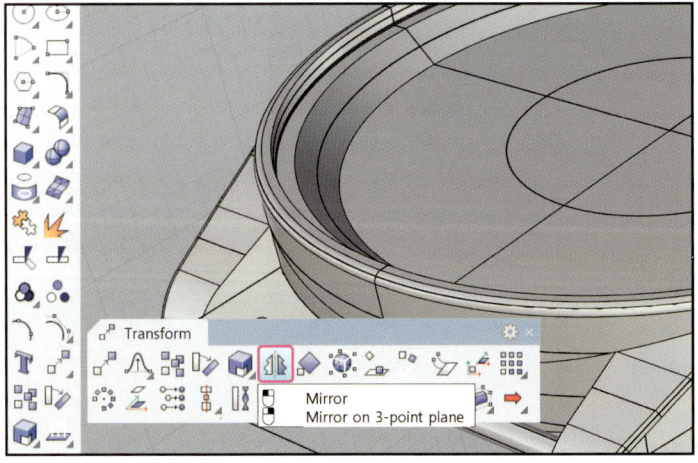

98. 긴 Cylinder를 Mirror 개체로 선택한 후 Start of mirror plane은 원점(0), End of mirror plane은 직교모드(Shift 키)에서 아래쪽으로 마우스를 이동하여 적정 지점을 지정하여 명령을 실행합니다.

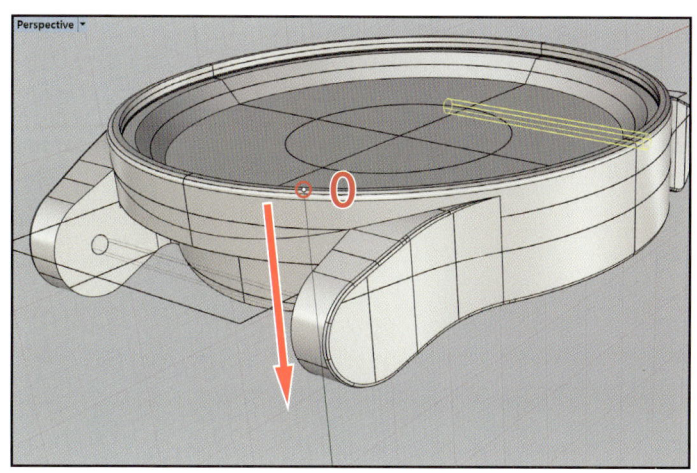

99. 레이어 탭에서 '레이어 05'를 '봉'으로 이름 변경합니다. 2개의 Cylinder 개체를 선택한 후 '봉'으로 Change object layer합니다. '봉' 레이어는 off합니다.

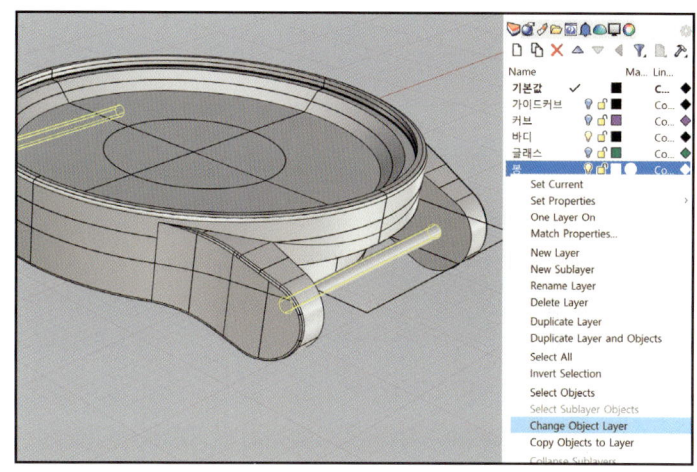

100. Right view를 선택한 후 Curve tools〉Offset curve를 실행합니다. Circle을 선택하고 왼쪽으로 마우스를 이동 후 거리값을 0.3으로 입력합니다.

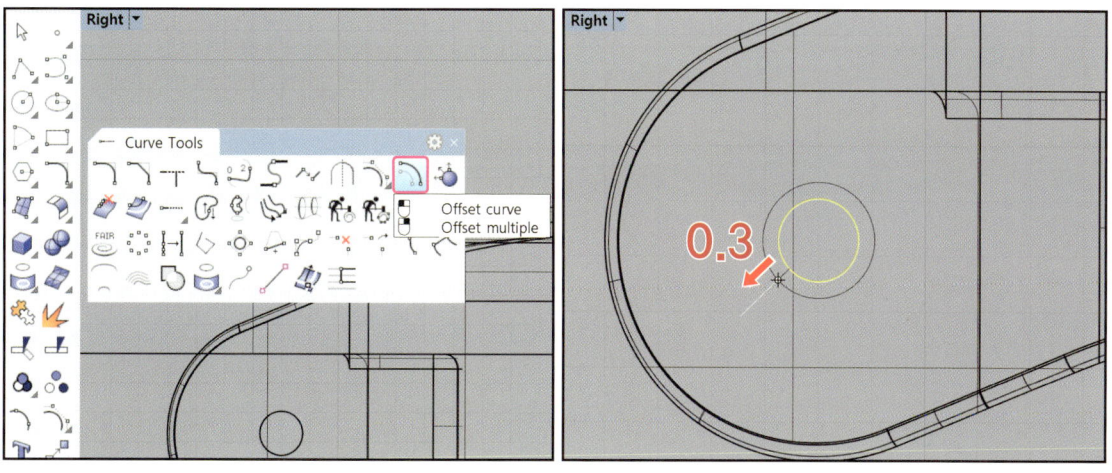

101. 마우스 오른쪽 클릭하여 Offset curve를 재실행합니다. Circle을 선택하고 왼쪽으로 마우스를 이동 후 거리값을 1로 입력합니다.

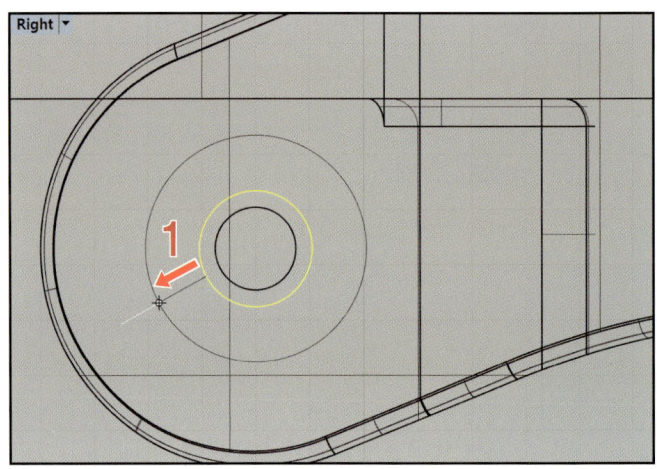

102. Lines>Single line을 실행한 후 Start of line은 원의 위 Quad point로 지정하고 직교모드(Shift 키)에서 왼쪽으로 마우스를 이동한 후 거리값을 130으로 입력합니다.

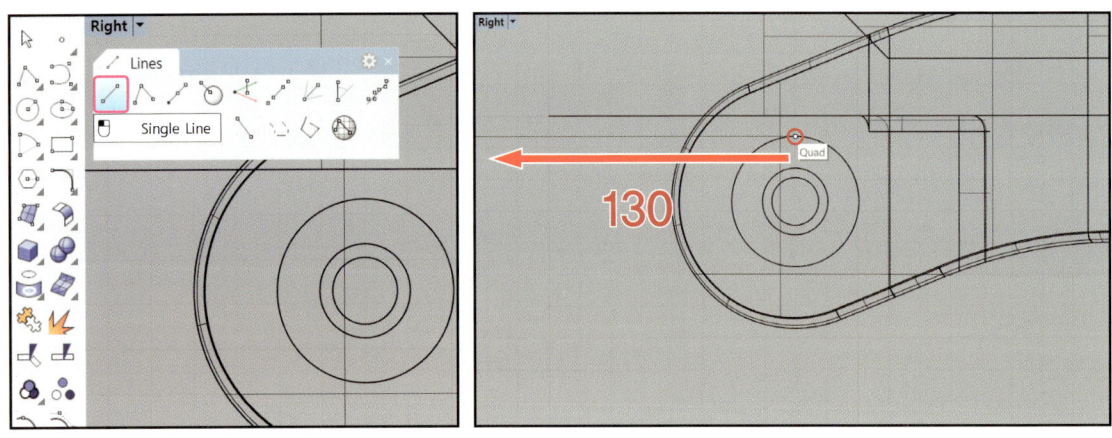

103. Curve tools>Offset curve를 실행한 후 가로 Line을 선택하고 아래쪽으로 마우스를 이동 후 거리값을 4.1로 입력합니다.

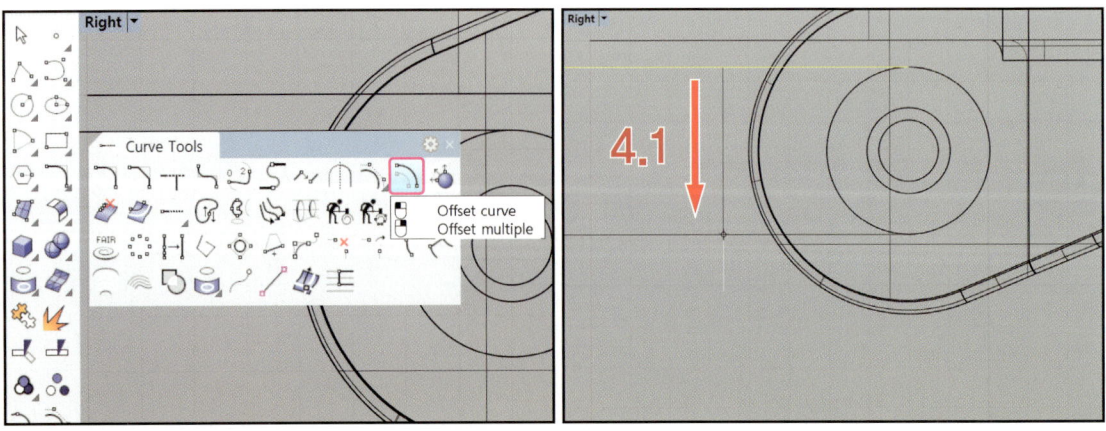

104. Side toolbar의 Trim을 실행한 후 위, 아래 Line을 Cutting object로 지정하고 원의 왼쪽 부분을 제거합니다.

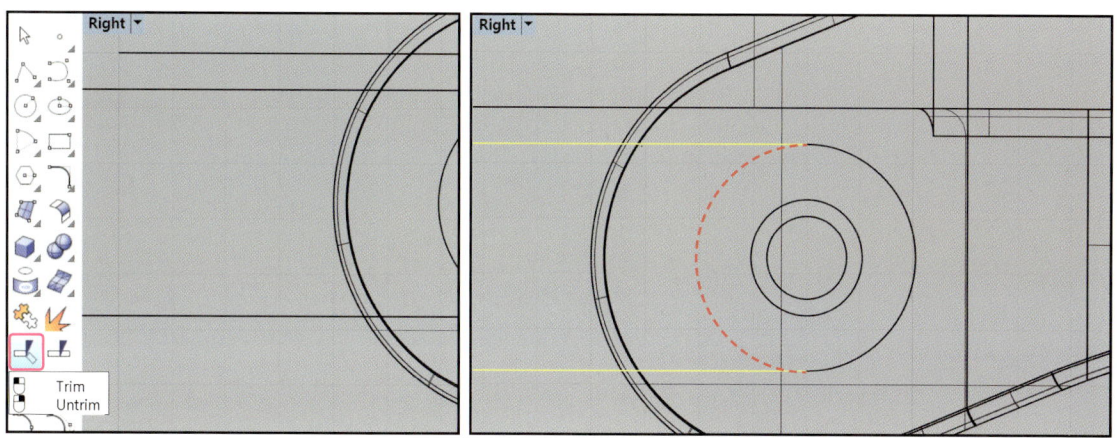

105. Lines〉Single line을 실행한 후 가로 Line의 위, 아래 끝점을 연결해서 Line을 만듭니다.

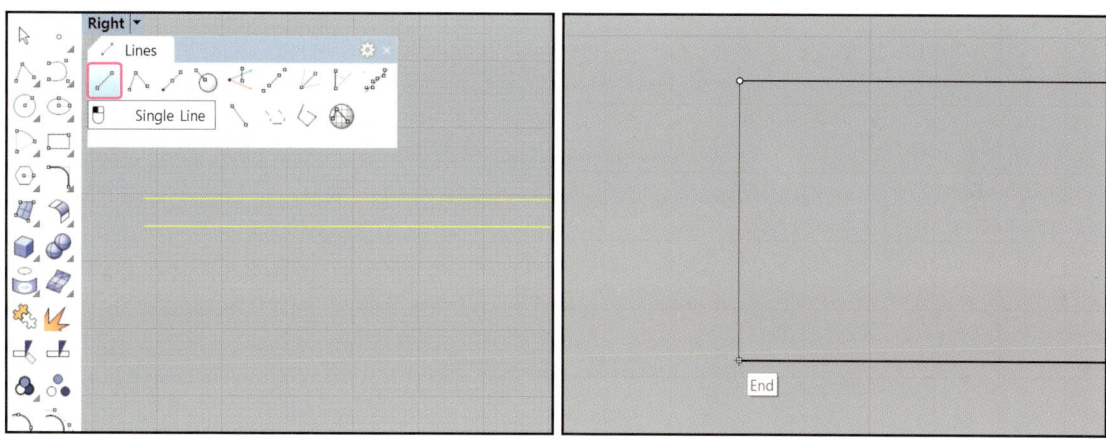

106. Side toolbar의 Join을 실행한 후 4개의 Line을 선택해서 결합합니다.

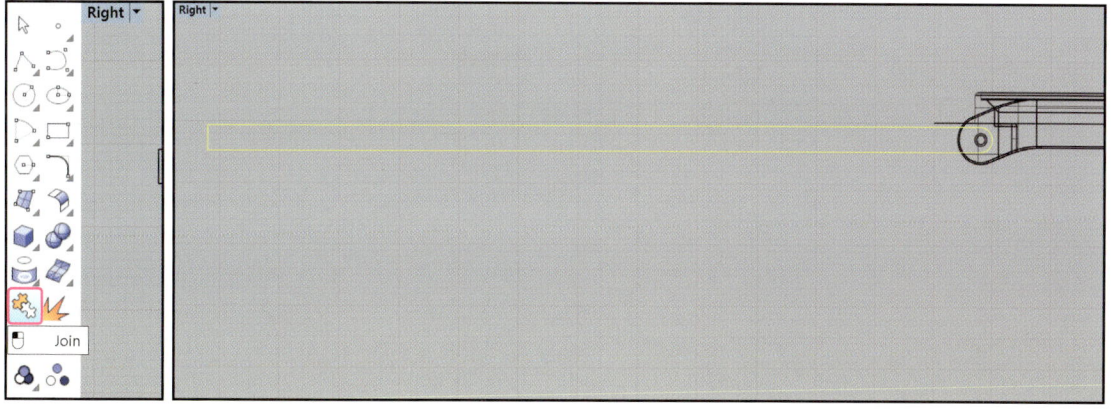

파트 6 Advanced Level Modeling 207

107. Transform〉Mirror를 실행합니다.

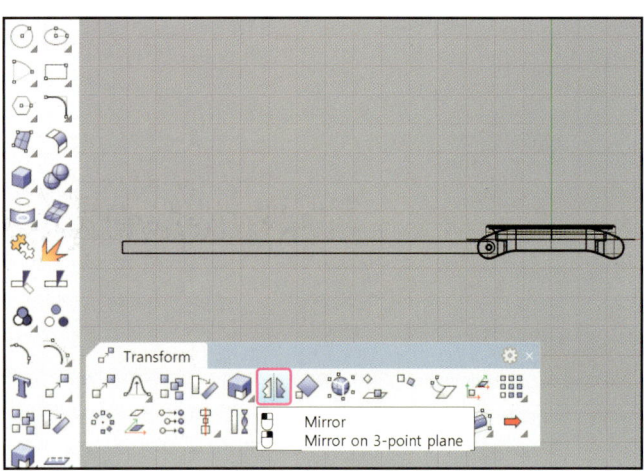

108. 긴 Polyline을 Mirror 개체로 선택한 후 Start of mirror plane은 원점(0), End of mirror plane은 직교모드(Shift 키)에서 아래쪽으로 마우스를 이동하여 적정 지점을 지정하여 대칭복사합니다.

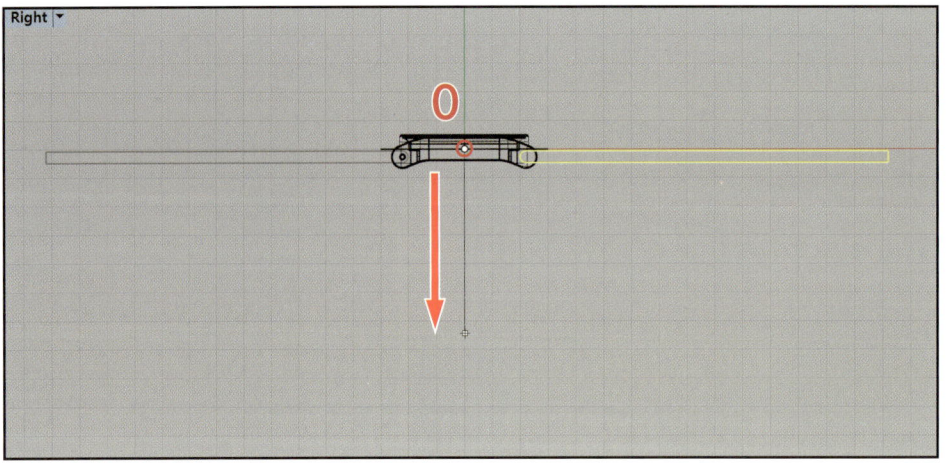

109. Side toolbar의 Explode를 실행한 후 대칭복사한 Polyline을 분해합니다.

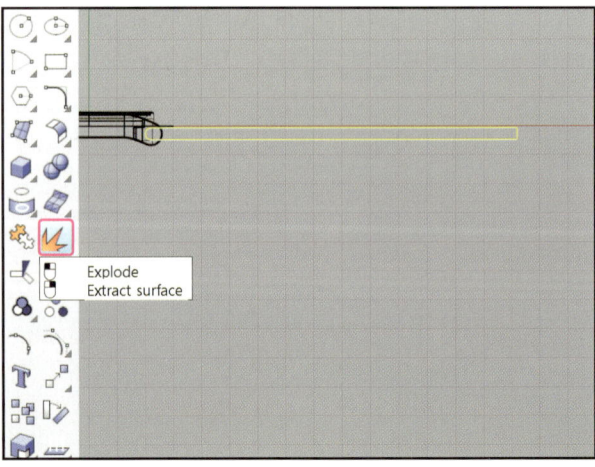

110. Side toolbar의 Move를 실행합니다. 오른쪽 세로 Line을 선택하고 Curve 아래 끝점을 이동의 기준점으로 지정하고 직교모드(Shift 키)에서 마우스를 왼쪽으로 이동 후 위치값을 52로 입력합니다.

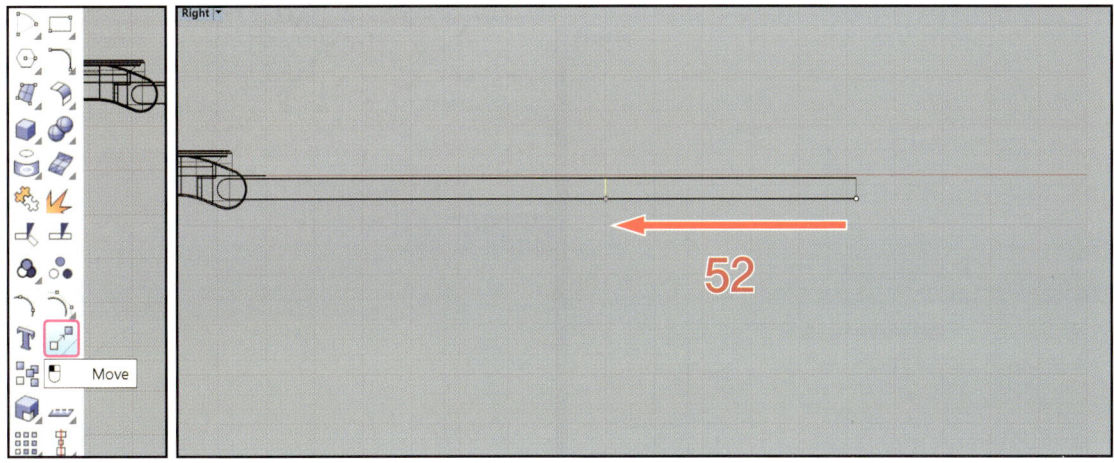

111. Side toolbar의 Trim을 실행한 후 세로 Line을 Cutting object로 지정하고 오른쪽 위, 아래 Line을 제거합니다.

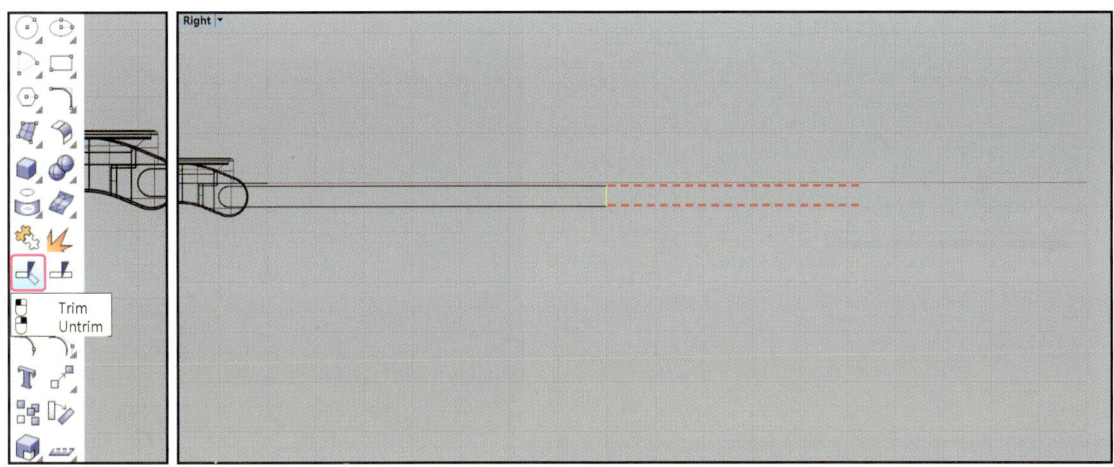

112. Side toolbar의 Join을 실행한 후 4개의 Curve를 선택하여 결합합니다.

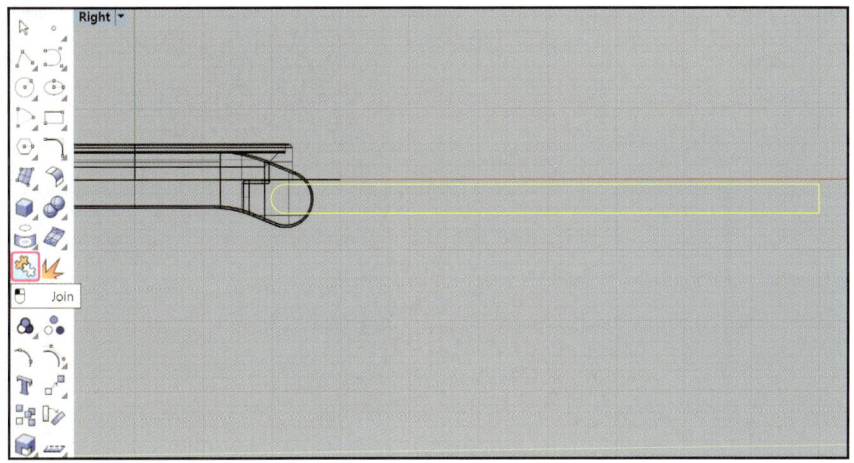

113. Perspective view를 선택한 후 Surface creation>Extrude straight 를 실행합니다.

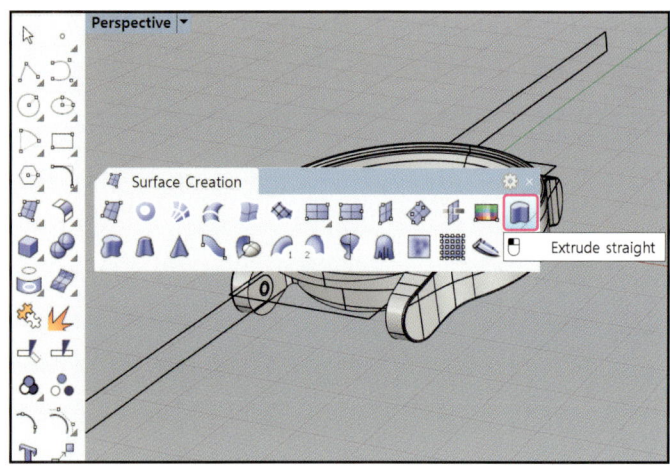

114. Right view에서 만든 2개의 Curve를 선택하고 오른쪽으로 마우스를 이동 후 Bothsides:No, Solid:Yes로 변경하고 거리값을 23으로 입력합니다.

`Extrusion distance <23>` (Direction BothSides=No Solid=Yes DeleteInput=No ToBoundary SetBasePoint):

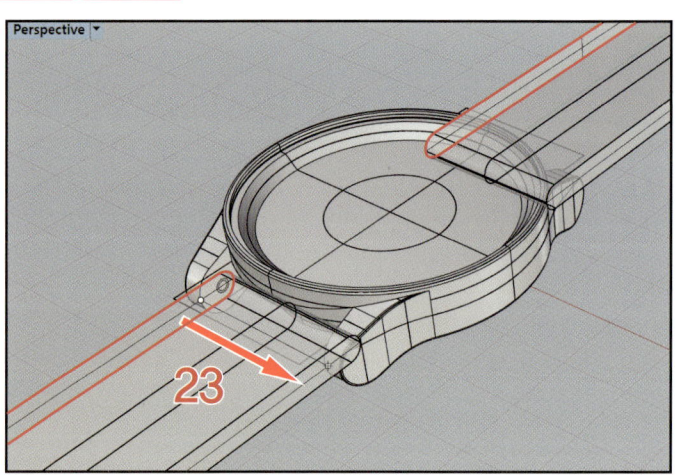

115. Solid tools>Extrude face를 실행합니다.

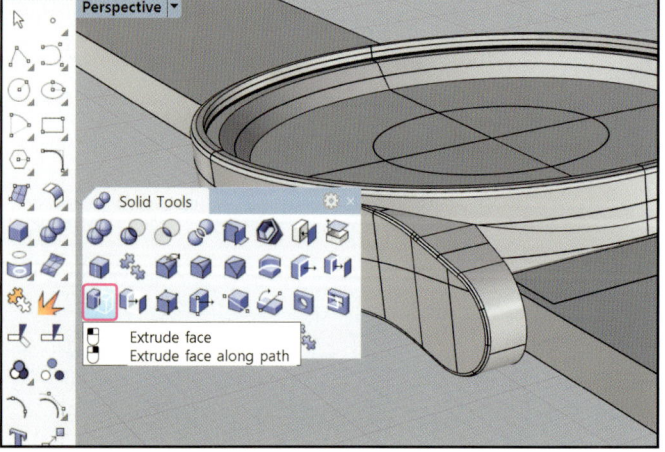

116. 2개의 Surface를 선택하고 오른쪽으로 마우스를 이동 후 거리값을 1로 입력하여 Surface를 이동합니다.

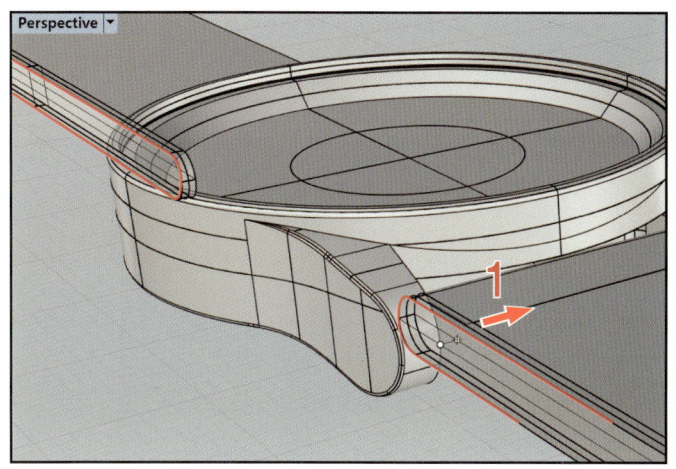

117. Select)Select curves를 실행해서 화면에 있는 전체 Curve를 선택합니다.

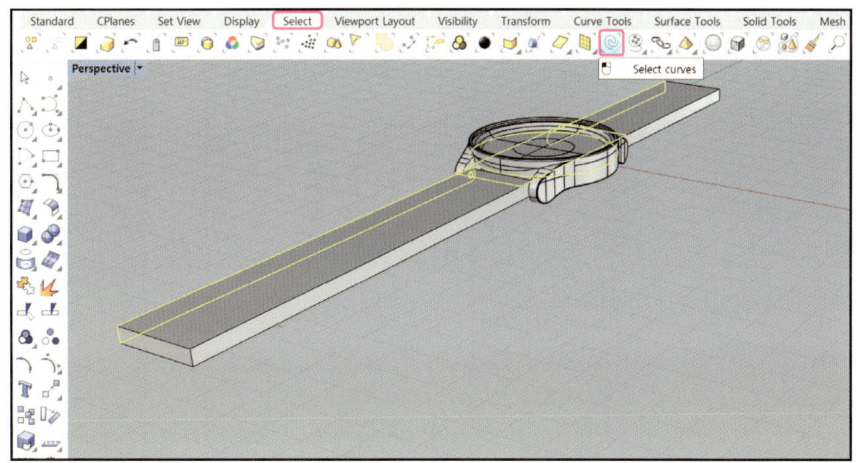

118. 선택된 Curve를 레이어 탭에서 '커브' 레이어로 Change object layer합니다.

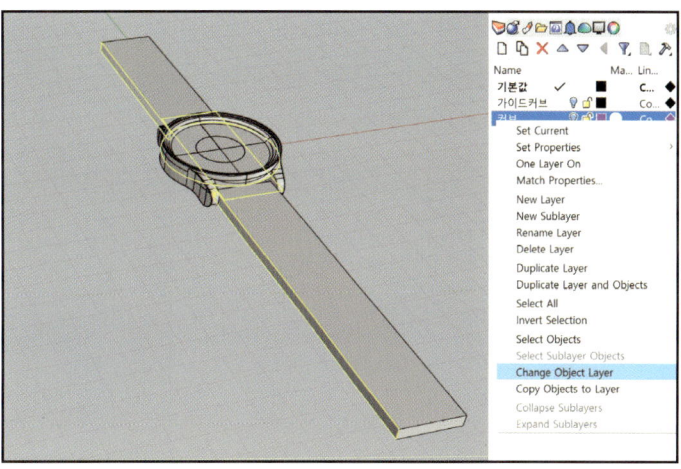

119. Solid tools>Fillet edges를 실행한 후 Radius를 10으로 입력하고 **아래쪽 2개의 세로 모서리를** 선택하여 명령을 실행합니다.

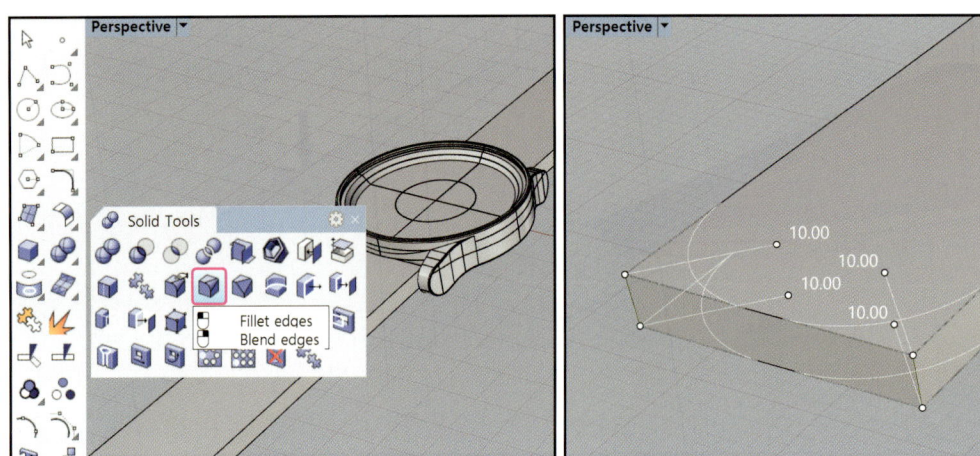

120. 레이어 탭에서 New Layer 버튼으로 새로운 Layer를 만든 후 이름을 '**밴드**'로 변경합니다.

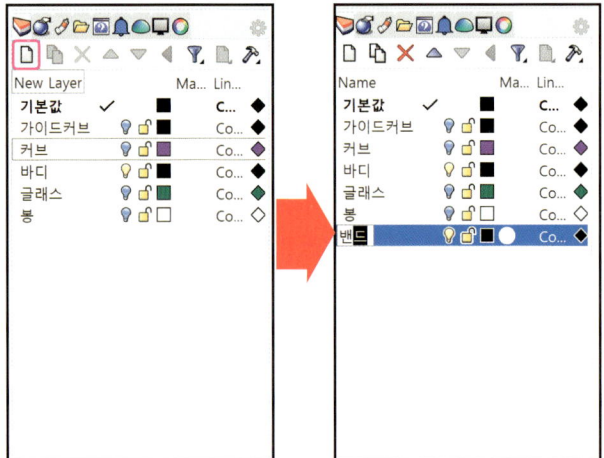

121. 위, 아래 2개의 Polysurface를 선택한 후 레이어 탭에서 '**밴드**' 레이어로 Change object layer합니다.

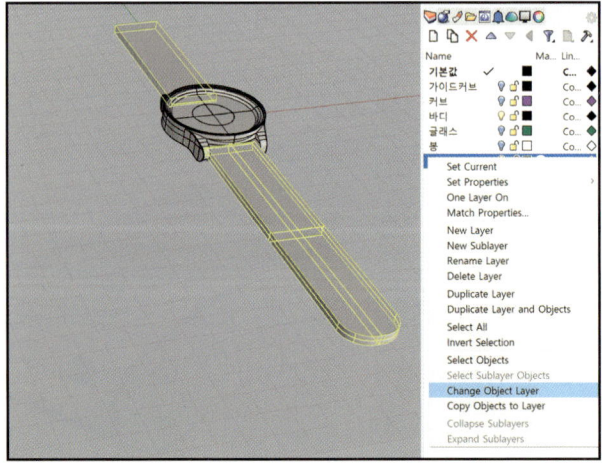

122. Top view를 선택한 후 Lines〉Single line을 실행합니다.

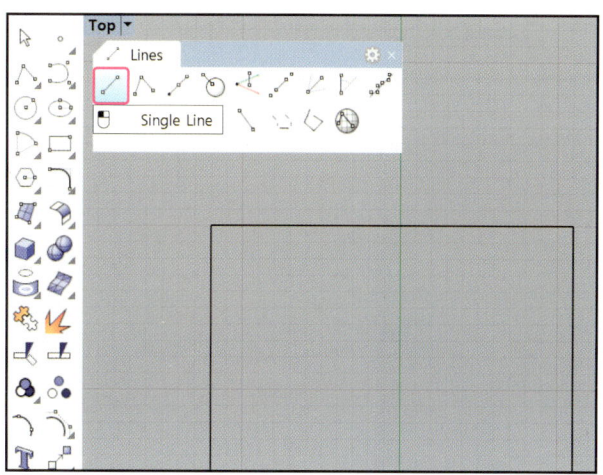

123. 밴드 개체의 **왼쪽 위 끝점**을 Start of line으로 선택한 후 직교모드(Shift 키)에서 **위쪽**으로 마우스를 이동하고 거리값을 **14**로 입력하여 명령을 실행합니다. 마우스 오른쪽 클릭하여 Single line을 재실행한 후 **오른쪽 위 끝점**에서도 동일한 조건으로 Line을 만듭니다.

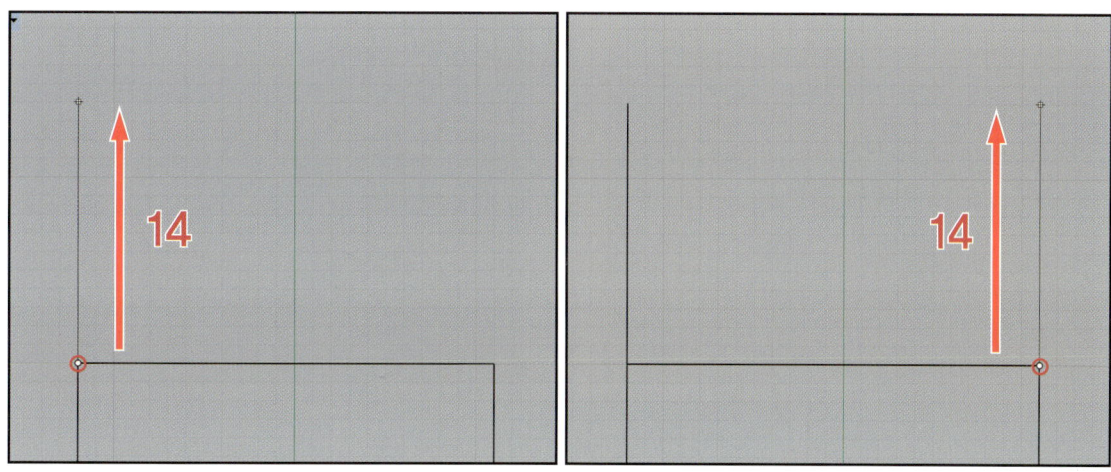

124. Single line을 재실행한 후 양쪽 Line의 위 끝점을 연결해서 Line을 만듭니다.

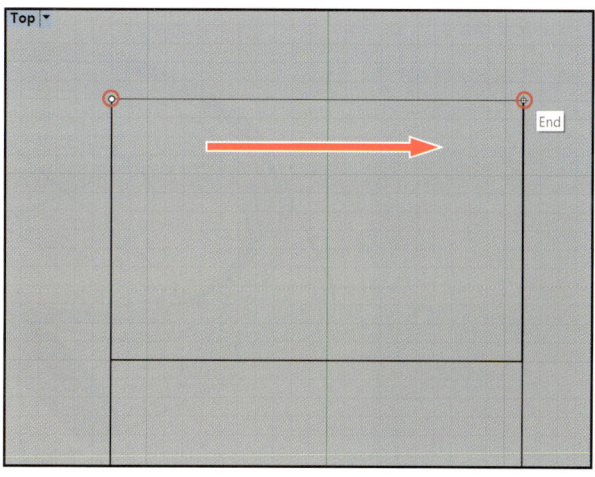

125. Curve tools>Offset curve를 실행한 후 가로 Line을 선택하고 위쪽으로 마우스를 이동 후 거리값을 5로 입력합니다.

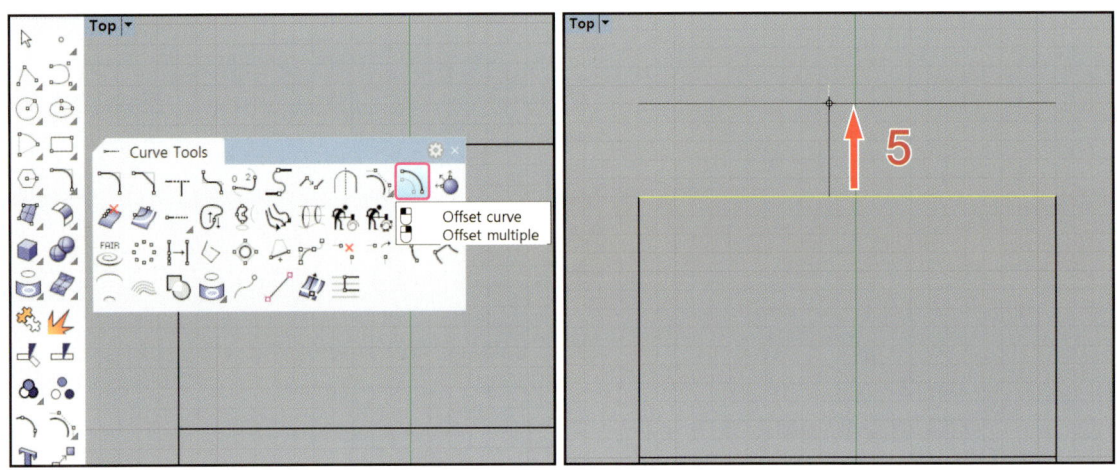

126. 마우스 오른쪽 클릭하여 Offset curve를 재실행한 후 왼쪽 Line은 왼쪽으로 오른쪽 Line은 오른쪽으로 마우스를 이동 후 거리값을 2.5로 입력하여 Line을 복사합니다.

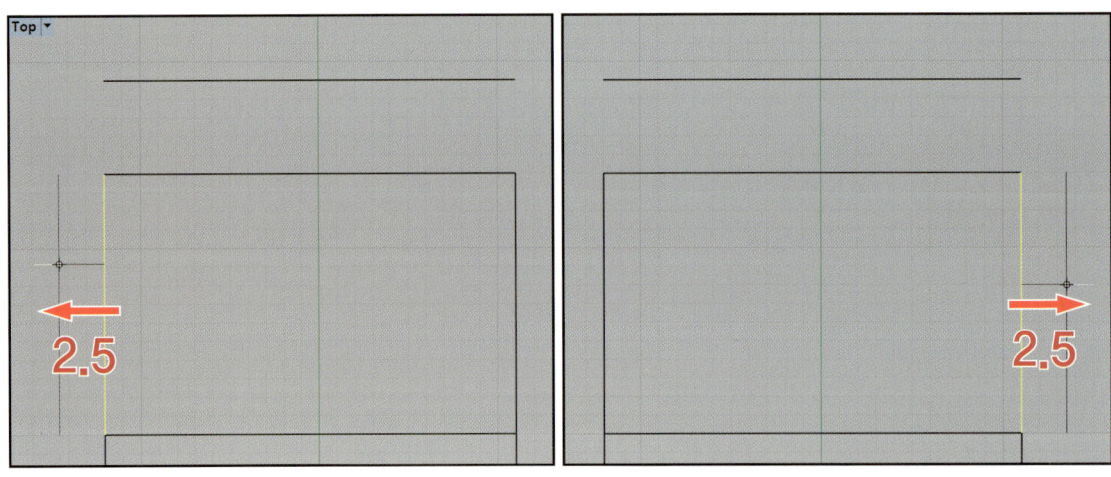

127. 마우스 오른쪽 클릭하여 Offset curve를 재실행한 후 위에서 2번째 가로 Line을 선택하고 아래쪽으로 마우스를 이동 후 거리값을 19.5로 입력합니다.

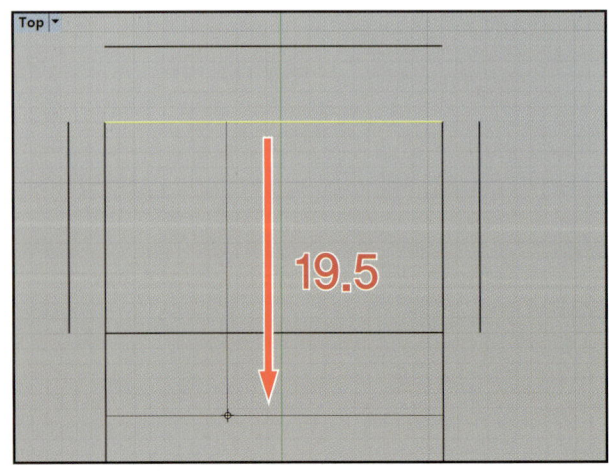

128. Curve tools〉Fillet curves를 실행합니다.

129. 반지름 값을 7로 입력 후 4개의 지점(a~d)를 선택하여 둥근 모서리를 만듭니다.

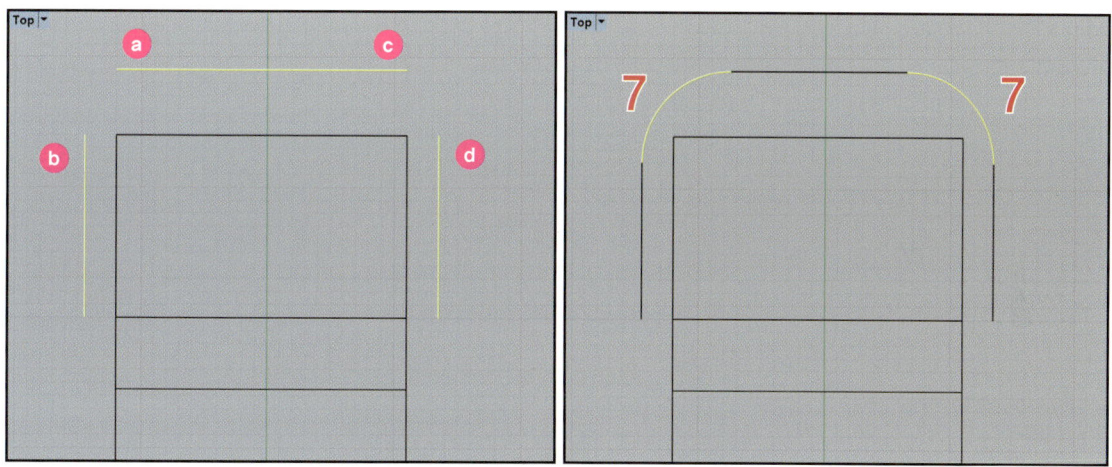

130. 마우스 오른쪽 클릭하여 Fillet curves를 재실행한 후 반지름 값을 5로 입력 후 4개의 지점(a~d)를 선택하여 둥근 모서리를 만듭니다.

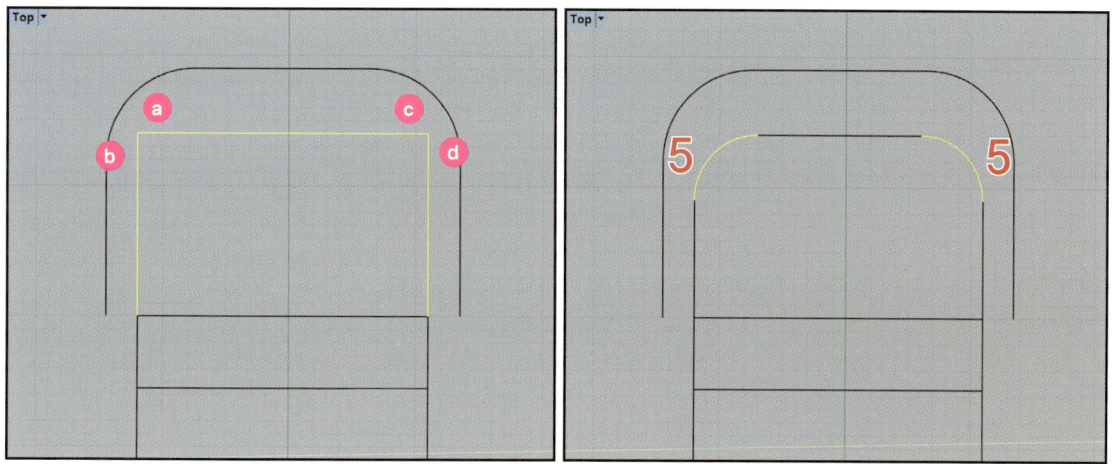

131. **Fillet curves**를 재실행한 후 반지름 값을 **0**으로 입력 후 4개의 지점(a~d)를 선택하여 모서리를 만듭니다.

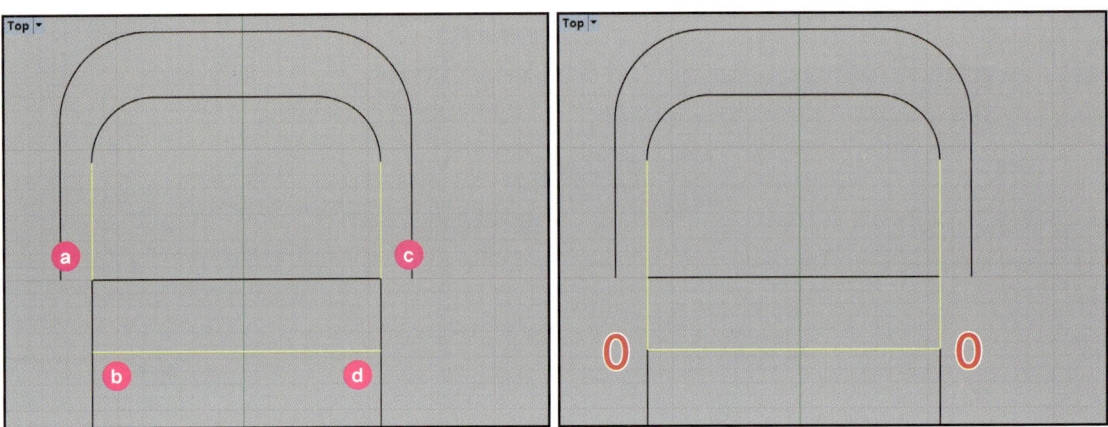

132. **Fillet curves**를 재실행한 후 반지름 값을 **0**으로 입력 후 4개의 지점(a~d)를 선택하여 모서리를 만듭니다.

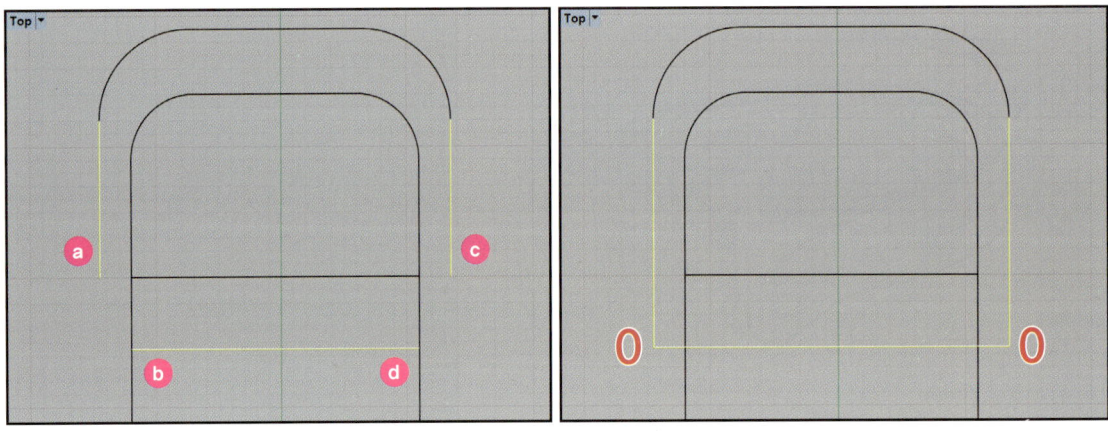

133. **Side toolbar**의 **Trim**을 실행한 후 **안쪽 2개의 세로 Line**을 Cutting object로 지정하고 **가로 Line**을 제거합니다.

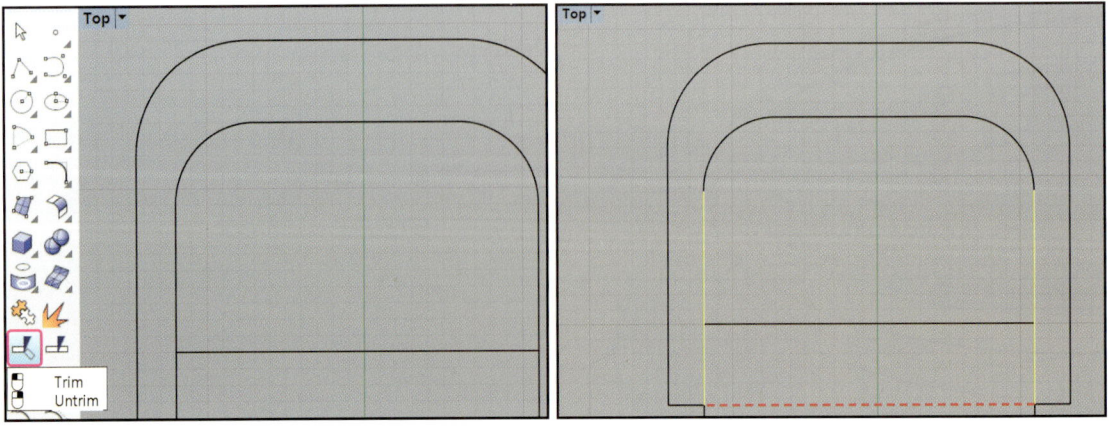

134. Side toolbar의 Join을 실행한 후 12개의 Line을 선택해서 결합합니다.

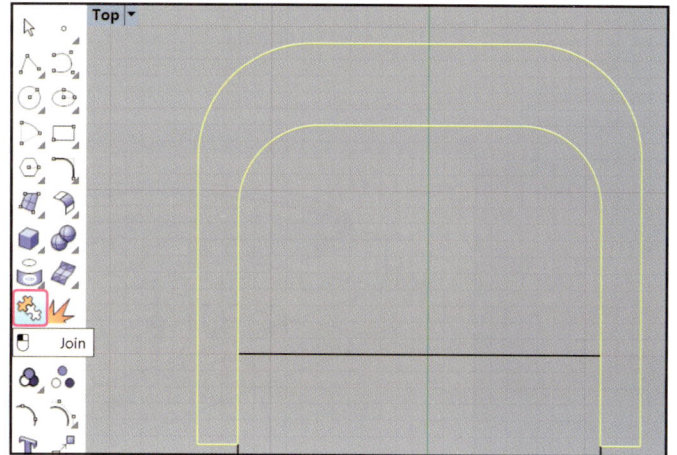

135. Perspective view를 선택한 후 Surface creation>Extrude straight를 실행합니다.

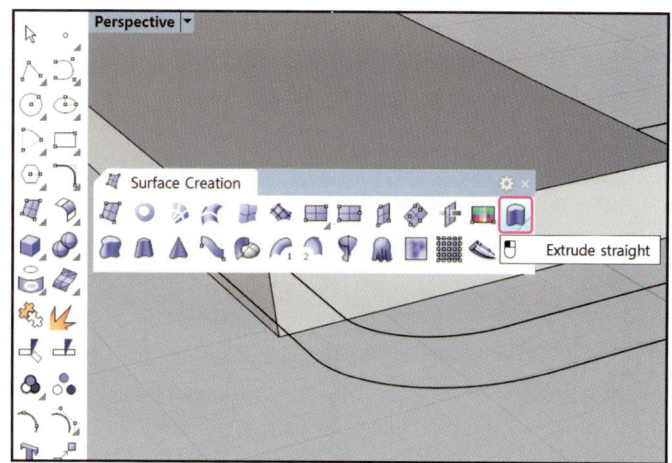

136. Curve를 선택하고 아래쪽으로 마우스를 이동 후 Solid:Yes로 변경하고 거리값을 4.1로 입력합니다.

Extrusion distance <4.1> (Direction BothSides=No Solid=Yes DeleteInput=No ToBoundary SetBasePoint):

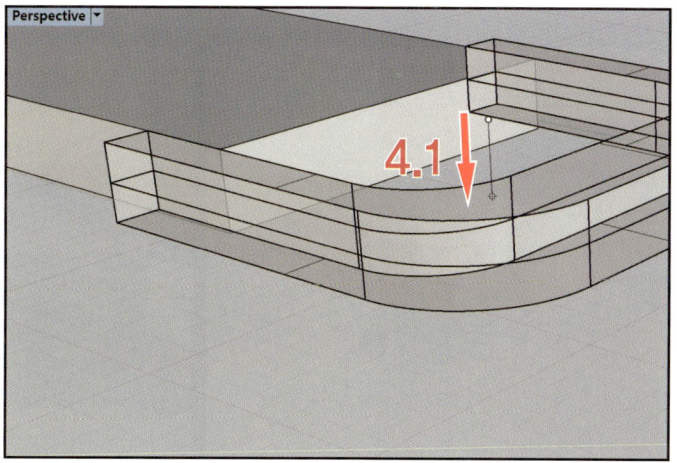

파트 6 Advanced Level Modeling 217

137. Transform>Cage edit를 실행합니다.

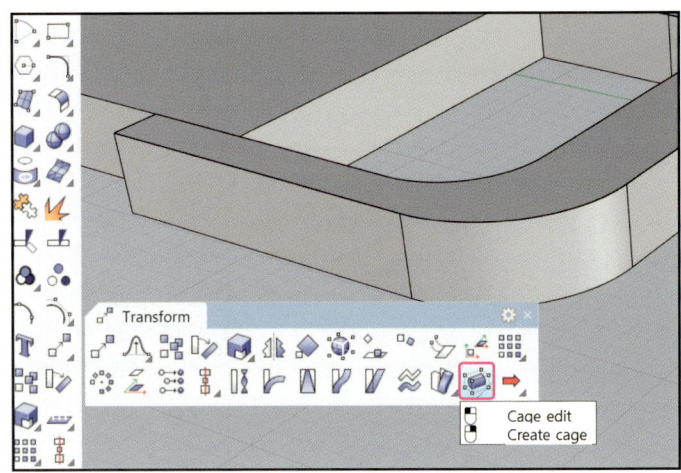

138. Captive object로 'ㄷ'자형 Polysurface를 선택한 후 Control object는 Bounding box를 지정합니다. Coordinate system, Cage parameters, Region to edit Option은 기본으로 하고 명령을 종료합니다.

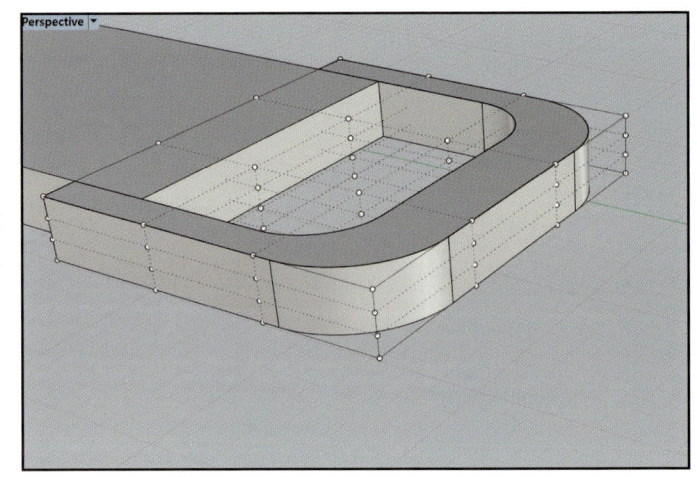

139. Gumball을 활성화하고 앞부분의 Cage point 12개(a)를 선택한 후 검볼의 Z축 이동 핸들(b)을 클릭하여 입력창에 −2를 입력합니다. Shift 키를 누른 상태에서 개체 제어점을 추가 선택할 수 있습니다.

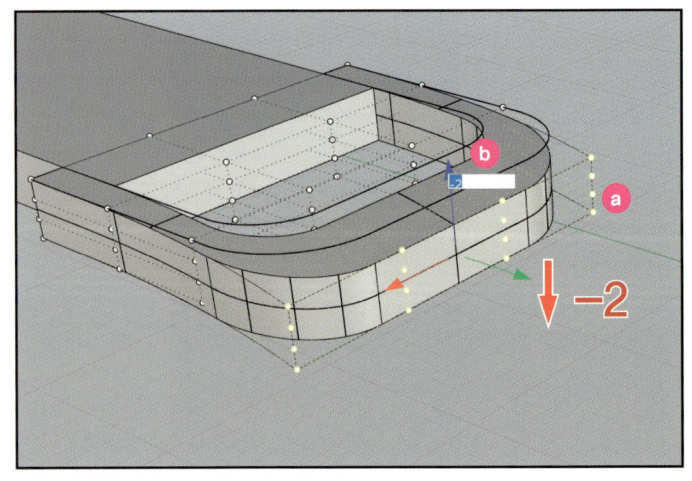

140. 앞쪽의 아래 Cage point 4개(a)를 선택한 후 검볼의 Z축 이동 핸들(b)을 클릭하여 입력창에 1을 입력합니다. 작업이 완료되면 'Control object'는 선택해서 삭제(Del 키)합니다.

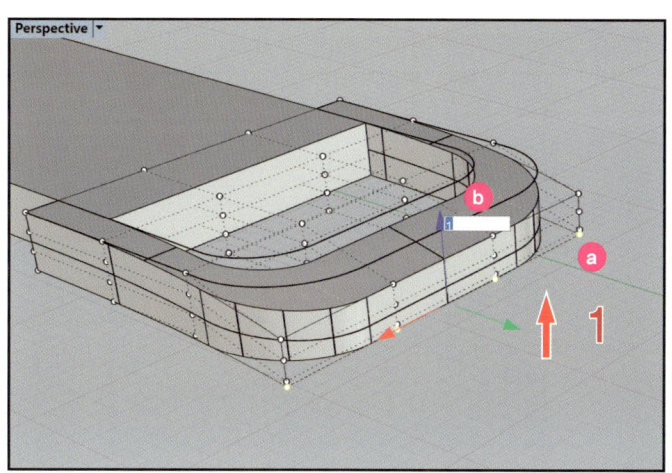

141. 레이어 탭에서 New Layer 버튼으로 새로운 Layer를 만든 후 이름을 '앤드피스'로 변경합니다.

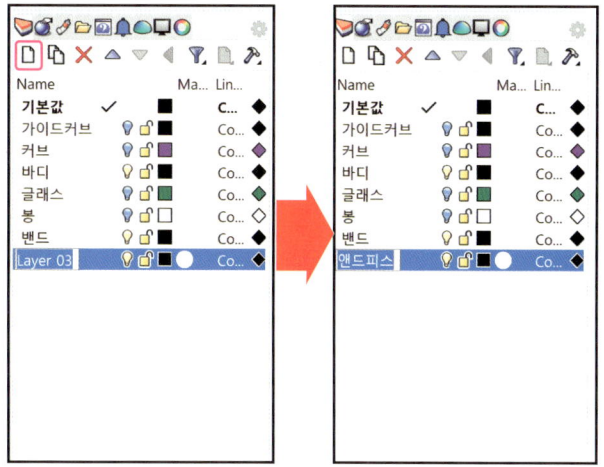

142. 'ㄷ'자형 Polysurface를 선택한 후 레이어 탭에서 '앤드피스' 레이어로 Change object layer합니다.

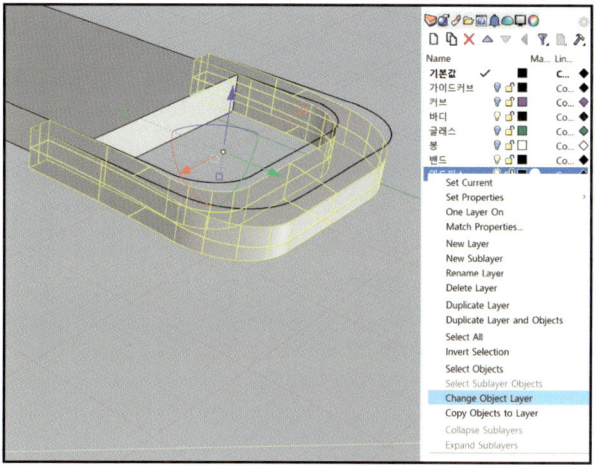

143. Select〉Select curves를 실행해서 화면에 있는 전체 Curve를 선택합니다.

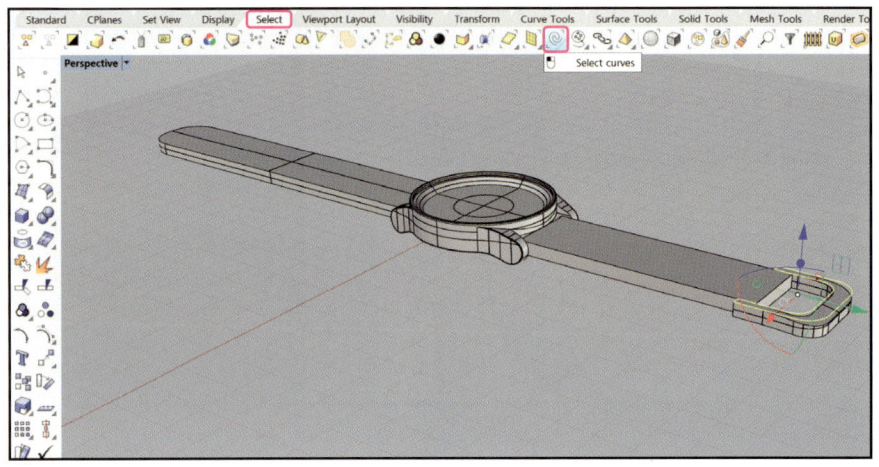

144. 선택된 Curve를 레이어 탭에서 '커브' 레이어로 Change object layer합니다

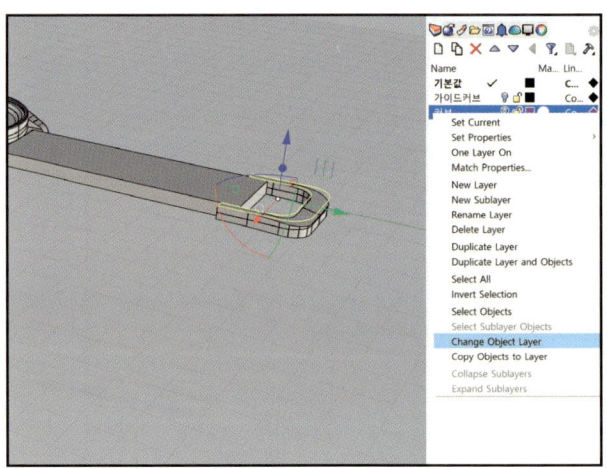

145. Solid tools〉Fillet edges를 실행한 후 Radius를 2로 입력하고 'ㄷ'자형 Polysurface의 뒤쪽 4개의 가로 모서리를 선택하여 명령을 실행합니다.

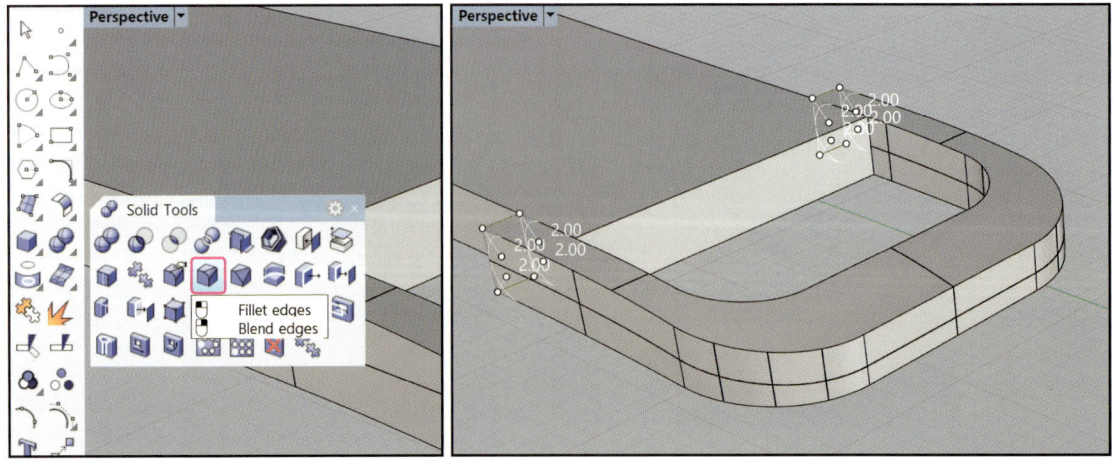

146. Fillet edges를 재실행한 후 Radius:0.5, ChainEdges를 선택하여 'ㄷ'자형 Polysurface의 앞, 뒤쪽 모서리 전체를 선택하여 명령을 실행합니다.

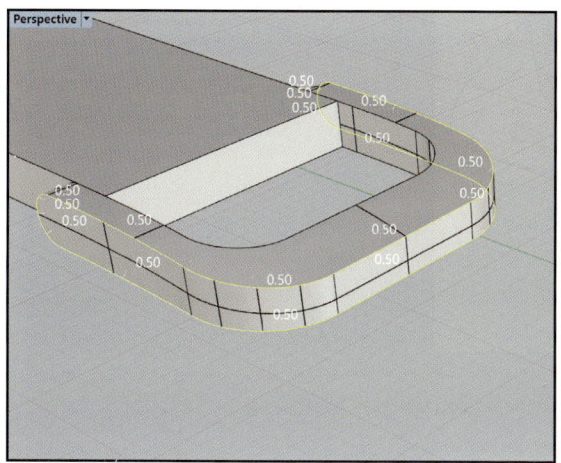
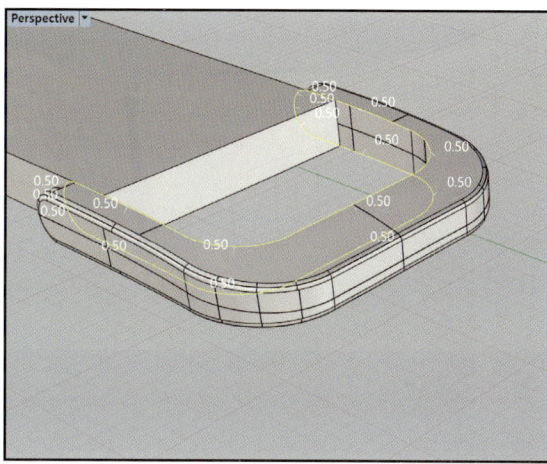

147. CPlanes>Set CPlane to object를 실행한 후 Polysurface의 왼쪽 면을 선택합니다.

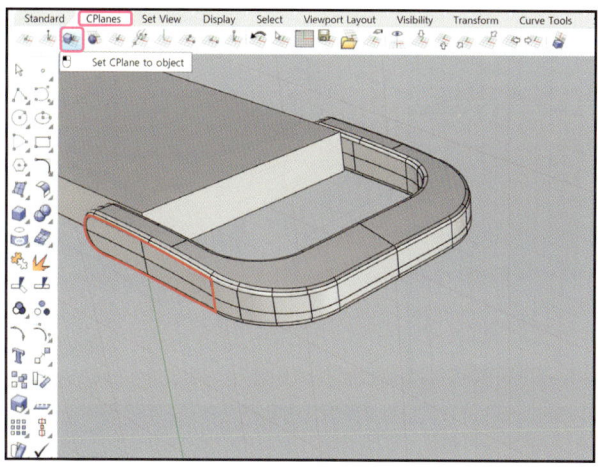

148. Right view를 선택하고 Lines>Single line을 실행한 후 **안쪽 위, 아래** Line의 **끝점**을 연결해서 Line을 만듭니다.

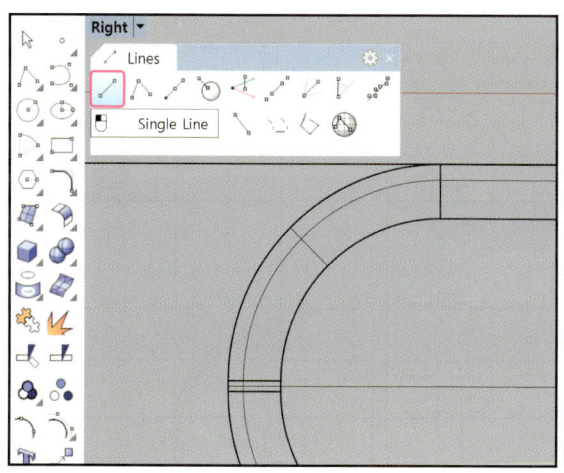
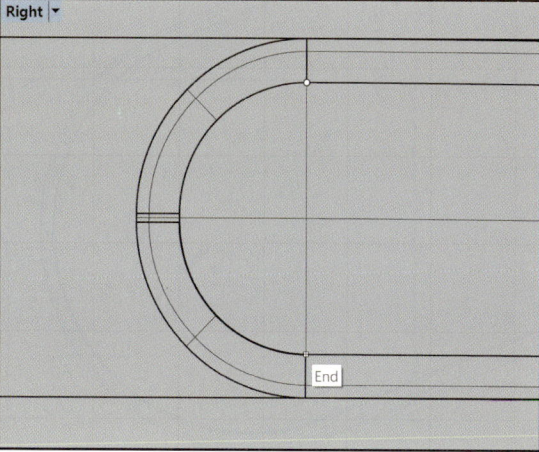

149. Circle〉Circle: center, radius를 실행한 후 Osnap의 Mid를 선택하고 원의 중심을 Line의 **중간점**, 반지름값으로 0.5를 입력합니다.

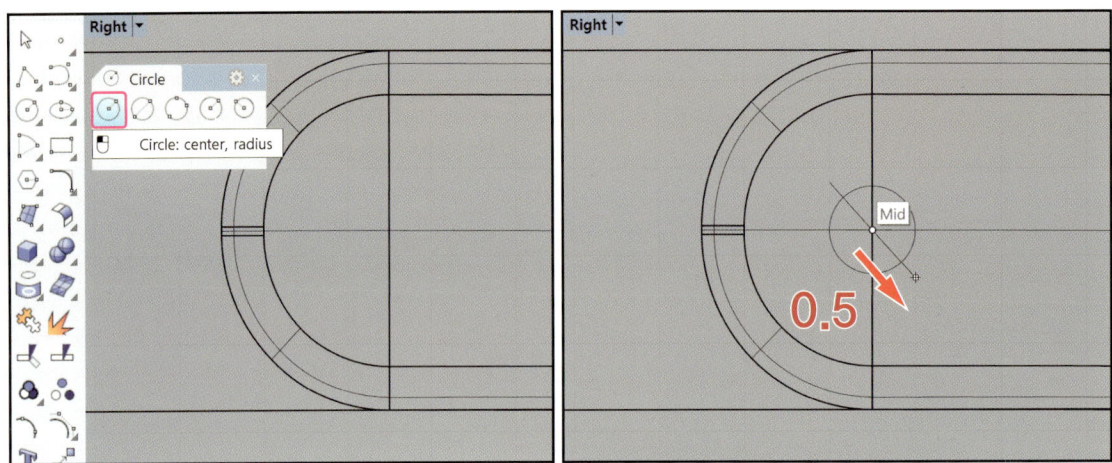

150. Perspective view를 선택한 후 Surface creation〉Extrude straight를 실행합니다.

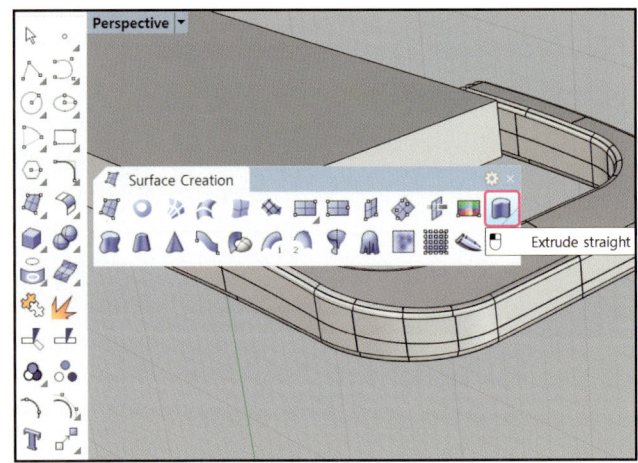

151. 원형 Curve를 선택하고 오른쪽으로 마우스를 이동 후 Solid:Yes로 변경하고 거리값을 27로 입력합니다.

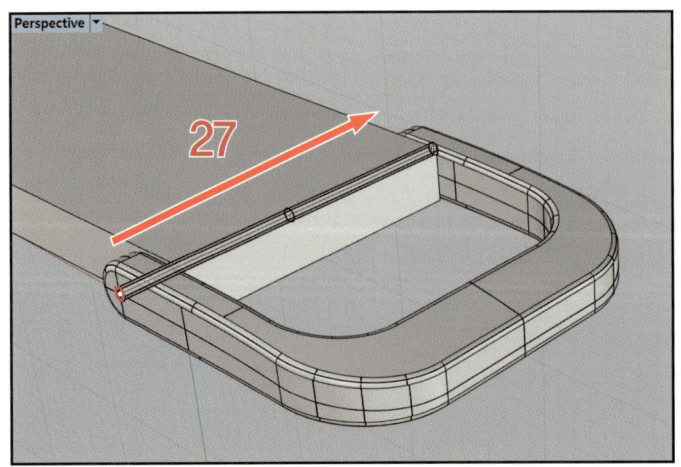

152. Extrude straight로 만든 개체를 선택한 후 Ctrl+C, V를 입력하여 Copy, Paste를 실행합니다. 명령을 한번 더 실행해서 2개의 복사 개체를 만듭니다.

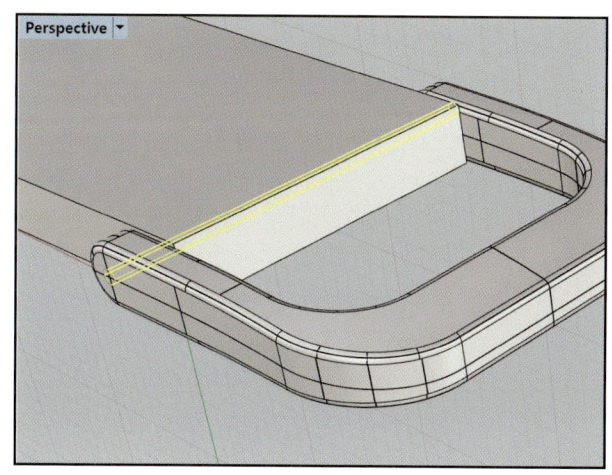

153. Solid tools>Boolean difference를 실행한 후 a를 차집합을 적용할 개체로 선택하고 b를 차집합에 사용될 개체로 선택합니다. a에서 b가 제거된 형상이 만들어집니다.

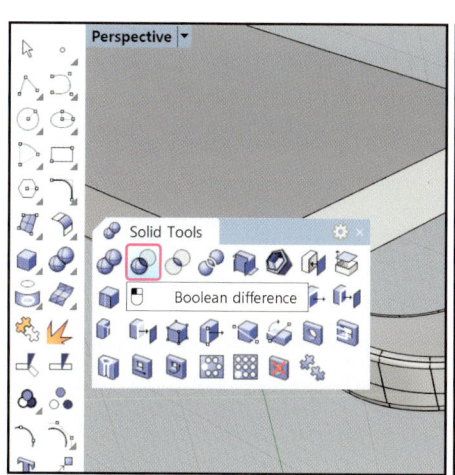 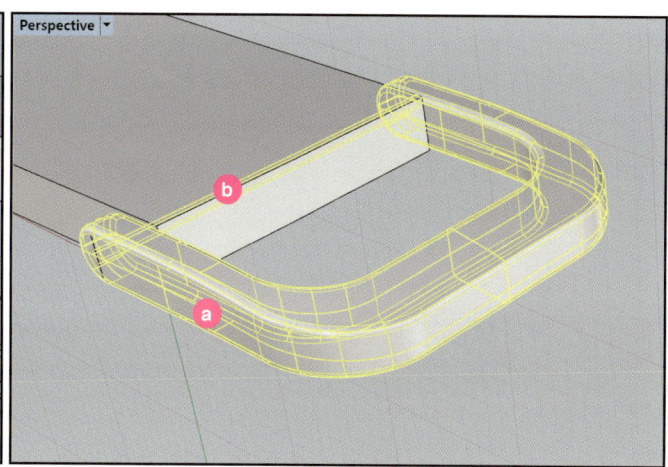

154. Boolean difference를 재실행한 후 a를 차집합을 적용할 개체로 선택하고 b를 차집합에 사용될 개체로 선택합니다. a에서 b가 제거된 형상이 만들어집니다.

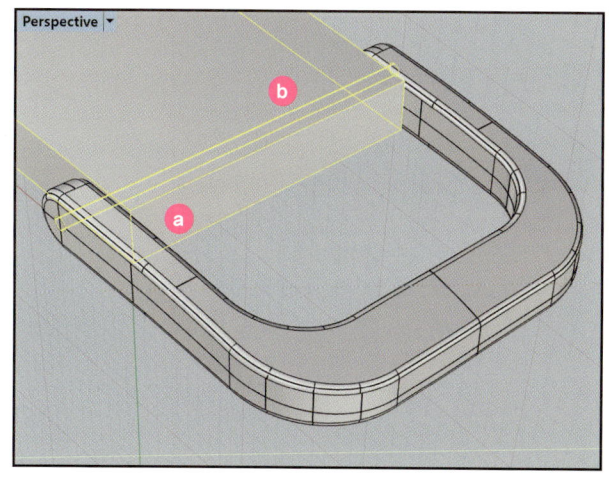

155. 막대형 Curve를 선택한 후 레이어 탭에서 '봉' 레이어로 Change object layer합니다

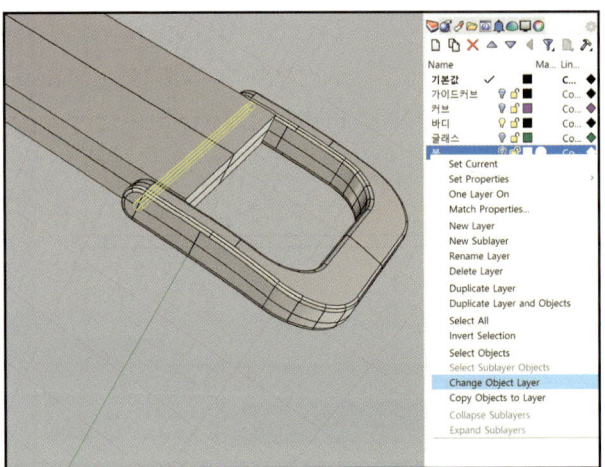

156. 바디와 앤드피스 개체를 선택한 후 Standard toolbar〉Hide objects를 실행하여 숨깁니다.

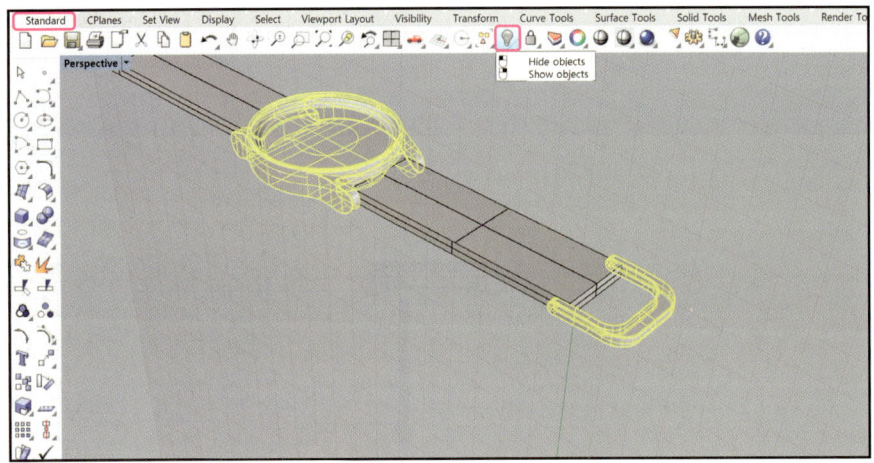

157. Solid tools〉Fillet edges를 실행한 후 Radius를 0.5로 입력하고 밴드 개체의 모든 모서리를 선택하여 둥근 모서리를 만듭니다.

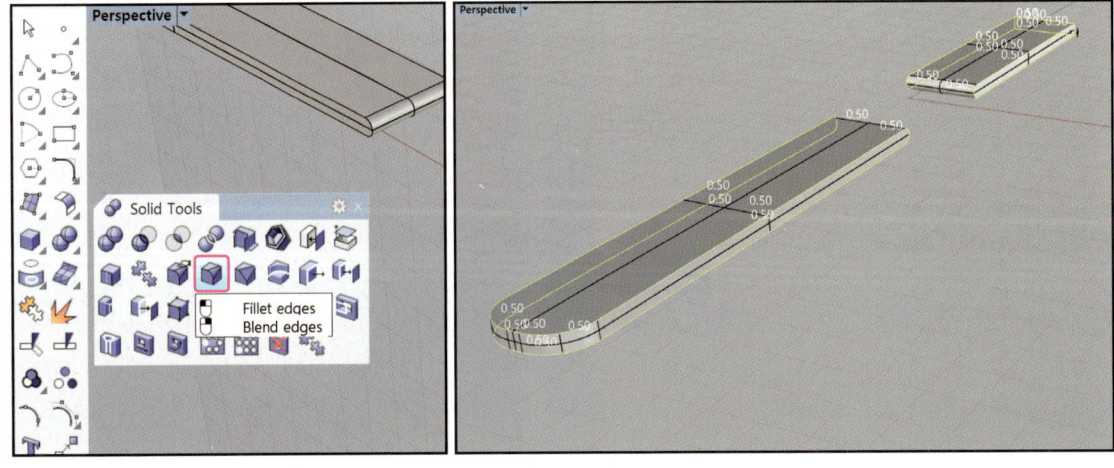

158. Right view를 선택한 후 Circle〉Circle: center, radius를 실행합니다. Osnap의 Cen을 선택한 후 원의 중심을 **중심점**, 반지름 값으로 **2**를 입력합니다.

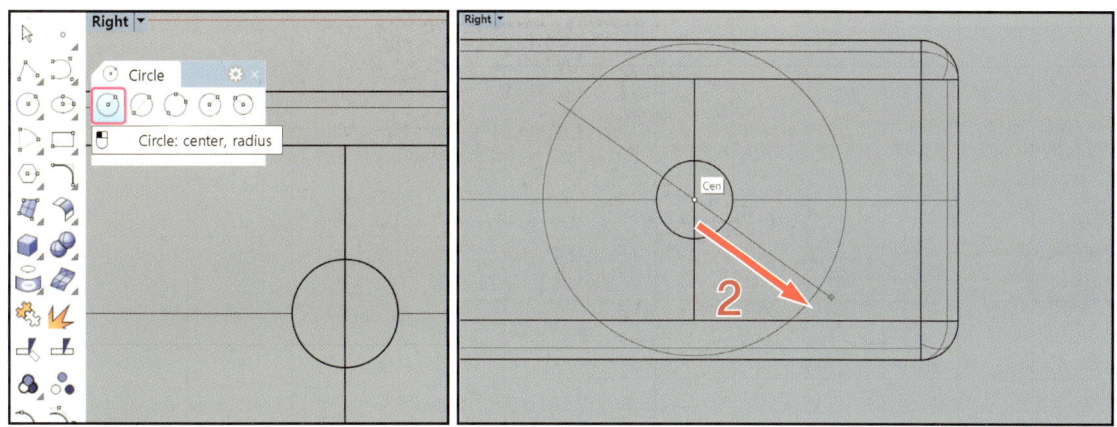

159. Lines〉Polyline을 실행합니다. 원의 Quad point를 **시작점**으로 하고 직교모드(Shift 키)에서 마우스를 오른쪽으로 이동 후 거리값을 **18**, 마우스를 위쪽으로 이동 후 거리값을 **1**, 마우스를 왼쪽으로 이동 후 거리값을 **19**로 입력해서 3개의 Line을 만듭니다.

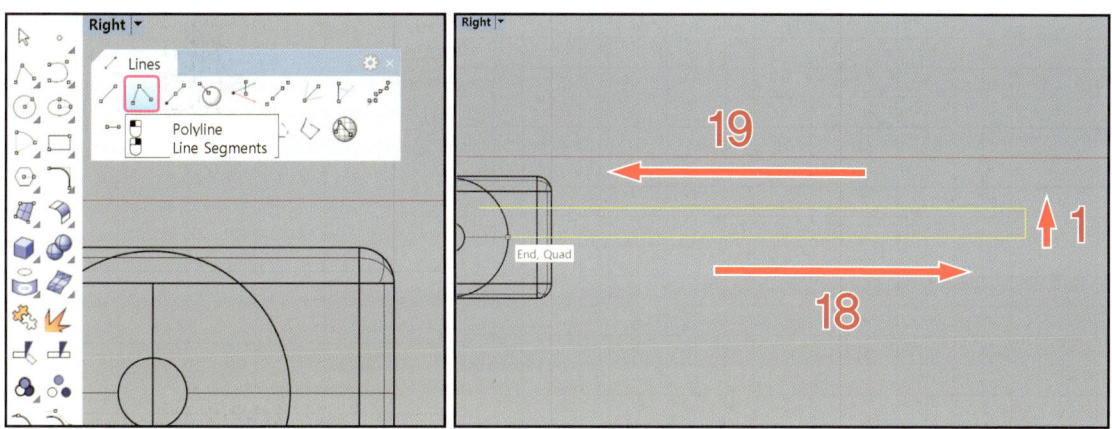

160. Ellipse〉Ellipse: From center를 실행합니다. Line의 Mid point를 Center로 하고 첫 번째 Exis의 끝을 세로 Line **끝점**, 두 번째 Exis의 끝은 마우스를 가로로 이동 후 값을 **3**으로 입력합니다.

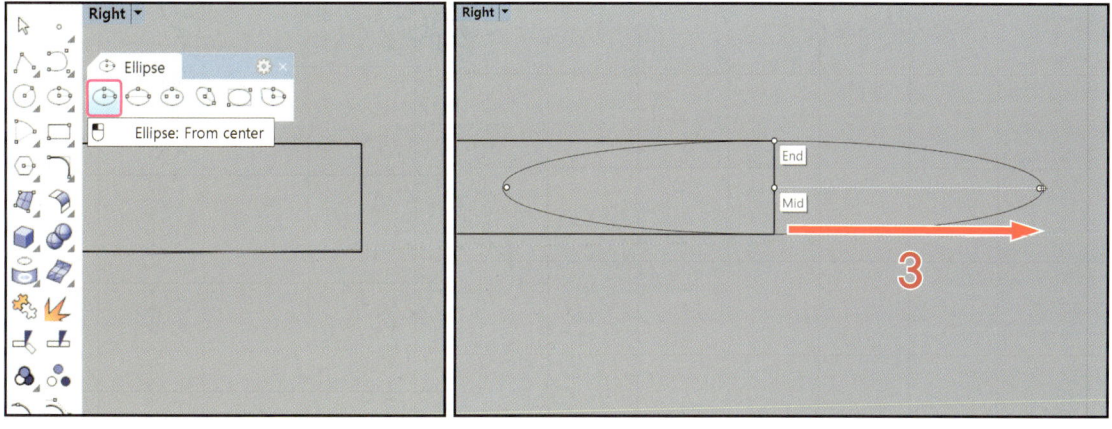

161. Side toolbar의 Move를 실행한 후 Ellipse의 Quad point를 From point로 하고 세로 Line의 Mid point를 To point로 지정해서 명령을 실행합니다.

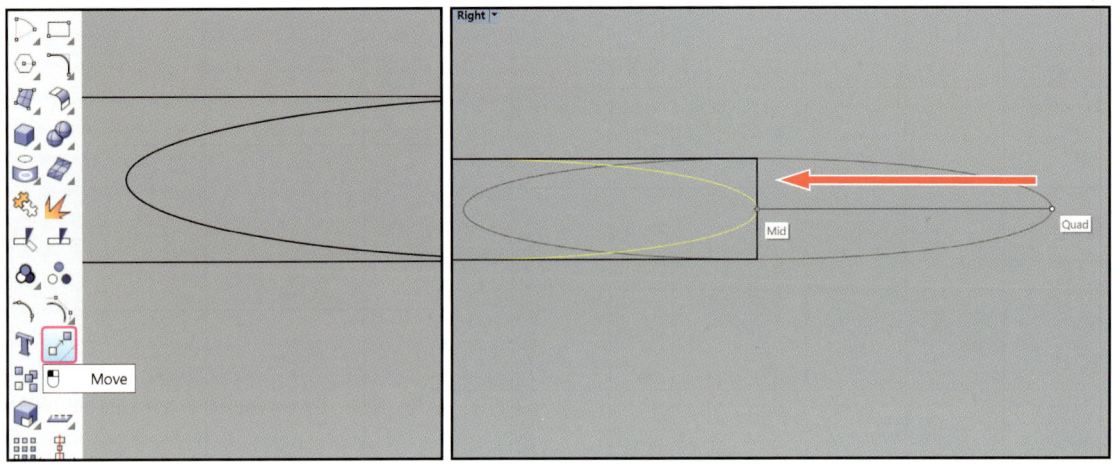

162. Side toolbar의 Trim을 실행합니다.

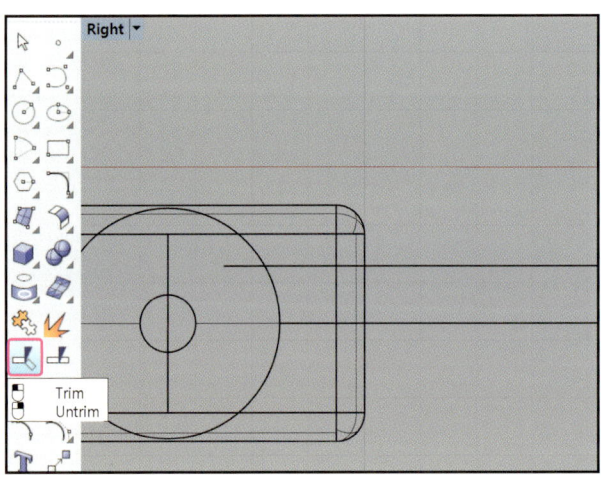

163. 전체 Curve를 Cutting object로 지정하고 그림에 표시된 부분과 같이 왼쪽과 오른쪽 끝부분의 Curve를 제거합니다.

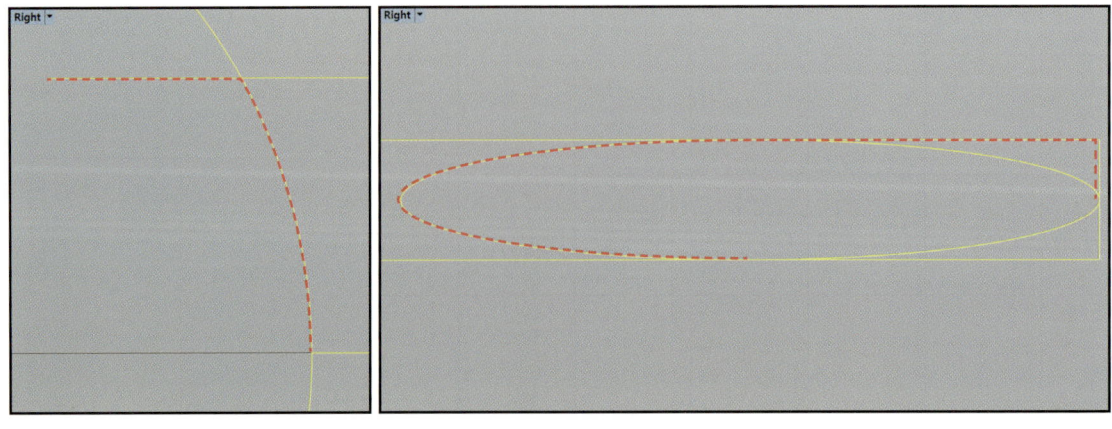

164. Side toolbar의 Join을 실행한 후 4개의 Line을 선택해서 결합합니다.

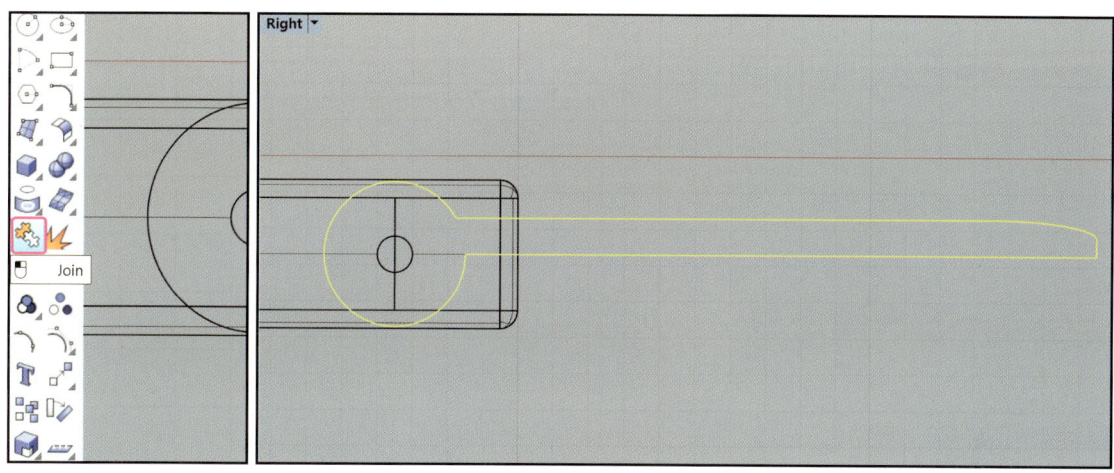

165. Curve tools>Offset curve를 실행한 후 가장 안쪽 Circle을 선택하고 왼쪽으로 마우스를 이동 후 거리값을 0.3으로 입력합니다.

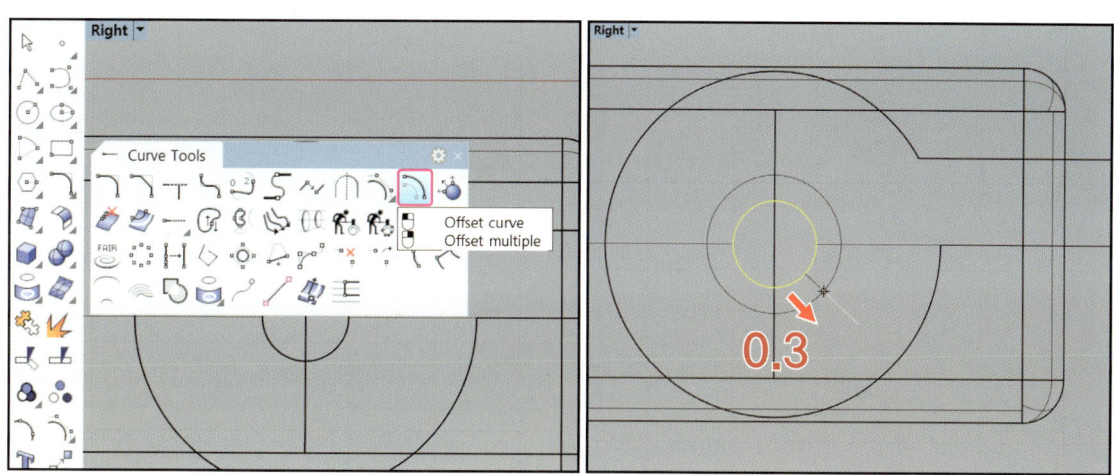

166. Perspective view를 선택한 후 Surface creation>Extrude straight를 실행합니다.

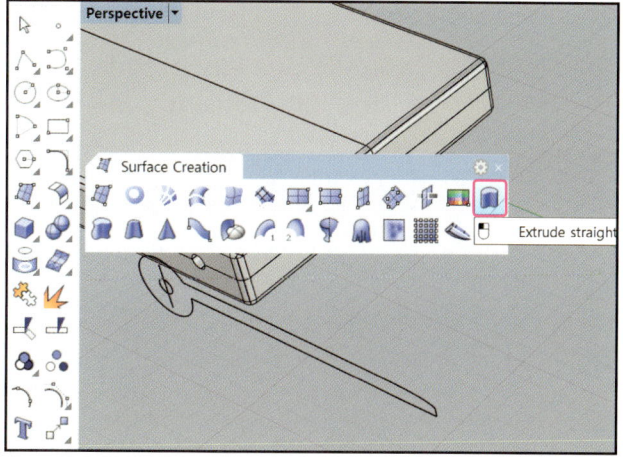

파트 6 Advanced Level Modeling 227

167. Curve를 선택하고 오른쪽으로 마우스를 이동 후 Solid:Yes로 변경하고 거리값을 3으로 입력합니다. Standard toolbar〉Show objects를 실행하여 숨긴 개체를 보이게 합니다.

`Extrusion distance <3>` (Direction BothSides=No `Solid=Yes` DeleteInput=No ToBoundary SetBasePoint):

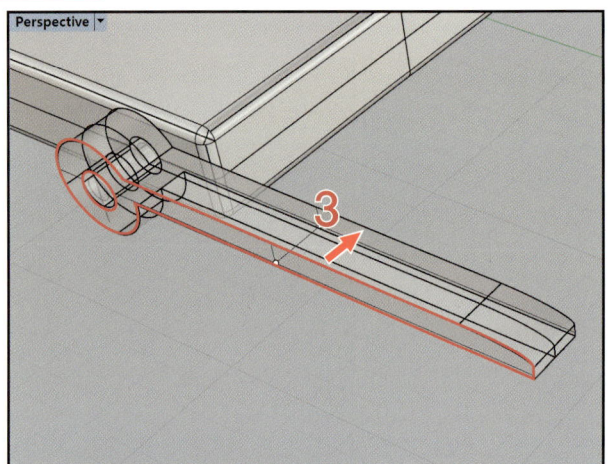

168. Gumball을 활성화하고 그림의 Polysurface를 선택한 후 검볼의 X축 이동 핸들을 클릭하여 입력창에 −12를 입력하여 이동합니다.

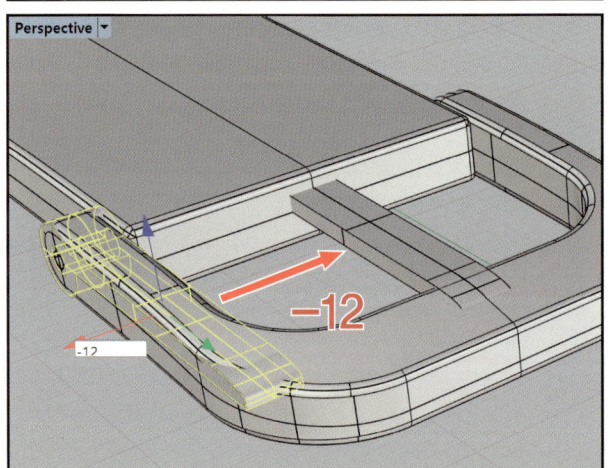

169. Top view를 선택한 후 Rectangle〉Rectangle: Center, Corner를 실행합니다. Center는 '밴드' 개체의 위 중간, 가로는 4, 세로는 12로 입력합니다.

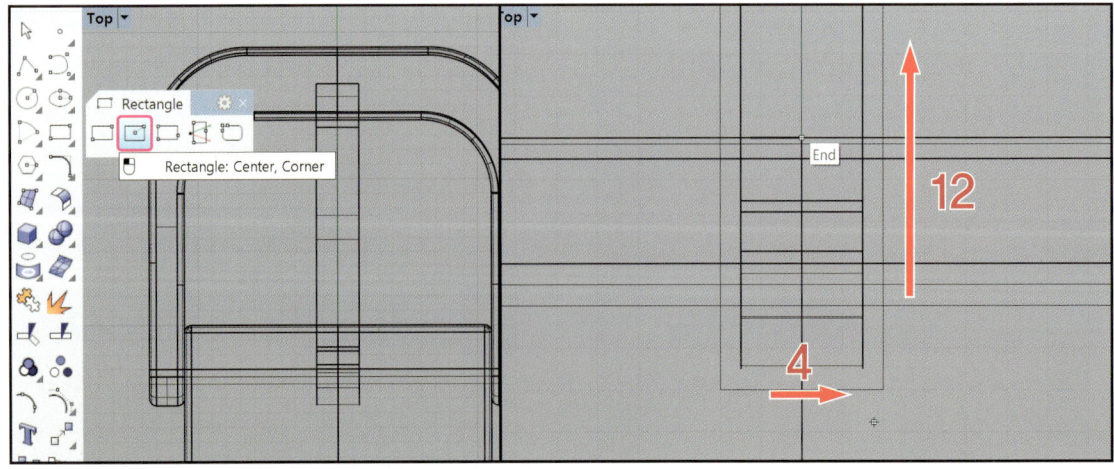

170. Perspective view를 선택한 후 Surface creation>Extrude straight를 실행합니다. 사각형 Curve를 선택하고 위쪽으로 마우스를 이동 후 BothSides:Yes, Solid:Yes로 변경하고 거리값을 4로 입력합니다.

Extrusion distance <4> (Direction BothSides=Yes Solid=Yes DeleteInput=No ToBoundary SetBasePoint):

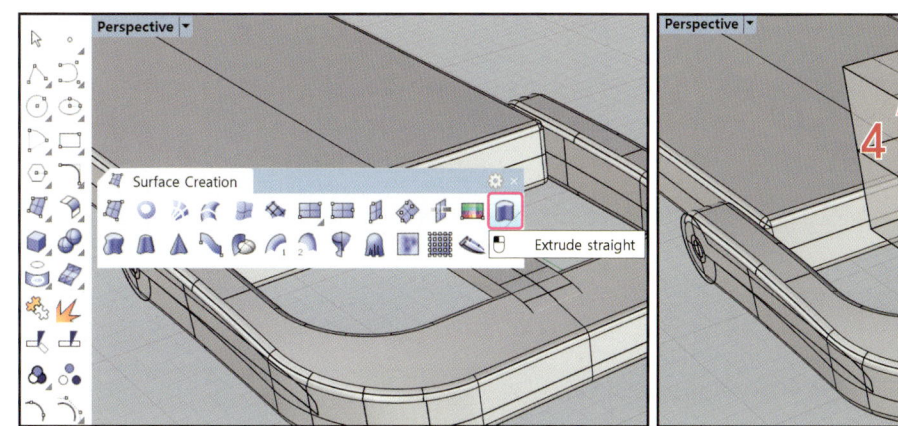

171. Solid tools>Boolean difference를 실행한 후 a를 차집합을 적용할 개체로 선택하고 b를 차집합에 사용될 개체로 선택합니다. a에서 b가 제거된 형상이 만들어집니다.

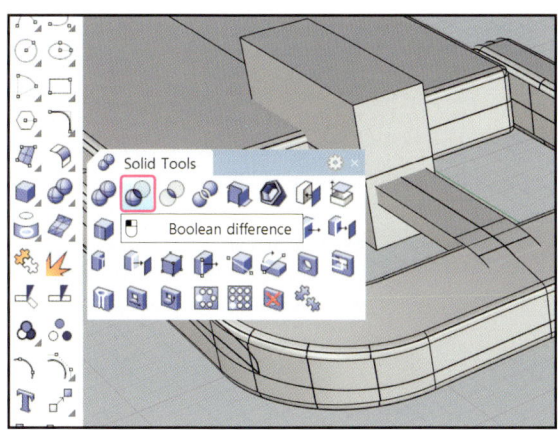
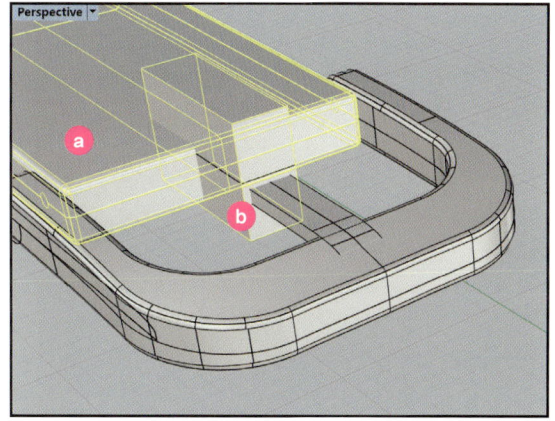

172. 그림에서 지정한 개체를 선택한 후 Ctrl+C, V를 입력하여 Copy, Paste를 실행합니다.

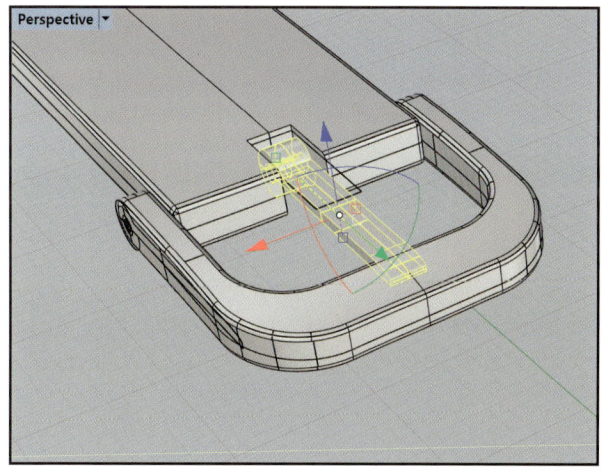

173. Boolean difference를 재실행한 후 a를 차집합을 적용할 개체로 선택하고 b를 차집합에 사용될 개체로 선택합니다. a에서 b가 제거된 형상이 만들어집니다.

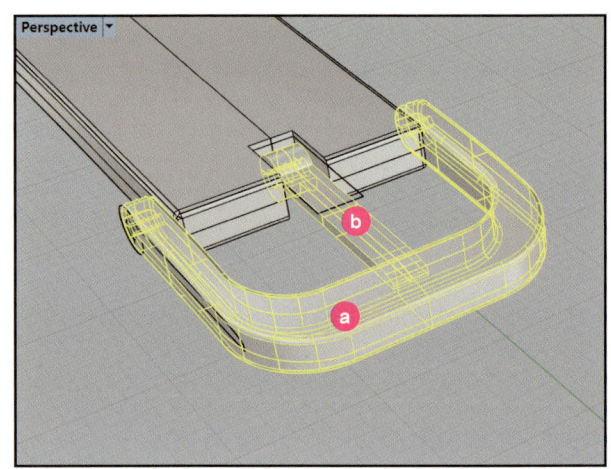

174. 그림과 같이 선택된 Polysurface를 레이어 탭에서 '앤드피스' 레이어로 Change object layer합니다. 다음 작업을 위해 '앤드피스' 레이어는 off합니다.

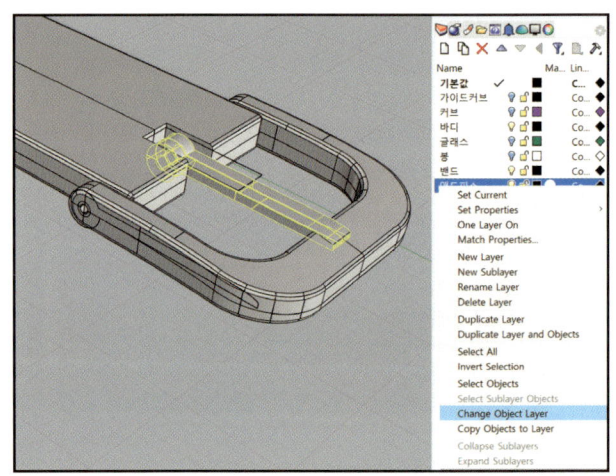

175. Solid tools)Fillet edges를 실행한 후 Radius를 0.3으로 입력하고 밴드 개체의 파인 홈 모서리를 선택하여 둥근 모서리를 만듭니다.

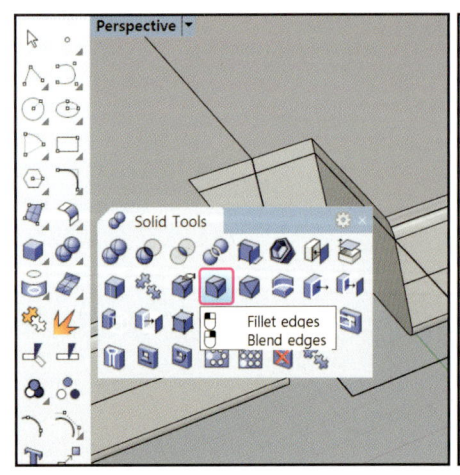
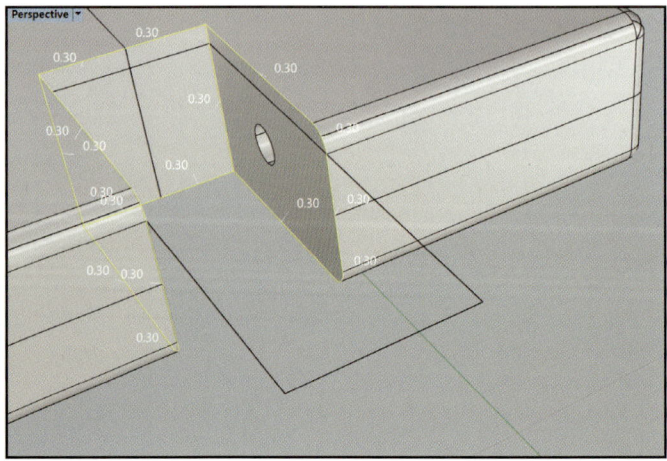

176. Top view를 선택한 후 Circle〉Circle: center, radius를 실행합니다. Circle의 중심을 '밴드' 개체의 **아래 중심 끝점**, 반지름값으로 2를 입력합니다.

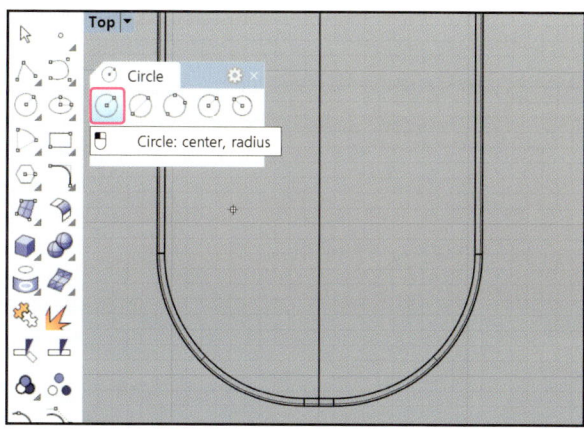 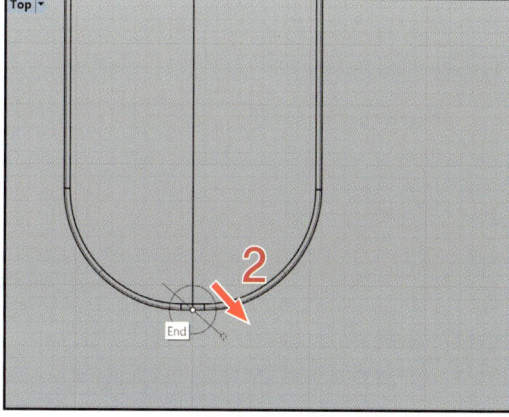

177. Transform〉Move를 실행합니다. Circle을 선택하고 Circle의 중심을 이동 시작점으로 지정하고 마우스를 위로 이동 후 거리값으로 28을 입력합니다.

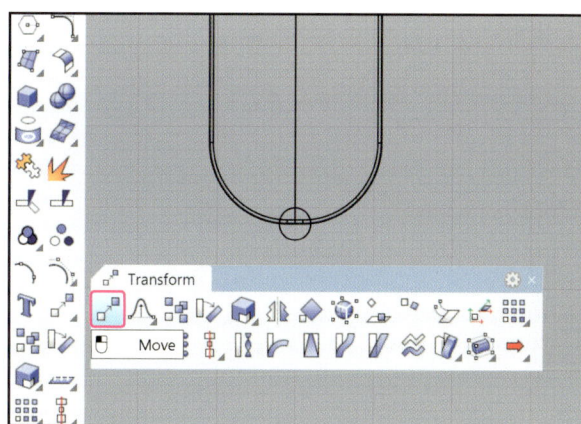 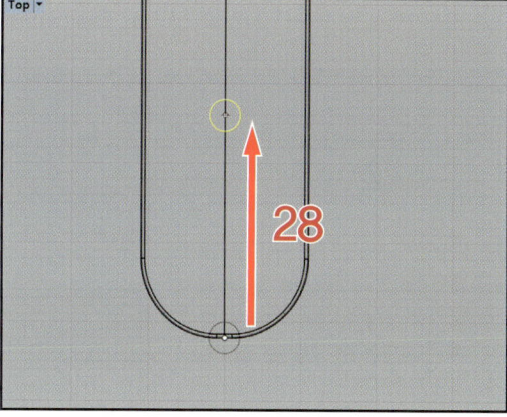

178. Array〉Rectangular array를 실행합니다. X, Z축 방향의 Array 개수는 1, Y축 방향은 10으로 입력하고 Circle의 중심을 첫 번째 기준점으로 지정하고 두 번째 기준점을 −6으로 입력합니다.

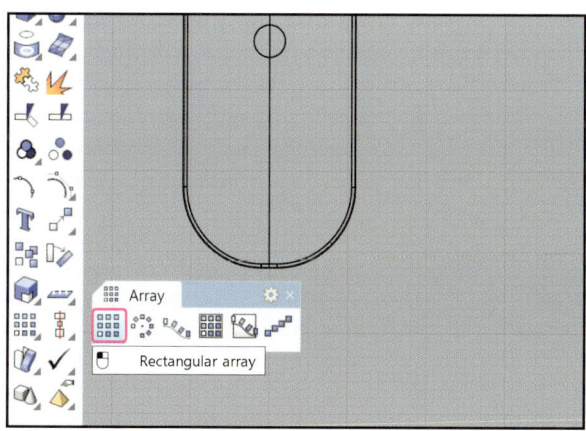 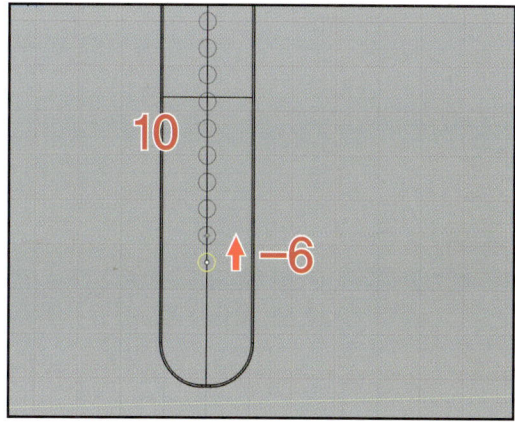

179. Perspective view를 선택한 후 Surface creation>Extrude straight를 실행합니다. Array로 만든 10개의 Curve를 선택하고 위쪽으로 마우스를 이동 후 BothSides:Yes, Solid:Yes로 변경하고 거리값을 10으로 입력합니다.

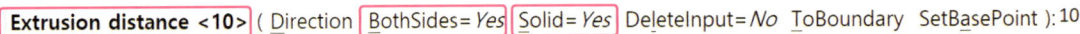

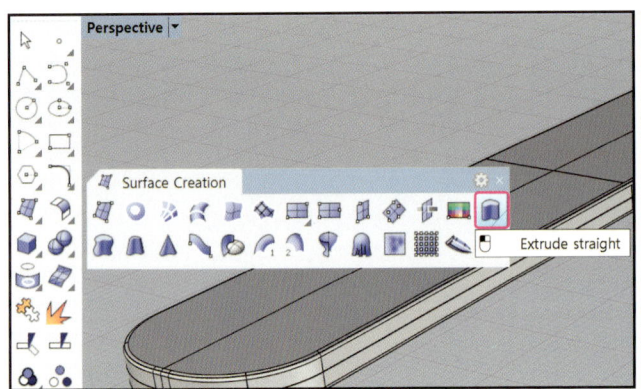 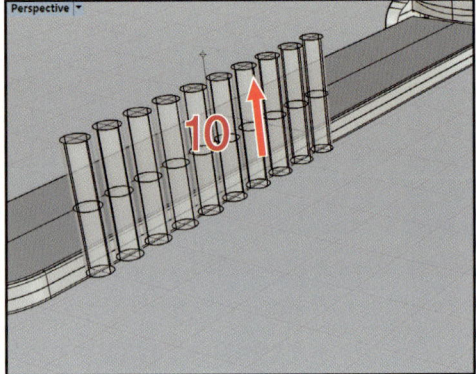

180. Solid tools>Boolean difference를 실행한 후 a를 차집합을 적용할 개체로 선택하고 10개의 b를 차집합에 사용될 개체로 선택합니다. a에서 b가 제거된 형상이 만들어집니다.

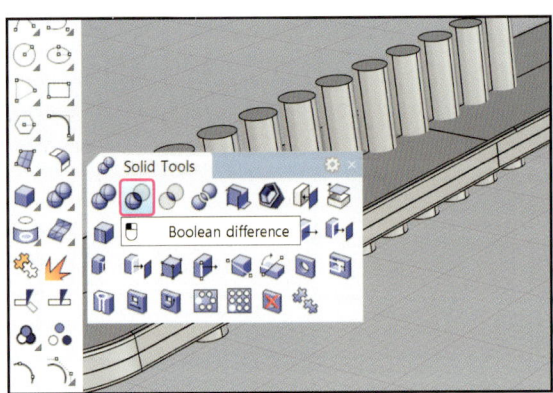 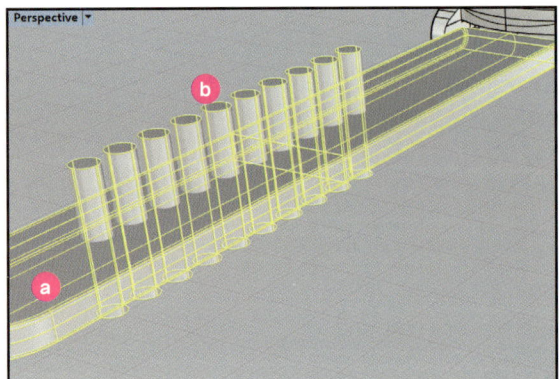

181. Solid tools>Fillet edges를 실행한 후 Radius를 0.3으로 입력하고 Boolean difference로 만든 모서리를 선택하여 둥근 모서리를 만듭니다.

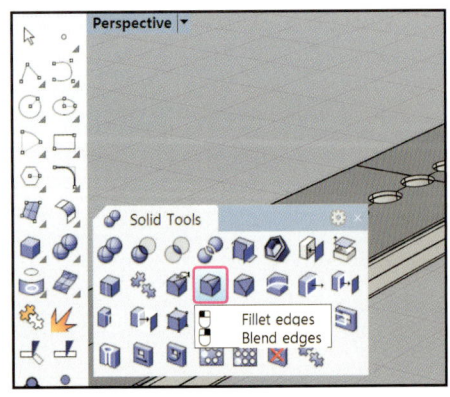 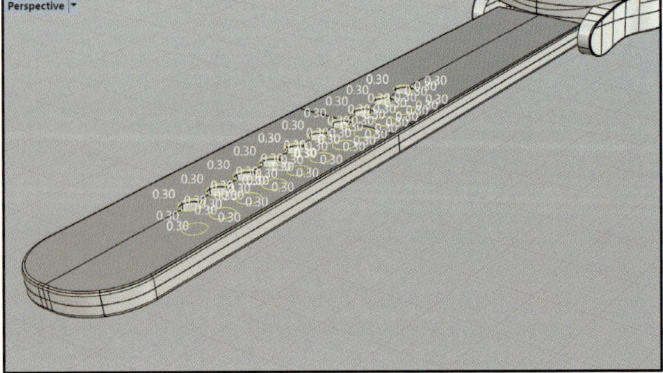

182. Select>Select curves를 실행해서 화면에 있는 전체 Curve를 선택한 후 선택된 Curve를 레이어 탭에서 '커브' 레이어로 Change object layer합니다

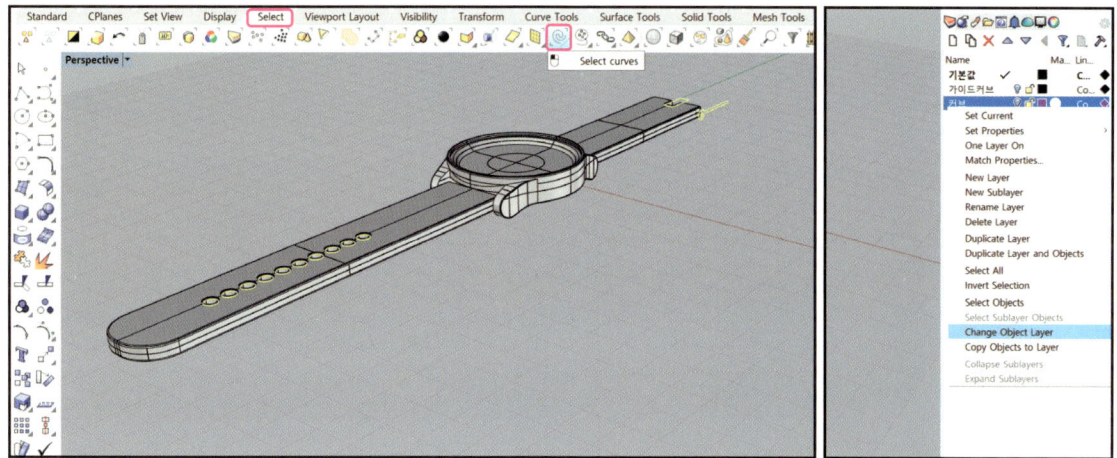

183. CPlanes>Set CPlane to object를 실행한 후 '바디' 개체의 원형 평면을 선택합니다.

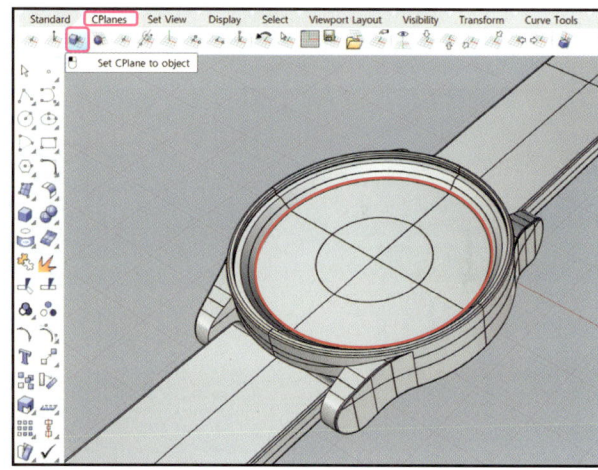

184. Top view를 선택한 후 Rectangle>Rectangle : Center, Corner를 실행한 후 Center는 '바디' 개체의 중심, 가로는 1, 세로는 36으로 입력합니다.

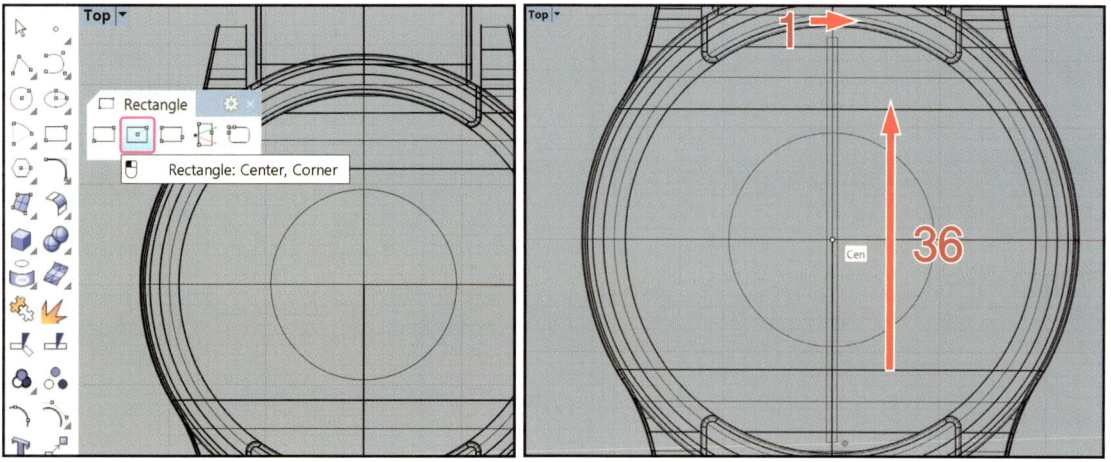

185. Side toolbar의 Rotate 2-D를 실행한 후 회전 중심은 원형의 **중심**, Copy: Yes, Angle: **90**으로 지정하여 회전 복사합니다.

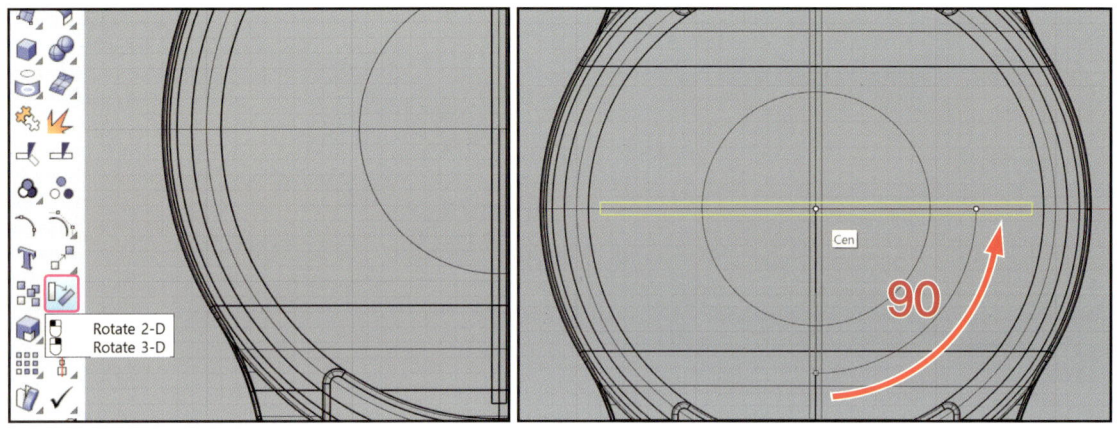

186. Circle)Circle: center, radius를 실행한 후 Circle의 중심을 원형의 **중심**, 반지름값으로 **14**를 입력합니다.

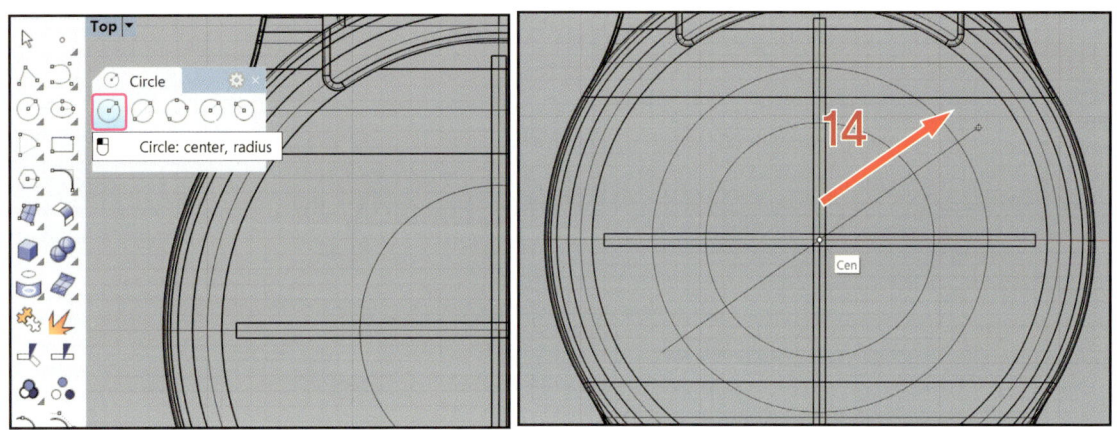

187. Side toolbar의 Trim을 실행한 후 Circle과 가로, 세로 긴 Curve를 Cutting object로 지정하고 그림에 표시된 부분과 같이 **내부의** Curve를 제거합니다.

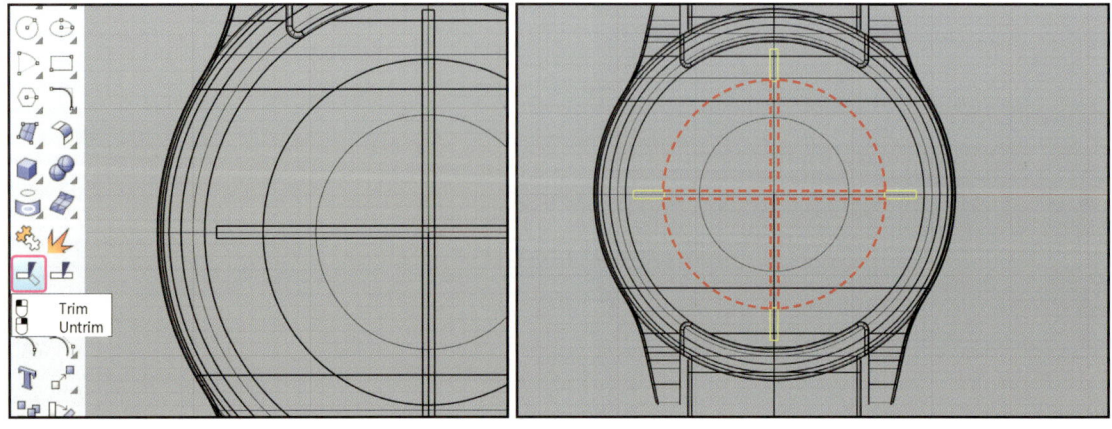

188. Side toolbar의 Join을 실행한 후 4개의 Polyline과 4개의 Line을 선택해서 결합합니다.

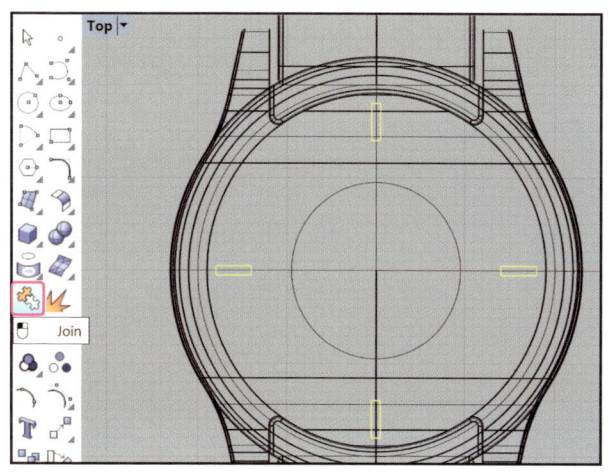

189. Lines〉Line: from midpoint를 실행한 후 Circle의 중심을 Line의 중심, 직교모드(Shift 키)에서 마우스를 위쪽으로 이동 후 거리값으로 30을 입력합니다.

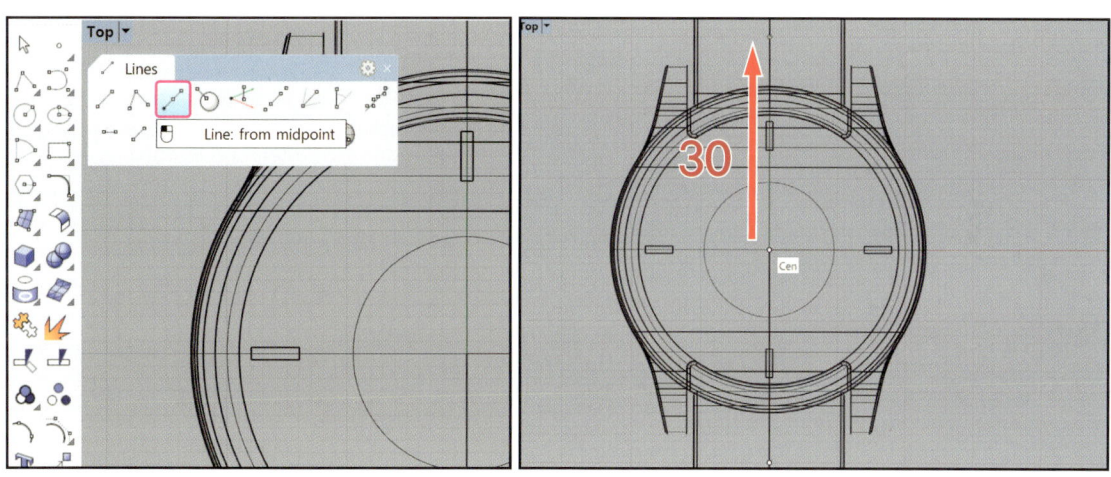

190. Side toolbar의 Rotate 2-D를 실행한 후 회전 중심은 원형의 중심, Copy: Yes, Angle: 30으로 지정하여 회전 복사합니다.

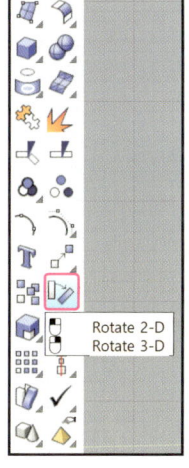 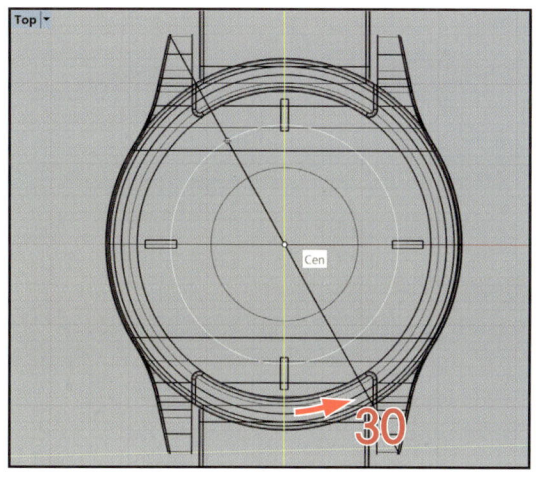

파트 6 Advanced Level Modeling 235

191. 마우스 오른쪽 클릭하여 Rotate 2-D를 재실행한 후 회전 중심은 원형의 **중심**, Copy: Yes, Angle: 30으로 지정하여 회전 복사합니다.

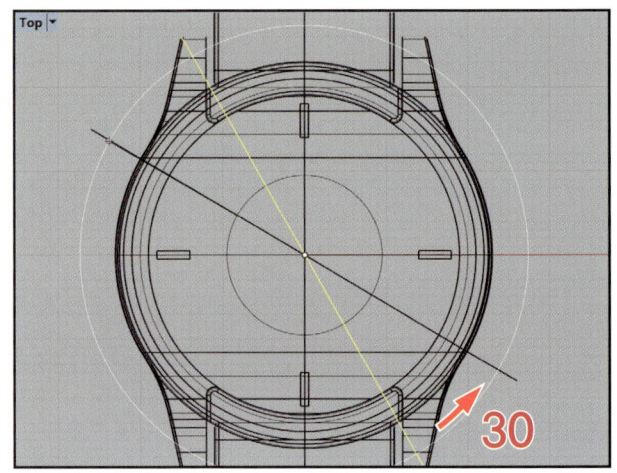

192. Transform〉Mirror를 실행한 후 왼쪽 2개의 Line을 Mirror 개체로 선택한 후 Start of mirror plane은 원형의 **중심**, End of mirror plane은 직교모드(Shift 키)에서 아래쪽으로 마우스를 이동하여 적정 지점을 지정하여 대칭복사합니다.

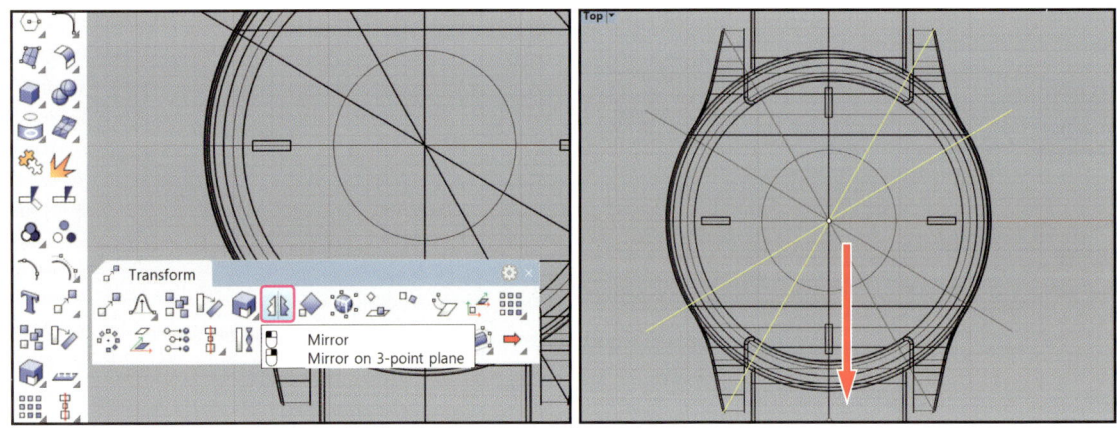

193. Circle〉Circle: center, radius를 실행한 후 Circle의 중심을 원형의 **중심**, 반지름값으로 **15.5**를 입력합니다.

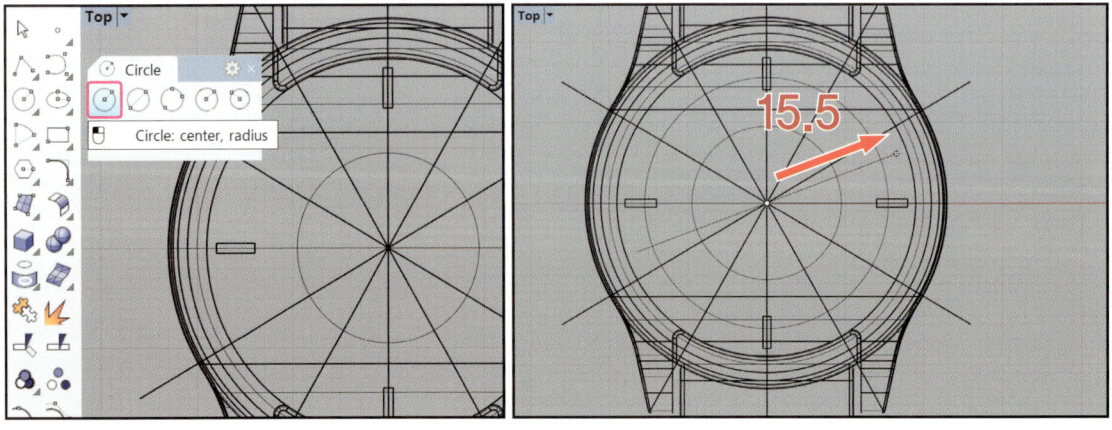

236 라이노 6를 이용한 제품 디자인

194. Circle>Circle: center, radius를 실행한 후 Circle의 중심을 Circle과 Line의 교차(Int)점, 반지름값으로 0.5를 입력합니다.

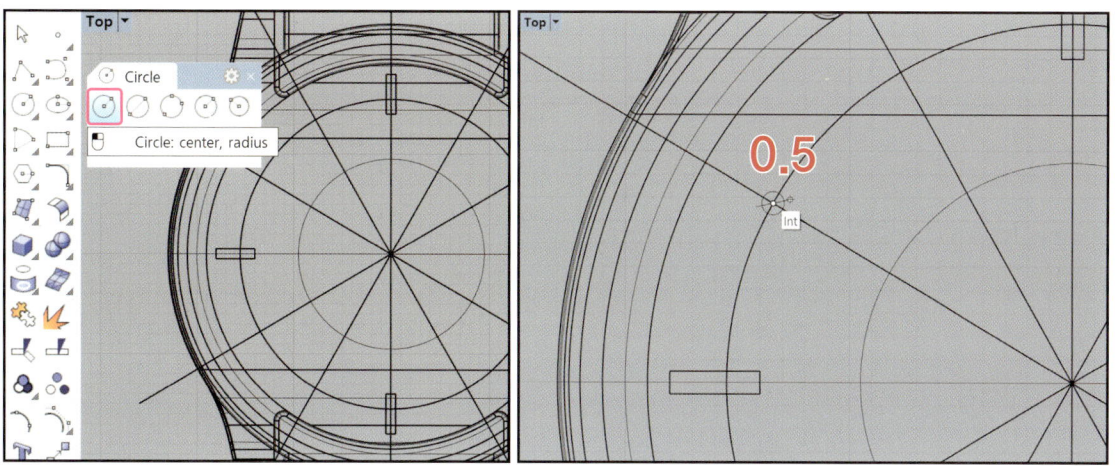

195. Side toolbar의 Copy를 실행한 후 Copy 기준점은 Circle과 Line의 교차(Int)점으로 지정해서 그림과 같이 7개의 교차점에 복사합니다.

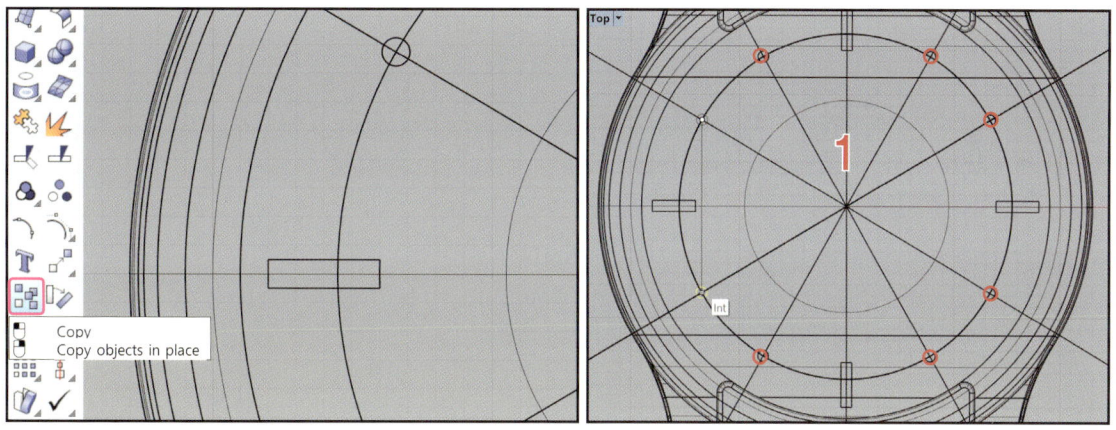

196. 그림과 같이 5개의 Curve를 선택해서 키보드의 Del 키로 삭제합니다.

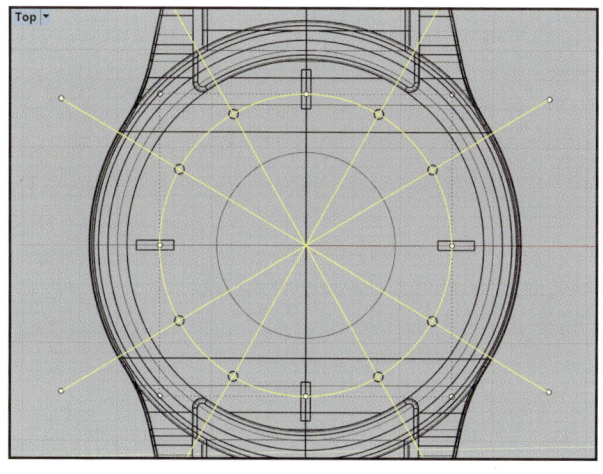

197. Perspective view를 선택한 후 Surface creation>Extrude straight를 실행합니다. 그림과 같이 12개의 Curve를 선택하고 **위쪽**으로 마우스를 이동 후 Solid:Yes로 변경하고 거리값을 **0.3**으로 입력합니다.

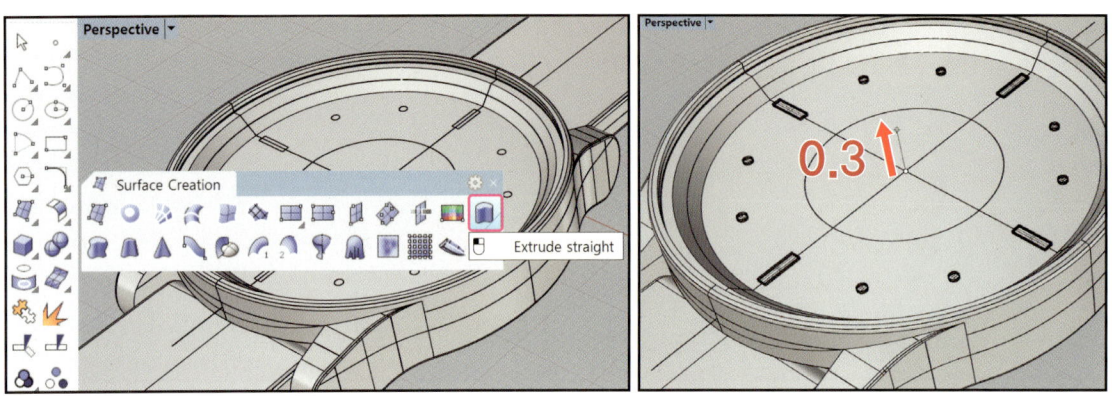

198. Top view를 선택한 후 Circle>Circle: center, radius를 실행하고 Circle의 중심을 원형의 **중심**, 반지름값으로 **1.5**를 입력합니다.

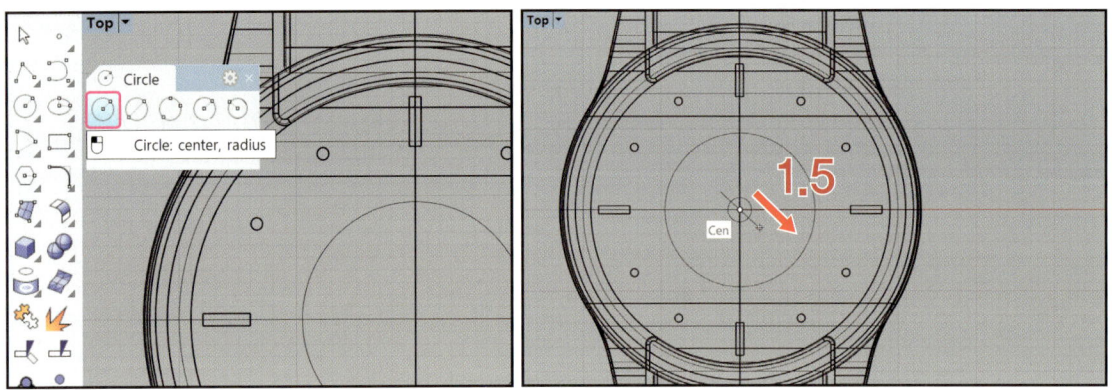

199. Curve tools>Offset curve를 실행한 후 중간의 세로 Line을 선택하고 왼쪽으로 마우스를 이동 후 거리값을 **0.5**로 입력합니다.

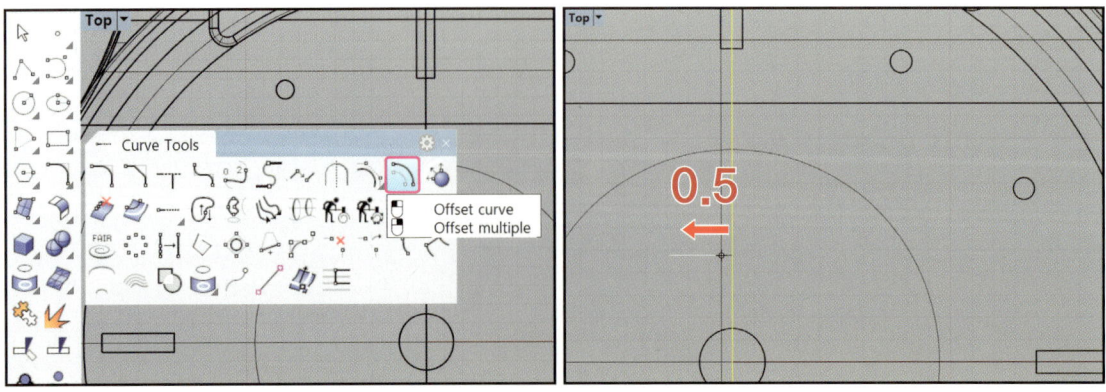

200. 마우스 오른쪽 클릭하여 Offset curve를 재실행한 후 중간의 세로 Line을 선택하고 오른쪽으로 마우스를 이동 후 거리값을 0.5로 입력합니다.

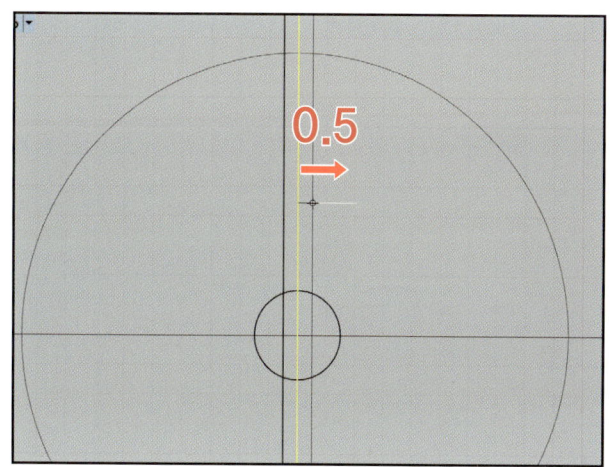

201. Lines>Single Line을 실행한 후 Circle의 중심을 Start of line으로 선택한 후 직교모드(Shift 키)에서 오른쪽으로 마우스를 이동하고 거리값을 25로 입력하여 명령을 실행합니다.

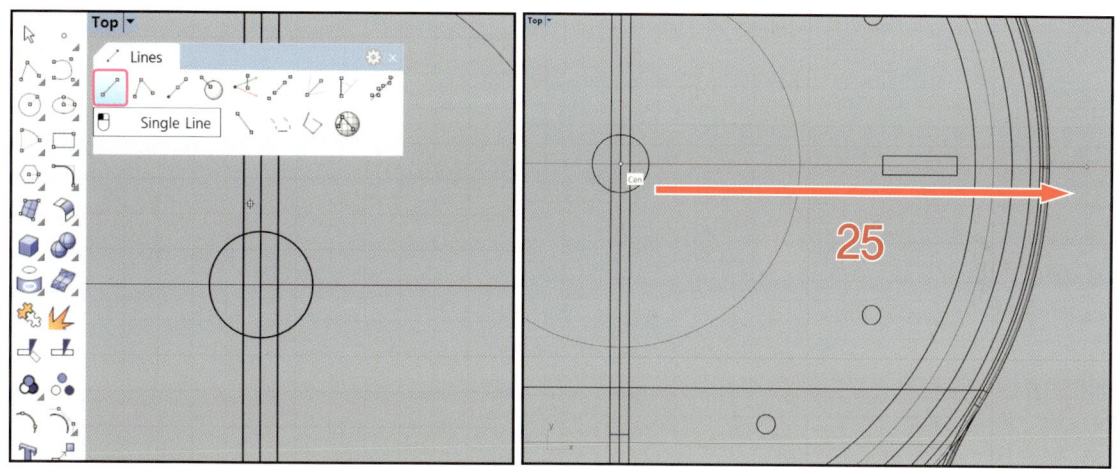

202. Curve tools>Offset curve를 실행한 후 가장 안쪽 Circle을 선택하고 위쪽으로 마우스를 이동 후 거리값을 13으로 입력합니다.

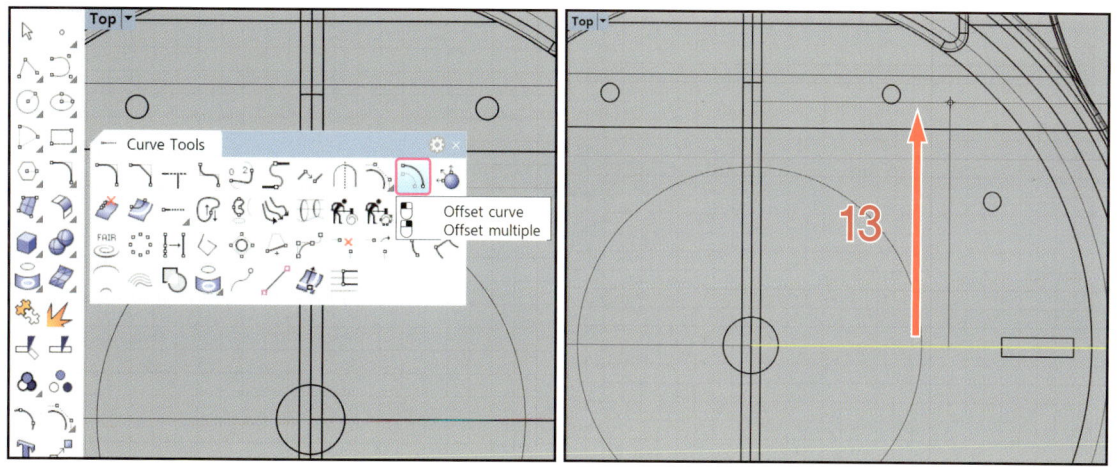

203. Circle〉Circle tangent to 3 curves를 실행한 후 그림과 같이 3개의 Line에 내접하는 Circle을 만듭니다.

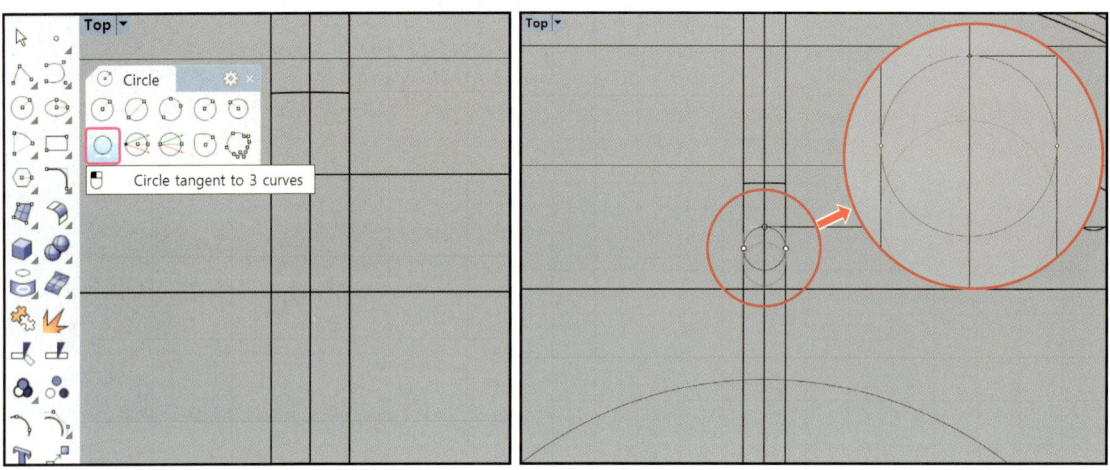

204. Side toolbar의 Trim을 실행한 후 그림과 같이 세로 Line 2개와 Circle 2개를 Cutting object로 지정하고 위, 아래 Circle 바깥부분의 Line과 Line 안쪽 Circle을 제거합니다.

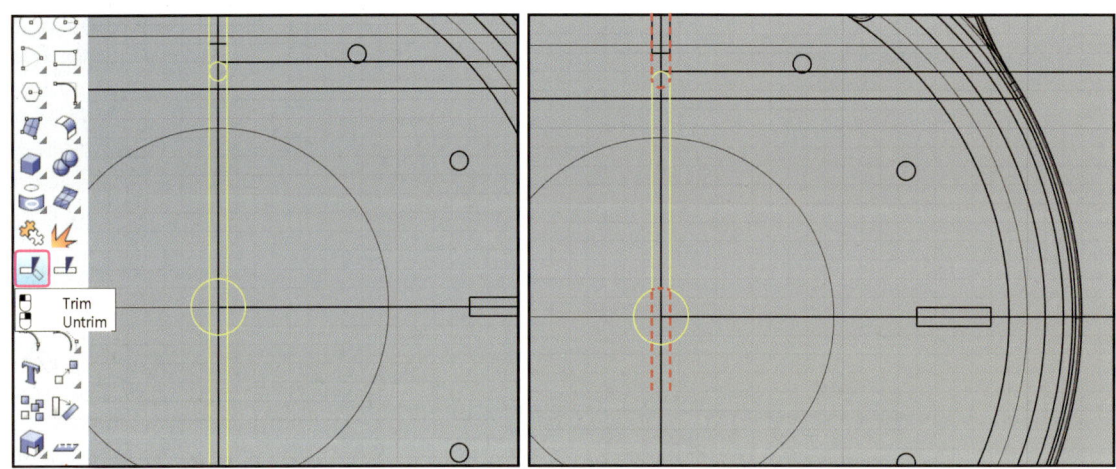

205. Side toolbar의 Join을 실행한 후 그림과 같이 4개 Line을 결합합니다.

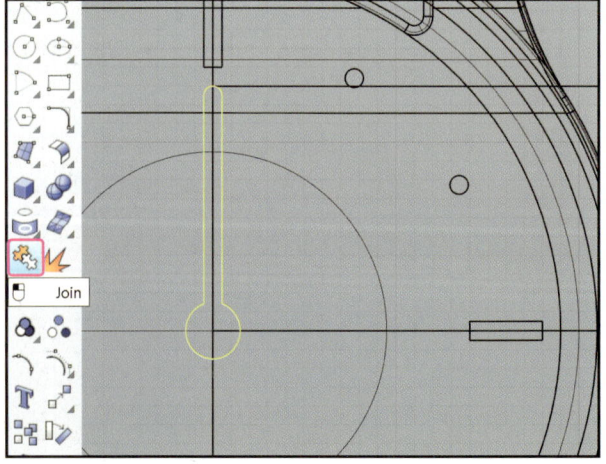

206. Perspective view를 선택한 후 Surface creation>Extrude straight를 실행합니다. 그림과 같이 1개의 Curve를 선택하고 **위쪽**으로 마우스를 이동 후 Solid:Yes로 변경하고 거리값을 **0.5**로 입력합니다.

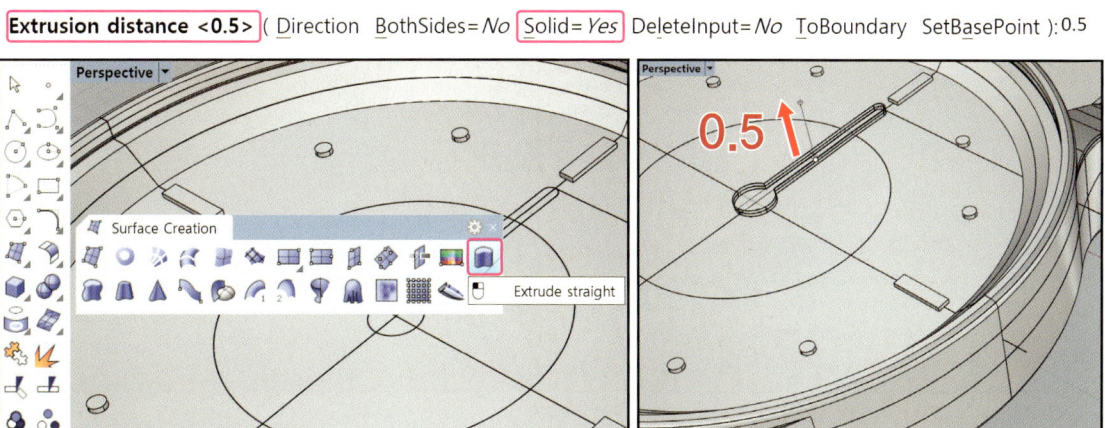

207. CPlanes>Set CPlane to object를 실행한 후 Extrude straight로 만든 개체의 윗 평면을 선택합니다.

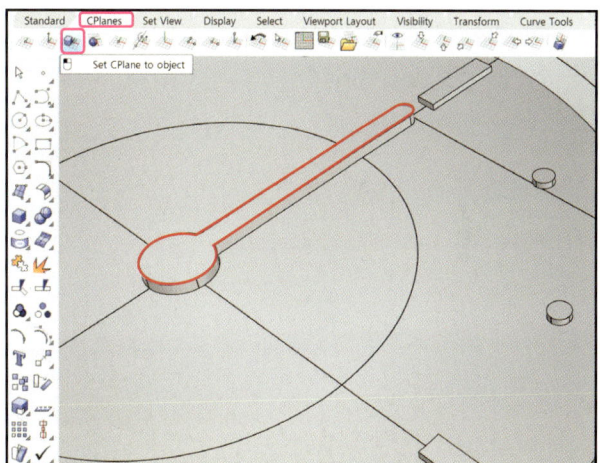

208. Top view를 선택한 후 Circle>Circle: center, radius를 실행하고 Circle의 중심을 원형의 **중심**, 반지름값을 원형의 바깥 **Quad point**로 지정합니다.

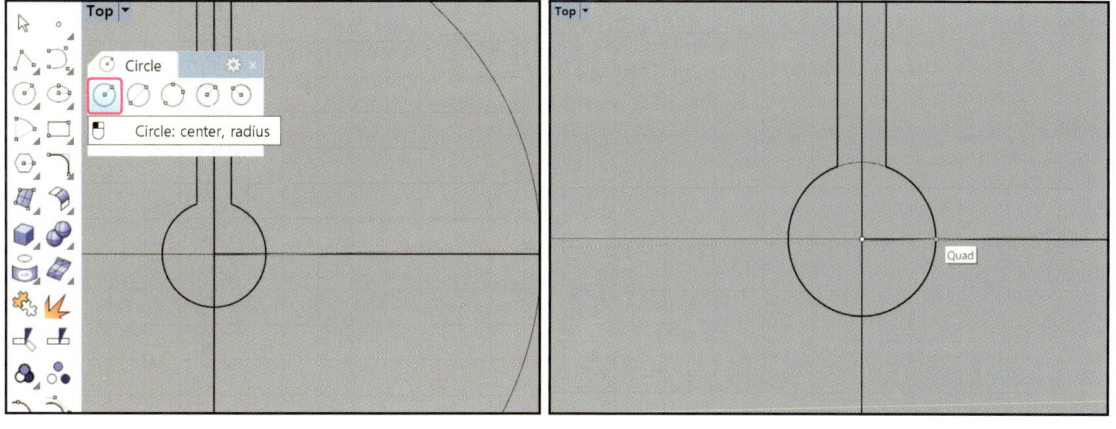

209. Curve tools>Offset curve를 실행한 후 중간의 가로 Line을 선택하고 위쪽으로 마우스를 이동 후 거리값을 0.5로 입력합니다. 아래쪽으로도 동일한 거리값으로 복사합니다.

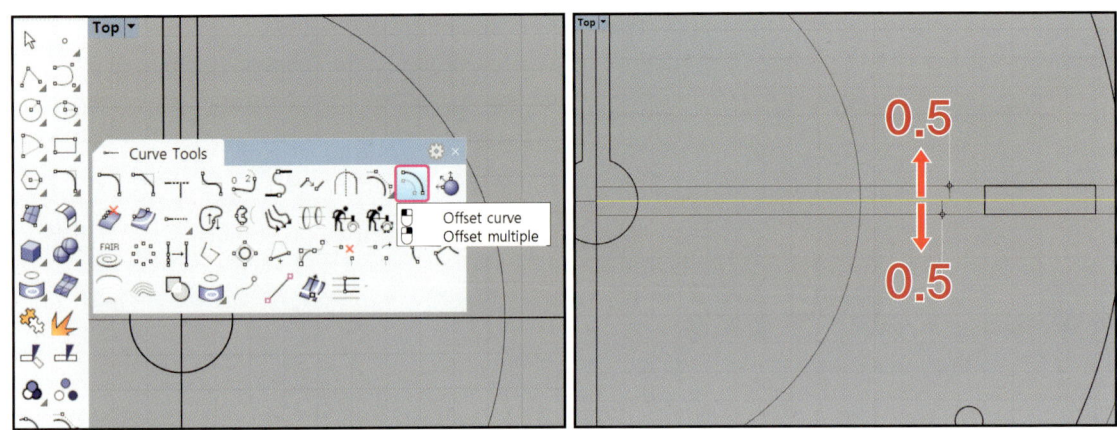

210. 마우스 오른쪽 클릭하여 Offset curve를 재실행한 후 Circle을 선택하고 Circle 안쪽으로 마우스를 이동 후 거리값을 1로 입력합니다.

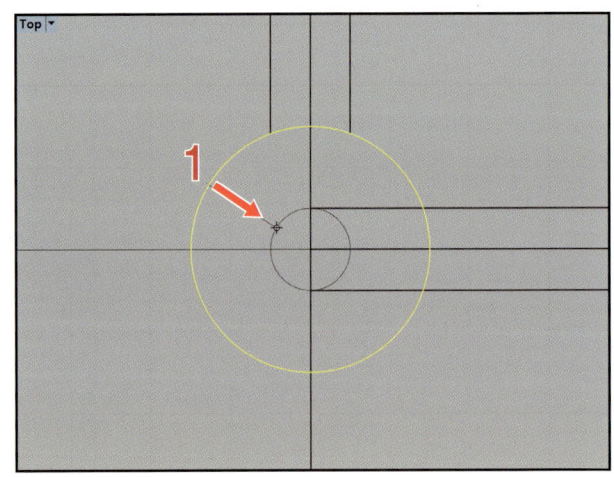

211. Transform>Move를 실행합니다. Circle을 선택하고 Circle의 중심을 이동 시작점으로 지정하고 직교모드(Shift 키)에서 마우스를 오른쪽으로 이동 후 거리값으로 17을 입력합니다.

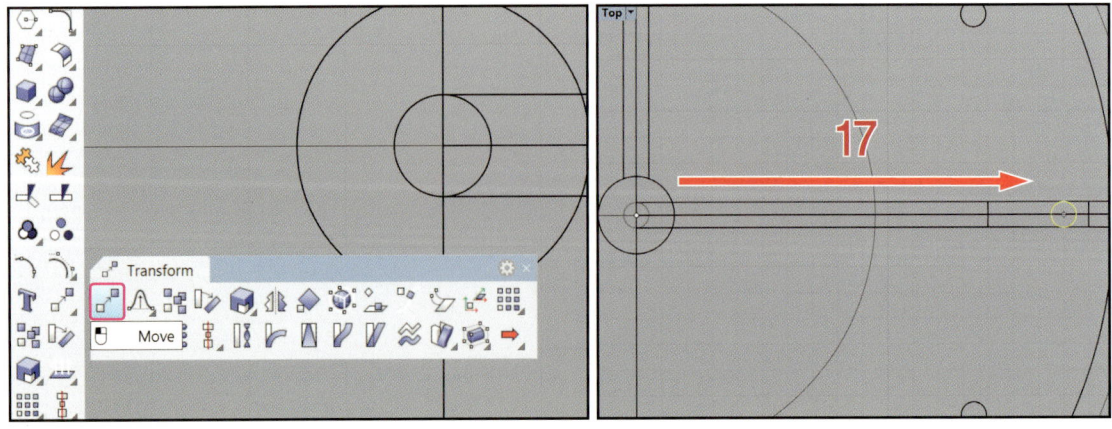

212. Side toolbar의 Trim을 실행한 후 그림과 같이 **가로 Line 2개**와 **Circle 2개**를 Cutting object로 지정하고 그림과 같이 **Line과 Line 안쪽 Circle**을 제거합니다.

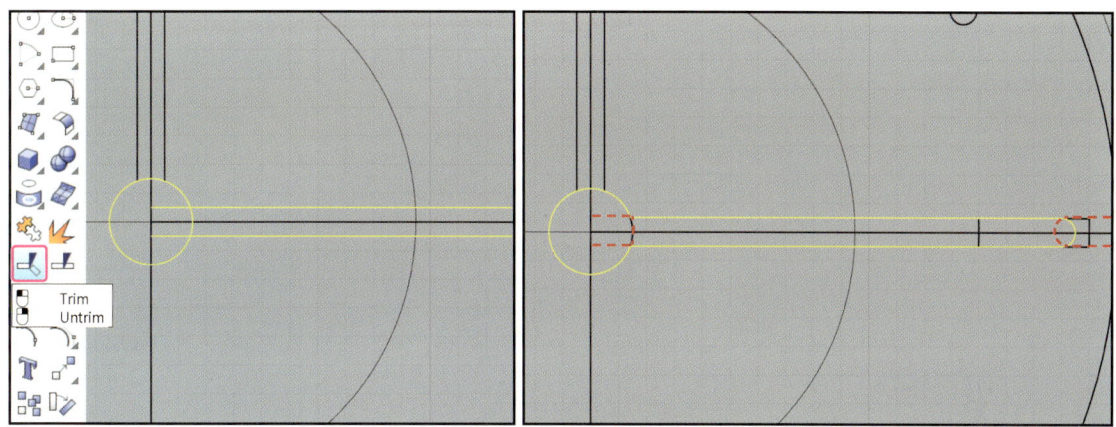

213. Side toolbar의 Join을 실행한 후 그림과 같이 **4개 Line**을 결합합니다.

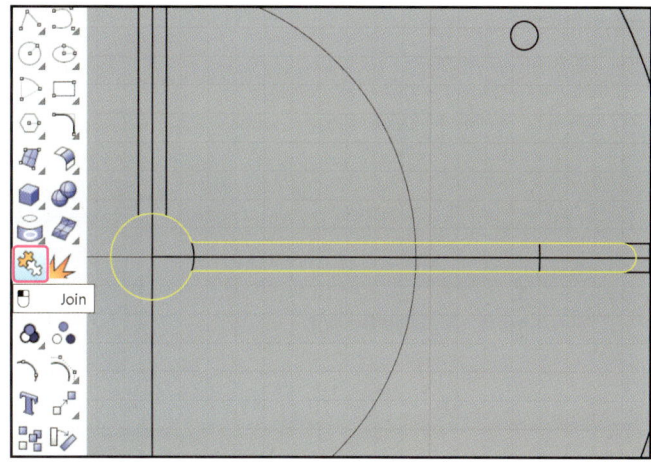

214. Perspective view를 선택한 후 Surface creation〉Extrude straight를 실행합니다. 그림과 같이 1개의 Curve를 선택하고 **위쪽**으로 마우스를 이동 후 Solid:Yes로 변경하고 거리값을 **0.5**로 입력합니다.

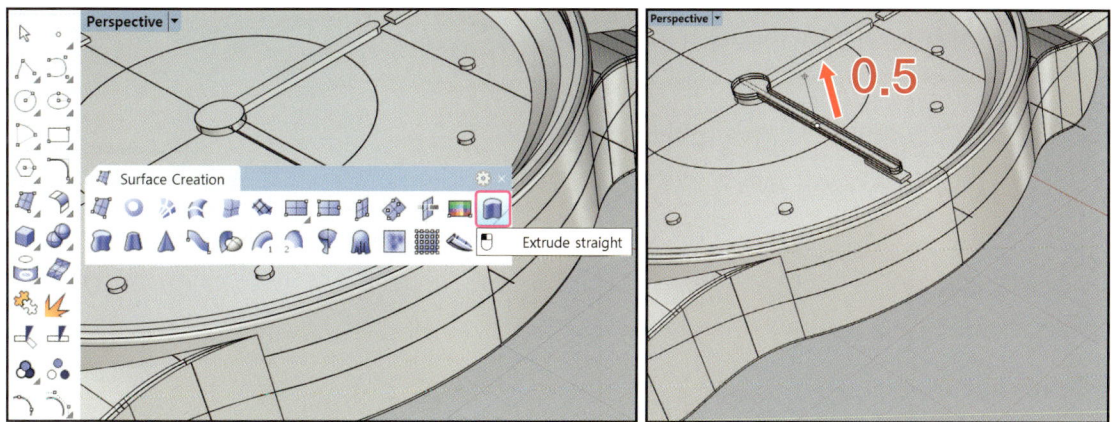

215. Select>Select curves를 실행해서 화면에 있는 전체 Curve를 선택한 후 선택된 Curve를 레이어 탭에서 '커브' 레이어로 Change object layer합니다.

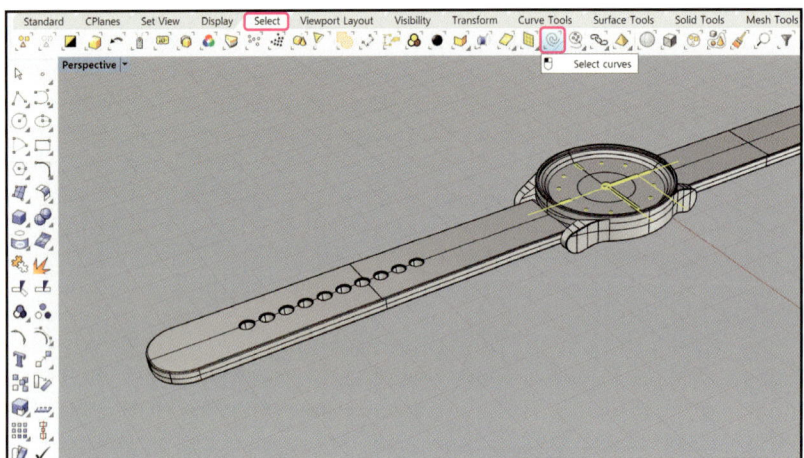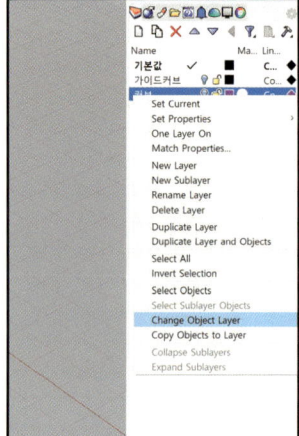

216. 레이어 탭에서 New Layer 버튼으로 새로운 Layer를 만든 후 이름을 '핸드'로 변경합니다. 그림과 같이 선택된 Polysurface를 레이어 탭에서 '핸드' 레이어로 Change object layer합니다.

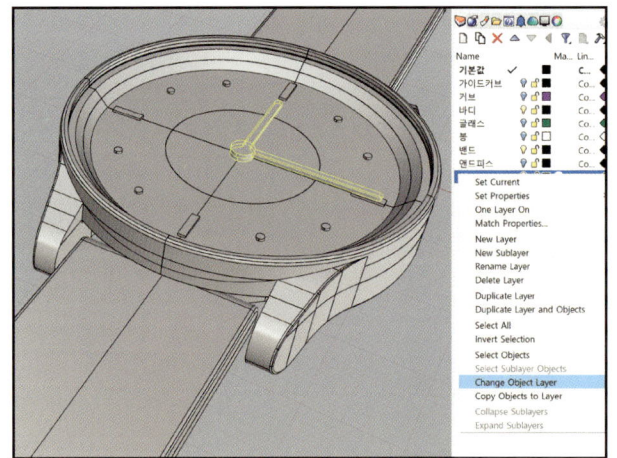

217. 레이어 탭에서 New Layer 버튼으로 새로운 Layer를 만든 후 이름을 '인덱스'로 변경합니다. 그림과 같이 선택된 Polysurface를 레이어 탭에서 '인덱스' 레이어로 Change object layer합니다.

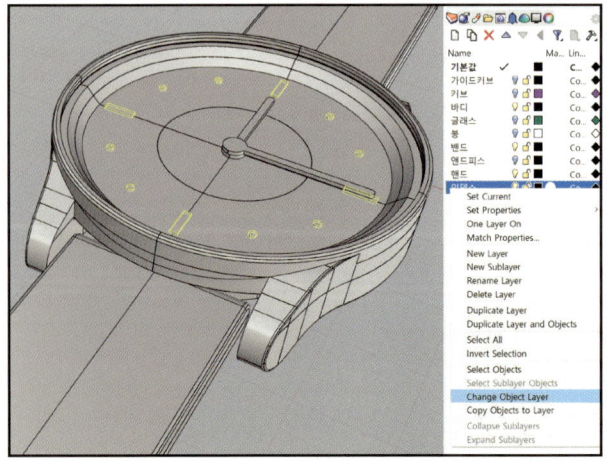

218. Right view를 선택한 후 Circle〉Circle: center, radius를 실행하고 Circle의 중심을 **원점(0)**, 반지름값으로 **3**을 입력합니다.

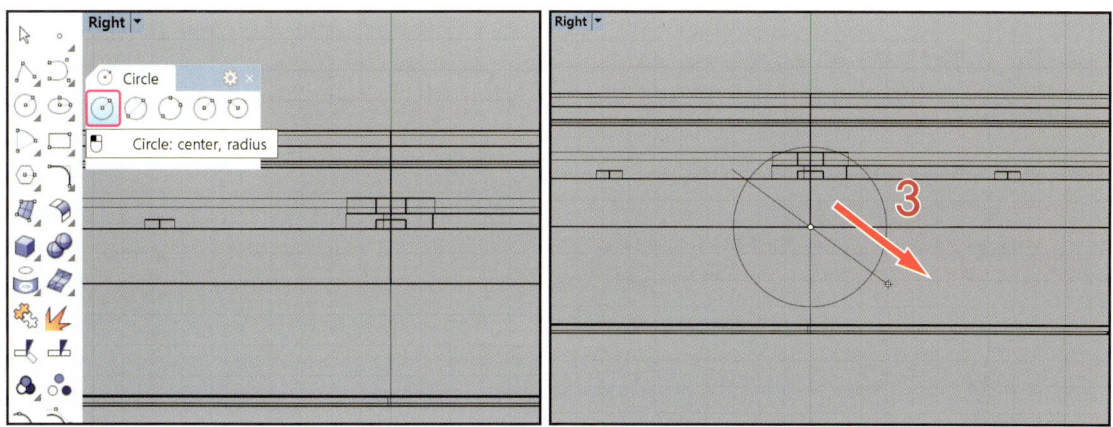

219. 마우스 오른쪽 클릭하여 Circle: center, radius를 재실행한 후 Circle의 중심을 **원점(0)**, 반지름 값으로 **2**를 입력합니다.

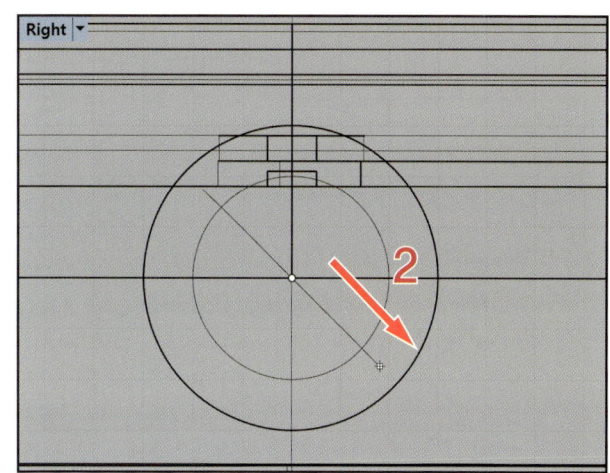

220. Right view를 선택한 후 Transform〉Move를 실행합니다. Right view에서 만든 2개의 Circle을 선택하고 Circle의 중심을 이동 시작점으로 지정하고 직교모드(Shift 키)에서 마우스를 오른쪽으로 이동 후 거리값으로 **23.5**를 입력합니다.

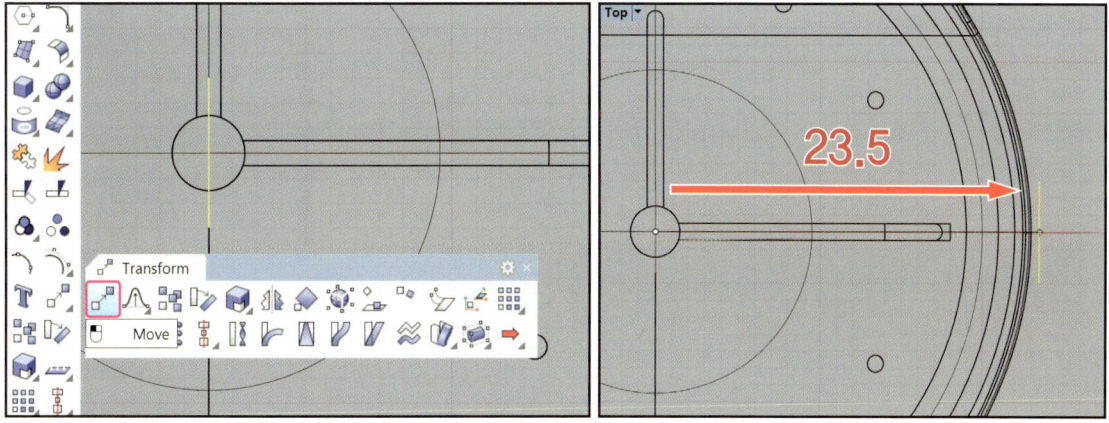

파트 6 Advanced Level Modeling 245

221. Perspective view를 선택한 후 Surface creation>Extrude straight를 실행합니다. 그림과 같이 바깥쪽 Circle을 선택하고 **오른쪽**으로 마우스를 이동 후 Solid:Yes로 변경하고 거리값을 2로 입력합니다.

`Extrusion distance <2>` (Direction BothSides=No `Solid=Yes` DeleteInput=No ToBoundary SetBasePoint):2

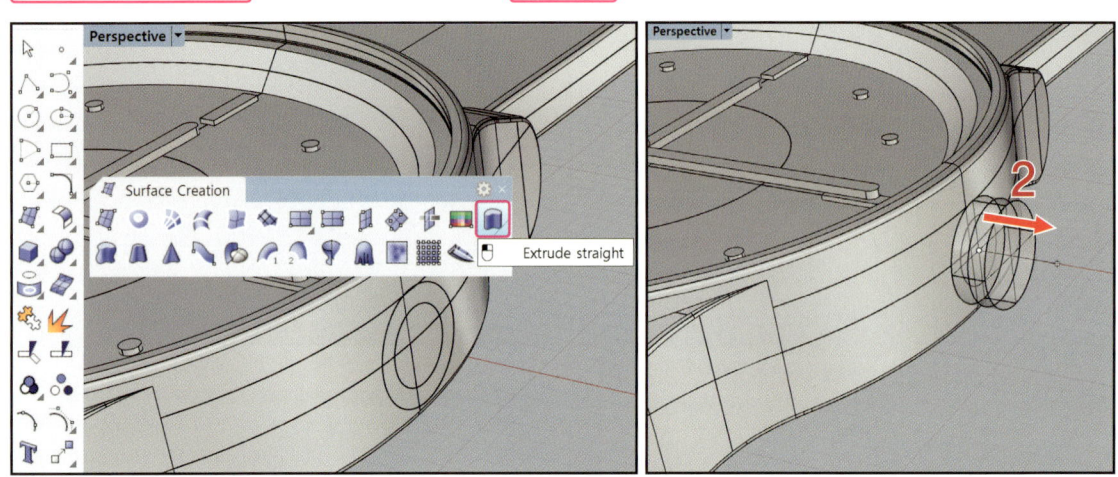

222. 마우스 오른쪽 클릭하여 Extrude straight를 재실행한 후 그림과 같이 안쪽 작은 Circle을 선택하고 **왼쪽**으로 마우스를 이동 후 Solid:Yes로 변경하고 거리값을 2로 입력합니다.

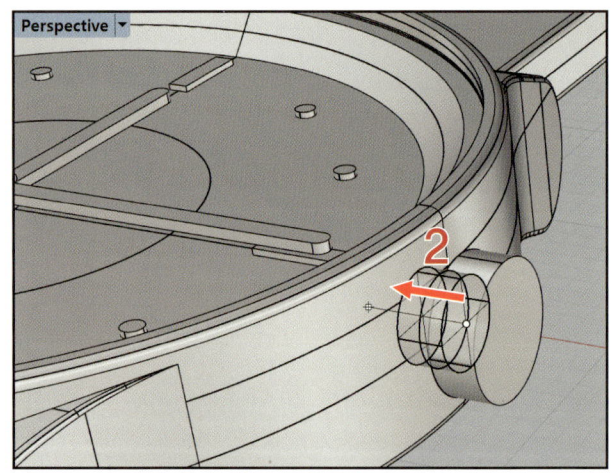

223. Solid tools>Boolean union을 실행한 후 Extrude straight로 만든 a와 b 개체를 선택해서 하나로 합체된 개체로 만듭니다.

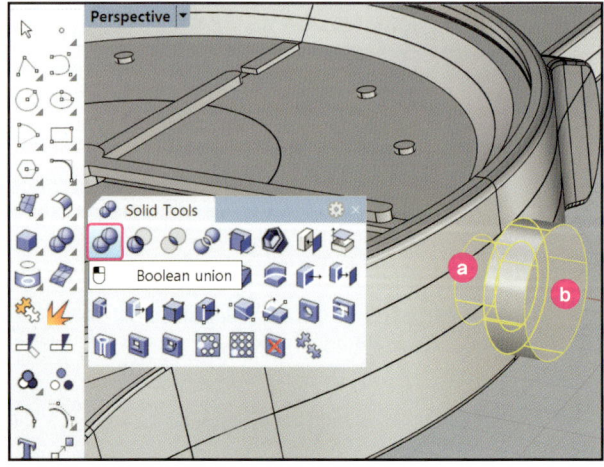

224. Solid tools〉Fillet edges를 실행한 후 Radius를 0.5로 입력하고 Boolean union으로 만든 오른쪽 모서리를 선택하여 둥근 모서리를 만듭니다.

225. 마우스 오른쪽 클릭하여 Fillet edges를 재실행한 후 Radius를 0.3으로 입력하고 Boolean union으로 만든 왼쪽 모서리를 선택하여 둥근 모서리를 만듭니다.

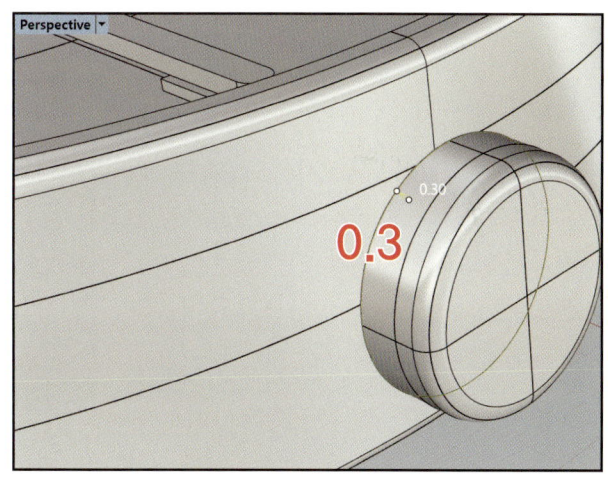

226. 레이어 탭에서 New Layer 버튼으로 새로운 Layer를 만든 후 이름을 '크라운'으로 변경합니다. 그림과 같이 선택된 Polysurface를 레이어 탭에서 '크라운'레이어로 Change object layer합니다. '크라운' 레이어는 끕니다.

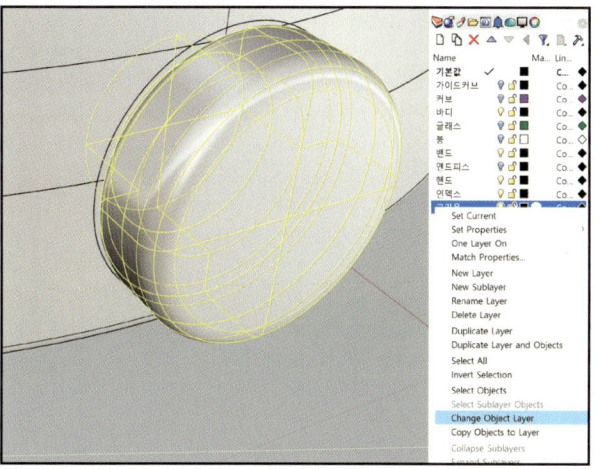

227. Right view를 선택한 후 Circle〉Circle: center, radius를 실행합니다.

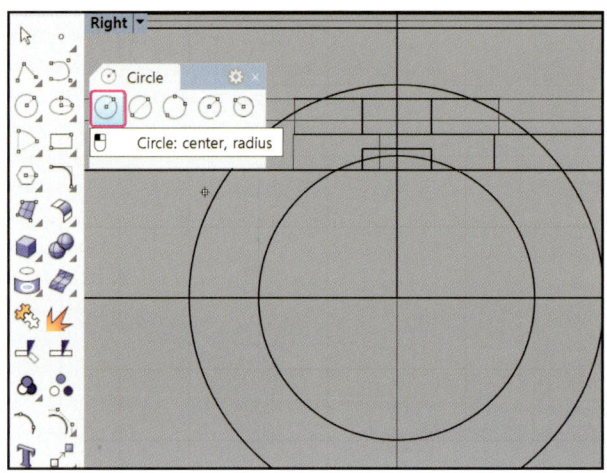

228. Circle의 중심을 바깥 원형의 위쪽 Quad point, 반지름값으로 0.15를 입력합니다.

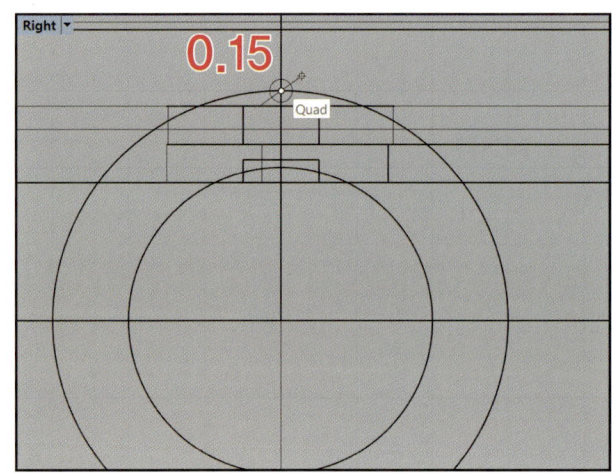

229. Array〉Polar array를 실행합니다.

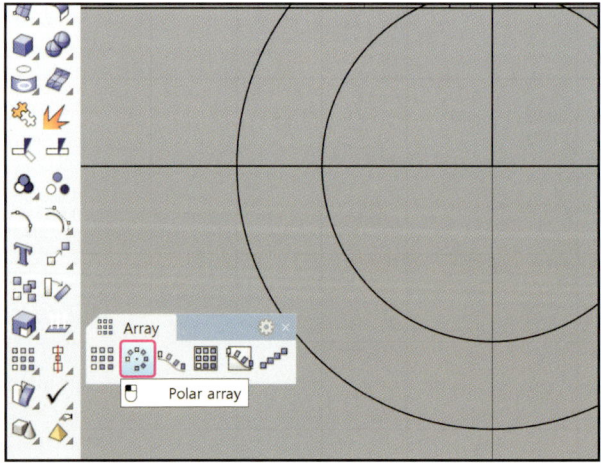

230. 작은 Circle을 선택한 후 Center of polar array는 큰 Circle의 Center point, 복사 개체수는 40, Angle은 360으로 입력하여 원형 복사합니다.

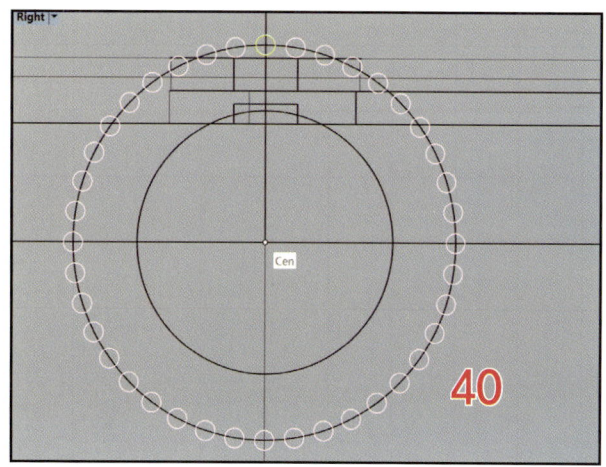

231. Perspective view를 선택한 후 Surface creation〉Extrude straight를 실행합니다. 그림과 같이 polar array로 만든 **40개의 개체**를 선택하고 **오른쪽**으로 마우스를 이동 후 **BothSides:Yes, Solid:Yes**로 변경하고 거리값을 **3**으로 입력합니다.

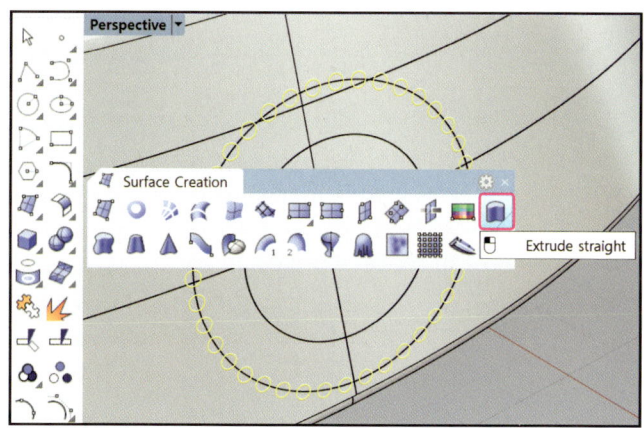
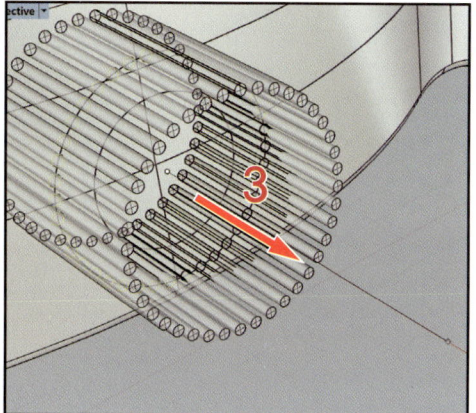

232. Solid tools〉Boolean difference를 실행합니다.

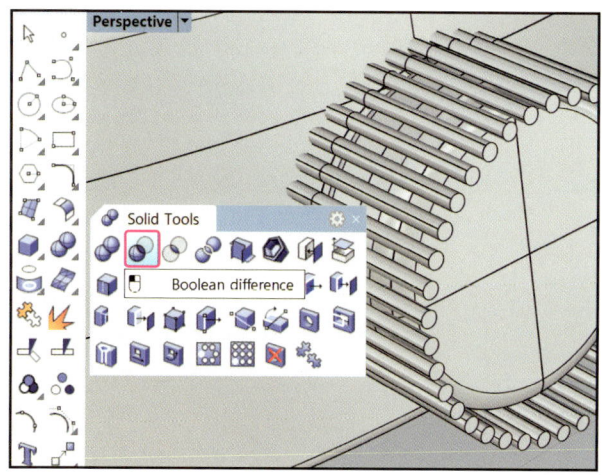

233. a를 차집합을 적용할 개체로 선택하고 40개의 b를 차집합에 사용될 개체로 선택합니다. a에서 b가 제거된 형상이 만들어집니다.

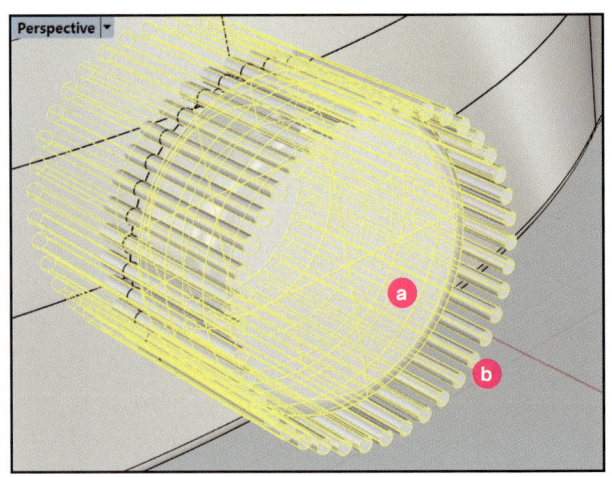

234. Select〉Select curves를 실행해서 화면에 있는 전체 Curve를 선택한 후 선택된 Curve를 레이어 탭에서 '커브' 레이어로 Change object layer합니다.

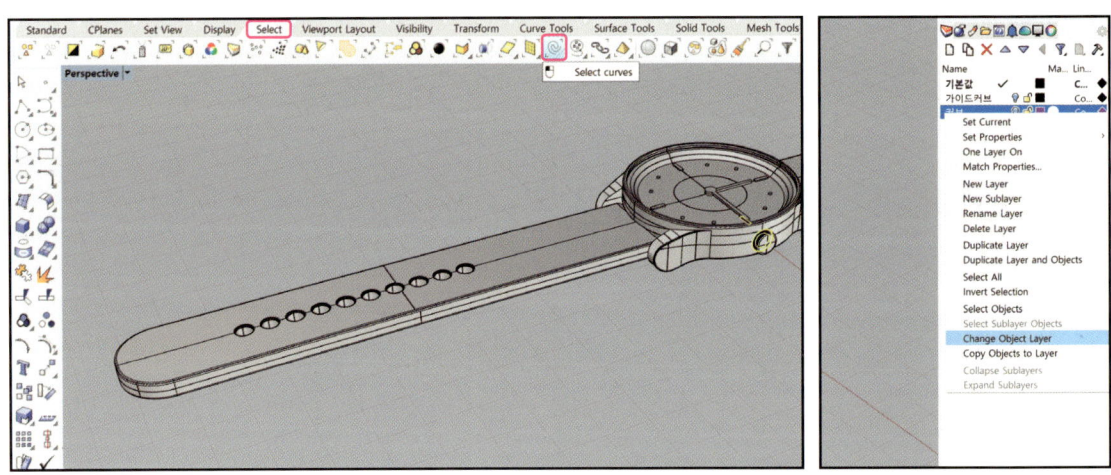

235. '크라운' 개체를 선택한 후 Ctrl+C, V를 입력하여 Copy, Paste를 실행합니다.

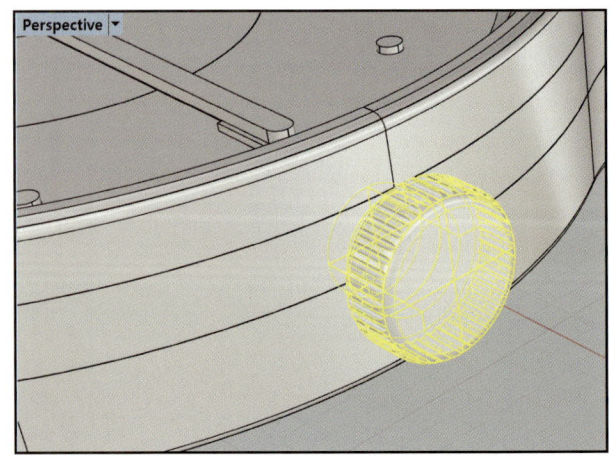

236. Solid tools〉Boolean difference를 실행한 후 a를 차집합을 적용할 개체로 선택하고 40개의 b를 차집합에 사용될 개체로 선택합니다. a에서 b가 제거된 형상이 만들어집니다.

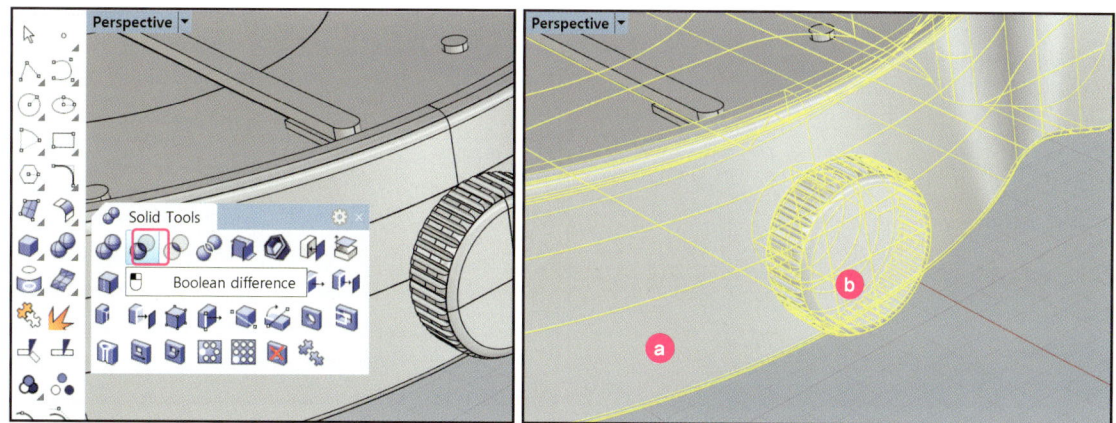

237. 레이어 탭에서 '글래스', '봉', '앤드피스' 레이어를 On합니다.

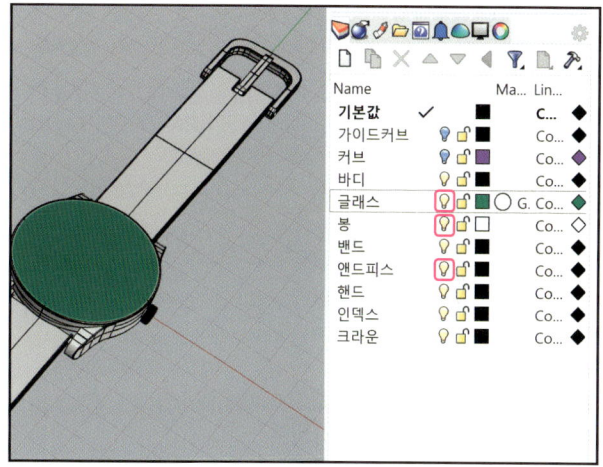

238. Surface Tools〉Show edges를 실행한 후 Ctrl+A로 화면의 전체 개체를 선택해서 열린 edge를 검사합니다. 8개의 열린 edge가 확인됩니다.

Found 1156 edges total; 8 naked edges, no non-manifold edges.

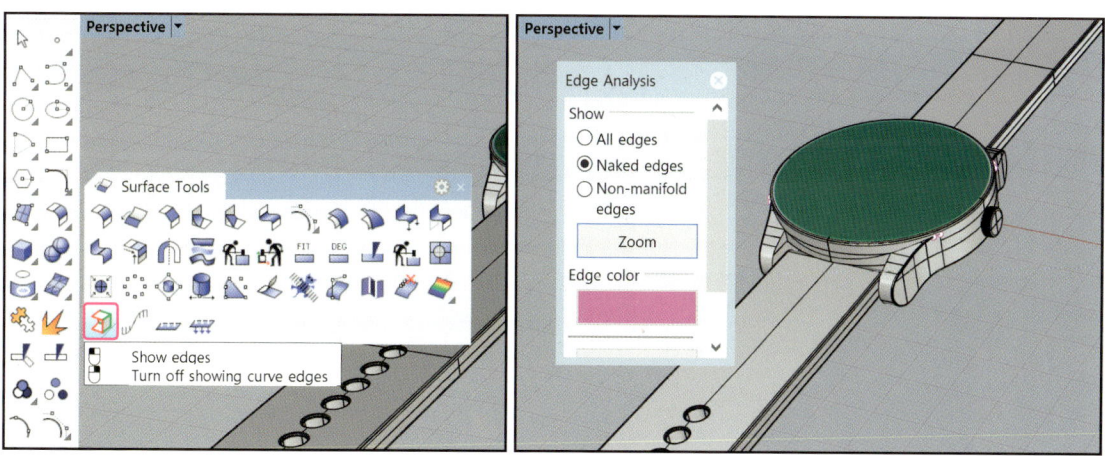

파트 6 Advanced Level Modeling 251

239. 미세한 열린 Edge는 3D Printing 등의 가공 공정과 STL format 변환 등에서 문제를 일으키므로 제거한 후 **재생성**을 합니다. '바디' 개체에서 문제를 해결합니다.

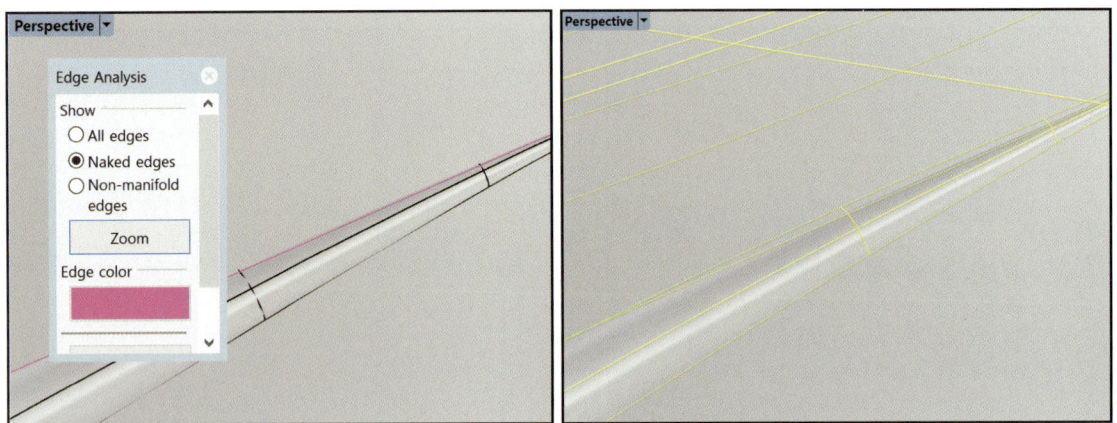

240. '바디' 개체를 제외한 나머지 개체는 Hide시킵니다. Side toolbar의 Explode를 실행한 후 '바디' 개체를 분해합니다. 문제가 되는 Surface를 Del키로 제거합니다.

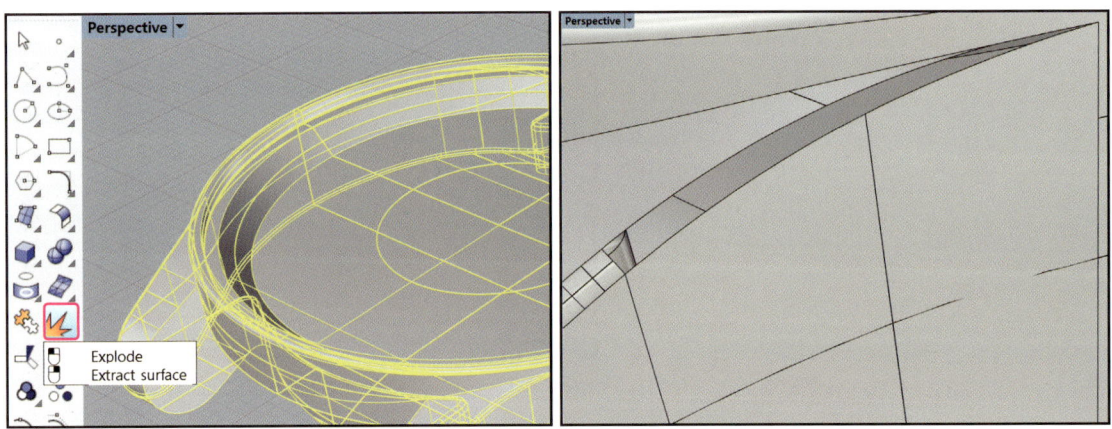

241. Surface Creation>Surface from network of curves를 실행한 후 **4개**의 Edge를 선택합니다. A, B, D는 Curvature로 Option을 변경합니다. 나머지 3군데의 문제점도 동일한 방법으로 해결합니다. Side toolbar의 Join을 실행한 후 '바디' 개체를 결합합니다.

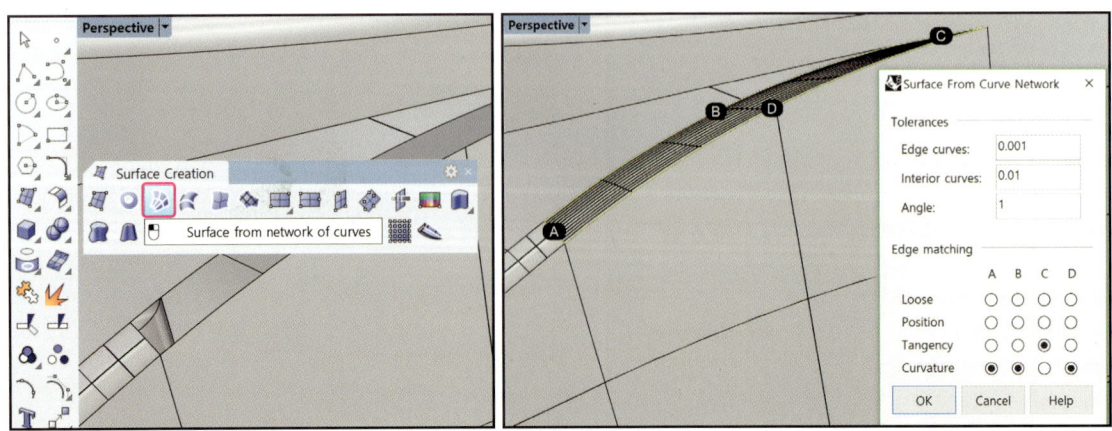

242. Hide시킨 개체들을 전부 Show시킵니다. Surface Tools>Show edges를 실행한 후 Ctrl+A로 화면의 전체 개체를 선택해서 **열린 edge**를 검사합니다. **열린 edge**가 없습니다.

Found 1152 edges total; no naked edges, no non-manifold edges.

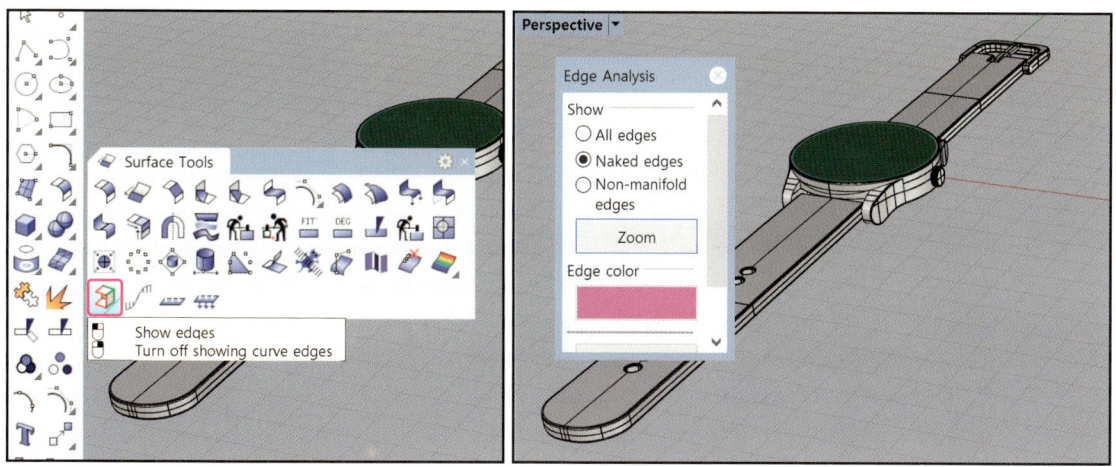

243. 렌더링 모드로 바꾸어 모델링 작업을 완료합니다.

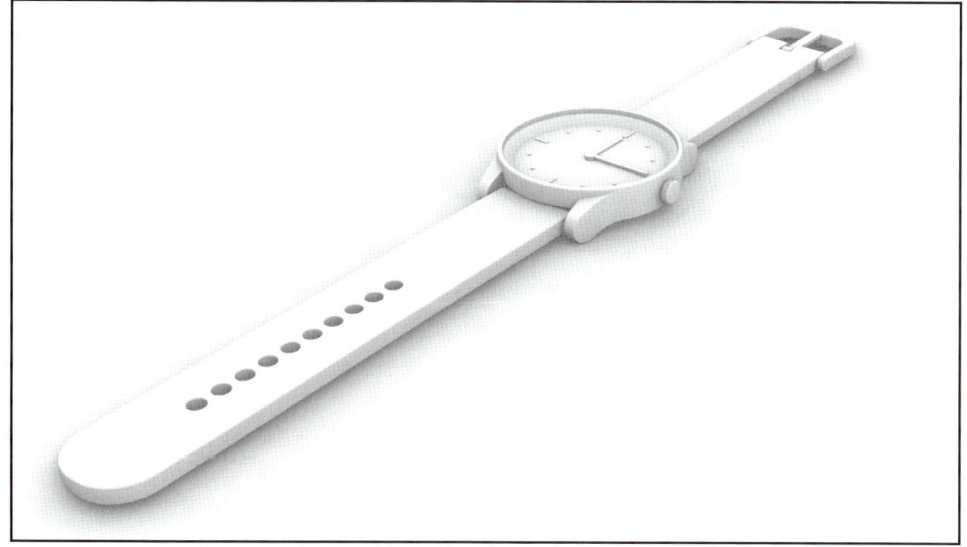

02 TOASTER

필자가 실제 양산까지 진행한 제품을 예제로 하여 Line drawing에서 곡면 Surface 생성, 기구설계 전 단계까지의 Design Mock up 제작용 3D 데이터를 만드는 연습을 합니다.

1. File>New로 템플릿 파일 설정창을 엽니다. **Large objects-Millimeters**를 선택하고 열기를 실행합니다. 작업 시작 전 **Side toolbar**의 Osnap, Gumball을 활성화합니다.

2. **Front view**를 선택한 후 **Lines>Single Line**을 실행한 후 시작점을 **원점(0)**으로 입력 후 직교모드 (Shift 키) 상태에서 **위쪽**으로 마우스를 이동하고 위치값을 **200**으로 입력합니다.

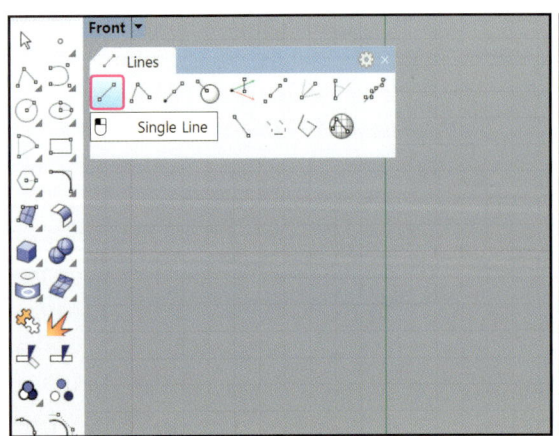 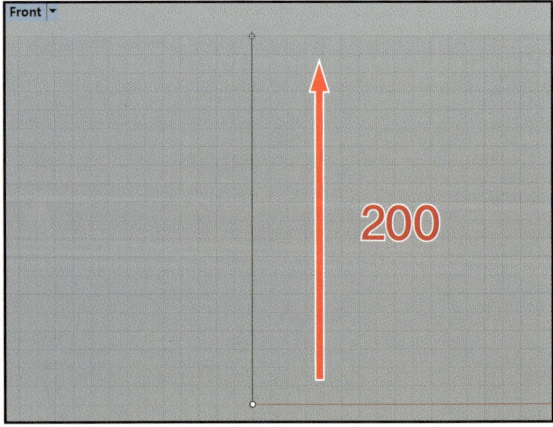

3. Lines〉Line : from midpoint를 실행한 후 선의 중심을 원점(0)으로 입력 후 직교모드(Shift 키) 상태에서 오른쪽으로 마우스를 이동한 후 선의 끝을 125로 입력합니다.

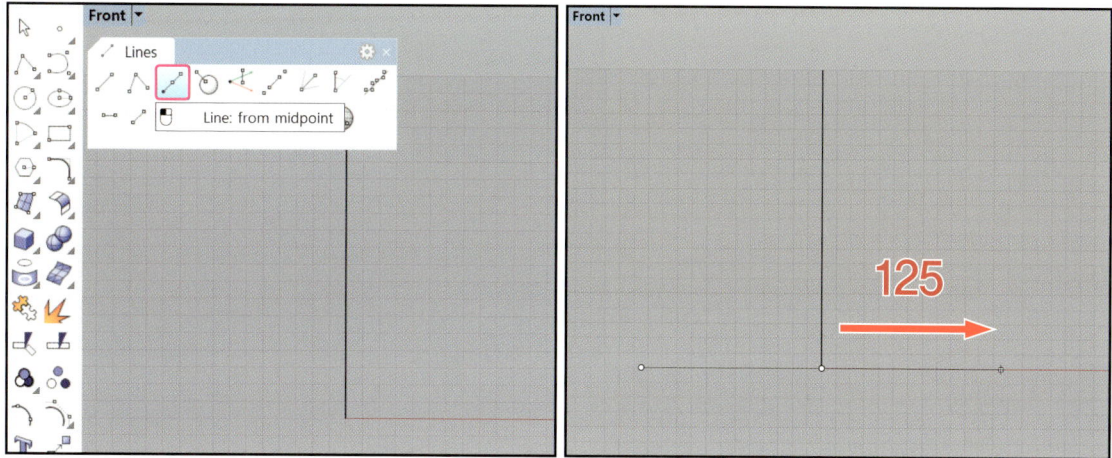

4. Curve tools〉Offset curve를 실행한 후 중간의 세로 Line을 선택하고 왼쪽으로 마우스를 이동 후 거리값을 100으로 입력합니다.

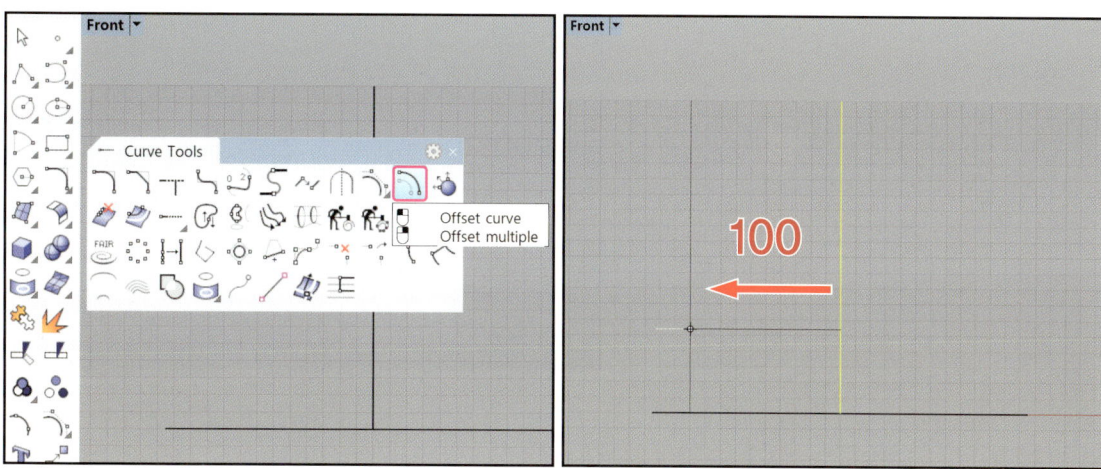

5. 마우스 오른쪽 클릭하여 Offset curve를 재실행한 후 중간의 세로 Line을 선택하고 오른쪽으로 마우스를 이동 후 거리값을 100으로 입력합니다.

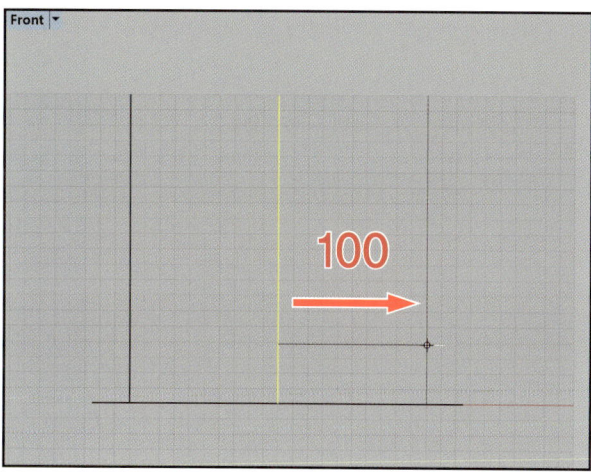

6. 가로 기준선에 대한 작업을 시작합니다. Offset curve를 재실행한 후 가로 Line을 선택하고 **위쪽**으로 마우스를 이동 후 거리값을 11.5로 입력합니다.

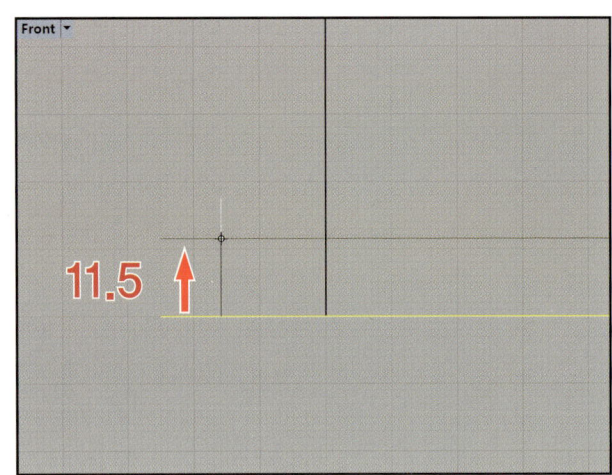

7. Offset curve를 재실행한 후 제일 아래의 가로 Line을 선택하고 **위쪽**으로 마우스를 이동 후 거리값을 33으로 입력합니다.

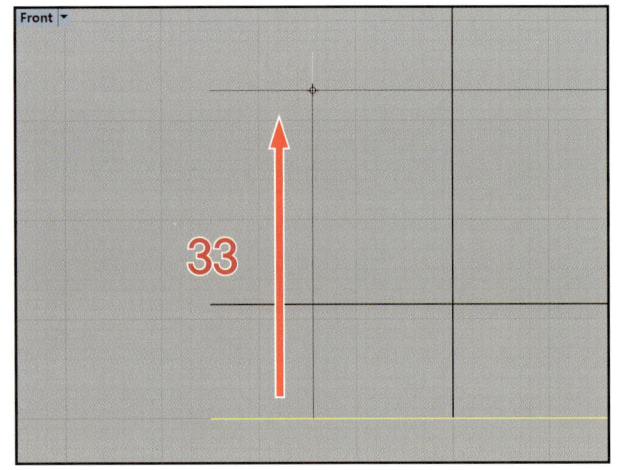

8. Offset curve를 재실행한 후 제일 아래의 가로 Line을 선택하고 **위쪽**으로 마우스를 이동 후 거리값을 186으로 입력합니다.

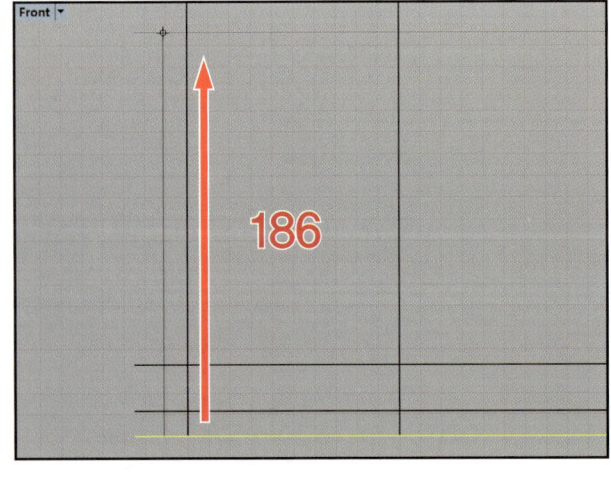

9. Arc〉Arc : start, end, radius를 실행한 후 시작점을 **위 왼쪽** Intersection으로 지정하고 끝점은 아래쪽 가로 Line의 **왼쪽** End point로 지정한 후 Radius는 **500**을 입력합니다.

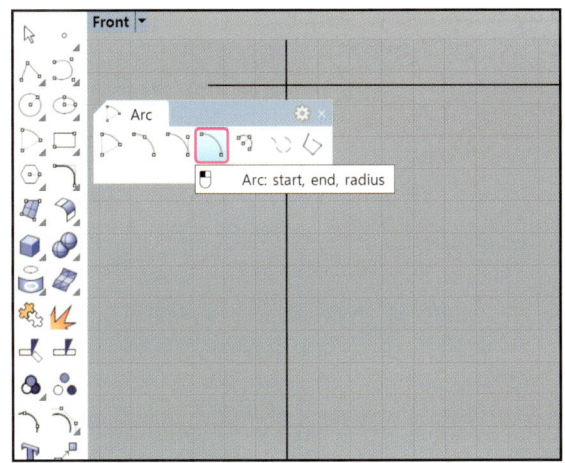 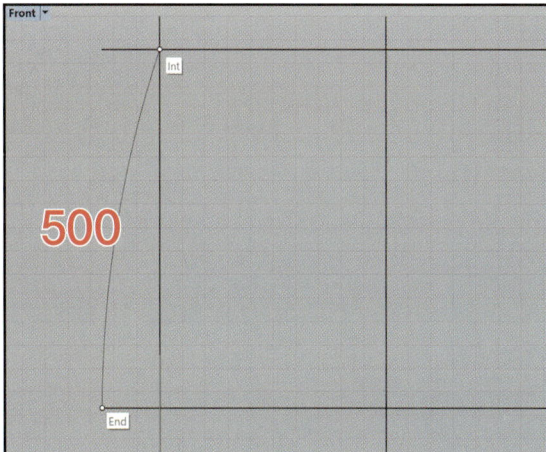

10. Arc의 가운데 Curve point(a)를 선택한 후 검볼의 Y축 이동 핸들(b)을 클릭하여 입력창에 **25**를 입력합니다.

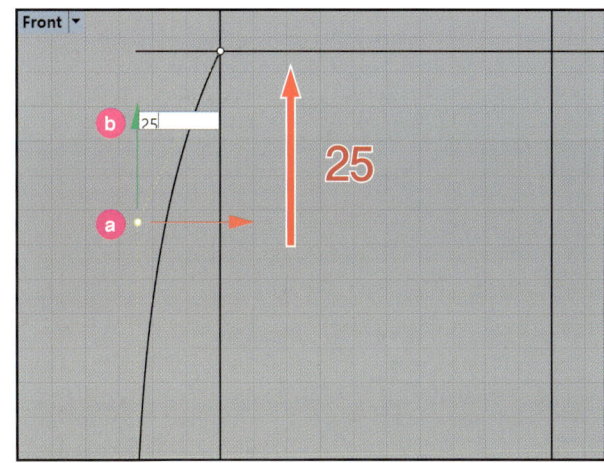

11. Transform〉Mirror를 실행한 후 Arc를 Mirror 개체로 선택한 후 Start of mirror plane은 **원점(0)**, End of mirror plane은 직교모드(Shift 키)에서 **위쪽**으로 마우스를 이동하여 적정 지점을 지정하여 대칭복사합니다.

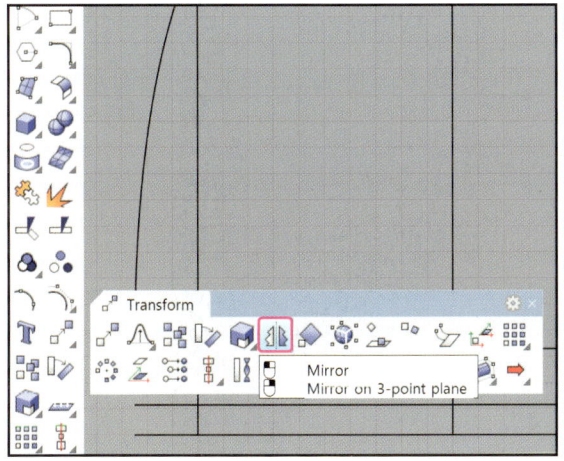 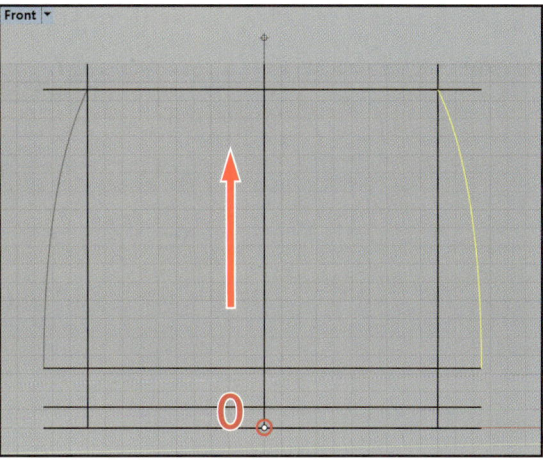

12. Right view를 선택한 후 Lines>Line : from midpoint를 실행하고 선의 중심을 원점(0)으로 입력 후 직교모드(Shift 키) 상태에서 오른쪽으로 마우스를 이동한 후 선의 끝을 80으로 입력합니다.

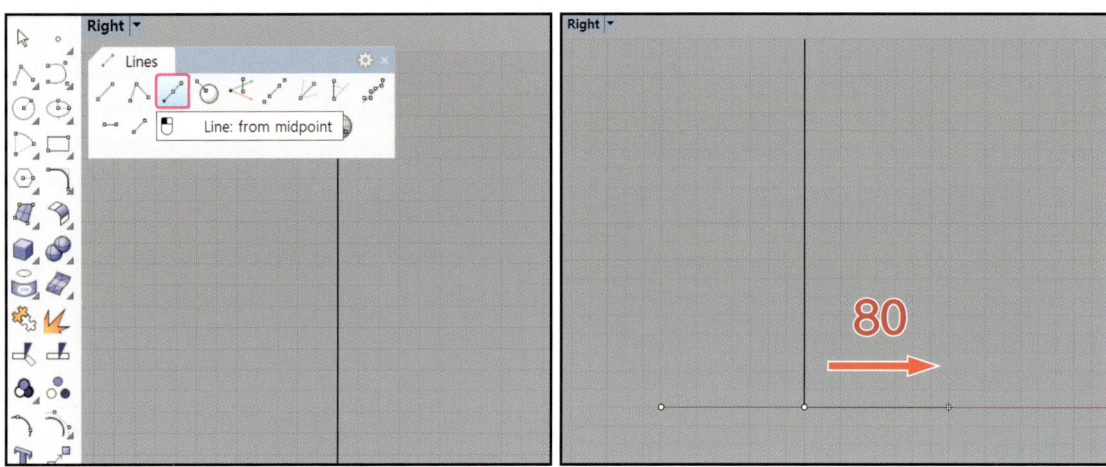

13. Curve tools>Offset curve를 실행한 후 가로 Line을 선택하고 위쪽으로 마우스를 이동 후 거리값을 13으로 입력합니다.

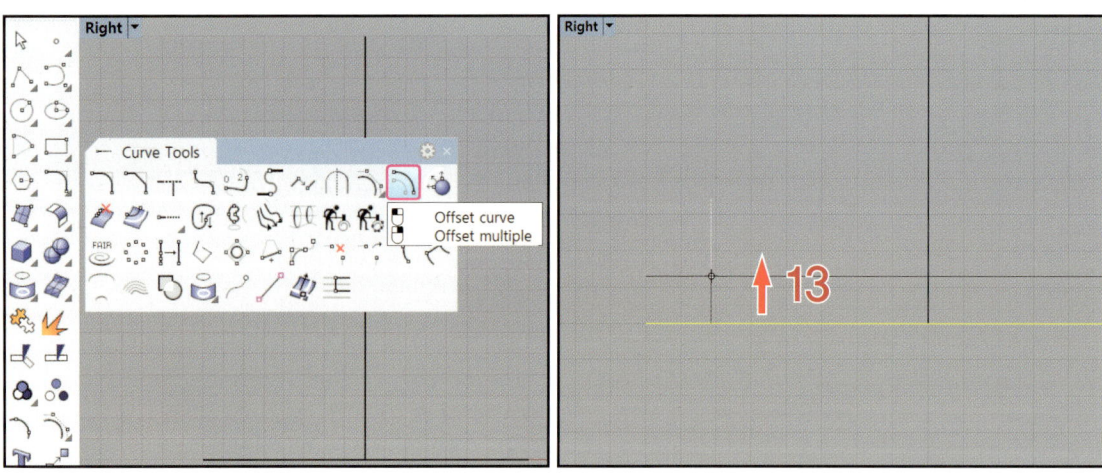

14. Offset curve를 재실행한 후 제일 아래의 가로 Line을 선택하고 위쪽으로 마우스를 이동 후 거리값을 172로 입력합니다.

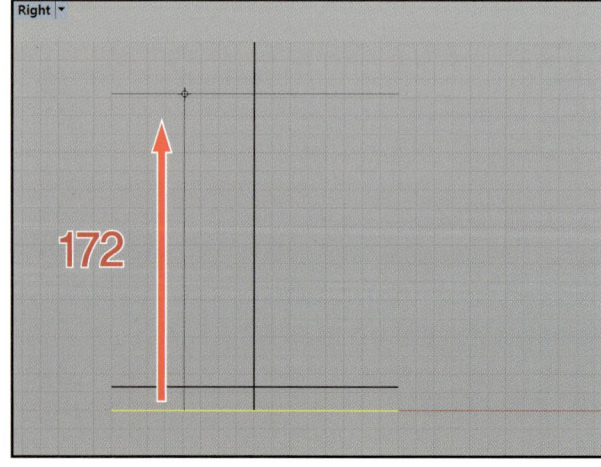

15. Offset curve를 재실행한 후 중간의 세로 Line을 선택하고 **오른쪽**으로 마우스를 이동 후 거리값을 56으로 입력합니다.

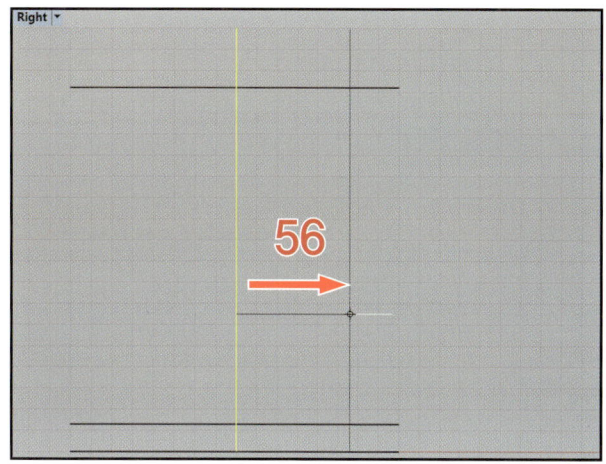

16. Arc〉Arc: start, end, radius를 실행한 후 시작점을 **위 오른쪽** Intersection으로 지정하고 끝점은 아래쪽 가로 Line의 **오른쪽** End point로 지정한 후 Radius는 567을 입력합니다.

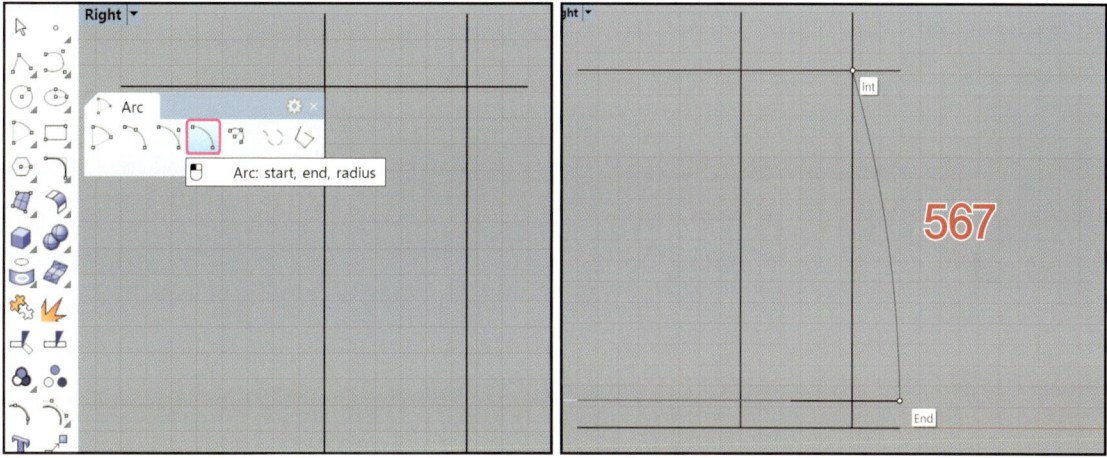

17. Transform〉Mirror를 실행한 후 Arc를 Mirror 개체로 선택한 후 Start of mirror plane은 **원점(0)**, End of mirror plane은 직교모드(Shift 키)에서 **위쪽**으로 마우스를 이동하여 적정 지점을 지정하여 대칭복사합니다.

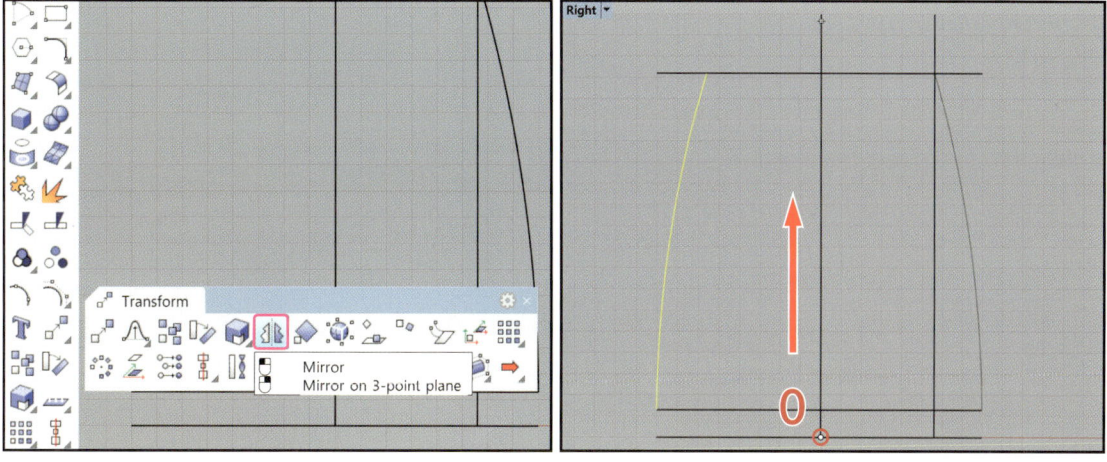

18. Top view를 선택한 후 Circle>Circle: center, radius를 실행하고 Circle의 중심을 **원점(0)**, 반지름 값으로 **75**를 입력합니다.

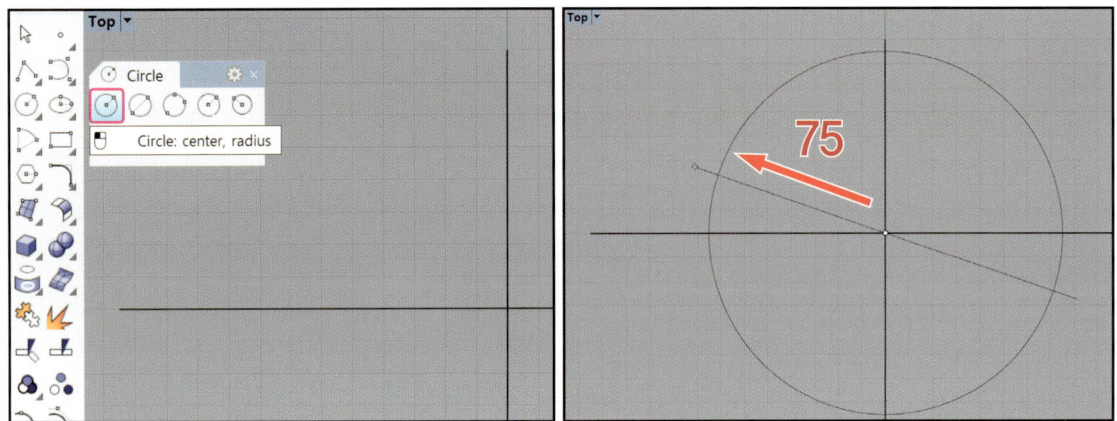

19. Circle을 선택한 후 검볼의 X축 이동 핸들을 클릭하여 입력창에 **-50**을 입력합니다.

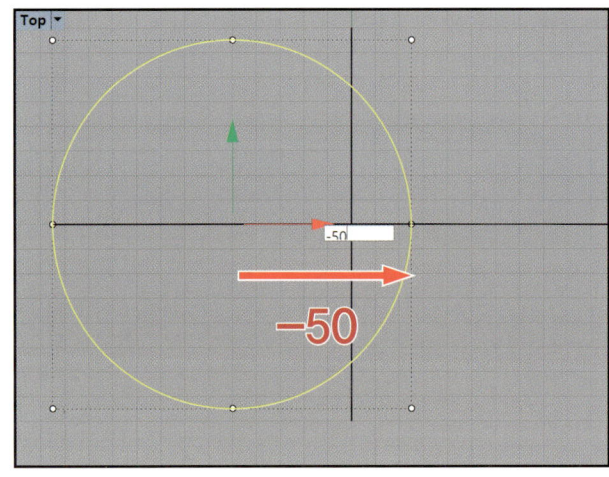

20. Transform>Mirror를 실행한 후 Circle을 Mirror 개체로 선택한 후 Start of mirror plane은 **원점(0)**, End of mirror plane은 직교모드(Shift 키)에서 **아래쪽**으로 마우스를 이동하여 적정 지점을 지정하여 대칭복사합니다.

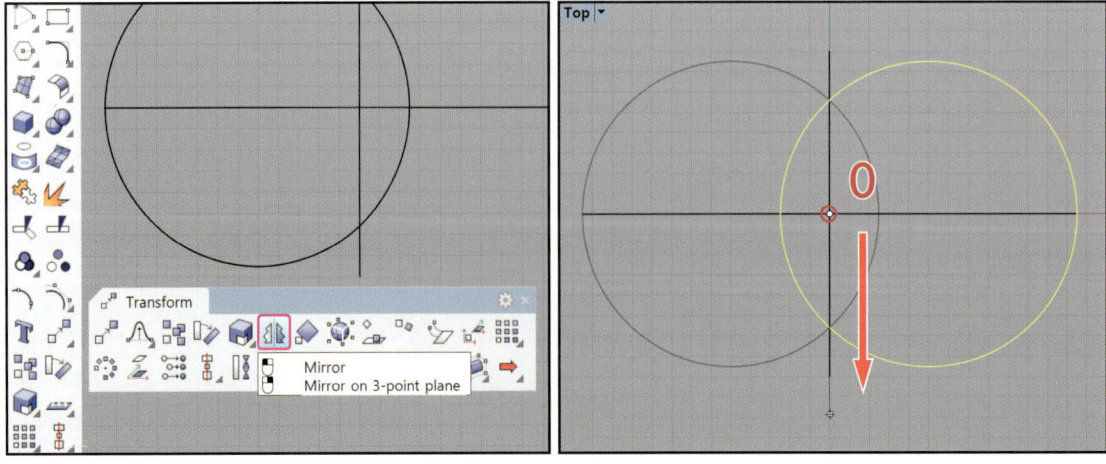

21. Curve tools>Offset curve를 실행한 후 가로 Line을 선택하고 **위쪽**으로 마우스를 이동 후 거리값을 80으로 입력합니다.

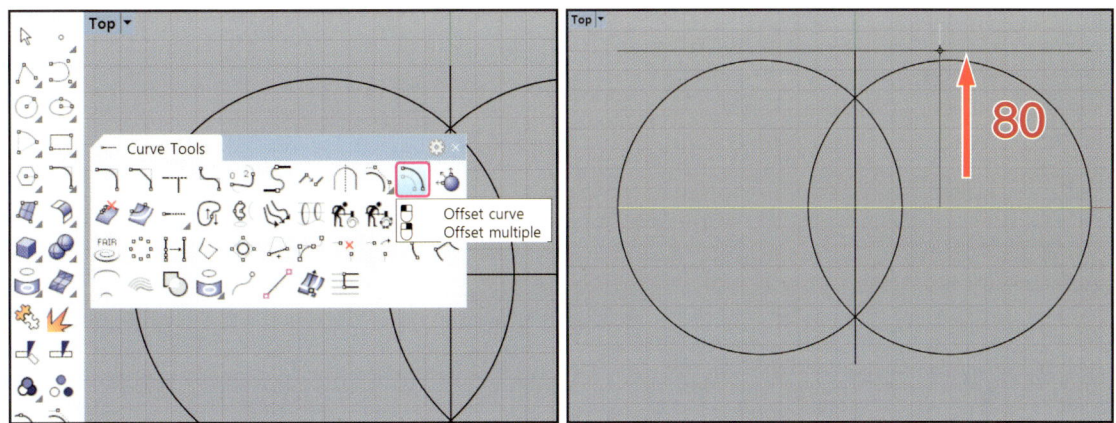

22. Arc>Arc: tangent to curves를 실행한 후 그림과 같이 **3개의** Tangent curve를 선택하여 Arc를 만듭니다.

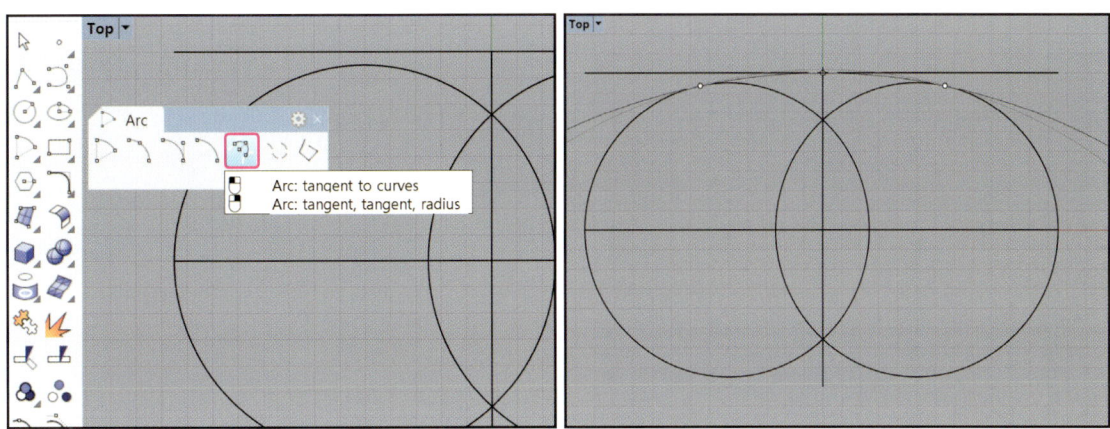

23. Transform>Mirror를 실행한 후 Circle을 Mirror 개체로 선택한 후 Start of mirror plane은 **원점(0)**, End of mirror plane은 직교모드(Shift 키)에서 **아래쪽**으로 마우스를 이동하여 적정 지점을 지정하여 대칭복사합니다.

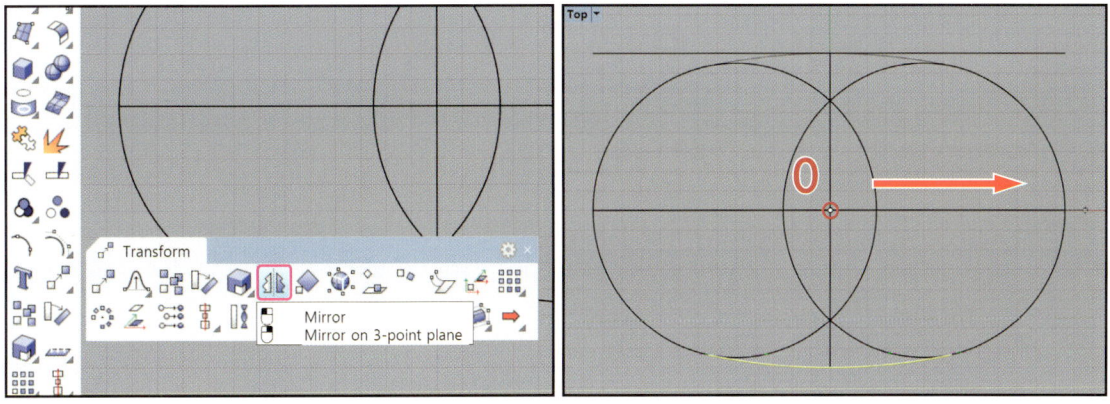

파트 6 Advanced Level Modeling 261

24. Side toolbar의 Trim을 실행한 후 **위, 아래** Arc를 Cutting object로 지정하고 그림에 표시된 부분과 같이 Circle **내부의** Curve를 제거합니다.

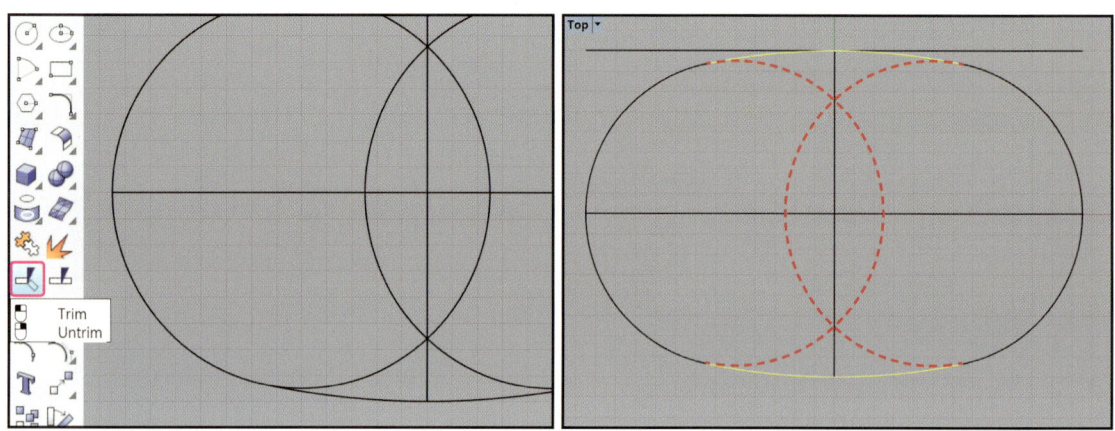

25. Curve tools>Offset curve를 실행한 후 가로 Line을 선택하고 **위쪽**으로 마우스를 이동 후 거리값을 56으로 입력합니다.

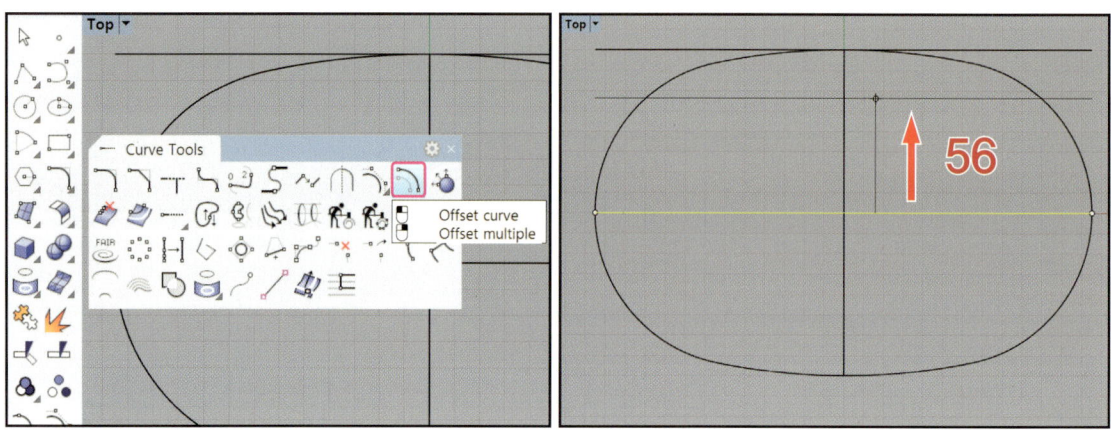

26. Circle>Circle: center, radius를 실행하고 Circle의 중심을 **원점(0)**, 반지름값으로 52를 입력합니다.

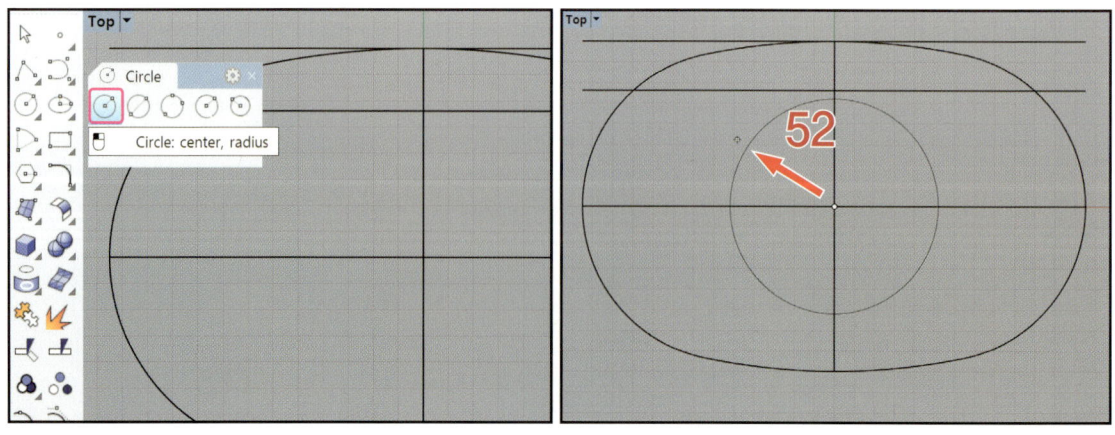

27. Circle을 선택한 후 검볼의 X축 이동 핸들을 클릭하여 입력창에 −48을 입력합니다.

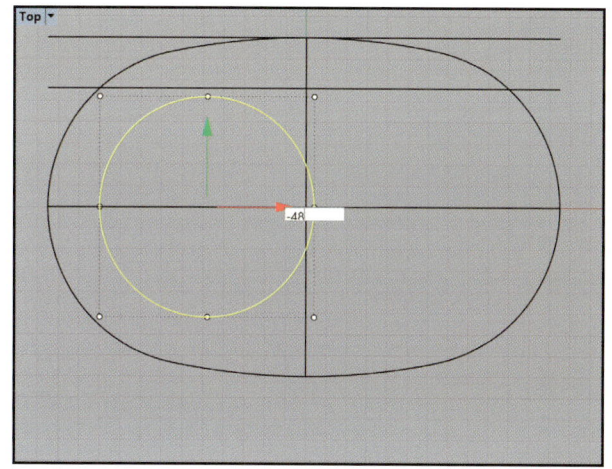

28. Transform〉Mirror를 실행한 후 Circle을 Mirror 개체로 선택한 후 Start of mirror plane은 원점(0), End of mirror plane은 직교모드(Shift 키)에서 아래쪽으로 마우스를 이동하여 적정 지점을 지정하여 대칭복사합니다.

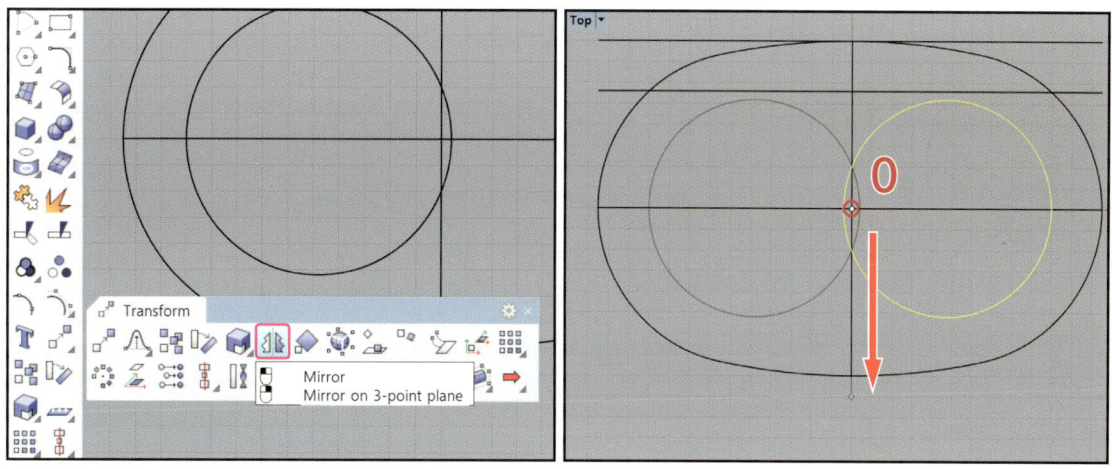

29. Arc〉Arc: tangent to curves를 실행한 후 그림과 같이 3개의 Tangent curve를 선택하여 Arc를 만듭니다.

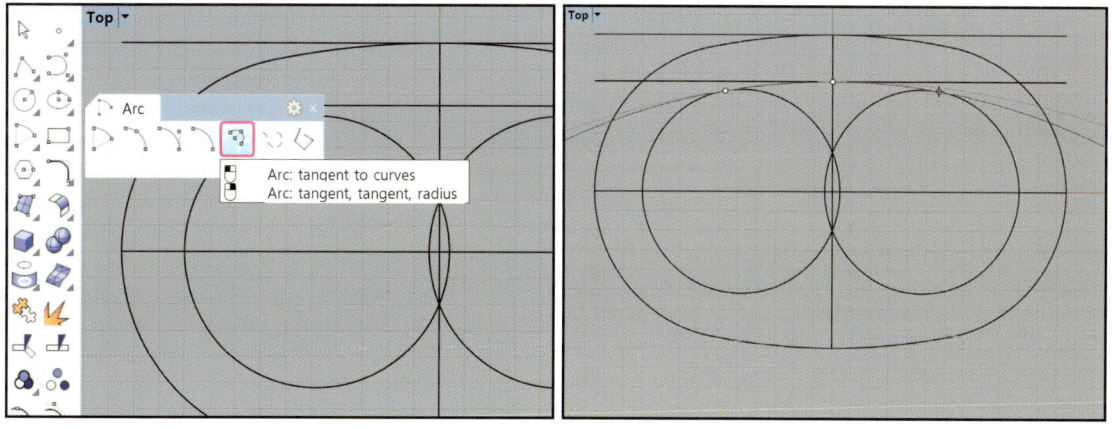

30. Transform>Mirror를 실행한 후 Arc를 Mirror 개체로 선택한 후 Start of mirror plane은 **원점(0)**, End of mirror plane은 직교모드(Shift 키)에서 **오른쪽**으로 마우스를 이동하여 적정 지점을 지정하여 대칭복사합니다.

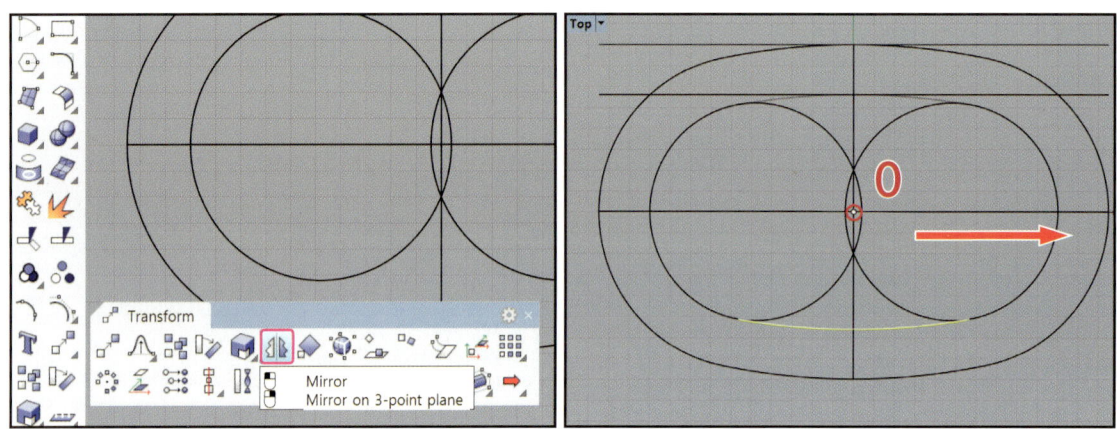

31. Side toolbar의 Trim을 실행한 후 **위, 아래** Arc를 Cutting object로 지정하고 그림에 표시된 부분과 같이 Circle 내부의 Curve를 제거합니다.

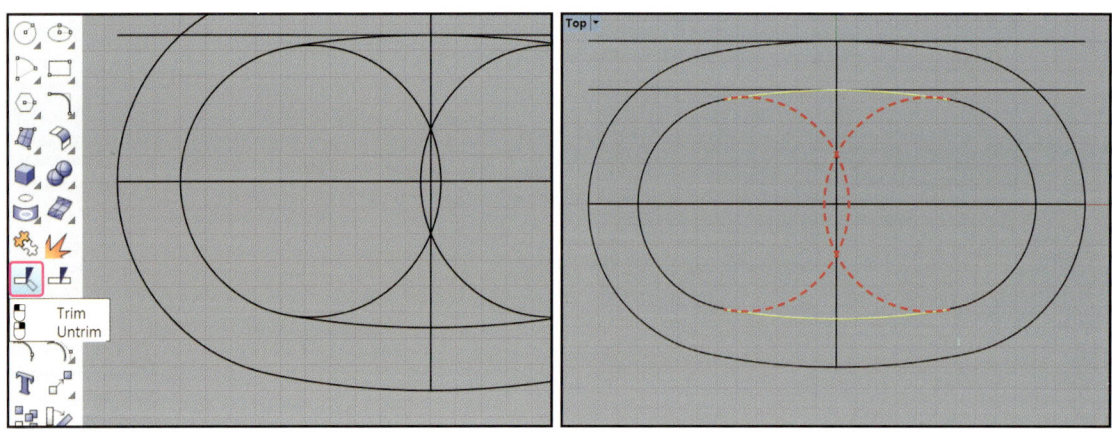

32. Side toolbar의 Join을 실행한 후 그림과 같이 **8개의** Curve를 선택해서 결합합니다.

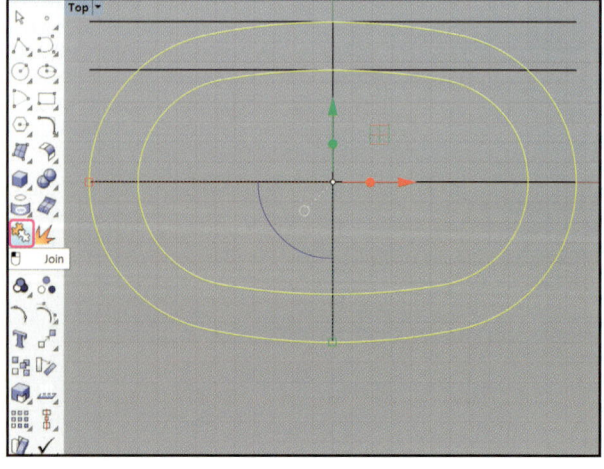

33. Curve tools〉Offset curve를 실행한 후 제일 위 가로 Line을 선택하고 **아래쪽**으로 마우스를 이동 후 거리값을 14로 입력합니다.

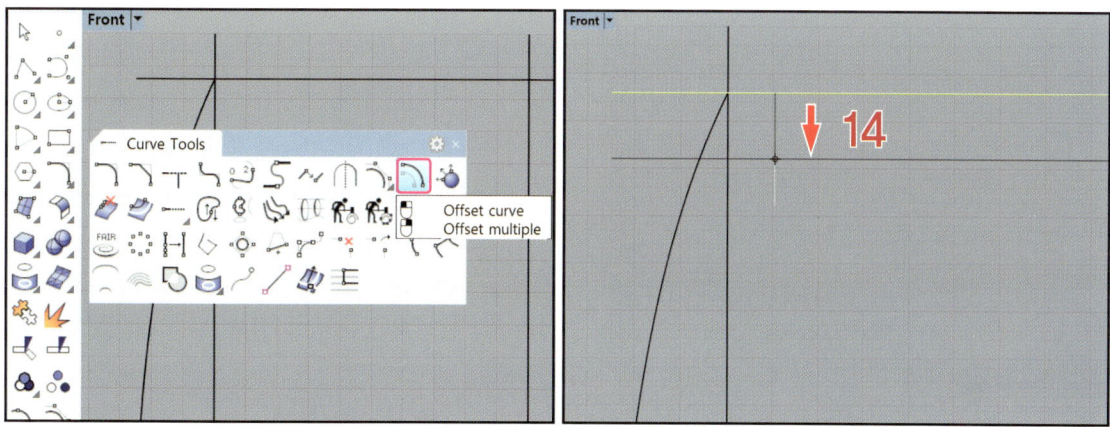

34. Perspective view를 선택한 후 Arc〉Arc: start, end, point on arc를 실행하고 그림과 같이 **3개의 Intersection**을 선택하여 Arc를 만듭니다.

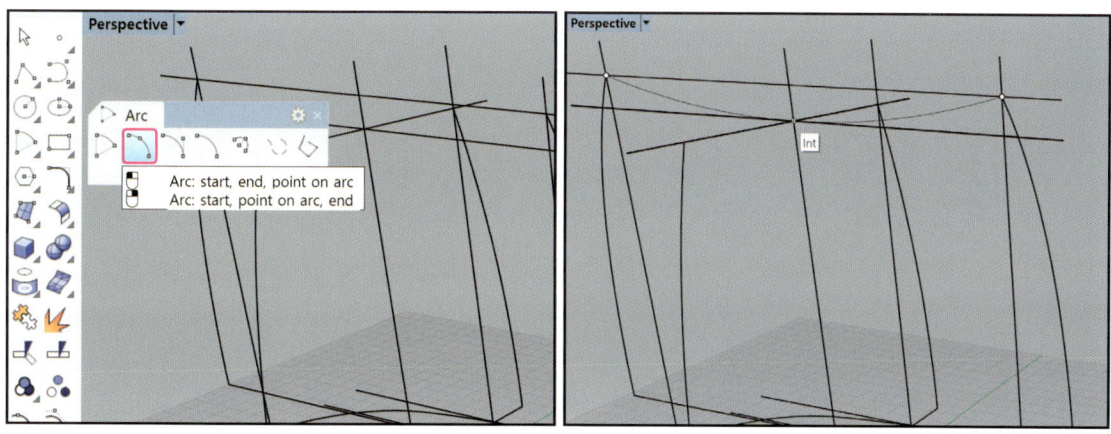

35. Front view를 선택한 후 Arc〉Arc: start, end, radius를 실행한 후 그림과 같이 **왼쪽 아래 End point**와 **중간 세로 Line의 아래 End point**를 선택한 후 Radius를 260으로 입력합니다.

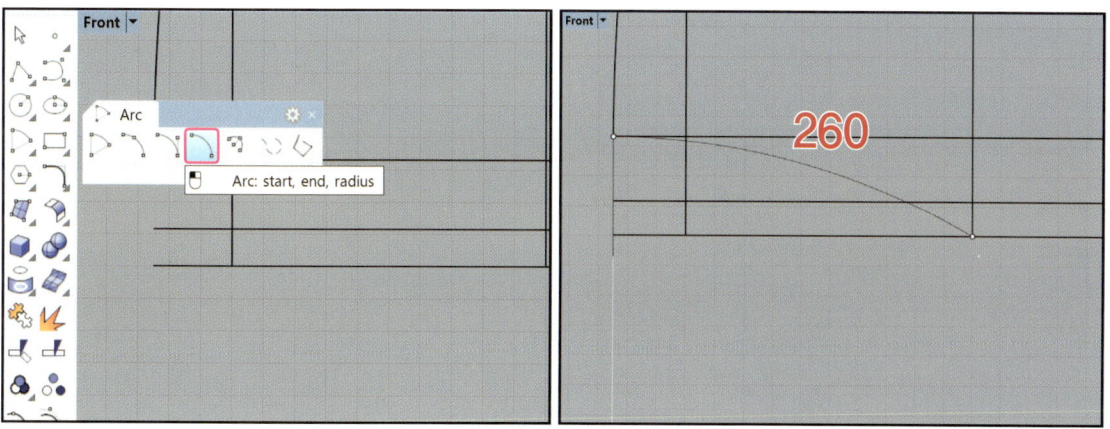

36. Transform〉Mirror를 실행한 후 Arc를 Mirror 개체로 선택한 후 Start of mirror plane은 원점(0), End of mirror plane은 직교모드(Shift 키)에서 **아래쪽**으로 마우스를 이동하여 적정 지점을 지정하여 대칭복사합니다.

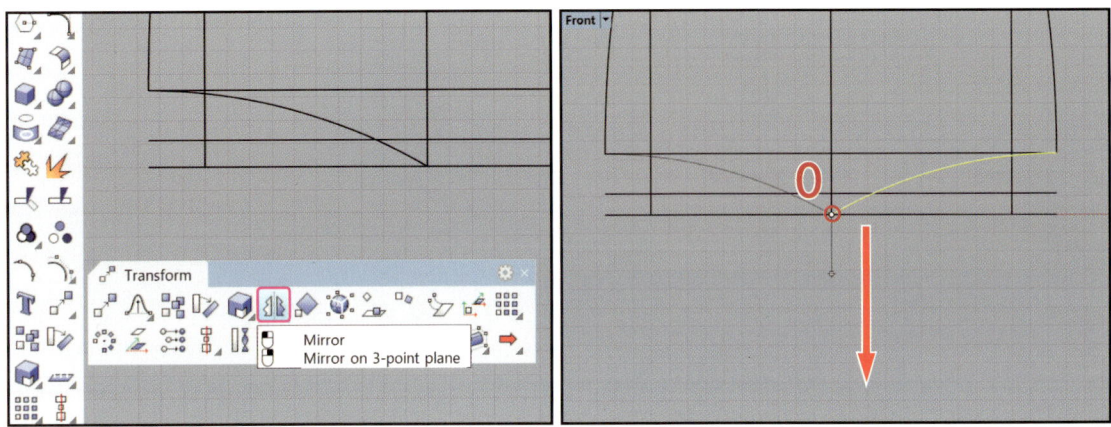

37. Curve tools〉Offset curve를 실행한 후 제일 아래 가로 Line을 선택하고 **위쪽**으로 마우스를 이동 후 거리값을 13으로 입력합니다.

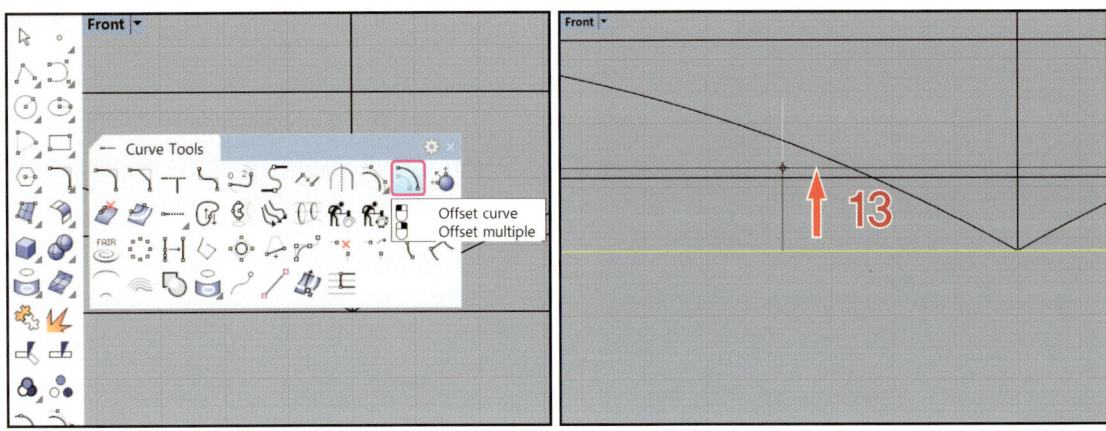

38. Arc〉Arc: tangent to curves를 실행한 후 그림과 같이 **3개의** Tangent curve를 선택하여 Arc를 만듭니다.

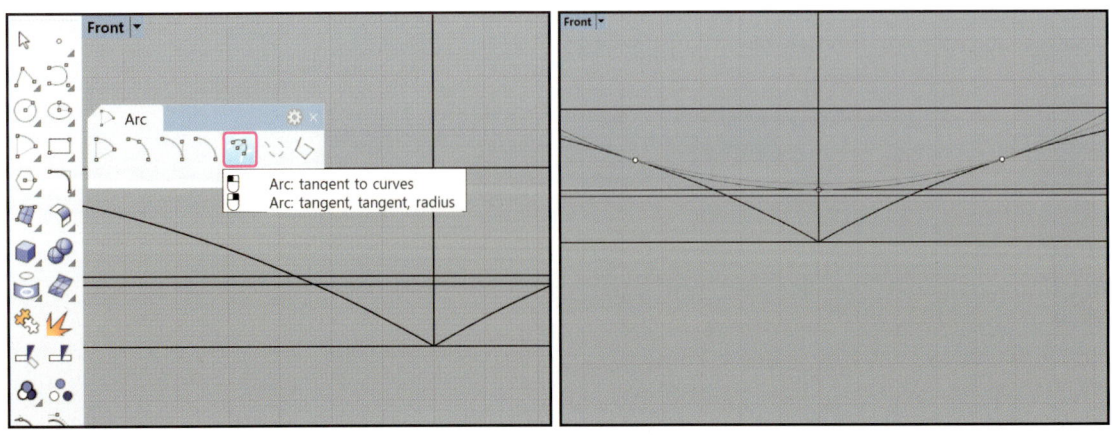

266 라이노 6를 이용한 제품 디자인

39. Side toolbar의 Trim을 실행한 후 **가운데** Arc를 Cutting object로 지정하고 그림에 표시된 부분과 같이 Arc **아래 부분**의 Curve를 제거합니다.

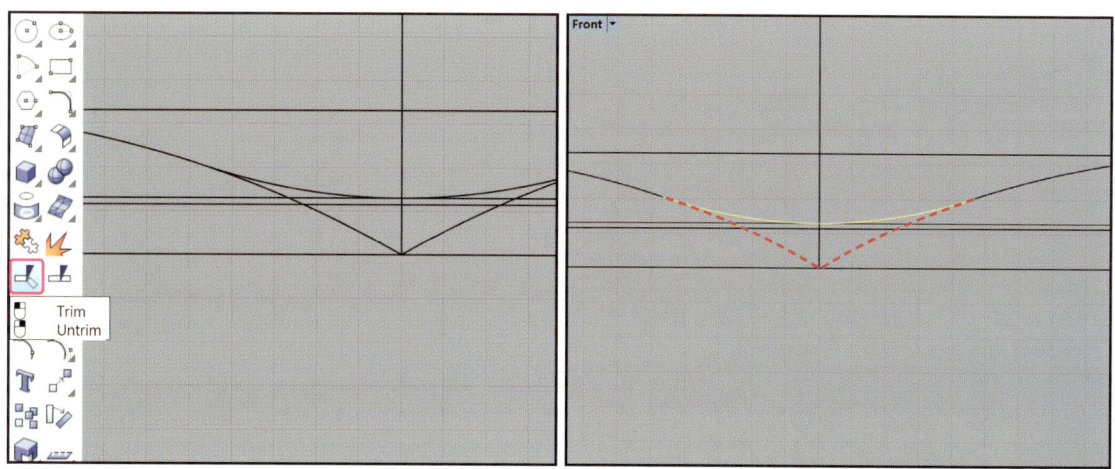

40. Curve tools)Offset curve를 실행합니다.

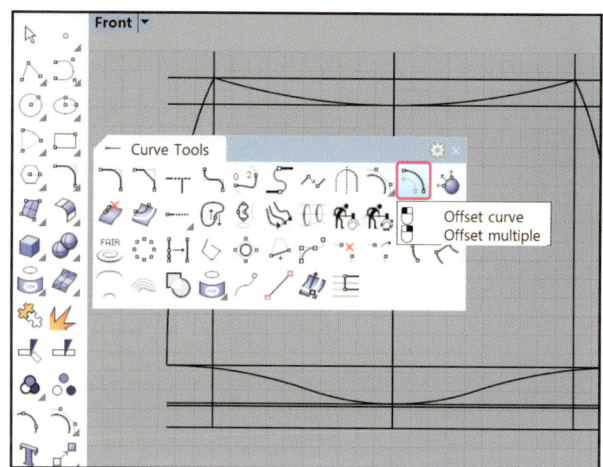

41. 왼쪽 세로 Line을 선택하고 **왼쪽**으로 마우스를 이동 후 거리값을 40으로 입력합니다. 오른쪽 세로 Line도 동일한 방식으로 **오른쪽**으로 마우스를 이동 후 거리값을 40으로 입력합니다.

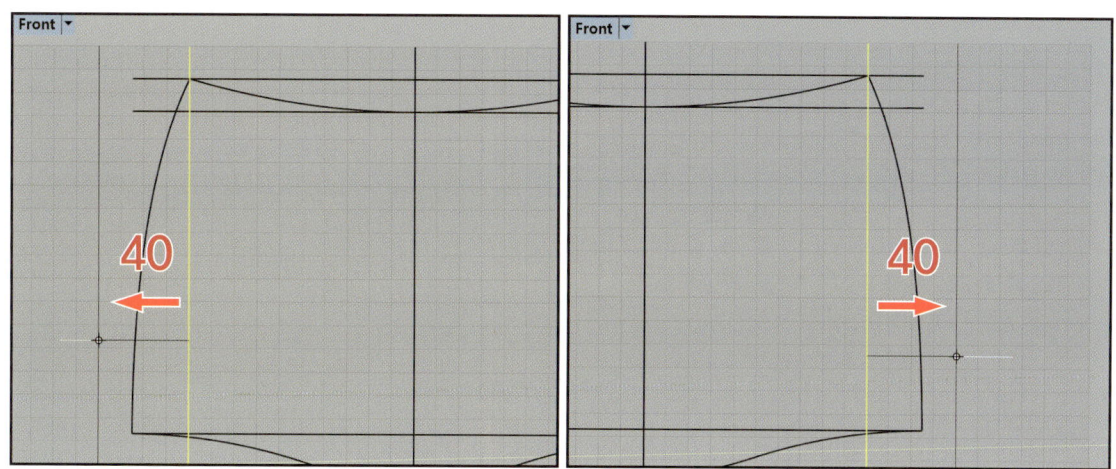

42. Curve Tools〉Extend curve to boundary를 실행한 후 양 끝 2개의 세로 Line을 boundary로 선택하고 위, 아래 Curve 4군데 끝부분을 지정해서 연장합니다.(마우스 오른쪽 버튼)

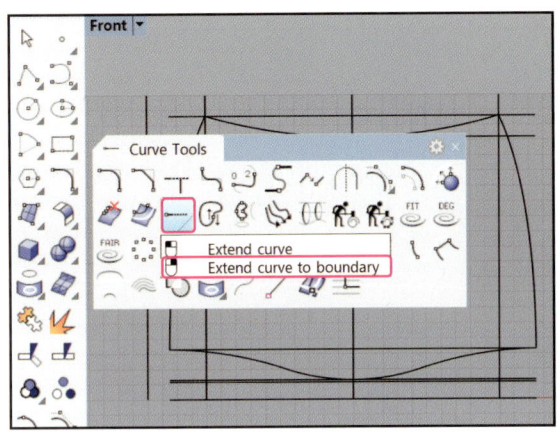
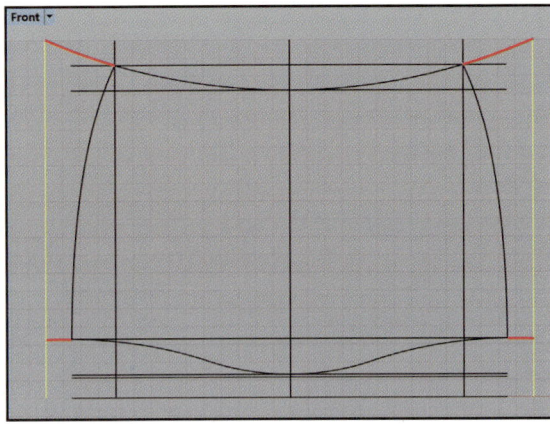

43. Side toolbar의 Join을 실행한 후 그림과 같이 3개의 Curve를 선택해서 결합합니다.

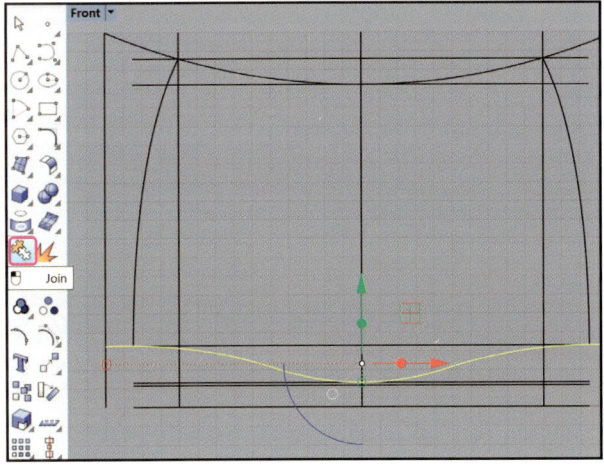

44. Perspective view를 선택한 후 화면표시모드를 Shaded로 변경합니다. Surface creation〉Extrude straight를 실행한 후 그림과 같이 2개의 Curve를 선택하고 왼쪽으로 마우스를 이동 후 BothSides:Yes로 변경하고 거리값을 100으로 입력합니다.

Extrusion distance <100> (Direction **BothSides=Yes** Solid=*No* DeleteInput=*No* ToBoundary SetBasePoint):100

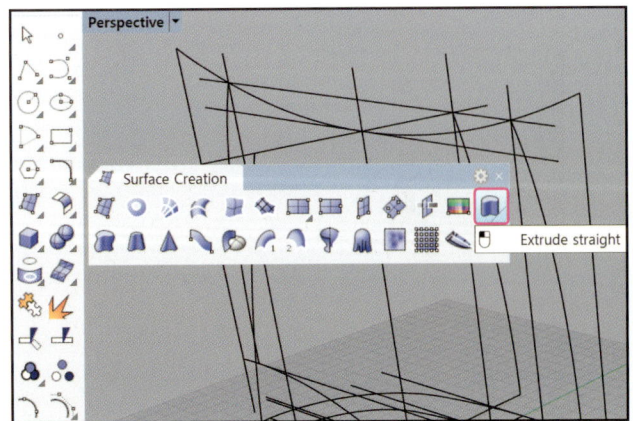
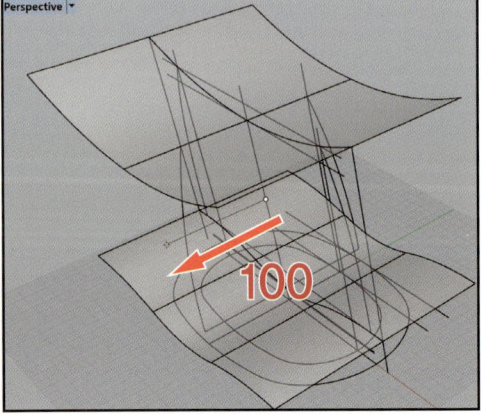

268 라이노 6를 이용한 제품 디자인

45. 제일 위의 Polysurface를 선택하고 Top view로 이동합니다. Curve From Object>Project curves 를 실행한 후 그림과 같이 **안쪽** Polycurve를 선택해서 투영합니다.

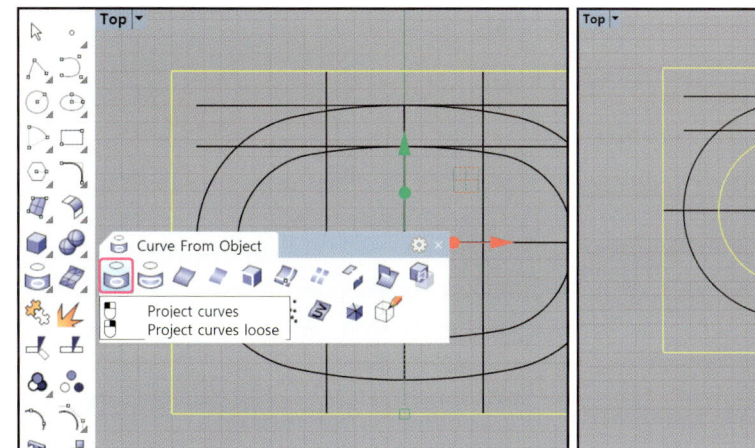
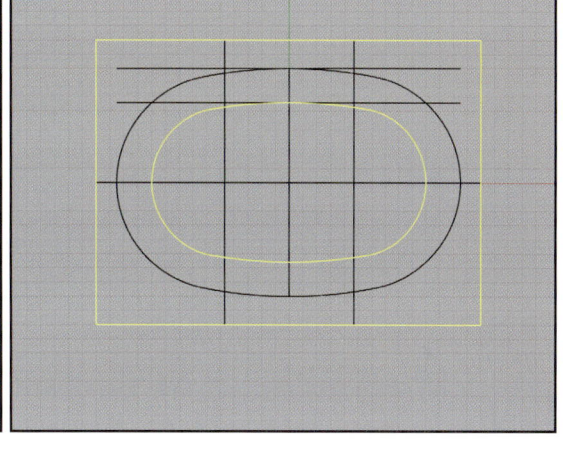

46. Project curves를 재실행한 후 그림과 같이 **제일 아래의** Polysurface를 투영 목표물로 지정하고 **바깥쪽** Polycurve를 선택해서 투영합니다. 투영 목표물을 선택할 때 Perspective view에서 실행 하는 것이 좀 더 편합니다.

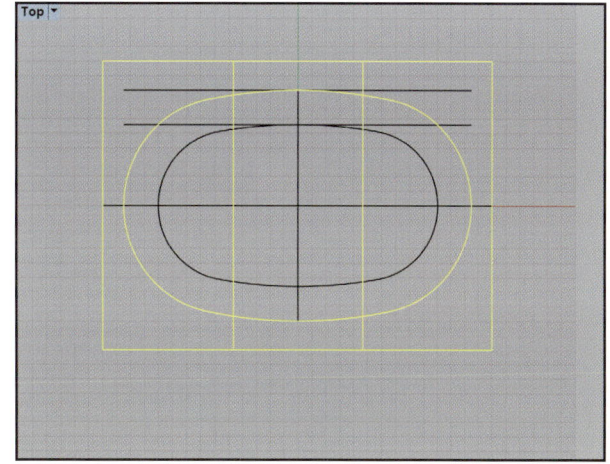

47. Perspective view로 이동한 후 2개 의 Polysurface를 선택하고 Standard toolbar>Hide objects 명령을 실행합 니다.

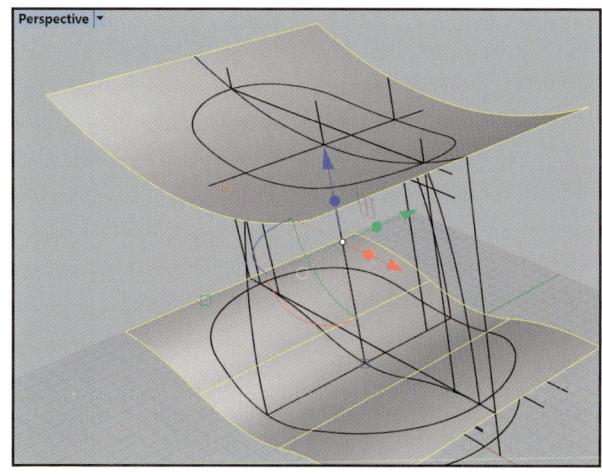

48. Surface Creation〉Sweep 2 rails를 실행합니다.

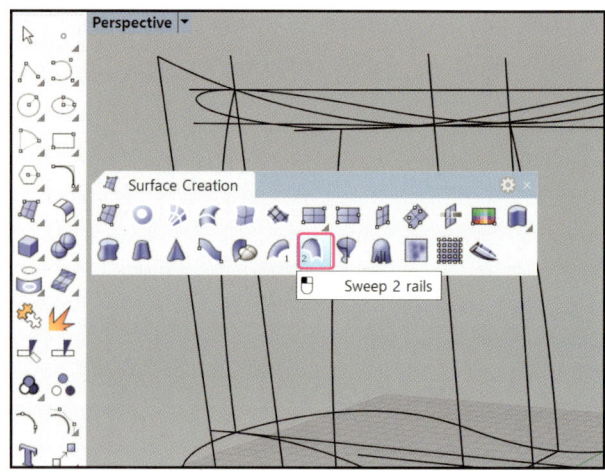

49. a(위, 아래의 2개의 Polycurve)를 Rail로 지정하고 b(4개의 세로 방향 Curve)를 Cross section으로 선택합니다. Option의 Closed sweep을 체크해서 Sweep 개체를 완전히 Rail을 따라가도록 합니다.

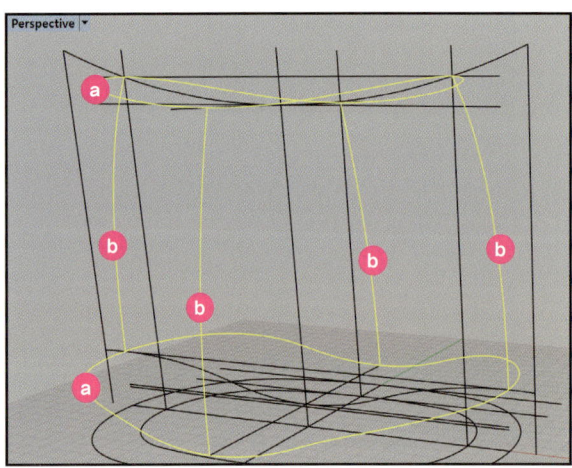 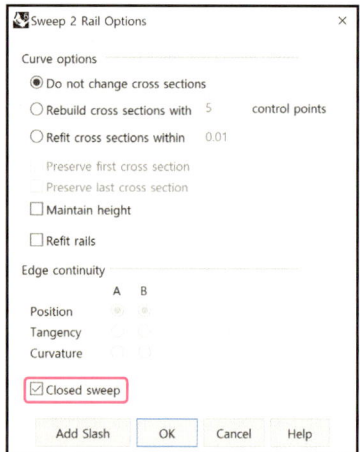

50. Standard toolbar〉Show objects 명령을 실행해서 2개의 Polysurface를 보이도록 합니다.(마우스 오른쪽 버튼)

 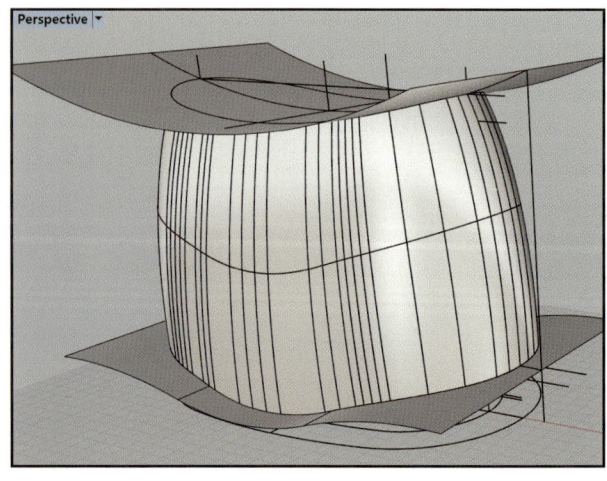

270 라이노 6를 이용한 제품 디자인

51. Side toolbar의 Trim을 실행한 후 그림과 같이 **중간 Polysurface**를 Cutting object로 지정하고 그림에 표시된 부분과 같이 **위 Polysurface의 바깥 부분**을 제거합니다.

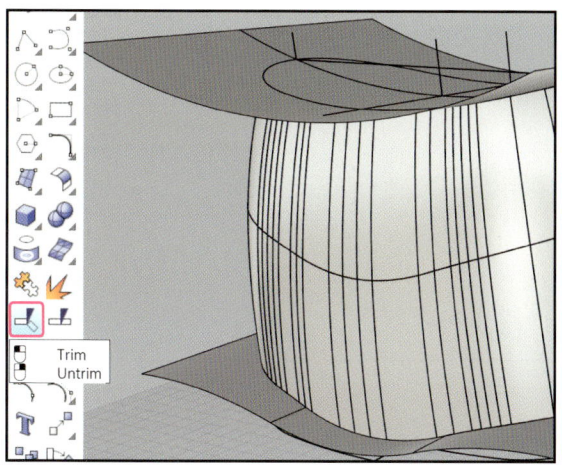 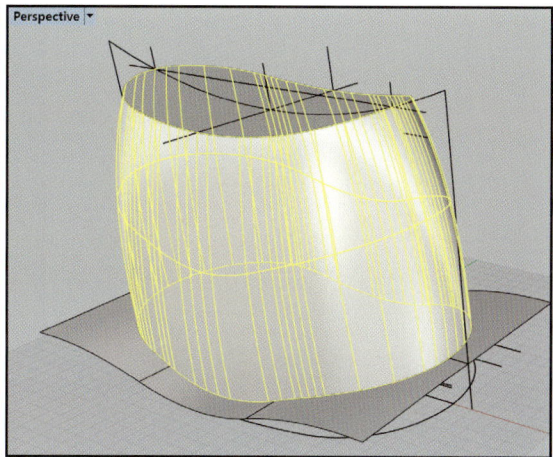

52. Trim을 재실행한 후 그림과 같이 Curve를 Cutting object로 지정하고 그림에 표시된 부분과 같이 **아래 Polysurface의 바깥부분**을 제거합니다. 다음 작업을 위해 모든 Polysurface를 Hide objects로 숨깁니다.

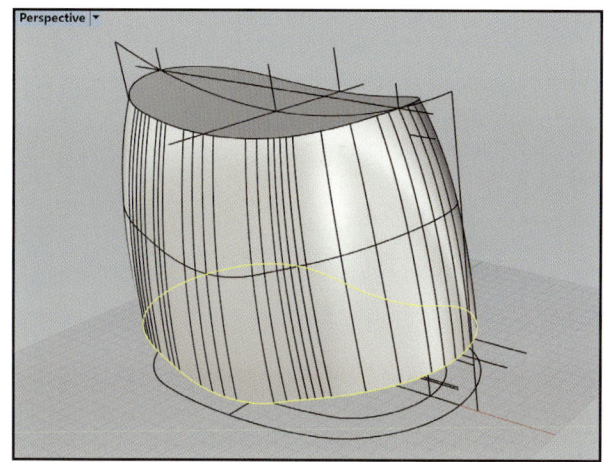

53. Curve tools〉Offset curve를 실행한 후 제일 아래 바깥쪽 **Polyline**을 선택하고 **안쪽**으로 마우스를 이동 후 거리값을 6으로 입력합니다.

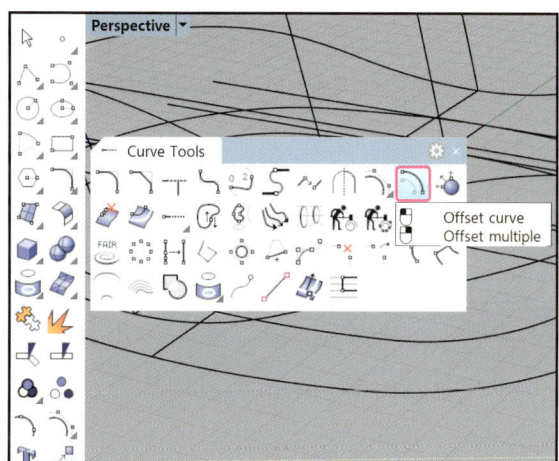 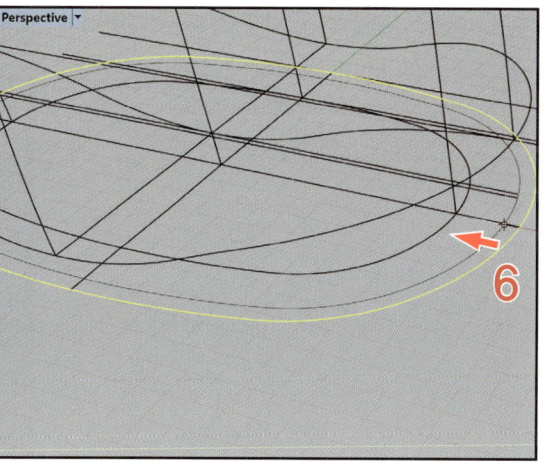

54. Offset curve를 재실행한 후 제일 아래 바깥쪽 Polyline을 선택하고 **안쪽**으로 마우스를 이동 후 거리값을 **10**으로 입력합니다.

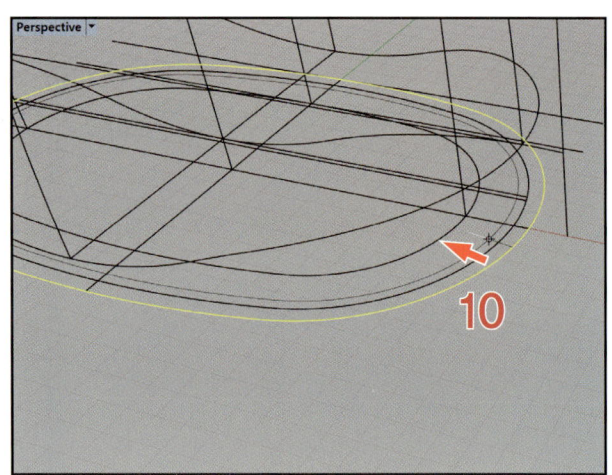

55. Front view로 이동한 후 Circle>Circle: center, radius를 실행한 후 Circle의 중심을 **원점(0)**, 반지름값으로 **1300**을 입력합니다.

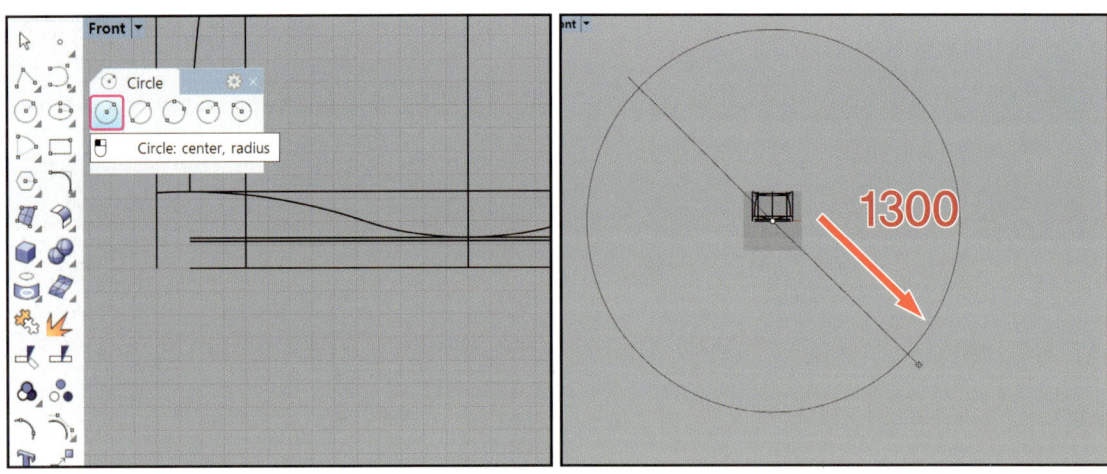

56. Circle을 선택한 후 검볼의 Y축 이동 핸들을 클릭하여 입력창에 **1305**를 입력합니다.

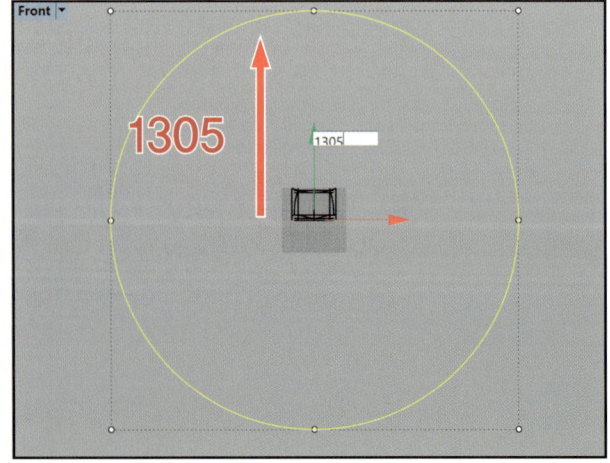

57. Side toolbar의 Trim을 실행한 후 **양 끝 2개의 세로** Line을 Cutting object로 지정하고 그림에 표시된 부분과 같이 **Circle의 바깥부분**을 제거합니다.

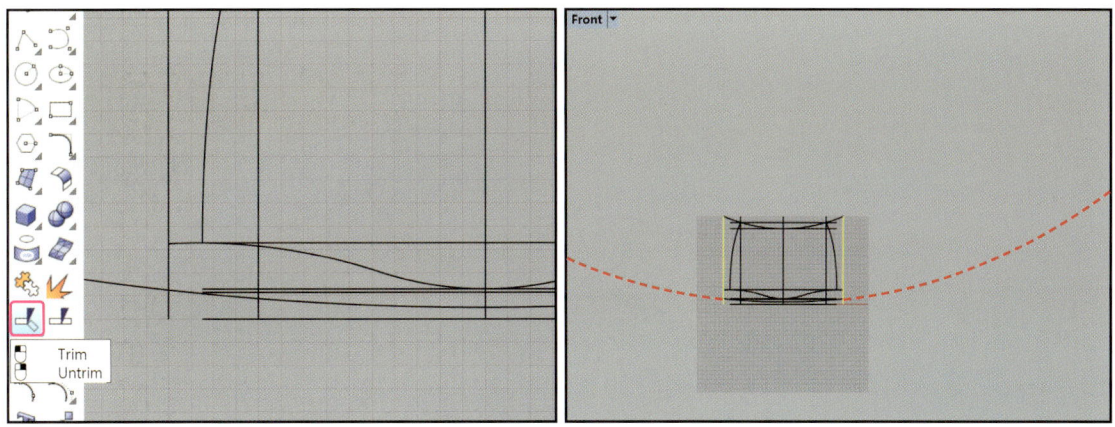

58. Perspective view로 이동한 후 Surface creation〉Extrude straight를 실행한 후 앞단계에서 만든 1개의 Curve를 선택하고 **왼쪽**으로 마우스를 이동 후 BothSides:Yes로 변경하고 거리값을 100으로 입력합니다.

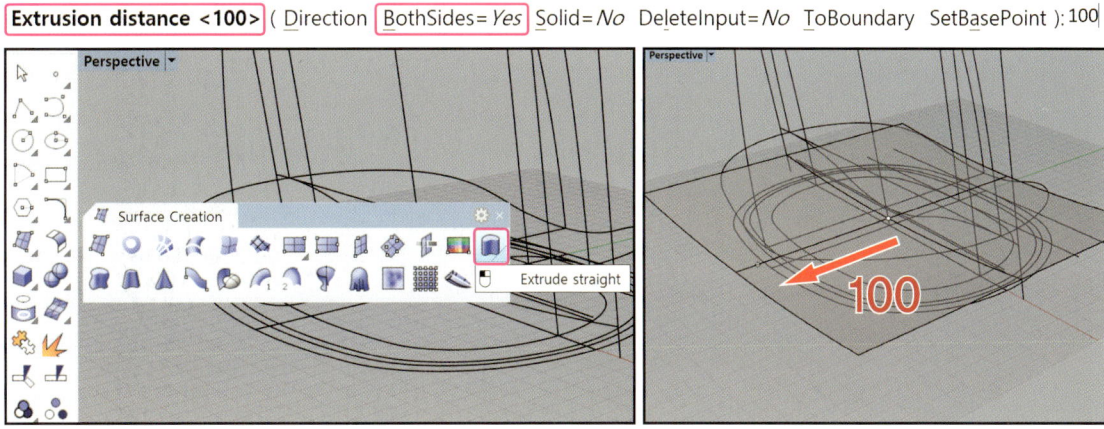

59. Polysurface를 선택하고 Top view로 이동합니다. Curve From Object〉Project curves를 실행한 후 그림과 같이 **안쪽부터 두 번째** Polycurve를 선택해서 투영합니다.

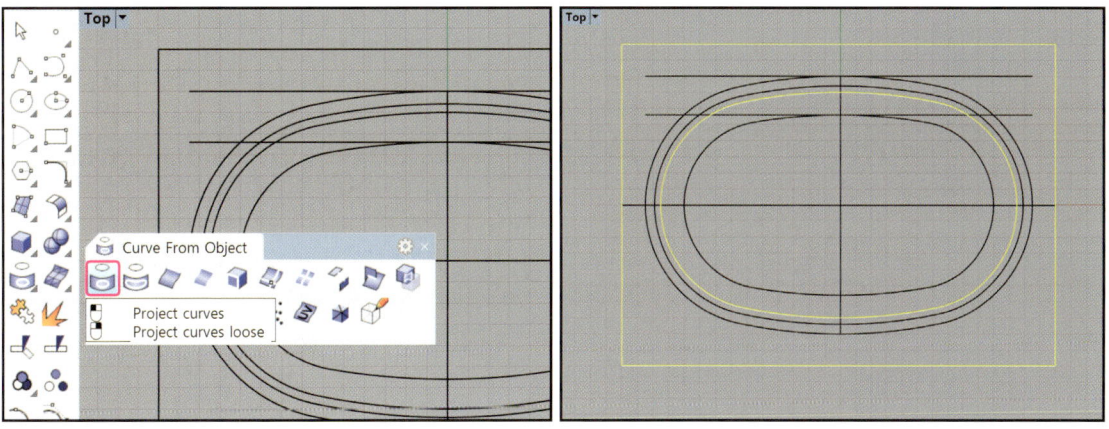

60. Perspective view에서 Standard toolbar>Show objects 명령을 실행해서 3개의 Polysurface를 보이도록 합니다. (마우스 오른쪽 버튼)

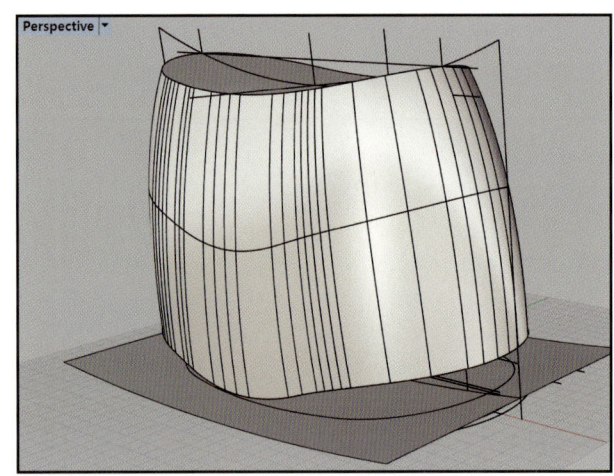

61. Standard toolbar>Hide objects 명령을 실행해서 그림의 1개를 제외한 나머지 Polysurface를 숨깁니다.

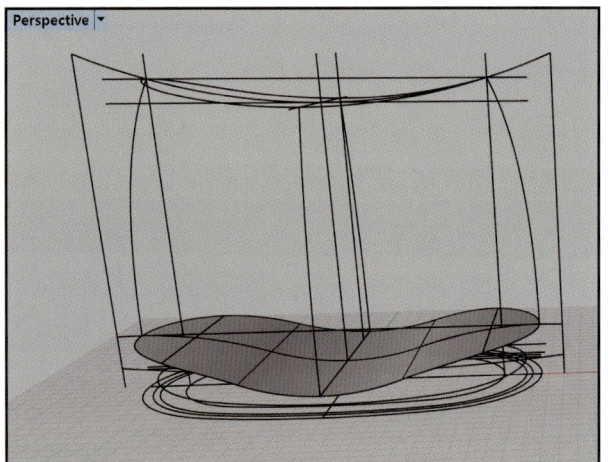

62. Polysurface를 선택하고 Top view로 이동합니다. Curve From Object>Project curves를 실행한 후 그림과 같이 바깥쪽부터 2번째 Polycurve를 선택해서 투영합니다.

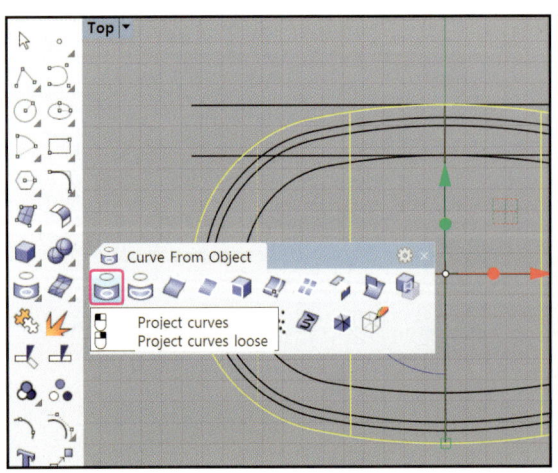
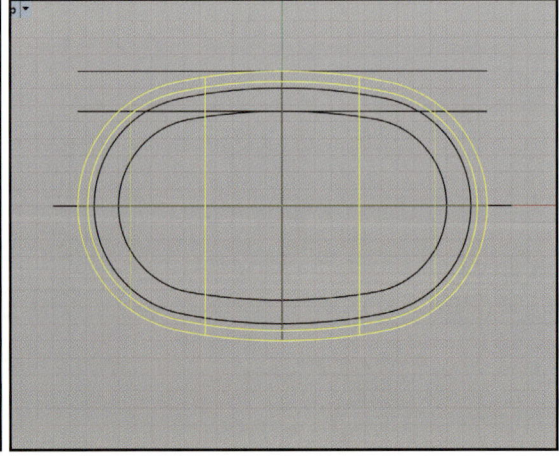

63. 앞에서 투영한 2개의 Polyline을 선택하고 Standard toolbar〉 Select〉Invert selection을 실행합니다.

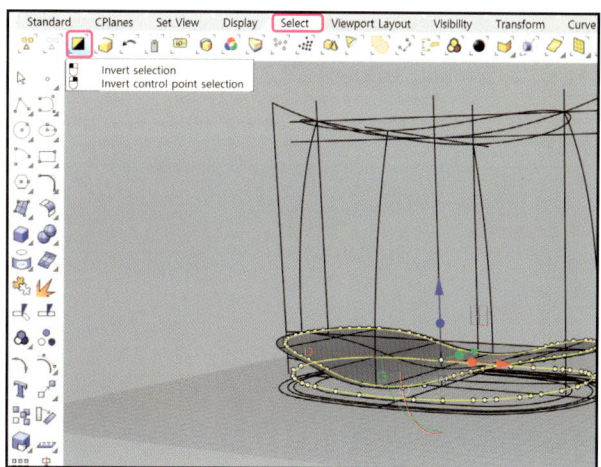

64. Standard toolbar〉Hide objects 명령을 실행해서 선택된 개체를 숨깁니다.

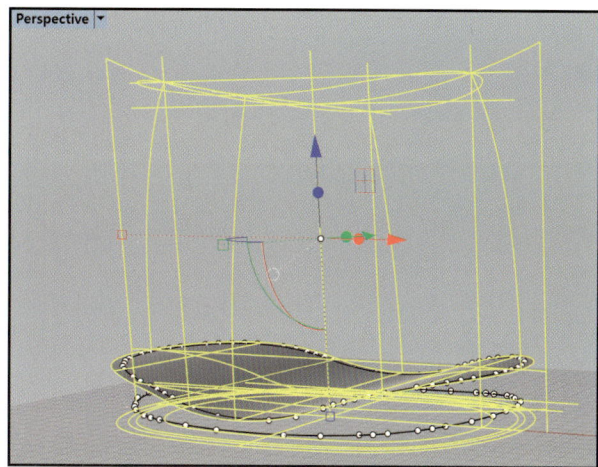

65. Front view를 선택한 후 Arc〉Arc: start, end, radius를 실행한 후 그림과 같이 **왼쪽 위, 아래 Quad point**를 선택한 후 Radius를 70으로 입력합니다.

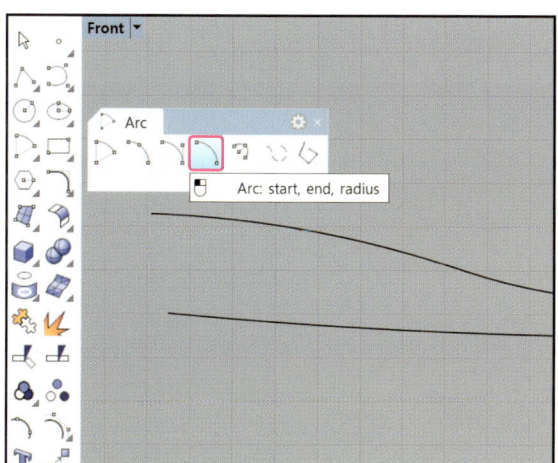

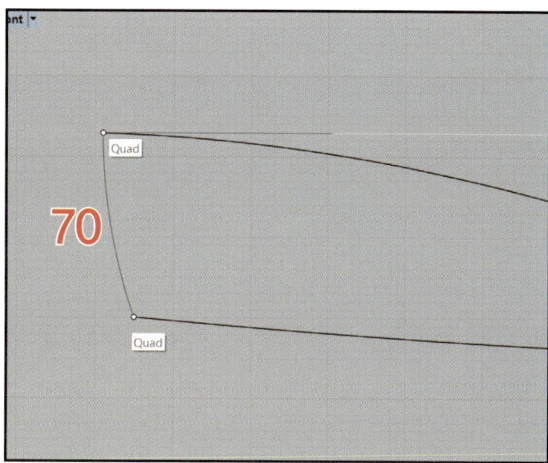

66. Transform〉Mirror를 실행한 후 Arc를 Mirror 개체로 선택한 후 Start of mirror plane은 원점(0), End of mirror plane은 직교모드(Shift 키)에서 **위쪽**으로 마우스를 이동하여 적정 지점을 지정하여 대칭복사합니다.

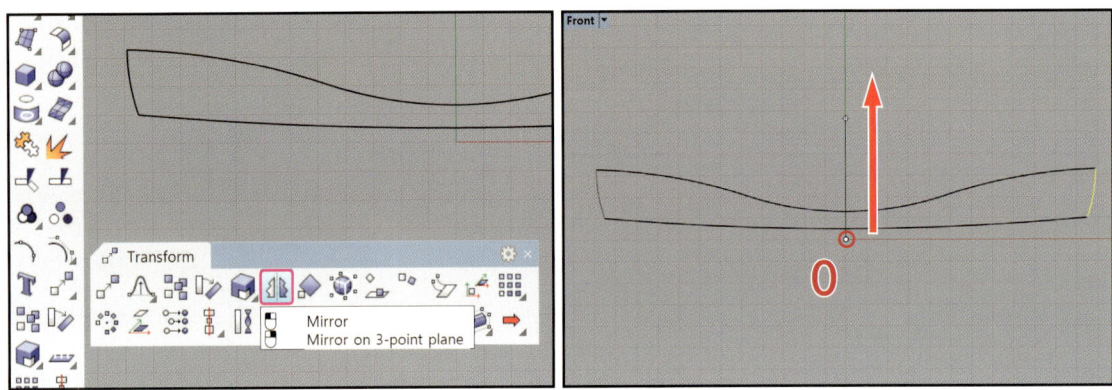

67. Right view를 선택한 후 Arc〉Arc: start, end, radius를 실행한 후 그림과 같이 **왼쪽 위, 아래 Quad point**를 선택한 후 Radius를 15로 입력합니다.

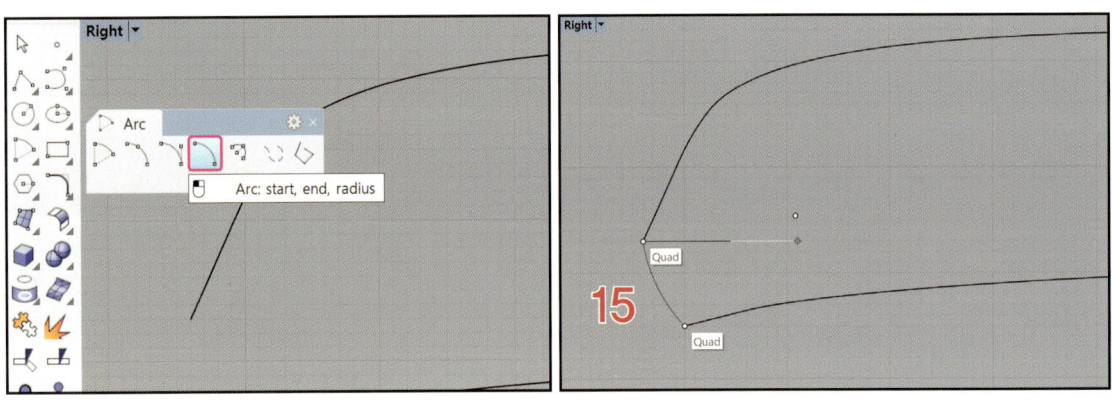

68. Transform〉Mirror를 실행한 후 Arc를 Mirror 개체로 선택한 후 Start of mirror plane은 원점(0), End of mirror plane은 직교모드(Shift 키)에서 **아래쪽**으로 마우스를 이동하여 적정 지점을 지정하여 대칭복사합니다.

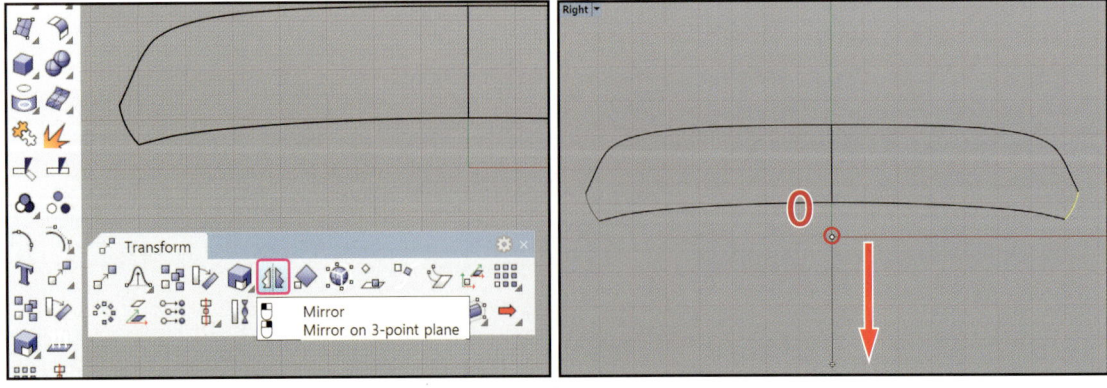

69. Perspective view를 선택한 후 Surface Creation>Sweep 2 rails를 실행합니다.

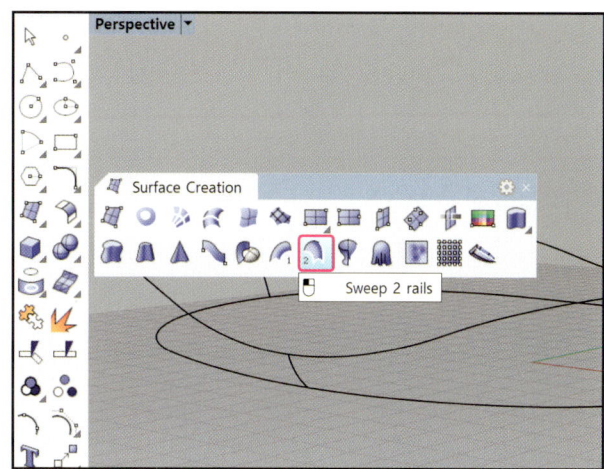

70. a(위, 아래의 2개의 Polycurve)를 Rail로 지정하고 b(4개의 세로 방향 Curve)를 Cross section으로 선택합니다. Option의 Closed sweep을 체크해서 Sweep 개체를 완전히 Rail을 따라가도록 합니다.

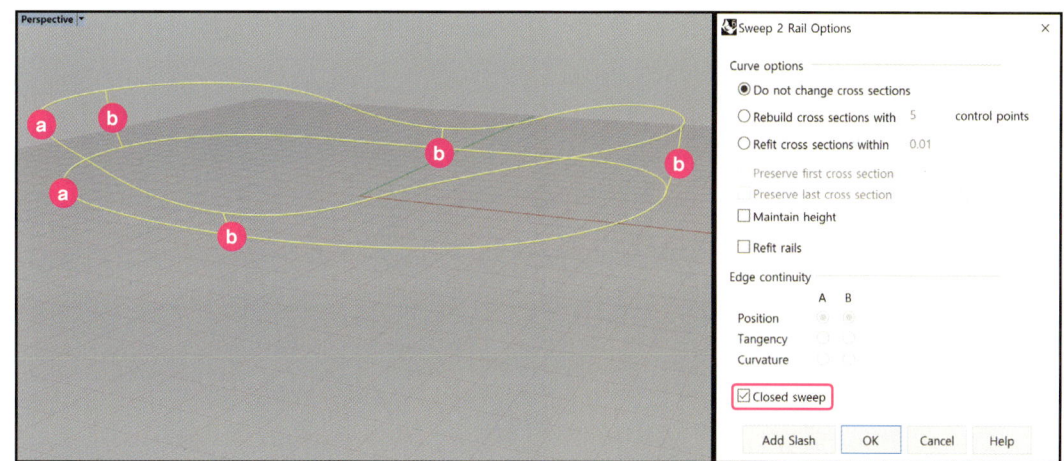

71. Standard toolbar>Show objects 명령을 실행해서 전체 개체를 보이도록 합니다. (마우스 오른쪽 버튼)

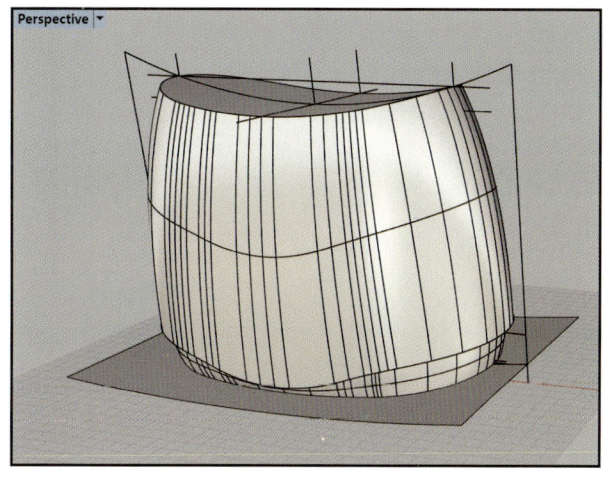

파트 6 Advanced Level Modeling 277

72. 레이어 탭에서 'Layer 01'을 '커브'로 이름 변경한 후 Select>Select curves를 실행해서 전체 Curve를 선택하고 레이어 탭에서 '커브' 레이어로 Change object layer합니다. '커브' 레이어는 끕니다.

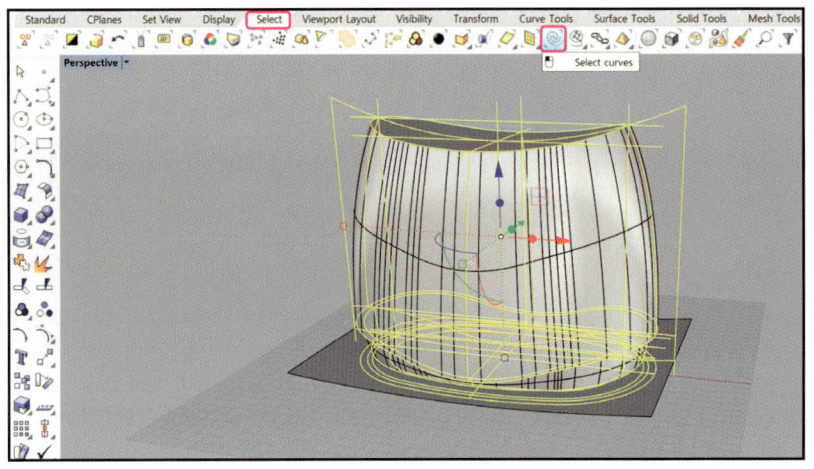

73. Side toolbar의 Trim을 실행한 후 그림과 같이 **아래 부분의 Polysurface**를 Cutting object로 지정하고 그림에 표시된 부분과 같이 **제일 아래 Polysurface의 바깥 부분**을 제거합니다.

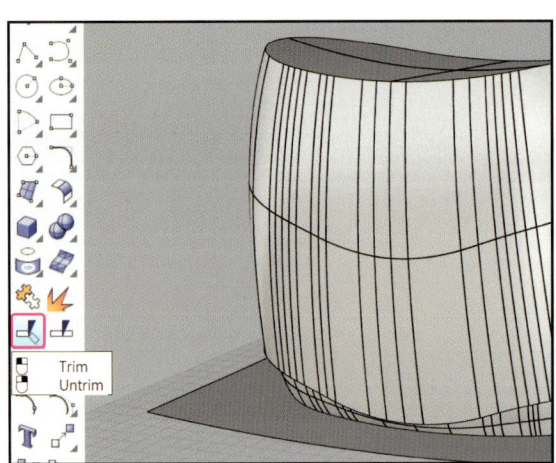
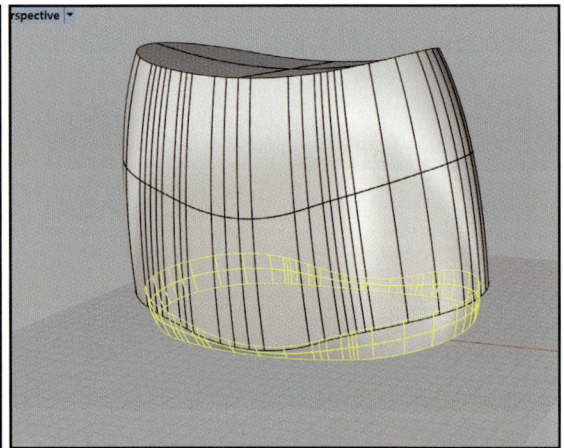

74. Standard toolbar>Hide objects 명령을 실행해서 그림과 같이 **위쪽 2개의 Polysurface**를 숨깁니다.

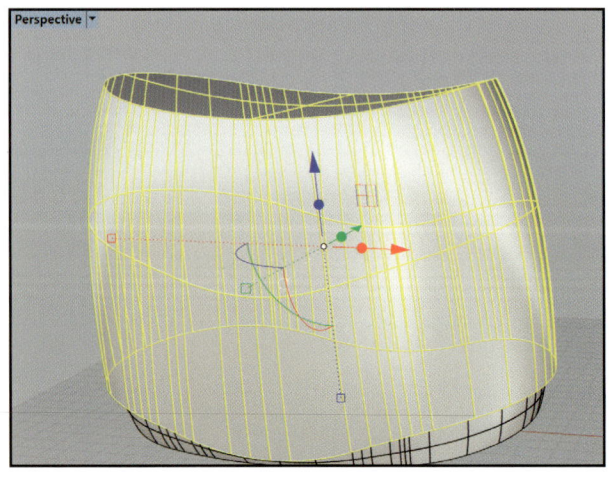

75. Side toolbar의 Trim을 실행한 후 **아래 부분의** Polysurface를 Cutting object로 지정하고 그림에 표시된 부분과 같이 **제일 위** Polysurface의 안쪽 부분을 제거합니다.

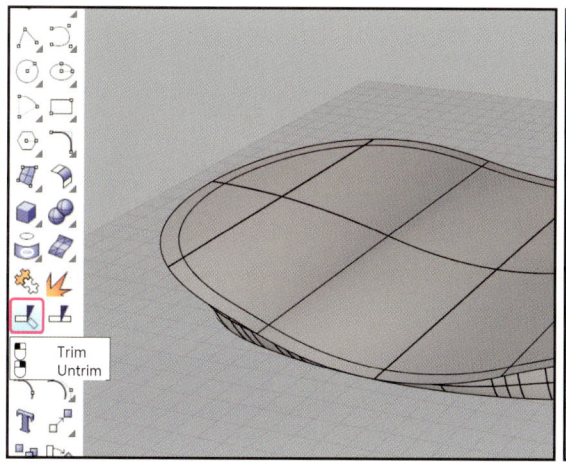
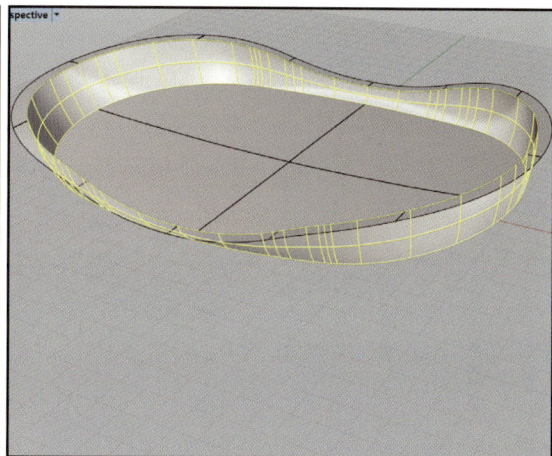

76. Standard toolbar>Show objects 명령을 실행해서 **전체 개체**를 보이도록 합니다. (마우스 오른쪽 버튼)

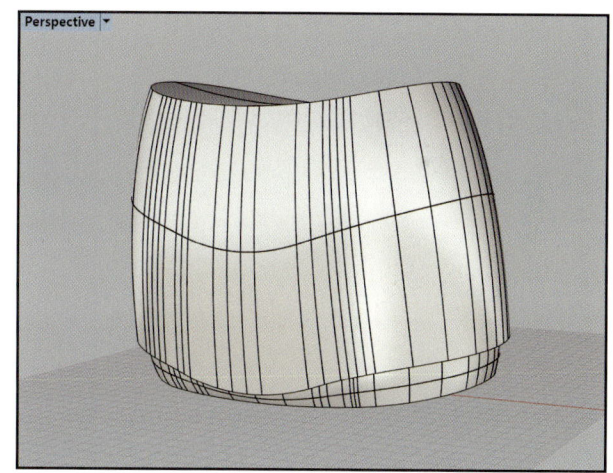

77. Side toolbar의 Join을 실행한 후 **전체 Polysurface**를 선택해서 결합합니다.

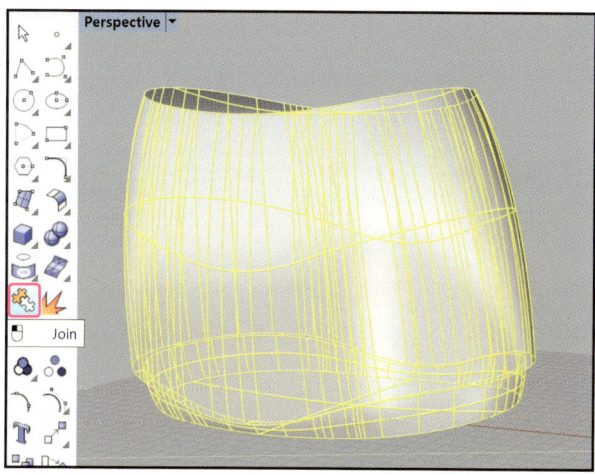

78. Solid tools〉Fillet edges를 실행한 후 Radius를 20으로 입력하고 Polysurface의 위 모서리를 선택하여 둥근 모서리를 만듭니다.

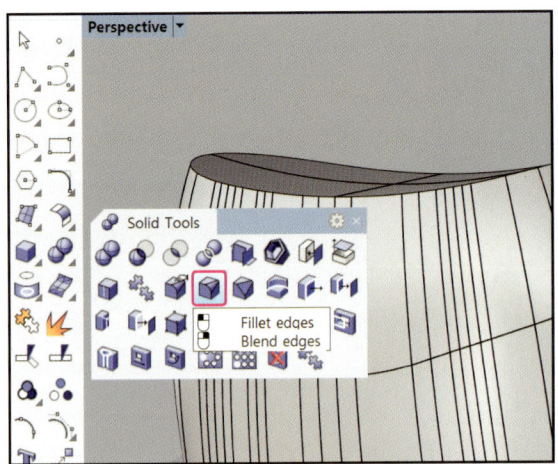
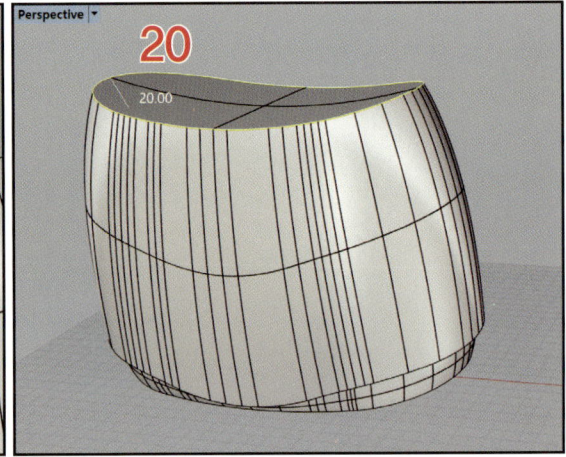

79. Fillet edges를 재실행한 후 Radius를 5로 입력하고 Polysurface의 아래 모서리를 선택하여 둥근 모서리를 만듭니다.

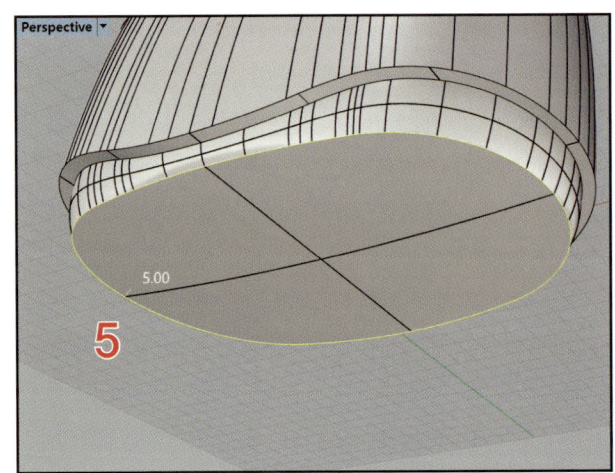

80. Fillet edges를 재실행한 후 Radius를 4로 입력하고 Polysurface의 안쪽으로 꺾인 모서리를 선택하여 둥근 모서리를 만듭니다. Option에서 ChainEdges를 사용하면 쉽게 전체 모서리를 선택할 수 있습니다.

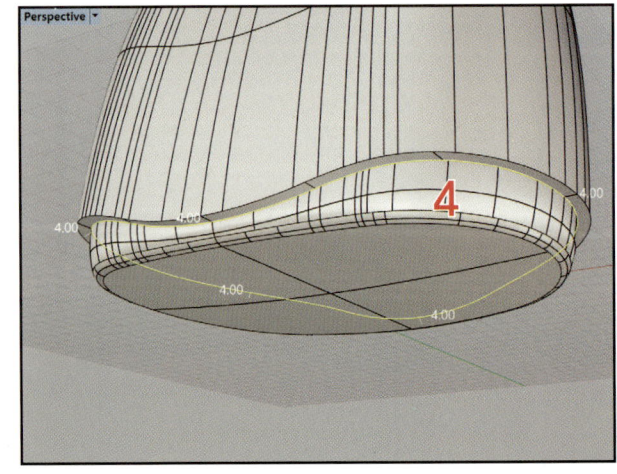

81. Fillet edges를 다시 실행한 후 Radius를 1로 입력하고 Polysurface의 돌출된 모서리를 선택하여 둥근 모서리를 만듭니다.

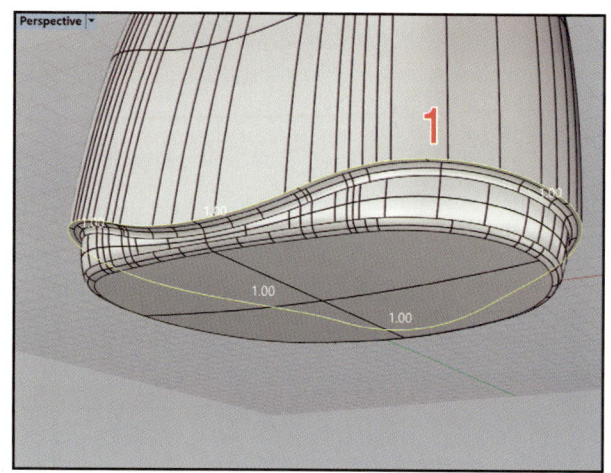

82. 레이어 탭에서 'Layer 02'를 '바디'로 이름 변경한 후 Polysurface를 선택하고 레이어 탭에서 '바디' 레이어로 Change object layer합니다. '커브' 레이어는 다시 켭니다.

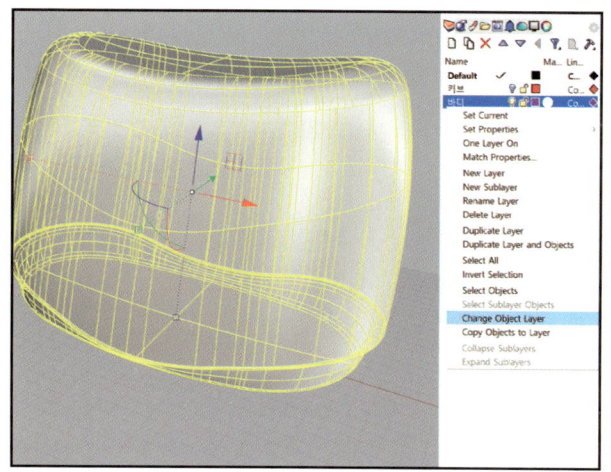

83. Curve tools〉Offset curve를 실행한 후 제일 아래 안쪽 Curve를 선택하고 안쪽으로 마우스를 이동 후 거리값을 10으로 입력합니다.

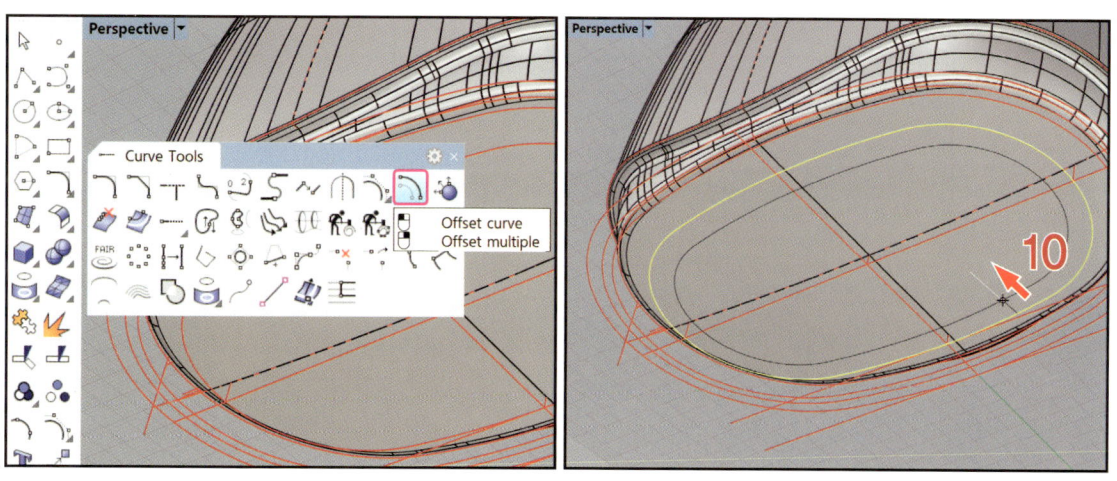

84. Top view로 이동하고 Curve From Object>Project curves를 실행한 후 그림과 같이 **제일 안쪽 Polycurve**를 선택하고 **Polysurface**를 투영 목표로 선택해서 투영합니다.

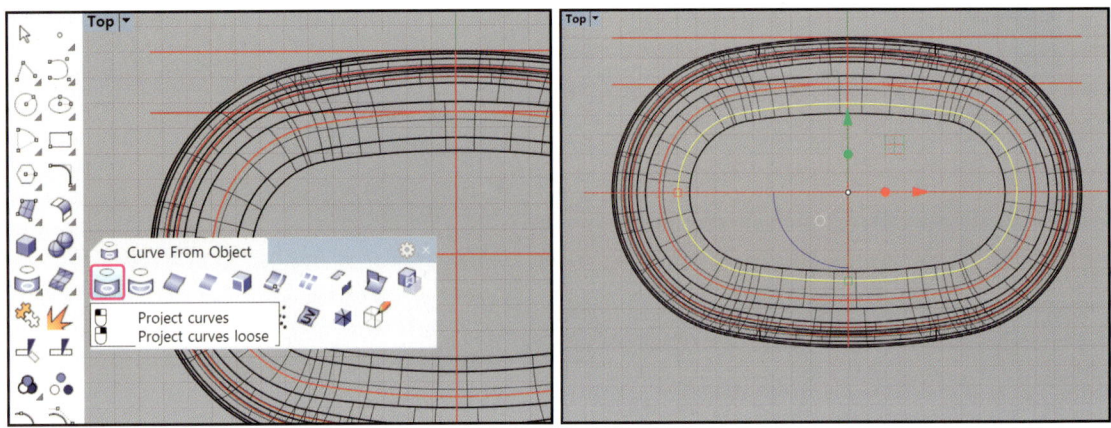

85. Perspective view를 선택한 후 Side toolbar의 Explode를 실행한 후 Polysurface를 선택해서 분해합니다. '커브' 레이어는 끕니다.

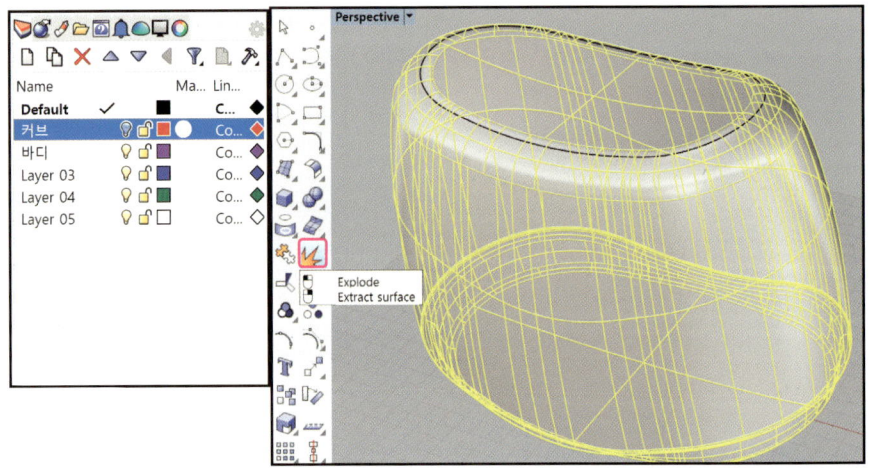

86. Side toolbar의 Trim을 실행한 후 그림과 같이 Polycurve를 Cutting object로 지정하고 그림에 표시된 부분과 같이 **Polysurface의 안쪽 부분**을 제거합니다.

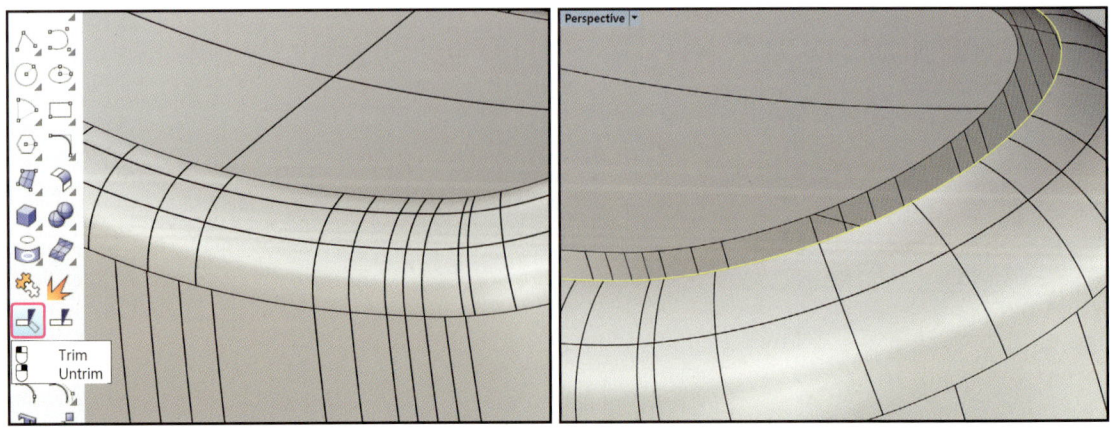

87. Surface Creation>Loft를 실행합니다.

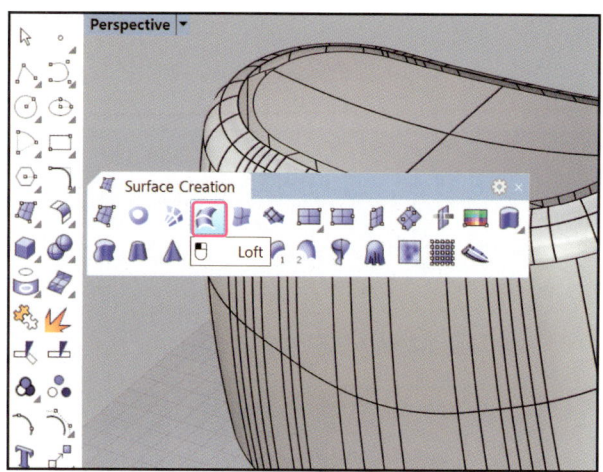

88. 그림과 같이 **2개의** Polycurve를 선택하고 Option의 Style을 Straight sections로 변경한 후 명령을 완료합니다.

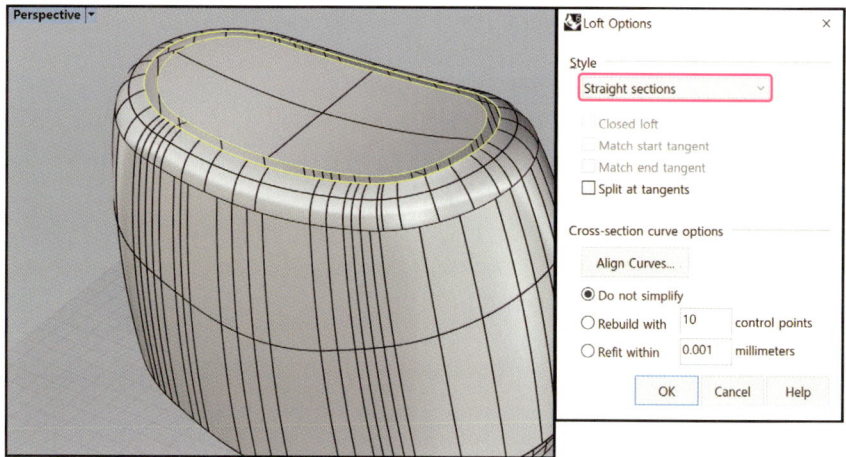

89. Curve tools>Offset curve를 실행한 후 **제일 아래** Curve를 선택하고 **안쪽**으로 마우스를 이동 후 거리값을 2로 입력합니다.

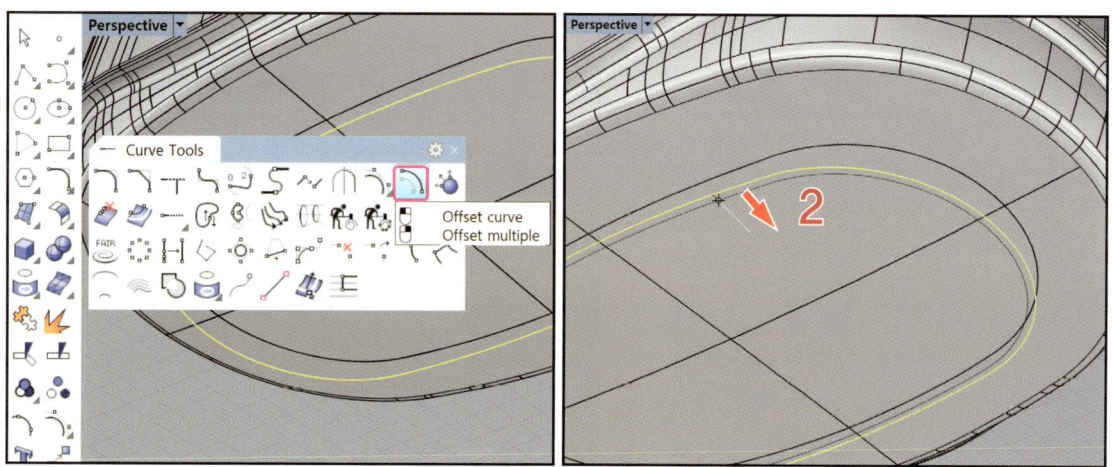

90. Top view로 이동하고 Curve From Object>Project curves를 실행한 후 그림과 같이 **제일 안쪽 Curve**를 선택하고 Polysurface를 투영목표로 선택해서 투영합니다.

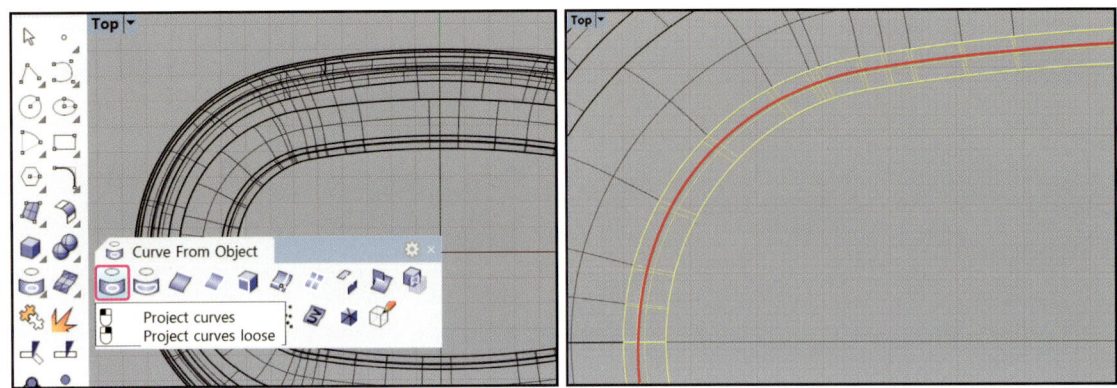

91. Perspective view로 이동하고 Side toolbar의 Trim을 실행한 후 Curve를 Cutting object로 지정하고 그림에 표시된 부분과 같이 Polysurface의 안쪽 부분을 제거합니다.

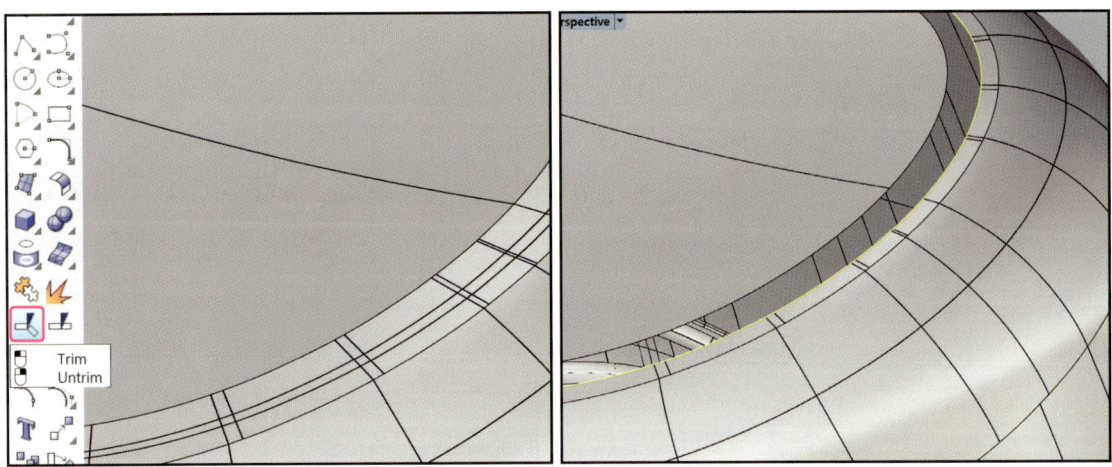

92. 그림과 같이 **제일 윗면의 Polysurface**를 선택한 후 Del 키로 제거합니다. 레이어 탭에서 '바디' 레이어는 끕니다.

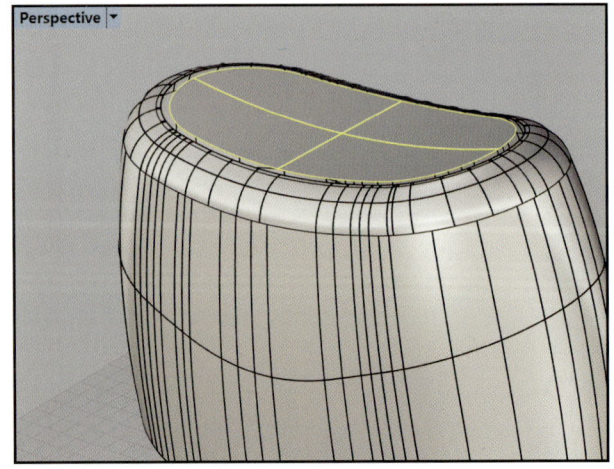

93. Front view로 이동하고 Lines〉Single Line을 실행한 후 시작점을 원점(0)으로 입력 후 직교모드 (Shift 키) 상태에서 위쪽으로 마우스를 이동하고 위치값을 190으로 입력합니다.

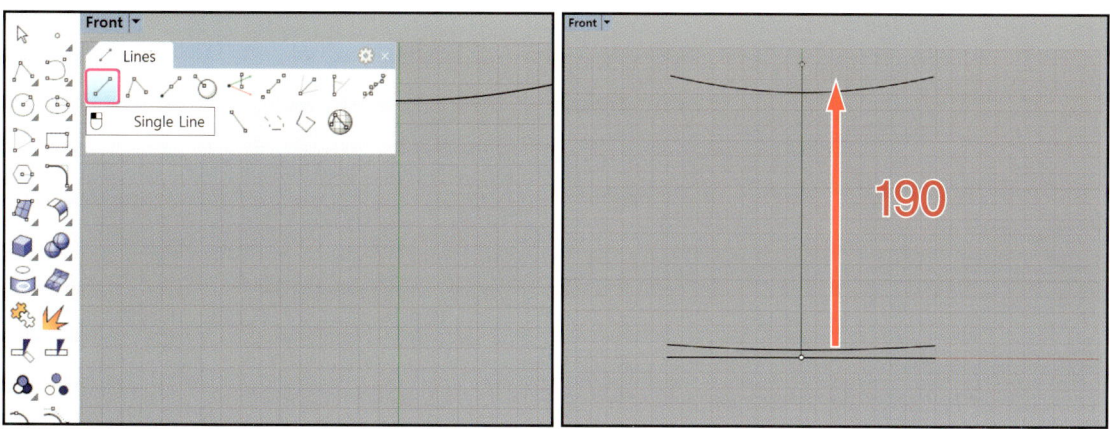

94. Arc〉Arc: start, end, point on arc를 실행한 후 Start point는 왼쪽의 Quad point, End point는 오른쪽의 Mid point, Point on arc는 가운데 세로 Line의 End point로 선택합니다.

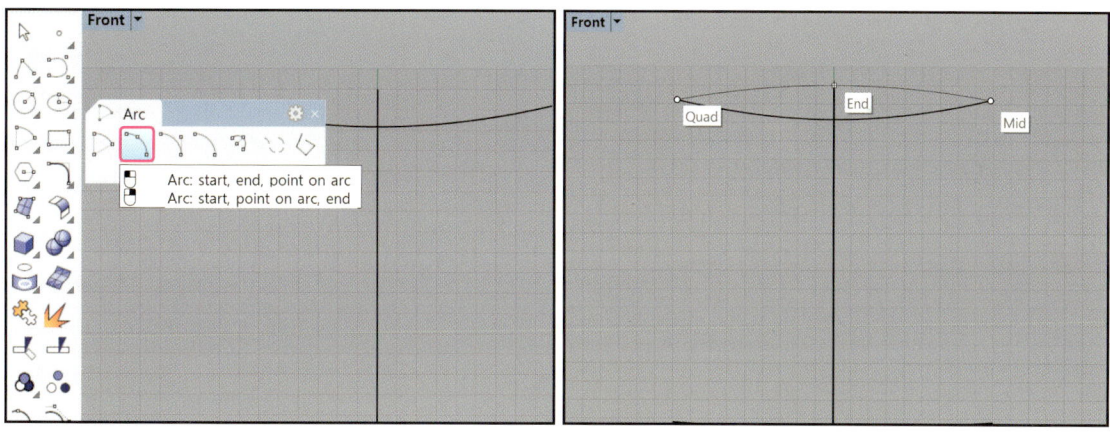

95. Right view로 이동하고 Arc: start, end, point on arc를 재실행한 후 Start point는 왼쪽의 Quad point, End point는 오른쪽의 Quad point, Point on arc는 가운데 세로 Line의 End point로 선택합니다.

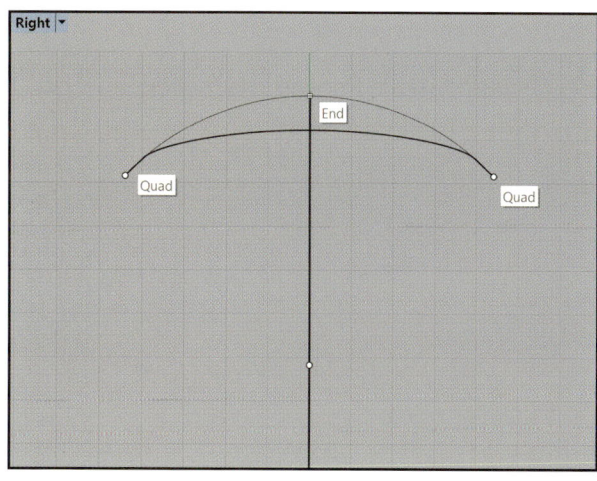

96. Perspective view로 이동하고 Surface Creation〉Patch를 실행한 후 **3개의** Curve를 선택하고 Option은 기본으로 하여 명령을 실행합니다.

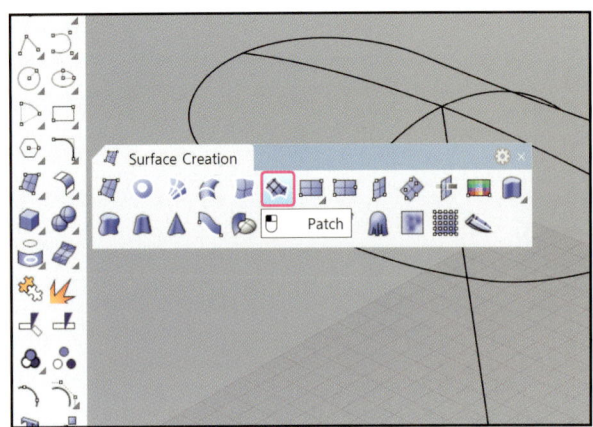
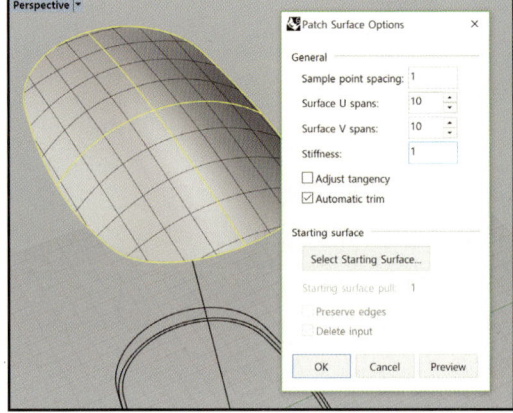

97. Top view를 선택한 후 Lines〉Line: from midpoint를 실행하고 선의 중심을 **원점(0)**으로 입력 후 직교모드(Shift 키)상태에서 **오른쪽**으로 마우스를 이동한 후 선의 끝을 100으로 입력합니다.

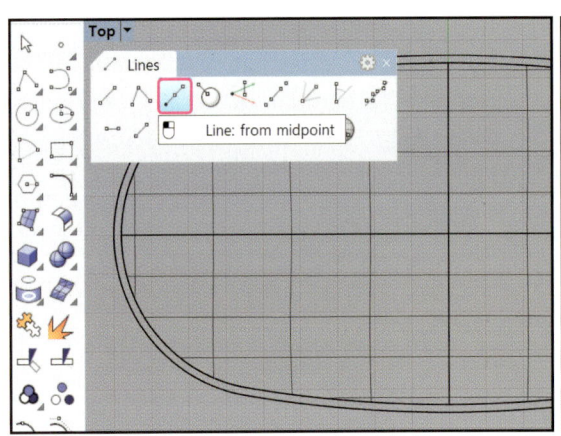
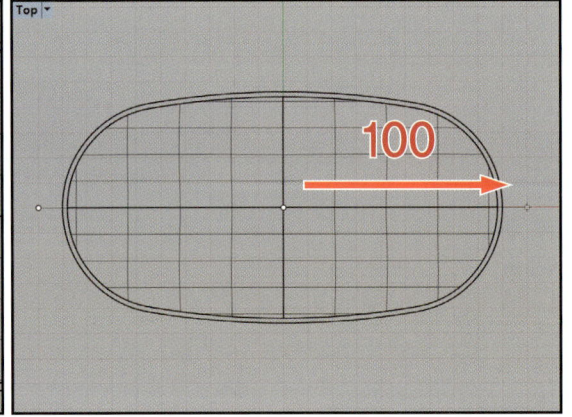

98. Line: from midpoint를 재실행한 후 선의 중심을 **원점(0)**으로 입력 후 직교모드(Shift 키)상태에서 **아래쪽**으로 마우스를 이동한 후 선의 끝을 50으로 입력합니다.

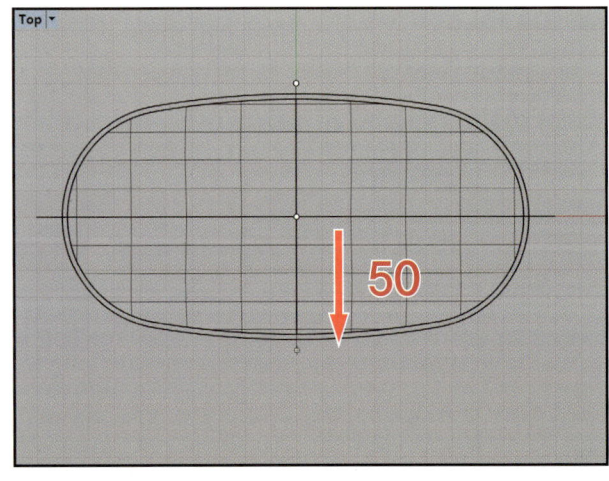

99. Curve tools›Offset curve를 실행한 후 가로 Line을 선택하고 위쪽으로 마우스를 이동 후 거리값을 10으로 입력합니다.

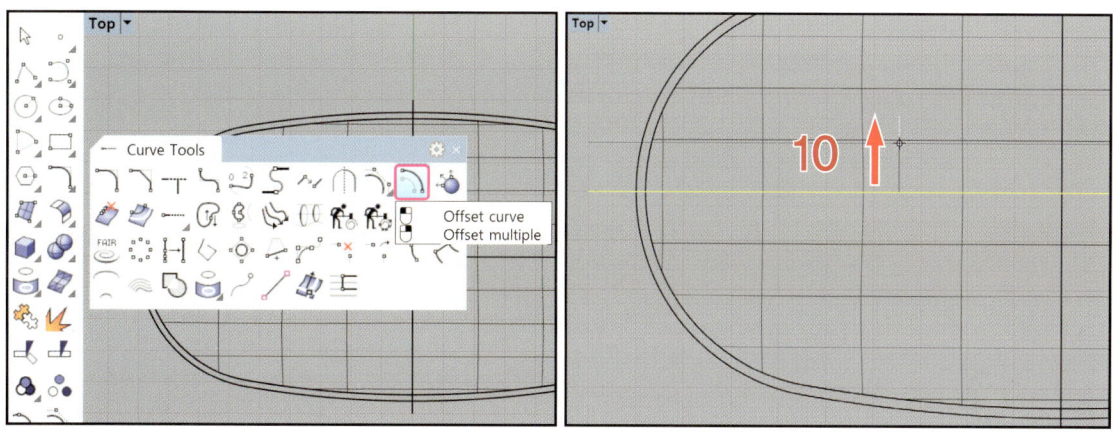

100. Offset curve를 재실행한 후 제일 아래 가로 Line을 선택하고 위쪽으로 마우스를 이동 후 거리값을 22로 입력합니다. 동일한 가로 Line을 위로 한번 더 27만큼 Offset curve합니다.

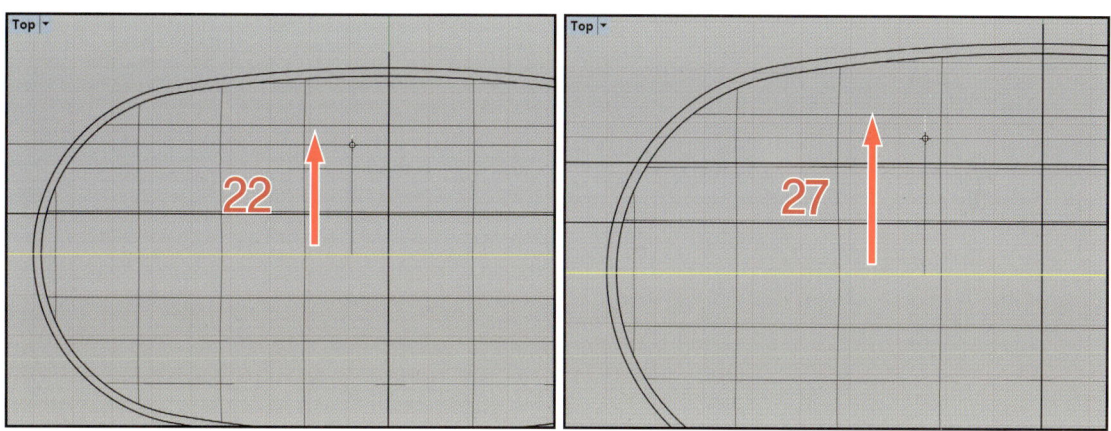

101. Offset curve를 재실행한 후 세로 Line을 선택하고 왼쪽으로 마우스를 이동 후 거리값을 36으로 입력합니다. 동일한 세로 Line을 오른쪽로 36만큼 Offset curve합니다.

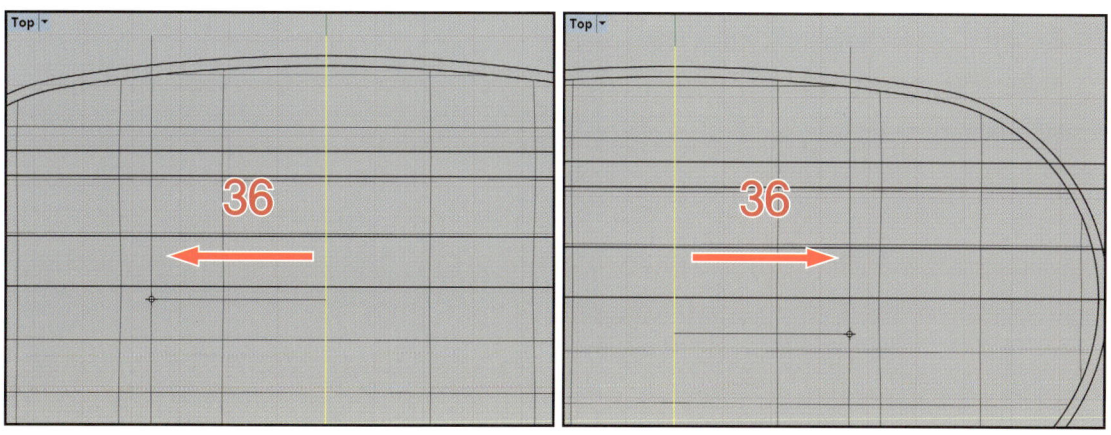

102. 작업의 편의를 위해 Polysurface는 Hide시킵니다. Arc〉Arc: start, end, point on arc를 실행한 후 그림과 같이 Start point는 왼쪽의 Int point, End point는 오른쪽의 Int point, Point on arc는 가운데 한 칸 위의 Int point로 선택합니다.

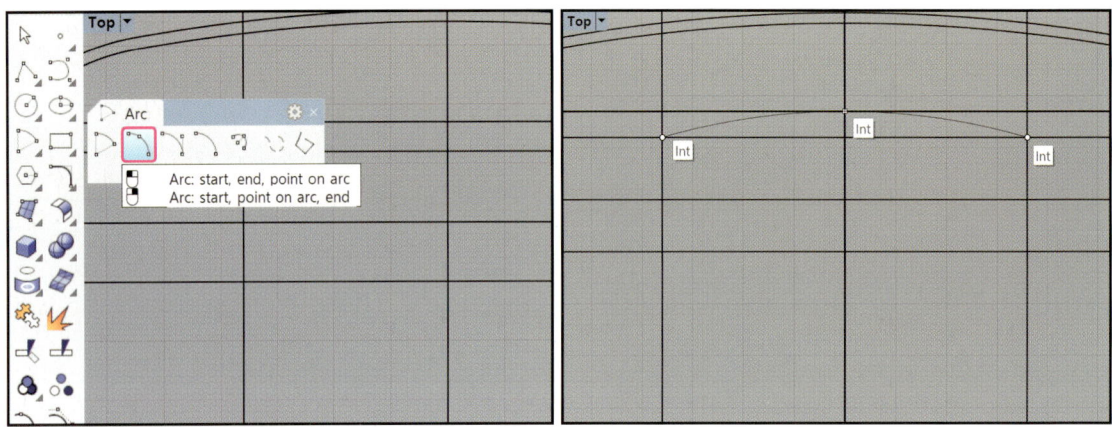

103. Circle〉Circle tanget to 3 curves를 실행하고 그림과 같이 1개의 Arc와 2개의 Line의 Tangent curve를 선택해서 Circle을 만듭니다.

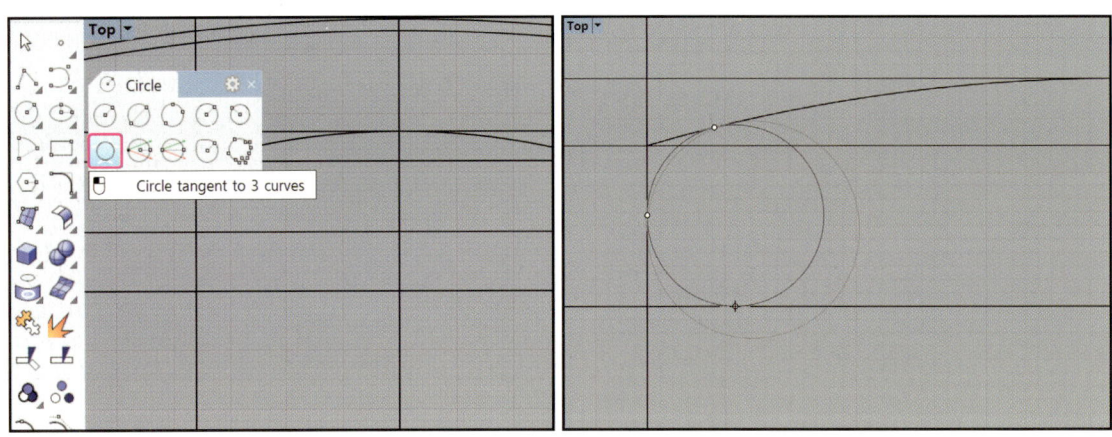

104. Circle tanget to 3 curves를 재실행한 후 그림과 같이 1개의 Arc와 2개의 Line의 Tangent curve를 선택해서 Circle을 만듭니다.

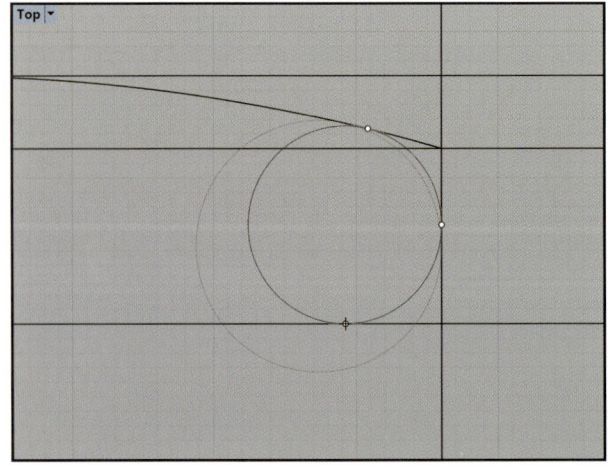

105. 그림과 같이 **2개의 Line**을 선택해서 삭제합니다.

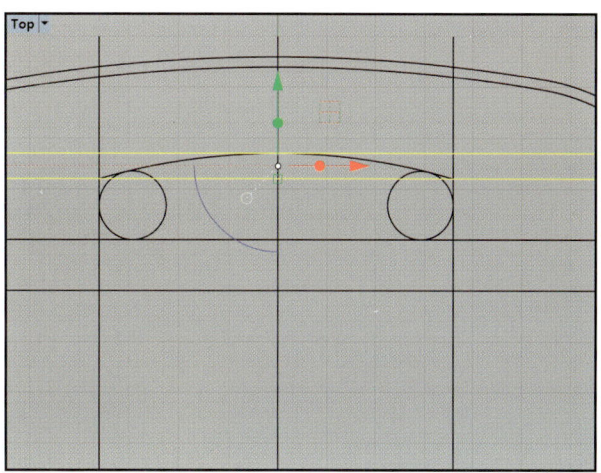

106. Side toolbar의 Trim을 실행한 후 **4개의 Curve**를 Cutting object로 지정하고 그림에 표시된 부분과 같이 **Curve의 바깥 부분과 Circle의 안쪽 부분**을 제거합니다.

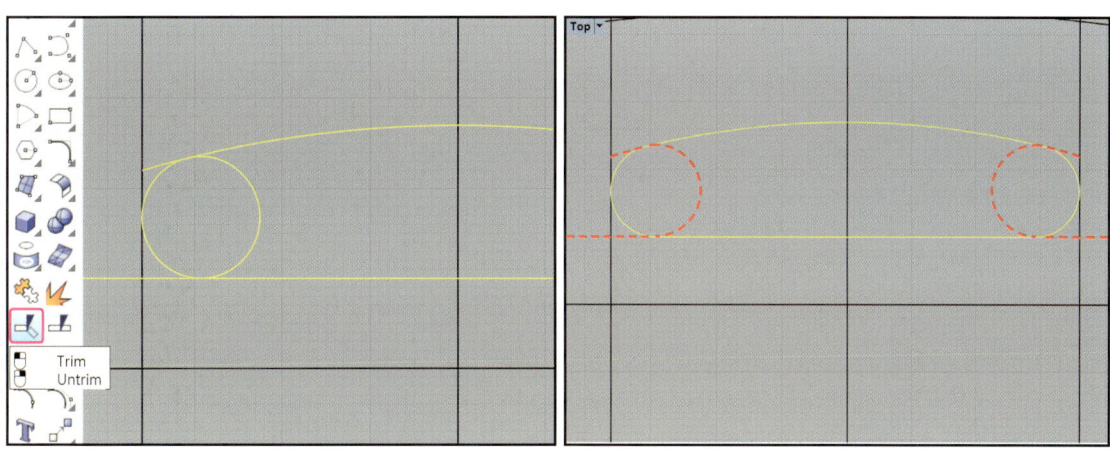

107. Side toolbar의 Join을 실행한 후 **4개의 Curve**를 선택해서 결합합니다.

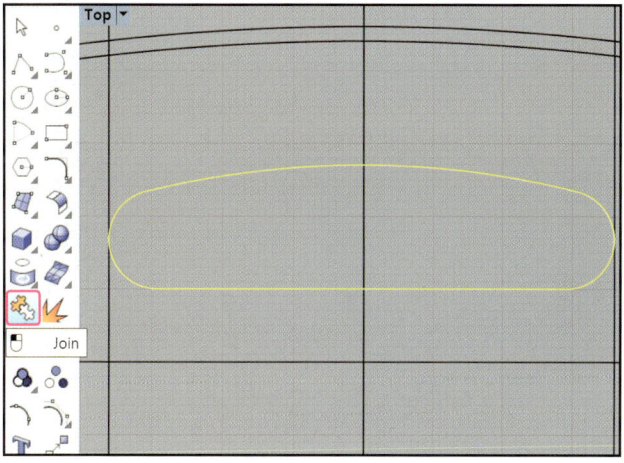

파트 6 Advanced Level Modeling 289

108. Transform〉Mirror를 실행한 후 Polycurve를 Mirror 개체로 선택한 후 Start of mirror plane은 원점(0), End of mirror plane은 직교모드(Shift 키)에서 **오른쪽**으로 마우스를 이동하여 적정 지점을 지정하여 대칭복사합니다.

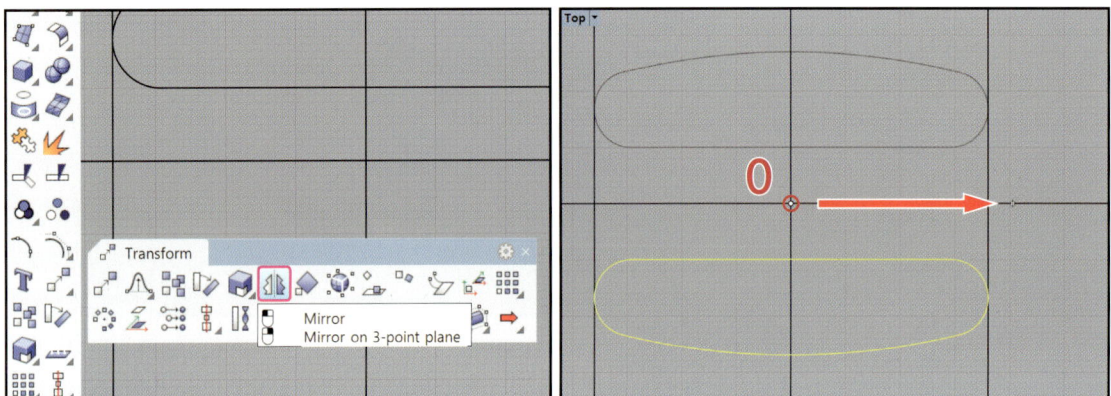

109. Polysurface를 Show시킵니다. Curve From Object〉Project curves를 실행한 후 그림과 같이 2개의 Curve를 선택하고 Polysurface를 투영목표로 선택해서 투영합니다.

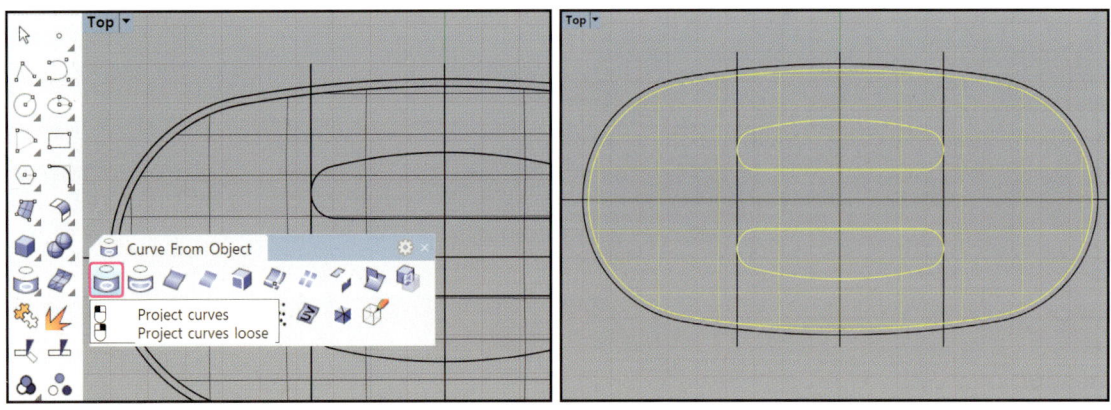

110. Perspective view로 이동하고 Surface Tools〉Offset Surface를 실행한 후 Polysurface를 선택하고 **아래 방향**으로 거리값을 12로 하여 Offset합니다. Offset 방향이 위로 향해 있을때에는 Option의 FlipAll로 방향을 아래로 변경합니다.

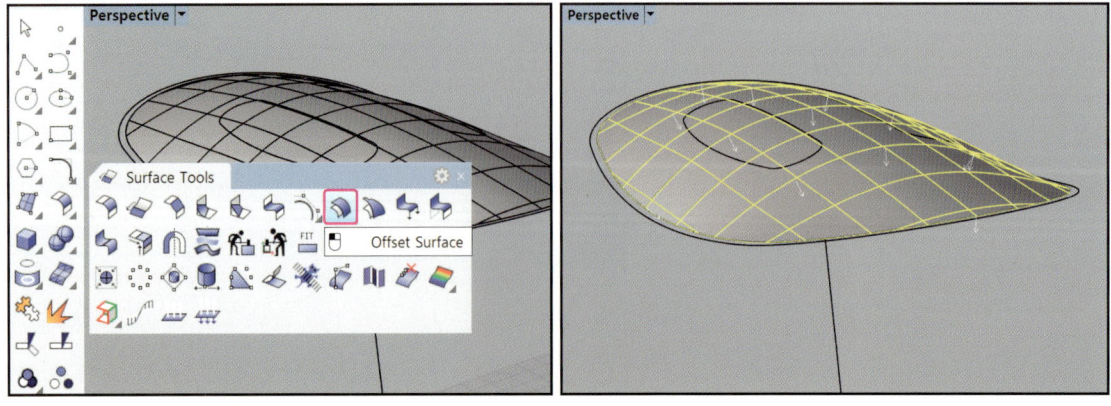

111. 위쪽 Polysurface를 Hide시킨 후 Top view로 이동합니다. Curve From Object>Project curves를 실행한 후 그림과 같이 2개의 Curve를 선택하고 Polysurface를 투영목표로 선택해서 투영합니다.

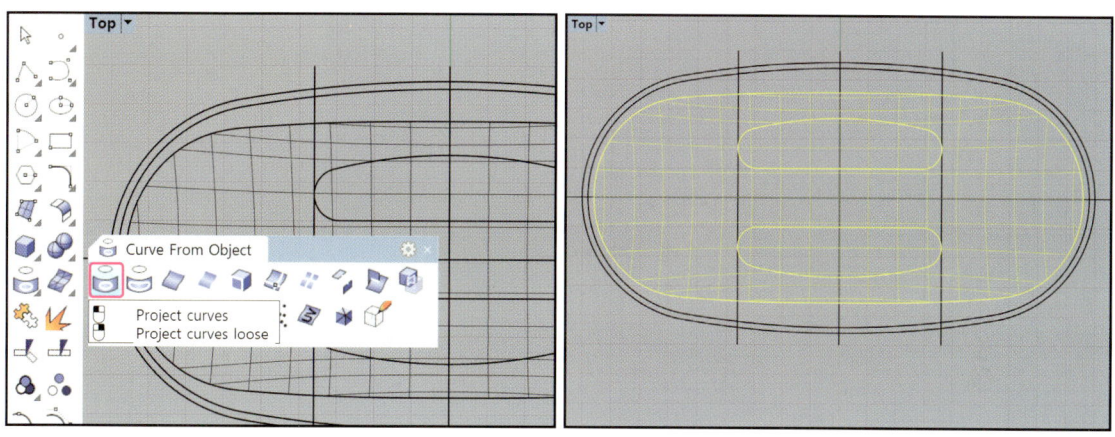

112. Perspective view로 이동하고 Side toolbar의 Trim을 실행한 후 **투영된 2개의 Curve**를 Cutting object로 지정하고 Polysurface의 Curve 바깥쪽 부분을 제거합니다.

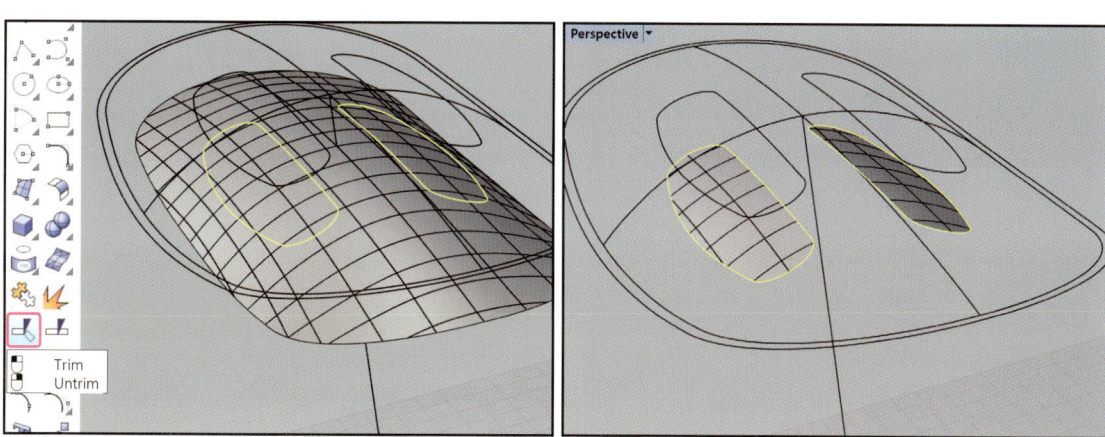

113. Polysurface를 Show시킵니다. Trim을 재실행한 후 **투영된 2개의 Curve**를 Cutting object로 지정하고 Polysurface의 Curve 안쪽 부분을 제거합니다.

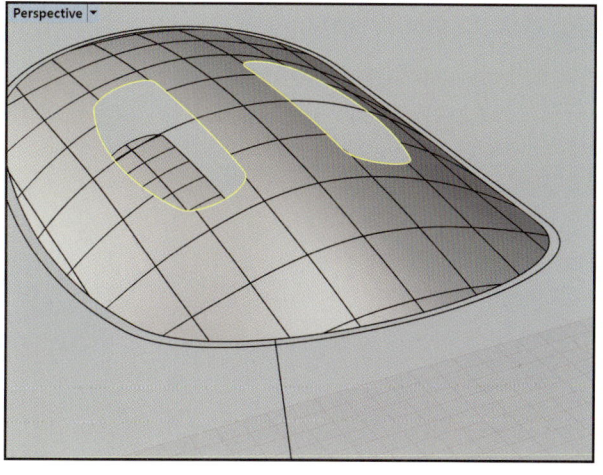

114. Surface Creation>Loft를 실행한 후 그림과 같이 **2개의 Curve**를 선택하고 **Option**의 **Style**을 **Straight sections**로 한 후 명령을 완료합니다.

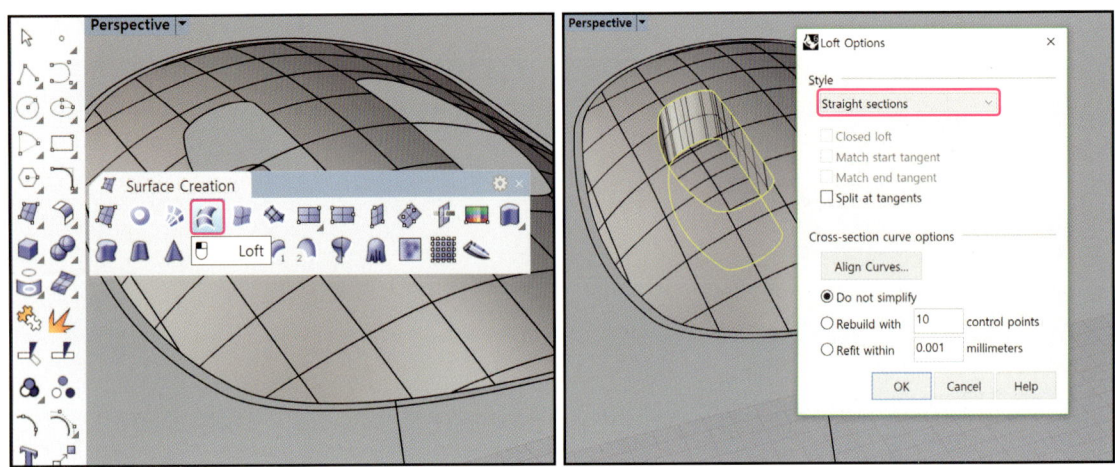

115. Loft를 재실행한 후 그림과 같이 **2개의 Curve**를 선택하고 **Option**의 **Style**을 **Straight sections**로 한 후 명령을 완료합니다.

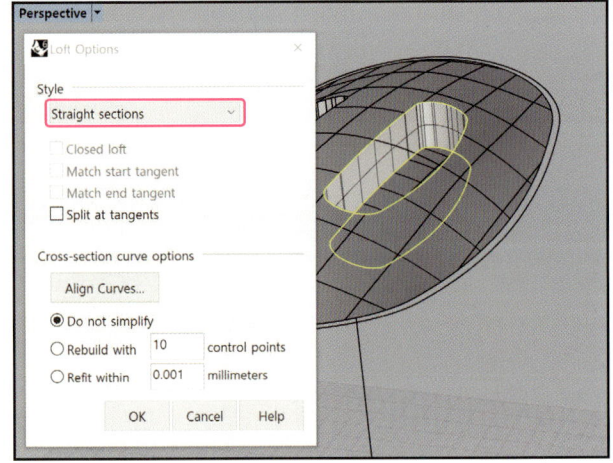

116. **Side toolbar**의 **Join**을 실행한 후 **5개의 Polysurface**를 선택해서 결합합니다.

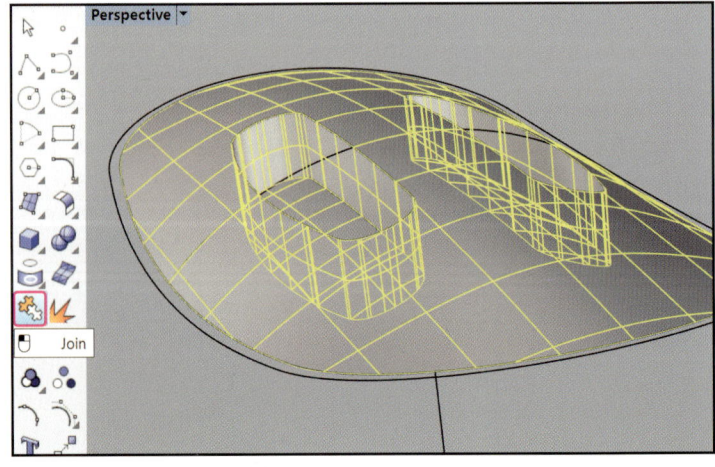

117. Solid tools〉Fillet edges를 실행한 후 Radius를 0.5로 입력하고 Polysurface의 위 모서리를 선택하여 둥근 모서리를 만듭니다.

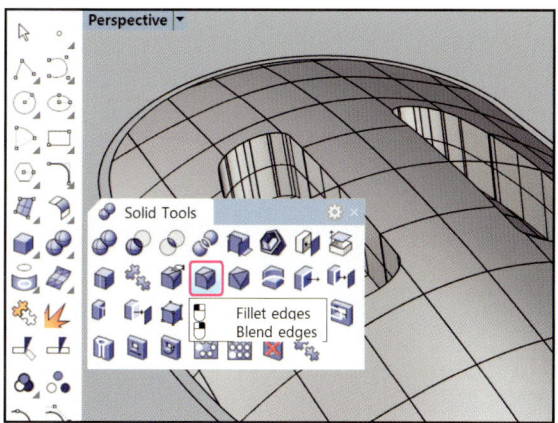
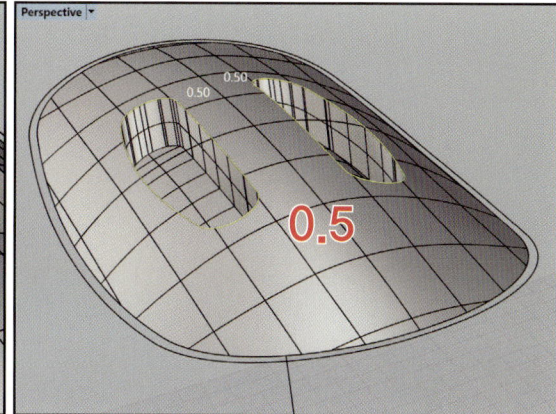

118. Fillet edges를 재실행한 후 Radius를 3으로 입력하고 Polysurface의 아래 모서리를 선택하여 둥근 모서리를 만듭니다.

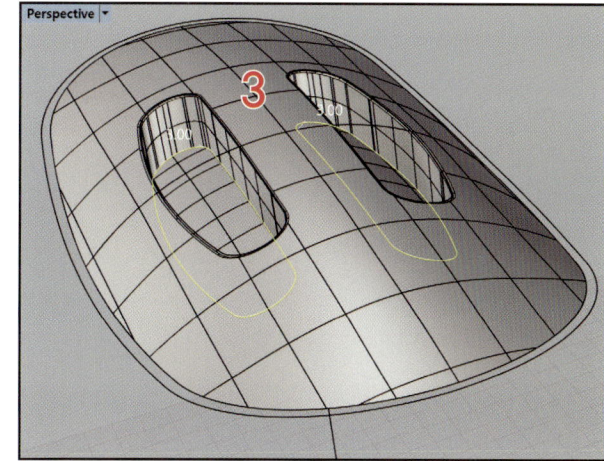

119. Select〉Select curves를 실행해서 전체 Curve를 선택하고 레이어 탭에서 **'커브'** 레이어로 Change object layer합니다.

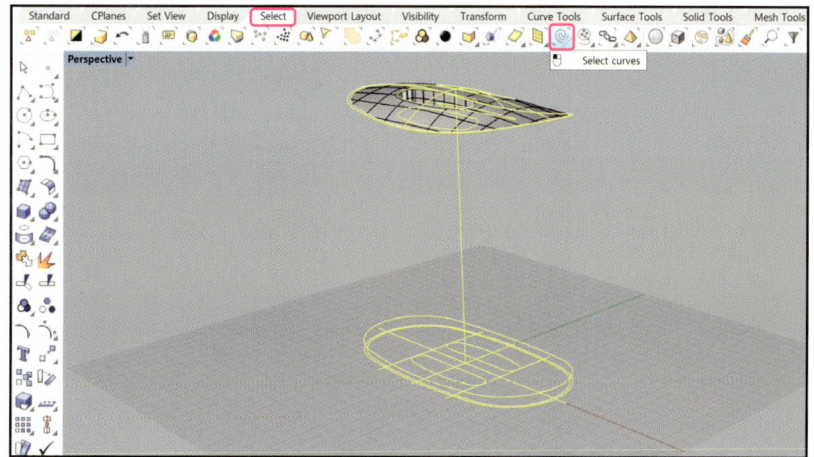
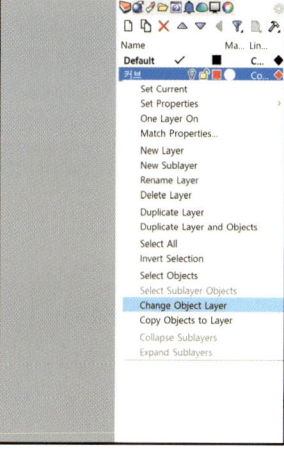

파트 6 Advanced Level Modeling 293

120. 레이어 탭에서 'Layer 03'을 '커버'로 이름 변경한 후 Polysurface를 선택하고 레이어 탭에서 '커버' 레이어로 Change object layer합니다. '바디' 레이어는 다시 켭니다.

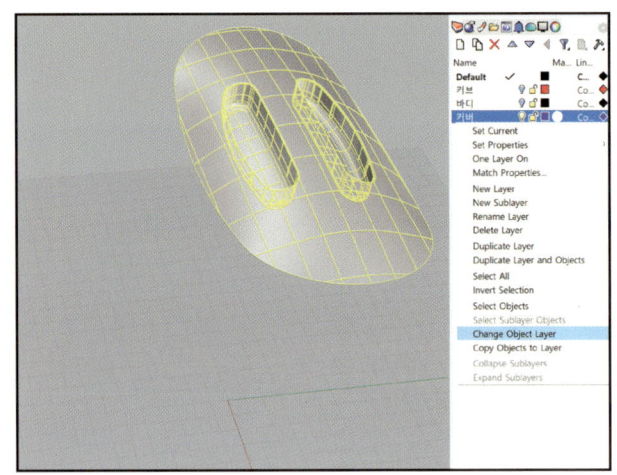

121. Top view로 이동한 후 Circle〉Circle: center, radius를 실행한 후 Circle의 중심을 원점(0), 반지름값으로 7.5를 입력합니다.

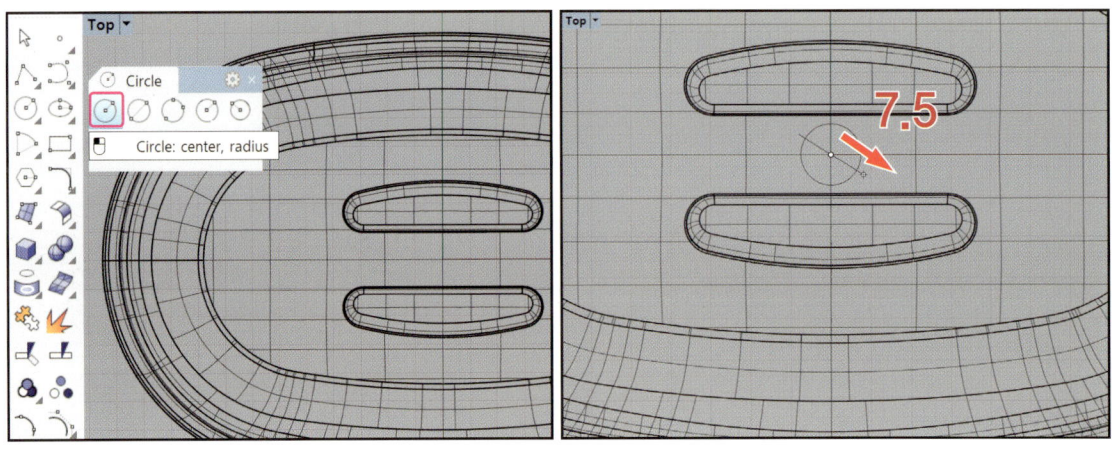

122. Circle을 선택한 후 검볼의 X축 이동 핸들을 클릭하여 입력창에 −75를 입력하고 Y축 이동 핸들을 클릭하여 입력창에 −40을 입력하여 이동합니다.

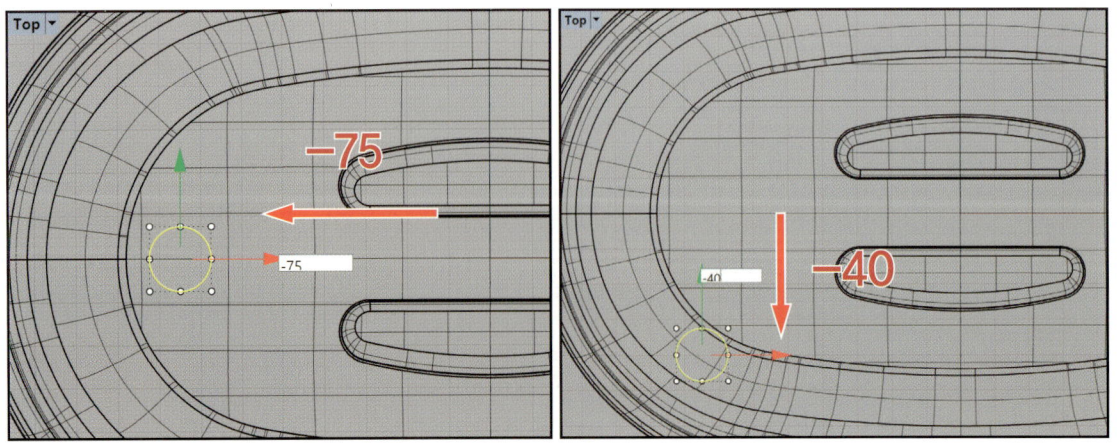

123. Circle이 선택된 상태에서 Front view로 이동한 후 Surface Creation>Extrude curve tapered를 실행하고 Option의 DraftAngle: -5, Solid: Yes, 마우스를 위쪽으로 이동한 후 거리값은 15를 입력합니다.

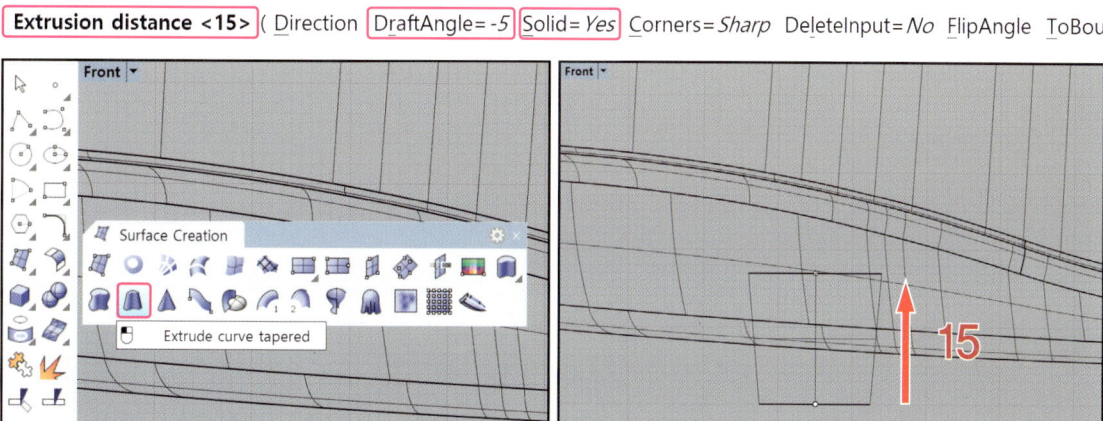

124. Top view로 이동한 후 Transform>Mirror를 실행하고 원형 Polysurface을 Mirror 개체로 선택한 후 Start of mirror plane은 원점(0), End of mirror plane은 직교모드(Shift 키)에서 왼쪽으로 마우스를 이동하여 적정 지점을 지정하여 대칭복사합니다.

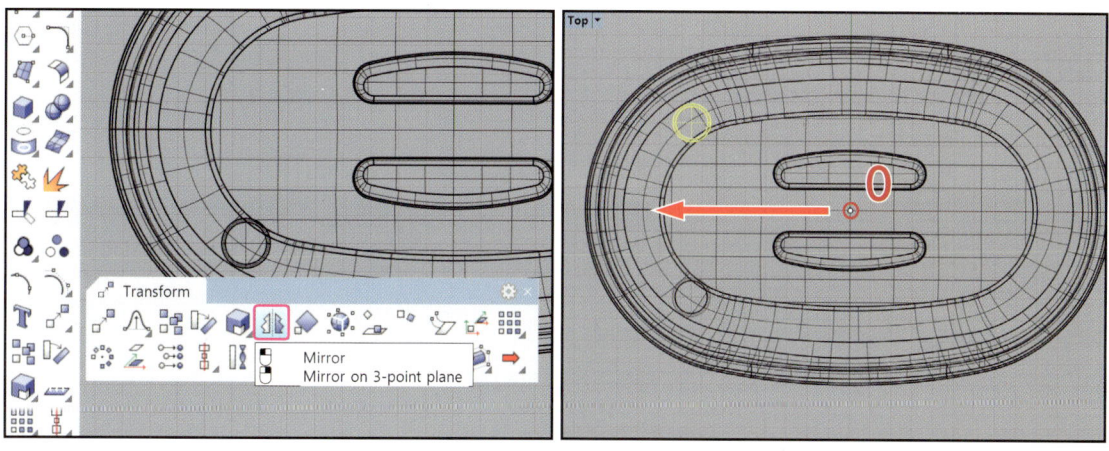

125. Mirror를 재실행한 후 왼쪽 2개의 원형 Polysurface을 Mirror 개체로 선택한 후 Start of mirror plane은 원점(0), End of mirror plane은 직교모드(Shift 키)에서 위쪽으로 마우스를 이동하여 적정 지점을 지정하여 대칭복사합니다.

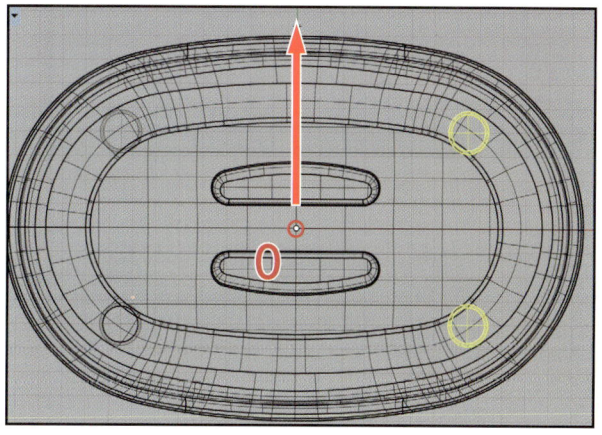

126. Right view로 이동한 후 Circle>Circle: center, radius를 실행한 후 Circle의 중심을 **원점(0)**, 반지름값으로 **14**를 입력합니다.

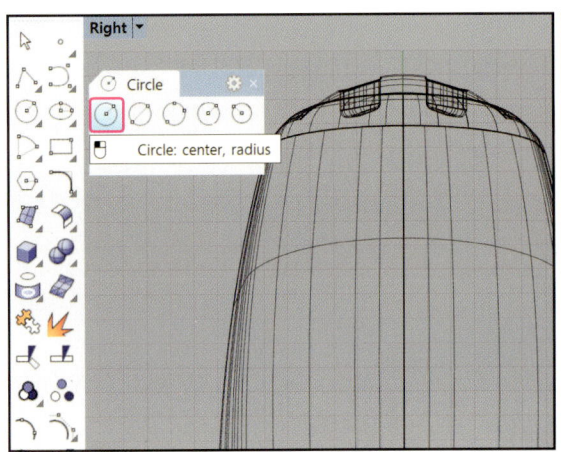
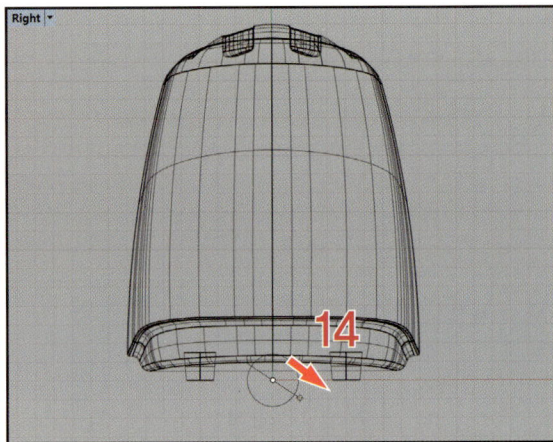

127. Circle을 선택한 후 검볼의 Y축 이동 핸들을 클릭하여 입력창에 **60**을 입력합니다.

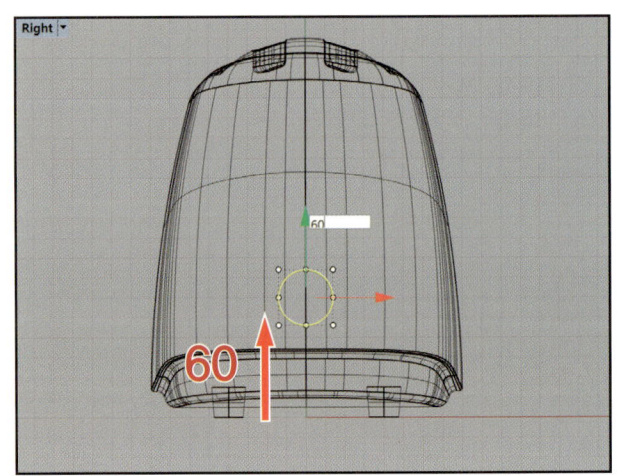

128. Side toolbar의 Copy를 실행한 후 Circle을 선택하고 Copy from을 Circle의 Center point, 직교 모드(Shift 키)에서 마우스를 **위쪽**으로 이동한 후 거리값을 **80**을 입력합니다.

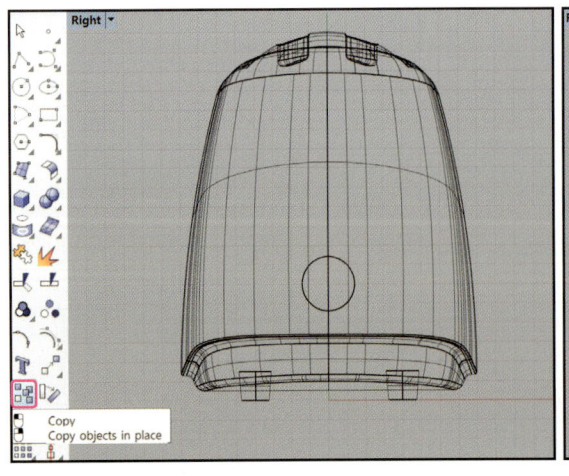
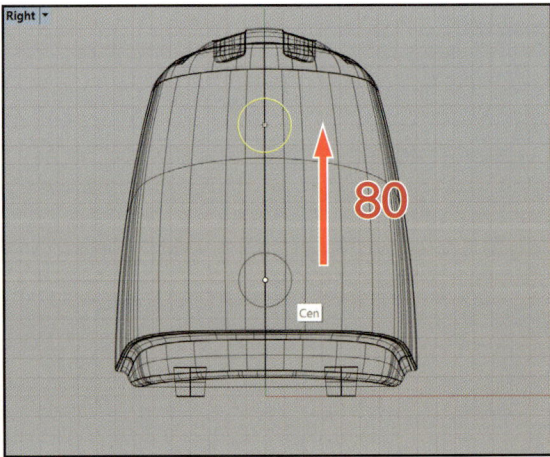

129. Lines〉Single Line을 실행한 후 시작점을 위쪽 Circle의 왼쪽 Quad, 끝점은 아래쪽 Circle의 왼쪽 Quad로 지정해서 선을 만듭니다.

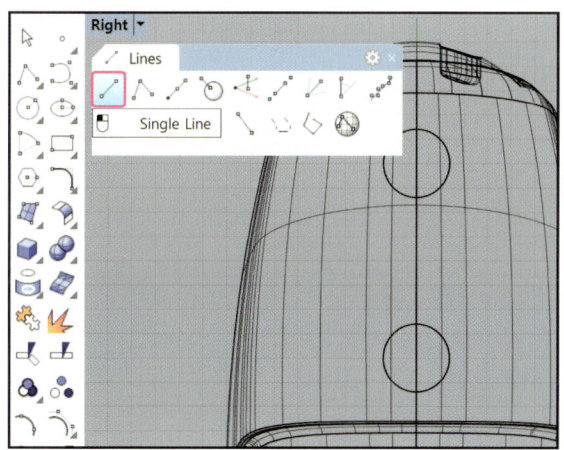 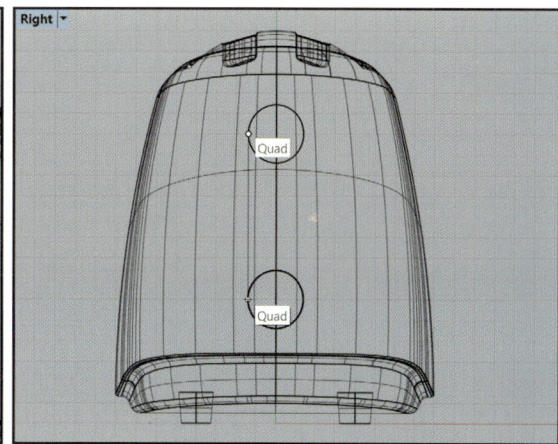

130. Single Line을 재실행한 후 시작점을 위쪽 Circle의 오른쪽 Quad, 끝점은 아래쪽 Circle의 오른쪽 Quad로 지정해서 선을 만듭니다.

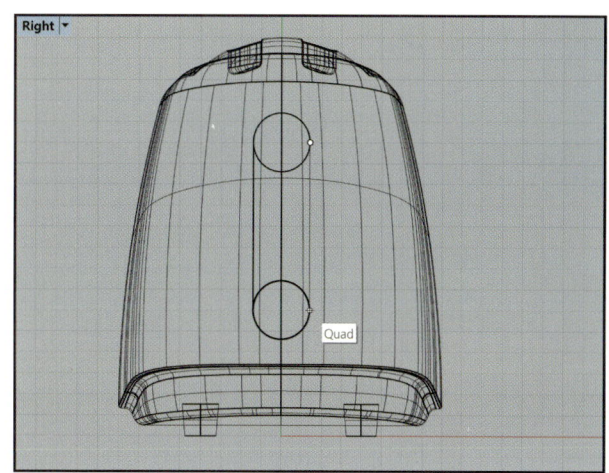

131. Side toolbar의 Trim을 실행한 후 2개의 세로 Line을 Cutting object로 지정하고 Circle의 안쪽 부분을 제거합니다.

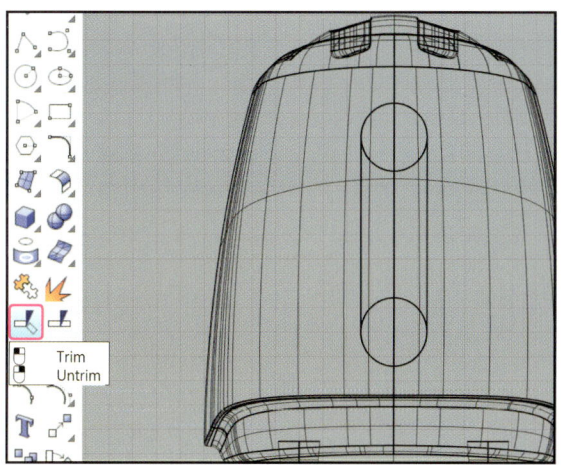 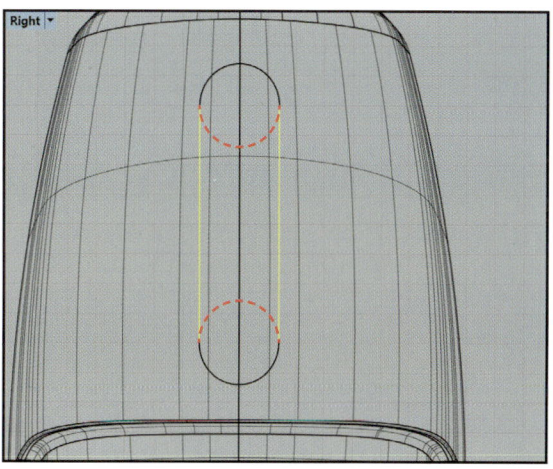

132. Side toolbar의 Join을 실행한 후 그림과 같이 **4개의 Curve**를 선택해서 결합합니다.

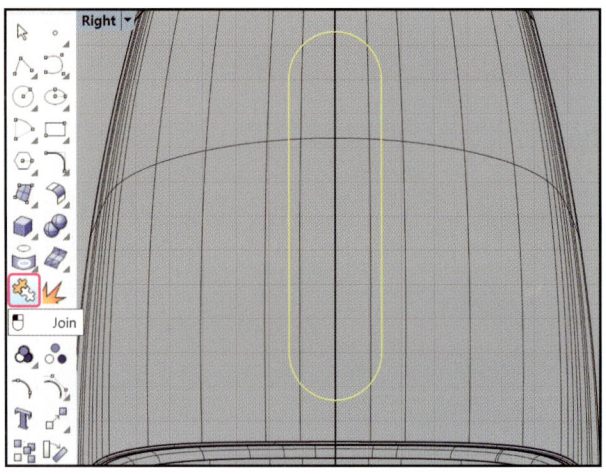

133. Curve From Object>Project curves를 실행한 후 그림과 같이 **Polycurve**를 선택하고 **Polysurface**를 투영목표로 선택해서 투영합니다.

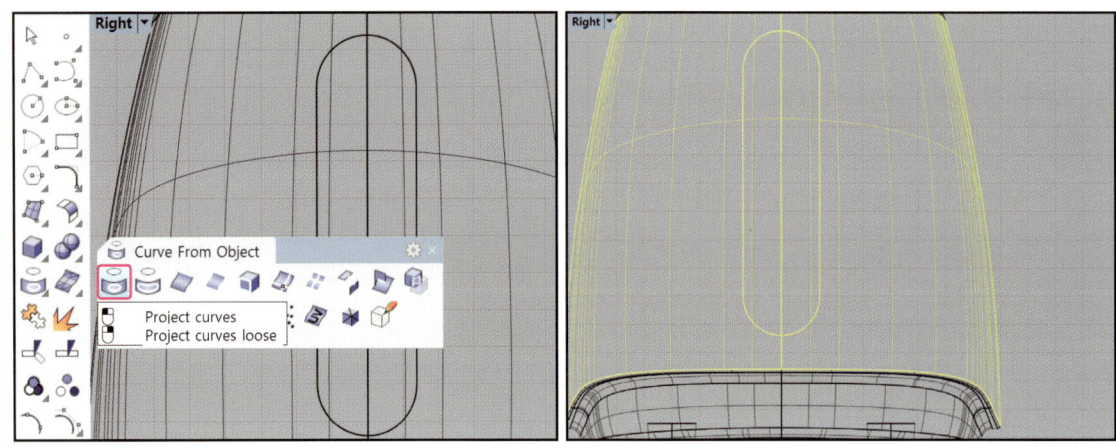

134. Perspective view로 이동하고 Side toolbar의 Trim을 실행한 후 **투영 Curve**를 Cutting object로 지정하고 **Polysurface의 안쪽 부분**을 제거합니다.

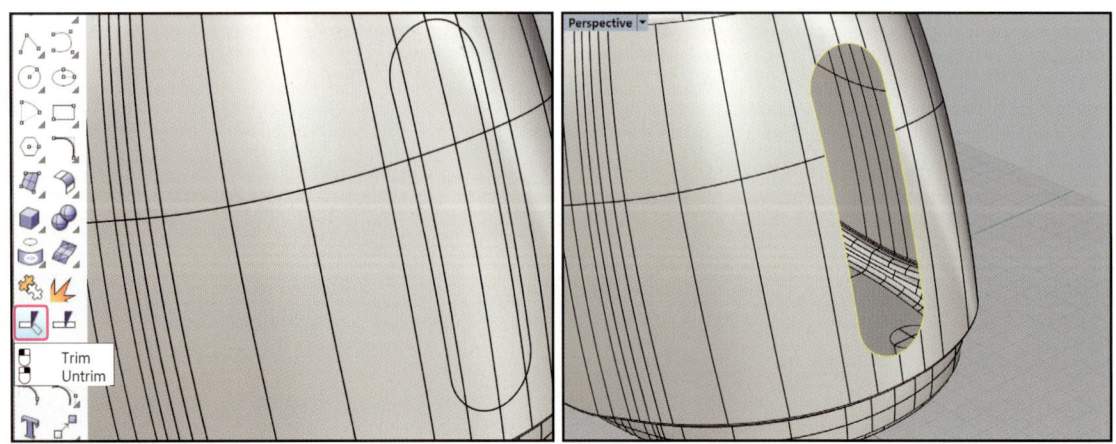

135. Front view로 이동한 후 Lines〉Single Line을 실행하고 시작점을 Quad point로 지정한 후 직교 모드(Shift 키) 상태에서 아래쪽으로 마우스를 이동하고 위치값을 108로 입력합니다.

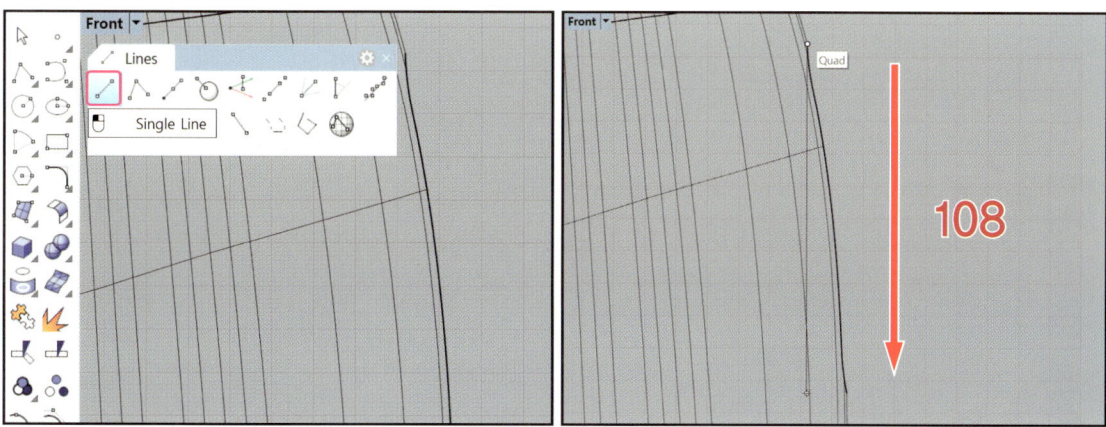

136. Circle〉Circle: center, radius를 실행한 후 그림과 같이 Circle의 중심을 왼쪽 Quad point, Circle의 외곽을 왼쪽 Line의 End point로 지정합니다.

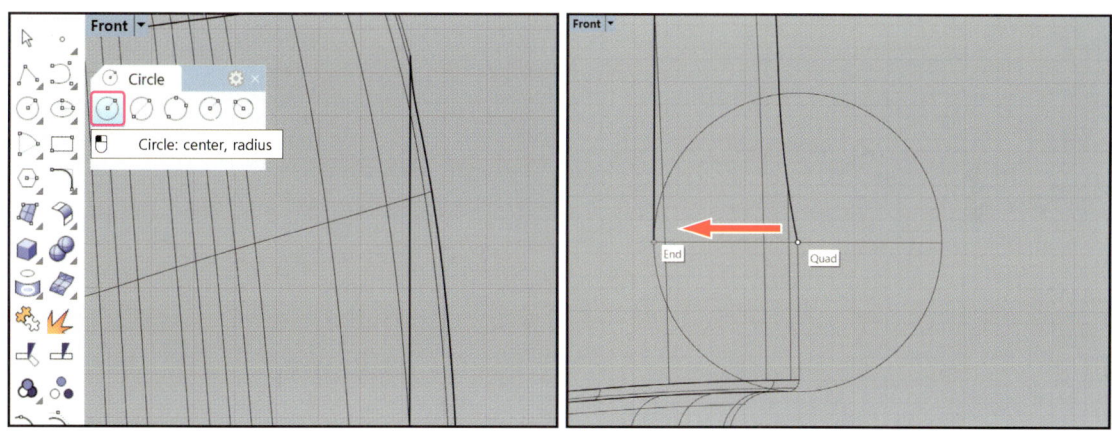

137. Transform〉Move를 실행한 후 그림과 같이 시작점을 Circle의 아래 Quad point로 지정하고 도착점을 Polysurface의 Quad point로 지정하여 이동합니다.

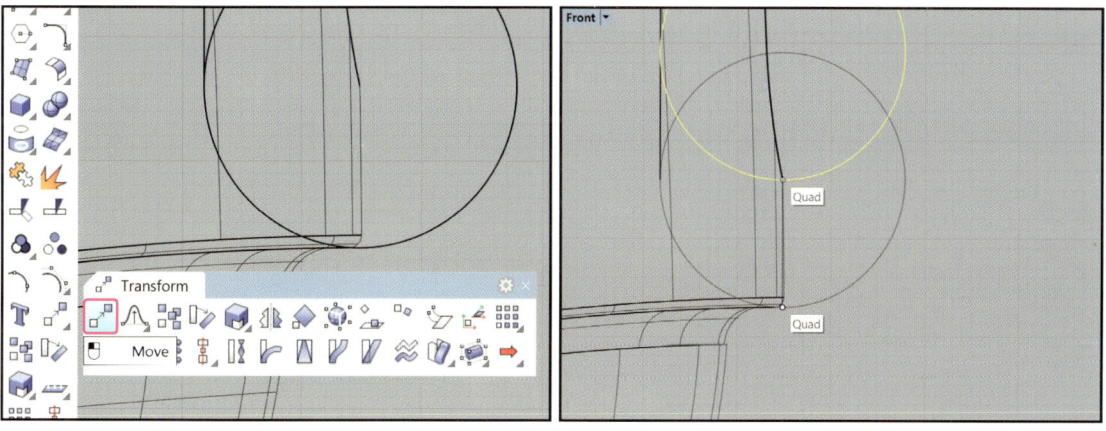

138. Side toolbar의 Trim을 실행한 후 그림과 같이 **세로 Line과 Polysurface**를 Cutting object로 지정하고 **Circle의 바깥쪽 부분**을 제거합니다.

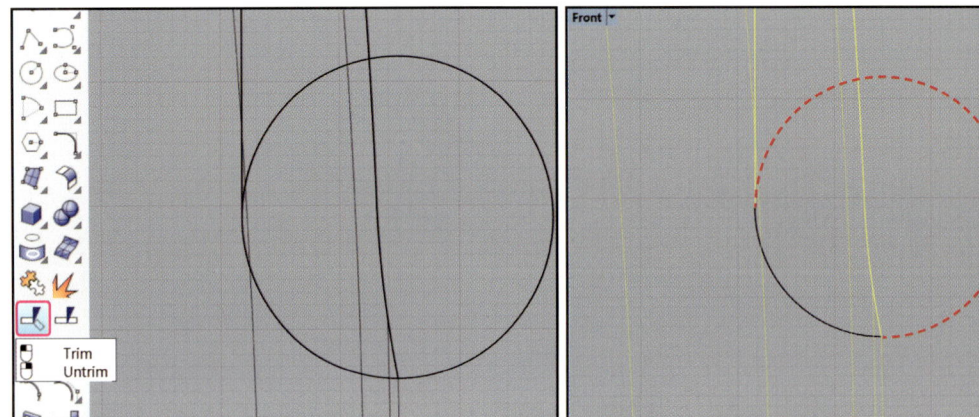

139. Side toolbar의 Join을 실행한 후 그림과 같이 **2개의 Curve**를 선택해서 결합합니다.

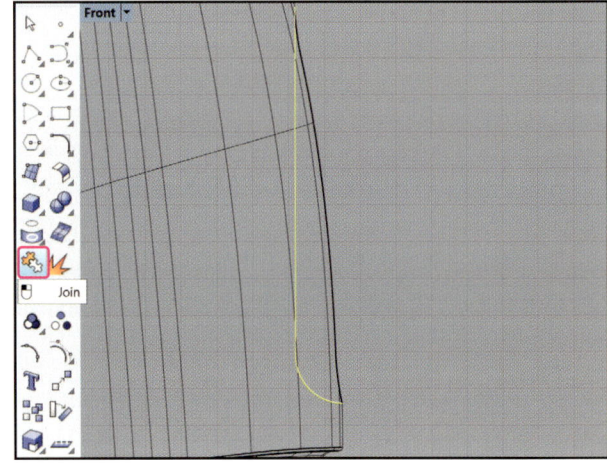

140. Perspective view로 이동하고 Side toolbar의 Split을 실행한 후 그림과 같이 **타원형 Curve**를 Split될 object로 지정하고 **가운데 Curve**를 Cutting object로 선택해서 타원형 Curve를 2개로 나눕니다.

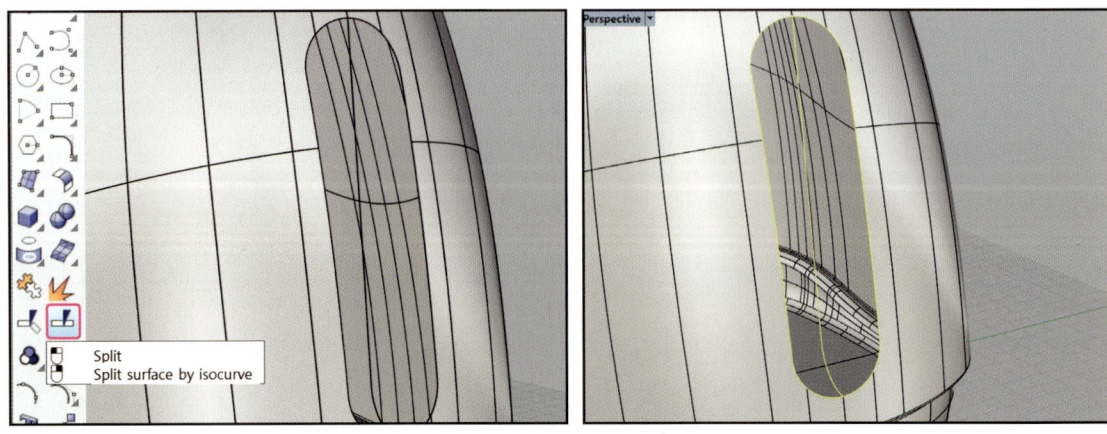

141. Arc〉Arc: start, end, point on arc를 실행한 후 Start point는 왼쪽의 Quad point, End point는 오른쪽의 Quad point, Point on arc는 가운데 Curve의 End point로 선택합니다.

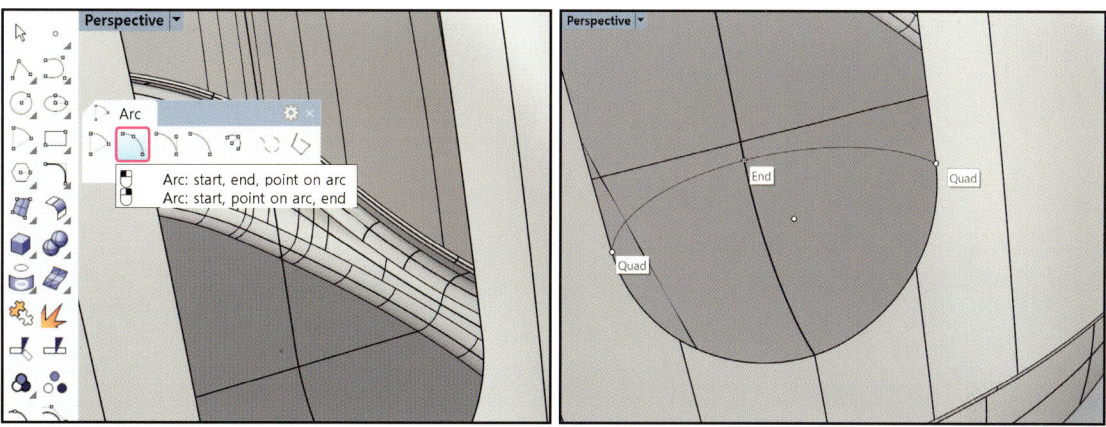

142. Surface Creation〉Surface from network of curves를 실행한 후 그림과 같이 **4개의 Curve**를 선택하고 A, C의 Edge Matching을 Position으로 정하고 명령을 실행합니다.

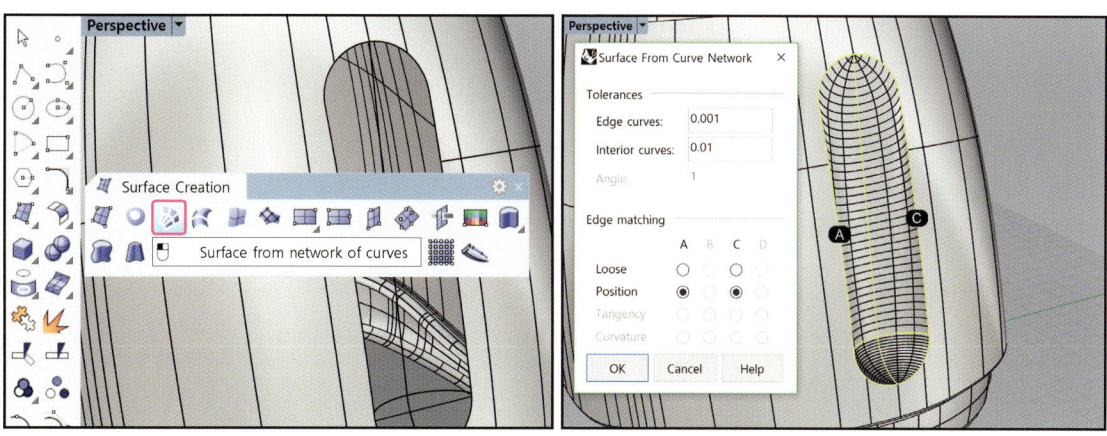

143. 레이어 탭에서 '커버' Layer를 끕니다. Side toolbar의 Join을 실행한 후 **전체 Polysurface**를 선택해서 결합합니다. 아래 부분 4개의 Object는 결합되지 않습니다.

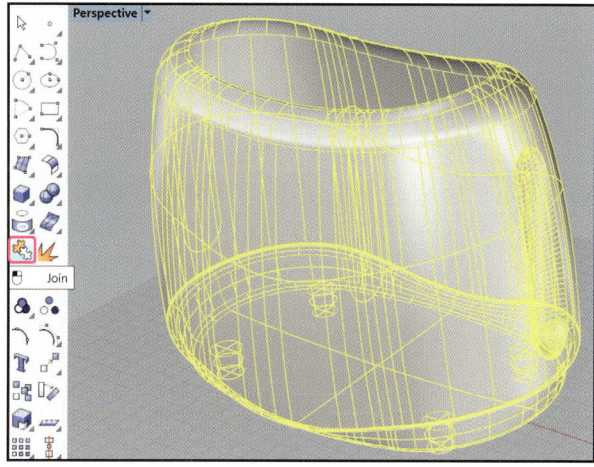

144. Solid Tools>Fillet edges를 실행한 후 그림과 같이 Polycurve의 Edge를 선택하고 Radius를 1로 입력합니다.

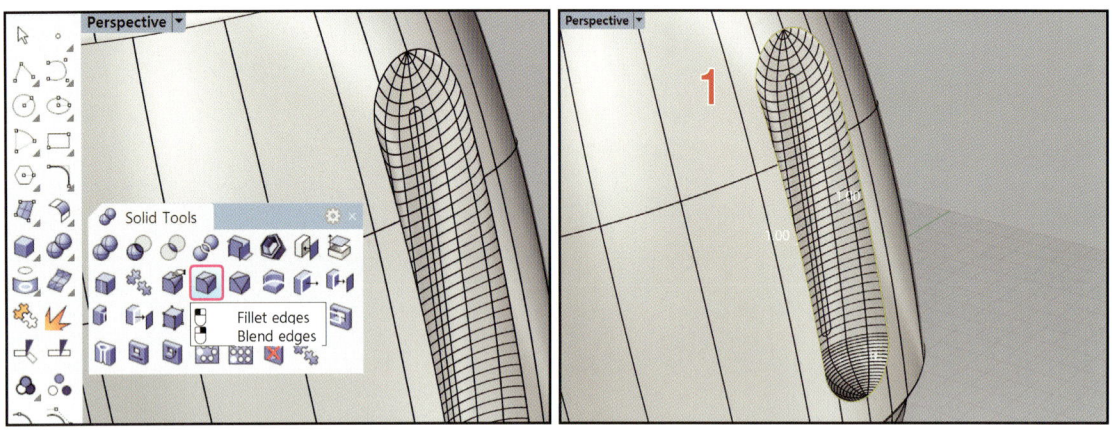

145. 아래 부분 Handle의 Radius 값을 3으로 변경하여 명령을 실행합니다. Point를 Drag하거나 Point 를 선택한 후 입력창에 값을 입력하여 변경합니다.

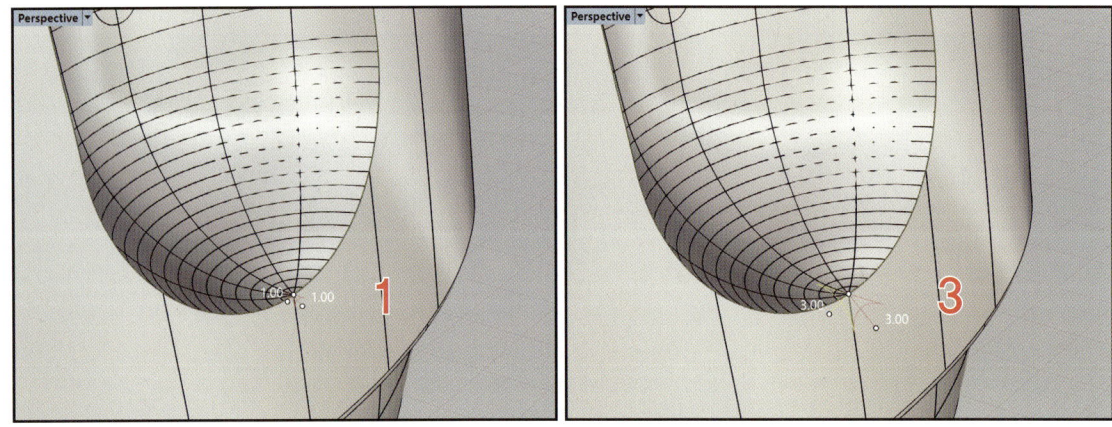

146. Surface Creation>Patch를 실행한 후 그림과 같이 Polycurve의 Edge를 선택하고 Option은 기본 으로 설정하고 명령을 실행합니다.

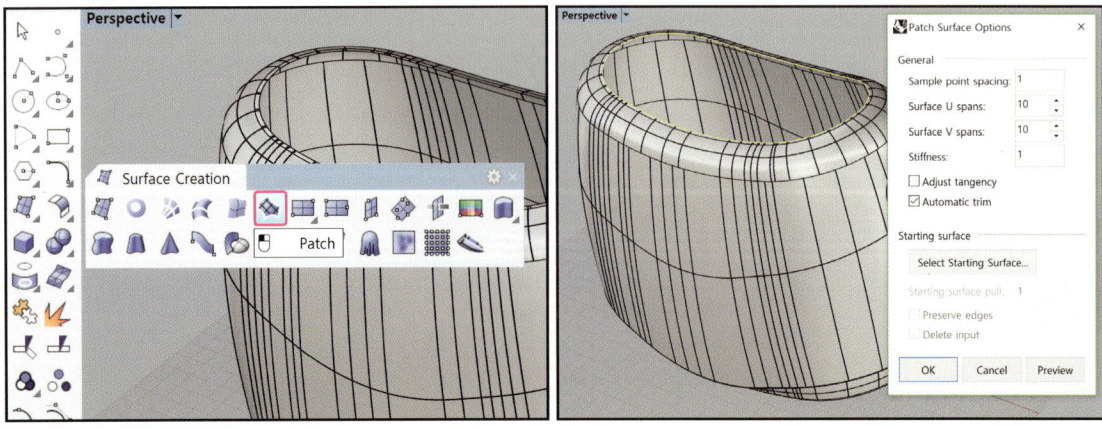

147. Side toolbar의 Join을 실행한 후 전체 Polysurface를 선택해서 결합합니다. 아래 부분 4개의 Object는 결합되지 않습니다.

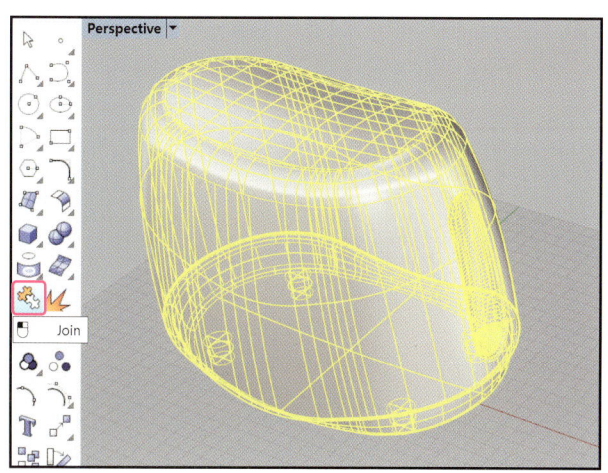

148. Front view로 이동한 후 Ellipse〉Ellipse: From center를 실행한 후 타원 중심은 0(원점), 직교모드(Shift 키) 상태에서 첫 번째 축을 가로 방향으로 38, 두 번째 축은 세로 방향으로 30을 입력합니다.

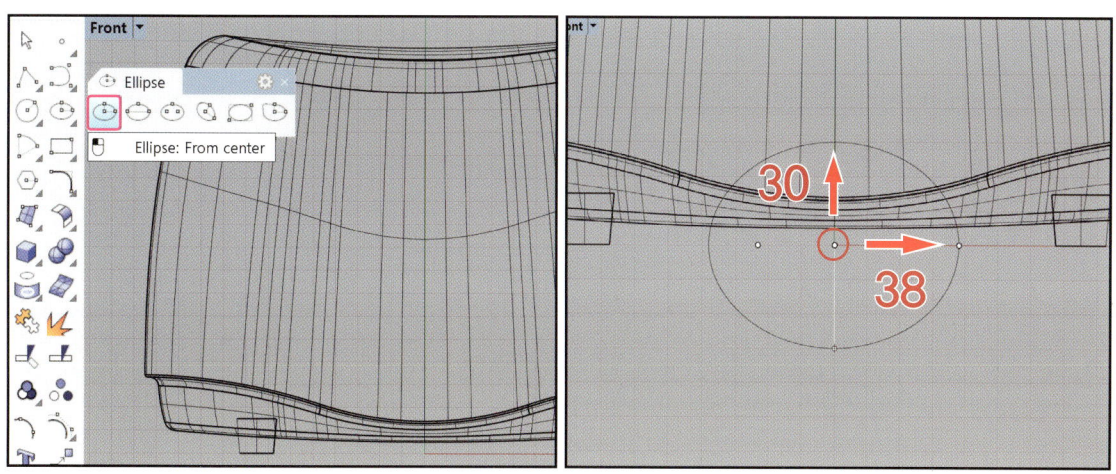

149. Ellipse을 선택한 후 검볼의 Y축 이동 핸들을 클릭하여 입력창에 55를 입력합니다.

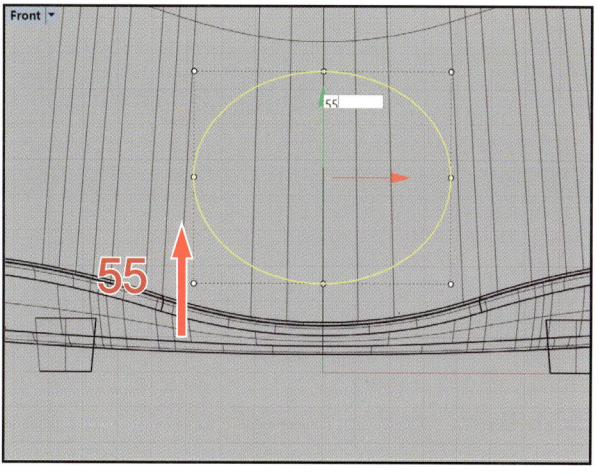

150. Ellipse를 선택하고 Right view로 이동한 후 검볼의 X축 이동 핸들을 클릭하여 입력창에 –73을 입력합니다.

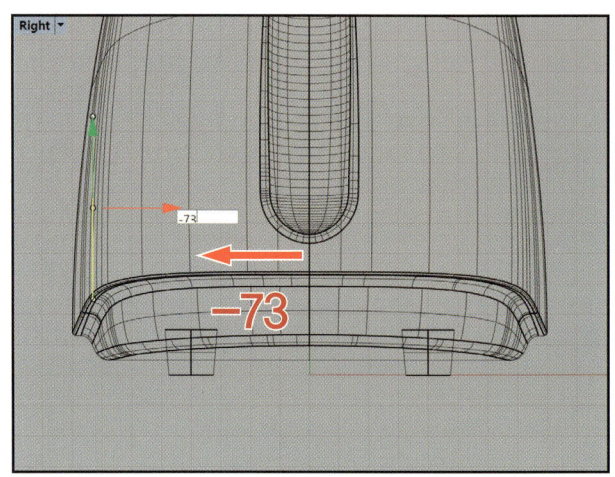

151. **Surface Creation>Extrude straight**를 실행합니다. Ellipse을 선택하고 **Solid: Yes,** 마우스를 **왼쪽**으로 이동한 후 거리값은 20을 입력합니다.

`Extrusion distance <20>` (Direction BothSides=No `Solid=Yes` DeleteInput=No ToBoundary SetBasePoint): 20

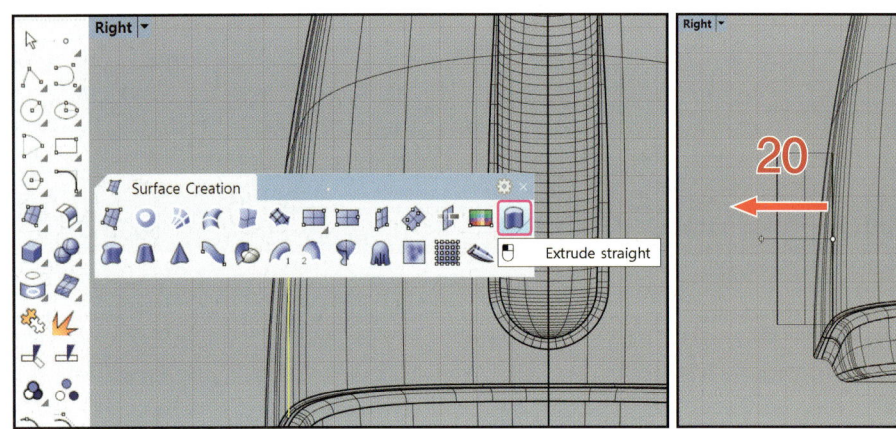 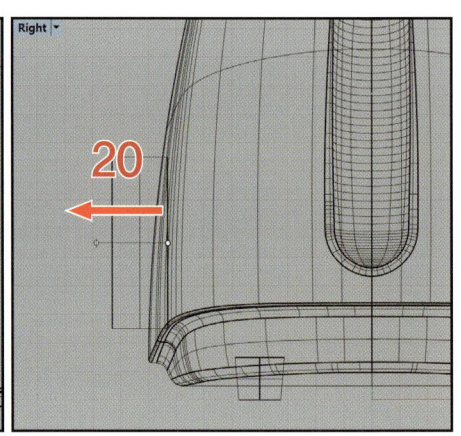

152. Perspective view로 이동하고 **Solid Tools>Boolean difference**를 실행한 후 a를 차집합을 적용할 개체로 선택하고 b를 차집합에 사용될 개체로 선택합니다.

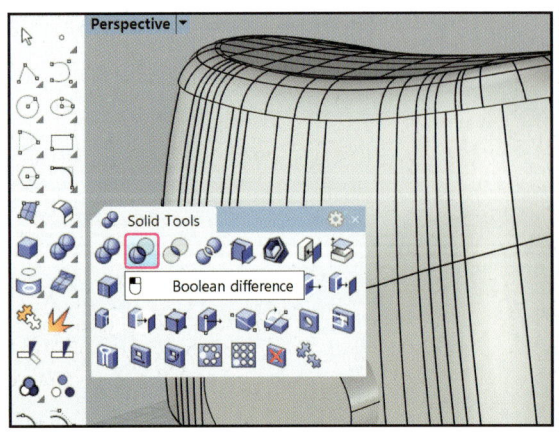 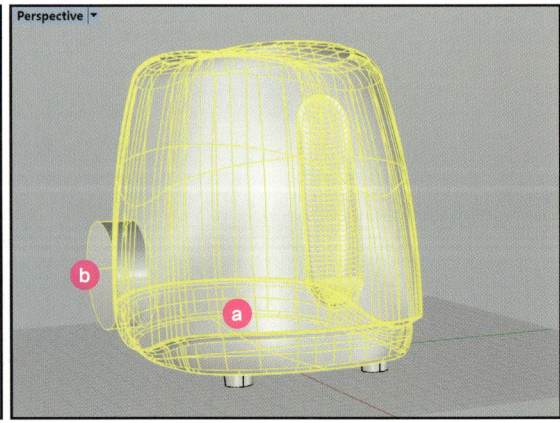

153. Side toolbar의 Explode를 실행한 후 그림과 같이 **1개의 Polysurface**를 선택해서 분해합니다.

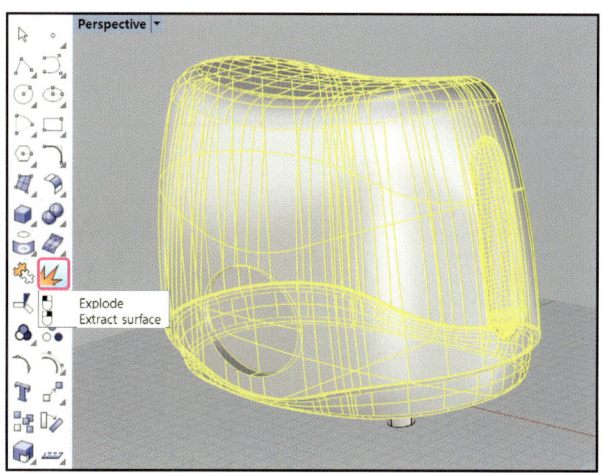

154. Curve tools〉Offset curve를 실행한 후 그림과 같이 **Ellipse 외곽 Curve**를 선택하고 **안쪽**으로 마우스를 이동 후 거리값을 **2**로 입력합니다.

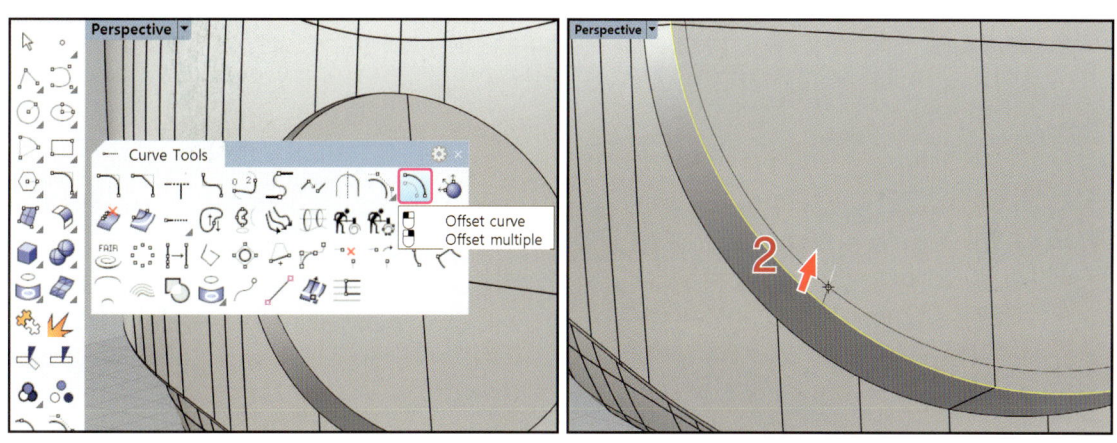

155. Side toolbar의 Trim을 실행한 후 그림과 같이 **Offset한 Curve**를 Cutting object로 지정하고 **Ellipse surface의 바깥쪽 부분**을 제거합니다.

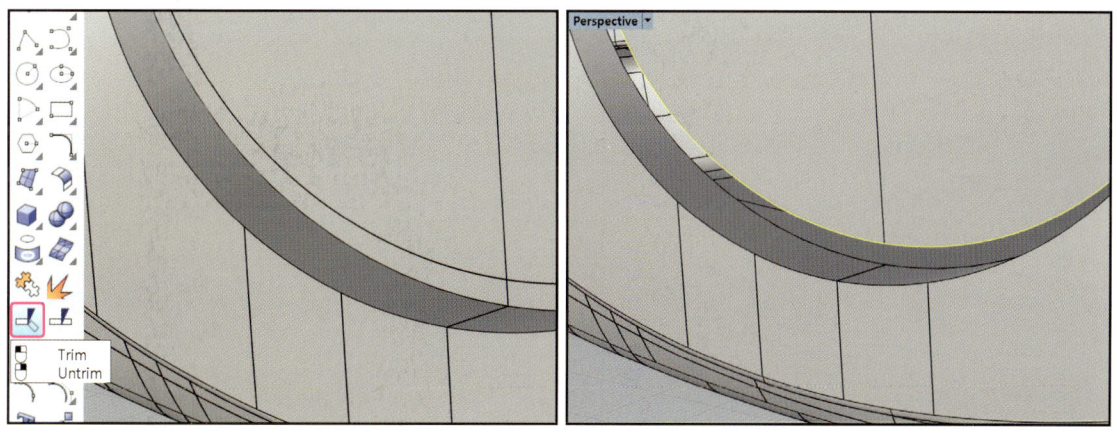

156. 그림에서 지정된 Surface를 선택한 후 Del 키로 **삭제**합니다.

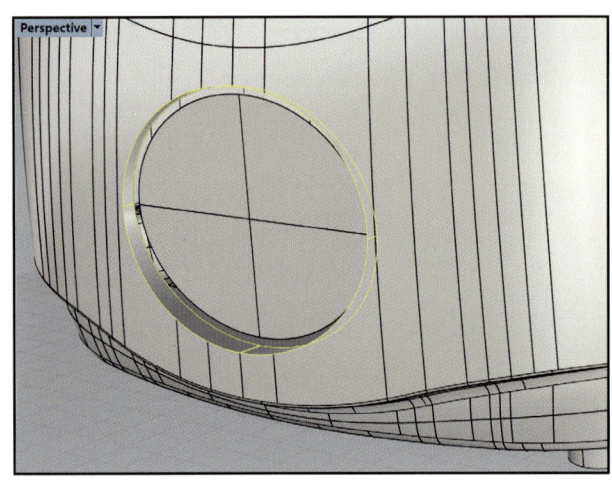

157. Surface Creation>Loft를 실행한 후 그림과 같이 **2개의** Curve를 선택하고 Option의 Style을 Straight sections로 한 후 명령을 완료합니다.

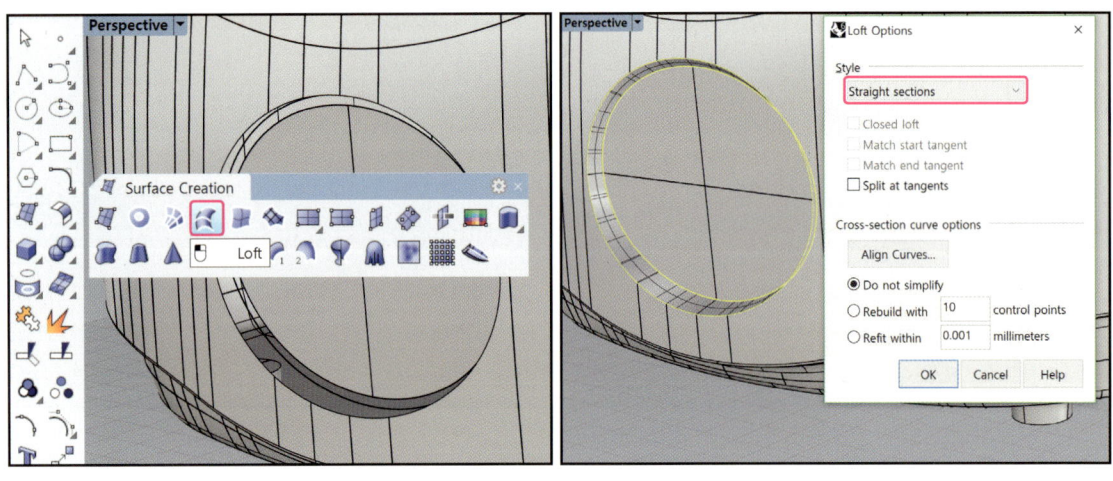

158. Side toolbar의 Join을 실행한 후 **전체** Polysurface를 선택해서 결합합니다.

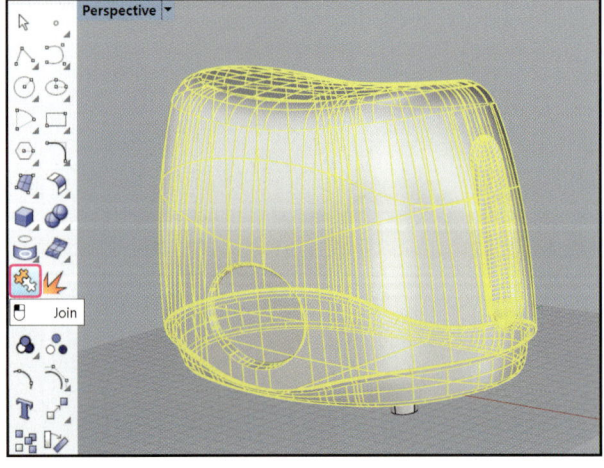

159. Solid Tools>Fillet edges를 실행한 후 그림과 같이 Polycurve의 Edge를 선택하고 Radius를 3으로 입력합니다.

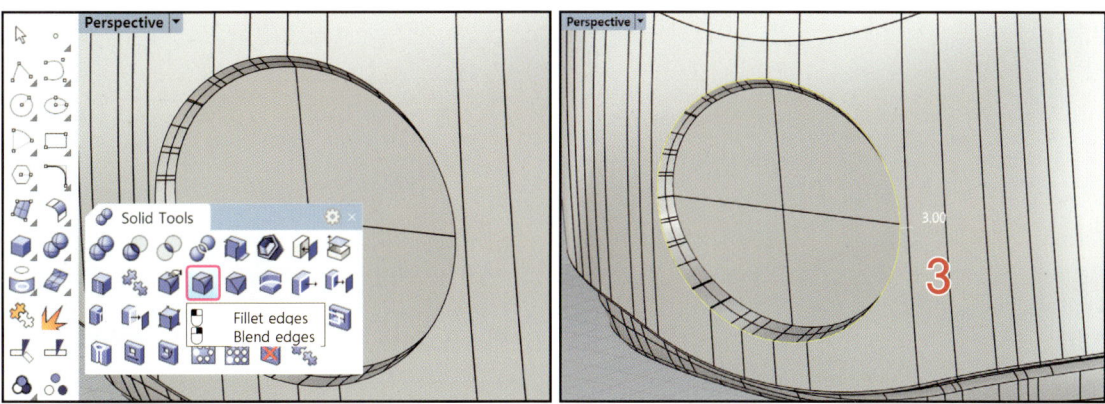

160. Solid Tools>Boolean union을 실행한 후 5개의 Polysurface를 선택해서 결합합니다.

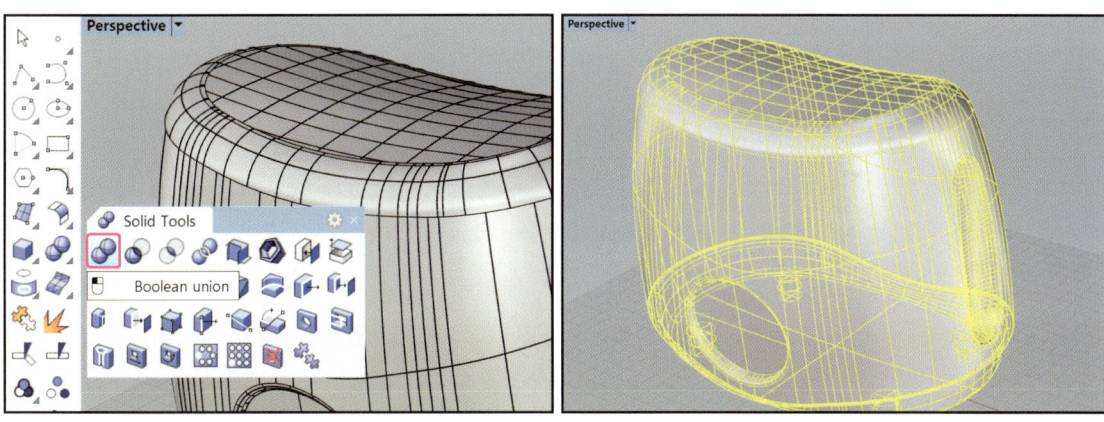

161. Front view로 이동한 후 Circle>Circle: center, radius를 실행하고 그림과 같이 Circle의 중심을 Ellipse의 Center point, 반지름값으로 20을 입력합니다.

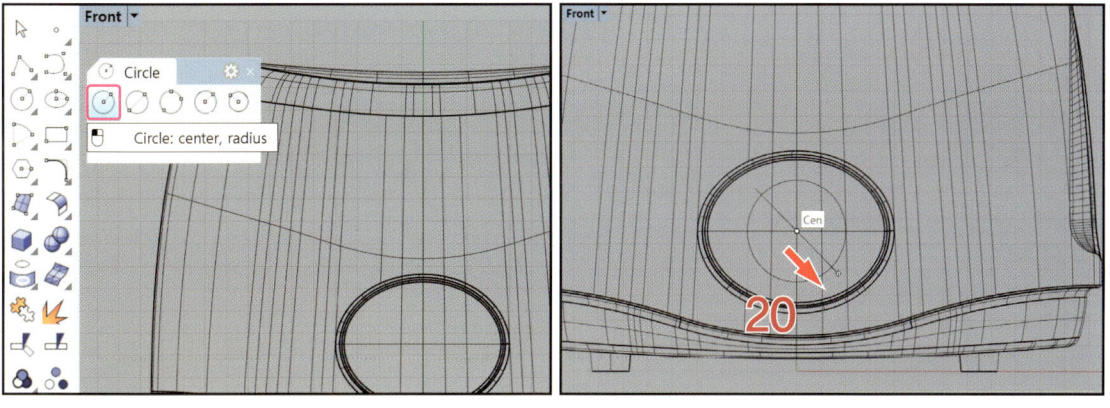

162. Circle을 선택하고 검볼의 Y축 이동 핸들을 클릭하여 입력창에 –5를 입력합니다.

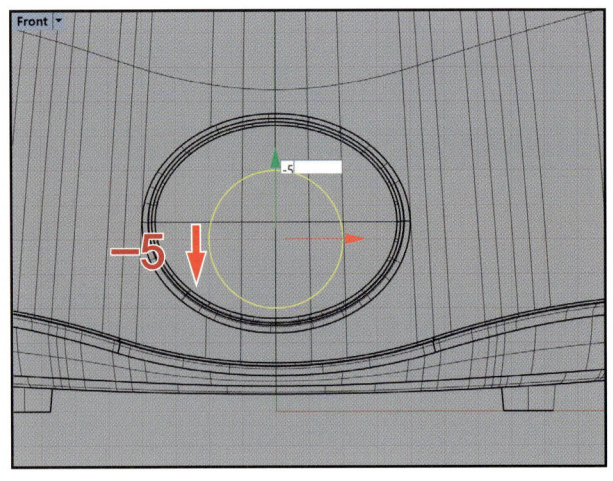

163. Perspective view로 이동하고 Surface Creation〉Extrude straight를 실행하고 Circle을 선택하여 Solid: Yes, 마우스를 오른쪽으로 이동한 후 거리값은 5를 입력합니다.

Extrusion distance <5> (Direction BothSides=No Solid=Yes DeleteInput=No ToBoundary SetBasePoint):5

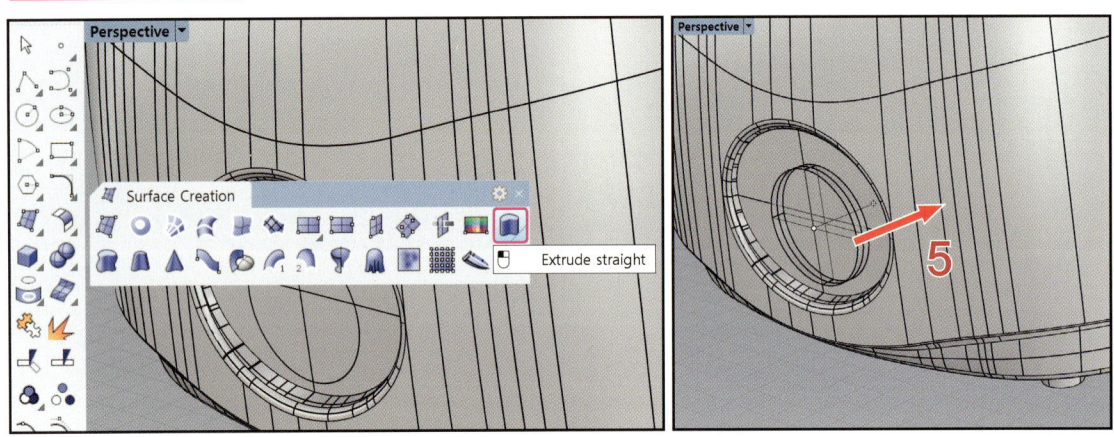

164. Solid Tools〉Boolean difference를 실행한 후 a를 차집합을 적용할 개체로 선택하고 b를 차집합에 사용될 개체로 선택합니다.

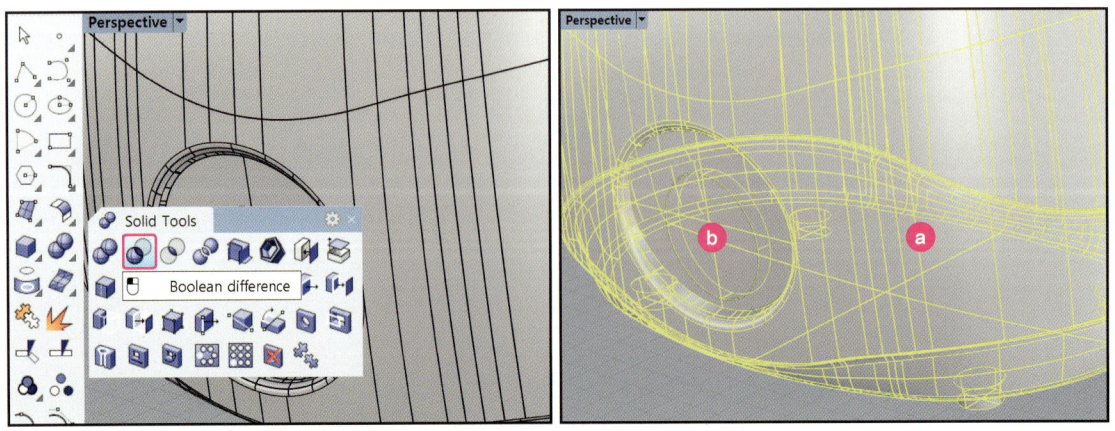

165. **Solid Tools>Fillet edges**를 실행한 후 그림과 같이 **Polycurve의 Edge**를 선택하고 **Radius**를 1로 입력합니다.

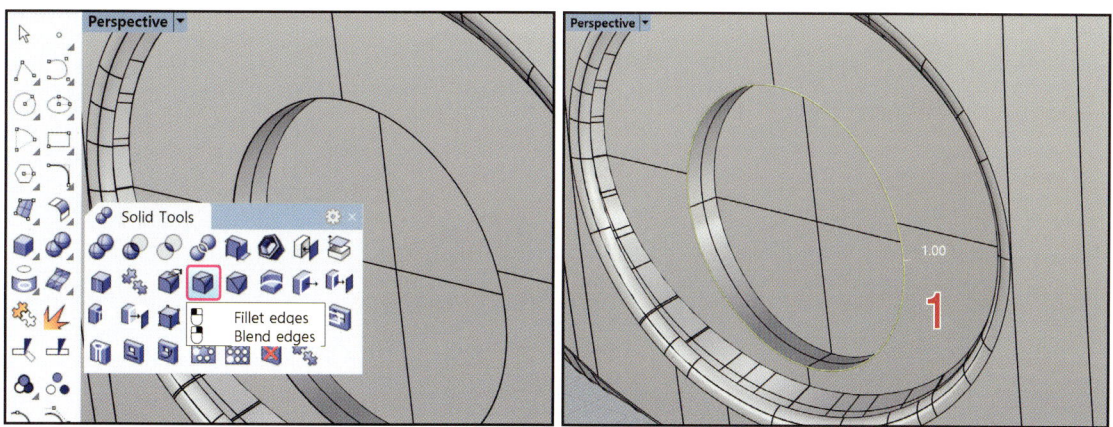

166. **Curve tools>Offset curve**를 실행한 후 그림과 같이 **Ellipse 외곽 Curve**를 선택하고 **안쪽**으로 마우스를 이동 후 거리값을 **0.5**로 입력합니다.

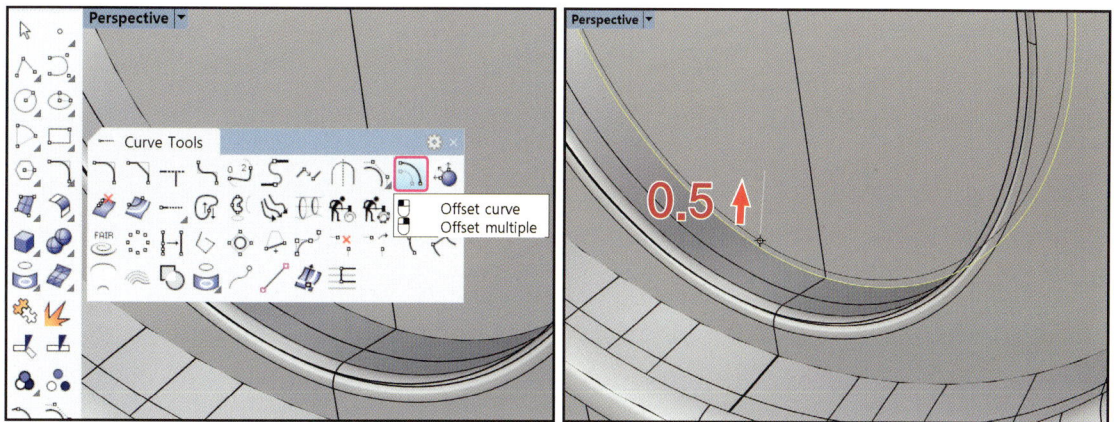

167. **Surface Creation>Extrude straight**를 실행하고 **Offset으로 만든 Circle**을 선택하여 **Solid: Yes**, 마우스를 **왼쪽**으로 이동한 후 거리값은 **5**를 입력합니다.

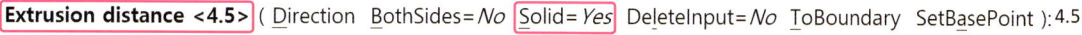

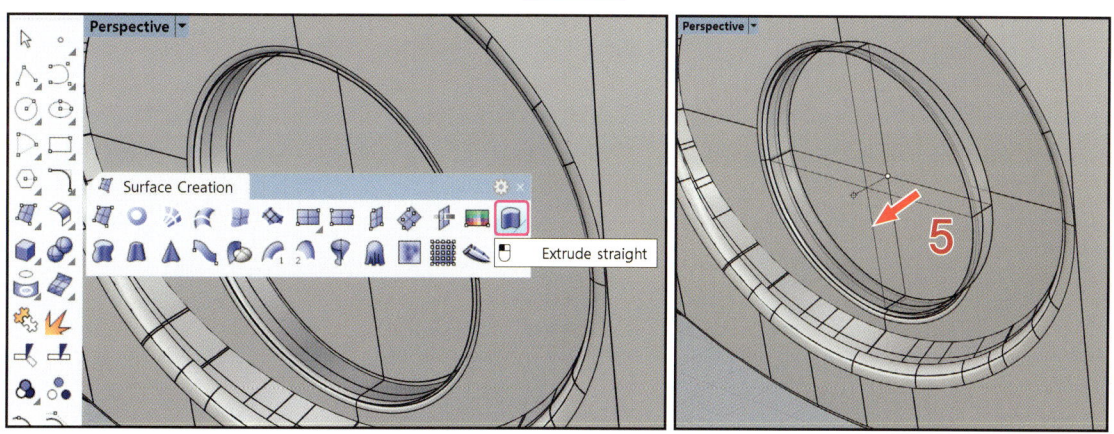

168. 큰 Polysurface를 Hide시키고 Side toolbar의 Explode를 실행한 후 그림과 같이 1개의 Polysurface를 선택해서 분해합니다. 분해된 Object의 왼쪽 원형 Surface를 선택해서 삭제합니다.

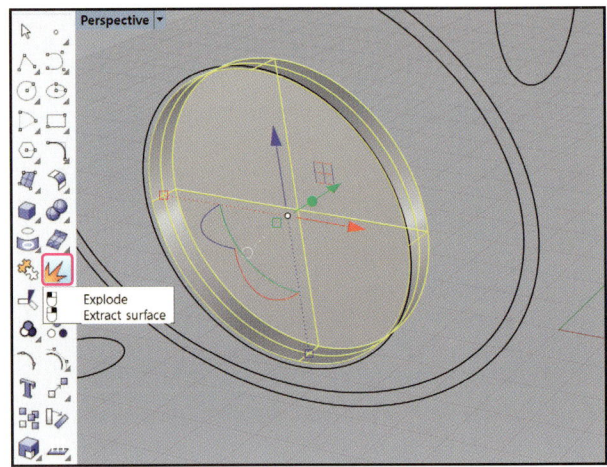

169. Right view로 이동한 후 Lines>Single Line을 실행하고 시작점을 Ellipse의 Center point로 지정 후 직교모드(Shift 키)에서 왼쪽으로 마우스를 이동하고 위치값을 2로 입력합니다.

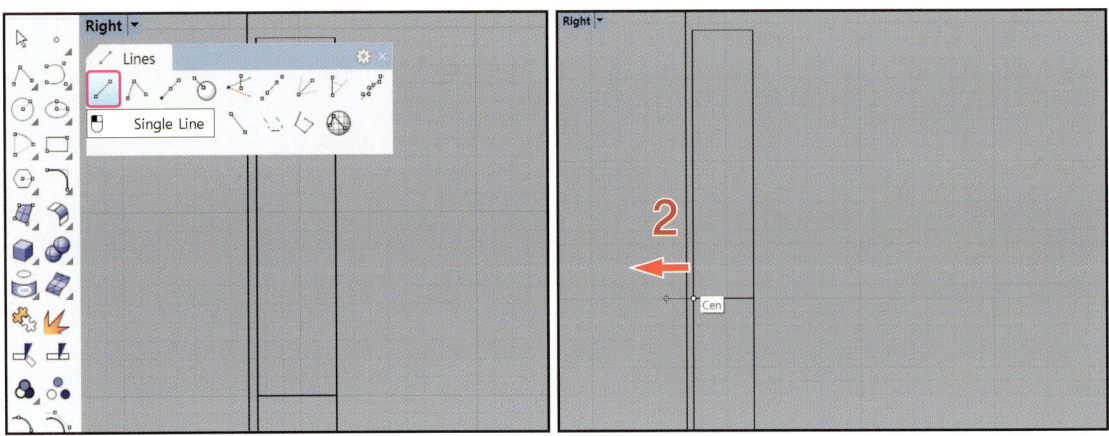

170. Arc>Arc: start, end, point on arc를 실행한 후 Start point는 위쪽 Quad point, End point는 아래쪽 Quad point, Point on arc는 가운데 Line의 End point로 선택합니다.

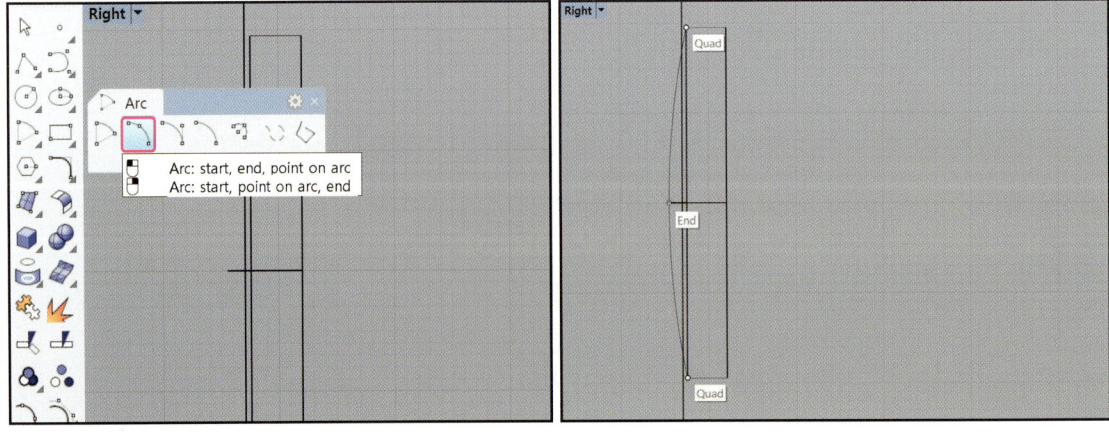

171. Perspective view로 이동한 후 Surface Creation>Revolve를 실행하고 Arc를 회전시킬 Curve로 선택 후 Line의 오른쪽 End point를 선택한 후 직교모드(Shift 키)에서 왼쪽으로 이동하면 회전축이 선택됩니다. 시작 각도는 0, 회전 각도는 360을 입력합니다.

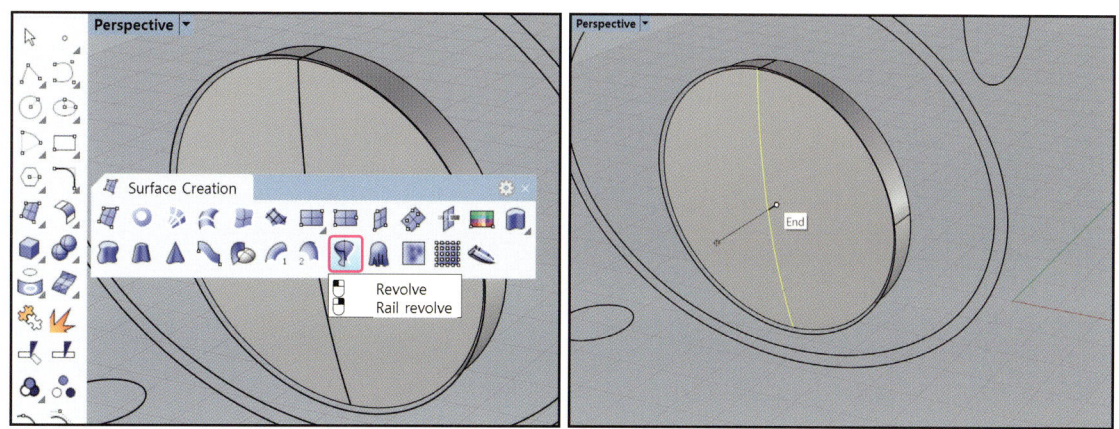

172. Side toolbar의 Join을 실행한 후 그림과 같이 3개의 Polysurface를 선택해서 결합합니다.

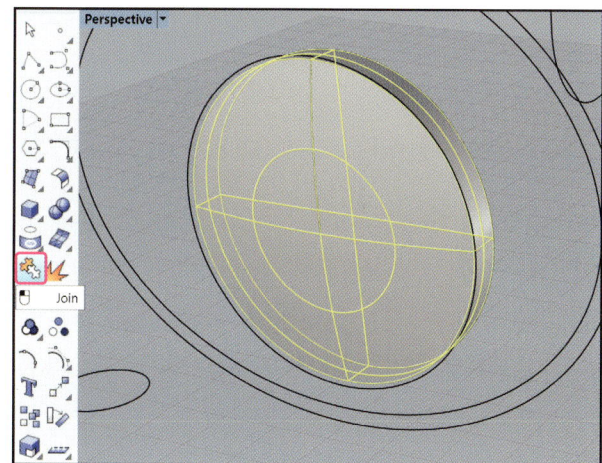

173. Solid Tools>Fillet edges를 실행한 후 그림과 같이 Polycurve의 Edge를 선택하고 Radius를 0.5로 입력합니다.

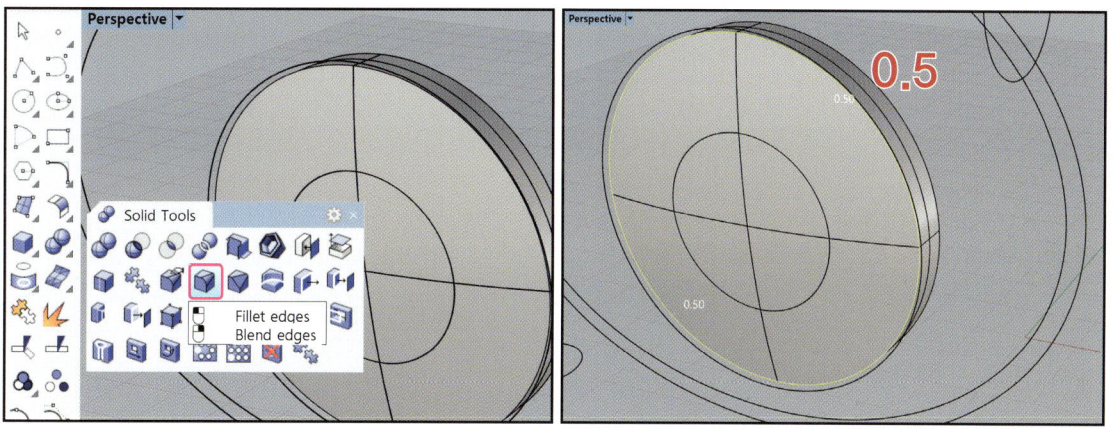

174. Front view로 이동한 후 Ellipse>Ellipse: Diameter를 실행한 후 첫 번째 축의 시작점은 Circle의 Center로 지정하고 직교모드(Shift 키)상태에서 위쪽 세로 방향으로 25, 두 번째 축은 가로 방향으로 4를 입력합니다.

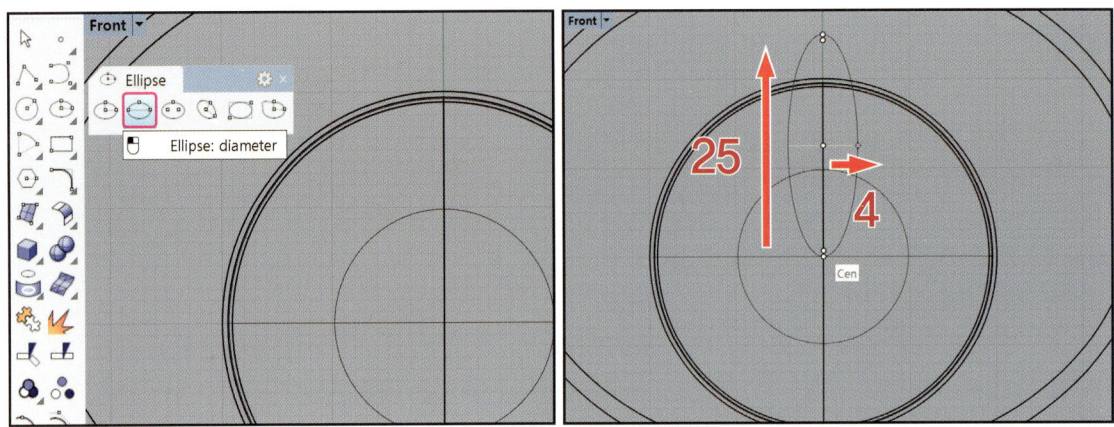

175. Ellipse: Diameter로 만든 Curve를 선택하고 Right view로 이동합니다. 검볼의 X축 이동 핸들을 클릭하여 입력창에 0.5를 입력합니다.

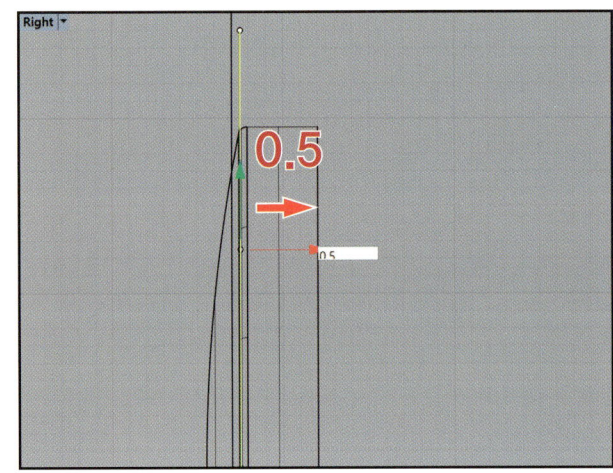

176. 이동한 Curve를 선택하여 Surface Creation>Extrude straight를 실행하고 Solid: Yes, 마우스를 왼쪽으로 이동한 후 거리값은 7을 입력합니다.

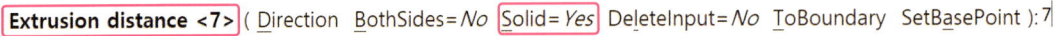

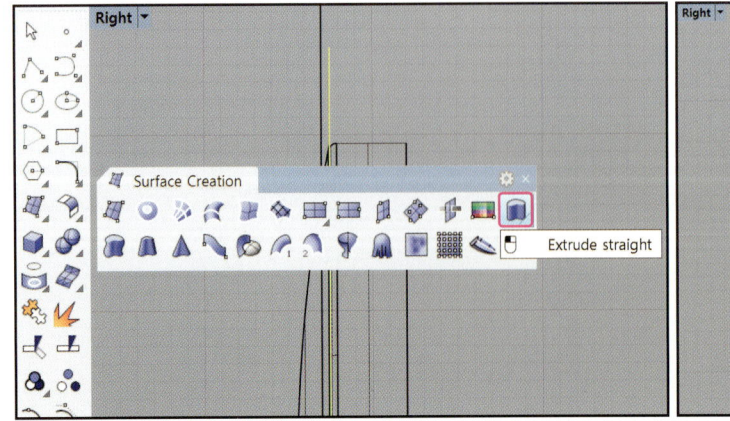
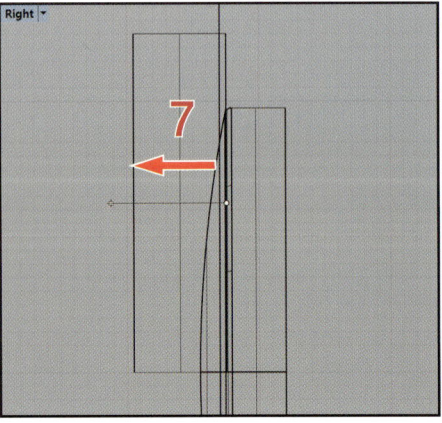

177. Perspective view로 이동하고 Solid Tools>Fillet edges를 실행한 후 그림과 같이 Polycurve의 Edge를 선택하고 Radius를 1로 입력합니다.

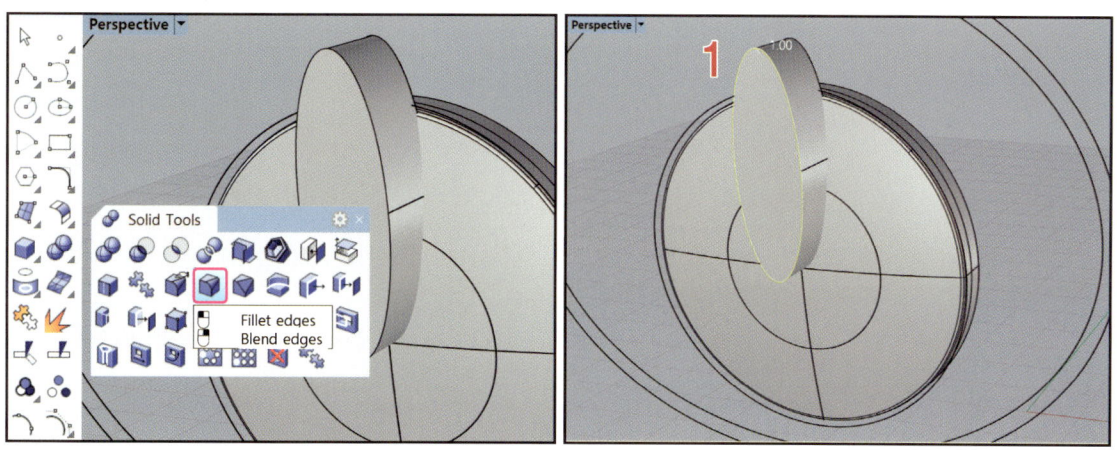

178. Solid Tools>Boolean union을 실행한 후 2개의 Polysurface를 선택해서 결합합니다.

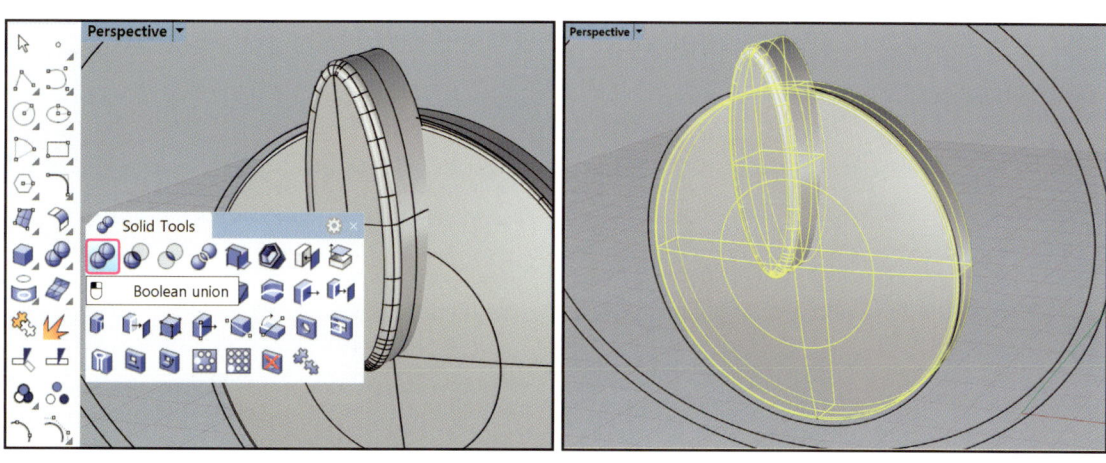

179. 레이어 탭에서 'Layer 04'를 '놉'으로 이름 변경한 후 Polysurface를 선택하고 레이어 탭에서 '놉' 레이어로 Change object layer합니다. Standard toolbar>Show objects 명령을 실행합니다.

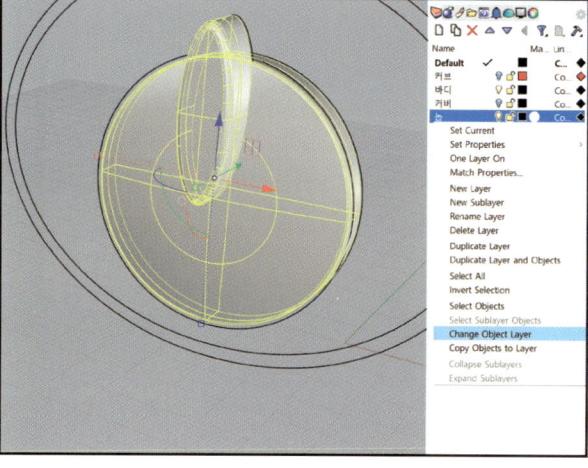

파트 6 Advanced Level Modeling 313

180. Select>Select curves를 실행해서 전체 Curve를 선택하고 레이어 탭에서 '커브' 레이어로 Change object layer합니다.

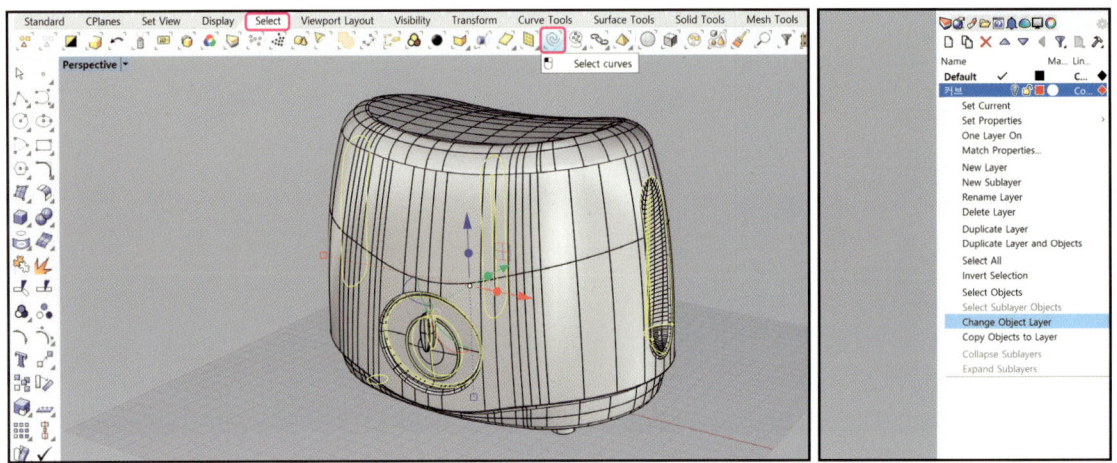

181. Side toolbar의 Explode를 실행한 후 그림과 같이 Body object를 선택해서 분해합니다.

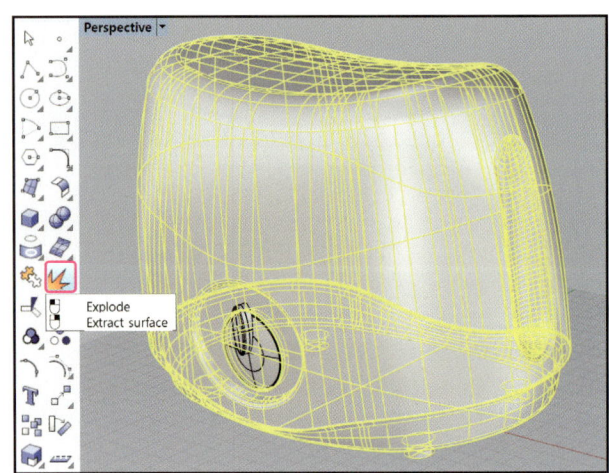

182. 그림과 같이 분해된 Object의 위쪽 Surface를 선택해서 삭제합니다.

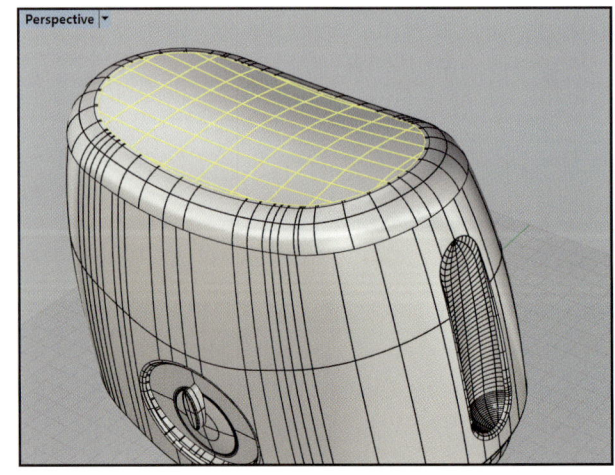

183. Side toolbar의 Join을 실행한 후 **전체 Surface**를 선택해서 결합합니다.

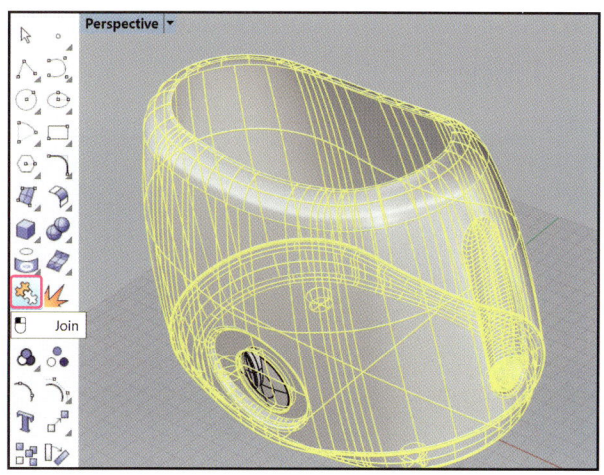

184. Solid Tools〉Fillet edges를 실행한 후 그림과 같이 **8개의 Polysurface의 Edge**를 선택하고 Radius를 1로 입력합니다.

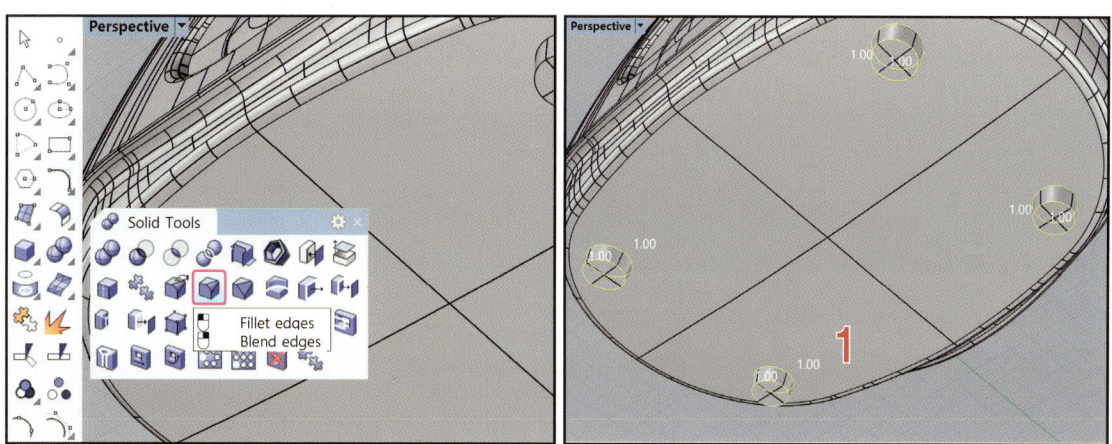

185. Suface Tools〉Offset Surface를 실행한 후 Polysurface를 선택한 후 거리값을 1로 입력합니다. 방향이 바깥쪽이면 Option의 FlipAll을 실행해서 안쪽으로 방향을 바꿉니다

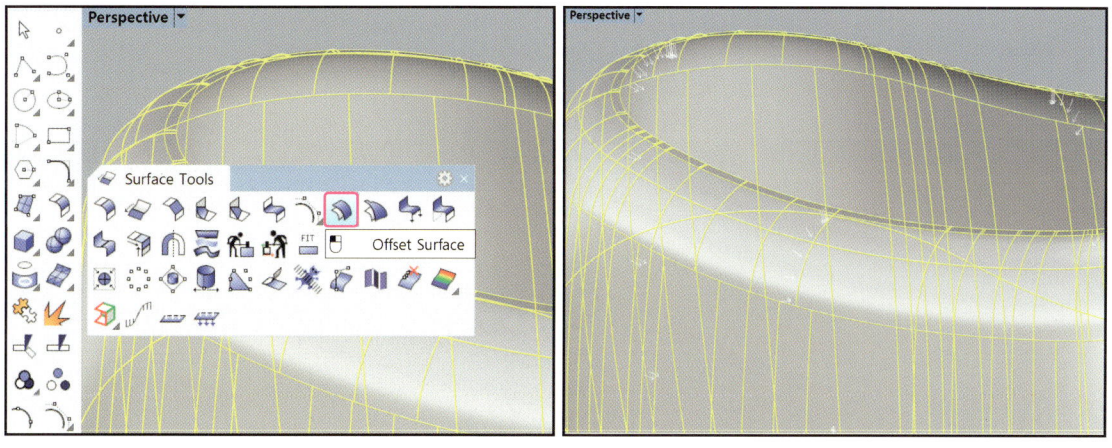

186. Curve From Object>Duplicate border를 실행한 후 Offset Surface로 만든 Polysurface를 선택해서 Border를 만듭니다.

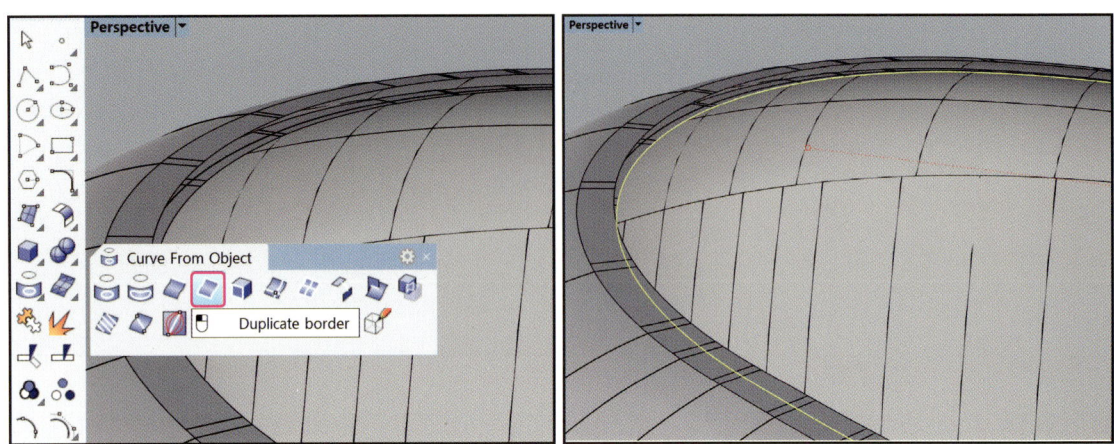

187. Surface Creation>Loft를 실행한 후 그림과 같이 2개의 Curve를 선택하고 Option의 Style을 Straight sections로 한 후 명령을 완료합니다.

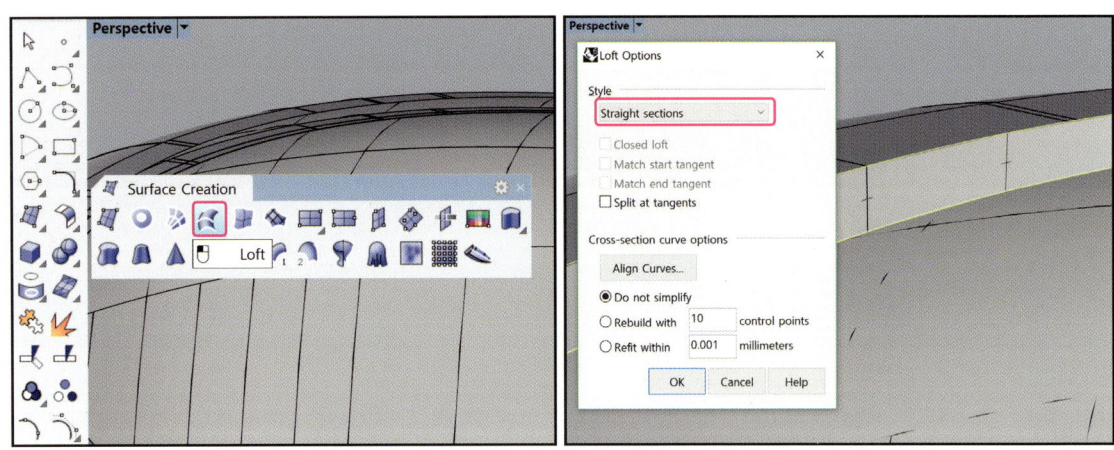

188. Side toolbar의 Join을 실행한 후 전체 Surface를 선택해서 결합합니다.

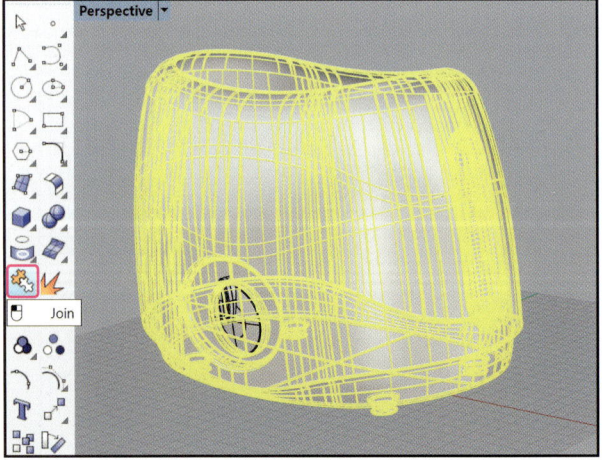

189. Join 등의 명령을 거치면서 Layer가 Default로 변경될 수 있습니다. Body Polysurface를 선택한 후 레이어 탭에서 '바디' 레이어로 Change object layer합니다. '바디' 레이어는 끄고 '커버' 레이어는 켭니다.

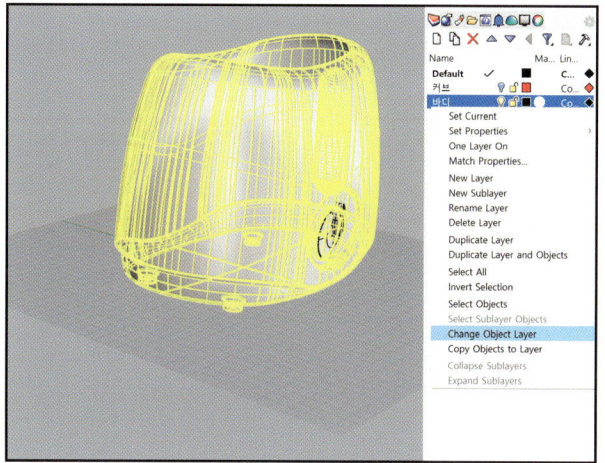

190. Suface Tools>Offset Surface를 실행한 후 Polysurface를 선택한 후 거리값을 1로 입력합니다. 방향이 바깥쪽이면 Option의 FlipAll을 실행해서 안쪽으로 방향을 바꿉니다.

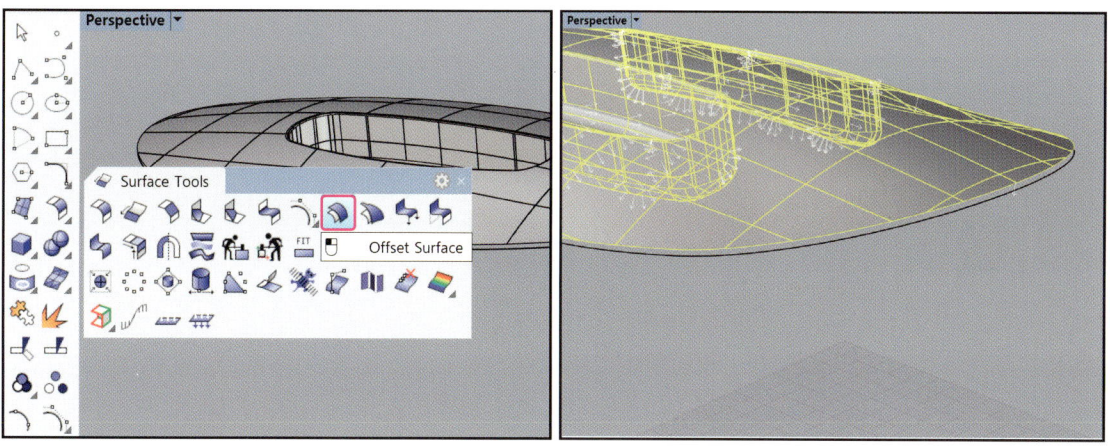

191. Surface Creation>Loft를 실행한 후 그림과 같이 2개의 Polysurface의 Edge를 선택하고 Option의 Style을 Straight sections로 한 후 명령을 완료합니다.

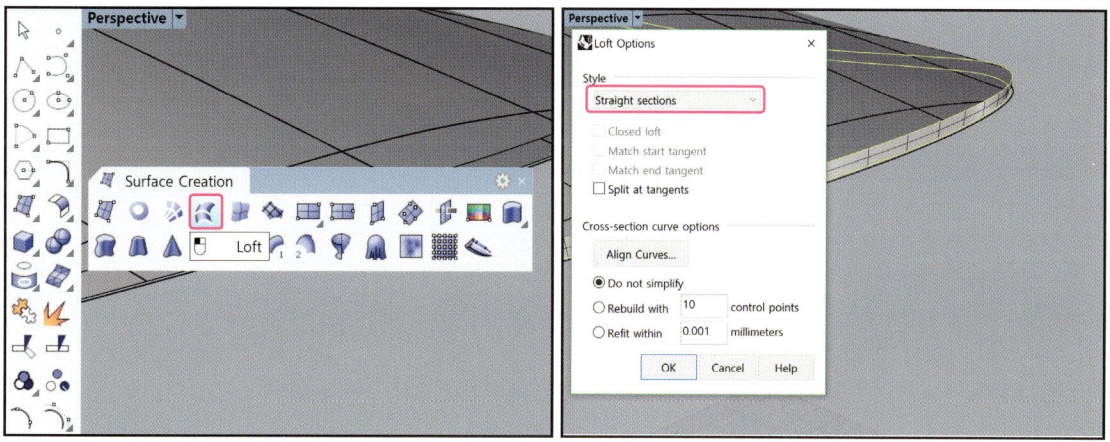

192. Side toolbar의 Join을 실행한 후 3개의 Surface를 선택해서 결합합니다.

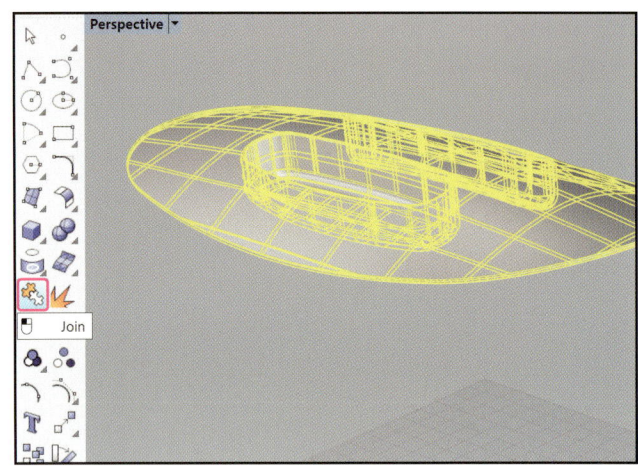

193. 레이어 탭에서 '바디'레이어를 켠 후 Right view로 이동합니다. Circle>Circle: center, radius를 실행한 후 Circle의 중심을 원점(0), 반지름값으로 2를 입력합니다.

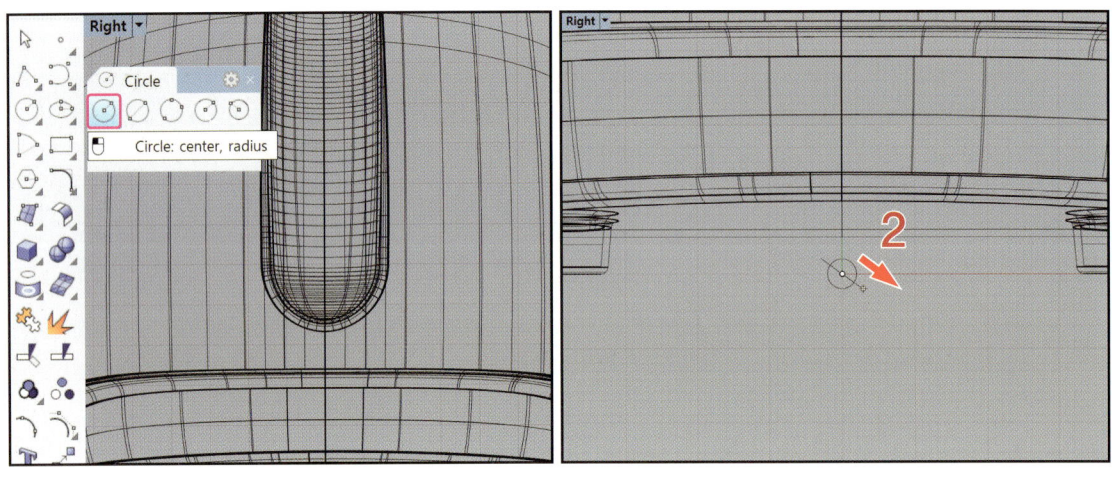

194. Circle을 선택한 후 검볼의 Y축 이동 핸들을 클릭하여 입력창에 65를 입력합니다.

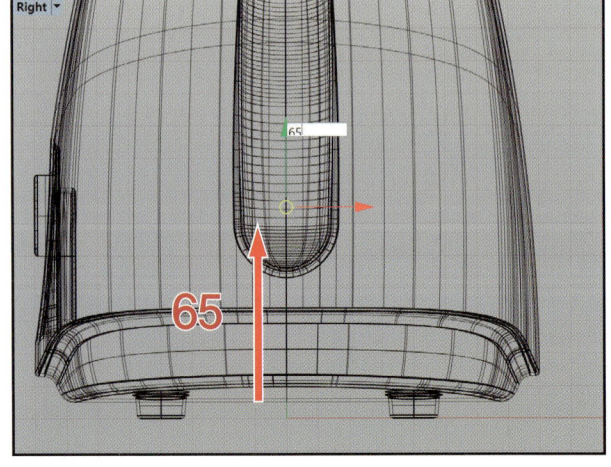

195. Side toolbar의 Copy를 실행한 후 Circle을 선택하고 Copy from을 Circle의 Center point, 직교 모드(Shift 키)에서 마우스를 위쪽으로 이동한 후 거리값을 75를 입력합니다.

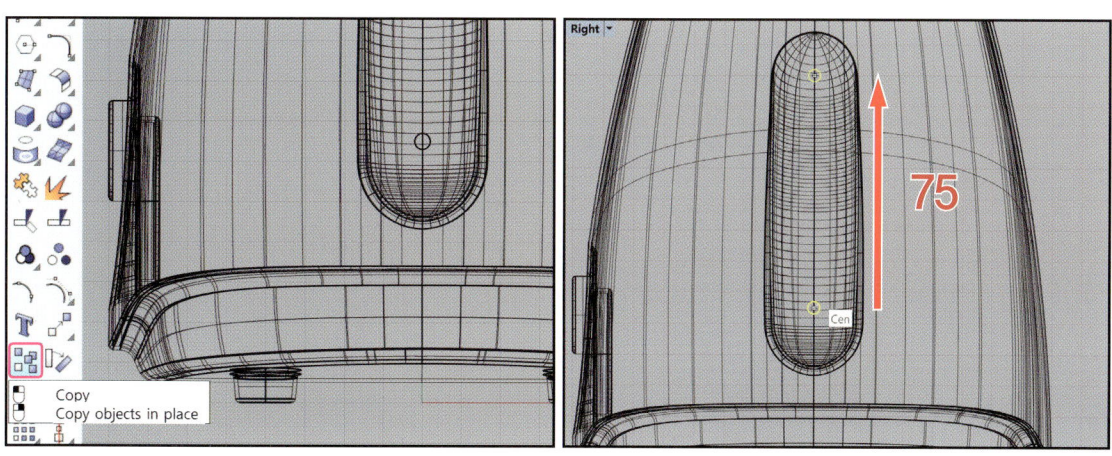

196. Lines>Single Line을 실행한 후 시작점을 위쪽 Circle의 왼쪽 Quad, 끝점은 아래쪽 Circle의 왼쪽 Quad로 지정해서 선을 만듭니다.

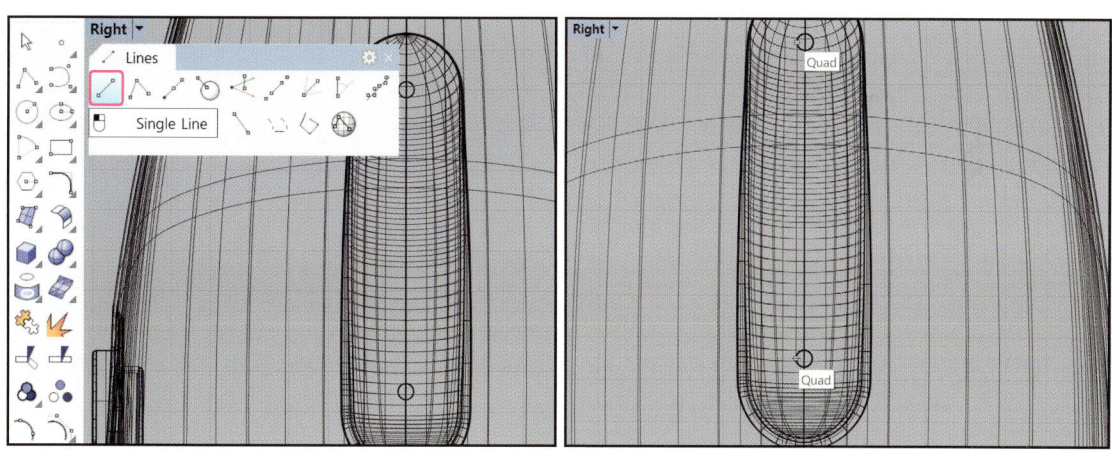

197. Single Line을 재실행한 후 시작점을 위쪽 Circle의 오른쪽 Quad, 끝점은 아래쪽 Circle의 오른쪽 Quad로 지정해서 선을 만듭니다.

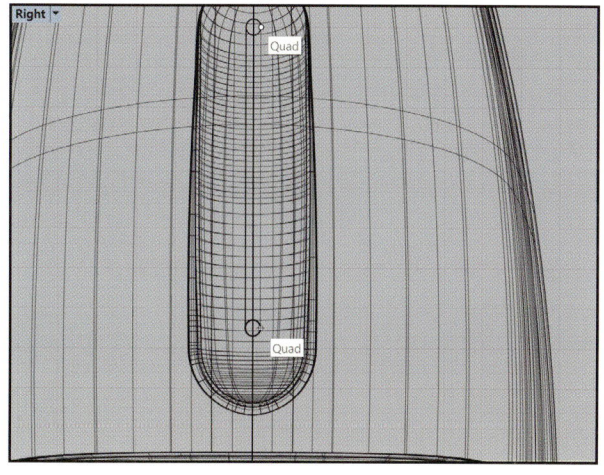

파트 6 Advanced Level Modeling

198. Side toolbar의 Trim을 실행한 후 **2개의 세로 Line**을 Cutting object로 지정하고 **Circle의 안쪽 부분**을 제거합니다.

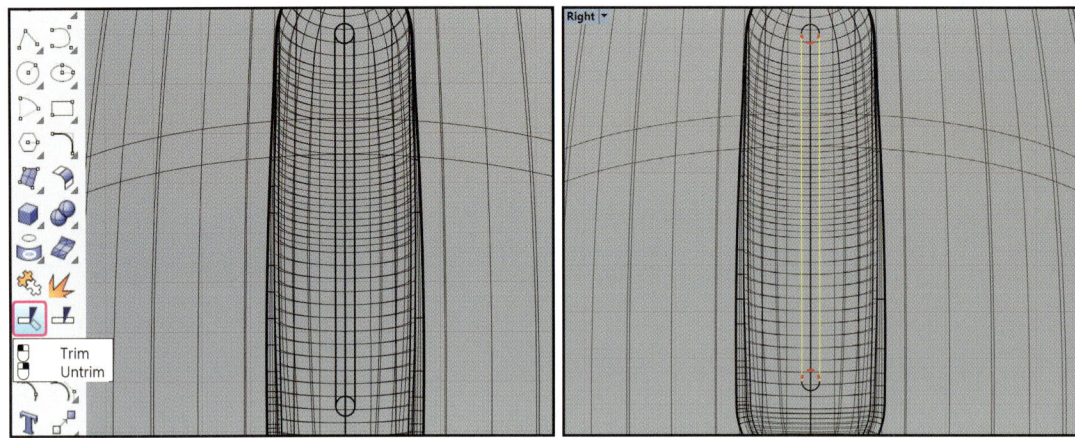

199. Side toolbar의 Join을 실행한 후 그림과 같이 **4개의 Curve**를 선택해서 결합합니다.

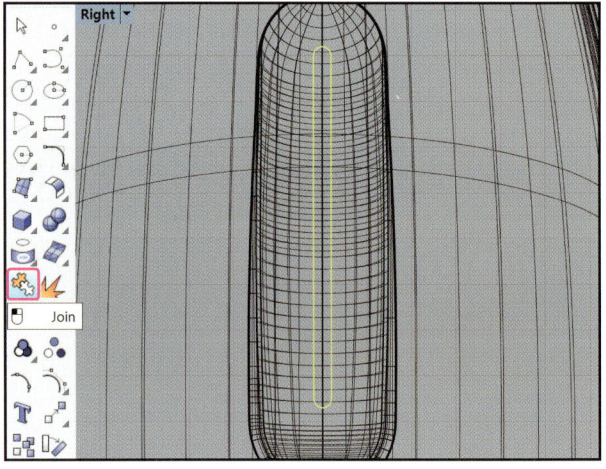

200. 앞 단계의 Curve를 선택하여 Perspective view로 이동합니다. Surface Creation>Extrude straight를 실행하고 **Solid: Yes,** 마우스를 **오른쪽**으로 이동한 후 거리값은 **150**을 입력합니다.

`Extrusion distance <150>` (Direction BothSides=No Solid=Yes DeleteInput=No ToBoundary SetBasePoint): 15

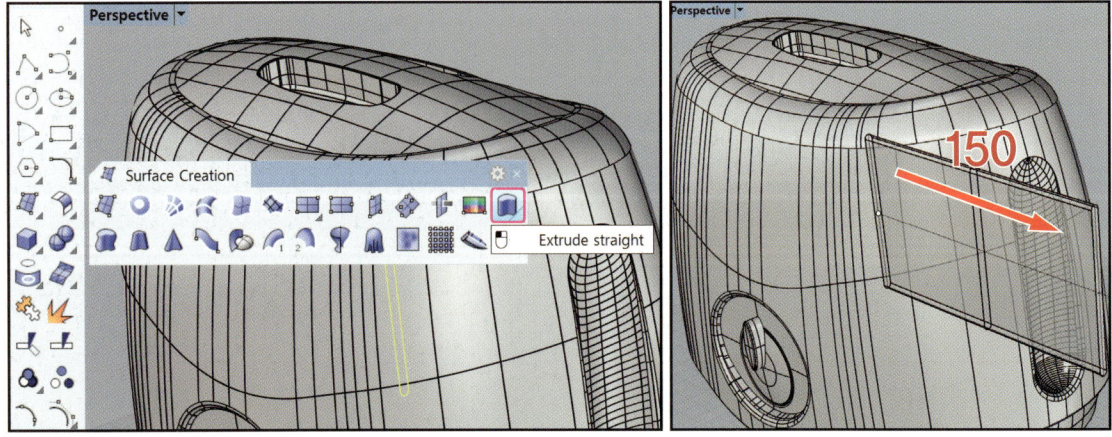

201. Solid Tools〉Boolean difference를 실행한 후 a를 차집합을 적용할 개체로 선택하고 b를 차집합에 사용될 개체로 선택합니다.

202. Solid Creation〉Sphere: Center, Radius를 실행한 후 Sphere의 중심을 원점(0), 반지름값으로 12를 입력합니다.

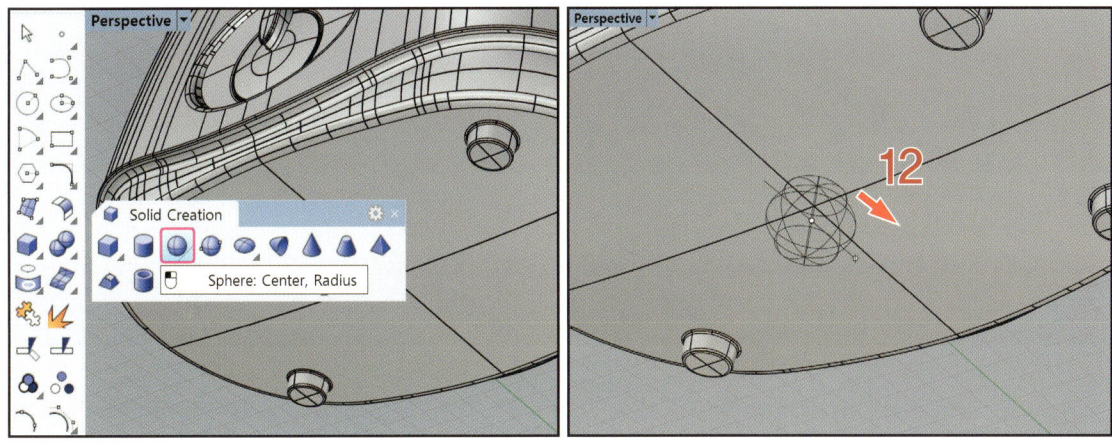

203. Sphere를 선택한 후 검볼의 X축 이동 핸들을 클릭하여 입력창에 126을 입력합니다.

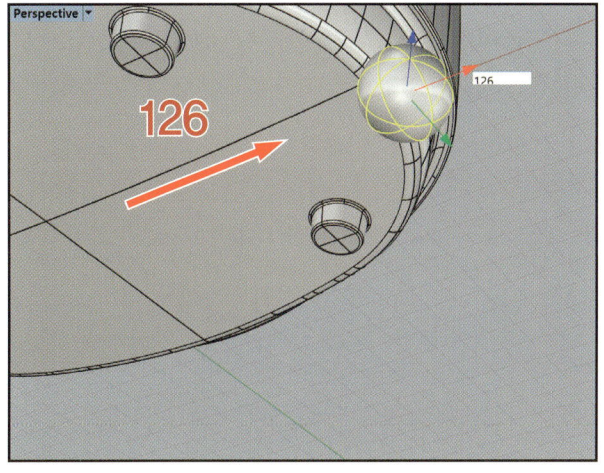

204. Sphere를 다시 선택한 후 검볼의 Z축 이동 핸들을 클릭하여 입력창에 130을 입력합니다.

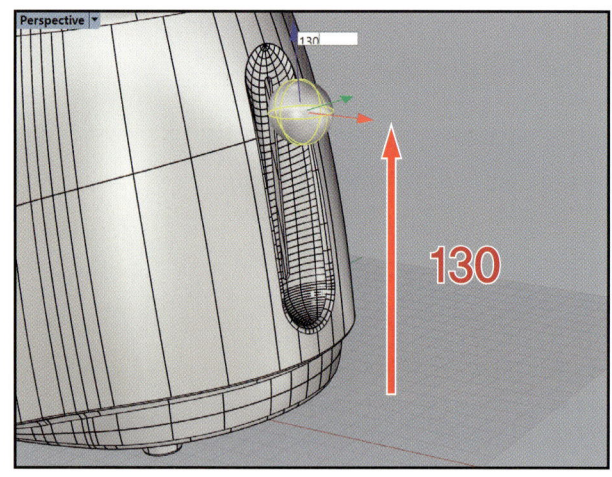

205. Solid Creation〉Box〉Box: center, corner, height를 실행한 후 Center of base를 Sphere의 위쪽 Quad point로 지정하고 가로, 세로 길이는 30, 높이값은 4를 입력합니다.

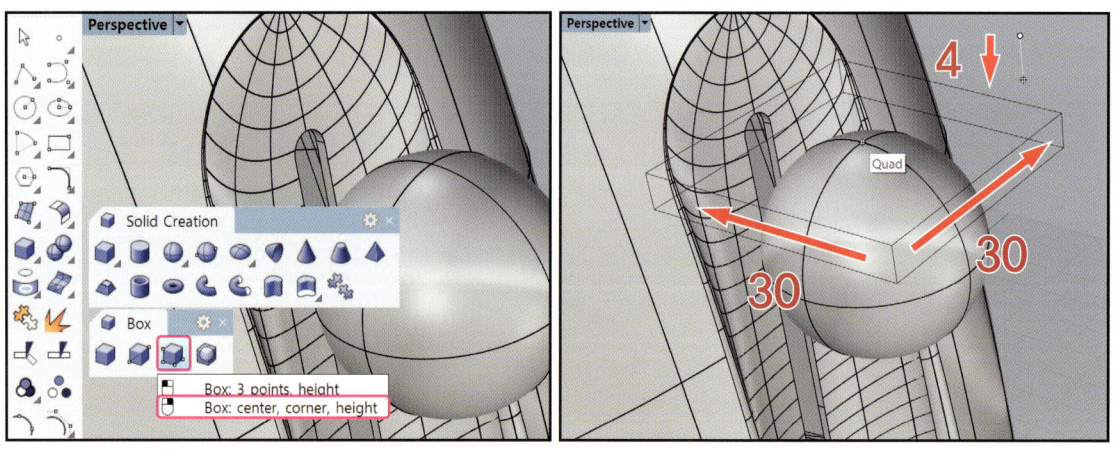

206. Solid Tools〉Boolean difference를 실행한 후 a를 차집합을 적용할 개체로 선택하고 b를 차집합에 사용될 개체로 선택합니다.

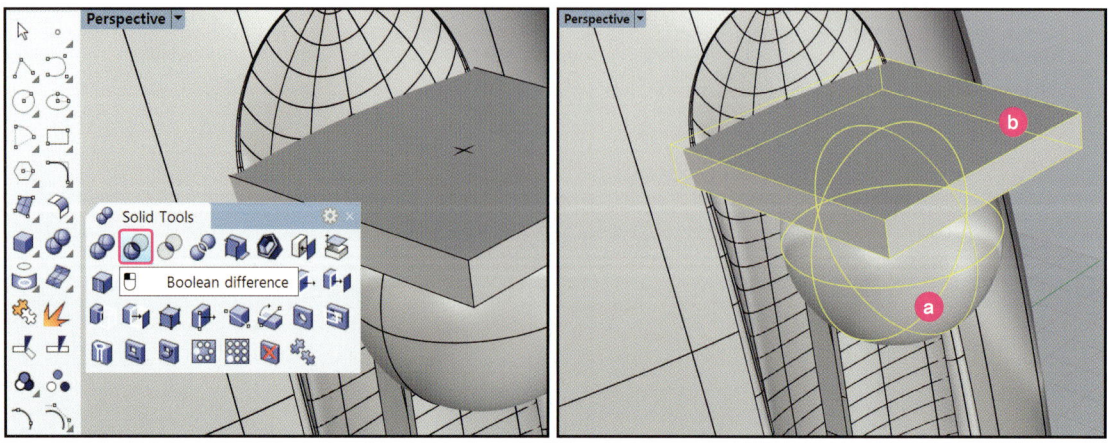

207. Solid Tools>Fillet edges를 실행한 후 그림과 같이 Polysurafce의 위쪽 Edge를 선택하고 Radius를 2로 입력합니다.

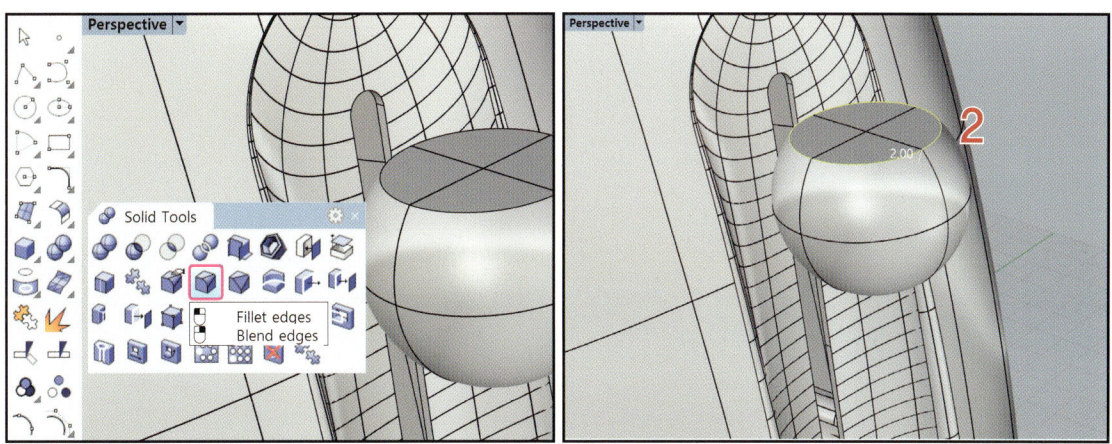

208. Right view로 이동하고 Circle>Circle: center, radius를 실행한 후 그림과 같이 Circle의 중심을 Curve의 Center point, 반지름값으로 1.5를 입력합니다.

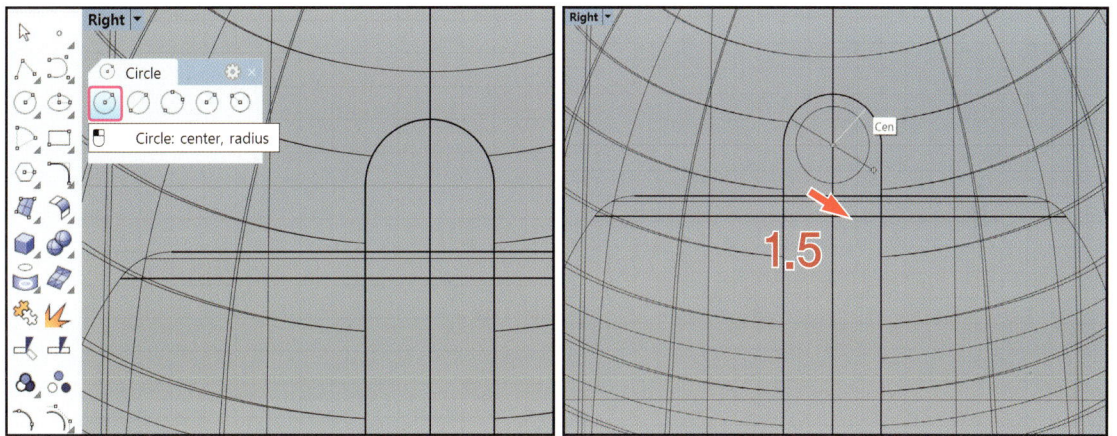

209. Side toolbar의 Copy를 실행한 후 Circle을 선택하고 Copy from을 Circle의 Center point, 직교 모드(Shift 키)에서 마우스를 아래쪽으로 이동한 후 거리값을 3을 입력합니다.

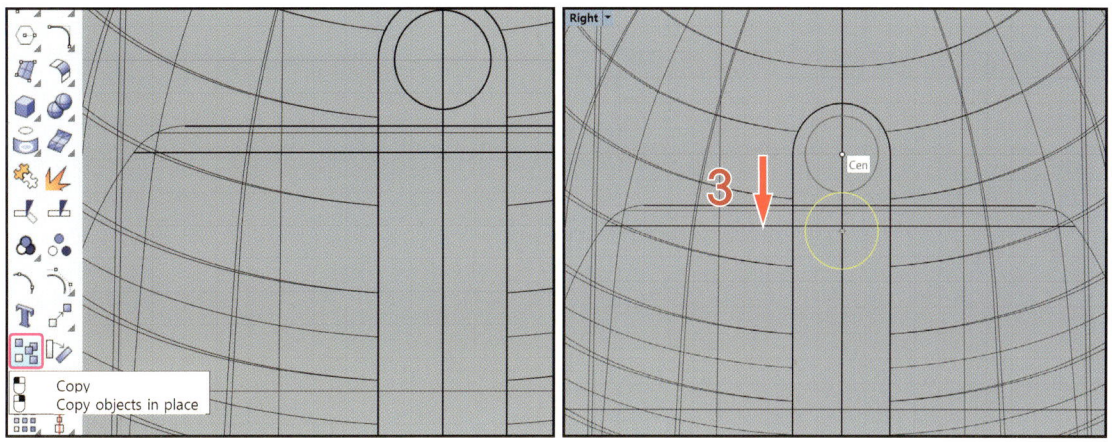

210. Lines〉Single Line을 실행한 후 시작점을 위쪽 Circle의 왼쪽 Quad, 끝점은 아래쪽 Circle의 왼쪽 Quad로 지정해서 선을 만듭니다.

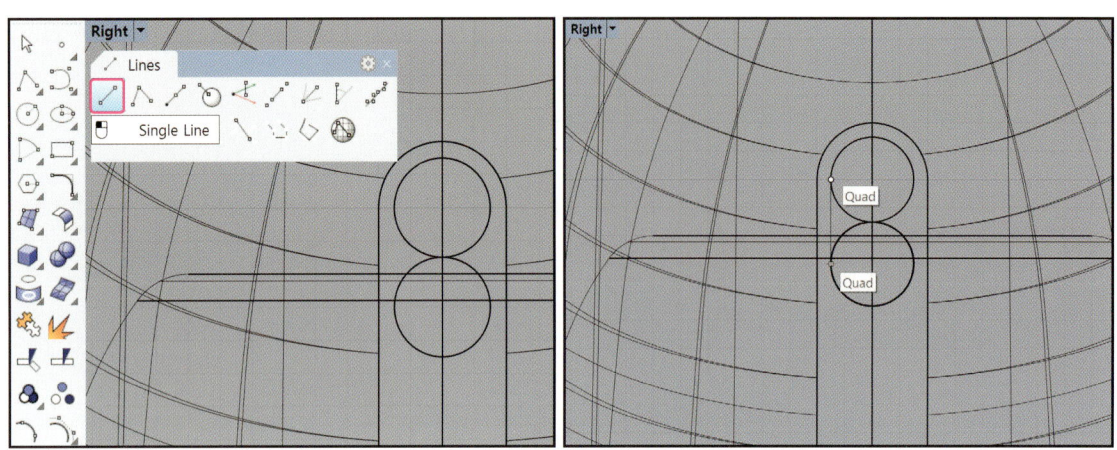

211. Single Line을 재실행한 후 시작점을 위쪽 Circle의 오른쪽 Quad, 끝점은 아래쪽 Circle의 오른쪽 Quad로 지정해서 선을 만듭니다.

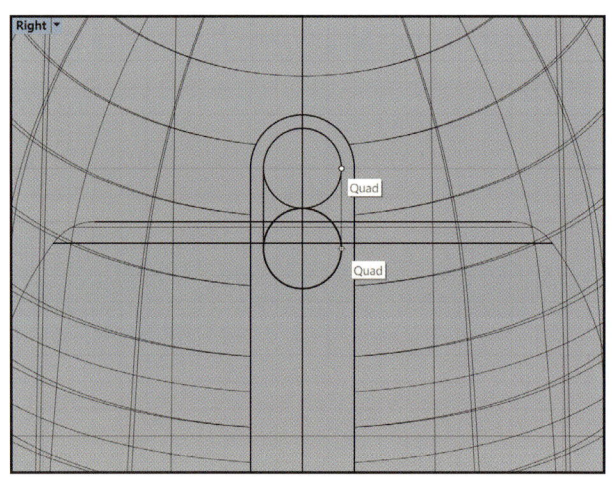

212. Side toolbar의 Trim을 실행한 후 2개의 세로 Line을 Cutting object로 지정하고 Circle의 안쪽 부분을 제거합니다.

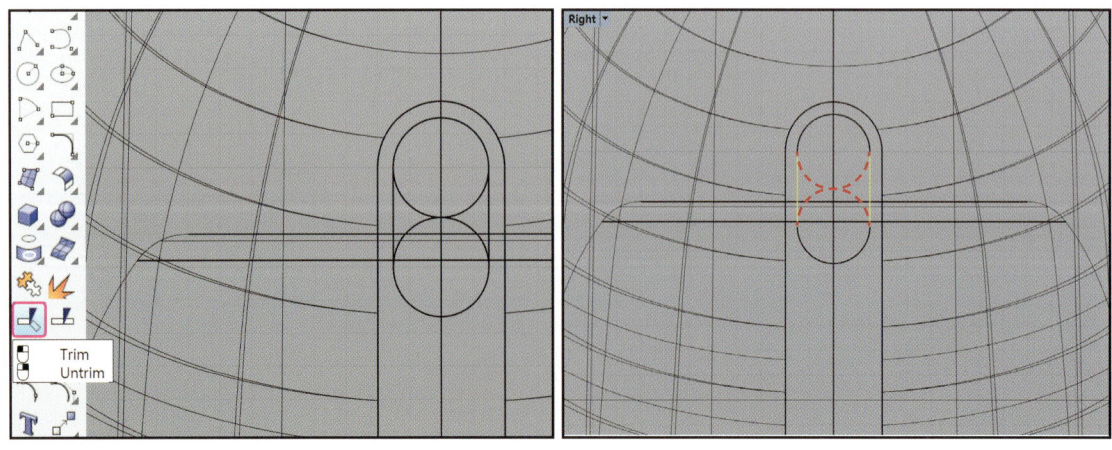

213. Side toolbar의 Join을 실행한 후 그림과 같이 **4개의 Curve**를 선택해서 결합합니다.

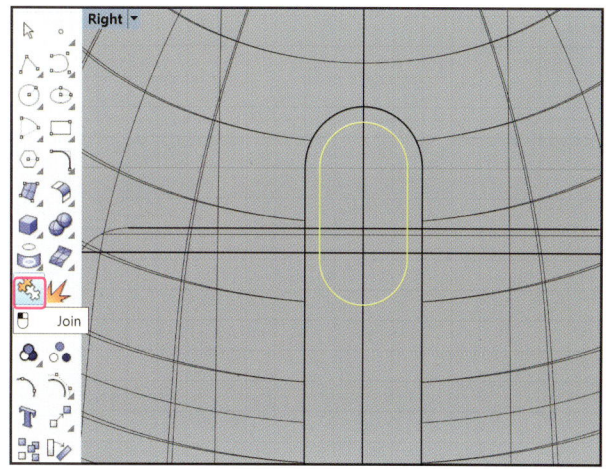

214. Curve를 선택한 후 검볼의 Y축 이동 핸들을 클릭하여 입력창에 **−10**을 입력합니다.

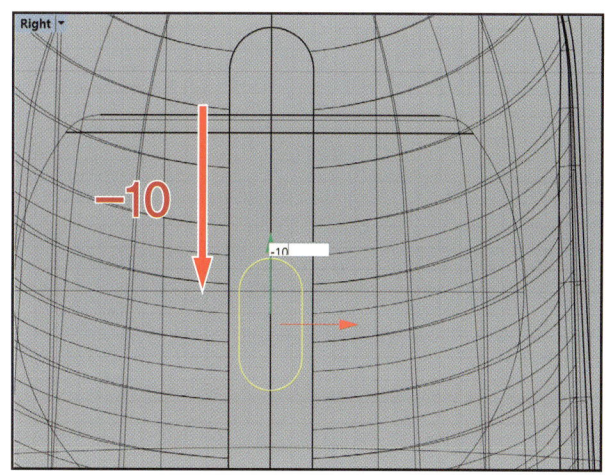

215. Curve가 선택된 상태에서 Right view로 이동하고 검볼의 X축 이동 핸들을 클릭하여 입력창에 **120**을 입력합니다.

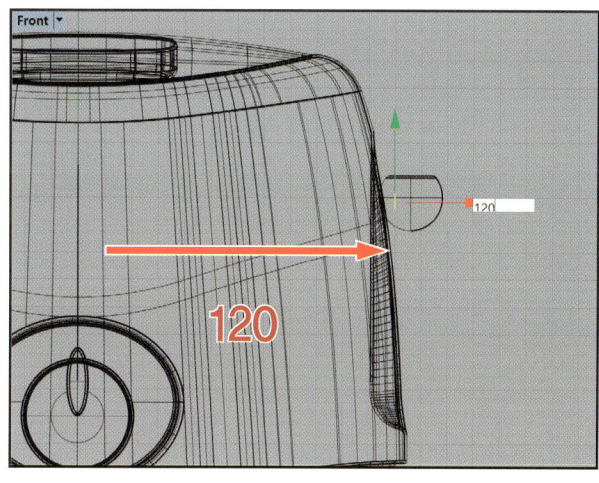

216. Curve가 선택된 상태에서 Surface Creation〉Extrude straight를 실행하고 Solid: Yes, 마우스를 왼쪽으로 이동한 후 거리값은 20을 입력합니다.

`Extrusion distance <20>` (Direction BothSides=No Solid=Yes DeleteInput=No ToBoundary SetBasePoint): 20

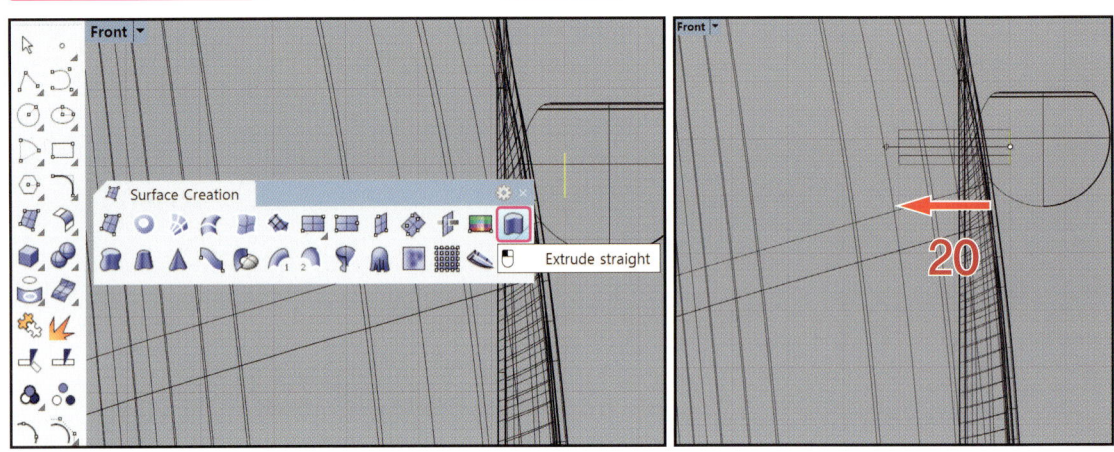

217. Solid Tools〉Boolean union을 실행한 후 2개의 Polysurface를 선택해서 결합합니다.

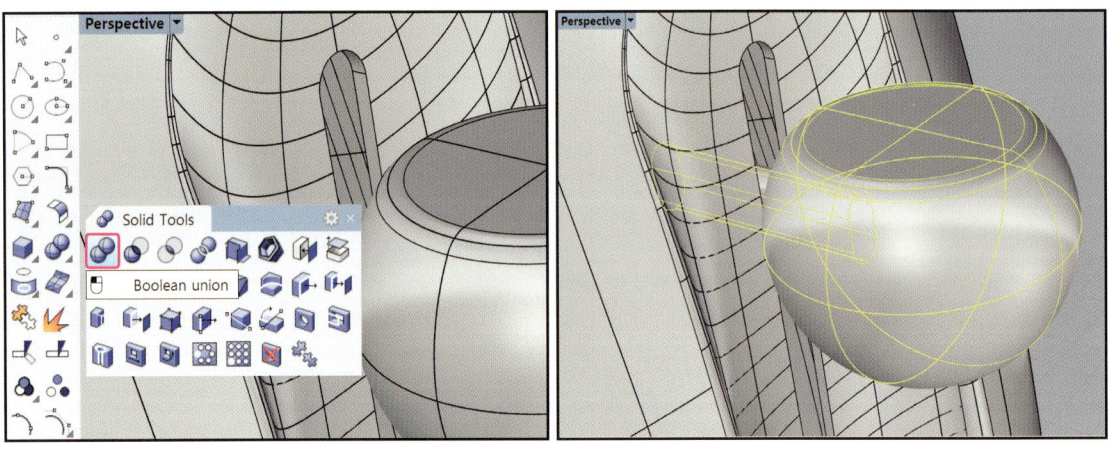

218. 레이어 탭에서 'Layer 05'를 '핸들'로 이름 변경한 후 결합된 Polysurface를 선택하고 레이어 탭에서 '핸들' 레이어로 Change object layer합니다.

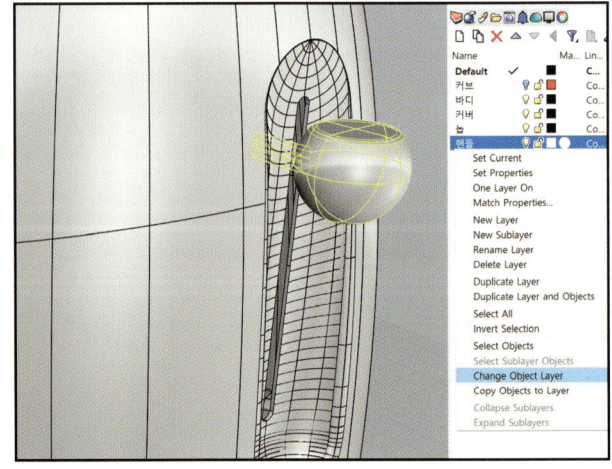

326 라이노 6를 이용한 제품 디자인

218. Select>Select curves를 실행해서 전체 Curve를 선택하고 레이어 탭에서 '커브' 레이어로 Change object layer합니다.

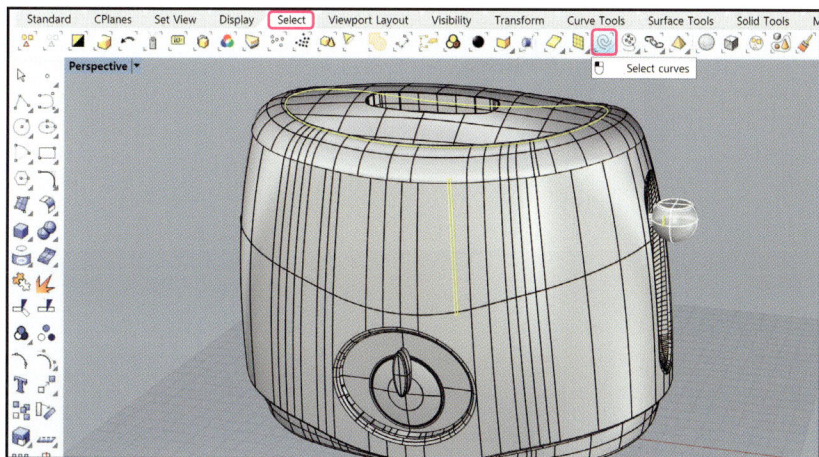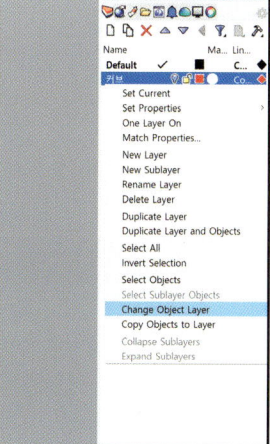

219. 렌더링 모드로 바꾸어 모델링 작업을 완료합니다.

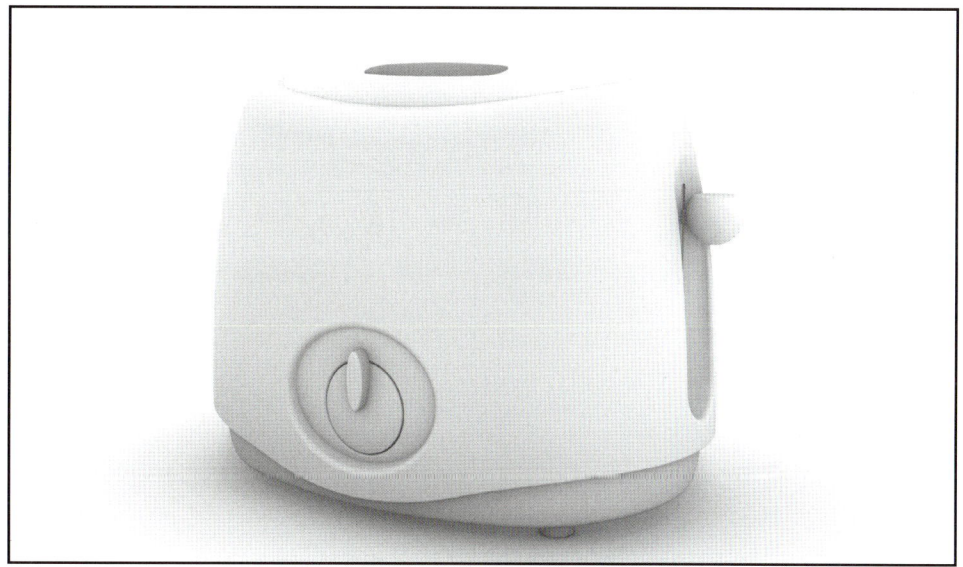

Part 07

Rendering Knowhow

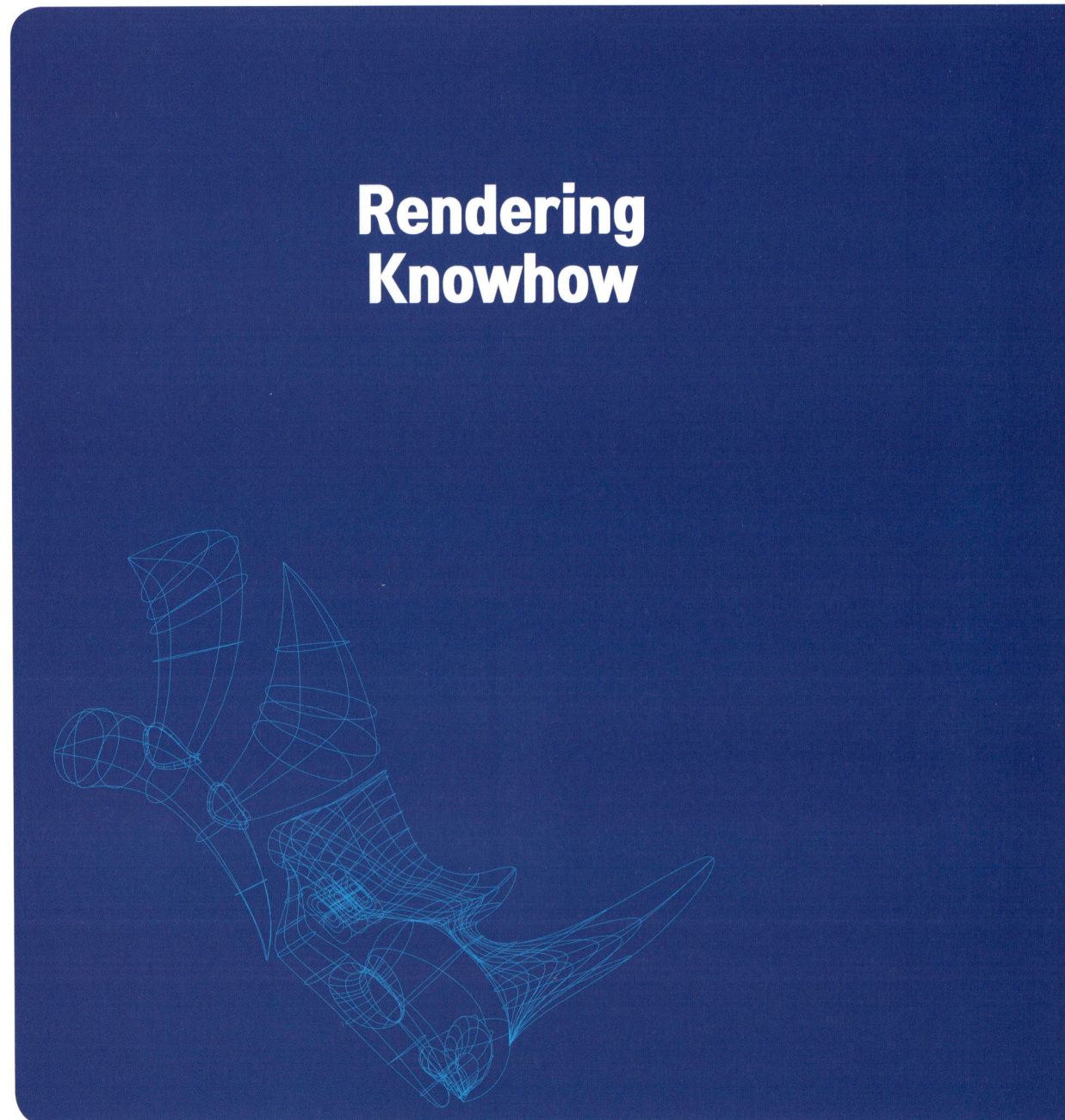

01. Rhino 6 basic
02. KeyShot
03. Adobe Dimension CC

01 Rhino 6 basic

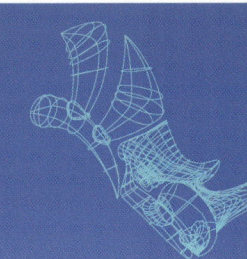

Rhino 6에서 기본 렌더링 설정이 훨씬 편리하고 **직관적**으로 변했습니다. 새로운 기본값은 실제제품 디자인 스튜디오에서 적용됩니다. 자동으로 조정된 지반면과 흰 배경, 부드러운 그림자, 대형 스튜디오 조명 패널의 조명이 사용됩니다. 배경이 따로 설정되지 않은 비어 있는 공간에서도 모델 주위가 아름답게 반사되는 확산 조명 효과를 얻을 수 있습니다. 모든 새로운 모델에 이 업데이트된 기본값이 사용됩니다.

1. **Modeling**이 완료되면 **화면표시모드**를 **Rendered**로 변경합니다. 여러 모드중 **Rendered 모드**에서 재질, 컬러, 광원, 카메라 등을 적용해서 **Rendering**을 진행합니다.

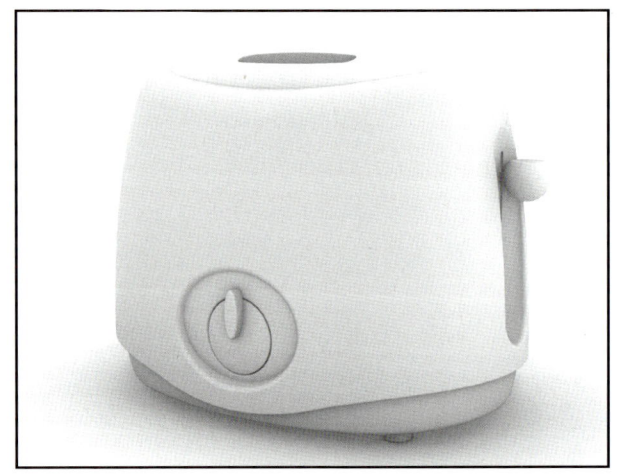

2. 화면 오른쪽 **Panels**에서 **Materials 탭**을 선택합니다. 처음에는 아무 재질도 보이지 않습니다. **'+' 버튼**을 클릭해서 새로운 재질을 만듭니다.

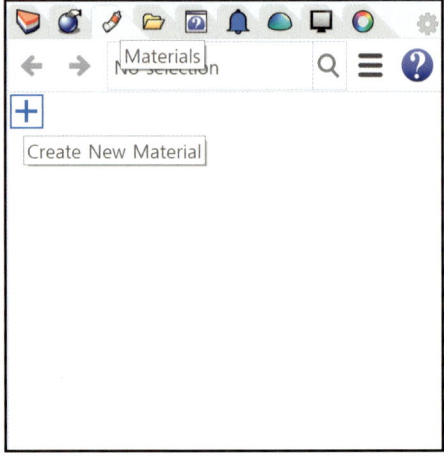

3. Gem, Glass, Metal, Paint, Picture, Plaster, Plastic 등 미리 Setting된 재질을 선택해서 컬러와 일부 설정을 바꿔서 바로 사용할 수 있습니다.

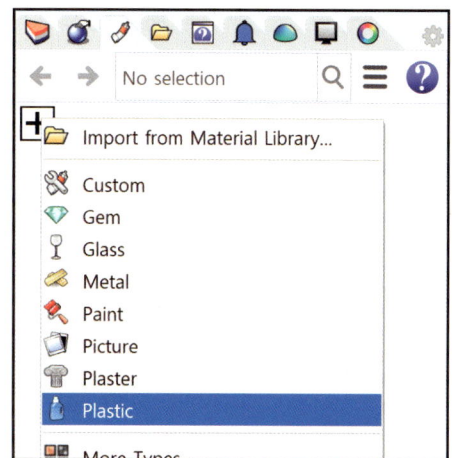

4. Import from Material Library를 선택하면 그림과 같이 Library에서 재질을 불러와서 사용할 수 있습니다. 확장자는 *.rmtl입니다.

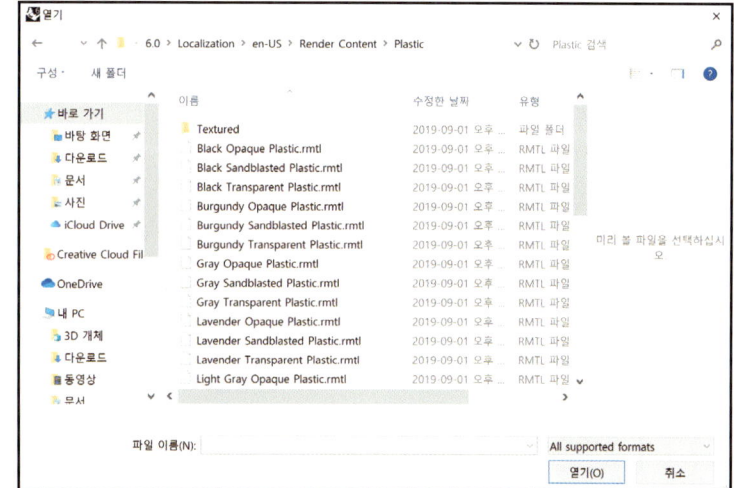

5. Library에서 불러온 재질이 그림과 같이 Preview Icon으로 보여집니다. 불러온 Icon도 Double Click 해서 컬러나 투명도 등의 세부 설정을 변경할 수 있습니다.

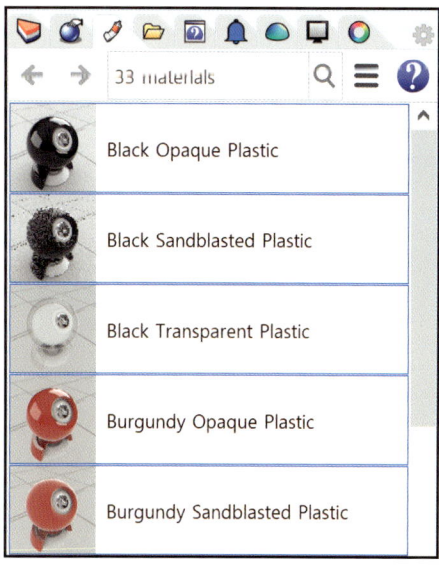

6. **Burgundy Opaque Plastic**을 선택해서 Viewport의 바디 object로 Drag&Drop해서 적용합니다.

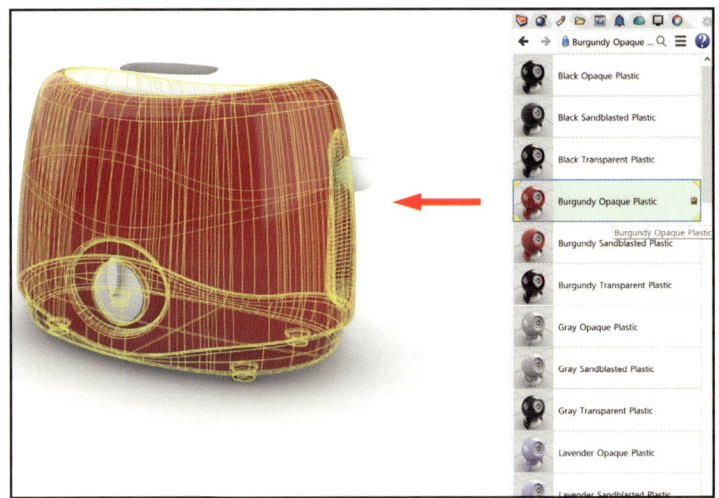

7. Viewport의 놉, 커버 object도 Drag&Drop으로 동일한 재질을 적용합니다. 적용 후 조정이 필요한 경우도 있습니다.

8. 설정을 조정하기 위해 Icon을 Double Click한 후 세부 설정의 Color를 선택해서 Select Color 창을 엽니다. Tan Color를 선택한 후 Color picker를 움직여 좀 더 밝은 Color로 만듭니다.

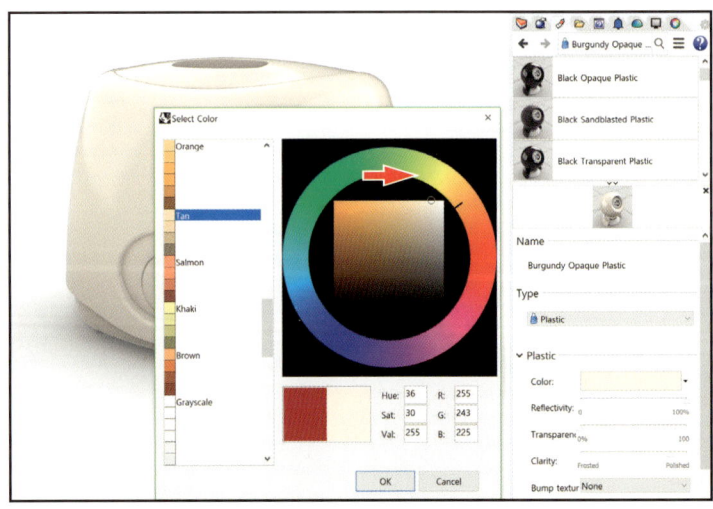

9. **핸들 object**는 Metal 재질을 적용합니다. 화면 하단의 '**+**' **버튼**을 클릭해서 새로운 재질로 Metal을 선택합니다.

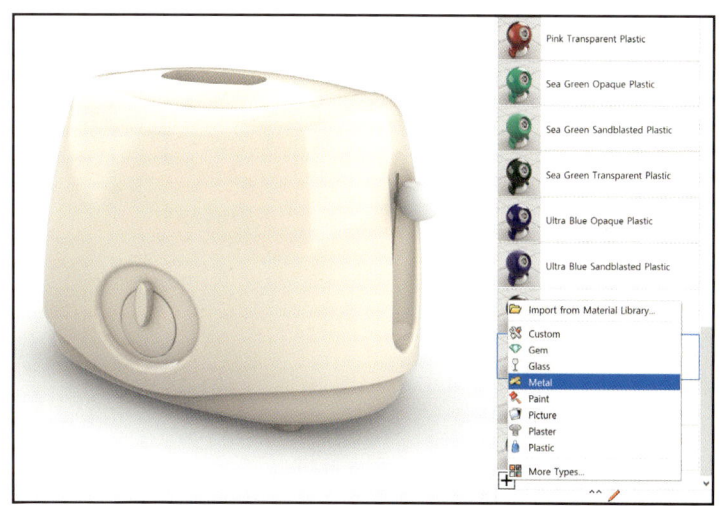

10. Metal **재질**을 선택해서 Viewport의 **핸들 object**로 Drag &Drop해서 적용합니다.

11. Select Color 창을 열고 Gold(Yellow) Color를 선택합니다. Color에 대한 적용이 완료되면 모델명, Logo 등의 Decal 작업을 시작합니다.

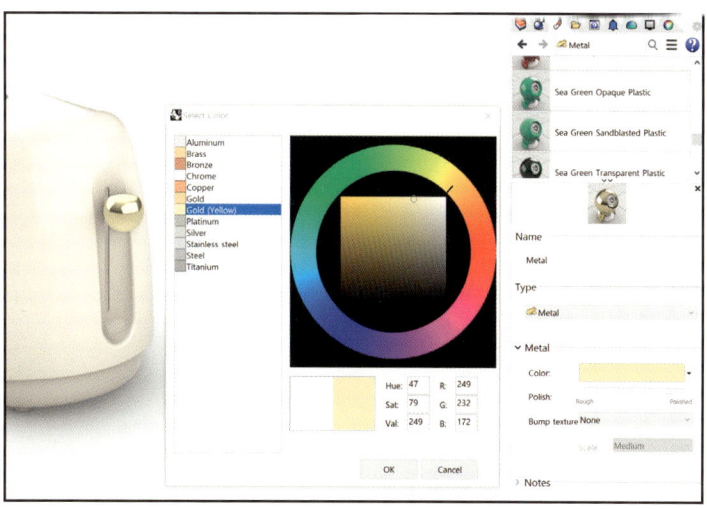

12. Panels에서 Properties 탭
    >Decals를 선택합니다.
    Decal을 적용할 Object가 선
    택되지 않으면 Decals가 나
    타나지 않습니다.

13. '+' 버튼을 클릭해서 미리 만
    들어둔 파일을 선택합니다.
    Decal은 바탕이 투명해야 하
    는 경우가 많으므로 *.png 포
    맷을 많이 사용합니다.

14. Front view로 이동 후 Decal
    Mapping Style 창에서
    Mapping style은 Planar로 지
    정하고 전면에붙는 형태이므
    로 Direction은 Forward로 선
    택합니다.

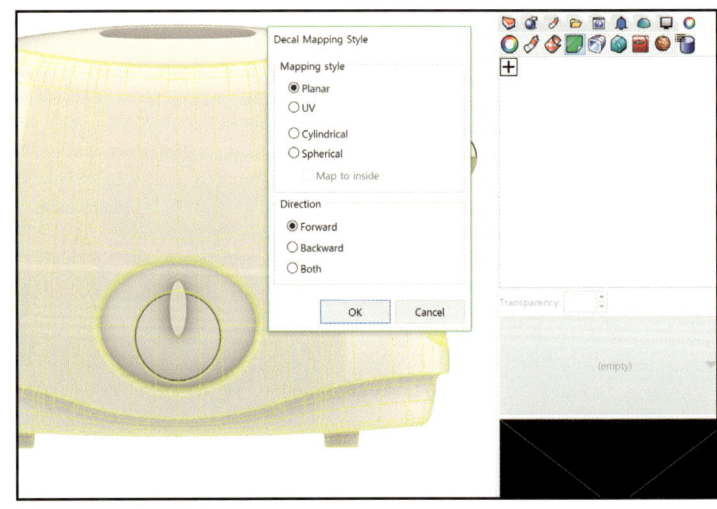

15. Object 위에서 적절한 위치와 사이즈로 Drag해서 설정합니다.

16. Object의 위치의 세부 조정은 XYZ position으로 가능합니다.

17. 다른 Decal도 모두 적용한 후 Perspective view로 이동하여 한번 더 확인합니다.

18. 다양한 디자인을 비교하며 논의할 수 있는 기능으로 Snapshots가 있습니다. 탭에 보이지 않는 경우는 오른쪽 톱니모양의 Options에서 선택할 수 있습니다.

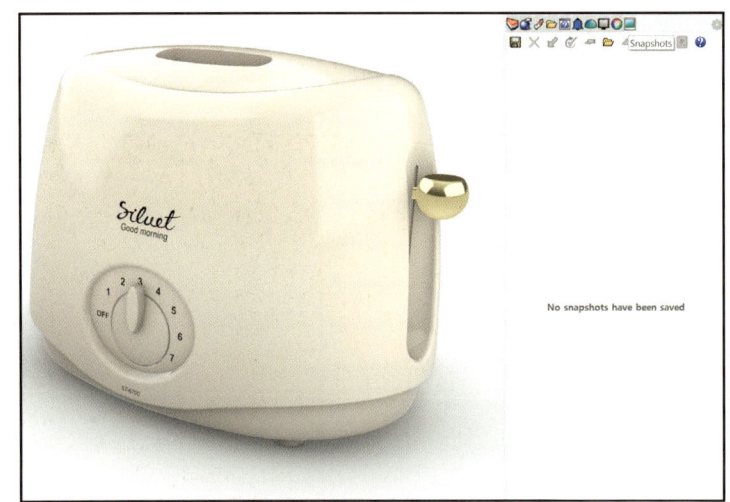

19. Save as 버튼을 선택해서 파일명을 입력한 후 저장할 요소를 체크하여 선택한 후 명령을 실행합니다.

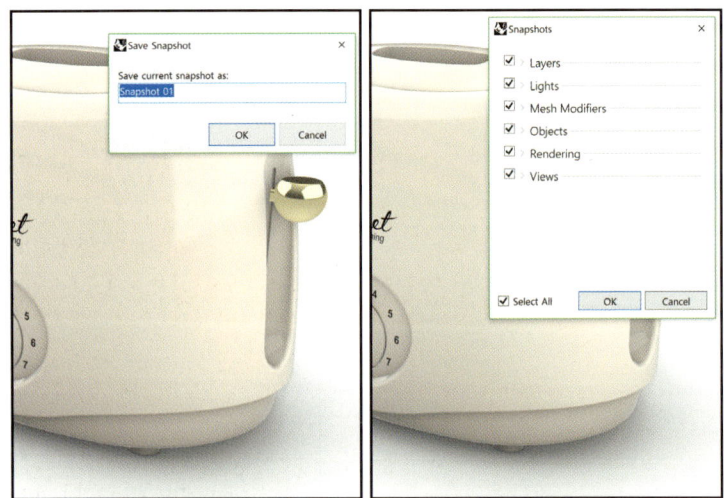

20. 저장된 Rendering View을 비교, 확인할 수 있습니다. 슬라이드쇼 기능도 활용할 수 있습니다.

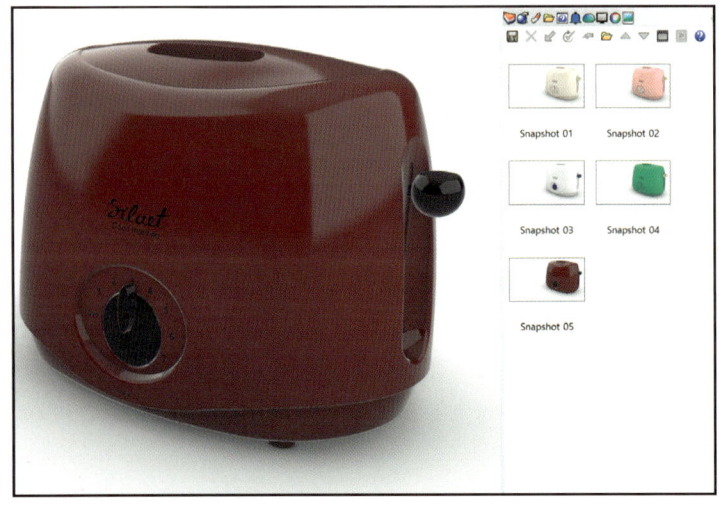

21. **Environments 탭**에서는 **배경 이미지와 Light** 등을 조정해서 좀더 실제감 있는 **Rendering**을 만들 수 있습니다. **Rhino**는 기본으로 제공하는 많은 **Scene**이 있습니다.

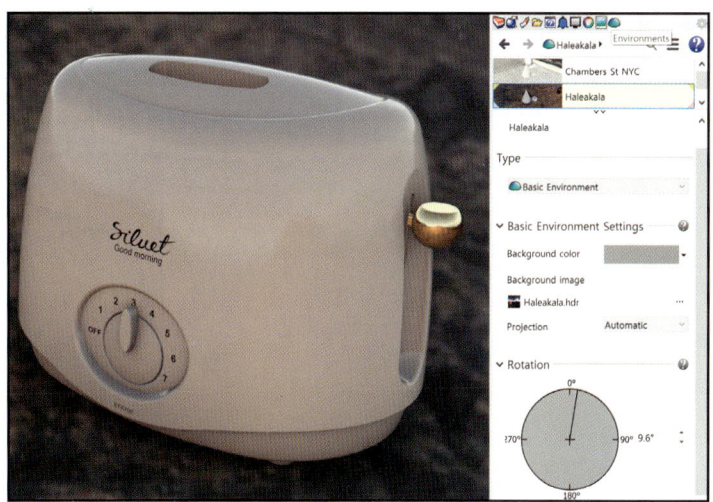

22. **Render Tools〉Render**를 실행해서 **Render** 창을 띄웁니다.

23. **Rendering**이 전부 진행된 후 세부조정을 하고 이미지 포맷으로 저장합니다.

02 KeyShot

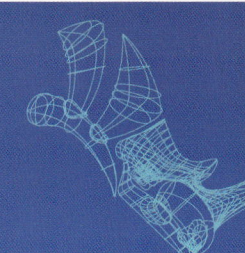

KeyShot은 실시간 Rendering software로서 사진과 같은 고품질의 Rendering image나 Animation을 쉽고 빠르게 제작할 수 있습니다. 다양한 3D 포맷을 지원하여 각종 Modeling software와 호환성이 뛰어나며 Windows와 Mac 운영체제 모두 지원합니다.

1. 파일〉가져오기를 선택한 후 Rhino 파일을 가져옵니다. 다른 변환 없이 바로 Rhino 파일을 가져올 수 있는 것이 가장 큰 장점 중 하나입니다. Option창에서 위치와 위 방향, 재질과 구조를 맞춰서 가져옵니다. Modeling Software에 따라 설정값이 다를 수 있습니다.

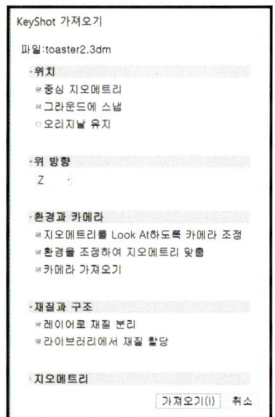

2. 라이브러리 재질〉Paint〉Shiny에서 Paint Gloss White를 선택한 후 Object로 Drag&Drop하여 재질을 적용합니다.

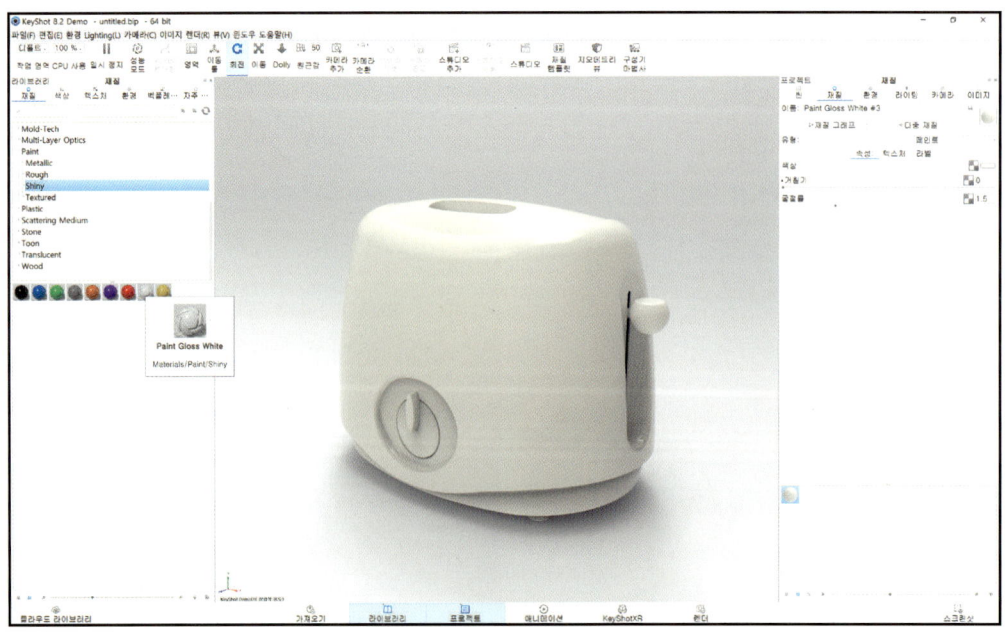

338 라이노 6를 이용한 제품 디자인

3. **프로젝트 재질**에서 색상 선택창을 띄워 원하는 색상으로 세부 조정합니다. 재질에 따라 거칠기와 굴절률 등을 조정하면 됩니다.

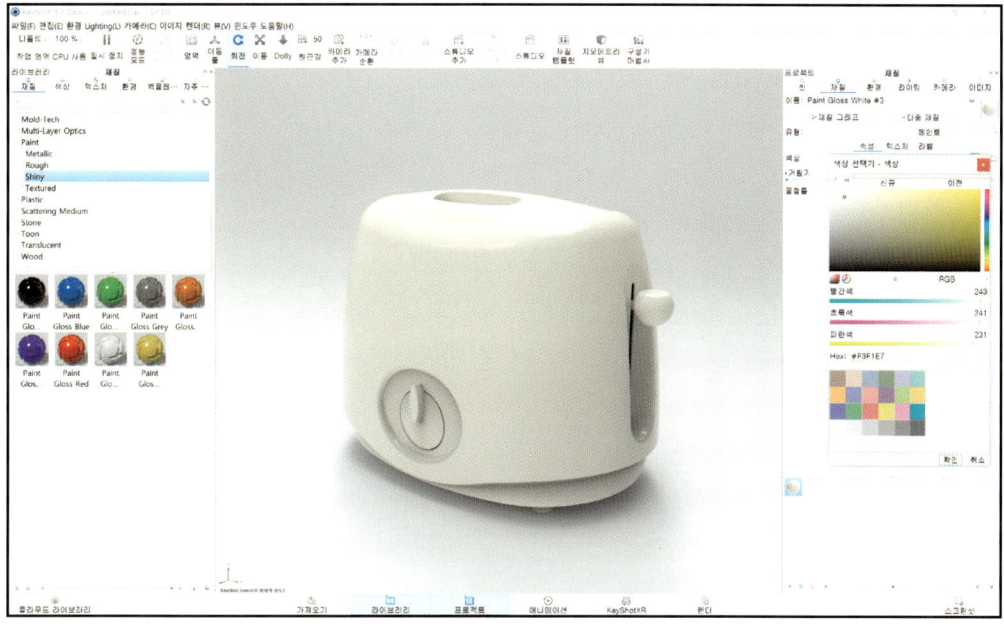

4. **라이브러리 재질〉Metal〉Precious**에서 **Gold 24K Polished**를 선택한 후 **Object**로 **Drag&Drop**하여 재질을 적용합니다. 만약 **Object** 하나씩 선택이 안된다면 **Metarial Link**를 해제한 후 재질을 적용하면 됩니다.

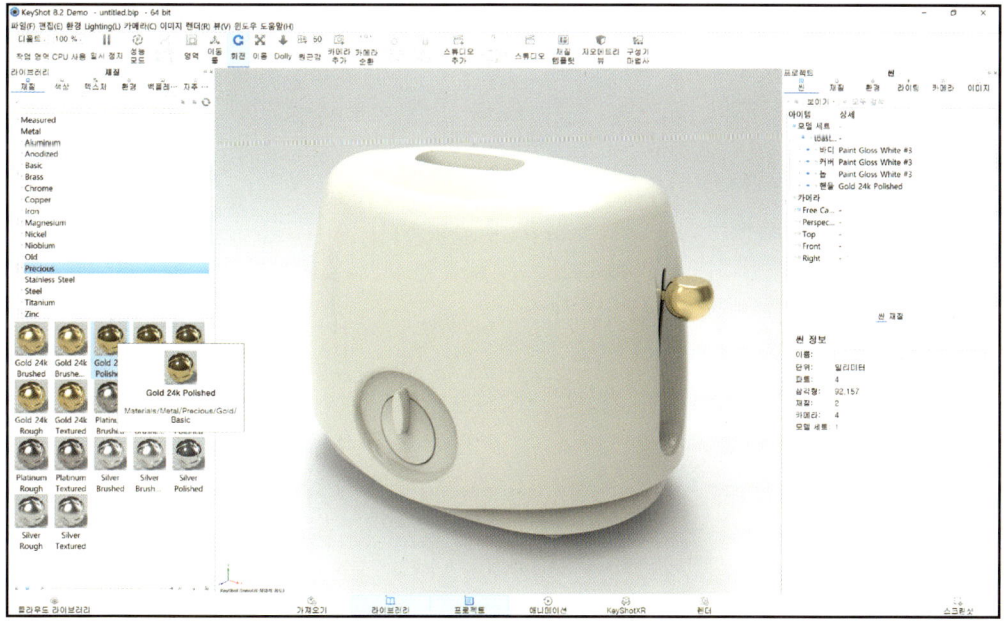

5. **라이브러리 환경〉Studio**에서 2 Panels Tiled 4K를 선택한 후 **배경**으로 Drag&Drop 하여 환경을 적용합니다.

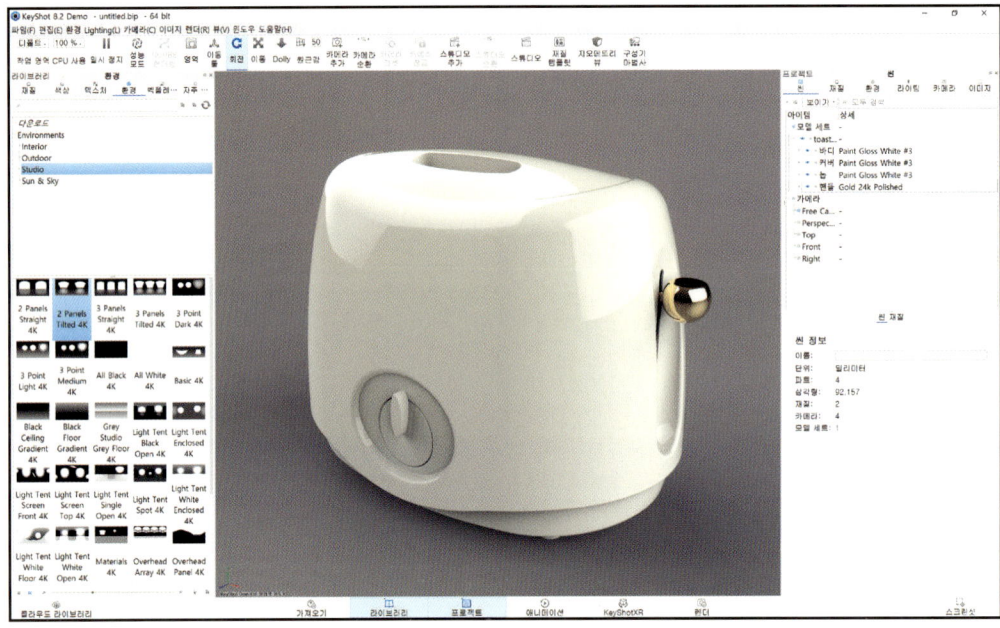

6. **프로젝트 환경**에서 **백그라운드**와 **그라운드** 설정을 조정합니다. 백그라운드의 색상, 이미지 등과 그라운드의 섀도우, 리플렉션 등을 설정할 수 있습니다.

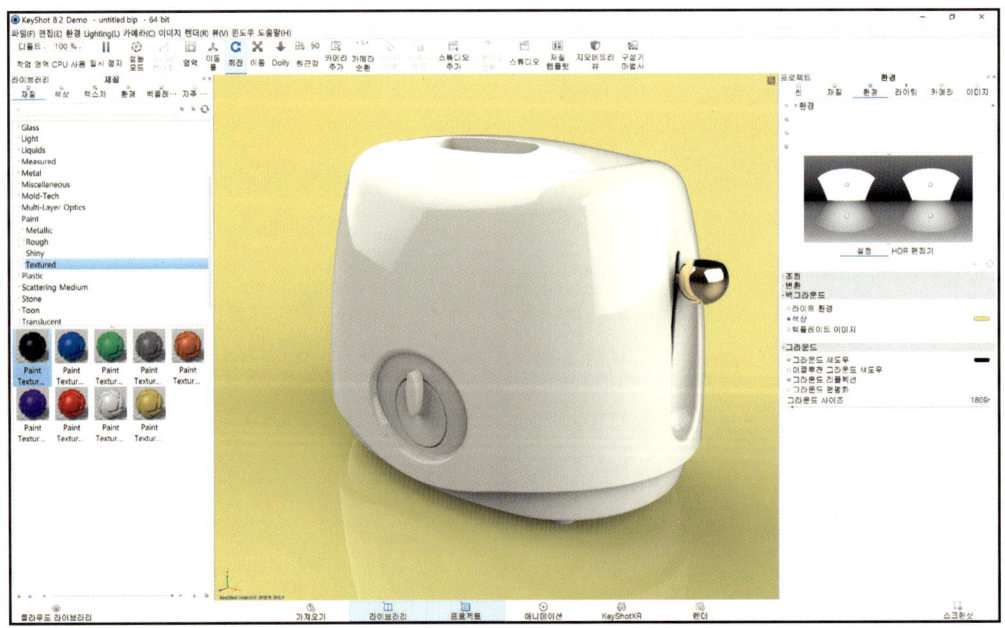

7. **프로젝트 재질의 라벨 탭**에서 미리 만들어둔 이미지를 선택해서 **Object**에 적용합니다. 텍스처 이동 메뉴로 이동, 회전, 사이즈 조정이 가능합니다.

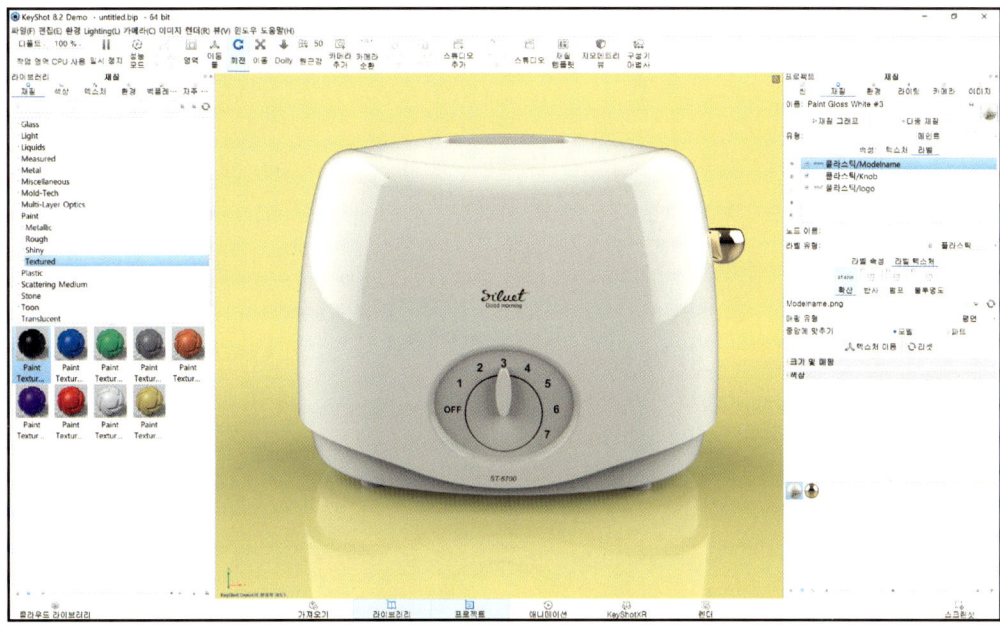

8. 화면 오른쪽 하단에서 **렌더 메뉴**를 실행해서 렌더링 이미지를 만듭니다. 해상도와 인쇄 사이즈, 품질 등을 설정할 수 있습니다.

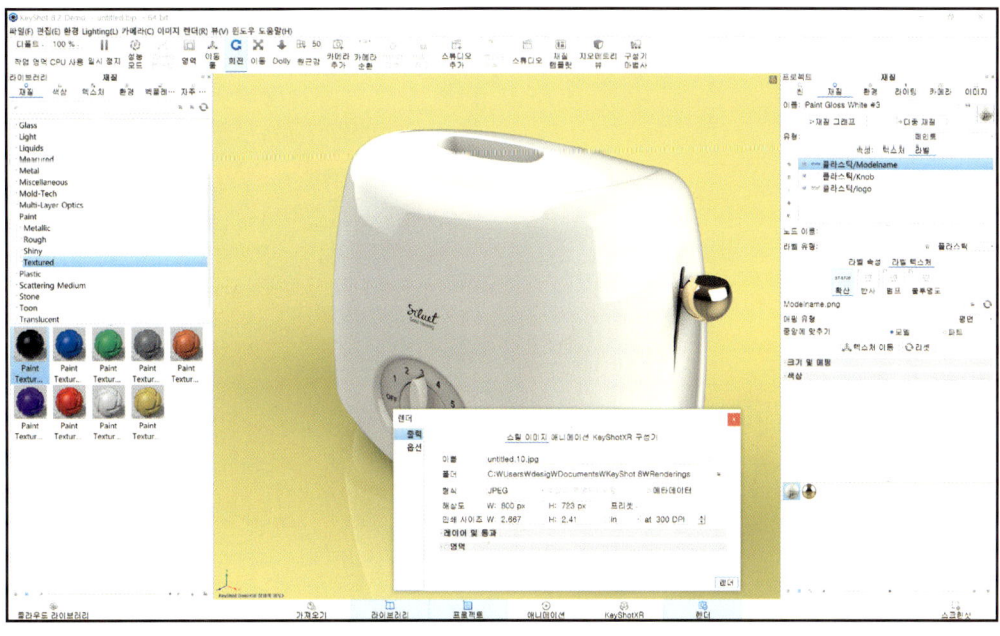

03 Adobe Dimension CC

Adobe Dimesion CC는 그래픽 디자이너가 Design Mock Up 제작을 쉽게 할 수 있도록 기획된 프로그램입니다. 사실적인 렌더링을 사용하여 브랜드, 패키지 및 로고 디자인을 3D로 표현할 수 있으며 로고와 벡터 그래픽을 3D 모델로 드래그하여 놓으면 디자인이 실제로 어떻게 보이는지 확인할 수 있습니다. 또한 앱 내에서 Adobe Stock을 검색하여 Dimension에 최적화된 3D 모델을 찾을 수 있습니다. 제작된 이미지는 Adobe Photoshop과 바로 연결해서 쉽게 Modify할 수 있습니다.

1. 앞에서 소개한 Rhino 6 basic, KeySot renderer와는 달리 Rhino 파일을 바로 불러올 수 없습니다. **가져오는 파일 형식**은 OBJ, FBX, STL, SKP이고 **내보내는 파일 형식**은 DN, OBJ, GLTF, GLB입니다.

2. **File〉Export selected**를 실행한 후 내보낼 **Object**를 전부 선택합니다. 파일 형식은 **OBJ**로 설정하고 파일 이름을 입력합니다.

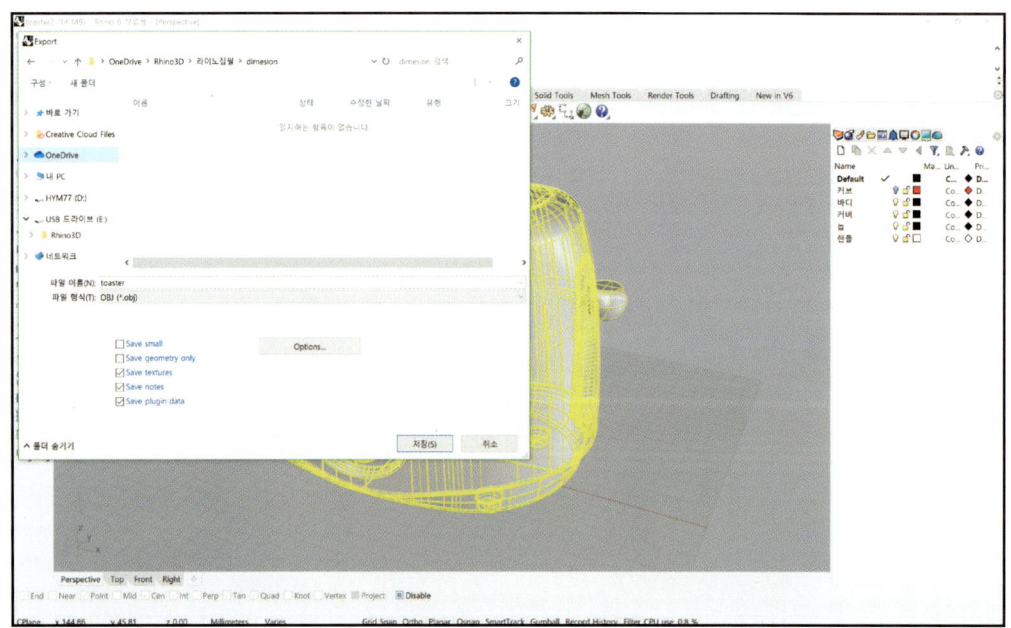

3. OBJ Export Options 창에서 Naming 탭의 Export Rhino layer/group names〉Layer as OBJ groups를 선택해야 Layer별로 Object가 분리되서 내보내기 됩니다.

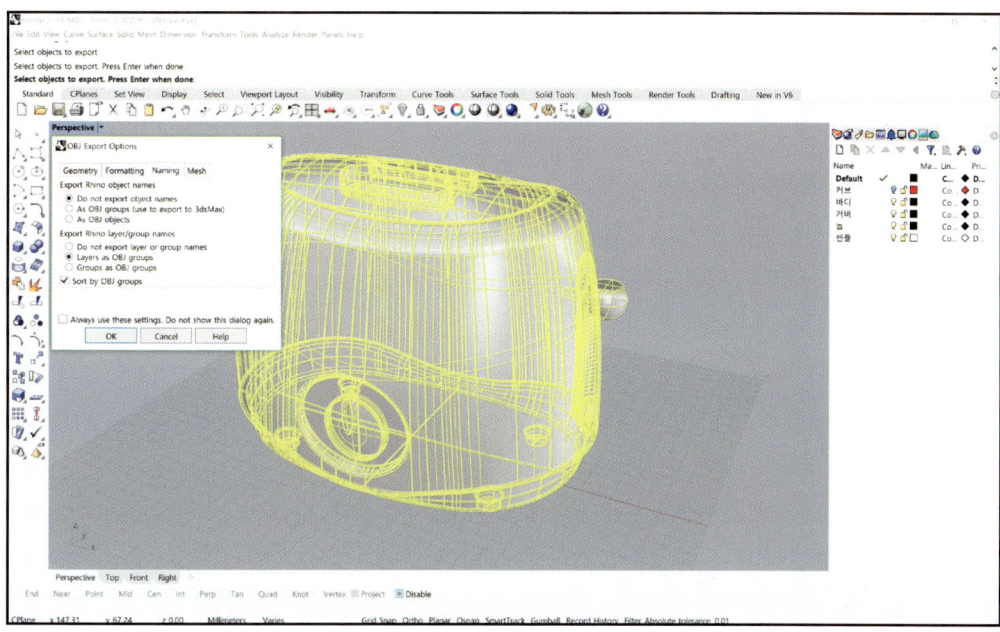

4. OBJ Export Options 창의 설정이 끝나면 Polygon Mesh Options 창이 나옵니다. 여기서 Mesh의 품질을 정할 수 있습니다. 곡면이 많은 Object일수록 최대한 Polygon의 수를 올려서 내보내야 깨끗한 Rendering이 가능합니다.

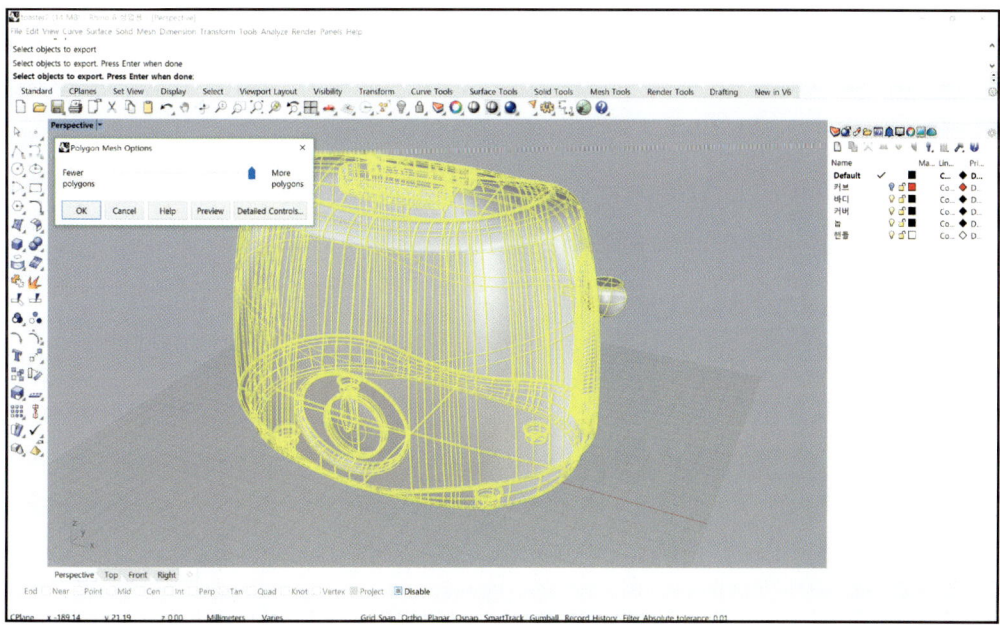

5. Adobe Dimesion CC를 실행한 후 **새로 만들기**로 새로운 작업환경을 만듭니다. **파일〉가져오기〉3D 모델**을 실행해서 Rhino 6에서 내보내기한 **OBJ** 파일을 불러옵니다.

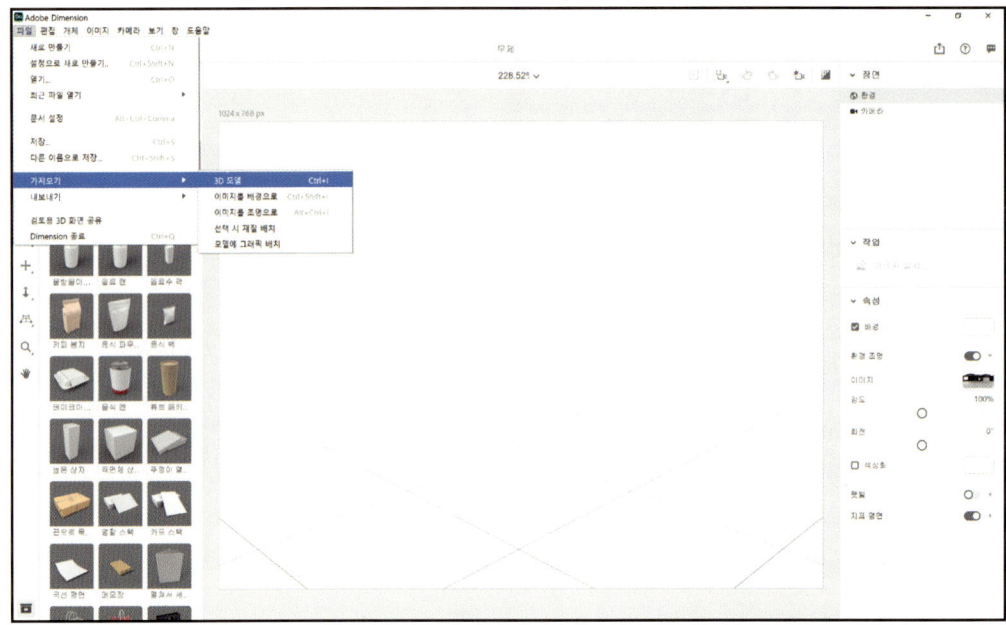

6. 불러온 Object를 Zoom in/out(마우스 휠 스크롤), **화면 이동**(마우스 휠 클릭, 마우스 오른쪽 클릭+스페이스바), **화면 회전**(마우스 오른쪽 클릭)을 사용해 화면에 맞춥니다.

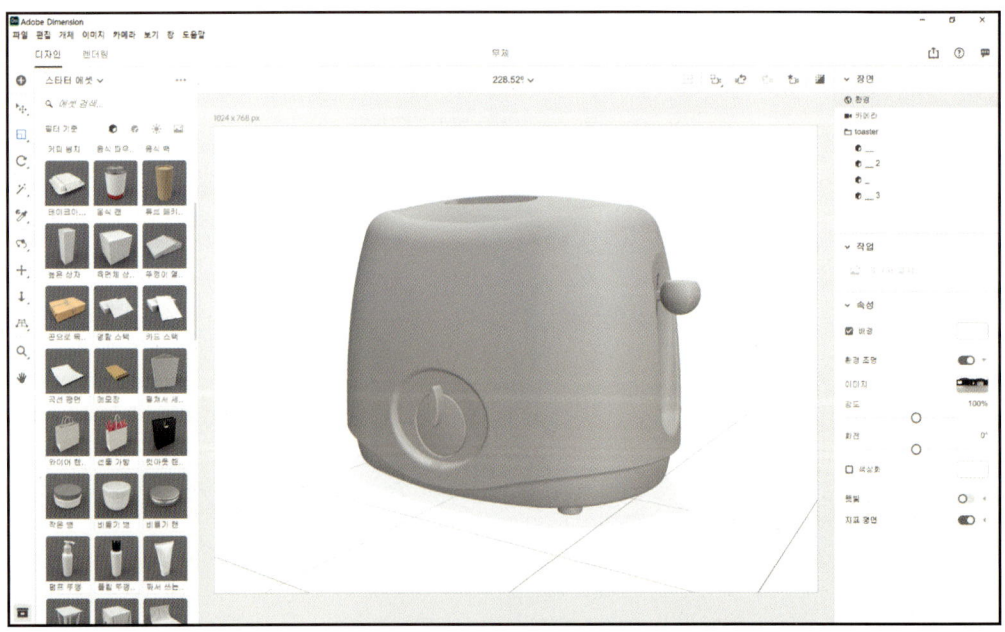

7. 화면 왼쪽 필터 기준의 **재질 탭**을 선택한 후 **플라스틱 재질**을 커버, 바디, 놉 Object에 Drag&Drop 해서 적용합니다.

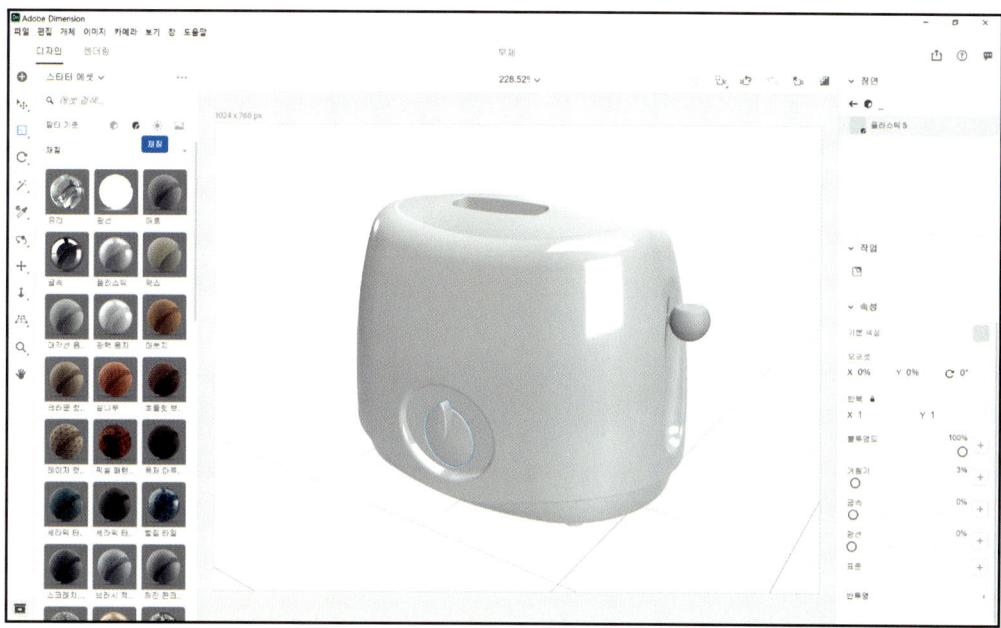

8. **재질 탭**의 **선명한 금색**을 핸들 Object에 Drag&Drop해서 적용합니다.

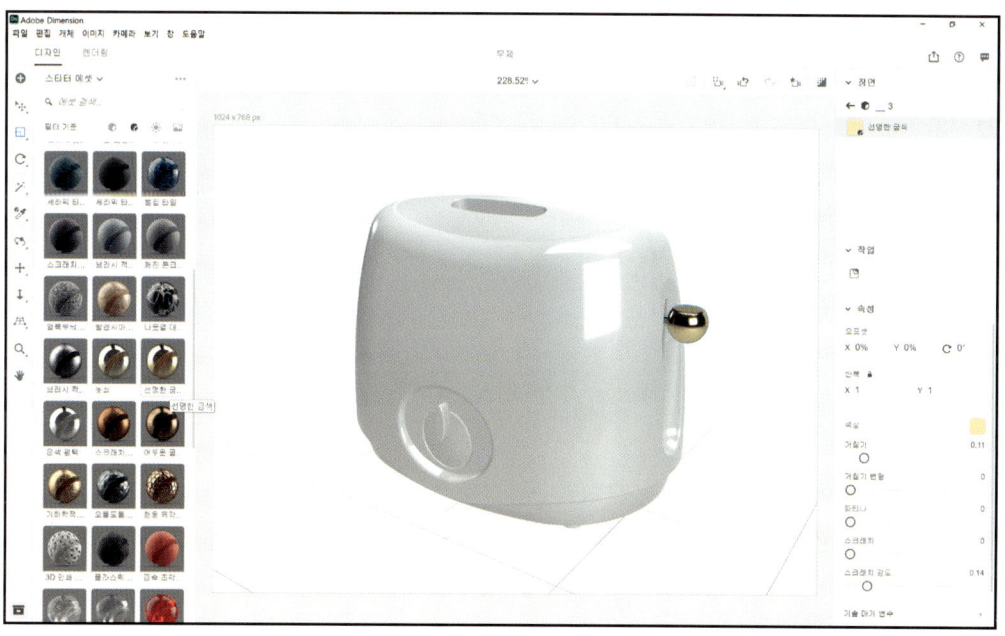

파트 7 Rendering Knowhow

9. 적용된 재질의 컬러 등을 화면 오른쪽 **장면 패널**에서 수정이 가능합니다. **Object** 이름의 오른쪽 〉를 선택해서 하위 설정으로 이동합니다. 하위 설정의 기본 색상을 클릭하면 컬러 설정창이 나옵니다. 변경된 컬러는 제일 아래에 **History**로 쌓입니다.

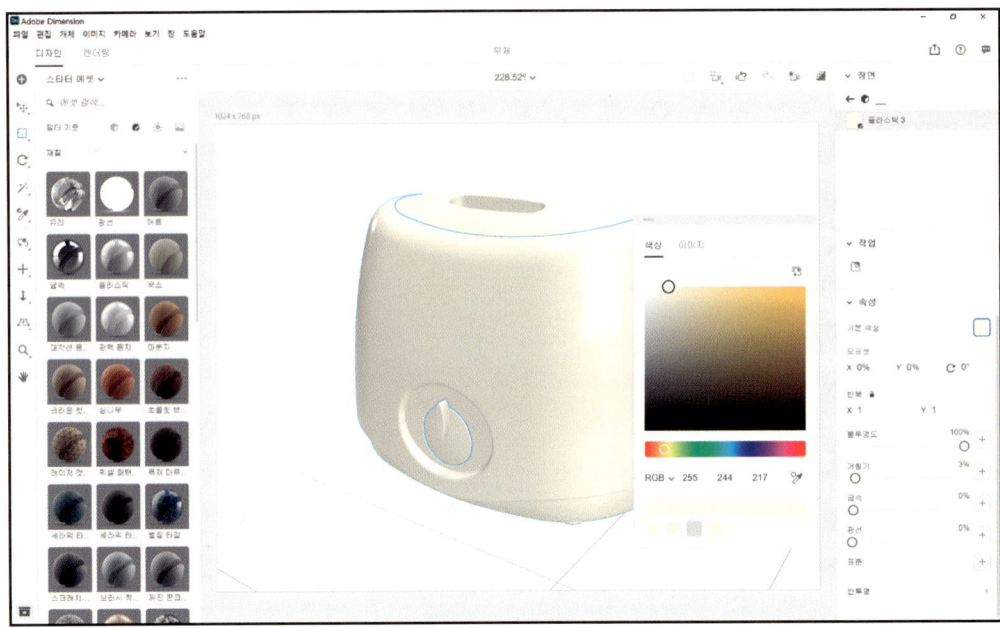

10. 바디에 데칼을 적용하기 위한 작업을 진행합니다. 장면 패널 하위 설정 중 **작업**의 **모델에 그래픽 배치**를 선택해서 미리 만들어둔 **PNG** 이미지를 불러옵니다.

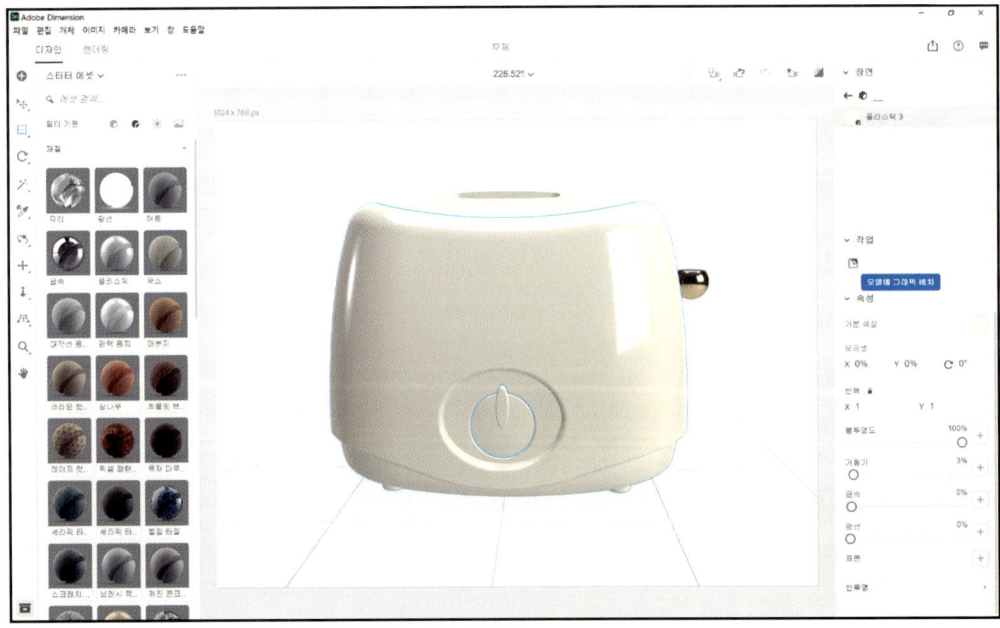

11. 이미지의 비율, 위치 등을 조정하여 Object의 표면에 배치합니다. 동일한 방법으로 이미지를 추가 적용 가능합니다.

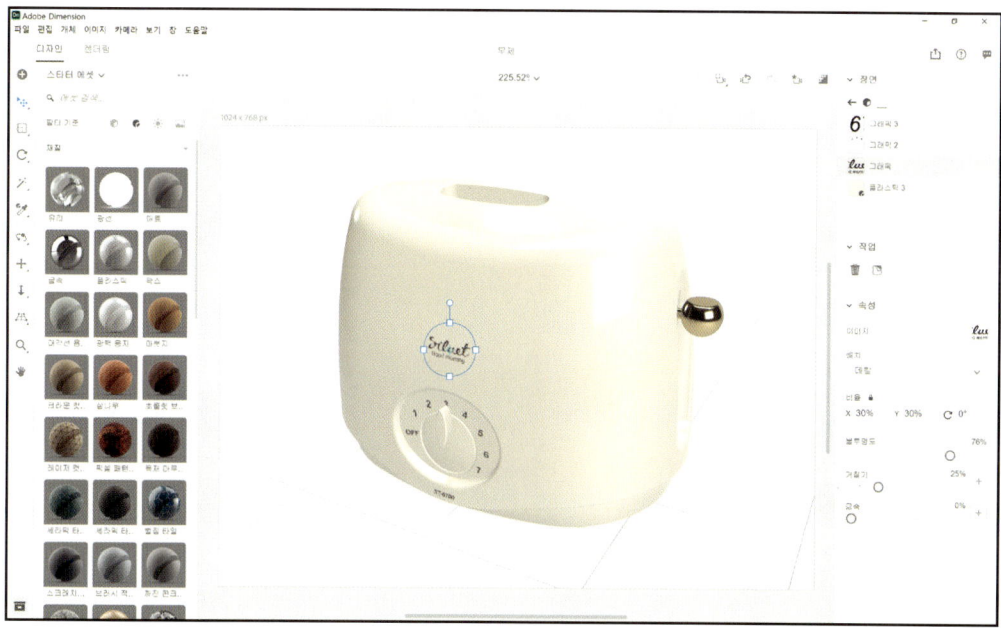

12. 화면 왼쪽 필터 기준의 **이미지 탭**을 선택한 후 **테이블 이미지**를 배경에 Drag&Drop해서 적용합니다.

13. 적용된 이미지와 Object의 View 방향을 최적화하는 기능을 실행합니다. 장면 패널 하위 설정 중 **작업**의 **이미지 일치**를 선택해서 크기, 조명, 카메라 원근 등을 일치시킵니다.

14. 화면 왼쪽 필터 기준의 **이미지 탭**을 선택한 후 커피 컵 모델을 적용해서 좀 더 사실적인 Rendering Scene을 구성합니다. Adobe Stock에서도 적용 가능한 모델을 찾아서 적용할 수 있습니다.

15. 렌더링 탭으로 이동한 후 품질, 내보내기 형식, 저장 위치를 정하고 렌더링을 실행합니다.

◆ 저자 소개 ◆

저자 **하영민**(河永敏)

주요 경력
현 ㈜메카피아 기술교육강사

현 디자인 사이 대표

전 KT tech 디자인팀 과장

전 퓨전디자인 제품디자인팀 주임

Robert MCneel&Associates 공인 Trainer

특허
디자인 특허등록 43건(출원번호 3020010016343 외, 특허청 기준)

네이버 카페
디자인 아카데미 SAI

https://cafe.naver.com/designacademysai

memo

memo